Oliver Biehl, Klaus Hengesbach, Jürgen Lehberger, Georg Pyzalla, Walter Quadflieg, Werner Schilke, Stefan Schnitzler, Holger Stahlschmidt, Bert Vennen

Lernfelder Metalltechnik

Grundwissen

1. Auflage, korrigierter Nachdruck

Bestellnummer 55030

Bildungsverlag EINS – Stam

Prüftechnik	PT
Fertigungstechnik	FT
Maschinen- und Gerätetechnik	MG
Instandhaltung – Wartungstechnik	IW
Elektrotechnik	ET
Werkstofftechnik	WT
Informationstechnik	IT
Technische Kommunikation	TK
Steuerungstechnik	ST
Kreativ- und Präsentationstechnik	KP

Hinweise für den Benutzer

Das Lernpaket „Lernfelder Metalltechnik – Grundwissen" besteht aus zwei Büchern:

- **Lehrbuch**
  Lernfelder Metalltechnik – Grundwissen

- **Aufgabenband**
  Lernfelder Metalltechnik – Grundwissen – Handlungssituationen, Lernsituationen, Aufgaben

Das vorliegende **Lehrbuch** enthält das Grundwissen, das zur Bearbeitung von Lernsituationen der folgenden Lernfelder notwendig ist:
– **Lernfeld 1:** Fertigen von Bauelementen mit handgeführten Werkzeugen
– **Lernfeld 2:** Fertigen von Bauelementen mit Maschinen
– **Lernfeld 3:** Herstellen von einfachen Baugruppen
– **Lernfeld 4:** Warten technischer Systeme

Die Bearbeitung von Lernsituationen in den verschiedenen Lernfeldern erfordert Fachkenntnisse in der Prüftechnik, der Werkstofftechnik, der Technischen Kommunikation und anderen Bereichen der Technik. Um diese fachlichen Informationen zusammenhängend darzustellen und die systematische Suche von Informationen zu erleichtern, ist in diesem Fachbuch die bewährte Gliederung der bisherigen Buchreihe „Berufsfeld Metall" in den entsprechenden Kapiteln beibehalten worden.

Jedes Kapitel wird mit einer Handlungsstruktur eingeleitet, die den Umgang mit dem dargebotenen Lernstoff näher darstellt, z. B. das Prüfen von Bauteilen, die Auswahl von Werkstoffen, das Erstellen von pneumatischen Schaltplänen. Die Kapitel schließen mit einem Arbeitsauftrag, an dem das Handeln entsprechend der Handlungsstruktur geübt werden kann.

Bestellnummer 55030

Der **Aufgabenband** mit Handlungssituationen, Lernsituationen und Übungsaufgaben" ist im ersten Teil nach Lernfeldern gegliedert. Hier wird der Umgang mit dem Lernstoff in den Lernfeldern 1 bis 4 erläutert.

In jedem Lernfeld wird zunächst allgemein das Handeln des Fachmannes dargestellt und an Beispielen von kompletten Handlungssituationen erläutert. Es folgen jeweils zu jeder Handlungssituation drei Lernsituationen, an denen das selbständige Analysieren, Planen, Ausführen und Bewerten – letztere nur eingeschränkt – geübt werden kann.

Im zweiten Teil dieses Buch befinden sich zur Ergänzung, Vertiefung und Übung des Lernstoffs die Übungsaufgaben, auf die im Lehrbuch verwiesen wird.

Bestellnummer 55040

Das **Unterrichtsbegleitmaterial** auf CD-ROM erhält der Lehrer unter der Bestellnummer 55041 mit:
– Lösungsbeispiele zu den Lernsituationen,
– Lösungen zu den Übungsaufgaben,
– didaktischen Hinweisen für den Unterricht
– Vorlagen für Folien bzw. für den Einsatz mit dem Beamer.

Inhaltsverzeichnis

Prüftechnik — PT

Handlungsfeld: Bauteile prüfen 7

1 Grundbegriffe 8
1.1 Bedeutung des Prüfens in der Fertigung 8
1.2 Subjektives und objektives Prüfen 8
1.3 Grundgrößen (Basisgrößen) und ihre Einheiten (Basiseinheiten) 9
1.4 Formelzeichen 9
1.5 Prüfverfahren: Messen und Lehren 10

2 Prüfen von Längen 10
2.1 Maßsysteme und Einheiten 10
2.2 Höchstmaß – Mindestmaß – Toleranz 11
2.3 Begriffe der Längenmesstechnik 12
2.4 Direkte Längenmessung 13
2.4.1 Messen mit Messschiebern 13
2.4.2 Messen mit Messschrauben 15
2.4.3 Messen mit Messuhren und Feinzeigern 17
2.4.4 Messen mit Endmaßen 18
2.5 Lehren 19
2.5.1 Formlehren 19
2.5.2 Maßlehren 19
2.5.3 Grenzlehren 19

3 Prüfen von Winkeln 20
3.1 Messen von Winkeln 20
3.2 Lehren von Winkeln 20

4 Prüfen der Rauheit von Oberflächen 21
4.1 Oberflächenkenngrößen 21
4.1.1 Rauheitskenngröße R_z 21
4.1.2 Rauheitskenngröße R_a 22
4.2 Verfahren zur Prüfung der Rauheit 22
4.2.1 Prüfen mit Tastschnittgeräten 22
4.2.2 Prüfen durch Vergleich mit Oberflächenmustern 22

5 Messabweichungen 23
5.1 Größe der Messabweichung 23
5.2 Arten von Messabweichungen 23
5.3 Ursachen von Messabweichungen 23

6 Auswahl von Prüfverfahren und Prüfgeräten 25

Arbeitsauftrag: Prüfen eines Lagerbockes 26

Fertigungstechnik — FT

Handlungsfeld: Werkstücke fertigen 27

1 Einteilung der Fertigungsverfahren 28

2 Vorbereitende Arbeiten zur Fertigung von Werkstücken 30
2.1 Anreißen 30
2.2 Körnen 31

Arbeitsauftrag: Werkstück anreißen und körnen 32

3 Verfahren des Trennens 34
3.1 Grundbegriffe zum Zerteilen und Spanen 34
3.2 Keil als Werkzeugschneide 35
3.3 Kraft 35
3.3.1 Kräftezerlegung am Keil 36
3.3.2 Keilwinkel zur Bearbeitung unterschiedlicher Werkstoffe 37
3.4 Zerteilen durch Scherschneiden 37
3.4.1 Scheren 38
3.4.2 Scherenarten 39
3.4.3 Niederhalter 40

4 Spanen von Hand und mit einfachen Maschinen 41
4.1 Sägen 42
4.1.1 Handsägen 42
4.1.2 Sägemaschinen 43
4.2 Trennen mit Winkelschleifern 44
4.3 Feilen 45
4.4 Bohren 47
4.4.1 Spiralbohrer 47
4.4.2 Bohrmaschinen 48
4.4.3 Einspannen der Werkstücke beim Bohren 49
4.4.4 Sicherheitshinweise zum Bohren 49
4.4.5 Berechnung von Schnittdaten zum Bohren 50
4.5 Senken 51
4.6 Gewindeschneiden 52
4.6.1 Aufbau und Maße von Gewinden 52
4.6.2 Herstellen von Innengewinden mit Handgewindebohrern 53
4.6.3 Herstellen von Außengewinden mit Schneideisen 54
4.6.4 Prüfen von Gewinden 55
4.7 Reiben 56
4.8 Wartungshinweise für handgeführte Werkzeuge 57

Arbeitsauftrag: Fertigen einer Schraubzwinge 58

5 Fertigungsverfahren des Umformens 60
5.1 Grundbegriffe zum Umformen 60
5.2 Biegen von Blechen und Rohren 61
5.2.1 Vorgänge beim Biegen 61
5.2.2 Mindestbiegeradien 62
5.2.3 Biegen von Blechen 62
5.2.4 Biegen von Rohren 64
5.2.5 Berechnung von gestreckten Längen bei Biegeteilen 65
5.3 Richten von Blechen und Profilen 66

Arbeitsauftrag: Biegen einer Rohrschelle 67

6 Fertigen auf Drehmaschinen 69
6.1 Leit- und Zugspindel-Drehmaschine 69
6.2 Drehverfahren 70
6.3 Bauarten von Drehmeißeln 70
6.4 Winkel an der Meißelschneide 71
6.5 Spannen der Werkstücke 72
6.6 Ermittlung der Schnittwerte zum Drehen 73
6.7 Sicherheitshinweise zum Drehen 74

7 Fertigen auf Fräsmaschinen 75
7.1 Fräsmaschinen 75
7.2 Fräsverfahren 76
7.3 Fräswerkzeuge 77
7.4 Spannen der Werkstücke 78
7.5 Sicherheitshinweise beim Fräsen 79

8	**Fertigen auf Schleifmaschinen**	79
8.1	Schleifmaschinen	80
8.2	Planschleifen	82
8.3	Schleifwerkzeuge	83
8.4	Sicherheitshinweise zum Schleifen	84

Arbeitsauftrag: Fertigung einer Nabe auf Werkzeugmaschinen ... 85

9	**Fertigungsverfahren des Fügens**	88
9.1	Einteilung der Fügeverfahren	88
9.2	Fügen mit Gewinden	90
9.2.1	Befestigungsschrauben	91
9.2.2	Festigkeit von Schrauben und Muttern	93
9.2.3	Sicherungen von Schraubenverbindungen	94
9.2.4	Berechnung des Drehmomentes zum Anziehen von Schrauben	95
9.2.5	Normangaben bei Gewinden	95
9.3	Fügen mit Stiften und Bolzen	96
9.3.1	Stifte	96
9.3.2	Bolzen	97
9.4	Fügen mit Passfedern und Profilformen	97
9.4.1	Passfederverbindungen	98
9.4.2	Fügen mit Profilformen	98

Arbeitsauftrag: Fügen eines Schraubstockes ... 99

10	**Arbeitssicherheit und Unfallschutz**	100
10.1	Betrieblicher Arbeitsschutz	100
10.2	Allgemeine Forderungen zum sicherheitsgerechten Verhalten	100
10.3	Sicherheit beim Arbeiten an Werkzeugmaschinen	101
10.4	Maßnahmen bei Unfällen	101
10.5	Sicherheitskennzeichnung	102

Maschinen- und Gerätetechnik — MG

Handlungsfeld: Baugruppen montieren ... 103

1	**Systeme zur Umsetzung von Energie, Stoff und Information**	104
1.1	Systemtechnische Grundlagen	104
1.1.1	Technische Systeme	104
1.1.2	Unterteilungen innerhalb eines technischen Systems	105
1.1.3	Funktionen von Einrichtungen	106
1.1.4	Funktionen von Gruppen	106
1.2	Systeme zum Energieumsatz	108
1.2.1	Anlagen und Maschinen	108
1.2.2	Arbeit und Energie	109
1.2.3	Leistung und Wirkungsgrad	110
1.3	Systeme zum Stoffumsatz	111
1.3.1	Stoffe in technischen Systemen	111
1.3.2	Stoffformung durch Trennen	112
1.4	Systeme zur Informationsumsetzung	113

2	**Funktionseinheiten von Maschinen**	114
2.1	Einteilung der Funktionseinheiten	114
2.2	Reibung zwischen Maschinenelementen	114
2.3	Funktionseinheiten zum Stützen, Tragen und Führen	117
2.3.1	Lagerarten	117
2.3.2	Gleitlager	117
2.3.3	Wälzlager	120
2.3.4	Gleitführungen	122
2.3.5	Wälzführungen	122
2.3.6	Achsen	123
2.4	Elemente und Gruppen zur Energieübertragung	124
2.4.1	Wellen	124
2.4.2	Kupplungen	125
2.4.3	Getriebe und ihre Einteilung	126
2.4.4	Zugmittelgetriebe	127
2.4.5	Zahnradgetriebe	128
2.4.6	Stufenlos verstellbare Getriebe	129

3	**Verschleißursachen und Verschleißminderung**	130
3.1	Verschleißmechanismen	130
3.2	Verschleißarten	131
3.3	Verschleiß beim Gleiten, Rollen und Wälzen	132
3.4	Verschleißminderung	132

Arbeitsauftrag: Analyse von Funktionseinheiten eines Motors ... 133

Instandhaltung – Wartungstechnik — IW

Handlungsfeld: Wartungsmaßnahmen durchführen .. 134

1	**Instandhaltung (Wartung, Inspektion, Instandsetzung)**	135
1.1	Aufgaben der Instandhaltung	135
1.2	Begriffe der Instandhaltung	135
1.3	Maßnahmen der Instandhaltung	136

2	**Instandhaltungsmaßnahmen durch Wartung**	137
2.1	Übersicht über Wartungsarbeiten	137
2.2	Reinigen und Konservieren	138
2.3	Schmieren	139
2.4	Ergänzen, Nachstellen und Auswechseln	142

3	**Systembeurteilung durch Inspektion**	143
4	**Instandsetzen**	146
5	**Wartungsanleitungen**	147

Arbeitsauftrag: Wartungsplan erstellen ... 149

Elektrotechnik — ET

1	**Wirkungen und Einsätze elektrischer Energie**	150
2	**Physikalische Grundlagen**	151
2.1	Elektrische Ladung	151
2.2	Strom	152
2.3	Spannung	152
2.4	Stromkreis	153
2.5	Messung von Stromstärke und Spannung	154
2.6	Leiter und Nichtleiter	154
2.7	Elektrischer Widerstand	155
2.8	Ohmsches Gesetz	156
3	**Grundschaltungen**	157
3.1	Reihenschaltung	157
3.2	Parallelschaltung	157

4	**Schaltzeichen für elektrische Bauelemente und Schaltpläne**	158
4.1	Bauteile in der Elektrotechnik	158
4.2	Elektrische Schaltpläne	158
4.3	Auswahl genormter Schaltzeichen	159
5	**Maßnahmen zur Unfallverhütung**	160
5.1	Leitungs- und Geräteschutzeinrichtungen	161
5.2	Schutzmaßnahmen gegen gefährliche Körperströme	162
5.3	Kennzeichnung elektrischer Geräte	163

Werkstofftechnik — WT

Handlungsfeld: Werkstoffe auswählen 164

1	**Eigenschaften der Werkstoffe**	165
1.1	Physikalische Eigenschaften	165
1.1.1	Mechanische Eigenschaften	165
1.1.2	Thermische Eigenschaften	167
1.2	Chemische Eigenschaften	168
1.3	Technologische Eigenschaften	168

Arbeitsauftrag: Prüfen von Werkstoffeigenschaften ... 169

2	**Aufbau metallischer Werkstoffe**	171
2.1	Chemische Elemente	171
2.2	Aufbau von reinen Metallen	173
2.2.1	Metallbindung	173
2.2.2	Metallgefüge	173
2.3	Aufbau von Legierungen	174
2.3.1	Mischkristallgefüge	175
2.3.2	Gefüge von Kristallgemengen	175
3	**Stahl und Eisen-Kohlenstoff-Gusswerkstoffe**	175
3.1	Stahl	176
3.1.1	Gefüge von Stahl bei Raumtemperatur	176
3.1.2	Kurznamen von Stählen	176
3.1.3	Werkstoffnummern von Stählen	178
3.1.4	Stahlsorten	178
3.2	Eisen-Kohlenstoff-Gusswerkstoffe	179
3.2.1	Stahlguss	179
3.2.2	Gusseisen mit Lamellengraphit (GJL)	179
3.2.3	Gusseisen mit Kugelgraphit (GJS)	179
4	**Nichteisenmetalle**	180
4.1	Aluminium und Aluminiumlegierungen	180
4.2	Kupfer und Kupferlegierungen	181
5	**Korrosion**	182
6	**Kunststoffe**	183
6.1	Einteilung der Kunststoffe	183
6.1.1	Einteilung nach Molekülaufbau	183
6.1.2	Einteilung nach Struktur und thermischem Verhalten	184
6.2	Erzeugung und Verwendung von Kunststoffen	185
6.3	Übersicht über wichtige Kuntstoffe	186
7	**Kühlschmierstoffe**	188
7.1	Nicht wassermischbare Kühlschmierstoffe	188
7.2	Wassermischbare Kühlschmierstoffe	189
7.3	Schutzmaßnahmen beim Umgang mit Kühlschmierstoffen	190
7.4	Reinigung von Kühlschmierstoffen	191
7.5	Entsorgung von Schmier- und Kühlschmierstoffen	191
8	**Schmierstoffe**	192
8.1	Ölschmierung	192
8.2	Fettschmierung	194
8.3	Festschmierstoffe	194

Informationstechnik — IT

Handlungsfeld: Programme erstellen 195

1	**Grundlagen der Datenverarbeitung**	196
2	**Arbeitsweise eines Computers**	197
2.1	Dateneingabe	197
2.2	Datencodierung	198
2.3	Datenverarbeitung	199
2.3.1	Teilsysteme einer Datenverarbeitungsanlage	199
2.3.2	Datentransport	200
2.4	Datenspeicherung – Datenausgabe	201
3	**Programmieren**	203
3.1	Betriebssysteme und Benutzeroberflächen	203
3.2	Grundlagen der Programmerstellung	203
3.2.1	Programmablaufplan und Struktogramm	204
3.2.2	Arbeitsablauf zur Programmentwicklung (Beispiel)	205
3.3	Programmieren mit einem Tabellenkalkulationsprogramm	206
3.3.1	Aufbau eines Tabellenkalkulationsprogramms am Beispiel EXCEL	206
3.3.2	Beispiel für ein EXCEL-Programm	208

Technische Kommunikation — TK

1	**Technisches Zeichnen**	210
1.1	Technische Zeichnungen als Informationsträger	210
1.2	Von der räumlichen Darstellung zur technischen Zeichnung	212
1.2.1	Festlegung der Werkstücklage für die zeichnerische Darstellung	213
1.2.2	Blatteinteilung	214
1.2.3	Schriftfeld	214
1.2.4	Blattgrößen und Maßstäbe	215
1.3	Beschriftungen in technischen Zeichnungen	216
1.3.1	Normschrift	216
1.3.2	Maßeintragungen	216
1.3.3	Maßbezugsebenen	217
1.3.4	Bemaßung einzelner Formelemente	218
1.3.5	Eintragung von Toleranzangaben	219
1.3.6	Eintragung von Oberflächenangaben	220
1.3.7	Anwendungsbezogene Bemaßung	222
1.4	Darstellung und Bemaßung zylindrischer Werkstücke	223
1.5	Schnittdarstellungen	224
1.6	Darstellung und Bemaßung von Gewinden	225
1.7	Normen und Normteile	226
1.8	Gesamtzeichnung und Stückliste	227
1.9	Darstellung von Schraubverbindungen	229

Arbeitsauftrag: Konstruktion eines Biegewerkzeugs ändern 230

2	**Technische Informationsquellen**	232
2.1	Arbeitspläne	232

2.2	Versuche und Versuchsprotokolle	233
2.2.1	Versuche	233
2.2.2	Versuchsprotokolle	233
2.3	Diagramme	235
2.3.1	Balkendiagramme	235
2.3.2	Koordinatensysteme	236
2.3.3	Kreisdiagramme	236
2.3.4	Sankey-Diagramme	237
2.3.5	Zustands-Diagramme	237
2.4	Planungsunterlagen am Beispiel einer pneumatischen Steuerung	238
2.4.1	Aufgabenstellung und Technologieschema	238
2.4.2	Funktionsdiagramme	238
3	**Technische Dokumentationen für Bedienungs- und Wartungsarbeiten**	**242**
3.1	Betriebsanleitungen	242
3.2	Montage-/ Demontagebeschreibungen	242
3.3	Anordnungspläne	244

Steuerungstechnik   ST

Handlungsfeld: Entwickeln von Steuerungen 245

1	**Grundlagen der Steuerungstechnik**	**246**
1.1	Steuerungs- und Leistungsteil gesteuerter Anlagen	246
1.2	Logikpläne von Steuerungen	248
1.2.1	Logische Grundfunktionen	248
1.2.2	Planerische Darstellung von Steuerungen	251
2	**Grundlagen für pneumatische Steuerungen**	**252**
2.1	Druck	252
2.2	Einheiten zur Bereitstellung der Druckluft	253
2.2.1	Verdichter (Kompressoren)	253
2.2.2	Druckluftverteilung	254
2.2.3	Aufbereitung der Druckluft	254
2.3	Einheiten zum Steuern der Druckluft	255
2.3.1	Übersicht über pneumatische Ventile	255
2.3.2	Bauformen pneumatischer Ventile	255
2.3.3	Vereinbarungen bei Wegeventilen	256
2.3.4	Betätigungsarten von Ventilen	257
2.4	Arbeitseinheiten in der Pneumatik	257
2.4.1	Aufbau von Zylindern	257
2.4.2	Kolbenkraft	258
2.4.3	Dämpfung	259
3	**Schaltpläne in der Pneumatik**	**259**
3.1	Aufbau	259
3.2	Kennzeichnungsschlüssel	259
3.3	Beispiel für einen Pneumatikschaltplan	260
3.4	Funktionsdiagramme	260
4	**Pneumatische Steuerungen**	**261**
4.1	Grundschaltungen	261
4.2	Grundsteuerungen	262
4.3	Beispiele von pneumatischen Steuerungen	264
4.3.1	Steuerung mit einfachwirkendem Zylinder	264
4.3.2	Steuerung mit doppeltwirkendem Zylinder	265
5	**Wartung und Fehlersuche**	**266**
5.1	Wartung von pneumatischen Steuerungen	266
5.2	Fehlersuche in pneumatischen Steuerungen	268

Arbeitsauftrag: Entwerfen und Testen einer pneumatischen Steuerung 269

Kreativ- und Präsentationstechnik   KP

Handlungsfeld: Präsentation kreativ entwickelter Lösungen 270

1	**Kreativtechniken**	**271**
1.1	Regeln der kreativen Ideenfindung	271
1.2	Brainstorming	272
1.3	Mind-Mapping	273
1.4	Ursache-Wirkungs-Diagramm (Ishikawa-Diagramm)	274
2	**Präsentationstechniken**	**275**
2.1	Ziele festlegen	275
2.2	Zielgruppen beschreiben	277
2.3	Inhalte bearbeiten	278
2.4	Darstellung (Visualisierung) anfertigen	278
2.5	Präsentation planen, durchführen und bewerten	281

Bildquellenverzeichnis 284

Sachwortverzeichnis 285

---

www.bildungsverlag1.de

Gehlen, Kieser und Stam sind unter dem Dach des Bildungsverlages EINS zusammengeführt.

Bildungsverlag EINS, Sieglarer Straße 2, 53842 Troisdorf

ISBN 3-427-**55030**-3

© Copyright 2004: Bildungsverlag EINS GmbH, Troisdorf
Das Werk und seine Teile sind urheberrechtlich geschützt. Jede Nutzung in anderen als den gesetzlich zugelassenen Fällen bedarf der vorherigen schriftlichen Einwilligung des Verlages.
Hinweis zu § 52a UrhG: Weder das Werk noch seine Teile dürfen ohne eine solche Einwilligung eingescannt und in ein Netzwerk eingestellt werden. Dies gilt auch für Intranets von Schulen und sonstigen Bildungseinrichtungen.

Prüftechnik

Handlungsfeld: Bauteile prüfen

Problemstellung

Prüfauftrag

Prüfauftrag: Bohrungsabstand prüfen

Zeichnung

Werkstück

Analysieren

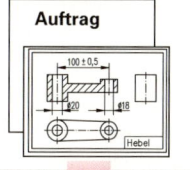

Auftrag und Zeichnungen auswerten nach
- Zu prüfenden Eigenschaften (Form, Maße, Oberfläche ...)
- Toleranzen
- Gefordertem Ergebnis (Maßangabe oder Bedingung erfüllt/Bedingung nicht erfüllt)

Auftrag

Ergebnisse
Entscheidung für
- Messen oder Lehren
- Subjektives oder objektives Prüfen
- Umfang der Prüfung

Planen

Überlegungen zu
- Prüfgerät (Art, Größe, Genauigkeit, Handhabung ...)
- Prüfaufbau (Positionierung von Werkstück und Messgerät ...)
- Durchführung der Prüfung (Abfolge der Prüfungen ...)
- Ergebnisdokumentation

Arbeitsplan
1.
2. Prüfaufbau
3.
4. Auswertung

Ergebnisse
- Plan der Prüfeinrichtung
- Prüfplan (Prüfmethode)
- Dokumentations- und Auswerteformular

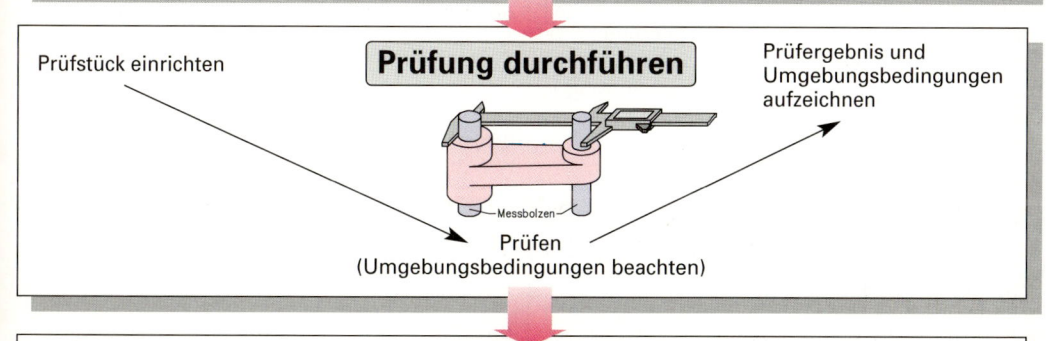

Prüfung durchführen

Prüfstück einrichten

Prüfen (Umgebungsbedingungen beachten)

Prüfergebnis und Umgebungsbedingungen aufzeichnen

Auswerten

- Soll-Ist-Vergleich durchführen

- Ergebnis beurteilen (z. B. gut, Nacharbeit, Ausschuss)
- Fehler analysieren
- Fehlerbehebung vorschlagen

1 Grundbegriffe

1.1 Bedeutung des Prüfens in der Fertigung

Bei der Konstruktion von Werkstücken werden die Maße, der Werkstoff, die Oberflächenbeschaffenheit u. a. festgelegt. Der Arbeitsablauf wird organisiert und dokumentiert, eine hinreichende Anzahl von Kontrollen wird zugeordnet. Die Prüfung erfolgt durch:
- Eingangskontrolle
- Zwischenkontrolle
- Endkontrolle

Beispiele	für die Prüfung von Maßen an einer Welle

Vor der Fertigung beginnen die Prüfungen der Rohteile mit der Kontrolle der Rohmaße und der Untersuchung der Werkstoffe. Damit werden zu kleine Rohteile und unbrauchbare Materialien schon vor Beginn der Fertigung ausgeschieden.

Während der Fertigung finden wiederholt Prüfungen am Werkstück statt, um Teile mit Fehlern aus dem Fertigungsprozess auszusondern. Dadurch werden Fertigungskosten eingespart.

Nach der Fertigung wird das Erzeugnis geprüft. Es wird festgestellt, ob die vorgeschriebenen Bedingungen, die so genannten *Sollwerte* – wie Maße, Oberflächengüte, Festigkeit, Farbe u. a. –, mit hinreichender Genauigkeit eingehalten wurden.

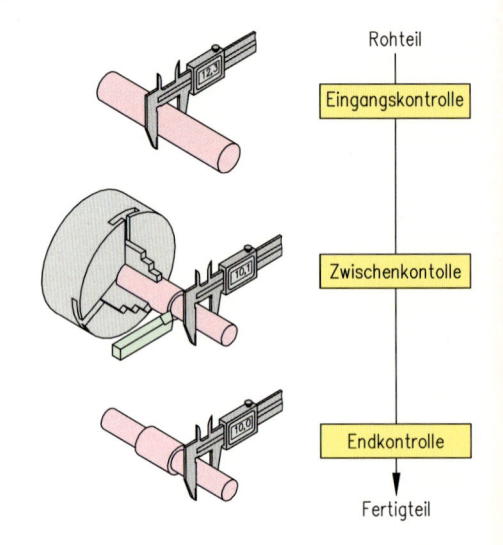

> Prüfen (DIN 1319) heißt feststellen, ob eine bestimmte Größe des Prüfgegenstandes – also z.B. die Länge eines Werkstücks – die vorgeschriebenen Bedingungen erfüllt.

1.2 Subjektives und objektives Prüfen

Prüfen kann man mit den Sinnen und durch Prüfgeräte. Prüfungen durch Sinneswahrnehmung sind vom Prüfer abhängig. Sie werden **subjektive Prüfungen** genannt. Eine solche subjektive Prüfung ist z.B. die mit den Fingern durchgeführte Prüfung der Rauheit einer Werkstückoberfläche.

Prüfungen mit Geräten erlauben genaue Aussagen über auftretende Abweichungen von vorgeschriebenen Werten. Solche Prüfungen werden als **objektive Prüfungen** bezeichnet. Mit einem Oberflächenprüfgerät kann man z.B. die Rauheit einer Werkstückoberfläche objektiv prüfen.

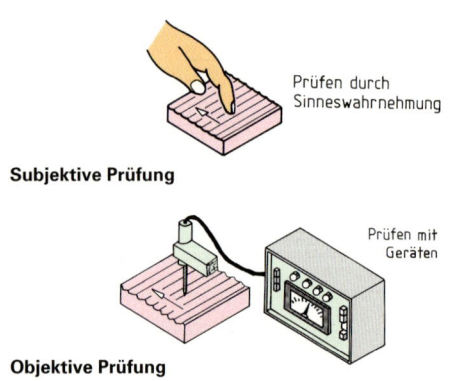

Subjektives Prüfen	– Prüfen durch Sinneswahrnehmung
Objektives Prüfen	– Prüfen mit Geräten

1.3 Grundgrößen (Basisgrößen) und ihre Einheiten (Basiseinheiten)

Grundlage des objektiven Prüfens sind die im internationalen Einheitensystem (SI-System) festgelegten physikalischen Grundgrößen und ihre Einheiten.

Die in der Metalltechnik wichtigen Größen
- Länge,
- Masse,
- Zeit und
- Stromstärke

sind genormt.

Grundgröße	Einheiten der Grundgröße Name	Zeichen
Länge	Meter	m
Masse	Kilogramm	kg
Zeit	Sekunde	s
Stromstärke	Ampere	A

Wichtige Grundgrößen und ihre Einheiten sind:
- Länge mit Einheit Meter,
- Masse mit Einheit Kilogramm
- Zeit mit Einheit Sekunde,
- Stromstärke mit Einheit Ampere.

Häufig entstehen bei Verwendung der Basiseinheiten sehr große oder kleine Zahlenwerte. Es wird zum Beispiel kaum jemand von einer 0,0001 m dicken Rasierklinge oder von einer 50 000 m langen Wegstrecke sprechen, sondern von einer 0,1 Millimeter dicken Rasierklinge und einem Weg von 50 km. Man bildet also *Vielfache* oder *Teile* der Größen und kennzeichnet dies durch **Vorsatzzeichen**.

Ausnahmen von diesen Regeln:
Weil Gramm als Basiseinheit der Masse zu klein ist, wählte man das Kilogramm als Einheit der Grundgröße.
Bei der Angabe der Zeit geht man aus Tradition beim Vielfachen auf Minuten, Stunden usw.

	Faktor Bedeutung	Zehnerpotenz	Vorsatz	Vorsatzzeichen
Vielfache	Tausendfache	10^3	Kilo	k
	Hundertfache	10^2	Hekto	h
	Zehnfache	10^1	Deka	da
	Basiseinheit	$10^0 = 1$		
Teile	Zehntel	10^{-1}	Dezi	d
	Hundertstel	10^{-2}	Zenti	c
	Tausendstel	10^{-3}	Milli	m
	Millionstel	10^{-6}	Mikro	μ

Durch die Wahl von Teilen oder Vielfachen von Einheiten werden Maßangaben anschaulicher.

Die Angabe einer Größe erfolgt *stets* durch Zahlenwert *und* Einheit. Soweit eine Einheit nicht verbindlich vorgeschrieben ist, soll sie so gewählt werden, dass kleine und übersichtliche Zahlenwerte entstehen.

Beispiele für die Angaben und Umrechnungen von Größen

$50\,000$ m $= 50 \cdot 10^3$ m $= 50$ km
$0,0001$ m $= 0,1 \cdot 10^{-3}$ m $= 0,1$ mm
$0,05$ kg $= 0,05 \cdot 10^3$ g $= 50$ g
$6\,000$ ms $= 6\,000 \cdot 10^{-3}$ s $= 6$ s $= 0,1$ min

Die Angabe einer Größe erfolgt stets durch Zahlenwert und Einheit. Die Einheit soll so gewählt werden, dass ein übersichtlicher Zahlenwert entsteht.

1.4 Formelzeichen

Durch Formelzeichen werden Größen übersichtlich in Kurzschreibweise dargestellt. Die verschiedenen Bedeutungen einer Grundgröße drückt man durch unterschiedliche Formelzeichen aus.

Beispiele für Formelzeichen und ihre Bedeutung

Grundgröße	Formelzeichen und ihre spezielle Bedeutung		Einheit
Länge	*l* Länge *b* Breite *h* Höhe	*d* Durchmesser *r* Radius *s* Wegstrecke	Meter

Übungsaufgaben PT-2; PT-3

1.5 Prüfverfahren: Messen und Lehren

Das Prüfen von Längen, Winkeln, Formen u.a. kann grundsätzlich durch zwei unterschiedliche Verfahren erfolgen: durch Messen oder durch Lehren.

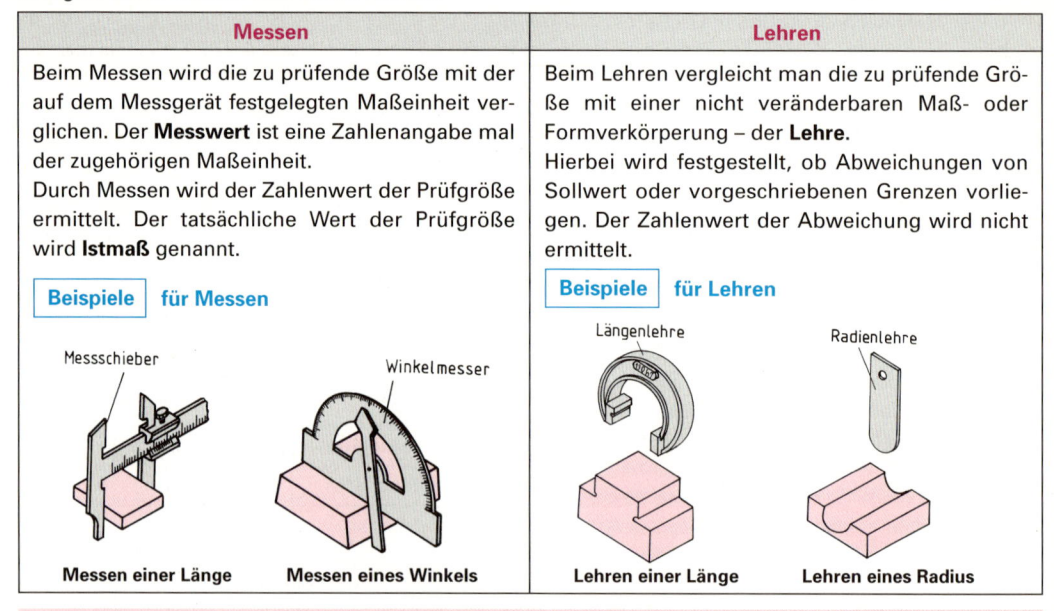

Messen	Lehren
Beim Messen wird die zu prüfende Größe mit der auf dem Messgerät festgelegten Maßeinheit verglichen. Der **Messwert** ist eine Zahlenangabe mal der zugehörigen Maßeinheit. Durch Messen wird der Zahlenwert der Prüfgröße ermittelt. Der tatsächliche Wert der Prüfgröße wird **Istmaß** genannt.	Beim Lehren vergleicht man die zu prüfende Größe mit einer nicht veränderbaren Maß- oder Formverkörperung – der **Lehre**. Hierbei wird festgestellt, ob Abweichungen von Sollwert oder vorgeschriebenen Grenzen vorliegen. Der Zahlenwert der Abweichung wird nicht ermittelt.
Beispiele für Messen Messschieber — Winkelmesser Messen einer Länge — Messen eines Winkels	**Beispiele** für Lehren Längenlehre — Radienlehre Lehren einer Länge — Lehren eines Radius

Messen ist ein Prüfen, bei dem das Istmaß einer Messgröße als Zahlenwert ermittelt wird.
Lehren ist ein Prüfen, bei dem festgestellt wird, ob eine Messgröße mit einer Maß- oder Formverkörperung übereinstimmt.

2 Prüfen von Längen

2.1 Maßsysteme und Einheiten

Die international festgelegte und gesetzlich vorgeschriebene Einheit für die Länge ist das Meter (Einheitenzeichen: m). Man nennt dieses System auch **metrisches Maßsystem**.

Neben dem Meter als gesetzlicher Einheit für die Länge sind dezimale Teile und dezimale Vielfache des Meters zugelassen. Festgelegte Vorsilben geben dabei das dezimale Vielfache oder den dezimalen Teil des Meters an. In der Metallverarbeitung werden Maße in der Regel in Millimeter angegeben. Bei sehr genauen Maßangaben benutzt man auch die Einheit Mikrometer.

Vom Meter abgeleitete Längeneinheiten

$1\,000 \cdot 1\,m =$	$1\,000\,m$	$= 1\,km$	**Kilo**meter
$1 \cdot 1\,m =$	$1\,m$	$= 1\,m$	Meter
$\frac{1}{10} \cdot 1\,m =$	$0{,}1\,m$	$= 1\,dm$	**Dezi**meter
$\frac{1}{100} \cdot 1\,m =$	$0{,}01\,m$	$= 1\,cm$	**Zenti**meter
$\frac{1}{1\,000} \cdot 1\,m =$	$0{,}001\,m$	$= 1\,mm$	**Milli**meter
$\frac{1}{1\,000\,000} \cdot 1\,m =$	$0{,}000001\,m$	$= 1\,\mu m$	**Mikro**meter

Die Basiseinheit der Länge ist das Meter.
In der Metalltechnik werden Längemaße in Millimeter angegeben.

In einigen Ländern wird noch die Einheit Zoll für die Längenmessung benutzt – **Zollmaßsystem**. Auch in Deutschland ist diese Einheit bei Rohrgewinden und teilweise im Fahrzeugbau noch üblich.
Für die Umrechnung gilt:

$$1\,\text{Zoll} = 1" = 25{,}400\,mm$$

2.2 Höchstmaß – Mindestmaß – Toleranz

Werkstücke können in der Fertigung nie genau mit dem in der Zeichnung angegebenen Maß, dem **Nennmaß** N, hergestellt werden. Daher werden je nach Anforderung mehr oder weniger große Abweichungen vom Nennmaß zugelassen. Das größte zulässige Maß des Werkstückes ist das **Höchstmaß** G_o. Das kleinste zulässige Maß ist das **Mindestmaß** G_u. Den Unterschied zwischen Höchst- und Mindestmaß nennt man die **Toleranz** T.

Die obere zulässige Abweichung vom Nennmaß ist das **obere Abmaß** ES[1),2)] bei Bohrungen, (es bei Wellen). Die untere zulässige Abweichung ist das **untere Abmaß** EI[1),3)] bei Bohrungen, (ei bei Wellen).

Die Größe der Toleranz richtet sich nach dem Verwendungszweck.
Der Außendurchmesser eines Wasserrohres kann mit größerer Toleranz gefertigt werden, weil die Funktion dadurch nicht beeinträchtigt wird.
Die Zapfen einer Kurbelwelle müssen hingegen mit kleinerer Toleranz gefertigt werden, weil sonst eine einwandfreie Montage und ein ruhiger Lauf nicht gewährleistet sind.

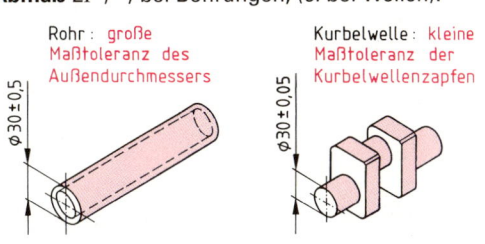

Rohr: große Maßtoleranz des Außendurchmessers — $\phi 30 \pm 0{,}5$

Kurbelwelle: kleine Maßtoleranz der Kurbelwellenzapfen — $\phi 30 \pm 0{,}05$

Auswahl der Toleranz nach dem Verwendungszweck

Damit Werkstücke wirtschaftlich gefertigt werden können, gilt der Grundsatz:
„Toleranzen so groß wie möglich und nur so klein wie notwendig wählen."

Beispiel für die Grenzen der zulässigen Abweichungen vom Nennmaß

Zeichnung mit **Nennmaß** und **Grenzabmaßen**: $50^{+0,2}_{-0,1}$

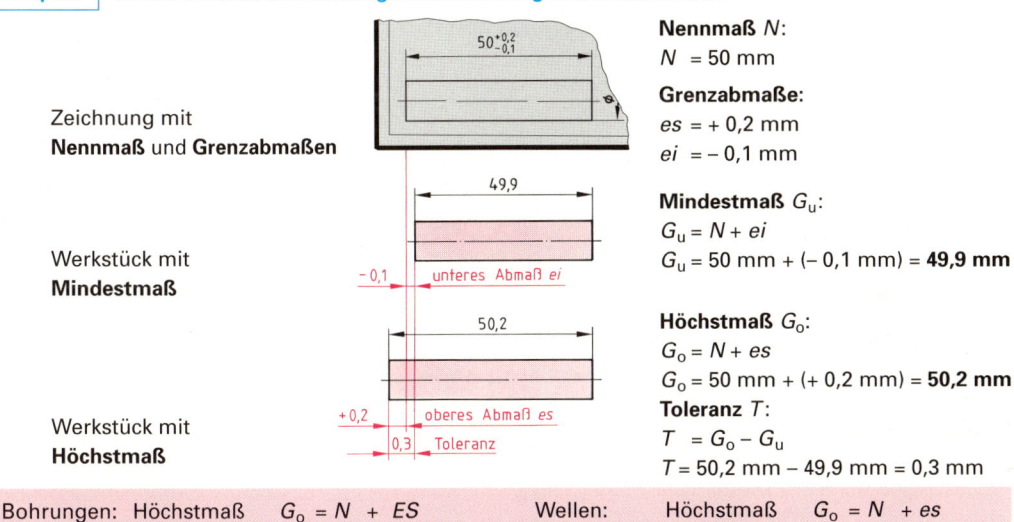

Nennmaß N:
$N = 50$ mm

Grenzabmaße:
$es = +0{,}2$ mm
$ei = -0{,}1$ mm

Werkstück mit **Mindestmaß**: 49,9 ; $-0{,}1$ unteres Abmaß ei

Mindestmaß G_u:
$G_u = N + ei$
$G_u = 50$ mm $+ (-0{,}1$ mm$) = $ **49,9 mm**

Werkstück mit **Höchstmaß**: 50,2 ; $+0{,}2$ oberes Abmaß es ; $0{,}3$ Toleranz

Höchstmaß G_o:
$G_o = N + es$
$G_o = 50$ mm $+ (+0{,}2$ mm$) = $ **50,2 mm**

Toleranz T:
$T = G_o - G_u$
$T = 50{,}2$ mm $- 49{,}9$ mm $= 0{,}3$ mm

Bohrungen:		Wellen:	
Höchstmaß	$G_o = N + ES$	Höchstmaß	$G_o = N + es$
Mindestmaß	$G_u = N + EI$	Mindestmaß	$G_u = N + ei$
Toleranz	$T = G_o - G_u$	Toleranz	$T = G_o - G_u$

• **Grenzabmaße für Längenmaße (DIN ISO 2768)**

Toleranz-klasse	Grenzabmaße in mm für Nennmaßbereich in mm							
	0,5 bis 3	über 3 bis 6	über 6 bis 30	über 30 bis 120	über 120 bis 400	über 400 bis 1 000	über 1 000 bis 2 000	über 2 000 bis 4 000
f (fein)	± 0,05	± 0,05	± 0,1	± 0,15	± 0,2	± 0,3	± 0,5	–
m (mittel)	± 0,1	± 0,1	± 0,2	± 0,3	± 0,5	± 0,8	± 1,2	± 2
c (grob)	± 0,2	± 0,3	± 0,5	± 0,8	± 1,2	± 2	± 3	± 4
v (sehr grob)	–	± 0,5	± 1	± 1,5	± 2,5	± 4	± 6	± 8

[1)] E, e von franz. écart = Abmaß
[2)] S, s von franz. superior = oberes
[3)] I, i von franz. inferieur = unteres

Übungsaufgaben PT-13 bis PT-15

- **Grenzabmaße nach DIN ISO 286**

Grenzabmaße für Werkstücke, die zusammenpassen müssen, werden oft auch durch Buchstaben und Zahlen verschlüsselt angegeben. Für solche Passungsangaben entnimmt man die zulässigen Werte in $\frac{1}{1000}$ mm aus Tabellen.

Beispiel	für Grenzabmaße nach DIN ISO 286

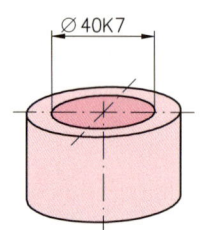

Tabellenauszug für Grenzabmaße *(ES, EI* bzw. *es, ei)* nach DIN ISO 286

Nennmaß-bereich über … bis … mm	Bohrungen Grenzabmaße in μm (= 0,001 mm)					Wellen Grenzabmaße in μm		
	N 7	M 7	K 7	J 7	H 7	r 6	n 6	m 6
30 … 50	− 8	0	+ 7	+ 14	+ 25	+ 50	+ 33	+ 25
	− 33	− 25	− 18	− 11	0	+ 34	+ 17	+ 9

$$40\ K7 \Rightarrow 40^{+0,007}_{-0,018}$$

2.3 Begriffe der Längenmesstechnik

- **Begriffe der Messtechnik**

Begriffe	Erläuterungen
Anzeige	analog — Skalenteilungswert (1 mm), Nonius / digital — Schrittwert (0,01 mm) Die Anzeige ist die vom Messgerät ausgegebene Information über die Größe des Messwertes. Sie kann optisch – in analoger oder digitaler Form – vermittelt werden.
Messwert	Der Messwert ist das Ergebnis des Vergleichs zwischen der Messgröße und der auf dem Messgerät festgelegten Maßeinheit. Messwert = Zahlenwert · Maßeinheit
Messgröße	Die Messgröße ist die zu messende Größe an einem Werkstück.
Skalenteilungswert bzw. Schrittwert	Der Skalenteilungswert bzw. Schrittwert entspricht der Differenz zweier benachbarter Teilungsmarken auf einer Strichskala bzw. einem Ziffernschritt auf einer Ziffernskala.
Messabweichung	Eine Messabweichung ist die Differenz zwischen dem gemessenen Wert (Messwert) und dem tatsächlichen Wert (Messgröße).
Bezugstemperatur	Die Messtemperatur beträgt für genaue Messungen 20 °C. Sie muss für Messwerkzeuge und Werkstücke eingehalten werden.

- **Begriffe zum Messverfahren**

Grundlagen aller Prüfgeräte sind **Maßverkörperungen**. Die Verkörperung von Längenmaßen kann erfolgen:

- durch den Abstand von Teilstrichen auf Linealen,
- durch den festen Abstand von parallelen Flächen bei Parallelendmaßen.

Messverfahren, in denen das zu prüfende Maß unmittelbar mit einer Maßverkörperung verglichen wird, nennt man **direkte Messverfahren**.

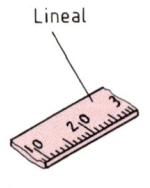

Lineal — Abstand von Teilstrichen
Parallelendmaß — Abstand von parallelen Flächen
Verkörperung von Maßen zum direkten Messen

Durch das Messverfahren stellt man das Istmaß eines Werkstückes fest. Beim Messen von Längen erfolgt ein zahlenmäßiger Vergleich mit Maßverkörperungen.
Direktes Messen ist unmittelbares Vergleichen des zu prüfenden Maßes mit einer Maßverkörperung.

2.4 Direkte Längenmessung
2.4.1 Messen mit Messschiebern

Der Messschieber ist ein häufig verwendetes Längenmessgerät. Mit ihm lassen sich schnell Außen-, Innen- und Tiefenmessungen durchführen. Die Ablesegenauigkeit ist höher als bei einfachen Strichmaßen, weil durch eine zusätzliche **Ablesehilfe**, den **Nonius**, ein genaueres Ablesen möglich ist.
Je nach Aufbau der Nonien können Messwerte auf 1/10 mm oder 1/20 mm Genauigkeit abgelesen werden.

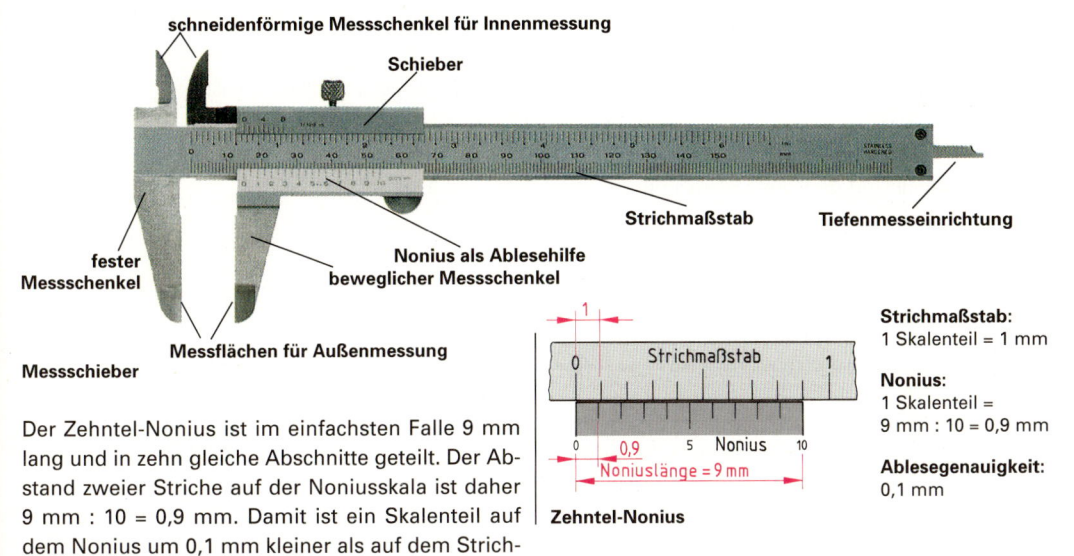

Messschieber (mit Bezeichnungen: schneidenförmige Messschenkel für Innenmessung, Schieber, Strichmaßstab, Tiefenmesseinrichtung, fester Messschenkel, Nonius als Ablesehilfe, beweglicher Messschenkel, Messflächen für Außenmessung)

Zehntel-Nonius
Noniuslänge = 9 mm

Strichmaßstab:
1 Skalenteil = 1 mm

Nonius:
1 Skalenteil =
9 mm : 10 = 0,9 mm

Ablesegenauigkeit:
0,1 mm

Der Zehntel-Nonius ist im einfachsten Falle 9 mm lang und in zehn gleiche Abschnitte geteilt. Der Abstand zweier Striche auf der Noniusskala ist daher 9 mm : 10 = 0,9 mm. Damit ist ein Skalenteil auf dem Nonius um 0,1 mm kleiner als auf dem Strichmaßstab.

> Für das Arbeiten mit dem Messschieber ergeben sich aus den Beispielen folgende Ableseregeln:
> - Ganze Millimeter werden auf dem Strichmaßstab links vom Nullstrich des Nonius abgelesen.
> - Die zehntel Millimeter werden an dem Teilstrich des Nonius abgelesen, der mit einem Strich des Strichmaßstabs übereinstimmt.

Beispiel für das Ablesen eines Maßes

Wird der Messschieber mehr als einen Millimeter geöffnet, so erhält man den Ablesewert aus der Addition der ganzen und der zehntel Millimeter.

Ablesewert = 4 mm + 0,7 mm = **4,7 mm**

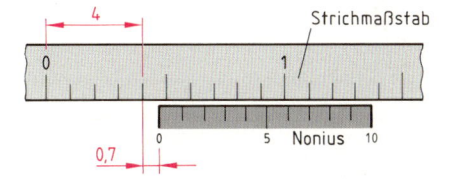

Ablesung von ganzen und zehntel Millimetern

Da die Striche beim 9 mm langen Nonius sehr dicht zusammenliegen, wird der Nonius zur Erhöhung der Ablesesicherheit z.B. um 10, 20 oder 30 mm auf 19, 29 bzw. 39 mm Länge gestreckt.
Zur Verbesserung der Messgenauigkeit verwendet man gelegentlich den Zwanzigstel-Nonius.

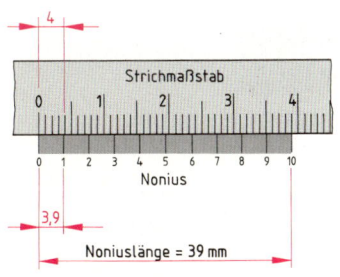

Gestreckter Zehntel-Nonius (3,9; Noniuslänge = 39 mm)

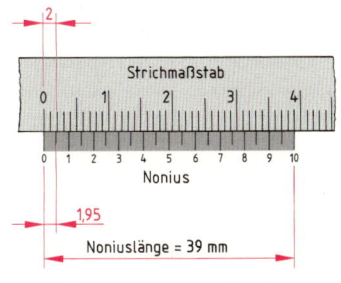

Gestreckter Zwanzigstel-Nonius (1,95; Noniuslänge = 39 mm)

- **Tiefenmessschieber**

Der Tiefenmessschieber dient zum Messen der Tiefen von Nuten und Ausarbeitungen sowie zum Messen von Längen stufenförmig abgesetzter Werkstücke.

Zur Auflage auf das Werkstück ist der Messschenkel des Schiebers beidseitig als so genannte Messbrücke ausgeführt. In ihr wird der Strichmaßstab verschoben. Die Messflächen von Brücke und Strichmaß liegen bei der Nullstellung in einer Ebene.

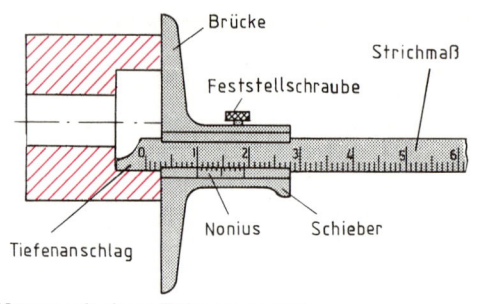

Messen mit einem Tiefenmessschieber

- **Messschieber mit größerem Messbereich**

Messschieber mit einem größeren Messbereich besitzen meist keine Messzunge für Tiefenmessungen. Außenmessungen können mit den üblicherweise verwendeten breiten Messschenkeln oder mit den schneidenförmigen Messschenkeln ausgeführt werden.

Für Innenmessungen besitzen die Messschenkel am Ende gewölbte Messflächen, mit denen man Bohrungen oder Nuten ab 10 mm messen kann. Jeder Messschenkel endet mit einem 5 mm breiten Schnabel zur Innenmessung, sodass zum abgelesenen Wert 10 mm addiert werden müssen.

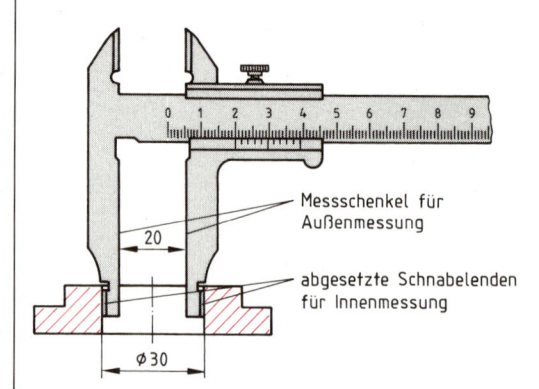

Berücksichtigung der Messschenkelbreite beim Innenmessen

> Bei Innenmessung mit abgesetzten Schnabelenden müssen 10 mm zum abgelesenen Wert addiert werden.

- **Messschieber mit höherer Ablesegenauigkeit**

Messschieber mit Rundskala besitzen statt des Nonius eine Messuhr. Bei diesen Messschiebern werden auf dem Strichmaßstab die ganzen Millimeter und auf der Messuhr die Bruchteile der Millimeter abgelesen. Je nach Ausführung der Messuhr beträgt die Ablesegenauigkeit ein Zehntel- bis ein Hundertstelmillimeter.

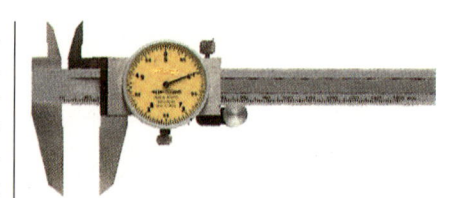

Messschieber mit Rundskala

Digital anzeigende Messschieber zeigen auf einer LCD-Anzeige (Flüssigkristallanzeige) den Messwert unmittelbar an. Dadurch werden Ablesefehler weitgehend ausgeschlossen. Diese Messschieber erleichtern auch die Durchführung von Unterschiedsmessungen, da die Nullstellung beliebig einstellbar ist.

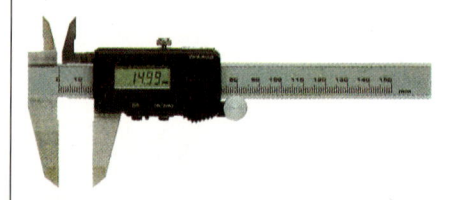

Digital anzeigender Messschieber

> Messschieber mit Rundskala und digital anzeigende Messschieber besitzen eine Ablesegenauigkeit von 1/100 mm.

2.4.2 Messen mit Messschrauben

Für Längenmessungen mit einer Ablesegenauigkeit von 0,01 mm werden Messschrauben benutzt. Bei Messschrauben wird mithilfe eines Gewindes die Längenmessung durchgeführt. Die Gewindesteigung stellt die Maßverkörperung dar. Je nach Ausführung sind Außen-, Innen- oder Tiefenmessungen möglich.

● **Messprinzip**
Bei Messschrauben wird das Maß durch den Abstand zwischen zwei Messflächen verkörpert. Dieser Abstand kann durch Hinein- oder Herausdrehen einer Gewindespindel aus einer Mutter verändert werden.

| Beispiel | für den Aufbau einer Messschraube |

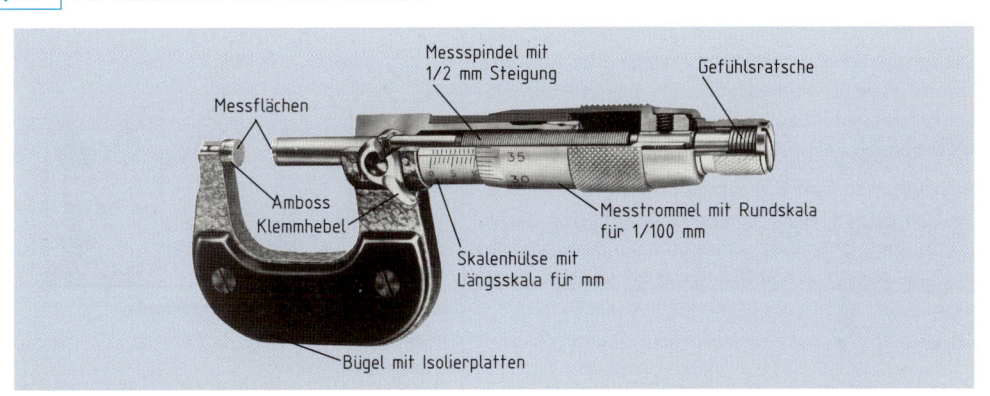

Bildbeschriftungen:
- Messflächen
- Amboss
- Klemmhebel
- Messspindel mit 1/2 mm Steigung
- Gefühlsratsche
- Messtrommel mit Rundskala für 1/100 mm
- Skalenhülse mit Längsskala für mm
- Bügel mit Isolierplatten

Die Steigung des Messspindelgewindes beträgt meist 0,5 mm. Eine Umdrehung dieser Messtrommel bewirkt daher eine Längsverschiebung der Messspindel von 0,5 mm. Um diese Verschiebung der Messspindel anzuzeigen, sind auf der Längsskala der Skalenhülse unterhalb des durchgehenden Längsstrichs Teilstriche aufgebracht, welche die halben Millimeter markieren.

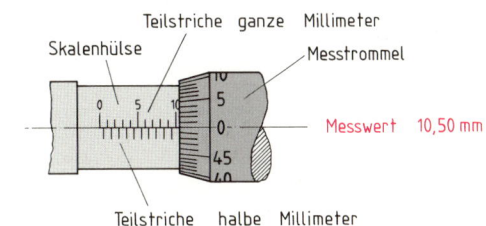

Bei Messspindeln mit einer Steigung von 0,5 mm ist der Umfang der Messtrommel in 50 gleiche Skalenteile aufgeteilt. Öffnet man die Außenmessschraube um einen Skalenteil der Messtrommel, so bewegen sich Messtrommel mit Messspindel in Achsrichtung um 1/50 von 0,5 mm weiter. 1/50 von 0,5 mm sind 0,01 mm.

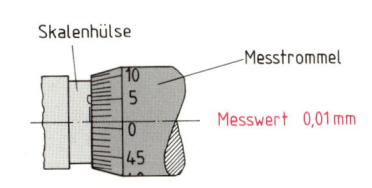

Beim Ablesen des Messwertes bestimmt man zunächst auf der Skalenhülse die ganzen und halben Millimeter. Hinzu kommen die Hundertstelmillimeter, die auf der Messtrommel angezeigt werden.

Messwert: 16,0 mm + 0,42 mm = **16,42 mm**

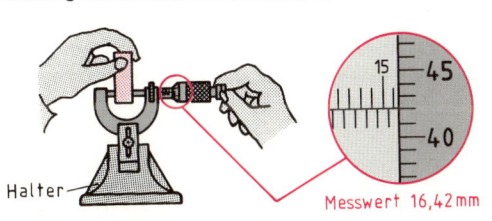

Ablesung ganzer und halber Millimeter — Messwert 10,50 mm

Ablesung eines Hundertstelmillimeters — Messwert 0,01 mm

Messen mit der Bügelmessschraube — Messwert 16,42 mm

Für das Arbeiten mit Messschrauben ergeben sich folgende Ableseregeln:
- Ganze und halbe Millimeter werden auf der Skalenhülse abgelesen.
- Die Hundertstelmillimeter werden auf der Messtrommel abgelesen.
- Beide Ableseergebnisse werden addiert und ergeben den Messwert.

Übungsaufgaben PT-27 bis PT-30

● **Messschrauben für Innenmessungen**

Für Innenmessungen verwendet man Innenmessschrauben.

Die einfachste Bauform besteht aus:
- Haltegriff mit feststehendem Messbolzen und Innengewinde,
- Messtrommel mit Messspindel und Außengewinde.

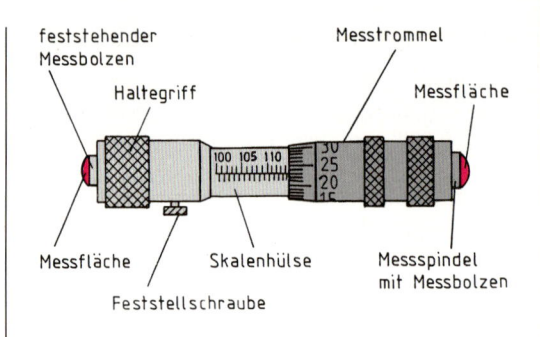

Die untere Grenze des Messbereichs liegt für diese Innenmessschrauben bei 50 mm. Durch Auswechseln von verschieden langen Einsätzen lässt sich der Messbereich gestuft um 25 mm erweitern.

Beim Messen von Bohrungsdurchmessern ist darauf zu achten, dass Innenmessschrauben genau durch den Bohrungsmittelpunkt und außerdem noch senkrecht zur Bohrungsachse gehalten werden.

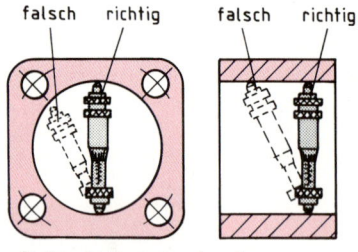

Messen mit einer Innenmessschraube

● **Messschrauben für Tiefenmessungen**

Genaue Tiefenmessungen werden mit Tiefenmessschrauben vorgenommen.

Sie bestehen aus folgenden Teilen:
- Messbrücke mit Skalenhülse und Innengewinde,
- Messspindel mit Tiefenanschlag, Messtrommel, Außengewinde und Gefühlsratsche.

Bei der Tiefenmessschraube steigen die Zahlen der Skalenhülse von oben nach unten an.
Der Messbereich kann durch verschiedene Tiefenanschläge verändert werden.

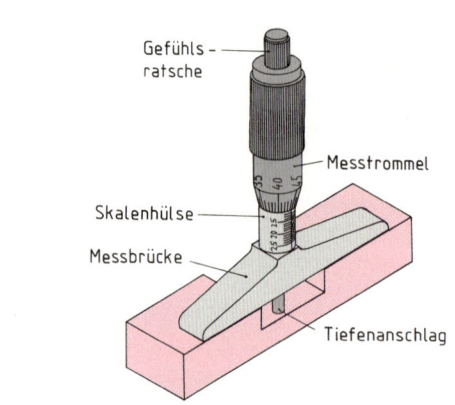

Messen mit einer Tiefenmessschraube

● **Messschrauben mit digitaler Anzeige**

Fehler beim Ablesen des Messwertes werden auch bei Messschrauben durch digitale Anzeige erheblich verringert. Häufig sind diese Messschrauben neben der Digitalanzeige noch mit einer Skalen- und einer Messtrommelteilung ausgerüstet, damit der Messwert zur Sicherheit auch in herkömmlicher Weise ermittelt werden kann.

Messschraube mit digitaler Anzeige

2.4.3 Messen mit Messuhren und Feinzeigern

● **Aufbau**

Maßdifferenzen von 1/100 mm und geringer sind mit **Messuhren** feststellbar. Messuhren sind Längenmessgeräte, bei denen der Weg des Messbolzens über ein geeignetes System auf einen Zeiger übertragen wird, wobei sich der Zeiger um mindestens 360° vor einem runden Skalenblatt bewegt.

Feinzeiger sind Längenmesswerkzeuge, in denen der Winkelausschlag des Zeigers kleiner als 360° ist. Sie weisen sehr hohe Genauigkeit auf, haben aber wegen ihres Aufbaues nur einen begrenzten Messbereich. Die Übersetzung, das Verhältnis von Zeigerausschlag zum Weg des Tastbolzens, kann bis 1 000 : 1 betragen. Die Übersetzung kann auf verschiedene Weise bewirkt werden, zum Beispiel durch Hebelsysteme, Hebel-Zahnradsysteme oder Kombinationen von mechanischen und optischen Einrichtungen.

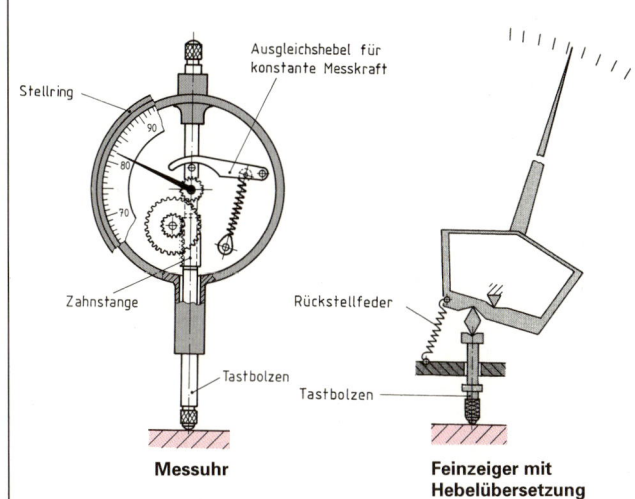

Aufbau von Messuhr und Feinzeiger

> Messuhren zeigen ganze und 1/100 Millimeter an. Der Zeigerausschlag ist mindestens 360°.
> Feinzeiger haben einen sehr begrenzten Anzeigebereich unter 1 mm. Sie zeigen nur Hundertstel- oder Tausendstelmillimeter an.

In digital anzeigenden Messuhren wird der Messwert nicht mechanisch, sondern durch Veränderung elektrischer Größen ermittelt.

Messuhren mit digitaler Anzeige erlauben höhere Ablesegenauigkeit als solche mit Skalenanzeige.

Die Messunsicherheit beträgt aber ± 1 Schritt und ist damit größer als bei analog anzeigenden Messuhren.

● **Einsatz von Messuhren zur Ermittlung von Istmaßen**

Werden Messuhren zur Ermittlung von Istmaßen eingesetzt, so muss die Nullstellung durch Endmaße festgelegt werden. Das Istmaß ergibt sich aus dem eingestellten Maß plus der Maßdifferenz, welche die Messuhr anzeigt. Bei der Einrichtung ist darauf zu achten, dass die Nullstellung der Messuhr so vorgenommen wird, dass positive und negative Abweichungen erfasst werden können.

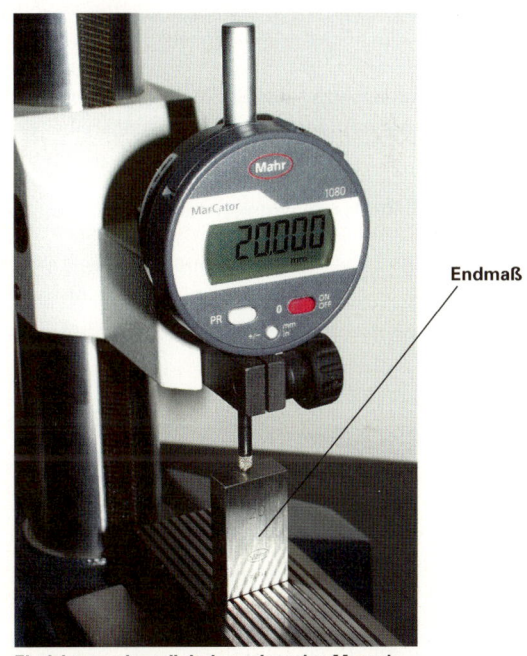

Einrichtung einer digital anzeigenden Messuhr mit einem Endmaß

> Zur Ermittlung von Istmaßen wird die Nullstellung der Messuhr durch Endmaße festgelegt.

Übungsaufgaben PT-34 bis PT-36

2.4.4 Messen mit Endmaßen

Maßverkörperungen, die ein bestimmtes Maß durch den Abstand zweier Endflächen darstellen, werden Endmaße genannt. Die Messflächen von Endmaßen können eben, zylindrisch oder kugelig sein. Endmaße sind aus Stahl, Hartmetall oder Keramik gefertigt.

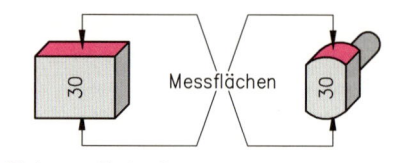

Messflächen an Endmaßen

> Endmaße sind sehr genaue Maßverkörperungen, die Maße werden durch den Abstand zweier Messflächen dargestellt.

Endmaße dürfen nur im gesäuberten Zustand aneinander geschoben werden. Die Messflächen sind so eben, dass sie ohne äußeren Kraftaufwand infolge Adhäsion aneinander haften. Durch das Anschieben mehrerer Endmaßblöcke können beliebige Maße zusammengestellt werden.

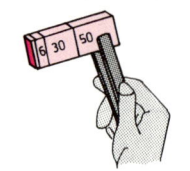

Anschieben von Endmaßen

Endmaßsätze werden mit einer Vielzahl sinnvoll gestufter Einzelendmaße angeboten. Ein Endmaßnormalsatz besteht aus Endmaßen mit fünf unterschiedlichen Maßbildungsreihen. Jede Reihe hat neun Maßblöcke. Innerhalb der Reihe ist die Stufung gleich; so beträgt z.B. in der Reihe 2 die Stufung von Endmaß zu Endmaß 0,01 mm.

Maß-bildungs-reihe	Stufung innerhalb der Reihe	Größe der Endmaße
Reihe 1	0,001 mm	1,001 mm bis 1,009 mm
Reihe 2	0,01 mm	1,01 mm bis 1,09 mm
Reihe 3	0,1 mm	1,1 mm bis 1,9 mm
Reihe 4	1 mm	1 mm bis 9 mm
Reihe 5	10 mm	10 mm bis 90 mm

Endmaße kann man in vier *Genauigkeitsgraden* von 0 bis III erhalten. Sätze mit dem Genauigkeitsgrad 0 haben dabei die höchste Genauigkeit.

Beim Zusammensetzen der Endmaße zu einem bestimmten Maß beginnt man zweckmäßigerweise mit der niedrigsten erforderlichen Maßbildungsreihe.

Beispiel für das Zusammenstellen von Endmaßen zur Maßverkörperung 76,452 mm

Maßbildung	Reihe 1	**1,002** mm
	Reihe 2	**1,05** mm
	Reihe 3	**1,4** mm
	Reihe 4	**3** mm
	Reihe 5	**70** mm
	Kontrolle	76,452 mm

Endmaße werden für verschiedene Aufgaben verwendet:
- Prüfen von anzeigenden Messgeräten,
- Prüfen von Lehren,
- Messen von Werkstücken,
- Einstellen von anzeigenden Messgeräten,
- Einstellen von Anreißspitzen,
- Einstellen von Werkzeugmaschinen.

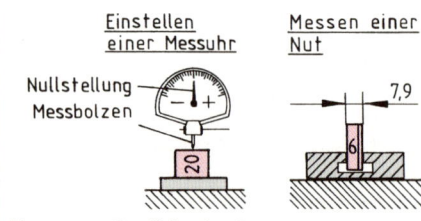

Einstellen einer Messuhr — Nullstellung, Messbolzen

Messen einer Nut — 7,9

Einsatz von Parallelendmaßen

> Endmaße werden für Messungen mit Ablesegenauigkeiten bis zu 0,001 mm eingesetzt.

2.5 Lehren

Durch Lehren wird festgestellt, ob bestimmte Längen, Winkel oder Profile eines Werkstückes erreicht worden sind. Ein Messwert wird nicht ermittelt.

2.5.1 Formlehren

Mit Hilfe von Formlehren wird festgestellt, ob eine bestimmte geforderte Form, ein Radius oder ein Profil dem Sollzustand entspricht.

Beispiele für Formlehren

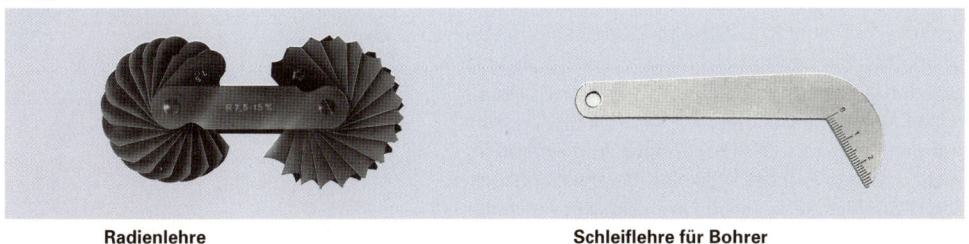

Radienlehre	Schleiflehre für Bohrer

Formlehren verkörpern die Sollkontur.

2.5.2 Maßlehren

Maßlehren dienen zur Überprüfung von Maßen. Man kann mit Maßlehren nur die Grenzen feststellen, zwischen denen ein Maß liegt. Passt zum Beispiel die Nadel einer Düsenlehre mit 1,25 mm Durchmesser in eine Bohrung und die Nadel mit 1,30 mm Durchmesser nicht, so liegt das Maß der Bohrung zwischen 1,25 mm und 1,30 mm Durchmesser.

Beispiele für Maßlehren

Fühlerlehre	Lochlehre

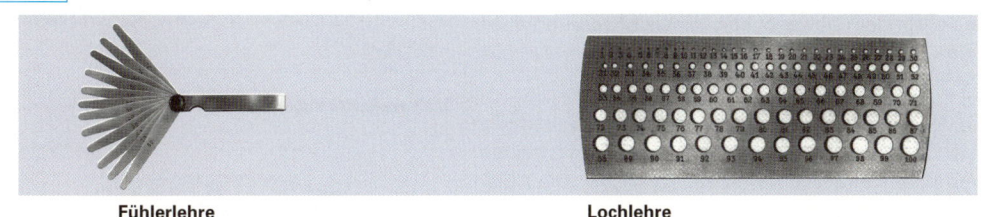

Maßlehren dienen zur Überprüfung von Maßen.

2.5.3 Grenzlehren

Grenzlehren dienen zum Feststellen, ob die vorgeschriebenen Grenzmaße am Werkstück eingehalten sind. Die Grenzlehre hat deshalb zwei feste Maße: das Höchstmaß und das Mindestmaß.
Grenzrachenlehren dienen zum Lehren von Wellen, *Grenzlehrdorne* zum Lehren von Bohrungen.

Beispiele für Grenzlehren

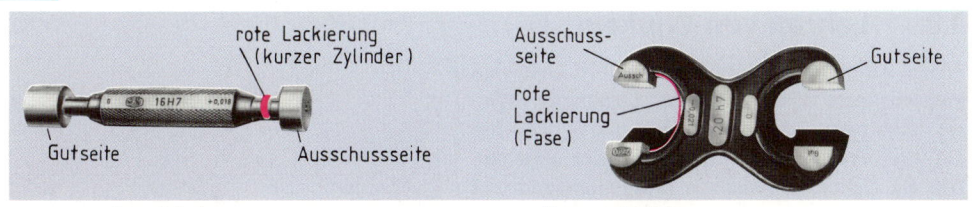

Grenzlehrdorn	Grenzrachenlehre

Grenzlehren verkörpern das Höchst- und Mindestmaß.

3 Prüfen von Winkeln

Der Vollkreis hat einen Winkel von 360°.
Der Winkel von 1° wird unterteilt in 60 Minuten oder 3 600 Sekunden.

Vollkreis	=	360°
1 Grad	=	60 Minuten; 1° = 60'
1 Minute	=	60 Sekunden; 1' = 60"

3.1 Messen von Winkeln

- **Messen mit Winkelmessern**

Einfacher Winkelmesser

Der einfache Winkelmesser hat einen festen Messschenkel mit einer Kreisskala in Gradeinteilung von 0° bis 180°. Ein beweglicher Messschenkel schwenkt um den Kreismittelpunkt. Der Zeiger am beweglichen Messschenkel dient zur Anzeige des Winkels auf der Kreisskala. Der angezeigte Wert entspricht nicht in jedem Fall der Winkelgröße am Werkstück. Die Größe des gemessenen Winkels wird entweder sofort abgelesen, oder sie muss berechnet werden.

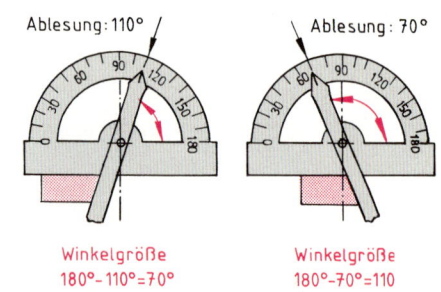

Ablesung: 110°   Ablesung: 70°

Winkelgröße 180°-110°=70°   Winkelgröße 180°-70°=110

Einfacher Winkelmesser mit Ablesebeispielen

> Einfache Winkelmesser haben einen Messbereich von 0° bis 180°. Die Ablesegenauigkeit beträgt 1°.

Universalwinkelmesser

Der Universalwinkelmesser ist vielseitiger verwendbar als der einfache Winkelmesser. Der Universalwinkelmesser hat zwei feste Schenkel, die unter einem Winkel von 90° zueinander stehen. Ein weiterer Schenkel ist um eine Vollkreisskala schwenkbar. Die Vollkreisskala ist in 4 mal 90° eingeteilt. Sie bildet mit den beiden festen Schenkeln eine starre Einheit. Mit dem beweglichen Schenkel verbunden ist eine Nebenskala. Sie besteht aus je einem Nonius rechts und links vom Nullstrich.

Jeder Nonius ist in 12 Teile aufgeteilt und erstreckt sich auf 23°. Der Winkel zwischen zwei Teilstrichen auf dem Nonius ist daher 23°/12 = 1°55'. Die Ablesegenauigkeit beträgt 5'.

Das Ablesen erfordert eine Zusammenfassung der Werte von Hauptskala und Nonius. Der Winkelnonius muss von der Null zweiseitig vorhanden sein. Daher ist zu beachten, dass Hauptskala und Nonius **stets** in gleicher Richtung abgelesen werden.

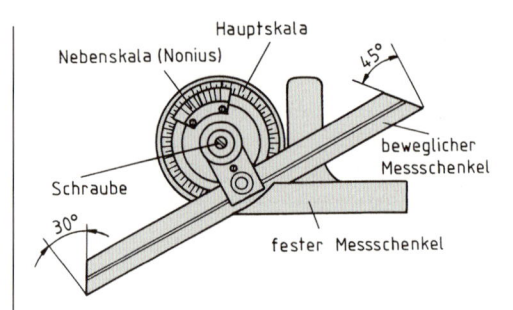

Universalwinkelmesser

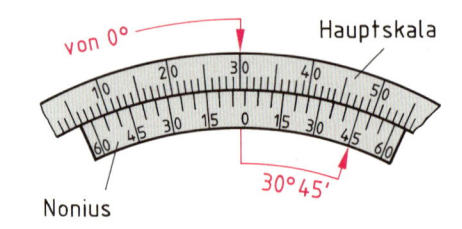

Ermittlung der Winkelgröße

> Universalwinkelmesser haben einen Messbereich von 0° bis 360°. Die Ablesegenauigkeit beträgt 5'. Nonius und Hauptskala müssen stets in gleicher Richtung abgelesen werden.

3.2 Lehren von Winkeln

Winkel werden auch mit Lehren geprüft. Dies sind meistens feste Winkel, die einen bestimmten Winkel verkörpern. Zum Prüfen wird die Winkellehre mit ihren Prüfflächen an das Werkstück angelegt. Tritt ein Lichtspalt zwischen Prüfgegenstand und Lehre auf, so weicht der vorhandene Winkel vom geforderten Winkel ab. Der Istwert des Winkels wird dabei nicht festgestellt.

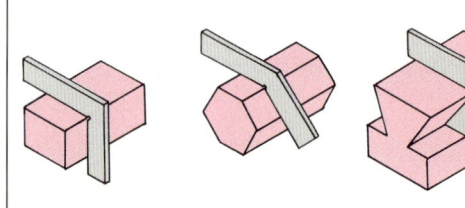

Prüfen mit festen Winkeln

4 Prüfen der Rauheit von Oberflächen

Die Gestaltabweichungen der Werkstückoberflächen von ihrer Idealform ergeben sich aus den Bedingungen der Fertigung und der Werkstoffbeschaffenheit. Die Güte der Werkstückoberfläche ist beim Urformen und Umformen von der formgebenden Oberfläche und bei spanender Bearbeitung vom Verfahren und von den Schnittbedingungen abhängig.

Messgeräte zur Prüfung der Gestaltabweichungen von Werkstückoberflächen tasten diese ab, zeichnen über einen Diagrammschreiber stark vergrößerte Oberflächenprofile auf und errechnen verschiedenartige Kenngrößen.

Die Richtung der Oberflächenabtastung ist frei wählbar, bei spanender Bearbeitung prüft man meist quer zur Bearbeitungsrichtung.

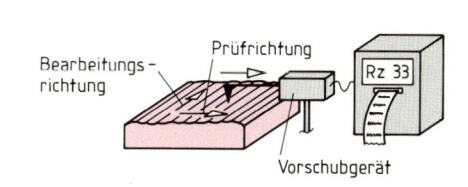

Rauheitsprüfung (Schema)

4.1 Oberflächenkenngrößen

Bei der Oberflächenprüfung erfasst man Gestaltabweichungen unterschiedlicher Größenordnung. Man unterscheidet in der 1. Ordnung **Formabweichungen**, in der 2. Ordnung **Welligkeit** und ab der 3. Ordnung **Rauheit**. Die Oberflächenprüfgeräte erlauben es, durch computerunterstützte Auswertung charakteristische Profilmerkmale herauszufiltern.

Formabweichungen ermittelt man mithilfe von Messmaschinen, wogegen man die Welligkeit und Rauheit mit Tastschnittgeräten erfasst.

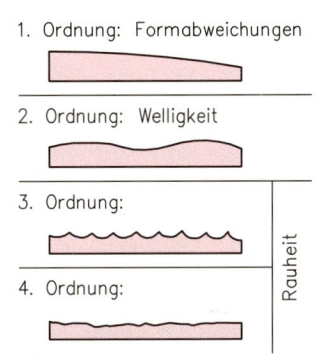

1. Ordnung: Formabweichungen
2. Ordnung: Welligkeit
3. Ordnung:
4. Ordnung:

Gestaltabweichungen

Zur Darstellung des Rauheitsprofils werden die langwelligen Profilanteile durch entsprechende Filter unterdrückt. Durch eine solche Vorgehensweise erhält man eine stark vergrößerte Darstellung der mikroskopisch kleinen Unebenheiten der Werkstückoberfläche. Diese Oberflächenrauheit beeinflusst das Aussehen, das Verschleißverhalten und die Haftung von Beschichtungen.

Wichtige Kenngrößen sind die Rauheitskenngrößen Rz und Ra.

4.1.1 Rauheitskenngröße Rz

Zur Bestimmung des Rz-Wertes unterteilt man im Regelfall die Auswertelänge l in fünf gleiche Einzelmessstrecken l_e. Innerhalb jeder Einzelmessstrecke misst man den Abstand zwischen der höchsten und tiefsten Profilspitze. Diesen Abstand bezeichnet man als Einzelrautiefe Z. Den Mittelwert aus **fünf** aufeinander folgenden Einzelrautiefen Z_1 bis Z_5 bezeichnet man als Rauheitskenngröße Rz.

Man berechnet den Rz-Wert nach der Formel:

$$Rz = \frac{1}{5} \cdot (Z_1 + Z_2 + Z_3 + Z_4 + Z_5)$$

Bei der Angabe der Oberflächenbeschaffenheit wird in Deutschland die Rauheitskenngröße Rz bevorzugt verwendet.

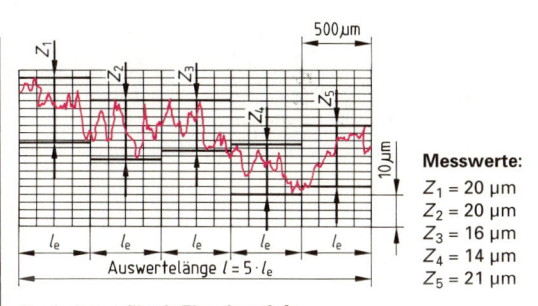

Rauheitsprofil mit Einzelrautiefe

Messwerte:
$Z_1 = 20$ µm
$Z_2 = 20$ µm
$Z_3 = 16$ µm
$Z_4 = 14$ µm
$Z_5 = 21$ µm

Beispiel für die Berechnung des Rz-Wertes

$$Rz = \frac{1}{5} \cdot (20 \text{ µm} + 20 \text{ µm} + 16 \text{ µm} + 14 \text{ µm} + 21 \text{ µm})$$

$Rz = 18$ µm

> Die Rauheitskenngröße Rz ist das arithmetische Mittel der Einzelrautiefen von fünf aufeinander folgenden Messstrecken.

Übungsaufgaben PT-47 bis PT-49

4.1.2 Rauheitskenngröße Ra

Den Ra-Wert kann man sich als Höhe eines Rechteckes vorstellen, dessen Grundseite die Auswertelänge ist. Dieses Rechteck muss flächengleich mit der unregelmäßigen Fläche zwischen Rauheitsprofil und Mittellinie sein. Damit stellt die Höhe des Rechtecks einen Mittelwert aller Profilabstände von der Mittellinie dar. Der errechnete Ra-Wert wird in Mikrometer angegeben.

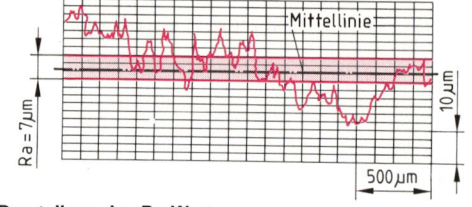

Darstellung des Ra-Wertes

> Der Rauheitskenngröße Ra ist der Mittelwert aller Abweichungen des Rauheitsprofils von der Mittellinie.

4.2 Verfahren zur Prüfung der Rauheit

4.2.1 Prüfen mit Tastschnittgeräten

Bei Tastschnittgeräten tastet eine Diamantspitze mechanisch das Oberflächenprofil auf einer einstellbaren Messstrecke ab. Die entstehenden Höhenbewegungen der Tastspitze werden in elektrische Signale umgeformt und auf einen Rechner mit angeschlossenem Oberflächenprofilschreiber übertragen. Die Messstrecke und die Höhenbewegung können von dem Profilschreiber mit unterschiedlichen Vergrößerungen auf Diagrammpapier aufgezeichnet werden.

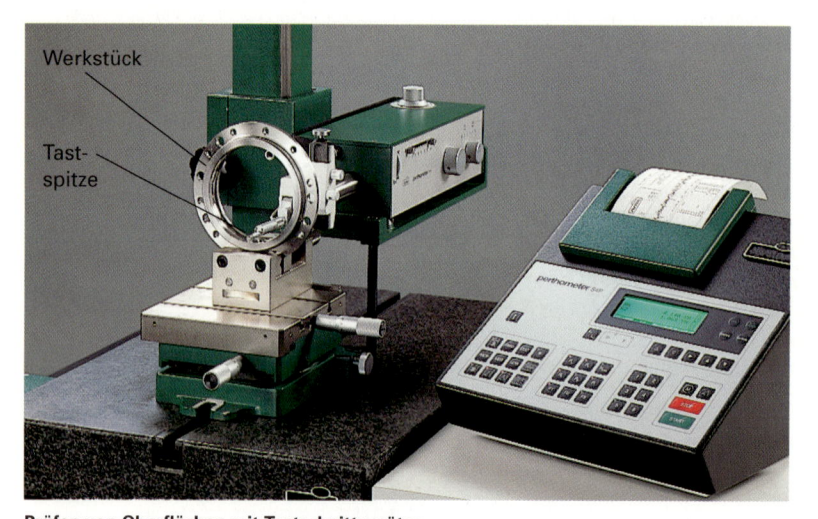

Prüfen von Oberflächen mit Tastschnittgeräten

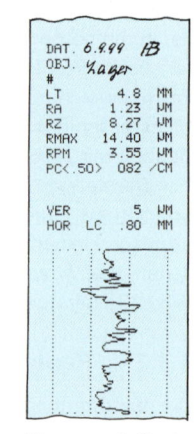

Messprotokoll mit Profilaufzeichnung (Auszug)

4.2.2 Prüfen durch Vergleich mit Oberflächenmustern

Jedes Fertigungsverfahren führt zu typischen Oberflächen. Zur Beurteilung der Oberflächenbeschaffenheit werden für die wichtigsten Fertigungsverfahren entsprechende Oberflächenmuster geliefert.

Durch abwechselndes Abtasten der Werkstückoberflächen und des Oberflächenmusters mit der Fingerkuppe kann die Oberflächenbeschaffenheit recht genau bestimmt werden. Dieser Vergleich zweier Oberflächen zählt zu den subjektiven Prüfverfahren, da das Ergebnis vom Feingefühl des Prüfers abhängig ist.

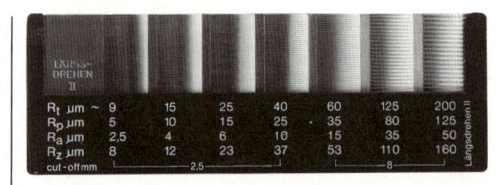

Oberflächenmuster für Drehteile

5 Messabweichungen

5.1 Größe der Messabweichung

Die Abweichung des Prüfergebnisses von der tatsächlichen Größe des zu prüfenden Gegenstandes nennt man Prüf- oder Messabweichung.

Beispiel für eine Messabweichung

gemessener Wert – tatsächlicher Wert = Messabweichung
20,1 mm   –   20,076   =   + 0,024 mm

Messabweichung = gemessener Wert – tatsächlicher Wert

5.2 Arten von Messabweichungen

- **Systematische Messabweichung**

Bestimmte Messabweichungen treten regelmäßig auf. Misst man z.B. mit einer Messschraube, die im Gewinde ein Spiel von 1/100 mm aufweist, so weicht der Messwert stets um 1/100 mm vom tatsächlichen Wert ab. Diese Messabweichung tritt bei jeder Messung mit dieser Messschraube auf, sie wird daher als **systematische Messabweichung** bezeichnet. Man kann sie also bei jeder Messung berücksichtigen.

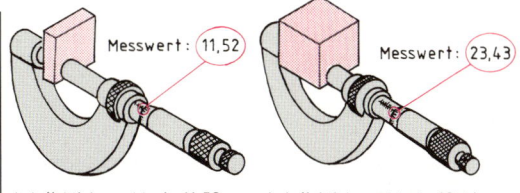

Messwert: 11,52   Messwert: 23,43
tatsächlicher Wert: 11,53 mm   tatsächlicher Wert: 23,44 mm
Systematische Messabweichung durch Gewindespiel

- Messabweichungen, die regelmäßig auftreten, bezeichnet man als systematische Messabweichungen.
- Systematische Messabweichungen können beim Prüfen berücksichtigt werden.

- **Zufällige Messabweichung**

Andere Abweichungen treten unregelmäßig auf. Presst man z.B. die Messschenkel eines Messschiebers unterschiedlich stark an das Werkstück an, so ergeben sich Abweichungen, die bei jeder Messung anders sind. Man bezeichnet sie als **zufällige Messabweichungen**. Solche Abweichungen kann man beim Prüfen nicht berücksichtigen.

Zufällige Abweichungen versucht man dadurch auszugleichen, dass man mehrere Messungen am gleichen Werkstück durchführt und aus ihnen einen Mittelwert errechnet. Der Mittelwert kommt dann dem tatsächlichen Wert sehr nahe.

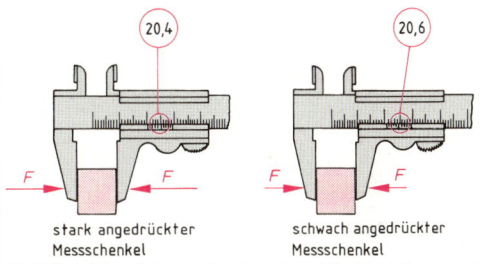

20,4   20,6
stark angedrückter Messschenkel   schwach angedrückter Messschenkel
Zufällige Abweichung durch unterschiedliche Anpresskraft

1. Messung 20,4 mm
2. Messung 20,5 mm
3. Messung 20,5 mm
4. Messung 20,6 mm

Mittelwert 20,5 mm

Bildung eines Mittelwertes

- Messabweichungen, die unregelmäßig auftreten, bezeichnet man als zufällige Messabweichungen.
- Zufällige Messabweichungen können beim Prüfen nicht berücksichtigt werden.

5.3 Ursachen von Messabweichungen

- **Unvollkommenheit am Prüfgegenstand**

Form und Oberfläche des Prüfgegenstandes können ebenfalls zu Messabweichungen führen. Wird z.B. ein nicht paralleles oder unrundes Werkstück nur an einer Stelle gemessen, führt dies zu einer Messabweichung. Ebenso verursacht eine ungenügende Qualität der Oberfläche Messabweichungen.

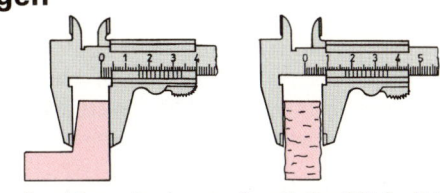

Messabweichung durch ungenügende Qualität des Prüfgegenstandes in Form der Oberfläche

Übungsaufgaben PT-51; PT-52

- **Unvollkommenheiten bei Messgeräten und Lehren**

Prüfmittel, deren Messflächen durch Gebrauch abgenutzt oder gar beschädigt sind, führen zu ständig wiederkehrenden Abweichungen. Deshalb müssen Prüfgeräte von Zeit zu Zeit auf ihre Genauigkeit überprüft werden. So prüft man z.B. Messschrauben und Grenzrachenlehren mit Endmaßen.

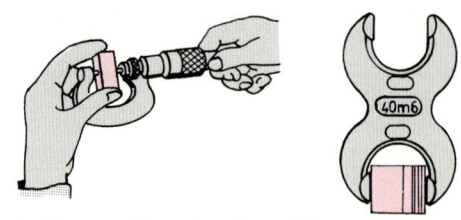

Überprüfung von Messschraube und Grenzrachenlehre

Die Genauigkeit von Messschiebern überprüft man, indem die Messflächen der beiden Messschenkel leicht zusammengedrückt werden. In geschlossener Stellung müssen Nullstrich des Schiebers und Nullstrich des Strichmaßstabes übereinstimmen. Mit dem Lichtspaltverfahren kann man erkennen, ob sich die Messflächen auf der ganzen Länge berühren.

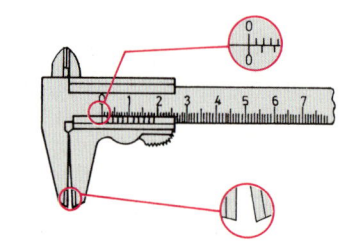

Überprüfung eines abgenutzten Messschiebers

> Ungenaue Prüfgeräte verursachen systematische Messabweichungen. Daher muss die Genauigkeit der Prüfmittel ständig überprüft werden.

- **Unvollkommenheit in den Umweltbedingungen**

Die Bezugstemperatur für genaue Messungen beträgt 20 ° Celsius. Zu hohe oder tiefe Temperaturen verändern die Längen an Werkstücken und anderen Prüfmitteln. Das Nichteinhalten der Bezugstemperatur führt zu Messabweichungen. Diese Abweichungen sind bei gleichen Bedingungen stets regelmäßig.

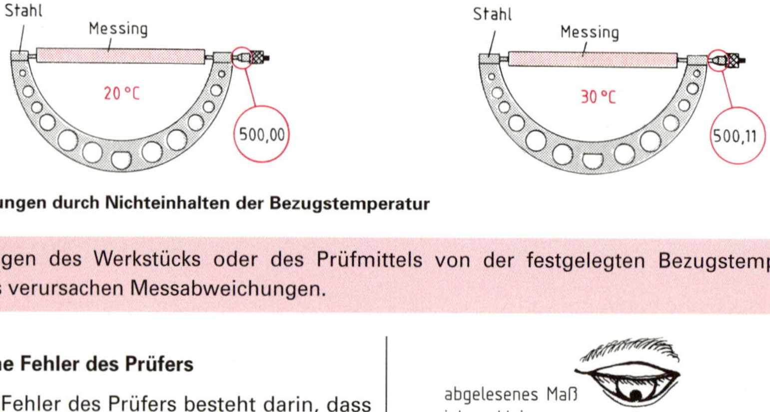

Messabweichungen durch Nichteinhalten der Bezugstemperatur

> Abweichungen des Werkstücks oder des Prüfmittels von der festgelegten Bezugstemperatur von 20 ° Celsius verursachen Messabweichungen.

- **Persönliche Fehler des Prüfers**

Ein häufiger Fehler des Prüfers besteht darin, dass beim Ablesen von Strichmaßen und Zeigerinstrumenten die Blickrichtung nicht senkrecht zur Stricheinteilung ist. Die Maßebene am Werkstück und die Teilungsebene am Messinstrument liegen in einem Abstand parallel zueinander.
Der Abstand der Skala des Strichmaßes vom Werkstück oder der Abstand des Zeigers von der Skala führen durch das schräge Aufblicken zu einem mehr oder weniger großen Ablesefehler. Blickt man senkrecht auf anzeigende Prüfgeräte, vermeidet man diesen Fehler.

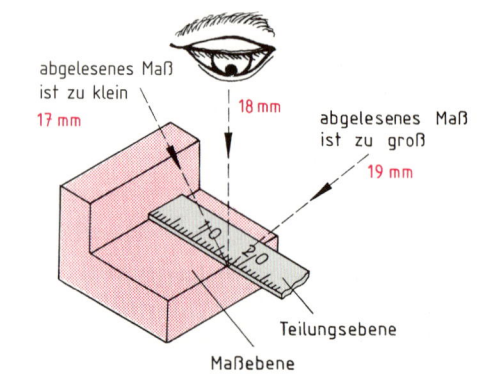

Ablesefehler durch schräge Blickrichtung

> Persönliche Fehler des Prüfenden können durch gezielte Messübungen weitgehend verringert werden.

Übungsaufgaben PT-53 bis PT-57

6 Auswahl von Prüfverfahren und Prüfgeräten

Messen wendet man zur Ermittlung von Istmaßen an, z.B. Messen eines Bohrerdurchmessers mit dem Messschieber. Messen ist notwendig, wenn Maße protokolliert werden müssen.

Lehren wendet man an, wenn festgestellt werden soll, ob eine Form oder ein Maß innerhalb festgelegter Grenzen liegt, z.B. Prüfen der Rechtwinkligkeit zweier Flächen mit dem Flachwinkel.

Nach der Entscheidung, ob Messen oder Lehren, wird das entsprechende Prüfgerät ausgewählt. Die Prüfbedingungen erfordern bestimmte Merkmale des Prüfgerätes:

- Die Prüfgröße bestimmt die Art des Prüfgerätes,
  z.B. verwendet man für Winkelmessungen Winkelmesser.
- Die Größe des zu prüfenden Maßes bestimmt den Arbeitsbereich des Prüfgerätes,
  z.B. misst man eine Gebäudelänge mit dem Bandmaß.
- Die geforderte Messgenauigkeit bestimmt die Ablesegenauigkeit des Messgerätes,
  z.B. erfordert die Prüfung des Maßes 30 ± 0,05 mm eine Messschraube, Messuhr, o. Ä.
- Die Anzahl der zu prüfenden Teile bestimmt die besonderen Merkmale des Prüfgerätes,
  z.B. setzt man zur Kurbelwellenprüfung in der Autoindustrie automatisierte Prüfeinrichtungen ein.
- Die Qualifikation des Prüfers bestimmt die Handhabung und Art der Ablesung,
  z.B. setzt man bei geringer Qualifikation des Prüfers bei Serienprüfungen Lehren mit akustischer Anzeige von Toleranzüberschreitungen ein.
- Die Arbeitsbedingungen bestimmen die Unempfindlichkeit des Prüfgerätes,
  z.B. werden Messungen an umlaufenden Teilen am günstigsten berührungslos durchgeführt.

Beispiele für die Auswahl von Prüfgeräten, Prüfverfahren und Hilfsmitteln

Situation	ausgewählte Prüfverfahren	Begründung der Entscheidung
In einer Werkstatt sind Stahlprofile von 350 mm bis 1910 mm Länge für eine Schweißkonstruktion zu messen.		Die Messung kann mit einem Rollmaß oder einem Gliedermaßstab vorgenommen werden. Der Messbereich von 2 m ist erforderlich, die Ablesegenauigkeit von 1 mm ist ausreichend.
An 20 Bolzen ⌀ 50 x 160 soll an einem Ende jeweils ein Zapfen mit ⌀ 30 und 40 mm Länge gedreht werden, Maßtoleranz 0,1 mm.		Die Messung des Zapfendurchmessers und der Zapfenlänge wird mit einem Messschieber mit Tiefenmesseinrichtung vorgenommen. Messbereich und Ablesegenauigkeit erfüllen die Anforderungen.
In einem Brenner ist wahrscheinlich eine falsche Düse eingesetzt worden. Die Bohrung der Düse ist zu prüfen.		Die Prüfung mit der Fühlerlehre ist einfach und sicher. Eine Prüfung mit einer kegligen Lochlehre würde nur den Durchmesser am Düsenaustritt erfassen.
Eine Exzenterscheibe soll 5 ± 0,5 mm außermittig sein. Es sind 50 Scheiben zu prüfen.		Trotz der großen Toleranz ist die Prüfung mit einer Messuhr sinnvoll, weil nach einmaliger Einstellung der Messuhr die Exzentrizität jeweils mit einer Umdrehung der Werkstücke geprüft werden kann.
Der Abstand einer Gewindebohrung von einer Passbohrung soll 100 ± 0,2 mm betragen. Das Maß ist zu prüfen.		Die große Toleranz erlaubt die Messung mit dem Messschieber. Der Einsatz von Messbolzen ermöglicht eine genauere Erfassung des Maßes als die Messung über die Gewindespitzen.

Die Wahl der Hilfsmittel, z.B. Spannzeuge, Unterlagen, richtet sich nach ähnlichen Gesichtspunkten wie die Auswahl der Prüfverfahren.
Zum wirtschaftlichen Prüfen ist der kleinstmögliche Aufwand anzustreben.

Arbeitsauftrag: Prüfen eines Lagerbockes

In Einzelfertigung wurde ein Lagerbock für die Papierführungswalze einer Maschine hergestellt. In diesem Lagerbock wird die Walze in einem Wälzlager gelagert. Die freie Seite des Lagers wird durch einen aufgeschraubten Deckel verschlossen.
Nach der Fertigung sollen diejenigen Maße, die für die Montage wichtig sind, geprüft werden.

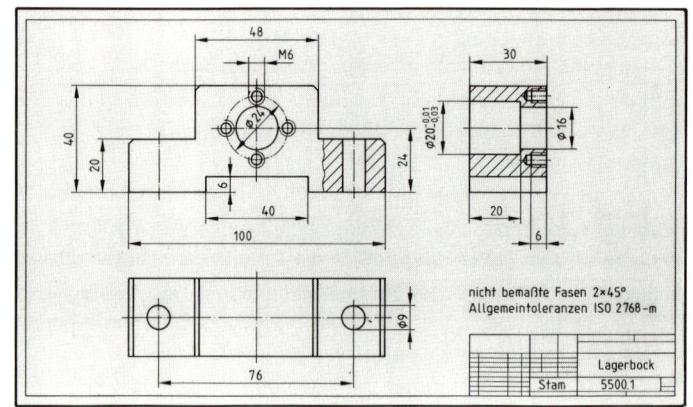

Zeichnung des Lagerbocks

Aufgaben

1. Diskutieren Sie für die in den Bildern 1.–4. angegebenen Prüfmaße die verschiedenen Möglichkeiten zur Durchführung der Prüfung.
2. Wählen Sie für jede der geforderten Prüfungen geeignete Prüfmittel aus, und begründen Sie die Auswahl.
3. Beschreiben Sie die Durchführung der folgenden 4 Prüfungen.

1. Kontrolle des Maßes $20_{-0,03}^{-0,01}$

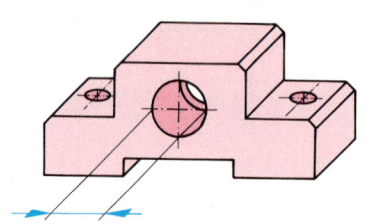

2. Kontrolle des Abstandes der Lagermitte von der Befestigungsebene

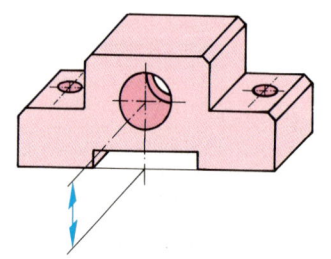

3. Kontrolle des Bohrungsabstandes

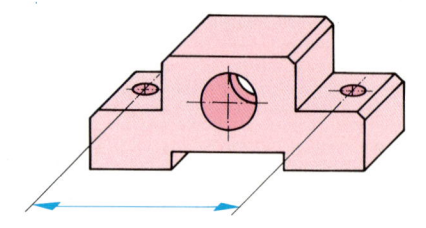

4. Kontrolle der Symmetrie der Bohrungen zur Lagermitte

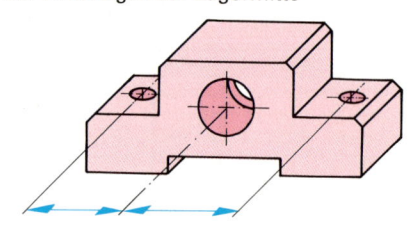

Fertigungstechnik

Handlungsfeld: Werkstücke fertigen

Problemstellung

Auftrag

Auftrag
Einspannzapfen
aus C45 fertigen
...

Zeichnung

Zapfen

Vorgaben
- Werkstück (Form, Maße, Oberfläche, Toleranzen)
- Werkstoff
- Stückzahl
- Termine

Analysieren

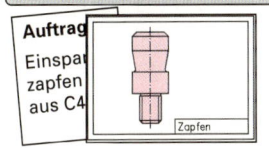

Auftrag
Einspannzapfen
aus C4...
Zapfen

Ergebnisse
- Fertigungsverfahren (Maschine)
- Abfolge der Fertigung
- Rohteil (Form, Maße)

Entscheidungen hinsichtlich Werkzeug
- Schneidstoff
- Werkzeugtyp
- Schneidenwinkel
- Einspannung
- Prüfung (Schneidhaltigkeit, Standzeit)

Fertigung planen
(für das jeweilige Verfahren)

Programm					
N	Arbeitsplan				
10	Drehen	Maschine:			
20		Arbeitsgänge			
30	Nr.	Art	Einstelldaten	Bemerkungen	
	1	Plan-drehen	...	...	...

Entscheidung hinsichtlich Maschine
- Art der Maschine
- Technologiedaten (Umdrehungsfrequenz, Vorschub ...)
- Verfahrbewegungen
- Einspannung
- Werkzeugeinsatz

- Einstellen bzw. Eingeben von Technologiedaten
- Einrichten der Werkstücke (Positionieren, Spannen, ggf. Stützen)
- Einrichten der Werkzeuge
- Bereitstellen von Hilfsstoffen

Fertigen

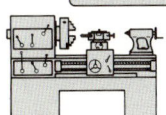

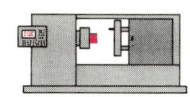

- Fertigung starten und Überwachen
- Zwischenkontrollen durchführen
- Sicherheitsvorschriften beachten

Qualitätskontrolle durchführen

Kontrolle der
- Maße
- Form
- Oberfläche

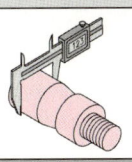

- Entscheidung über Verwendung (gut, Nacharbeit, Ausschuss)
- Fehleranalyse

1 Einteilung der Fertigungsverfahren

Bei der Fertigung von Maschinen, Geräten und Gebrauchsgütern werden viele unterschiedliche Verfahren angewendet. Fertigungsverfahren sind nach DIN 8580 in 6 Hauptgruppen eingeteilt:

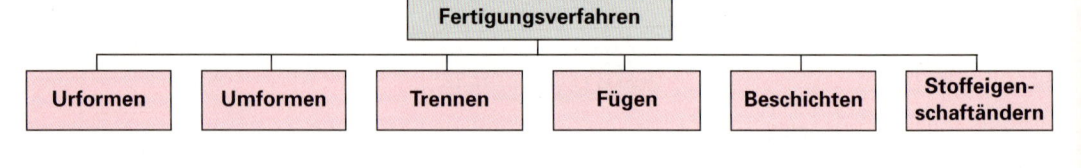

```
                         Fertigungsverfahren
    ┌──────────┬───────────┬──────────┬──────────┬──────────────┐
  Urformen  Umformen   Trennen    Fügen    Beschichten  Stoffeigen-
                                                        schaftändern
```

Beispiel für die Fertigungsverfahren bei der Herstellung eines Schraubstocks

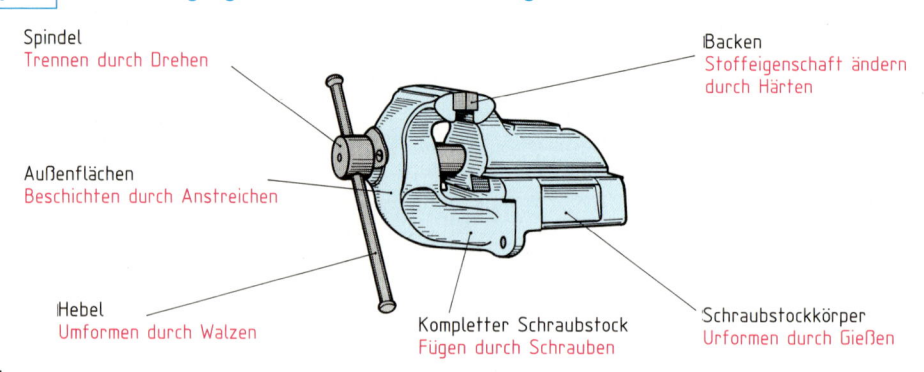

Spindel — Trennen durch Drehen
Backen — Stoffeigenschaft ändern durch Härten
Außenflächen — Beschichten durch Anstreichen
Hebel — Umformen durch Walzen
Kompletter Schraubstock — Fügen durch Schrauben
Schraubstockkörper — Urformen durch Gießen

● **Urformen**

Alle Fertigungsverfahren, in denen aus formlosem Stoff ein Werkstück hergestellt wird, bezeichnet man als Urformverfahren. In diesem Verfahren wird der *Zusammenhalt* der Stoffteilchen *geschaffen*.

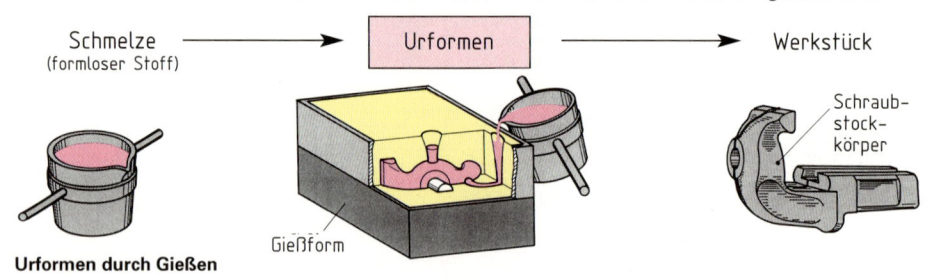

Schmelze (formloser Stoff) → Urformen → Werkstück

Gießform

Urformen durch Gießen

Schraubstockkörper

> Beim Urformen werden Werkstücke aus formlosen Stoffen, wie z.B. Schmelzen, erzeugt.

● **Umformen**

Man nennt alle Fertigungsverfahren, in denen Werkstücke aus festen Rohteilen durch bleibende Formänderung erzeugt werden, Umformverfahren. Das Volumen des Rohteils ist gleich dem Volumen des Fertigteils.

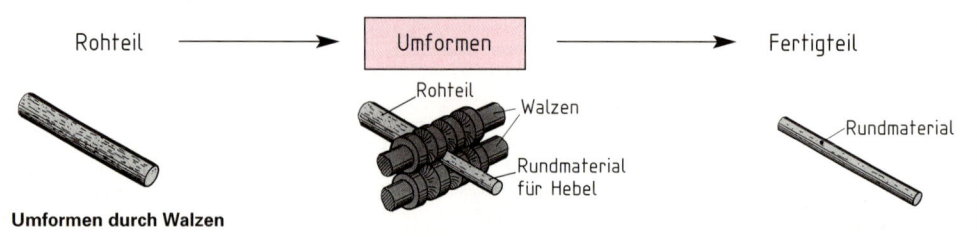

Rohteil → Umformen → Fertigteil

Rohteil, Walzen, Rundmaterial für Hebel

Rundmaterial

Umformen durch Walzen

> Beim Umformen wird die Form eines festen Rohteils bleibend verändert, ohne dass Werkstoffteilchen abgetrennt werden.

● Trennen

Alle Verfahren, in denen die Form eines Werkstücks durch die *Aufhebung* des *Werkstoffzusammenhalts* an der Bearbeitungsstelle geändert wird, nennt man Trennverfahren.

Halbzeug ⟶ Trennen ⟶ Werkstück

Trennen durch Zerspanen — Drehen — Spindel

> Beim Trennen werden Werkstücke meist durch Zerteilen von Rohteilen oder durch Abtrennen von Spänen gefertigt.

● Stoffeigenschaftändern

Beim Härten der Schraubstockbacken werden Kohlenstoffatome im Stahl umgelagert. Dadurch werden die Eigenschaften des Stahls geändert. Alle Verfahren, in denen die *Eigenschaften* von Werkstoffen *geändert werden,* bezeichnet man als Stoffeigenschaftändern.

> Beim Stoffeigenschaftändern erhalten Werkstücke veränderte Stoffeigenschaften.

● Beschichten

Alle Verfahren, in denen man auf Oberflächen von Werkstücken *Schichten aufträgt,* bezeichnet man als Beschichtungsverfahren.

unbeschichtetes Bauteil ⟶ Beschichten ⟶ beschichtetes Bauteil

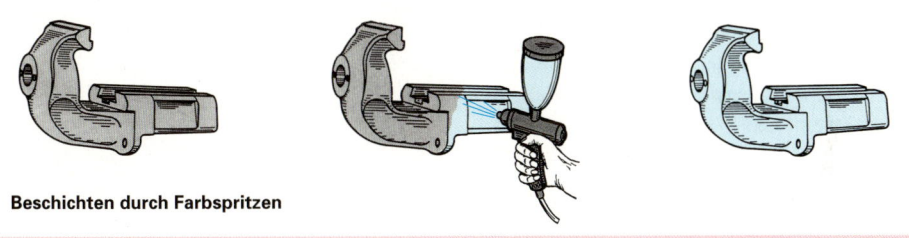

Beschichten durch Farbspritzen

> Beim Beschichten wird auf Werkstücke eine fest haftende Schicht aus anderen Stoffen aufgetragen.

● Fügen

Alle Fertigungsverfahren, bei denen *aus Einzelteilen größere Baueinheiten* zusammengebaut oder verbunden werden, bezeichnet man als Fügeverfahren.

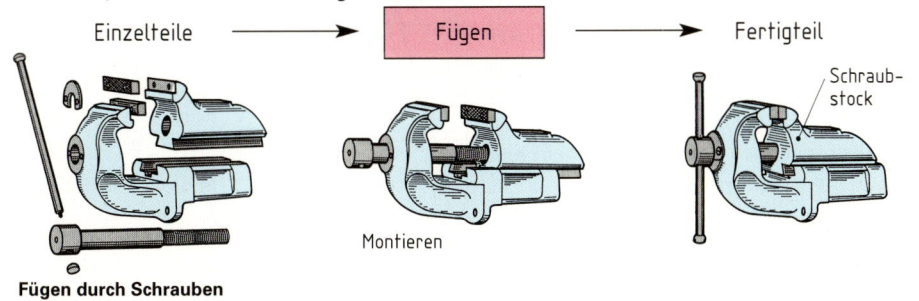

Einzelteile ⟶ Fügen ⟶ Fertigteil

Montieren — Schraubstock

Fügen durch Schrauben

> Beim Fügen werden Werkstücke miteinander verbunden.

Übungsaufgaben FT-1 bis FT-4

2 Vorbereitende Arbeiten zur Fertigung von Werkstücken

Zur Vorbereitung einzelner Fertigungsschritte werden Bohrungsmitten und Werkstückkonturen von der Zeichnung auf Rohteile übertragen. Dieses Übertragen bezeichnet man als Anreißen.

Beispiel zur Vorbereitung von Fertigungsschritten durch Anreißen und Körnen

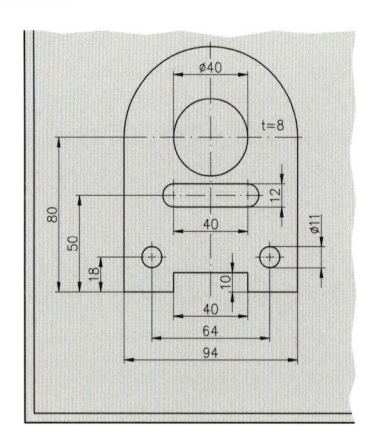

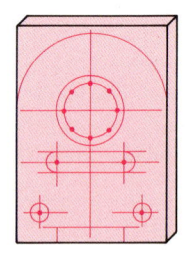

Zeichnung   Rohteil mit Anrisslinien und Körnungen   Fertigteil

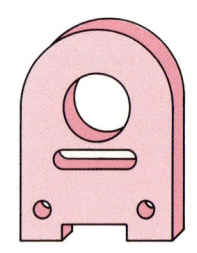

2.1 Anreißen

Das Übertragen der Maße auf das Rohteil erfolgt von zwei oder drei Ebenen aus. Diese Ebenen bezeichnet man **Maßbezugsebenen**. Zweckmäßigerweise werden äußere Flächen als Maßbezugsebenen gewählt. Meist werden diese Flächen vor dem Anreißen so bearbeitet, dass sie eben und winklig sind. Bei symmetrischen Werkstücken legt man auch Maßbezugsebenen in die Werkstückmitte.

- **Anreißwerkzeuge**

Beim Anreißen werden mit Reißnadeln Risslinien auf den Werkstücken erzeugt. Dazu verwendet man meist gehärtete Stahlreißnadeln bzw. Reißnadeln mit Hartmetallspitzen. Die genannten Reißnadeln sind härter als das Werkstück und ritzen die Werkstückoberfläche ein. Vielfach sind solche Einkerbungen unerwünscht, weil sie das Aussehen und die Festigkeit eines Bauteils beeinträchtigen. Zur Vermeidung von Beschädigungen der Werkstückoberfläche verwendet man auch Messingreißnadeln oder Bleistifte.

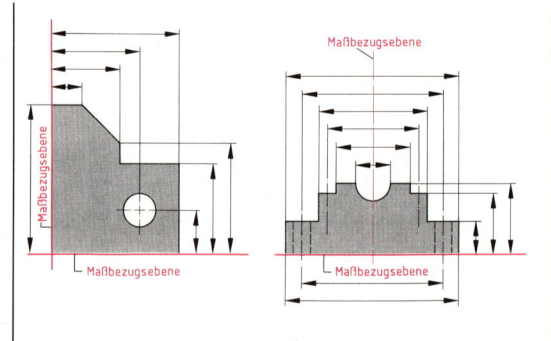

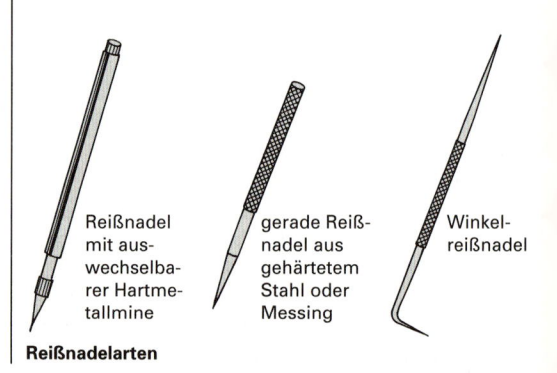

Reißnadelarten: Reißnadel mit auswechselbarer Hartmetallmine   gerade Reißnadel aus gehärtetem Stahl oder Messing   Winkelreißnadel

Anreißwerkzeuge sind so auszuwählen, dass möglichst keine Beschädigung der Oberfläche eintritt, die Festigkeit und Aussehen beeinträchtigt.

Übungsaufgaben FT-5 bis FT-7

- **Anreißverfahren**

Anreißen von Parallelrissen auf der Anreißplatte
Beim Anreißen auf der Anreißplatte werden Linien, die parallel zur Plattenoberfläche verlaufen, mit Parallelreißern ausgeführt.
Parallelreißer eignen sich besonders für Anreißarbeiten, bei denen mehrere Parallelrisse zu einer Bezugsebene auszuführen sind. Das Werkstück liegt mit einer Bezugsebene auf der Anreißplatte auf, das Abstandsmaß zur Bezugsebene wird am Parallelreißer eingestellt. An modernen Geräten wird die Einstellung digital angezeigt.

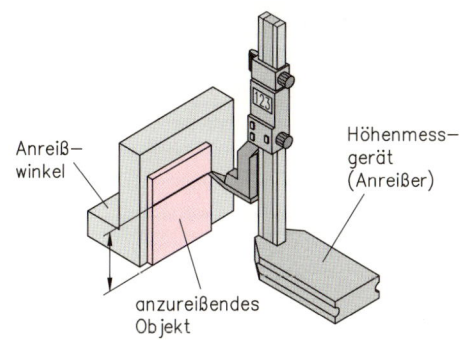

Anreißen von Parallelen

Anreißen von Profilstäben und Blechen
An langen Profilstäben und großen Blechen werden parallel zu einer Werkstückkante verlaufende Längsrisse mithilfe von **Streichmaßen** angerissen. Auf dem verschiebbaren Stabmaß wird der Abstand vom Anschlag bis zur eingespannten Reißnadel direkt eingestellt. Das Streichmaß wird mit seinem Anschlag an der Maßbezugsebene eintlang geführt.
Die rechtwinklig zur Bezugsebene verlaufenden Risse werden mithilfe eines Anschlagwinkels angerissen, nachdem z.B. mit einem Stahlmaß ein Bezugspunkt angetragen wurde.

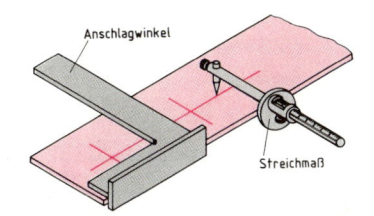

Anreißen mit Anschlagwinkel und Streichmaß

Anreißen von Gehrungsschnitten
Für die Fertigung von Schrägschnitten oder Ausklinkungen an Profilen müssen Risse erzeugt werden, die nicht rechtwinklig zur Längsrichtung des Werkstücks verlaufen. Dazu können feste Anschlagwinkel – wie z.B. der abgebildete Gehrungswinkel von 135° oder verstellbare Winkelmesser – verwendet werden. Je nach Lage einer 45°-Risslinie am Profilende benötigt man einen Gehrungswinkel von 135° oder 45°.

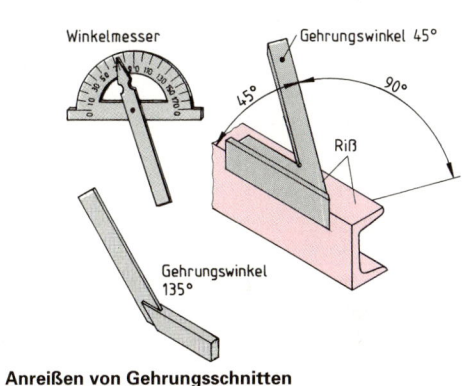

Anreißen von Gehrungsschnitten

> Parallelrisse zu Längskanten erzeugt man mit einem Streichmaß. Querrisse und Schrägrisse erzeugt man mithilfe von festen Anschlagwinkeln oder Winkelmessern.

2.2 Körnen

Die beim Anreißen auf dem Werkstück erzeugten Risslinien werden meist durch Körnen ergänzt, um Bohrern und Zirkelspitzen eine sichere Führung zu geben.
Körner werden aus Werkzeugstahl hergestellt. Die Spitze ist gehärtet, sie hat einen Winkel von 60°. Beim Körnen werden durch Hammerschläge auf den Körnerkopf kleine kegelförmige Vertiefungen in die Werkstückoberfläche geschlagen. Beim Ansetzen des Körners wird er so geneigt, dass man einen freien Blick auf Risslinienkreuz und Körnerspitze hat. Beim Schlag muss der Körner senkrecht gehalten werden, da sonst die Spitze verläuft.

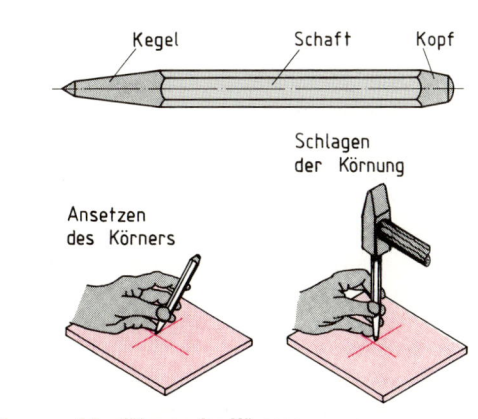

Körner und Ausführung des Körnens

Übungsaufgaben FT-8 bis FT-11

Arbeitsauftrag: **Werkstück anreißen und körnen**

Nach der vorliegenden Zeichnung ist eine Lasche anzufertigen. Das Anreißen der Lasche ist zu planen.

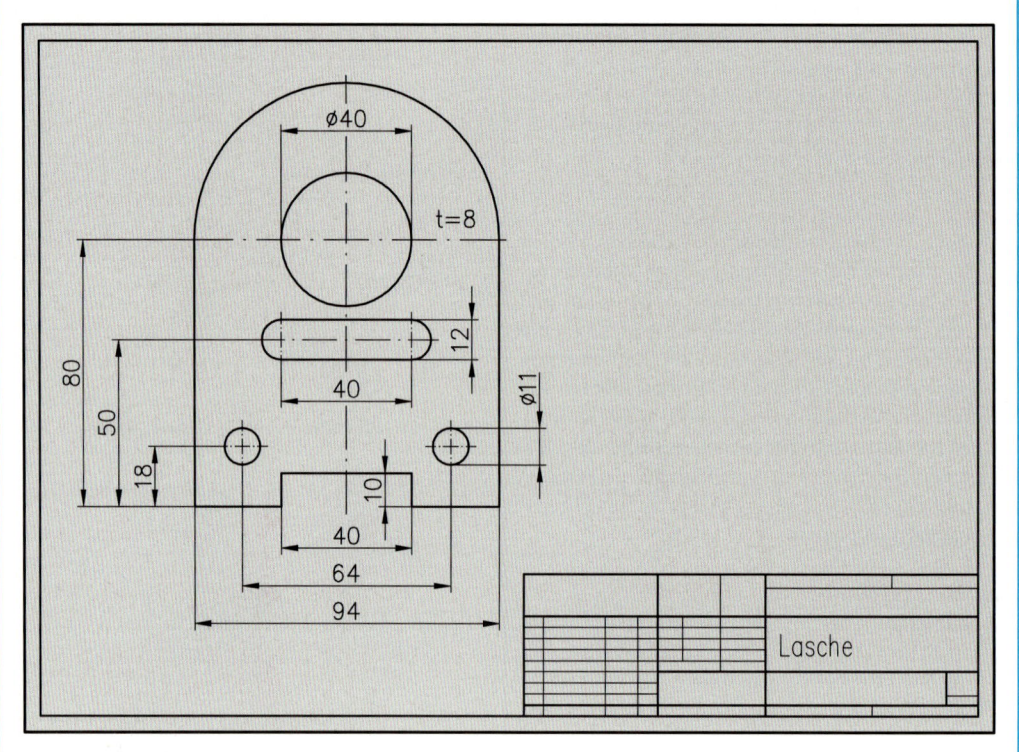

Zeichnung der Lasche

a) Vorbereitende Arbeiten
1. Wählen Sie ein geeignetes Halbzeug aus S235 aus. Geben Sie seine normgerechte Bezeichnung an.
2. Auf welche Länge ist das Rohteil abzulängen?
3. Mit welchem Werkzeug soll abgelängt werden?
4. Kennzeichnen Sie in einer Skizze die Bezugsebenen farbig und begründen Sie die Wahl dieser Bezugsebenen.

b) Auswahl der Anreißwerkzeuge und Hilfsmittel
1. Geben Sie an, welche Anreißwerkzeuge und Hilfsmittel zum Anreißen an der Werkbank notwendig sind.
2. Wählen Sie Anreißwerkzeuge und Hilfsmittel zum Anreißen auf der Anreißplatte aus.

c) Ermittlung der Maße für die Lage der Anrisslinien

1. *Anreißen in Längsrichtung*

    Geben Sie die einzustellenden und anzureißenden Maße für
    - die Aussparung,
    - die kleinen Bohrungen (∅ 11 mm),
    - das Langloch,
    - die große Bohrung (∅ 40 mm).

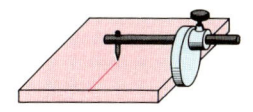

    Anreißen an der Werkbank 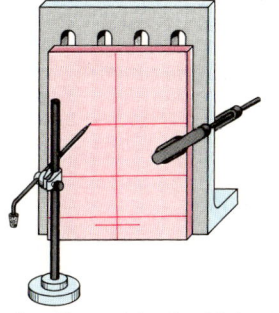   Anreißen auf der Anreißplatte

2. *Anreißen in Querrichtung*

    Geben Sie die einzustellenden und anzureißenden Maße für
    - die Aussparung,
    - die kleinen Bohrungen (∅ 11 mm),
    - das Langloch,
    - die große Bohrung (∅ 40 mm).

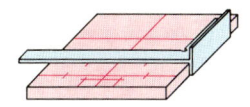

    Anreißen an der Werkbank 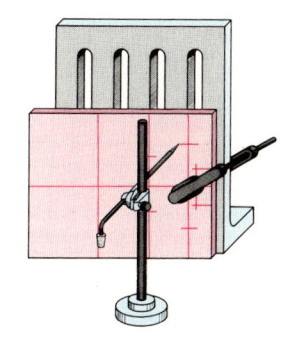   Anreißen auf der Anreißplatte

d) Anreißen und Körnen

1. Die große Bohrung kann in Blech nicht fertig gebohrt werden. Für das Ausbohren muss ein Lochkreis festgelegt werden. Legen Sie den Bohrerdurchmesser fest und bestimmen Sie den Durchmesser d des Lochkreises.
2. Geben Sie an, wo Körnungen anzubringen sind.

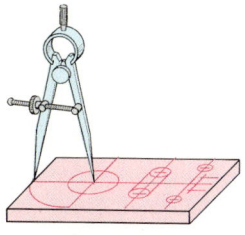

    Anreißen der Radien 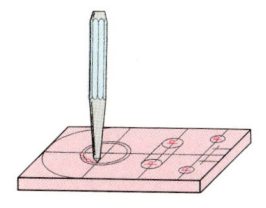   Körnen des Lochkreises

3 Verfahren des Trennens

3.1 Grundbegriffe zum Zerteilen und Spanen

Zur Herstellung von Maschinen, Werkzeugen und Vorrichtungen sind viele Einzelteile erforderlich. Aus wirtschaftlichen Gründen werden sie möglichst durch spanlose Fertigungsverfahren, wie z.B. Gießen, Schmieden und Walzen, so vorgearbeitet, dass nur geringe Werkstoffanteile durch Zerteilen und Spanen abgetrennt werden müssen. Die zum Trennen notwendigen Werkzeuge können von Hand oder mit Maschinenantrieb betätigt werden. Durch spanabhebende Bearbeitung können hohe Zerspanleistungen, große Form- und Maßgenauigkeiten und gute Oberflächenbeschaffenheiten erzielt werden.

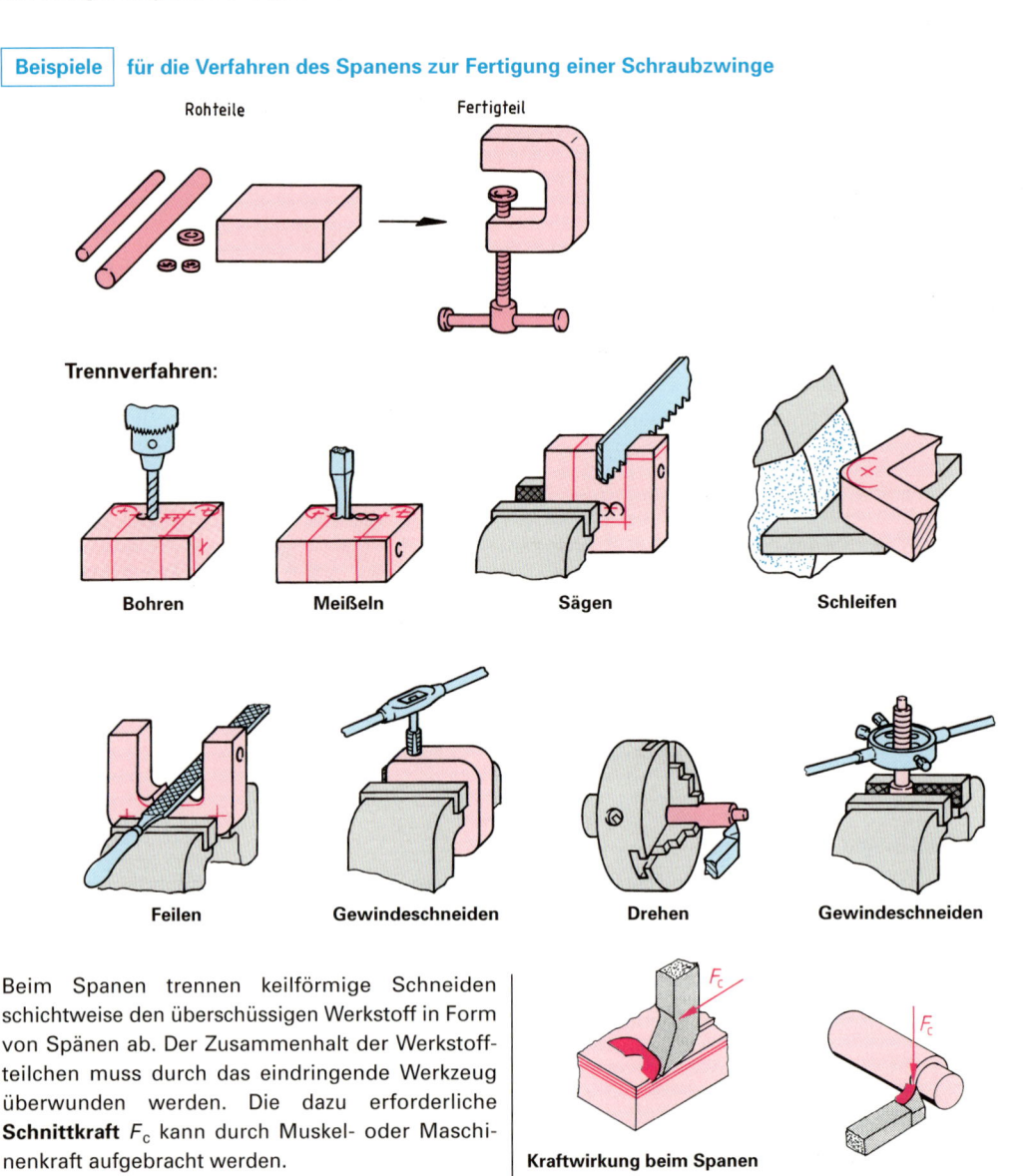

Beispiele für die Verfahren des Spanens zur Fertigung einer Schraubzwinge

Rohteile → Fertigteil

Trennverfahren:

Bohren — Meißeln — Sägen — Schleifen

Feilen — Gewindeschneiden — Drehen — Gewindeschneiden

Beim Spanen trennen keilförmige Schneiden schichtweise den überschüssigen Werkstoff in Form von Spänen ab. Der Zusammenhalt der Werkstoffteilchen muss durch das eindringende Werkzeug überwunden werden. Die dazu erforderliche **Schnittkraft** F_c kann durch Muskel- oder Maschinenkraft aufgebracht werden.

Kraftwirkung beim Spanen

Spanen ist ein Abtrennen von Werkstoffteilchen (Spänen) unter Einwirkung äußerer Kräfte mithilfe von keilförmigen Werkzeugschneiden. Die Spanabnahme erfolgt durch die Schnittbewegung zwischen Werkzeugschneide und Werkstück.

3.2 Keil als Werkzeugschneide

Zum Zerteilen und Spanen benötigt man Werkzeuge mit keilförmigen Schneiden. Die Werkzeuge können nur eine Schneide haben wie der Meißel oder mehrere Schneiden tragen wie der Bohrer oder das Sägeblatt.

Sind die Schneiden eines Werkzeugs in ihrer Form und Lage genau bestimmt, dann spricht man von **geometrisch bestimmten Schneiden**. Haben die Schneiden alle unterschiedliche Formen, wie z.B. die Körner einer Schleifscheibe, so spricht man von **geometrisch unbestimmten Schneiden**.

Beispiele für Schneidenzahl und Schneidenform bei Werkzeugen zum Zerteilen und Spanen

Verfahren	Meißeln	Bohren	Sägen	Schleifen
Schema				
Anzahl der Schneiden	eine	zwei	mehrere	viele
Form und Lage der Schneide	bestimmt	bestimmt	bestimmt	unbestimmt

Alle Werkzeuge zum Zerteilen und Spanen haben keilförmige Schneiden.

3.3 Kraft

Damit Werkzeuge mit ihren Schneiden beim Zerteilen und Spanen auf Rohteile Wirkungen erzielen, sind immer Kräfte erforderlich. Bei manchen Verfahren werden diese Kräfte von Menschen aufgebracht **(Fertigungsverfahren von Hand)**, bei anderen Verfahren wirken die Kräfte von Maschinen auf Werkzeuge ein **(maschinelle Fertigungsverfahren)**.

● **Kraftwirkungen**

Kräfte sind nicht sichtbar, man erkennt sie nur an den Auswirkungen.

- Durch die Wirkung der Muskelkraft wird z.B. Flachmaterial gebogen.
  Kräfte bewirken **Formänderungen**.
- Durch die Wirkung der Muskelkraft wird z.B. ein Hammer aus der Ruhe in eine schnelle Bewegung versetzt.
  Kräfte bewirken **Bewegungsänderungen**.

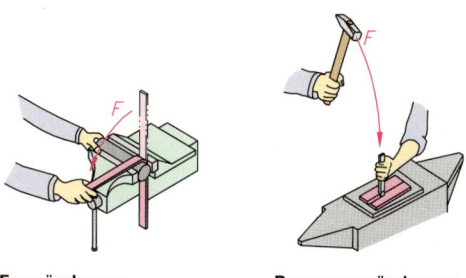

Formänderung — Bewegungsänderung

Kräfte können die Form oder den Bewegungszustand von Körpern ändern.

● **Maßeinheit der Kraft**

Die **Maßeinheit der Kraft** ist das Newton N (sprich: njutn). Auf einen Körper mit der Masse m = 1 kg wirkt am 45. Breitengrad in Meereshöhe eine Gewichtskraft von F_G = 9,81 Newton.

Für die Technik ist in vielen Fällen bei der Gewichtskraftberechnung eine etwa 2%ige Ungenauigkeit von untergeordneter Bedeutung, sodass für die Masse m = 1 kg auf der Erdoberfläche näherungsweise eine Gewichtskraft von F_G = 10 N angenommen werden kann.

Auf einem Körper mit der Masse m = 1 kg wirkt am 45. Breitengrad in Meereshöhe eine Gewichtskraft von F_G = 9,81 Newton (näherungsweise F_G = 10 N).

Übungsaufgaben FT-12 bis FT-18

3.3.1 Kräftezerlegung am Keil

• Kräfteparallelogramm

Wirkt eine Kraft auf einen Keil, so wird sie in Seitenkräfte zerlegt, die senkrecht auf den Wangen des Keiles stehen. Im Versuch kann man die Größe der Seitenkräfte messen.

Beispiel für die Ermittlung von Kräften am Keilmodell

Auf einen verstellbaren Keil können verschieden große Kräfte wirken. An den senkrecht zu den Keilflächen angebrachten Kraftmessuhren werden die wirkenden Seitenkräfte F_1 und F_2 abgelesen.

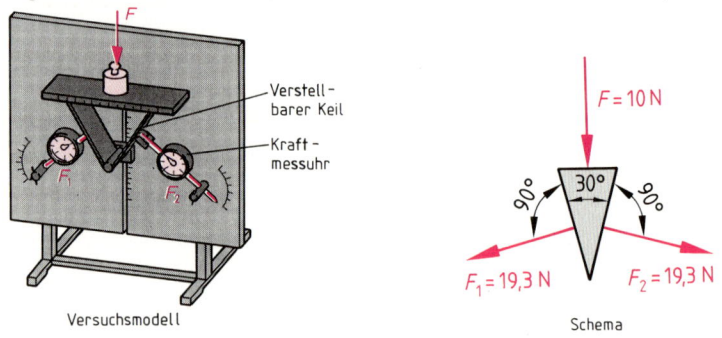

Stellt man einen Keilwinkel von $\beta = 30°$ ein und lässt eine Kraft von $F = 10$ N wirken, so liest man an den Kraftmessuhren die Seitenkräfte $F_1 = 19{,}3$ N und $F_2 = 19{,}3$ N ab.
(Stellt man am Keilmodell andere Keilwinkel ein, dann misst man auch andere Seitenkräfte.)

Die Größe der Seitenkräfte kann auch zeichnerisch mithilfe des Kräfteparallelogrammes ermittelt werden.

• Einfluss des Keilwinkels auf die Seitenkräfte

Eine Änderung des Keilwinkels bewirkt auch eine Änderung der Seitenkräfte.

Beispiele für die Änderung der Seitenkräfte bei gleicher Kraft $F = 10$ N, aber unterschiedlichen Keilwinkeln β_0

Kräftemaßstab: 1 cm ≙ 10 N

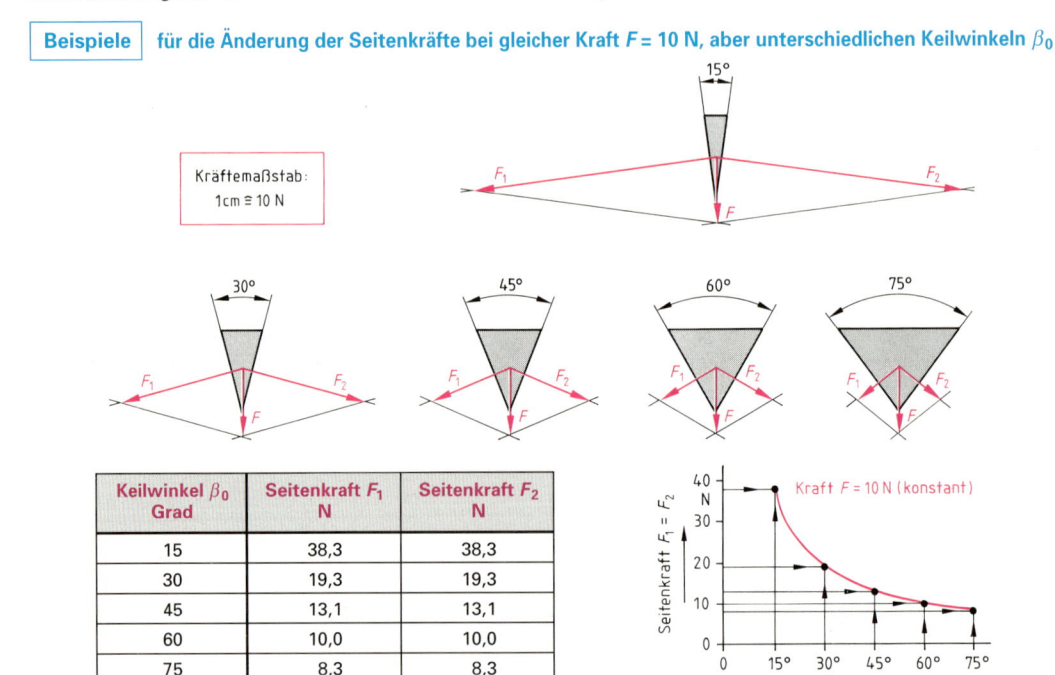

Keilwinkel β_0 Grad	Seitenkraft F_1 N	Seitenkraft F_2 N
15	38,3	38,3
30	19,3	19,3
45	13,1	13,1
60	10,0	10,0
75	8,3	8,3

Bei gleichem Kraftaufwand erzielt man
- bei kleinen Keilwinkeln große Seitenkräfte,
- bei großen Keilwinkeln kleine Seitenkräfte.

3.3.2 Keilwinkel zur Bearbeitung unterschiedlicher Werkstoffe

Die Festlegung eines geeigneten Keilwinkels wird durch widersprüchliche Gesichtspunkte problematisch:
- Geringer Kraftaufwand erfordert einen kleinen Keilwinkel.
- Große Schneidenstabilität und große Schneidhaltigkeit erfordern einen großen Keilwinkel.

Es kann daher nur ein Kompromiss bei der Festlegung der Keilwinkelgröße geschlossen werden. Nur weiche Werkstoffe erlauben die Verwendung eines kleinen Keilwinkels. Harte Werkstoffe erfordern wegen der hohen Schneidenbeanspruchung einen großen Keilwinkel.

Die angegebenen Keilwinkel sind mittlere Werte für Werkzeuge zum Zerteilen. Da auch der Ablauf eines Fertigungsverfahrens Einfluss auf den Keilwinkel hat, können weitere Angaben nur bei den Verfahren gemacht werden.

Gebräuchliche Keilwinkel

Keilwinkel	Werkstoff
15°	Holz, Blei
30°	Aluminium, Kupfer
60°	Stahl mittlerer Festigkeit, Messing
80°	Stahl hoher Festigkeit

Für die Wahl des Keilwinkels gilt:
- harter Werkstoff → großer Keilwinkel, weicher Werkstoff → kleiner Keilwinkel.
- Keilwinkel β_0 so klein wie möglich, aber so groß wie nötig.

3.4 Zerteilen durch Scherschneiden

Die Verfahren des Zerteilens sind spanlose Trennverfahren, die eine Werkstofftrennung in kurzen Fertigungszeiten ermöglichen. Besonders zur Weiterverarbeitung von Halbzeugen, wie Blechen, Bandmaterial und Profilstäben, wird häufig die Grob- oder Fertigform durch Verfahren des Zerteilens hergestellt. Zerteilt man Halbzeuge zwischen zwei Schneiden, die sich aneinander vorbei bewegen, so spricht man von Scherschneiden.

Beispiele für das Scherschneiden

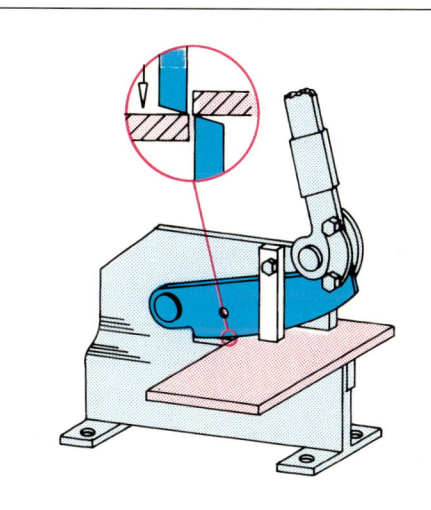

Scherschneiden von Blech mit einer Handhebelschere.

Kurze Schnitte an Blechen und Profilen zur Rohteilbearbeitung.

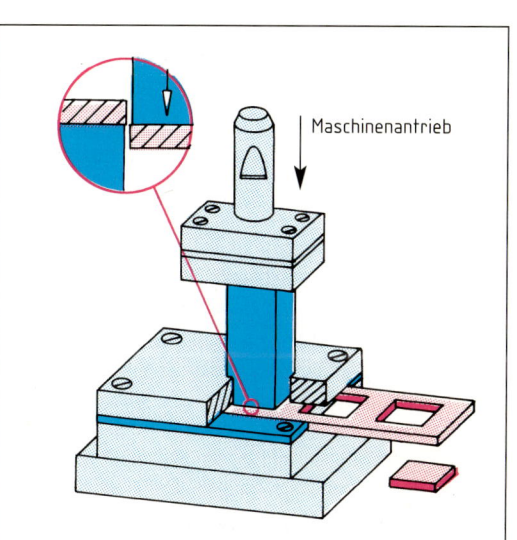

Scherschneiden von Werkstücken in hoher Stückzahl durch Formschneiden.

Wirtschaftliche Fertigung von hohen Stückzahlen mit hoher Form- und Maßgenauigkeit.

3.4.1 Scheren

- **Schervorgang**

Beim Zerteilen durch Scherschneiden bewegen sich zwei Schneiden aneinander vorbei und verschieben Werkstoffteilchen bis zur vollständigen Trennung gegeneinander.

Vorgang des Scherschneidens

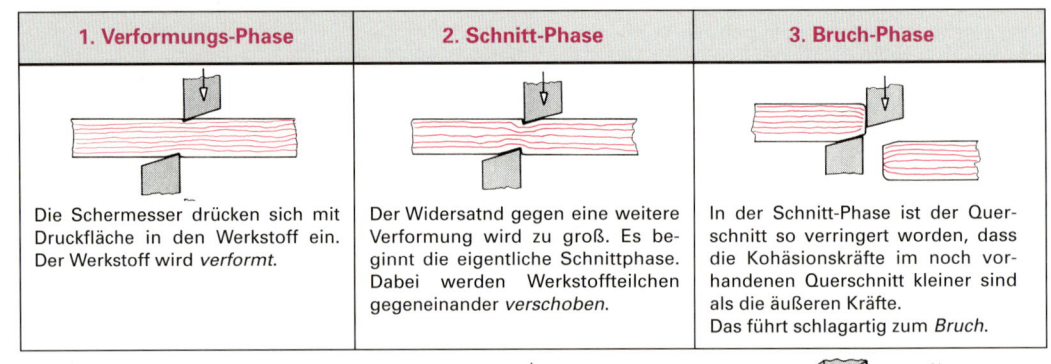

1. Verformungs-Phase	2. Schnitt-Phase	3. Bruch-Phase
Die Schermesser drücken sich mit Druckfläche in den Werkstoff ein. Der Werkstoff wird *verformt*.	Der Widersatnd gegen eine weitere Verformung wird zu groß. Es beginnt die eigentliche Schnittphase. Dabei werden Werkstoffteilchen gegeneinander *verschoben*.	In der Schnitt-Phase ist der Querschnitt so verringert worden, dass die Kohäsionskräfte im noch vorhandenen Querschnitt kleiner sind als die äußeren Kräfte. Das führt schlagartig zum *Bruch*.

Um eine Werkstofftrennung zu begünstigen, erhalten die Schermesser die dargestellte Form. Die Druckfläche wird um einen Winkel von etwa 5° geneigt. Dadurch dringt die Innenkante des Schermessers als Schneide in den Werkstoff ein. Damit die beiden inneren Seitenflächen der Schermesser nicht unnötig Reibung verursachen, wird ein Freiwinkel α_0 von 1,5° bis 3° angeschliffen. Für den Keilwinkel ergeben sich somit Werte von 82° bis 83,5°.

Der Ablauf des Schervorganges ist aus der Schnittfläche deutlich zu erkennen. Sie zeigt die drei Bereiche *Verformung*, *Schnittfläche* und *Bruchfläche*. Der Anteil der drei Bereiche wird durch die Sprödigkeit des Werkstoffes beeinflusst. Bei spröden Werkstoffen wird der Anteil der Bruchfläche größer und der Anteil der Schnittfläche kleiner.

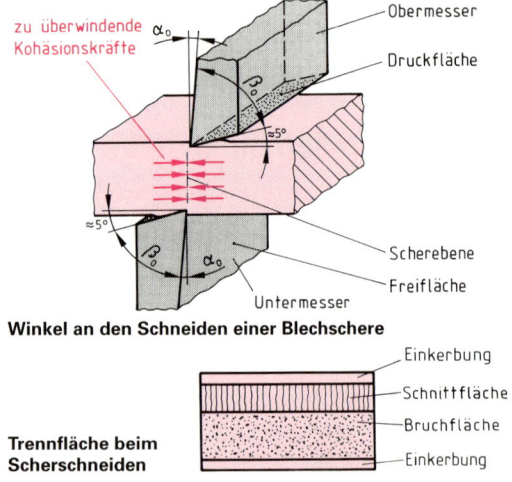

Winkel an den Schneiden einer Blechschere

Trennfläche beim Scherschneiden

Beim Scherschneiden erfolgt die Trennung durch zwei Schneiden, welche die Werkstoffteilchen gegeneinander verschieben. Die Trennfläche zeigt Einkerbung, Schnittfläche und Bruchfläche.

- **Schneidspalt**

Die Schermesser müssen so geführt werden, dass zwischen den beiden Schneiden ein geringer Abstand vorhanden ist. Diesen Abstand nennt man Schneidspalt. Die Größe des Schneidspalts ist von der Werkstückdicke abhängig. Mit zunehmender Werkstückdicke nimmt die Größe des Schneidspalts zu.

- Ein zu enger Schneidspalt verursacht Reibung zwischen den Messern. Eine starke Abnutzung ist die Folge. Ein gegenseitiges Aufsetzen der Schermesser muss vermieden werden.
- Ein zu großer Schneidspalt führt zur Gradbildung am Werkstück.

Bei Maschinenscheren wird der Schneidspalt in Abhängigkeit von der Blechdicke eingestellt.

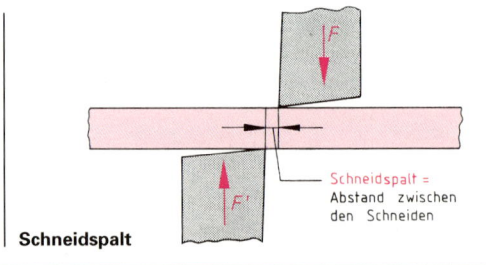

Schneidspalt

Schneidspalt = Abstand zwischen den Schneiden

Der Abstand zwischen den Schneiden wird Schneidspalt genannt. Der Schneidspalt soll möglichst klein sein. Mit zunehmender Werkstoffdicke wird er größer eingestellt.

3.4.2 Scherenarten

• Handblechscheren

Die beiden Schermesser von Handblechscheren bewegen sich um einen Drehpunkt und dringen allmählich in den Werkstoff ein. Dadurch wächst die Schnittkraft während des Schnittvorgangs auf einen Höchstwert an und nimmt dann wieder ab. Da die Schneiden sich kreuzen, spricht man vom **Prinzip des kreuzenden Schnittes**. Als Folge des kreuzenden Schnittes sind die Schnittteile leicht gekrümmt.

Beispiele	für Handhebelscheren	
Blechschere	**Durchlaufblechschere**	**Elektro-Handblechschere**
Anwendung: Für gerade Außenschnittlinien	Anwendung: Für lange durchgehende Schnittlinien	Anwendung: Für gerade und gebogene Schnitte an Blechen bis 2 mm Dicke

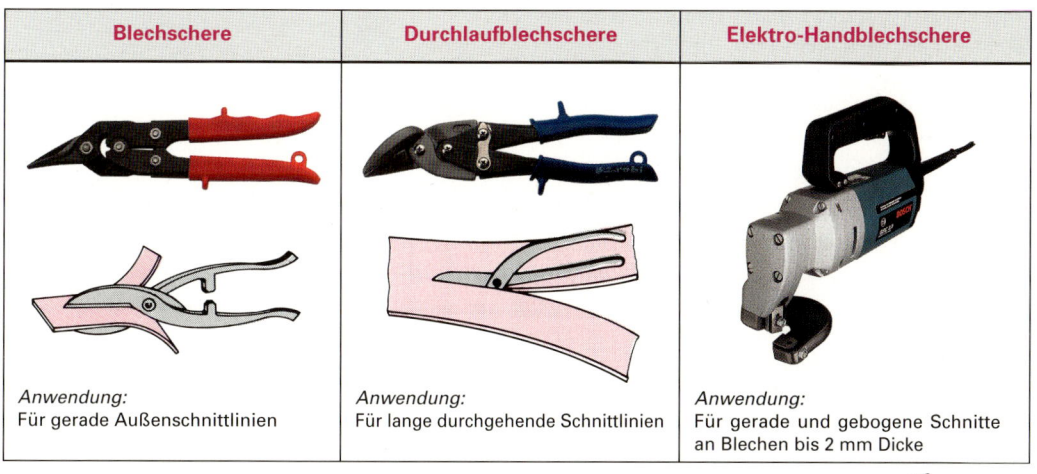

Bei Handscheren sucht man einen zu großen Schneidspalt zu verhindern, indem man die Messer unter Vorspannung setzt. Die Schneiden sind leicht gekrümmt und berühren sich stets nur in einem Punkt. Bei einer geschlossenen Schere liegt dieser Punkt an der Spitze der Schneiden. Beim Öffnen und Schließen der Schere verlagert sich der Berührungspunkt an die jeweilige Schnittstelle.

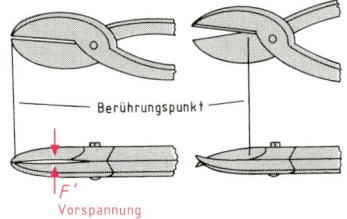

Vorspannung an einer Handschere

Bei Handscheren wir der Schneidspalt durch Vorspannung verringert.

• Handhebelschere

Die mehrfache Hebelübersetzung der Handhebelschere vervielfacht die aufgewandte Muskelkraft und erlaubt somit das Trennen größerer Querschnitte. Mit der Handhebelschere können Schnitte bis etwa 200 mm Länge ohne Nachschieben ausgeführt werden.
Bewegt sich das Obermesser um einen Drehpunkt, so erreicht man mit einer bogenförmigen Schneide einen gleich bleibenden Öffnungswinkel zwischen den Schermessern.
Die Messerführung der Handhebelschere führt zu einem kreuzenden Schnitt. Dabei wird der unter dem Obermesser liegende Teil gekrümmt. Je dünner das Blech, desto stärker die Krümmung.

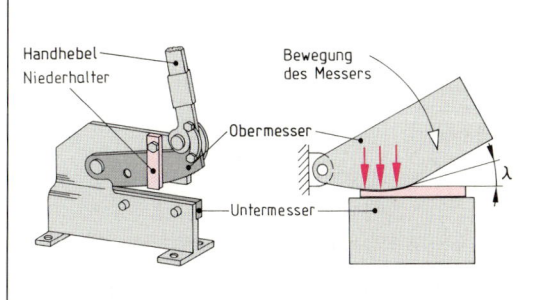

Handhebelschere

Handhebelscheren vervielfachen die Muskelkraft durch Hebelübersetzung und arbeiten mit kreuzendem Schnitt.

Übungsaufgaben FT-29 bis FT-30

• **Tafelscheren**

Bleche bis zur Blechstärke von 1,5 mm und 1 m Schnittlänge können mit Tafelscheren getrennt werden.

Ein Parallelanschlag wird manuell positioniert und fixiert. Das Blech wird gegen diesen Anschlag geschoben und durch den Niederhalter gespannt. Das Obermesser wird von Hand nach unten bewegt, wobei das Obermesser leicht gegen das Untermesser gedrückt wird. Dadurch wird der Schneidspalt klein gehalten. Die Schneide des Obermessers ist gebogen, sodass die Bleche mit einem kreuzenden Schnitt getrennt werden.

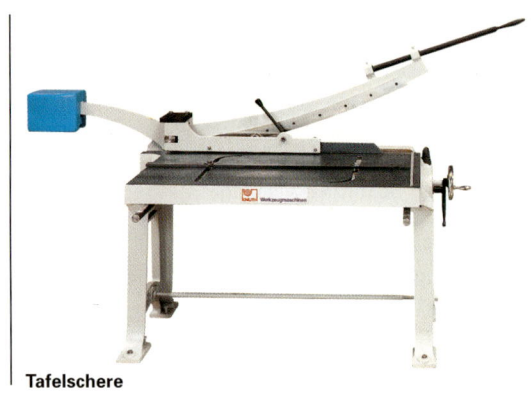

Tafelschere

3.4.3 Niederhalter

Die Scherkräfte erzeugen eine Drehwirkung, welche das Blech zu kippen versucht. Diese Drehwirkung wird mit größer werdendem Schneidspalt und durch stumpfe Schneiden noch beträchtlich verstärkt. Wird der Abstand zwischen den Schneiden so groß wie die Blechdicke, kann es zu einem Einklemmen oder Abkanten kommen.

Die Funktion des Niederhalters kommt nur voll zur Wirkung, wenn er auf die Blechdicke eingestellt wird.

An Handhebel- und Tafelscheren und an maschinell angetriebenen Scheren verhindern **Niederhalter** das Kippen.

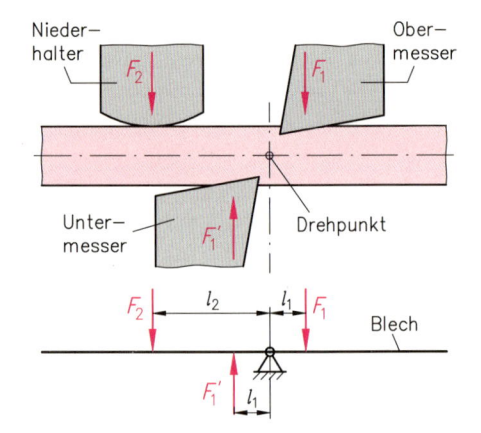

Wirkung des Niederhalters

Drehmoment des Niederhalters	=	Drehmomente der Schermesser
$F_2 \cdot l_2$	=	$F_1 \cdot l_1 + F_1' \cdot l_1$

Der Niederhalter verhindert eine Werkstückdrehung, indem er der Drehwirkung der Schermesser ein gleich großes Drehmoment entgegensetzt.

Hinweise zum Einsatz von Scheren

- Scharfkantige Blechteile sind eine Verletzungsgefahr. Besonders beim Transportieren großer Blechtafeln sind Lederhandschuhe zu tragen oder besondere Traghaken zu benutzen.
- Handblechscheren sind so aufzubewahren, dass eine Verletzungsgefahr ausgeschlossen ist.
- Der Schneidspalt bei Handblechscheren ist durch Anziehen der Gelenkschraube möglichst klein einzustellen.
- Niederhalter an Handhebelscheren sind auf Blechdicke einzustellen.
- Lange Betätigungshebel an Handhebelscheren sind nach Benutzung gegen Herabfallen zu sichern.

4 Spanen von Hand und mit einfachen Maschinen

Der Schneidkeil dringt parallel zur Werkstückoberfläche in das Werkstück ein. An der vorderen Keilfläche bildet sich ein Span, der an dieser **„Spanfläche"** des Schneidkeils hochgeschoben wird. Dabei können bei weichen Werkstoffen folgende **Phasen** der Spanbildung unterschieden werden:

- Stauchen des Werkstoffs,
- Scheren des Werkstoffs,
- Hochgleiten des Werkstoffs.

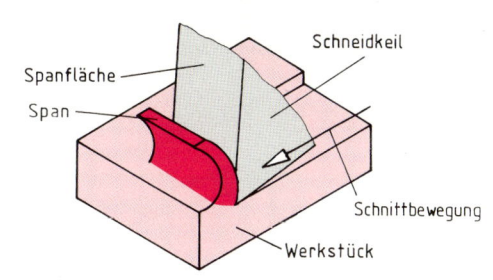

Spanbildung bei einem weichen Stahl

● **Winkel an der Werkzeugschneide**

Die Spanbildung wird wesentlich vom Schneidkeil und seiner Stellung zum Werkstück beeinflusst. Winkel an der Werkzeugschneide werden nach DIN 6581 gekennzeichnet.

Keilwinkel β_o	**Freiwinkel α_o**	**Spanwinkel γ_o**
Der Winkel zwischen den von der Schneide ausgehenden Keilflächen ist der **Keilwinkel β_o** (beta).	Der Winkel zwischen der Schnittfläche des Werkstücks und der Freifläche des Schneidkeils wird **Freiwinkel α_o** (alpha) genannt.	Den Winkel zwischen Spanfläche des Schneidkeils und der Senkrechten auf die Schnittfläche des Werkstücks nennt man **Spanwinkel γ_o** (gamma).

Die Größe von Keil- und Spanwinkel wird hauptsächlich entsprechend dem zu bearbeitenden Werkstoff festgelegt. Der Freiwinkel bleibt bei allen Werkstoffen nahezu unverändert.

Durch die Festlegung der Winkel ergibt sich:

$$\text{Freiwinkel} + \text{Keilwinkel} + \text{Spanwinkel} = 90°$$
$$\alpha_o + \beta_o + \gamma_o = 90°$$

Die Winkel einer Werkzeugschneide werden so ausgewählt, dass die Schneide möglichst lange hält, man spricht dann von einer langen Standzeit des Werkzeugs.

● **Schnittbewegung**

Bei der Spanabnahme findet eine Bewegung zwischen Werkzeug und Werkstück statt. Bei spanenden Fertigungsverfahren von Hand führt das Werkzeug diese **Schnittbewegung** aus.
Bei maschineller Fertigung kann die Schnittbewegung durch das Werkzeug oder das Werkstück erfolgen.

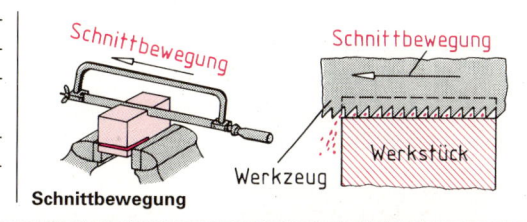

Spanen ist ein Abtrennen von Werkstoffteilchen (Spänen) unter Einwirkung äußerer Kräfte mithilfe von keilförmigen Werkzeugschneiden. Die Spanabnahme erfolgt durch die Schnittbewegung zwischen Werkzeugschneide und Werkstück.

Übungsaufgaben FT-33 bis FT-35

4.1 Sägen

Profilstäbe und Rohre werden häufig auf Roh- oder Fertiglänge gesägt. Das Trennverfahren Sägen wird vorwiegend dann angewandt, wenn eine ebene Schnittfläche ohne Verformung des Werkstücks verlangt wird.

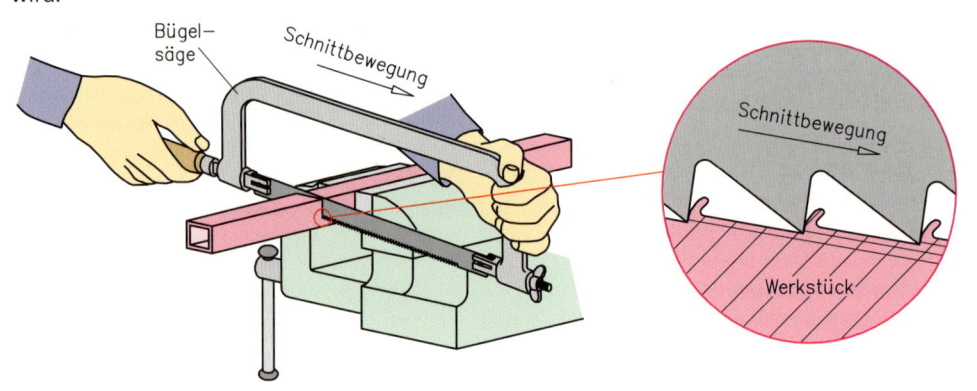

Ablängen mit der Handbügelsäge

Mit dem Sägeblatt werden durch eine Vielzahl hintereinander angeordneter Schneidkeile kleine Späne vom Werkstück abgetrennt. Dabei wird der Werkstoff in der Schnittfuge durch die hintereinander liegenden Zähne gleichzeitig in mehreren Schichten zerspant.

Mit Handbügelsägen werden nur in der Vorwärtsbewegung Späne abgetrennt, daher sind die Sägeblätter mit ihren Schneidkeilen in Schnittrichtung orientiert einzuspannen. Bei der Vorwärtsbewegung wird gleichmäßig Druck auf die Säge ausgeübt. Diese Schnittbewegung ist so auszuführen, dass möglichst die gesamte Sägelänge zum Einsatz kommt. Der Rückhub erfolgt entlastet, damit die Zähne nicht vorschnell abstumpfen.

> Sägen ist ein Trennverfahren, bei dem durch eine Vielzahl hintereinander angeordneter Keile kleine Späne abgetrennt werden.

4.1.1 Handsägen

Handsägeblätter bestehen aus Werkzeugstahl. Sie haben einen elastischen Blattkörper und einen gehärteten Zahnbereich. Im Zahnbereich sind Handsägeblätter gewellt. Dadurch wird die Schnittfuge breiter als das Sägeblatt, das Sägeblatt klemmt daher nicht. Man spricht vom **Freischneiden**.
Die Wellung der Handsägeblätter wird mit zunehmender Benutzungsdauer durch Verschleiß geringer. Daher kommt es zunehmend zum Klemmen des Sägeblattes in der Schnittfuge. Falls das Sägeblatt beidseitig mit Zähnen versehen ist, muss es gewendet werden. Sonst ist das Sägeblatt gegen ein neues auszuwechseln. In jedem Fall ist die Schnittrichtung zu beachten.

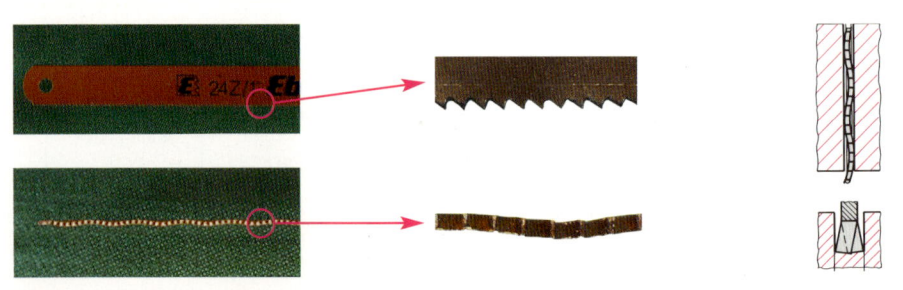

Handbügelsägeblatt mit Wellung

Freischnitt eines gewellten Sägeblattes

In Ausbildungswerkstätten und in Betrieben, in denen Halbzeuge mit geringen Wandstärken aus unterschiedlichen Werkstoffen von Hand gesägt werden, benutzt man Sägeblätter mit „Allround-Zahnung". Sie haben 24 Zähne pro Zoll. Der Abstand zwischen benachbarten Zähnen beträgt daher $\frac{25{,}4 \text{ mm}}{24}$ = 1,06 mm. Eine **Zahnteilung** dieser Größenordnung wird **„mittel"** genannt.

In Werkstätten, in denen ausschließlich Vollmaterialien aus Werkstoffen mit geringer Festigkeit, wie z.B. Aluminium, Kupfer u.ä., gesägt werden, benutzt man Sägeblätter mit der Zahnteilung **„grob"**. Die Zahnlücken sind groß und können die anfallenden Sägespäne besser aufnehmen.

Für das Sägen von Blechen, Blechprofilen und dünnwandigen Rohren benutzt man Sägeblätter mit der Zahnteilung **„fein"**. Durch den geringen Abstand sind beim Sägen stets mehrere Zähne im Einsatz. Das Sägeblatt hakt darum nicht und es brechen keine Zähne aus.

Im Interesse einer hohen Wirkungsweise des Sägeblattes ist in Abhängigkeit von der Festigkeit des zu sägenden Werkstoffs möglichst eine grobe Zahnteilung zu wählen, jedoch sollten mindestens drei Zähne im Einsatz sein.

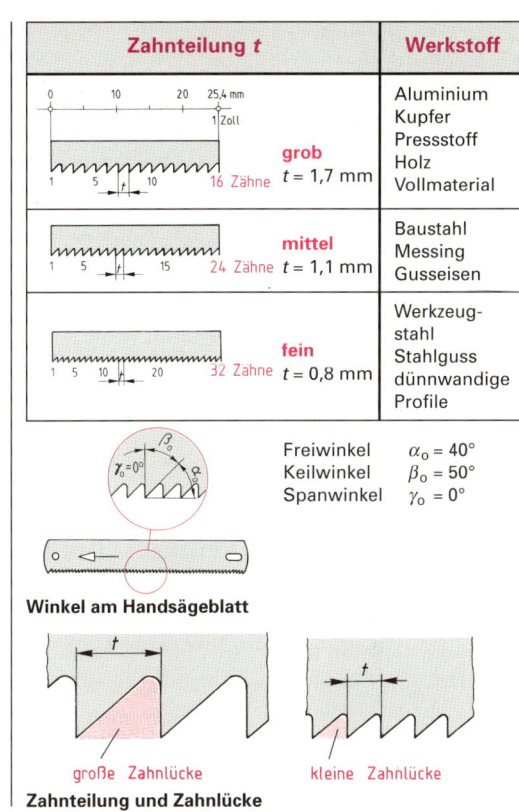

Zahnteilung t		Werkstoff
grob, 16 Zähne, t = 1,7 mm		Aluminium, Kupfer, Pressstoff, Holz, Vollmaterial
mittel, 24 Zähne, t = 1,1 mm		Baustahl, Messing, Gusseisen
fein, 32 Zähne, t = 0,8 mm		Werkzeugstahl, Stahlguss, dünnwandige Profile

Freiwinkel α_o = 40°
Keilwinkel β_o = 50°
Spanwinkel γ_o = 0°

Winkel am Handsägeblatt

große Zahnlücke   kleine Zahnlücke
Zahnteilung und Zahnlücke

Die Zahnteilung bei Sägen ist der Abstand zweier benachbarter Zähne. Zur Kennzeichnung von Sägeblättern wird meist die Zähnezahl angegeben, die sich auf einem Zoll der Sägeblattlänge befindet. Handsägeblätter haben die Zähnezahlen:
- grob: 16 Zähne je Zoll,   • mittel: 24 Zähne je Zoll,   • fein: 32 Zähne je Zoll.

4.1.2 Sägemaschinen

Sägemaschinen werden in unterschiedlichen Arten und Größen in den Werkstätten eingesetzt. In der Metallverarbeitung sind die drei Grundformen Hubsäge, Bandsäge und Kreissäge verbreitet. Da die Hubsägen wie die Handbügelsägen mit Arbeits- und Rückhub arbeiten, sind ihre Schnittleistungen geringer als die der Band- bzw. Kreissägen.

● **Metallbandsägen**

Sie trennen Profilstangen und Vollmaterial mit einem endlosen Sägeblatt in Form eines Bandes. Das Band läuft in einem schwenkbaren Bügel über zwei Räder um und wird im Schnittbereich von Führungsköpfen geführt. Die Spanabnahme erfolgt kontinuierlich und die Abnutzung aller Zähne ist gleichmäßig. Die Werkstücke werden mit ebenen und parallelen Schnittflächen gesägt.
Die Halbzeuge werden in verstellbare Schraubstöcke gespannt, sodass Gehrungsschnitte ausgeführt werden können.
Mit Metallbandsägen erreicht man hohe Schnittleistungen.

Metallbandsäge

Übungsaufgaben FT-36 bis FT-39

Sägeblätter für Bandsägen werden gebrauchsfertig als endlose Bänder stumpfgeschweißt in unterschiedlichen Längen geliefert. Die Sägeblätter werden aus legiertem Werkzeugstahl hergestellt.

Die Zahnteilung des Sägeblattes ist nach der Werkstückdicke so zu wählen, dass immer einige Zähne im Eingriff sind.

Für das Freischneiden sind bei Bandsägeblättern die Zähne abwechselnd nach links bzw. nach rechts gebogen, sie sind geschränkt.

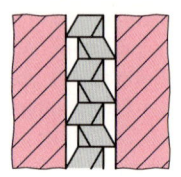

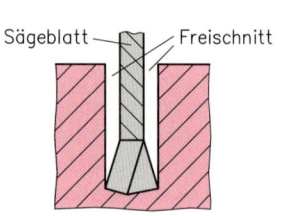

Freischnitt eines geschränkten Sägeblattes

4.2 Trennen mit Winkelschleifern

Ein häufig angewendetes Verfahren zum Trennen von metallischen Halbzeugen und Werkstücken ist das Trennschleifen mit handgeführten Winkelschleifern. Die Maschinen gibt es in unterschiedlichen Größen. Schon die mittleren Maschinen sind mit beiden Händen zu führen, man spricht von Zweihand-Winkelschleifern. Die Trennscheibe ist halbseitig von einer Schutzhaube abgedeckt. Jede Maschine ist auf einen Trennscheibendurchmesser ausgelegt. Die Verwendung größerer Trennscheiben ist nicht zulässig. Winkelschleifer treiben eine Trennscheibe mit hoher Schnittgeschwindigkeit, meist 80 m/s.

Trennscheiben bestehen aus einem Trägergewebe, auf dem Schleifkörner mit einem Bindemittel zu einem festen Schleifkörper geformt sind. Die Dicke der Scheiben reicht herunter bis 1 mm.

Zweihand-Winkelschleifer

Winkelschleifer eignen sich insbesondere zum schnellen Ablängen auf der Baustelle und in der Werkstatt. Ferner sind in der Blechbearbeitung Ausschnitte schnell herzustellen. Bei der Demontage können festsitzende oder nicht mehr verwendbare Teile, wie z.B. Schrauben- und Nietköpfe, einfach entfernt werden.

Das Trennschleifen mit Winkelschleifern dient vorzugsweise zum schnellen Ablängen von Halbzeugen auf Baustellen und in Metallbauwerkstätten.

4.3 Feilen

● **Feilarbeiten**

Bei der Herstellung von Werkstücken in Einzelfertigung werden weitgehend vorgearbeitete Werkstücke häufig durch Feilen fertig gestellt.

| Beispiele | für Feilarbeiten |

Entgraten:

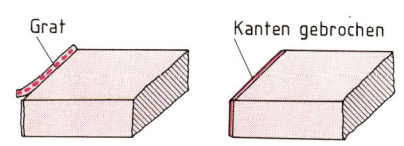

Bei Rohteilen, die durch Sägen oder Scheren abgetrennt wurden, wird vor einer weiteren Bearbeitung der entstandene Grat durch Feilen entfernt.

Einpassen:

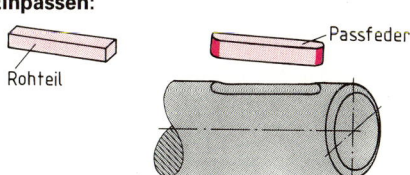

Werkstücke wie die abgebildete Passfeder erfahren durch Feilen geringfügige Maß- und Formänderungen, um mit einem anderen Werkstück gefügt werden zu können.

● **Aufbau und Wirkungsweise der Feile**

Bei der Feile sind keilförmige Schneiden hintereinander auf dem **Feilenblatt** angeordnet. Das ausgeschmiedete spitze Ende der Feile nennt man **Angel**. Sie dient zum Befestigen eines hölzernen Griffes – dem **Feilenheft**. Dadurch kann man mit der Feile handlich und gefahrlos arbeiten.

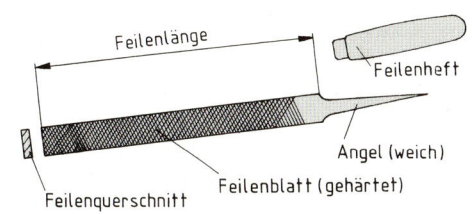

Bestandteile einer Feile

Das Feilenblatt wird im ungehärteten Zustand durch einen Haumeißel in gleichmäßigen Abständen mit Kerben versehen. Die zuerst aufgebrachten Kerben bezeichnet man als *Unterhieb*. Schräg zum Unterhieb wird der *Oberhieb* aufgebracht. Durch die gekreuzten Hiebe entstehen die Feilenzähne.

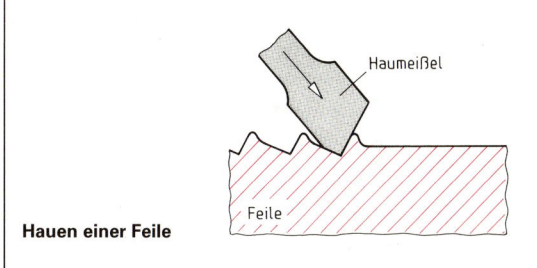

Hauen einer Feile

Ober- und Unterhieb können unter verschiedenen Winkeln oder mit unterschiedlicher Teilung gehauen werden. Meist hat der Unterhieb eine größere Teilung als der Oberhieb. Dadurch stehen hintereinander folgende Zähne zur Feilrichtung versetzt. Diesen seitlichen Versatz bezeichnet man als **Schnürung**. Durch Schnürung wird eine Riefenbildung auf dem Werkstück vermieden.

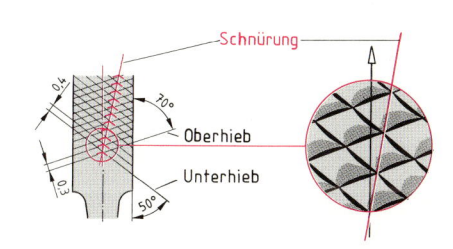

Anordnung von Ober- und Unterhieb bei Kreuzhiebfeilen

> Als Schnürung bezeichnet man den seitlichen Versatz der Feilenzähne.
> Durch Schnürung vermeidet man Riefenbildung beim Feilen.

Zur Bearbeitung weicher Werkstoffe wie Aluminium und Kunststoffe werden gefräste Feilen eingesetzt. Sie haben positive Spanwinkel und trennen daher mit geringem Kraftaufwand ein großes Spanvolumen ab.

Übungsaufgaben FT-42 bis FT-44

Bei einer **gehauenen Feile** ist die Spanfläche gegen die Schnittrichtung geneigt. Der Spanwinkel liegt zwischen der Spanfläche und einer Senkrechten zur Werkstückoberfläche. Dadurch wird der *Spanwinkel* negativ.

Bei einem Schneidkeil mit negativem Spanwinkel entstehen nur kleine Späne, da der stumpfe Keil vorwiegend eine schabende Trennwirkung hat. Der große Keilwinkel ergibt eine stabile Schneide. Darum werden gehauene Feilen zur Bearbeitung von Werkstoffen wie z.B. Stahl oder Gusseisen eingesetzt.

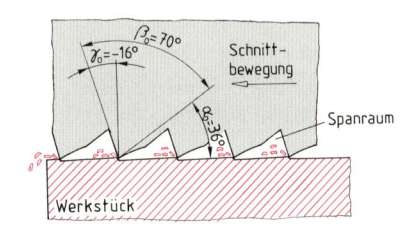

$\alpha_o + \beta_o + \gamma_o = 90°$ $36° + 70° + (-16°) = 90°$

Spanabnahme durch gehauene Feile

> Gehauene Feilen haben negative Spanwinkel.
> Mit gehauenen Feilen bearbeitet man relativ harte Werkstoffe.

Den Abstand zweier aufeinander folgender Zähne nennt man Hiebteilung. Normgerecht wird die Hiebteilung durch die Anzahl der Zähne je Zentimeter Feilenlänge angegeben.

Grobe Feilen haben weniger Hiebe auf 1 cm Feilenlänge als Feilen mit feiner Hiebteilung.

Berechnung der Hiebteilung:
1 cm : 25 = 0,04 cm

Hiebteilung

Feilen unterteilt man nach der Zahl der Hiebe je cm Feilenlänge in verschiedene **Hiebnummern**. Eine Hiebnummer umfasst einen bestimmten Bereich von Zähnen auf einem cm Feilenlänge. So haben z.B. Feilen mit der Hiebnummer 2 zwischen 10 und 25 Hiebe auf 1 cm Feilenlänge.

Lange Feilen – mit Hieb 2 – erhalten die geringere Zähnezahl dieses Bereichs, laut Tabelle 10 Hiebe je Zentimeter.

Kurze Feilen – mit Hieb 2 – erhalten die höhere Zähnezahl des Bereichs, laut Tabelle 25 Hiebe je Zentimeter.

Bei der Auswahl der Feilen für bestimmte Arbeiten orientiert man sich an der abzutragenden Werkstoffmenge und an der verlangten Oberflächengüte.

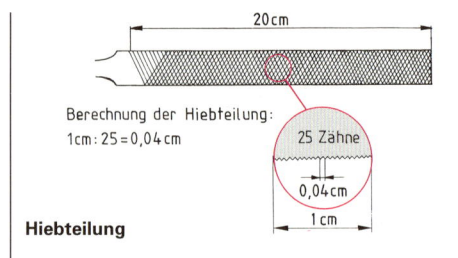

Hiebnummern und Hiebzahlen

Hieb-nummer	Hiebzahl je cm lange Feilen	Hiebzahl je cm kurze Feilen	Werkstatt-übliche Hiebbe-zeichnung	Erreichbare Oberflächengüte
0	4,5 ...	10	Grob	**Geschruppt:** Riefen dürfen fühlbar und mit bloßem Auge sichtbar sein
1	5,3 ...	16	Bastard	
2	10 ...	25	Halbschlicht	**Geschlichtet:** Riefen dürfen mit bloßem Auge noch sichtbar sein
3	14 ...	35	Schlicht	
4	25 ...	50	Doppelschlicht	**Fein geschlichtet:** Riefen dürfen mit bloßem Auge nicht mehr sichtbar sein
5	40 ...	71	Feinschlicht	

- **Feilenformen**

Für Feilarbeiten gibt es eine Vielzahl von Feilenquerschnitten. Jede Feilenform ist genormt.

Bei Werkstattfeilen werden bestimmte Querschnittsformen angeboten, bei anderen Feilenarten gibt es entsprechende Feilenformen, z.B. Löffelfeilen, gebogene Feilen.

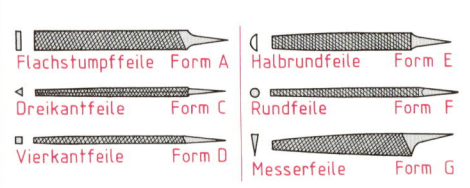

Flachstumpffeile Form A
Dreikantfeile Form C
Vierkantfeile Form D
Halbrundfeile Form E
Rundfeile Form F
Messerfeile Form G

Querschnittsformen von Werkstattfeilen

> Die Feilenform wird entsprechend dem zu bearbeitenden Profil ausgewählt.

4.4 Bohren

Ein Bohrer trennt während der Drehbewegung Späne ab, wenn gleichzeitig eine geradlinige Bewegung in Werkstückrichtung erfolgt.

- Die Drehbewegung des Bohrers nennt man **Schnittbewegung**.
- Die zur Spanabnahme notwendige geradlinige Bewegung des Bohrers wird **Vorschubbewegung** genannt.

Die Überlagerung der Bewegungen ergibt eine wendelförmige Bewegung der Schneidecken.

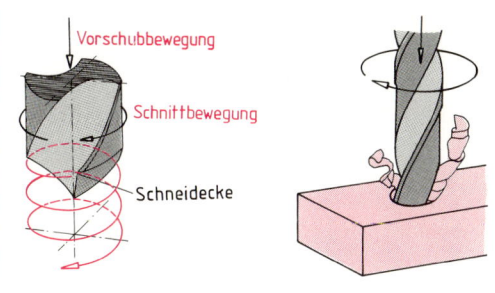

Wendelförmige Bohrbewegung

> Die Spanabnahme beim Bohren erfolgt durch das Zusammenwirken einer kreisförmigen Schnittbewegung und einer geradlinigen Vorschubbewegung.

4.4.1 Spiralbohrer

● **Aufbau und Winkel**

Spiralbohrer sind die am häufigsten verwendeten Bohrwerkzeuge. Die Vielseitigkeit des Einsatzes bei der Bearbeitung unterschiedlicher Werkstoffe erfordert eine genauere Betrachtung der Bohrerform und seines Anschliffs.

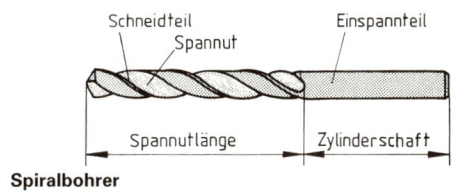

Spiralbohrer

Im Schneidteil des Bohrers befinden sich zwei gegenüberliegende, wendelförmig aufsteigende **Spannuten**. Der Winkel zwischen Spannut und Bohrerachse wird **Drallwinkel** genannt. Er entspricht dem **Spanwinkel** γ_o des Schneidkeils am Bohrer. Die beiden **Hauptschneiden** schließen den **Spitzenwinkel** σ von meist 118° ein. Die beiden Freiflächen sind um den **Freiwinkel** α_o geneigt.

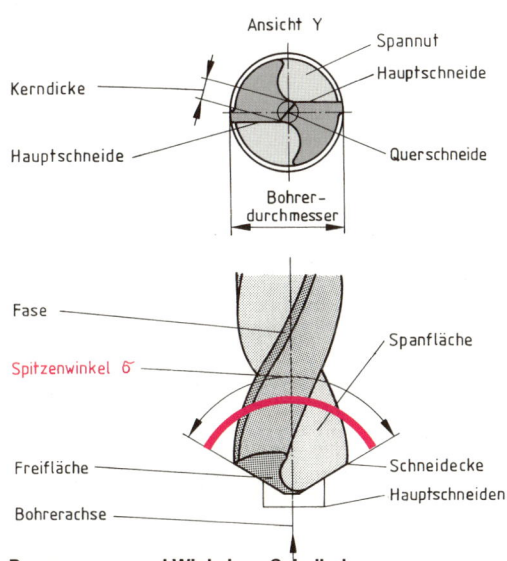

Winkel an den Bohrerschneiden

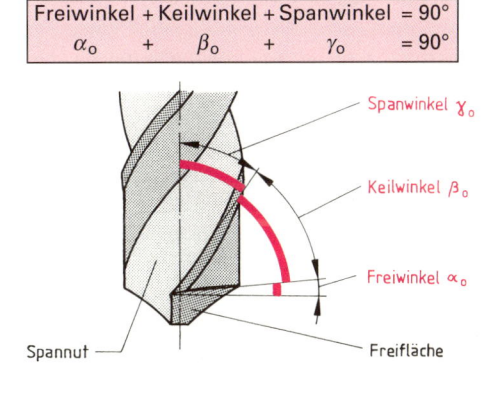

Freiwinkel + Keilwinkel + Spanwinkel = 90°
α_o + β_o + γ_o = 90°

Benennungen und Winkel am Spiralbohrer

> Beim Spiralbohrer bestimmt der Drallwinkel den Spanwinkel. Der Hinterschliff ergibt den Freiwinkel. Durch beide Winkel wird der Keilwinkel festgelegt. Die Bohrerfase dient der Führung.

Übungsaufgaben FT-48 bis FT-50

- **Spiralbohrertypen**

Zur Bearbeitung von Werkstoffen mit unterschiedlicher Festigkeit stehen verschiedene Spiralbohrertypen zur Verfügung. Danach gibt es den Grundtyp N für Werkstoffe mittlerer Festigkeit und die Typen W und H für weiche bzw. härtere Werkstoffe. Bedingt durch den unterschiedlichen Drall ergibt sich z.B. beim Typ H aus einem kleinen Drallwinkel ein großer Keilwinkel mit großer Schneidenstabilität.
Alle Bohrertypen werden auch mit einer Titannitrid-Beschichtung (TiN) geliefert, welche bei höheren Schnittgeschwindigkeiten eine längere Einsatzzeit (Standzeit) erlaubt. Für besonders harte Einsatzbedingungen bei der Bearbeitung hoch legierter Stähle stehen verstärkte Ausführungen mit Sonderanschliffen oder Hartmetallbohrer bereit.

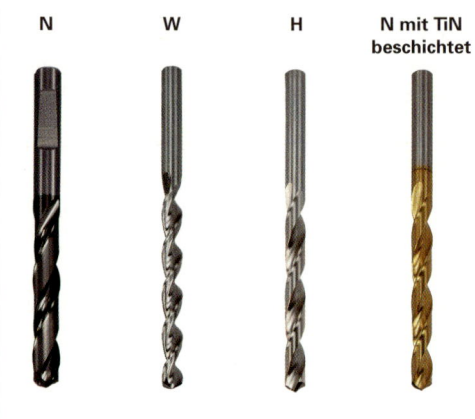

N W H N mit TiN beschichtet

Spiralbohrertypen

- **Einspannen von Bohrern**

Die Mitnahme des Bohrers erfolgt bei allen Einspannverfahren durch Reibung.

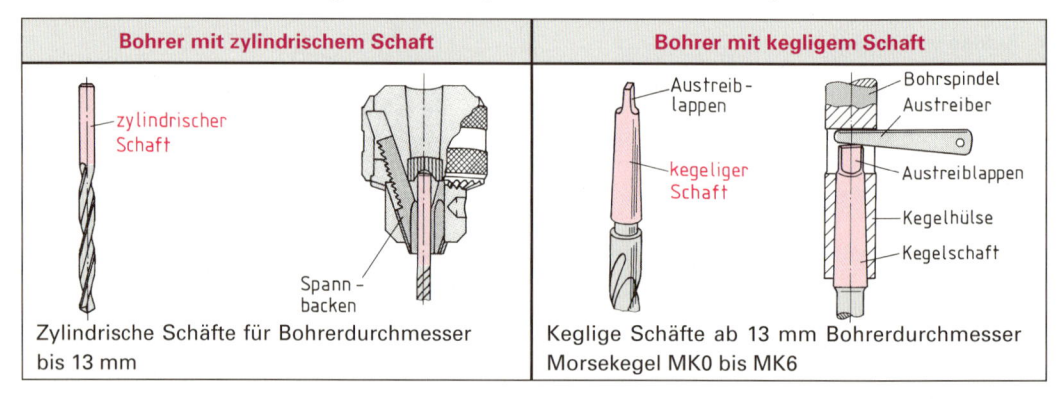

Bohrer mit zylindrischem Schaft	Bohrer mit kegligem Schaft
zylindrischer Schaft — Spannbacken	Austreiblappen — Bohrspindel — Austreiber — Austreiblappen — kegeliger Schaft — Kegelhülse — Kegelschaft
Zylindrische Schäfte für Bohrerdurchmesser bis 13 mm	Keglige Schäfte ab 13 mm Bohrerdurchmesser Morsekegel MK0 bis MK6

4.4.2 Bohrmaschinen

Unterschiedliche Werkstücke mit Bohrungen, die sich in der Größe, Lage und Genauigkeit unterscheiden, erfordern den Einsatz verschiedenartiger Bohrmaschinen. So unterschiedlich die Konstruktionen der Bohrmaschine sind, so führen sie alle die für den Bohrvorgang notwendigen Bewegungen aus.
Häufig werden Säulenbohrmaschinen in Handwerks- und Industriebetrieben eingesetzt. Sie bestehen aus einer Grundplatte, Rundsäule, Werkstücktisch und der Antriebseinheit im Bohrmaschinenkopf. Der Werkstücktisch ist um die Rundsäule schwenkbar und höhenverstellbar, er dient zum Aufspannen der Werkstücke. Der Antrieb der Bohrspindel kann mit einer Verstellung der Umdrehungsfrequenzen in Stufen oder stufenlos erfolgen.
Produktionsmaschinen werden serienmäßig mit stufenloser Umdrehungsfrequenzregelung und digitaler Anzeige von Umdrehungsfrequenz und Bohrtiefe ausgestattet. Als Sonderausstattung sind Gewindeschneid- und Vorschubeinrichtungen im Einsatz.

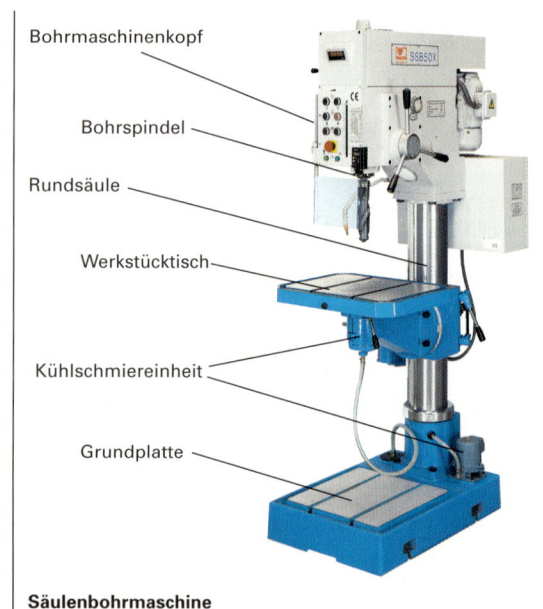

Bohrmaschinenkopf
Bohrspindel
Rundsäule
Werkstücktisch
Kühlschmiereinheit
Grundplatte

Säulenbohrmaschine

4.4.3 Einspannen der Werkstücke beim Bohren

Kleine Werkstücke werden in einen Maschinenschraubstock eingespannt. Der Maschinenschraubstock eignet sich zum Spannen von Werkstücken mit parallelen Anlageflächen.
Prismatische Ausarbeitungen in den Spannbacken ermöglichen ein genaues Spannen der Werkstücke in waagerechter und senkrechter Richtung.

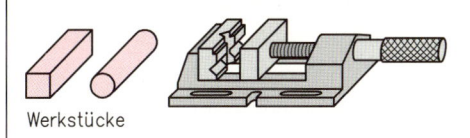

Werkstücke
Maschinenschraubstock für Bohrmaschinen

Große Werkstücke werden mit Spannelementen direkt auf dem Bohrtisch befestigt. Spannelemente gibt es in vielgestaltigen Ausführungsformen. Ein Werkstück kann z.B. mithilfe von Spanneisen, Spannschrauben und Schraubbock gegen Parallelanschläge gespannt werden. Bei Durchgangslöchern muss durch Zwischenlagen ein Auslauf für die Bohrspitze geschaffen werden.

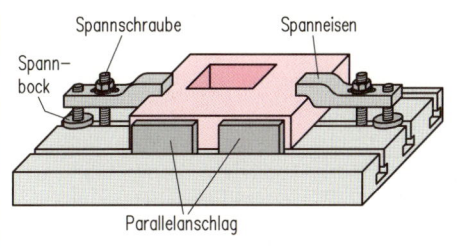

Spannschraube — Spanneisen — Spannbock — Parallelanschlag
Aufspannen von Werkstücken mit Spannelementen

Eine große Zahl von gleichen Werkstücken wird zum Bohren in Bohrvorrichtungen gespannt. Die Spannkraft kann dabei mechanisch, hydraulisch oder pneumatisch aufgebracht werden. Jedes Werkstück wird so in der gleichen Lage festgespannt. Außerdem wird der Bohrer durch gehärtete Bohrbuchsen so genau geführt, dass die Lage der Bohrungen an allen Werkstücken übereinstimmt.

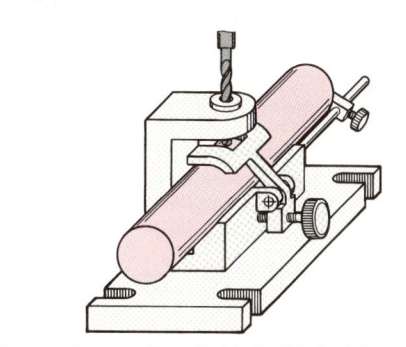

Bohrvorrichtung für zylindrische Werkstücke

Durch Spannzeuge und Spannvorrichtungen erreicht man:
- ein schnelles und genaues Spannen der Werkstücke und
- eine Verringerung der Unfallgefahren.

4.4.4 Sicherheitshinweise zum Bohren

- Vor Inbetriebnahme Maschine auf Betriebssicherheit überprüfen.
- Bohrer zentrisch und fest einspannen. Spannschlüssel sofort wieder entfernen und sicher ablegen – nicht an Kette oder Schnur befestigen.
- Werkstück ausrichten und so sicher einspannen, dass es gegen Mit- und Hochreißen gesichert ist.
- Beim Bohren dünner Werkstücke Unterlagen aus Holz oder Kunststoff verwenden.
- Eng anliegende Ärmel tragen, bei langen Haaren Haarnetz benutzen, bei spröden Werkstoffen Schutzbrille tragen.
- Laufende Arbeitsspindel nach Abschalten der Maschine nicht mit der Hand abbremsen.
- Vorsicht vor Schnittverletzungen infolge Gratbildung.

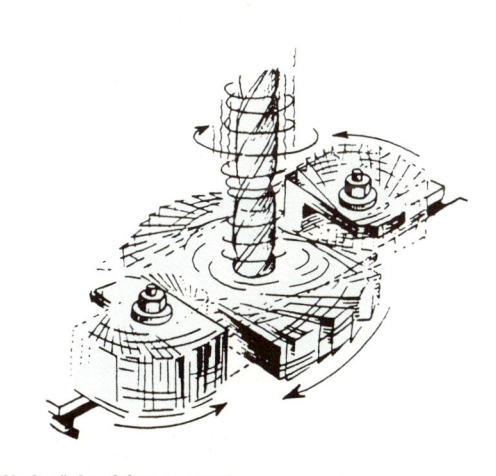

Werkstücke sicher spannen

Übungsaufgaben FT-54; FT-55

4.4.5 Berechnung von Schnittdaten zum Bohren

Die Herstellungskosten von Werkstücken können durch kurze Fertigungszeiten niedrig gehalten werden. Bei maschinellen Bearbeitungsverfahren lässt man daher die Werkzeugschneiden den Trennvorgang möglichst schnell ausführen. Die Geschwindigkeit, mit der der Trennvorgang erfolgt, wird **Schnittgeschwindigkeit** v_c genannt.

Der Bohrer führt eine kreisförmige Schnittbewegung aus. Die höchste Schnittgeschwindigkeit hat der Bohrer an der Schneidecke. Deshalb werden Schnittgeschwindigkeitsberechnungen für diesen Punkt ausgeführt.

Die Schnittgeschwindigkeit ist der Weg der Schneide pro Zeiteinheit.

$$v_c = d \cdot \pi \cdot n$$

v_c Schnittgeschwindigkeit
d Bohrerdurchmesser
n Umdrehungsfrequenz

Bohrer im Eingriff

Die **zulässige Schnittgeschwindigkeit** ist von der Zerspanungseignung des Werkstücks und von der Warmstandfestigkeit der Bohrerschneide abhängig. Mit abnehmender Zerspanungseignung steigt der Widerstand gegen den Trennvorgang und damit auch die Erwärmung an den Schneiden. Durch Zugabe eines geeigneten Kühlschmiermittels wird die Zerspanungswärme von den Werkzeugschneiden schneller abgeführt. Dadurch kann mit einer höheren Schnittgeschwindigkeit gebohrt werden.
Für Hartmetall-Bohrer können wegen der höheren Warmstandfestigkeit 2 bis 3mal so große Schnittgeschwindigkeiten eingestellt werden, als es für HSS-Bohrer möglich ist.

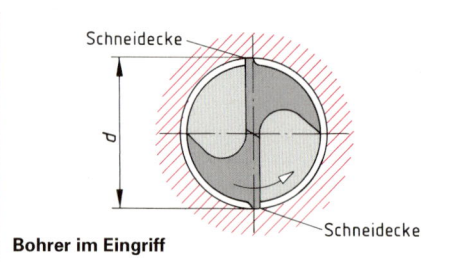

Richtwerte für Schnittgeschwindigkeiten für HSS-Bohrer

Werkstoffe des Werkstücks (R_m)	Schnittgeschwindigkeit in m/min		Kühlschmiermittel
	unbeschichtet	mit TiN-beschichtet	
Leichtmetalle langspannend	90	–	trocken, Bohrölemulsion
Messing	30–50	50–60	trocken, Bohrölemulsion
Gusseisen bis 260 N/mm²	25–35	35–45	trocken, Bohrölemulsion
Stahl bis 700 N/mm²	25–35	30–45	Bohrölemulsion

Die zulässige Schnittgeschwindigkeit wird unter Berücksichtigung des Werkstoffs vom Werkstück und Werkzeug der Tabelle entnommen. Bei gewählter Schnittgeschwindigkeit und vorgegebenem Bohrerdurchmesser kann man die einzustellende Umdrehungsfrequenz rechnerisch bestimmen. Bei zunehmendem Bohrerdurchmesser muss die Umdrehungsfrequenz kleiner eingestellt werden.

Die Schnittgeschwindigkeit wird ausgewählt nach:
- der Zerspanungseignung des Werkstückwerkstoffs,
- der Warmstandfestigkeit des Bohrers,
- der Verwendung eines Kühlmittels.

Hinweise zum fachgerechten Bohren

- Bohrungen über 12 mm mit einem kleineren Bohrer (etwa 4 mm Durchmesser) vorbohren. Dadurch ist die Querschneide des größeren Bohrers nicht im Eingriff.
- Werte für zulässige Schnittgeschwindigkeit und Vorschub dem Tabellenbuch entnehmen. Für die ausgewählten Bohrer die zulässige Umdrehungsfrequenz an der Maschine einstellen.
- Bohrer mit Kühlemulsionen vor Überhitzung schützen, um die Schneidhaltigkeit nicht herabzusetzen.
- Nach Abschluss der Bohrarbeit Späne und Kühlmittel vom Werkstück und aus der Spannvorrichtung entfernen.

4.5 Senken

Senken ist ein dem Bohren verwandtes spanendes Bearbeiten. Durch Senken erhalten zylindrische Löcher ihre zur Aufnahme von Verbindungselementen wie Schrauben, Niete, Stifte notwendige Form. Damit beim Senken glatte Oberflächen erzielt werden, arbeitet man mit niedrigen Schnittgeschwindigkeiten. Diese sollen etwa halb so groß sein wie beim Bohren unter gleichen Bedingungen.

• Entgraten

Durch Entgraten werden scharfkantige Bohrungen gratfrei gemacht, damit sie einwandfreie Anlageflächen erhalten. Schnittverletzungen werden vermieden.

Zum Entgraten werden wegen der günstigen Schnittbedingungen meist die einschnittigen Kegelsenker (Entgrater) verwendet. Daneben werden für tiefere Ansenkungen die mehrschnittigen Kegelsenker mit 5 bis 12 Schneiden eingesetzt.

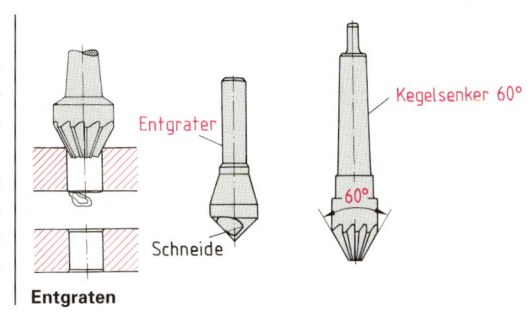

Zum Entgraten verwendet man meist einschnittige Entgrater oder Kegelsenker (60°).

• Kegeliges Ansenken

Zur Aufnahme der Köpfe von Senknieten und Senkschrauben werden kegelige Ansenkungen benötigt. Senkniete und Senkschrauben haben unterschiedliche Kegelwinkel. In beiden Fällen werden mehrschnittige Senker in verschiedenen Ausführungsformen verwendet.

Senker für Niete haben Senkwinkel von 75°, 60° oder 45°. Die Größe des Senkwinkels richtet sich nach dem Nietdurchmesser. Für kleine Bohrungen gelten große Senkwinkel, für große Bohrungen die kleinen Senkwinkel.

Senker für Schrauben haben einen Senkwinkel von 90°. Solche Senker gibt es auch mit Führungszapfen, wodurch erreicht wird, dass die Senkung genau zentrisch zur Bohrung liegt.

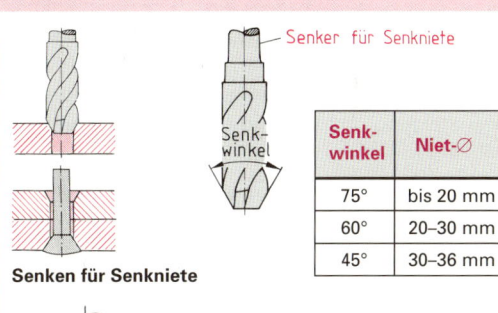

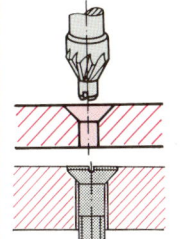

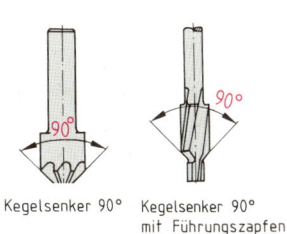

Senkwinkel	Niet-∅
75°	bis 20 mm
60°	20–30 mm
45°	30–36 mm

Zum kegeligen Ansenken von Bohrungen verwendet man:
- *für Senkniete bis ∅ 20 mm Kegelsenker 75°*
- *für Senkschrauben Kegelsenker 90°.*

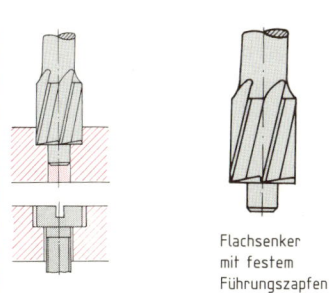

• Zylindrisches Einsenken

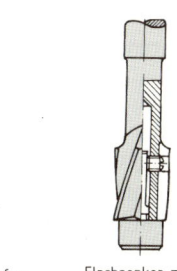

Für die Aufnahme zylindrischer Schraubenköpfe von Innensechskant- oder Zylinderkopfschrauben benötigt man zylindrische Einsenkungen.

Solche Einsenkungen fertigt man mit Flachsenkern, die stets einen Führungszapfen haben. Der Führungszapfen kann auswechselbar sein. Dadurch kann ein Senker für verschiedene Bohrungsdurchmesser verwendet werden. Flachsenker sind mehrschnittige Werkzeuge mit höchstens vier Schneiden.

Zum zylindrischen Ansenken von Bohrungen verwendet man Flachsenker mit Führungszapfen.

Übungsaufgaben FT-61 bis FT-63

4.6 Gewindeschneiden

4.6.1 Aufbau und Maße von Gewinden

- **Gewinde und Schraubenlinie**

Bei der Gewindeherstelleung wird entlang der Schraubenlinie eine fortlaufende Rille in das Werkstück eingearbeitet. Die Gewinderillen mit dem dazwischen verbliebenen Werkstoff werden Gewindeprofil genannt.

Schrauben haben ein dreieckiges Gewindeprofil, es wird normgerecht als Spitzgewinde bezeichnet.

- Arbeitet man das Gewindeprofil in die Mantelfläche eines Bolzens ein, so erhält man **Außengewinde**.
- Arbeitet man das Gewindeprofil in die Mantelfläche einer Bohrung ein, so erhält man **Innengewinde**.

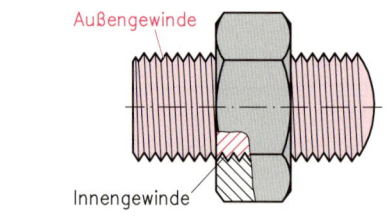

Außen- und Innengewinde

Die Abwicklung des Zylindermantels zwischen Grundfläche des Zylinders bis zur Schraubenlinie ergibt ein rechtwinkliges Dreieck. Die Höhe des Dreiecks ist gleich dem Anstieg bei einer Umdrehung und wird beim Gewinde **Steigung** genannt. Aus Steigung und Umfang des zylindrischen Körpers ergibt sich der Verlauf der Schraubenlinie.

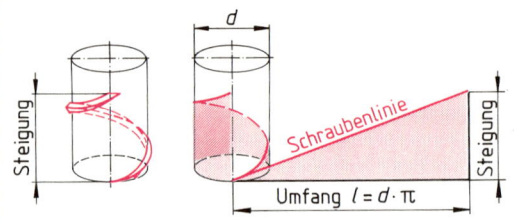

Abwicklung einer Schraubenlinie

Das rechtwinklige Dreieck aus Umfang, Steigung und Schraubenlinie wird Steigungsdreieck genannt.

- **Gewindemaße des metrischen ISO-Gewindes**

Bauteile mit Gewinden müssen austauschbar sein. Aus diesem Grund sind Gewinde in allen Einzelheiten genormt. Am häufigsten wird das metrische ISO-Regelgewinde verwendet. Seine Maße sind in DIN 13 festgelegt. Man benennt die
- Maße des Außengewindes mit **kleinen** Buchstaben,
- Maße des Innengewindes mit **großen** Buchstaben.

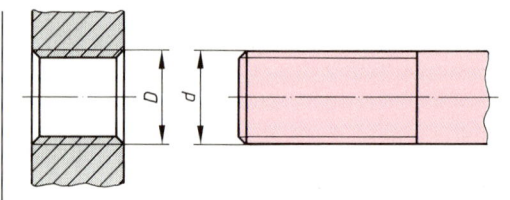

Nenndurchmesser (D und d)

Der Nenndurchmesser ist der äußere Gewindedurchmesser.

Gewinde-Nenndurchmesser

Kerndurchmesser (D_1 und d_3)

Bei Außengewinden wird der Durchmesser des noch vorhandenen Restquerschnittes als Kerndurchmesser bezeichnet. Beim Innengewinde entspricht der Kerndurchmesser etwa dem Durchmesser des herzustellenden Bohrloches.

Steigung (P)

Die Steigung ist bei eingängigen Gewinden der Abstand von Gewindegang zu Gewindegang.

Flankenwinkel

Als Flankenwinkel bezeichnet man den Winkel zwischen den Gewindeflanken. Er beträgt bei metrischen ISO-Regelgewinden 60°.

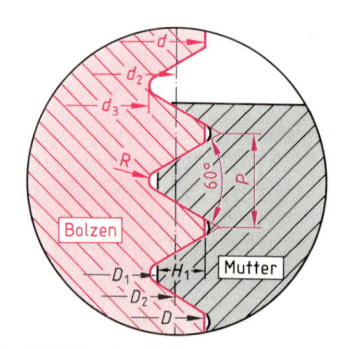

Metrisches ISO-Regelgewinde

Übungsaufgaben FT-64; FT-65

4.6.2 Herstellen von Innengewinden mit Handgewindebohrern

Zum Innengewindeschneiden muss zunächst gebohrt werden. Wegen des Aufschneidens des Werkstoffs muss der Bohrerdurchmesser geringfügig größer als der Kerndurchmesser des Gewindes gewählt werden. Nach dem Bohren werden die Bohrungen mit einem Kegelsenker von 90° auf den Nenndurchmesser des Gewindes angesenkt. Hierdurch wird der Anschnitt erleichtert und man erhält ein gratfreies Gewindeloch.

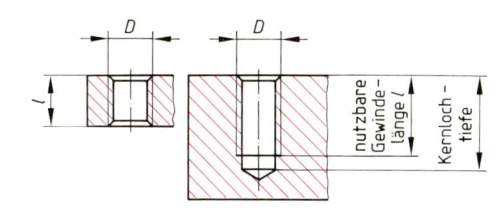

Durchgangs- und Grundlochgewinde

Die nutzbare Gewindelänge muss so groß sein, dass die Gewindegänge bei Belastung nicht ausreißen. Bei gleichem Werkstoff von Schraube und Mutter genügt als Gewindelänge das 0,8-fache des Gewindedurchmessers.

Gewindelänge *l* bei Werkstoffen mit gleicher Festigkeit von Bolzen und Mutter

$l_{mindestens} = 0{,}8 \cdot D$
$l_{höchstens} = 1{,}5 \cdot D$

Bohrerdurchmesser für Gewindekernlöcher

Gewinde	Kerndurchmesser D_1 (min)	Kernloch-bohrer-∅
M 5	4,134 mm	4,2 mm
M 6	4,917 mm	5,0 mm
M 8	6,647 mm	6,8 mm
M 10	8,376 mm	8,5 mm
M 12	10,106 mm	10,2 mm
M 24	20,752 mm	21,0 mm

> Bei Gewindebohrungen soll die Gewindetiefe nach dem Gewindedurchmesser festgelegt werden: Gewindelänge ungefähr gleich Gewindedurchmesser.

• Gewindebohrersatz

Die beim Gewindeschneiden anfallende Spanmenge kann meist nicht in einem Arbeitsgang mit einem Werkzeug abgetrennt werden. Dabei wäre eine große Schnittkraft erforderlich; die Gewindebohrer würden brechen. Deshalb wird das Gewindeprofil meist mit einem **Gewindebohrersatz** aus **Vor-, Mittel- und Fertigschneider** hergestellt. Die Trennarbeit verteilt sich auf 3 Werkzeuge mit unterschiedlichen Spananteilen.

Gewindebohrer sind mit einem kegeligen Anschnitt versehen. So wird das Einführen des Werkzeuges in das Bohrloch ermöglicht. Die ersten Schneiden eines Gewindebohrers müssen das Gewindeprofil allmählich in den Werkstoff einarbeiten. Da die Schneiden des Anschnittes fast allein die Zerspanarbeit übernehmen, bewirkt der kegelförmige Anschnitt auch eine Verteilung der Spanabnahme auf die Schneiden des Anschnittteils. Die nachfolgenden Schneiden sind kaum an der Spanabnahme beteiligt.

Vor-, Mittel- und Fertigschneider haben unterschiedliche Anschnittlängen und verschieden ausgestaltete Gewindeprofile. Der Vorschneider hat den längsten Anschnitt, aber noch kein vollständiges Gewindeprofil. Bei Mittel- und Fertigschneider wird der Anschnitt jeweils kürzer, das Gewindeprofil nähert sich der Endform. Dadurch wird die Spanabnahme auf alle drei Gewindebohrer verteilt.

Zerspananteile beim Gewindebohrer-Satz

Vor-schneider	Mittel-schneider	Fertig-schneider
1 Ring	2 Ringe	kein Ring

Handgewindebohrer-Satz

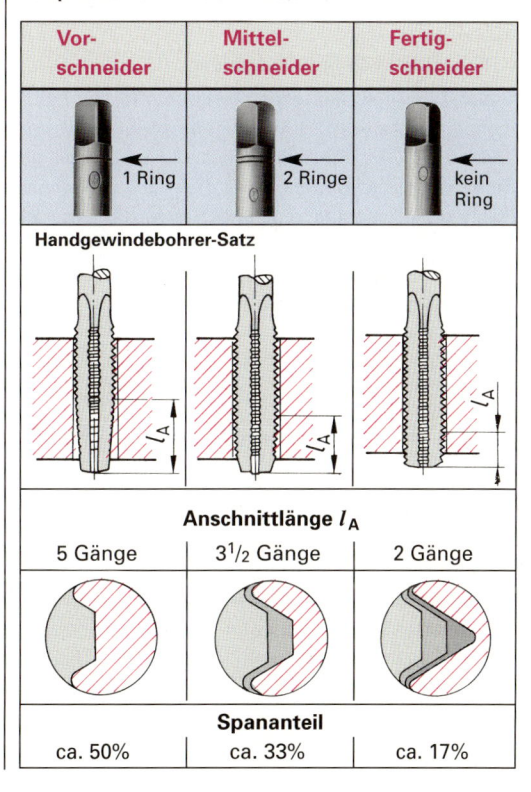

Anschnittlänge l_A

5 Gänge	3½ Gänge	2 Gänge

Spananteil

ca. 50%	ca. 33%	ca. 17%

> Bei einem Gewindebohrersatz wird
> • vom Vorschneider ein großer Anteil der Späne abgetragen,
> • vom Fertigschneider das vollständige Gewindeprofil geschnitten.

Übungsaufgaben FT-66; FT-67

- **Mutterngewindebohrer (Einschneider)**

Beim Schneiden von Durchgangsgewinden und Gewindetiefen bis 1,5 · d kann das Gewinde auch in einem Arbeitsgang mit einem so genannten **Mutterngewindebohrer** gefertigt werden. Die drei Bereiche Vor-, Nach- und Fertigschneiden werden mit einem einzigen Werkzeug ausgeführt. Wegen des langen Anschnitts eignen sich Mutterngewindebohrer nicht zum Gewindeschneiden von Grundlöchern.

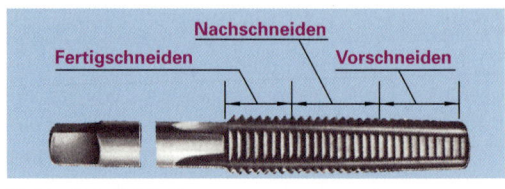

Mutterngewindebohrer

Einschneider (oder Mutterngewindebohrer) eignen sich für Durchgangsgewindebohrungen bis $l \approx 1{,}5 \cdot d$.

- **Spanwinkel am Gewindebohrer**

Gewindebohrer sind mehrschneidige Werkzeuge, die mit keilförmigen Schneiden das Gewindeprofil aus dem Werkstoff herausarbeiten.

Der Schneidvorgang wird am stärksten von der Größe des **Spanwinkels** beeinflusst. Die Wahl des geeigneten Spanwinkels richtet sich nach der Festigkeit und dem Zerspanverhalten des zu bearbeitenden Werkstoffes.

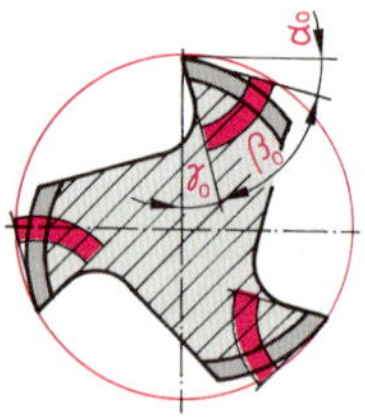

Winkel am Schneidkeil

Werkstoff	Spanwinkel γ_0
Aluminium	20° bis 25°
Baustahl	10° bis 15°
Gusseisen	4° bis 6°

Gewindebohrer für weiche Werkstoffe haben große Spanwinkel.

- **Schneiden von Innengewinden**

Gewindebohrer müssen stets fluchtend zur Bohrlochachse angesetzt und eingedreht werden. Vor allem beim Anschneiden muss die rechtwinklige Stellung des Gewindebohrers mehrfach mit einem Flach- oder Anschlagwinkel geprüft werden. Die erforderliche Schnittkraft wird von Hand aufgebracht, durch die Hebelwirkung des Windeisens verstärkt und auf das Werkzeug übertragen.

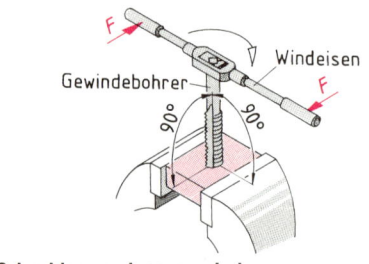

Schneiden von Innengewinden

4.6.3 Herstellen von Außengewinden mit Schneideisen

Außengewinde werden auf Bolzen geschnitten. Da fast immer ein Aufschneiden des Werkstoffes erfolgt, werden bei Stahl die Bolzendurchmesser etwa um 1/10 der Steigung kleiner vorgefertigt als der spätere Außendurchmesser des Gewindes. Zum leichteren Anschneiden des Gewindes wird der Anfang des Bolzens unter 45° angefast. Die Anfasung muss mindestens bis zum Kerndurchmesser reichen.

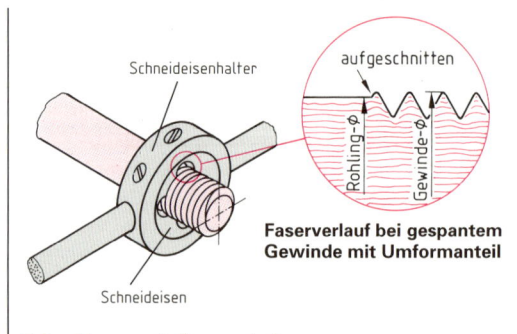

Faserverlauf bei gespantem Gewinde mit Umformanteil

Schneiden von Außengewinden

Außengewinde werden mit Schneideisen in Schneideisenhaltern geschnitten.

Übungsaufgaben FT-68 bis FT-70

Als Werkzeuge zum Gewindeschneiden von Hand werden **Schneideisen** verwendet. Kleine Gewinde werden mit *geschlossenen* Schneideisen geschnitten. Bei *geschlitzten* Schneideisen kann der Gewindedurchmesser geringfügig verändert werden. Schneideisen werden in einen Schneideisenhalter eingesetzt und von Hand durch Hebelwirkung gedreht.

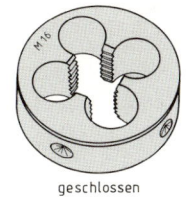

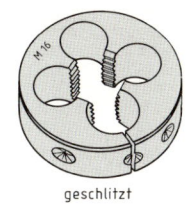

geschlossen   geschlitzt
Schneideisen

Für Außengewinde in Stahlbolzen gilt:
- Vordrehen des Bolzendurchmessers um 1/10 der Steigung kleiner.
- Anfasen unter 45° bis auf den Kerndurchmesser.

Außengewinde werden mit Schneideisen oder mit Schneidkluppen geschnitten.

4.6.4 Prüfen von Gewinden

• Prüfen mit Gewindeschablonen

Mit Gewindeschablonen kann man auf einfache Art durch Lichtspaltverfahren die Profilgrößen eines Gewindes feststellen. Dabei vergleicht man in einem Vorgang Steigung, Gewindetiefe und Flankenwinkel von Lehre und Prüfgegenstand miteinander.

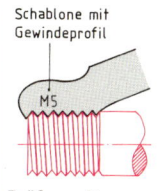

Schablone mit Gewindeprofil

Prüfen mit Gewindeschablonen    **Satz Gewindeschablonen**

Mit Gewindeschablonen prüft man das Profil eines Gewindes.

• Prüfen mit Gewindegrenzlehren

Zum Lehren von Innengewinden dienen **Gewindegrenzlehrdorne**. Die Gutseite des Lehrdorns hat das volle Gewindeprofil mit mehreren Gewindegängen. Die Gutseite muss sich in das zu prüfende Gewinde einschrauben lassen. Die Ausschussseite des Lehrdorns hat verkürzte Flanken und nur wenige Gewindegänge. Die Ausschussseite darf sich nicht einschrauben lassen.

Außengewinde prüft man mit Gewindelehrringen oder Muttern.

Gewindelehrringe entsprechen in ihrem Gewindeaufbau und ihrer Handhabung den Gewindegrenzlehrdornen. Für die Gut- und Ausschusslehrung gibt es jedoch getrennte Lehrringe. Da die Gutlehrringe durch das häufige Einschrauben stark verschleißen, verwendet man Lehrringe vorwiegend zum Prüfen von kurzen Außengewinden.

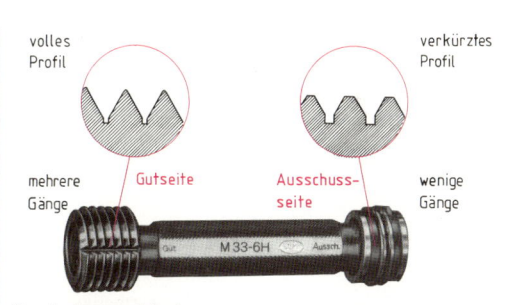

volles Profil   verkürztes Profil
mehrere Gänge   Gutseite   Ausschussseite   wenige Gänge
Gewindegrenzlehrdorn

Ausschusslehrring    Gutlehrring
Gewindelehrringe

Gewindelehren dienen zur Funktionsüberprüfung von Gewinden. Mit Gewindegrenzlehrdornen überprüft man Innengewinde, mit Gewindelehrringen Außengewinde.

Übungsaufgaben FT-71 bis FT-74

4.7 Reiben

Beim Fügen von Bauteilen sind häufig genaue Bohrungen zur Aufnahme von Stiften, Bolzen, Passschrauben oder Wellen herzustellen.

Bohrungen mit geringen Toleranzen erfordern hohe Oberflächengüten. Um dies zu erreichen, werden vorgebohrte Löcher durch einen zusätzlichen spanenden Arbeitsgang fertig bearbeitet. Dieses Fertigungsverfahren bezeichnet man als Reiben. Durch Reiben erzielt man Bohrungen mit Maßgenauigkeiten von ± 0,01 mm.

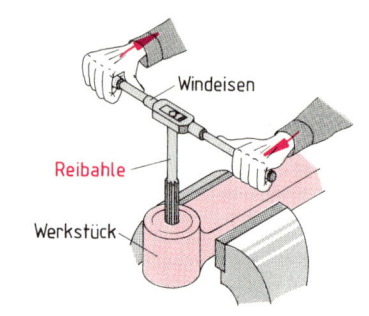

Reiben von Hand

> Durch Reiben werden Bohrungen spanend fertig bearbeitet.
> Geriebene Bohrungen haben eine hohe Maßgenauigkeit und eine hohe Oberflächengüte.

Soll eine Bohrung aufgerieben werden, so muss ihr Durchmesser vor dem Reiben um den Betrag der Bearbeitungszugabe kleiner sein. Der überschüssige Werkstoff wird beim Reiben durch ein mehrschichtiges Werkzeug – die **Reibahle** – abgetragen.

Reibahlen haben zwischen 6 und 14 keilförmige Schneiden. Je größer der Durchmesser einer Reibahle ist, desto größer ist ihre Schneidenzahl.

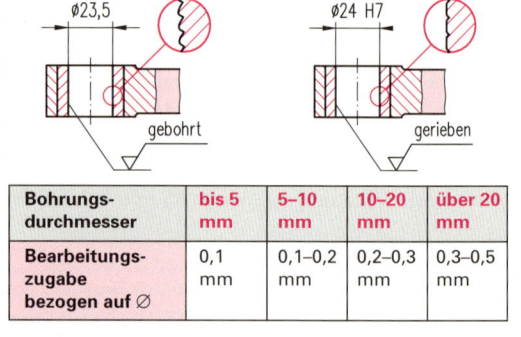

Bohrungs-durchmesser	bis 5 mm	5–10 mm	10–20 mm	über 20 mm
Bearbeitungszugabe bezogen auf ∅	0,1 mm	0,1–0,2 mm	0,2–0,3 mm	0,3–0,5 mm

Fertigbearbeiten von Bohrungen durch Reiben

> Die Bearbeitungszugabe beträgt beim Reiben 0,1 mm bis 0,5 mm.

Zur Erzielung der hohen Oberflächengüte muss der Werkstoff in kleinsten Spänchen abgetragen werden. Dies erreicht man durch eine gerade Anzahl von Schneiden mit ungleicher Teilung. Außerdem wird der Spanwinkel so gewählt, dass eine vorwiegend schabende Wirkung erzielt wird.

Die Oberflächengüte kann durch Verwendung geeigneter Schmiermittel merklich verbessert werden. Beim Reiben ist die Schmierwirkung wichtiger als das Kühlen. Daher erzielt man bei Verwendung eines Schneidöls bessere Oberflächen als mit einer Schneidölemulsion.

Die Schnittgeschwindigkeit beim Reiben soll aus Erfahrung wesentlich kleiner als beim Bohren sein.

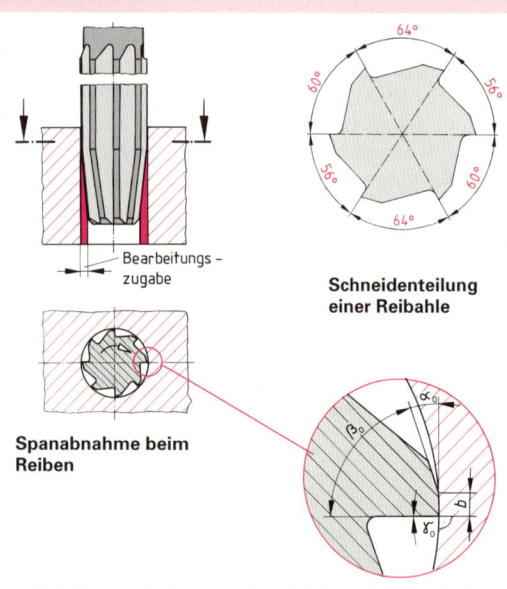

Spanabnahme beim Reiben

Schneidenteilung einer Reibahle

> Beim Reiben erzielt man die hohe Oberflächengüte:
> - durch Werkzeuge mit mehreren Schneiden,
> - durch Schneidkeile mit schabender Wirkung,
> - durch Zugabe von Schmiermittel,
> - durch niedrige Schnittgeschwindigkeit.

Übungsaufgaben FT-75 bis FT-77

4.8 Wartungshinweise für handgeführte Werkzeuge

- Werkzeuge und Messzeuge getrennt am Arbeitsplatz, im Schrank bzw. im Werkzeugkasten aufbewahren. Übereinander liegende Werkzeuge und Messzeuge werden beschädigt und ein zügiges Arbeiten wird behindert.
- Nach Abschluss der Arbeiten Werkzeuge und Arbeitsplatz von Schmutz und Spänen reinigen.

Beispiel für die Ordnung am Arbeitsplatz

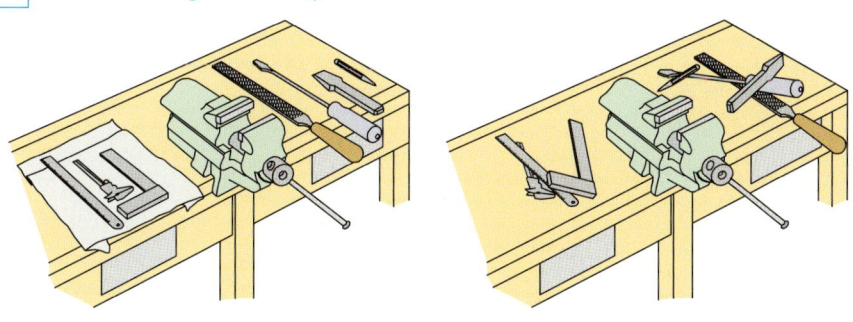

so nicht!

- In Schlichtfeilen setzen sich Späne fest, die auf der Werkstückoberfläche störende Riefen erzeugen. Die Feile ist mit einer Feilenbürste zu reinigen, wobei die Feilenbürste in Richtung des Oberhiebs bewegt wird.
- Stumpfe Werkzeuge, wie Sägeblätter, Feilen u.a. austauschen; andere, wie Bohrer, Meißel, Körner, Reißnadeln, zum Schärfen geben oder selbst schärfen.
- Werkzeuge, wie Hämmer, Meißel, Körner und Feilen, überprüfen, ob eine Unfallgefährdung vorliegt, z.B. Hammer sitzt nicht fest auf dem Stiel, Meißel hat einen Bart, Feile sitzt locker im Feilenheft. Unfallgefährdung durch sachgerechtes Befestigen von Hammer und Feile und Abarbeiten des Meißelbartes beseitigen.

Beispiele für das Warten der Handwerkzeuge

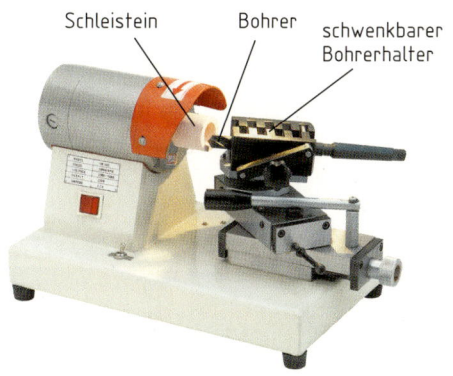

Schleistein   Bohrer   schwenkbarer Bohrerhalter

Schleifvorrichtung für Spiralbohrer

Unfallgefahr!
Meißel mit Grat

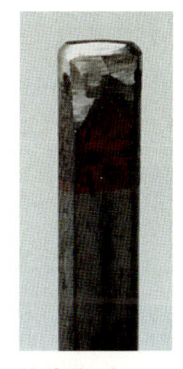

Meißelkopf richtig geschliffen

- Am Ende einer Arbeitswoche:
  - den Schraubstock gründlich reinigen, die Spindel und die Führungen leicht einfetten, um den Schraubstock leicht gängig zu halten,
  - die Bohrmaschine und evtl. die Säge gründlich reinigen und blanke Stahlflächen mit Öl leicht einfetten, um Korrosion zu verhindern.

Arbeitsauftrag: Fertigen einer Schraubzwinge

Zum Spannen von kleinen Teilen soll eine Schraubzwinge gefertigt werden.

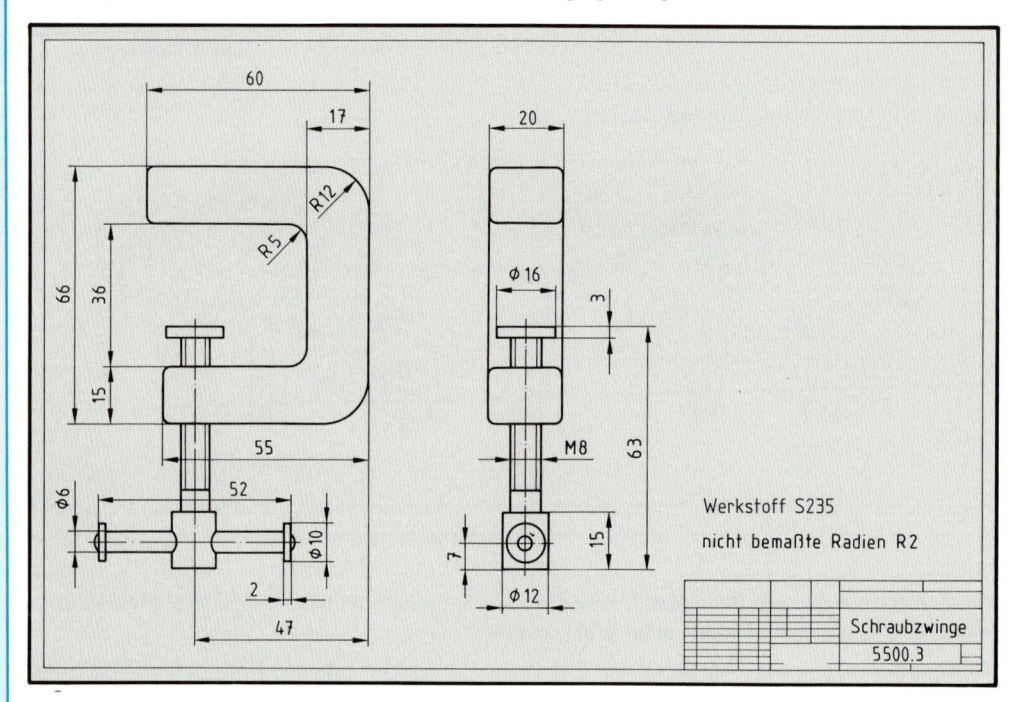

Zeichnung der Schraubzwinge

Die Rohlinge sind bereits vorbereitet, und ihre Maße sind überprüft worden.
Auf dem Rohling für den Bügel sind die Maße angerissen.
Beantworten Sie die folgenden Fragen im Rahmen eines Berichtes über die jeweilige Fertigung.

a) Bohren

1. Bestimmen Sie den Bohrerdurchmesser unter Berücksichtigung des späteren Meißelns.
2. Sollte in den Ecken ein anderer Bohrerdurchmesser gewählt werden?
3. In welchem Abstand von der fertigen Kante sind die Anrisse der Bohrungsmitten anzubringen?
4. In welchen Abständen ist zu körnen?
5. Nennen Sie den Bohrerwerkstoff, den Bohrertyp und den Spitzenwinkel des Bohrers.
6. Wählen Sie die Schnittgeschwindigkeit zum Bohren aus.
7. Berechnen Sie die Drehzahl des Bohrers.
8. Geben Sie die einzustellenden Vorschübe an.
9. Sollte mit Kühlschmiermitteln gearbeitet werden?
10. Wie ist das Werkstück zu spannen?

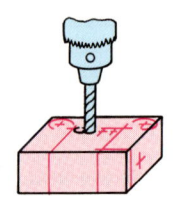

b) Meißeln

Nach dem Bohren wird der Zwingengrund ausgemeißelt.

1. Welchen Meißel werden Sie zum Aushauen verwenden?
2. Was kann man tun, um ein Ausreißen des Materials auf der Rückseite zu vermeiden?

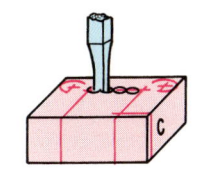

c) Sägen

Die Seiten der Zwinge werden bis zu den Bohrungen im Zwingengrund eingesägt.

1. Geben Sie die Teilung des Handsägeblattes an.
2. Auf welche Art wird bei dem gewählten Sägeblatt der Freischnitt erzeugt?
3. Die gesägte Fläche soll sauber auf Maß gefeilt werden. In welchem Abstand vom Anriss sollte gesägt werden?

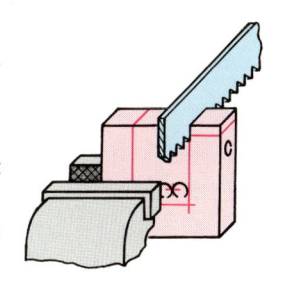

d) Feilen

1. Welcher Art sollen die Feilen zum Bearbeiten des Zwingenbügels sein – gehauen oder gefräst?
2. Geben Sie Feilenform und Feilenhieb für die Schruppbearbeitung an.
3. Bestimmen Sie Feilenform und Feilenhieb für die Schlichtbearbeitung.
4. Welche Prüfmittel benötigen Sie, um den Zwingenbügel zu prüfen?

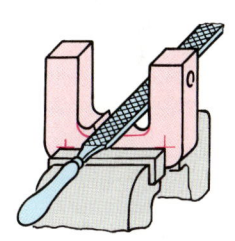

e) Innengewindeschneiden

1. Bestimmen Sie den Bohrerdurchmesser zum Bohren des Kernloches.
2. Wie soll das Kernloch angesenkt werden?
3. Berichten Sie über den Ablauf des Gewindeschneidens.
4. Wie können Sie dafür sorgen, dass die Längsachse des Vorschneiders mit der Längsachse des Bohrloches übereinstimmt?
5. Sollte man schmieren?

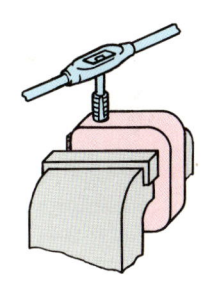

f) Außengewindeschneiden

Das Rohteil für die Gewindespindel soll von einem Zerspanungsmechaniker gefertigt werden.

1. Erstellen Sie eine Skizze des Rohteiles für den Zerspanungsmechaniker.
   Berücksichtigen Sie darin
   – das Außenmaß des Gewindebolzens,
   – die Anfasung des Bolzens,
   – die Möglichkeit zur Befestigung der Druckplatte auf der Spindel.
2. Welche Möglichkeiten haben Sie zum Spannen beim Gewindeschneiden?
3. Berichten Sie über das Gewindeschneiden.

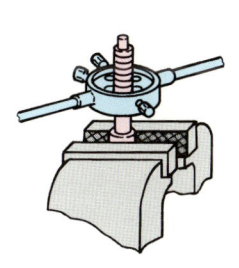

Übungsaufgabe FT-78

5 Fertigungsverfahren des Umformens

5.1 Grundbegriffe zum Umformen

Nach dem Urformen wird der größte Teil der Werkstoffe durch Umformen zu Blechen, Drähten und sonstigen Profilen weiterverarbeitet. Man nennt diese Produkte **Halbzeuge**. Aus solchen Halbzeugen wiederum werden viele Endprodukte z.B. Autokarosserien, Werkzeuge, Haushaltsgegenstände und andere Gebrauchsgüter durch erneutes **Umformen** hergestellt.

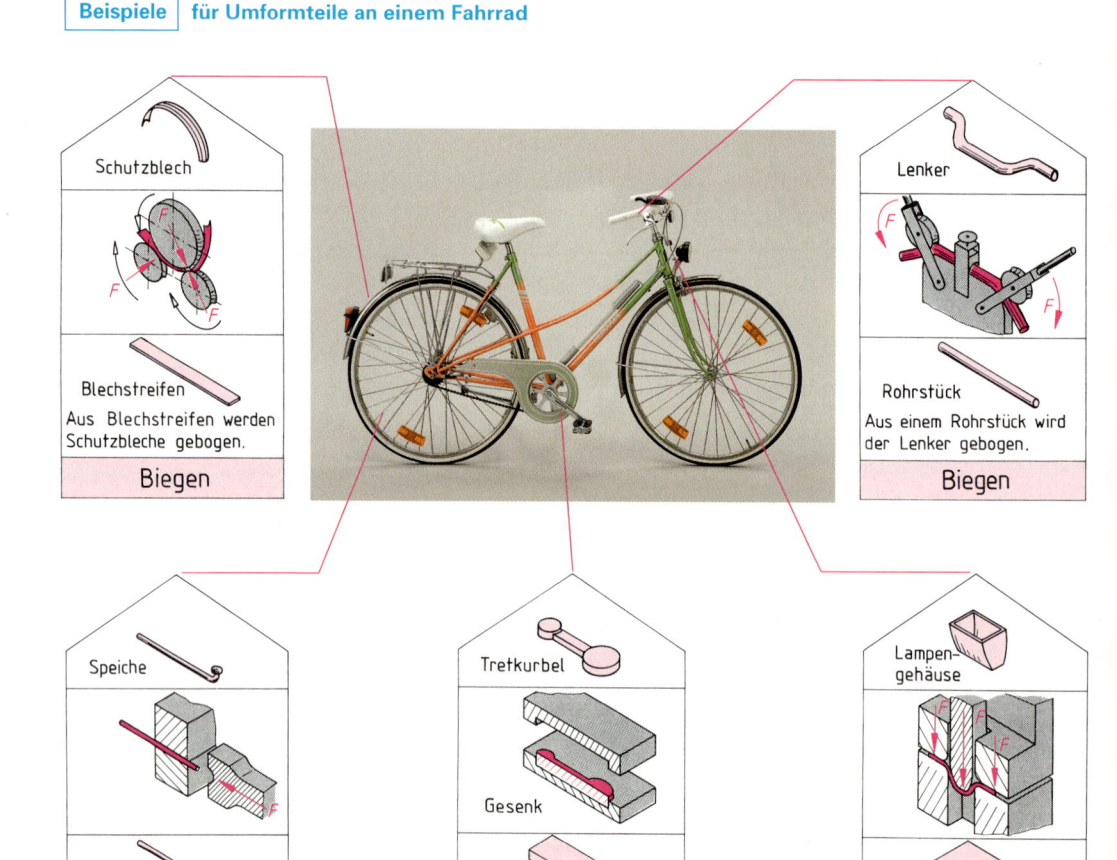

| Beispiele | für Umformteile an einem Fahrrad |

Schutzblech
Blechstreifen
Aus Blechstreifen werden Schutzbleche gebogen.
Biegen

Lenker
Rohrstück
Aus einem Rohrstück wird der Lenker gebogen.
Biegen

Speiche
Drahtstück
Aus Drahtstücken werden Speichen am Ende gestaucht und gebogen.
Stauchen u. Biegen

Tretkurbel
Gesenk
Flachstahl
Aus einem Flachstahl werden die Tretkurbeln im Gesenk geschmiedet.
Gesenkschmieden

Lampengehäuse
Blechteil
Aus einem Blechteil wird das Lampengehäuse tiefgezogen.
Tiefziehen

Beim Umformen wird die Formänderung von festen Körpern durch äußere Kräfte bewirkt. Nach Entlastung bleibt diese Formänderung weitgehend erhalten. Man spricht von einer **plastischen Formänderung**. Beim Umformen wird zwar die Form des Werkstücks geändert, jedoch bleiben das Volumen und der Zusammenhalt erhalten. Es können nur solche Werkstoffe umgeformt werden, die eine erhebliche plastische Formänderung ohne Zerstörung des Zusammenhalts ertragen.

Umformen ist Fertigen durch plastische Formänderung eines festen Körpers.

5.2 Biegen von Blechen und Rohren

Drähte, Bleche, Rohre und andere Halbzeuge erhalten vielfach durch Biegen eine andere Form. Dabei wird das Werkstück durch Biegekräfte umgeformt. Je nach Werkstückform und Stückzahl der Teile werden unterschiedliche Werkzeuge und Vorrichtungen zum Biegen verwendet.

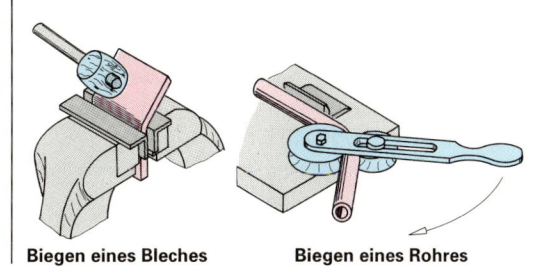

Biegen eines Bleches **Biegen eines Rohres**

5.2.1 Vorgänge beim Biegen

Beim Umformen durch Biegen wirkt stets von außen eine Kraft in einem Abstand von der Biegestelle. Die Entfernung der Kraft zum nächsten Auflagepunkt des Biegeteils bezeichnet man als Hebel. Die Biegewirkung wird größer mit
- zunehmender Biegekraft und
- zunehmender Länge des Hebelarms.

Die Biegewirkung wird durch das **Biegemoment** erfasst. Das Biegemoment ist das Produkt aus der Biegekraft und dem zugehörigen Hebelarm.

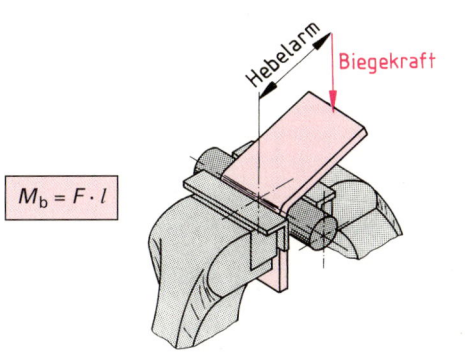

$$M_b = F \cdot l$$

Wirkung des Biegemoments

> Biegemoment = Biegekraft · Hebelarm

Beim Biegen eines Werkstücks erfolgt die Umformung unter der Wirkung eines Biegemomentes. Zur Veranschaulichung der Veränderungen wird das Biegeteil mit Längs- und Quermarkierungen versehen. An der Lage und Länge der Markierungen wird deutlich, dass im äußeren Bereich eine **Werkstoffstreckung** und im inneren Bereich eine **Werkstoffstauchung** erfolgt. Zwischen beiden Bereichen liegt eine Ebene, in der der Werkstoff weder gestreckt noch gestaucht wird, sie wird **neutrale Faser** genannt.
Da das Werkstoffvolumen beim Biegen konstant bleibt, erfolgt durch die Werkstoffstreckung und Stauchung an der Biegestelle eine Querschnittsveränderung.

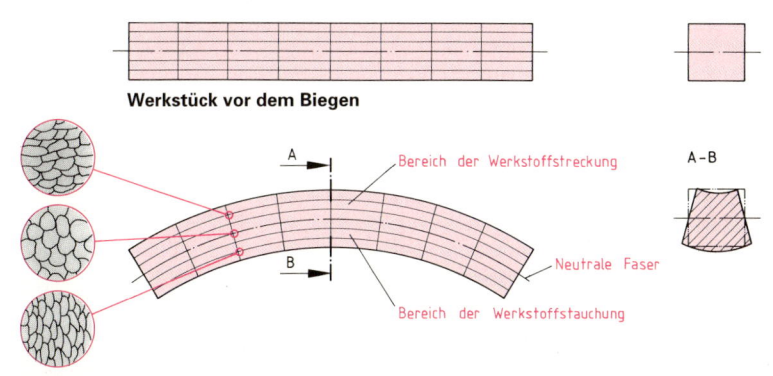

Werkstück vor dem Biegen

Werkstück nach dem Biegen

> Beim Biegen wird der äußere Werkstoffbereich gestreckt und der innere gestaucht. Die mittlere Schicht behält ihre Ausgangslänge und wird neutrale Faser genannt.

5.2.2 Mindestbiegeradien

Auf der gestreckten Seite eines gebogenen Werkstücks treten Zugspannungen auf. Diese können bei falscher Wahl des Biegeradius zu Rissen bzw. bei Hohlprofilen zu unzulässigen Querschnittänderungen führen.

Diese Fehler lassen sich vermeiden, wenn die Werkstücke mit ausreichend großem Radius gebogen werden. Den Innenradius des gebogenen Teils bezeichnet man als **Biegeradius**.

Die Mindestgröße des Biegeradius hängt von der Dehnbarkeit des Werkstoffs und von der Dicke s des Werkstücks ab.

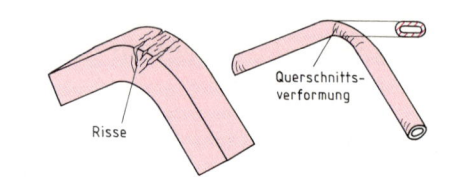

Fehlerhaft gebogene Werkstücke

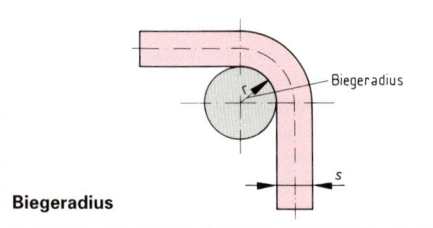

Biegeradius

> Als Biegeradius bezeichnet man den Innenradius von Biegeteilen.

Bei kleinem Biegeradius wird die Zugseite stärker gedehnt als bei einem größeren Radius. Damit der Werkstoff nicht einreißt, muss bei schlecht dehnbaren Werkstoffen deshalb ein größerer Biegeradius gewählt werden als bei gut dehnbaren Werkstoffen.

Je größer die Dicke des Werkstücks, desto größer sind die Spannungen und Dehnungen bei gleichem Biegeradius. Damit an keiner Stelle der gestreckten Seite die Festigkeit überschritten wird, muss bei größerer Werkstückdicke ein größerer Biegeradius gewählt werden.

Werkstoff	Mindestbiegeradius r
Stahl (weich)	2 mal Werkstückdicke
Weichaluminium	2 mal Werkstückdicke
Hartaluminium	4 mal Werkstückdicke
Messing	4 mal Werkstückdicke

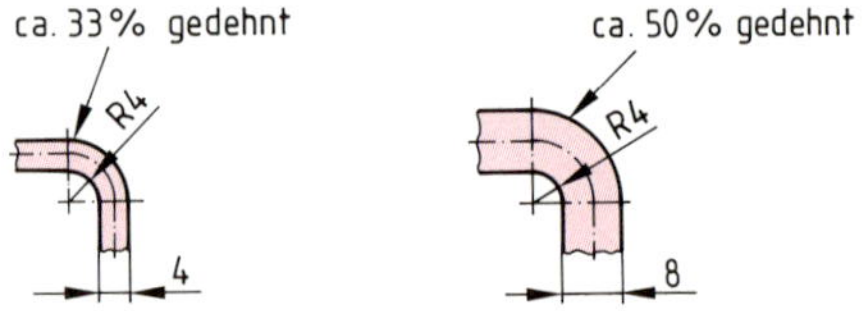

Dehnung in Abhängigkeit von der Weckstückdicke

> Die Größe des Biegeradius ist abhängig von:
> - der Dehnbarkeit des Werkstücks,
> - der Dicke des Werkstücks.

5.2.3 Biegen von Blechen

Kleinere Blechteile werden in der Einzelfertigung im Schraubstock gebogen. Zum Schutz der Oberfläche werden Beilagen oder Spannvorrichtungen verwendet. Bei Verwendung von entsprechenden Spannvorrichtungen können Werkstücke auch dann exakt gebogen werden, wenn sie breiter sind als der Schraubstock.

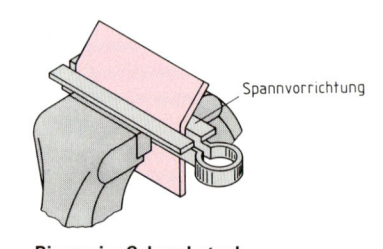

Biegen im Schraubstock

In der Massenfertigung werden Blechteile genauer und wirtschaftlicher in **Biegewerkzeugen** gebogen. Dazu wird die äußere Form des ebenen Blechteils aufgrund von Berechnungen und Versuchen vorher hergestellt.

Das Blech wird von dem *Biegestempel* (Obergesenk) in die *Formplatte* (Untergesenk) gedrückt. Die Rückfederung des Werkstücks wird im Biegegesenk berücksichtigt.

In einem Arbeitsgang können komplizierte Formteile hergestellt werden.

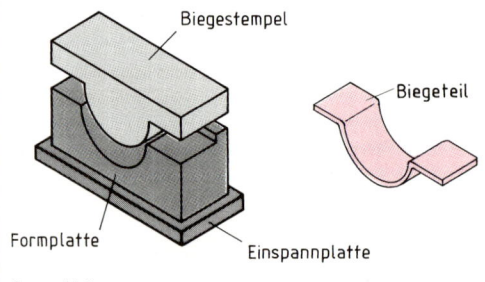

Gesenkbiegen

Übungsaufgaben FT-83 bis FT-87

Längere Blechteile werden schnell und formgenau in **Schwenkbiegemaschinen** gebogen. Man spannt das Blech mit der Oberwange fest ein. Der herausragende Teil des Bleches wird durch Schwenken der Biegewange gegen die Biegeschiene gebogen. Man nennt das **Schwenkbiegen** auch **Abkanten**. Für unterschiedliche Biegeradien ist die Biegeschiene auswechselbar.

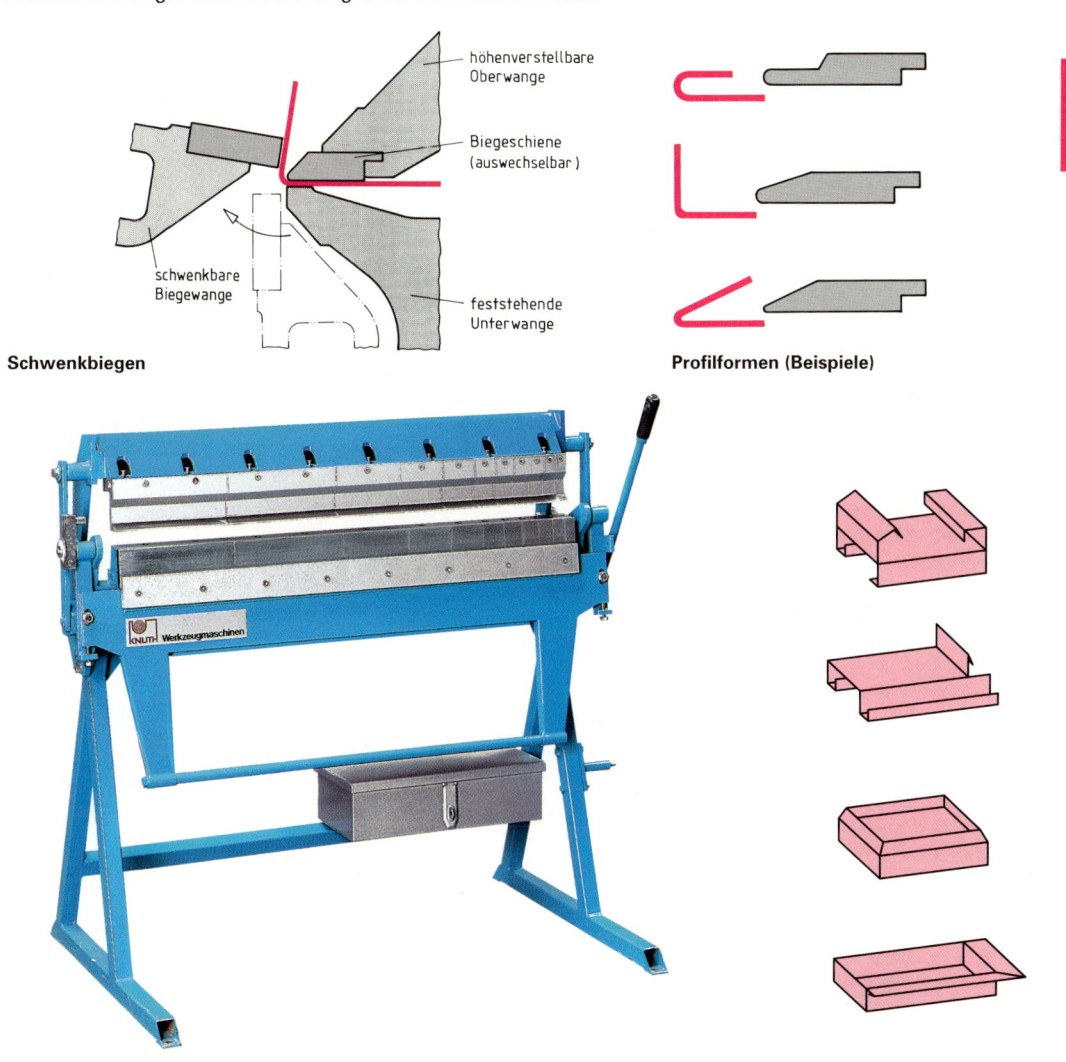

Schwenkbiegen

Profilformen (Beispiele)

Schwenkbiegemaschine

Bogenförmige und rohrartige Werkstücke erzeugt man auf **Rundbiegemaschinen**. In diesen Maschinen wird das Werkstück von einer Biegewalze in Richtung der Führungswalzen gebogen. Je größer der Abstand zwischen Führungs- und Biegewalze ist, desto größer wird der Radius des gebogenen Werkstückes. Trichterförmige Werkstücke erzeugt man durch Schrägstellung der Biegewalze.

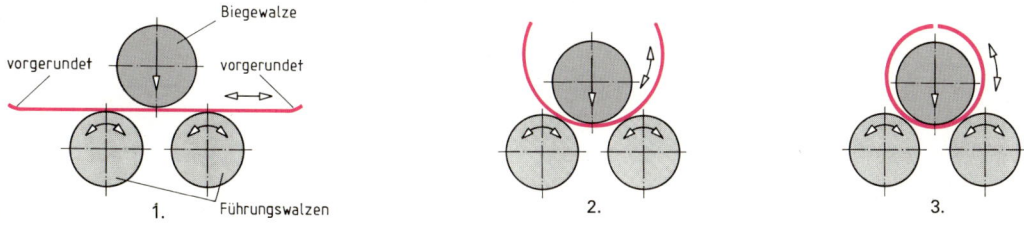

Rundbiegen

Übungsaufgabe FT-88

5.2.4 Biegen von Rohren

Beim Biegen von Rohren ohne Hilfsmittel tritt in der Biegezone eine Querschnittsveränderung ein. Die Teile der Rohrwand mit hohen Zug- und Druckspannungen weichen der Belastung dadurch aus, dass sie sich der neutralen Faser nähern. Das Rohr flacht ab.

Die Abflachung ist umso größer
- je größer der Rohrdurchmesser,
- je dünner die Rohrwand,
- je kleiner der Biegeradius und
- je geringer die Dehnbarkeit des Werkstoffs ist.

Durch die Abflachung verringern sich der Durchflussquerschnitt und die Belastbarkeit des Rohres an der Biegestelle.

Beim **freien Biegen** von Rohren füllt man den Hohlraum aus, um Querschnittsveränderungen zu vermeiden.

Querschnittsveränderung eines Rohres durch Biegen ohne Hilfsmittel

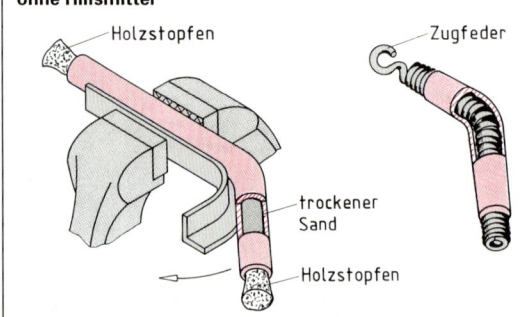

Als Füllungen eignen sich trockener Sand, leicht schmelzbare Stoffe (Kolophonium, Blei) und Spiralfedern. In Kunststoffrohre werden häufig Gummischläuche eingezogen.

Nach dem Biegevorgang werden die Füllungen wieder entfernt. Kolophonium und Blei müssen dazu ausgeschmolzen werden.

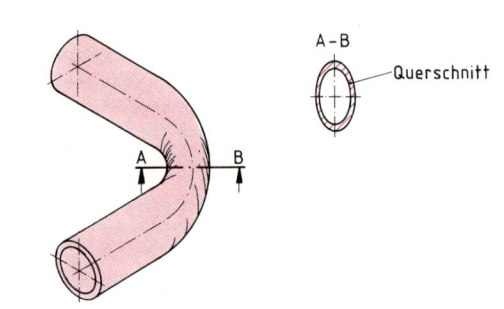

Freies Biegen von Rohren mit Füllung

In **Biegevorrichtungen** für Rohre verhindert eine an der Biegestelle dem Rohraußendurchmesser angepasste Form jede Querschnittsveränderung.

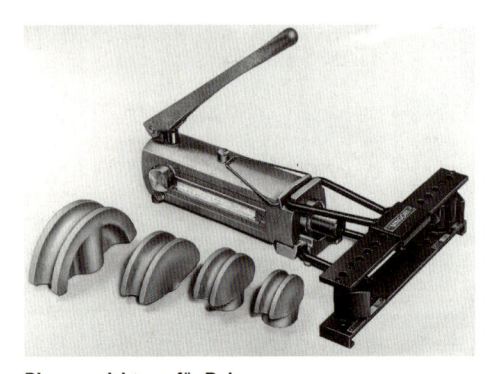

Biegevorrichtung für Rohre

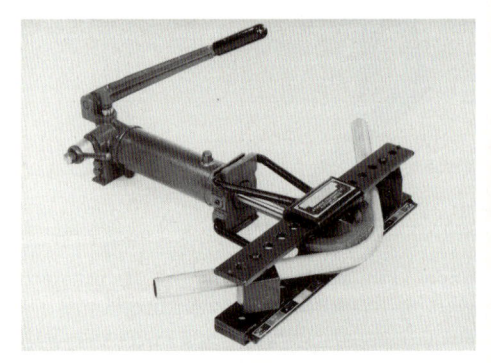

Biegen eines Rohres mit Biegevorrichtung

Auch beim Biegen von Rohren ist ein Mindestradius einzuhalten, damit keine Risse in der Rohrwand auftreten. Der Mindestradius ist 3 × Rohraußendurchmesser. Beim Biegen von geschweißten Rohren muss die Schweißnaht in die Ebene der neutralen Faser gelegt werden. Dadurch wird die Schweißnaht nur geringfügig durch Spannungen beansprucht.

> Beim freien Biegen von Rohren werden Querschnittsveränderungen durch Füllungen vermieden. Mindestradius ist 3 × Rohraußendurchmesser.

5.2.5 Berechnungen von gestreckten Längen bei Biegeteilen

Bei dünnen Werkstücken, z.B. aus Blechen und Flachprofilen, und bei großen Biegeradien entspricht die gestreckte Länge etwa der Länge der neutralen Faser des Biegeteils.

Bei engen Biegeradien und dicken Werkstücken hingegen wird der Werkstoff auf der Druckseite stark gestaucht und es kommt zu einer Verschiebung der ungelängten Zone zur Druckseite. In diesen Fällen wird eine Berechnung der gestreckten Länge aus der neutralen Faser mit Hilfe von Korrekturfaktoren durchgeführt.

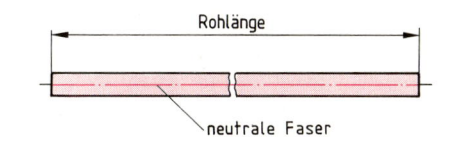

Gestreckte Länge (Rohlänge)

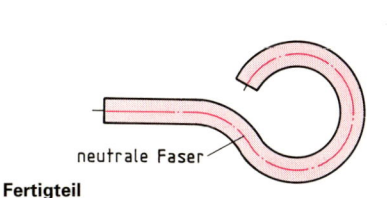

Fertigteil

Die Rohlänge entspricht etwa der Länge der neutralen Faser. Bei dicken Werkstücken und kleinen Biegeradien sind Korrekturen notwendig.

Hinweise zum Berechnen gestreckter Längen

1. Von dem Biegeteil wird nur die neutrale Faser gezeichnet und bemaßt.
2. Die neutrale Faser wird in einfach zu berechnende Teillängen zerlegt.
3. Die Teillängen werden berechnet.
4. Zur Ermittlung der Rohlänge werden die Teillängen addiert.

Beispiel zur Berechnung der gestreckten Länge eines dünnen Bauteils

Aufgabe
Die gestreckte Länge des dargestellten Werkstückes ist zu berechnen.
Gegeben: Skizze
Gesucht: L

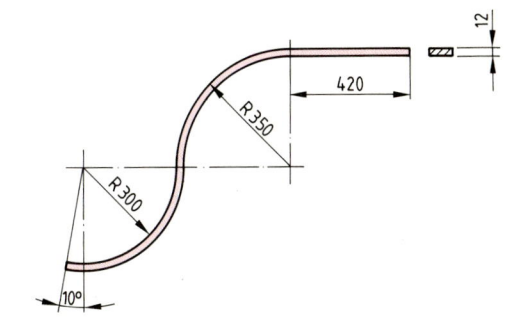

Lösung
1. und 2. Schritt
Skizze mit Bemaßung der neutralen Faser

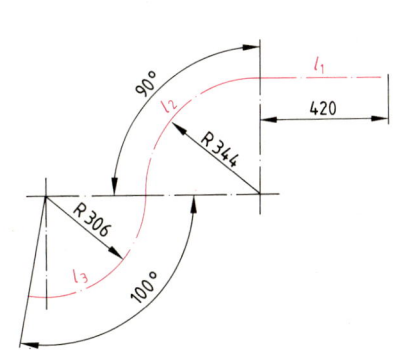

3. Schritt
Berechnung der Längen

$l_1 = 420$ mm

$l_{2/3} = \dfrac{d_m \cdot \pi \cdot \alpha}{360°}$

$l_2 = \dfrac{688 \text{ mm} \cdot \pi \cdot 90°}{360°} = 540$ mm

$l_3 = \dfrac{612 \text{ mm} \cdot \pi \cdot 100°}{360°} = 534$ mm

4. Schritt
Addition der Teillängen
$L = l_1 + l_2 + l_3$
$L = 420$ mm $+ 540$ mm $+ 534$ mm
$L = \mathbf{1\,494}$ **mm**

Übungsaufgaben FT-92 bis FT-96

5.3 Richten von Blechen und Profilen

Bleche oder Profile können z.B. beim Transport, durch unsachgemäße Lagerung, bei der Bearbeitung oder bei ungleichmäßiger Erwärmung verbogen, verdreht oder verbeult werden. Solche Teile müssen vor der Weiterverarbeitung ihre gerade und ebene Form zurückerhalten. Diesen Arbeitsvorgang nennt man Richten.

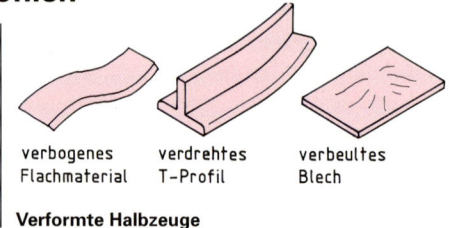

verbogenes Flachmaterial   verdrehtes T-Profil   verbeultes Blech

Verformte Halbzeuge

Durch Richten werden verformte Werkstücke verwendbar gemacht.

Verbogene Teile richtet man, indem verkürzte Fasern gelängt und gestreckte Fasern gestaucht werden. Damit keine Querschnittsveränderung eintritt, sollte dies möglichst gleichmäßig geschehen. Das Richtverfahren muss nach der Werkstoffdicke, der Profilform und der Art der Verformung gewählt werden.

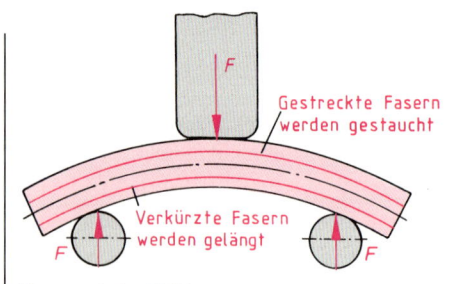

Vorgang beim Richten

Flachmaterial kann über die flache oder hohe Kante verbogen sein.
Flachkantig verbogenes Material wird mit Hammerschlägen auf einer Richtplatte gerichtet. Durch die Krafteinwirkung des Hammers auf die hohl liegenden Stellen werden die zu langen Fasern gestaucht und die zu kurzen gestreckt.

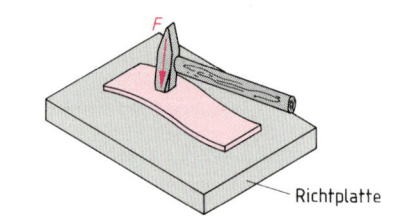

Richten eines flachkantig verbogenen Flachmaterials

Hochkantig verbogenes Material wird durch eng nebeneinander gesetzte Hammerschläge gerichtet. Die Hammerschläge strecken nur einseitig die verkürzten Fasern des Werkstücks. Die Werkstückdicke wird in diesem Bereich verringert.

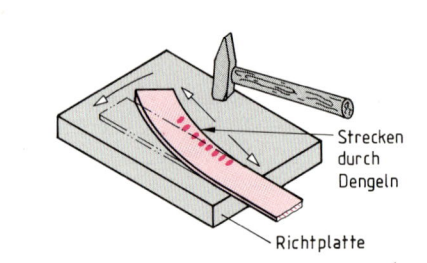

Richten eines hochkantig verbogenen Flachmaterials

Verbogene Flachstäbe und Profile können auch im Schraubstock oder in Pressen gerichtet werden. Das gezielte Aufbringen der Kräfte erfolgt über Beilagen an drei Stellen des verbogenen Werkstücks. Die Größe der Richtkräfte kann allmählich gesteigert und genau gesteuert werden. Dadurch wird die Werkstückoberfläche geschont und der Querschnitt verändert sich kaum.

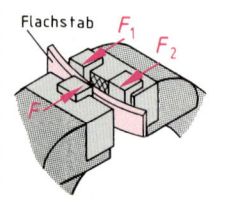

Richten im Schraubstock 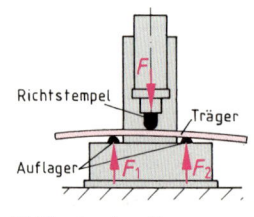   **Richten in einer Presse**

Beim Kaltrichten werden gestreckte Fasern durch äußere Krafteinwirkung gestaucht.

Arbeitsauftrag: Biegen einer Rohrschelle

Zum Befestigen von Stahlrohren an einer gestuften Kante werden speziell geformte Rohrschellen benötigt.
Zur Fertigung liegt nur eine Handskizze mit den wichtigsten Maßen vor.

Auftrag:

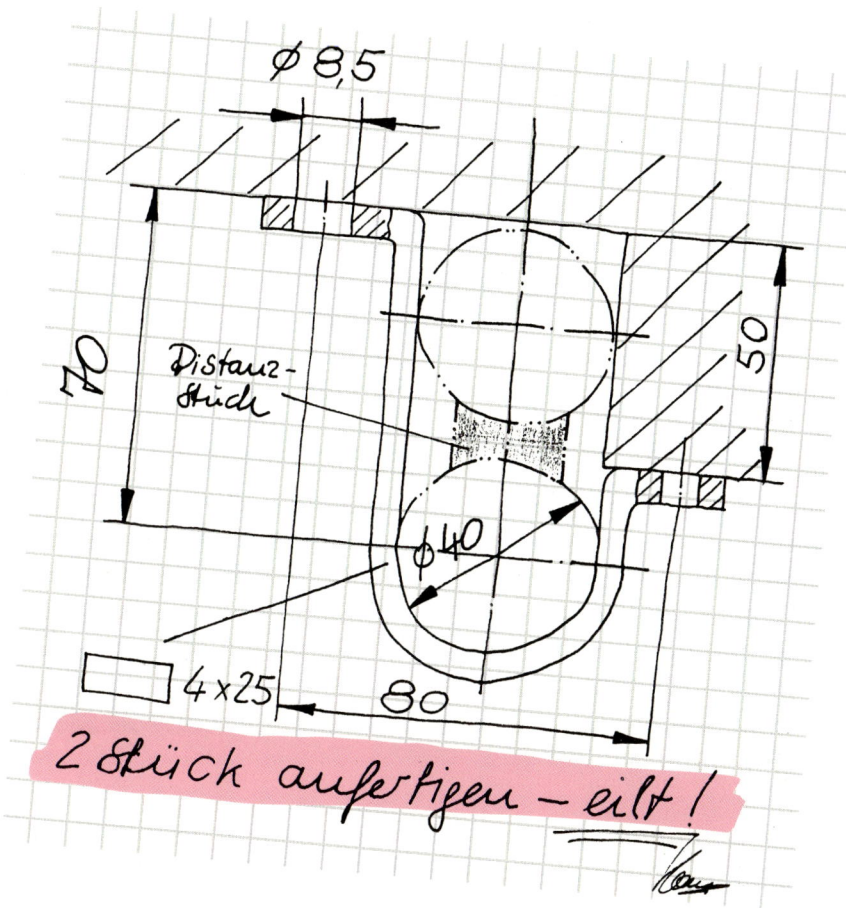

(Handskizze mit Maßen: ⌀ 8,5; 70; 50; Distanzstück; ⌀ 40; ☐ 4 × 25; 80; 2 Stück anfertigen – eilt!)

a) Analyse des Auftrags

1. Welcher Werkstoff kommt für die Fertigung in Frage?
2. Prüfen Sie, ob es genormten Bandstahl in den geforderten Maßen gibt.
3. Wählen Sie ein geeignetes Biegeverfahren.
4. Überlegen Sie, ob das Bohren der Löcher vor oder nach dem Biegen erfolgen soll.

b) Planung des Anrisses

1. Ermitteln Sie die Mindestbiegeradien.
2. Bestimmen Sie das Maß für die Schellenenden neben den Bohrungen.
3. Zeichnen Sie die folgende Zeichnung ab. Tragen Sie die fehlenden Maße ein. Ermitteln Sie die Maße l_1 bis l_7 und Gesamtlänge l_{ges} des Zuschnitts.

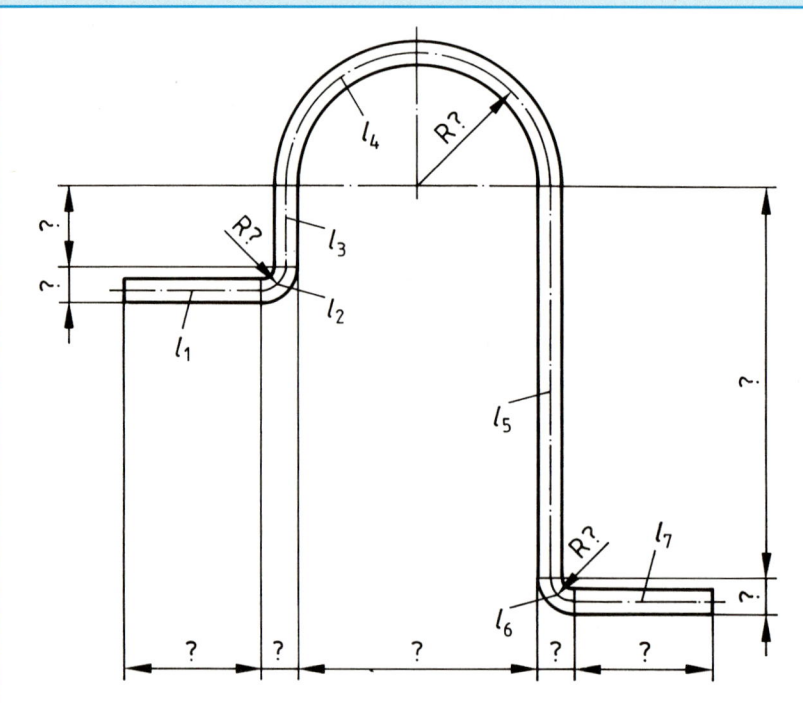

$l_1 = ?$
$l_2 = ?$
$l_3 = ?$
$l_4 = ?$
$l_5 = ?$
$l_6 = ?$
$l_7 = ?$

$l_{ges} = ?$

4. Zeichnen Sie das gestreckte Rohteil ab und bemaßen Sie jeweils die Längen der einzelnen Biegeabschnitte.

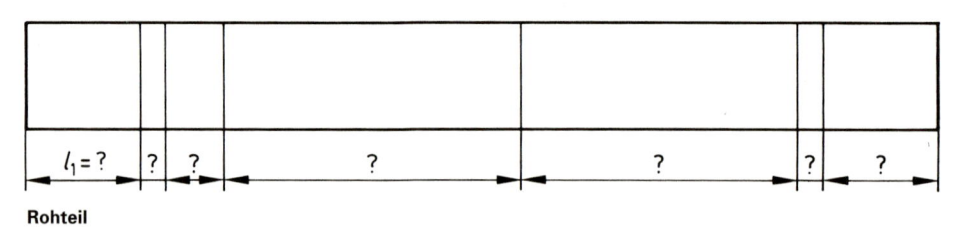

Rohteil

c) Planung der Rohteilfertigung

Planen Sie das Ablängen des Rohteiles vom Halbzeug.

d) Planung des Biegens

1. Überlegen Sie, in welcher Reihenfolge die einzelnen Biegevorgänge vorzunehmen sind, damit keine Behinderungen beim Spannen und Biegen auftreten.
2. Berichten Sie über Einspannen und Biegen.
3. Erläutern Sie das Prüfen bei jedem Biegeabschnitt.

⚠️ Welche Maßnahmen zur Gewährleistung der Arbeitssicherheit sind erforderlich?

e) Kontrolle der fertigen Rohrschelle

1. Welche Maße sind für die Nutzung der Rohrschelle besonders wichtig?
2. Wie können diese Maße geprüft werden?

6 Fertigen auf Drehmaschinen

Durch Drehen werden vorwiegend zylindrische Rohlinge durch Spanabnahme in ihrer Form verändert. Das Werkzeug hat eine geometrisch bestimmte, keilförmige Schneide. Es wird Drehmeißel genannt.

Der Drehmeißel ist während der Spanabnahme ohne Unterbrechung im Eingriff. Die Spanabnahme erfolgt auf Drehmaschinen durch das Zusammenwirken zweier Bewegungen:

- Das *Werkstück* führt eine kreisförmige Schnittbewegung um die Drehachse aus.
- Das *Werkzeug* führt eine geradlinige und stetige Vorschubbewegung aus.

Die *Spandicke* wird durch die Zustellbewegung des Werkzeuges bestimmt.

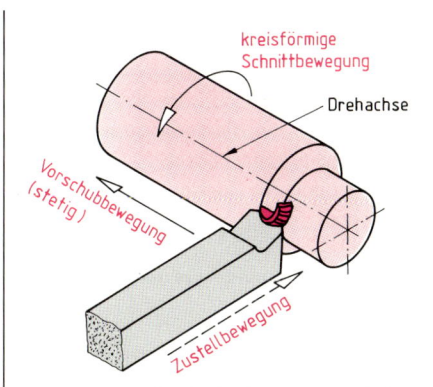

Werkzeug- und Werkstückbewegungen beim Längs-Runddrehen

Drehen ist ein spanendes Fertigen von Rundteilen. Als Werkzeug benutzt man einen einschnittigen Drehmeißel, der ständig im Eingriff ist.

6.1 Leit- und Zugspindel-Drehmaschine

Drehmaschinen, mit denen alle Dreharbeiten ausgeführt werden können, sind ihrer Verwendung nach Vielzweckmaschinen. Maschinen dieser Art sind für die Produktion von Einzelteilen und Kleinserien gebräuchlich.

Bei einer Vielzweckmaschine wird der Vorschub zum Gewindeschneiden durch eine Leitspindel übertragen. Die sonstigen Vorschubbewegungen erfolgen mithilfe einer Zugspindel. Man nennt diese Maschine daher Leit- und Zugspindel-Drehmaschine.

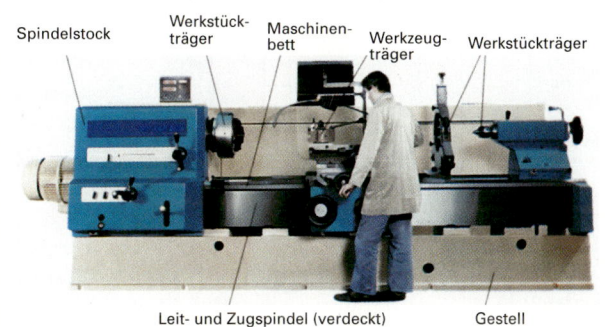

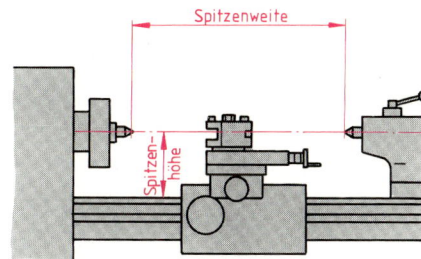

Leit- und Zugspindel-Drehmaschine

Spitzenhöhe und Spitzenweite

Spitzenweite
Dies ist der maximale Abstand zwischen Zentrierspitze in der Drehspindel und der Zentrierspitze im Reitstock. Die Spitzenweite bestimmt die größtmögliche Bearbeitungslänge.

Spitzenhöhe
Dies ist der Abstand zwischen Drehachse und Maschinenbett. Die Spitzenhöhe bestimmt in etwa den größtmöglichen Drehdurchmesser d_{max}.

Übungsaufgabe FT-98

6.2 Drehverfahren

Beim Drehen unterscheidet man nach der Form des Werkzeugs und nach der Art des Zusammenwirkens der Bewegungen folgende Verfahren:

Längs-Runddrehen beim Außendrehen

Werkstücke werden an der Mantefläche bearbeitet und erhalten eine zylindrische Form.
Die Vorschubbewegung des Drehmeißels erfolgt parallel zur Drehachse.
Bei einmaligem Überdrehen *verringert* sich der Duchmesser um das Doppelte der Drehmeißelzustellung.

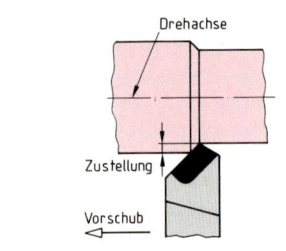

Längs-Runddrehen

Längs-Runddrehen beim Innendrehen

Die Innenwand von zylindrischen Hohlkörpern wird bearbeitet.
Die Vorschubbewegung des Drehmeißels erfolgt parallel zur Drehachse. Weit aus der Einspannung herausragende Drehmeißel neigen zum Rattern. Bei einmaligem Überdrehen *vergrößert* sich der Durchmesser um das Doppelte der Drehmeißelzustellung.

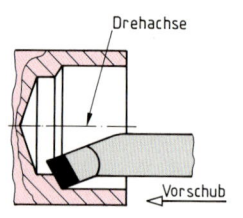

Längs-Runddrehen

Quer-Plandrehen

Werkstücke werden an der Stirnseite bearbeitet und erhalten dort eine ebene Fläche.
Die Vorschubbewegung des Drehmeißels erfolgt rechtwinklig zur Drehachse.
Bleibt beim Querplandrehen die Werkstückdrehzahl unverändert, nimmt die Schnittgeschwindigkeit zur Mitte hin ab.

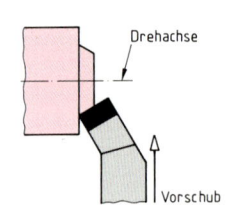

Quer-Plandrehen

Quer-Abstechdrehen

An einem Drehteil wird ringförmig Werkstoff abgetragen. Die Vorschubbewegung des Drehmeißels erfolgt rechtwinklig zur Drehachse.
Als Abstechen bezeichnet man das vollständige Abtrennen eines Werkstückes vom Rohling.

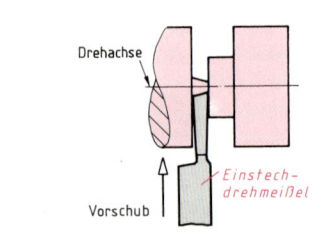

Quer-Abstechdrehen

6.3 Bauarten von Drehmeißeln

Drehmeißel haben häufig rechteckige oder quadratische Querschnitte. Für das Innendrehen werden auch runde Querschnitte verwendet. Der Querschnitt eines Drehmeißels soll möglichst groß gewählt werden, um elastische Verformungen und damit Maßabweichungen an Werkstücken einzuschränken.
Der Verlauf der **Mittellinie** durch Schaft und Schneidkopf ist für die **Benennung des Meißels** entscheidend. In der Längsrichtung können Drehmeißel gerade, gebogen oder abgesetzt sein.

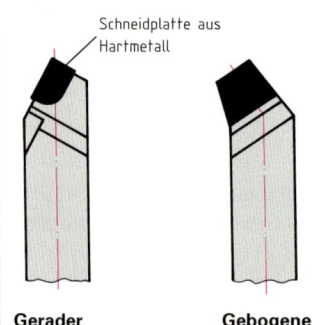

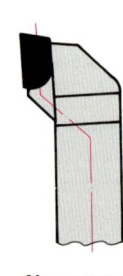

Gerader Drehmeißel — **Gebogener Drehmeißel** — **Abgesetzter Drehmeißel**

Linke und rechte Drehmeißel

Nach der Lage der Hauptschneide unterscheidet man rechte und linke Drehmeißel. Für die Klärung der normgerechten Bezeichnung sieht der Betrachter auf die Spanfläche des Meißels und dabei muss der Schaft von ihm fort gerichtet sein.

Beispiele für die Einteilung in linke und rechte Drehmeißel

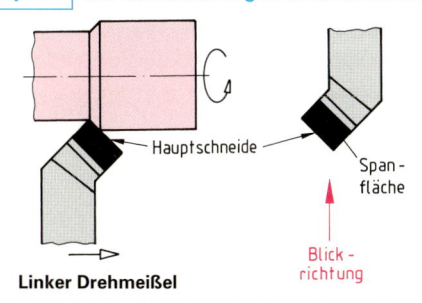

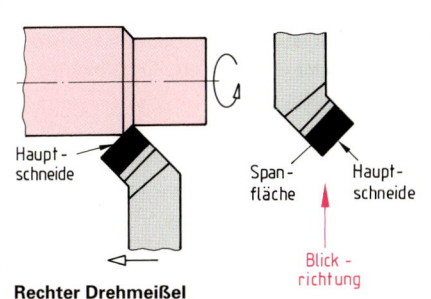

Linker Drehmeißel — **Rechter Drehmeißel**

Sieht der Betrachter von der Schneide her in Schaftrichtung
– die Hauptschneide rechts, dann ist es ein rechter Drehmeißel, oder
– die Hauptschneide links, dann ist es ein linker Drehmeißel.

6.4 Winkel an der Meißelschneide

Der Drehmeißel ist ein einschnittiges Werkzeug mit keilförmiger Schneide. Die Winkel am Schneidkeil und die Stellung des Schneidkeils zum Werkstück beeinflussen stark die Kräfte zur Spanabnahme, die Standzeit der Werkzeuge und die Oberflächengüte des Werkstücks.

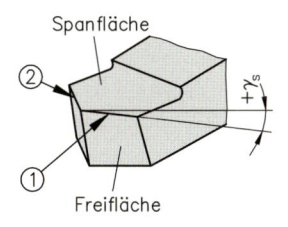

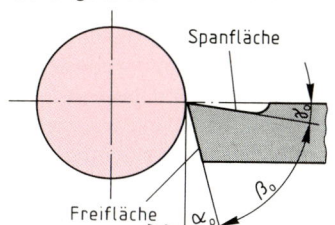

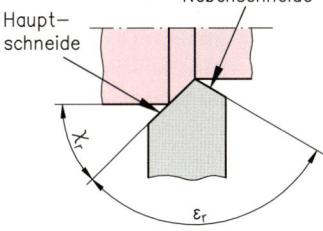

① **Hauptschneide**: Sie übernimmt hauptsächlich die Spanabnahme, sie weist in Vorschubrichtung.
② **Nebenschneide**: Sie ist geringfügig an der Spanabnahme mit beteiligt.
β_o **Keilwinkel**: Er liegt zwischen Spanfläche und Freifläche.
γ_o **Spanwinkel**: Er liegt zwischen der Spanfläche und einer waagerechten Bezugsfläche.
α_o **Freiwinkel**: Er liegt zwischen Freifläche und einer senkrechten Bezugsfläche.
ε_r **Eckenwinkel**: Er liegt zwischen der Hauptschneide und der Nebenschneide.
$\varkappa_r$ **Einstellwinkel**: Er liegt zwischen der Hauptschneide und der Vorschubrichtung.

Einfluss des Spanwinkels

Span- und Keilwinkel sind voneinander abhängig, da jede Vergrößerung des Keilwinkels eine Verkleinerung des Spanwinkels zur Folge hat. In Richtwertetabellen findet man nur Angaben über die Größe des Spanwinkels.

weicher Werkstoff: $\gamma_o = 25°$, $\beta_o = 60°$
harter Werkstoff: $\gamma_o = 8°$, $\beta_o = 77°$

Große Spanwinkel ergeben günstige Schnittkräfte und daher geringe Schneidenbelastungen. Deshalb können hohe Zerspanleistungen mit großen Spanwinkeln erreicht werden. Eine Vergrößerung ergibt jedoch eine Schwächung des Schneidkeils. Daher sind große Spanwinkel nur bei weichen und zähen Werkstoffen möglich.

Abhängigkeit des Spanwinkels vom Werkstoff

Für weiche, zähe Werkstoffe wählt man große Spanwinkel.
Für harte, spröde Werkstoffe wählt man kleine Spanwinkel.

Übungsaufgaben FT-101 bis FT-104

6.5 Spannen der Werkstücke

Zum Drehen müssen die Werkstücke sicher, schnell und mit gutem Rundlauf eingespannt werden. Die Art der Werkstückeinspannung richtet sich nach
- der Form und Größe des Werkstücks und
- nach der Anzahl gleicher Werkstücke.

• Spannen im Spannfutter

Kurze Werkstücke, z.B. Rundteile verschiedener Durchmesser oder Sechskantprofile, werden in das **Dreibackenfutter** eingespannt. Zum Spannen der Vierkant- oder Achtkantprofile ist ein **Vierbackenfutter** erforderlich.

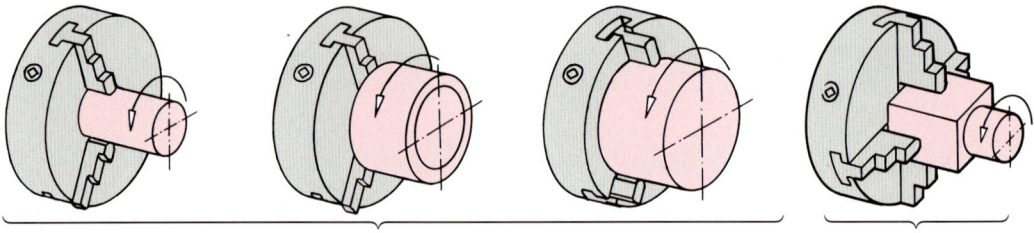

Dreibackenfutter — Vierbackenfutter

Spannmöglichkeiten in Spannfuttern

Die abgestuften Spannbacken der Futter werden in unterschiedlicher Weise zum Spannen eingesetzt. Werden Werkstücke von Backeninnenseiten gehalten, so wirken die Spannkräfte radial nach innen; beim Spannen mit Außenseiten müssen die Spannkräfte radial nach außen wirken.

> Zum Drehen werden kurze Werkstücke verschiedener Formen und Durchmesser zentrisch in Drei- oder Vierbackenfuttern gespannt.

• Spannen mit Zentrierspitzen

Lange Werkstücke, die über einen großen Teil ihrer Länge zu bearbeiten sind, müssen weit aus der Einspannung im Spindelstock herausragen. Durch die beim Drehen auftretenden Schnittkräfte wird ein einseitig eingespanntes Werkstück weggedrückt. Daher wird das freie Ende langer Werkstücke zusätzlich geführt. Diese Führung erhält das Werkstück durch eine Zentrierspitze, die im Reitstock eingesetzt ist, Zentrierspitzen gibt es in feststehender oder mitlaufender Ausführung.

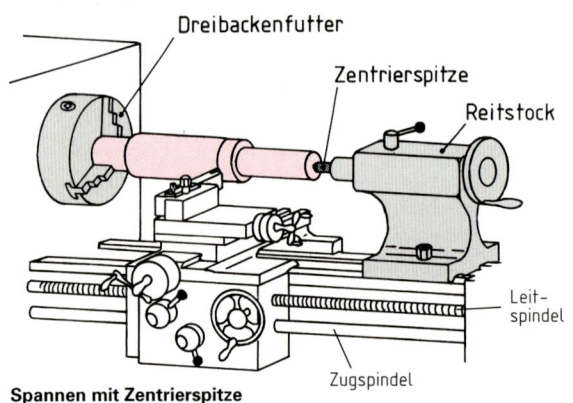

Spannen mit Zentrierspitze (Dreibackenfutter, Zentrierspitze, Reitstock, Leitspindel, Zugspindel)

Feststehende Zentrierspitze

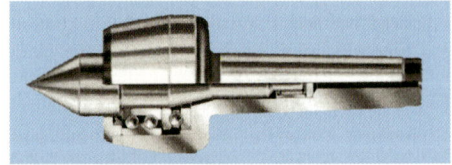

Mitlaufende Zentrierspitze

> Schlanke Drehteile werden durch eine Zentrierspitze im Reitstock unterstützt.

• Zentrierbohrungen

Bohrungen zur Aufnahme von Zentrierspitzen bezeichnet man als Zentrierbohrungen. Die Formen der Zentrierbohrungen sind nach DIN- und ISO-Normen festgelegt. Zentrierbohrungen unterscheiden sich durch gerade oder gewölbte Laufflächen, ferner können sie mit einer Schutzsenkung versehen sein.

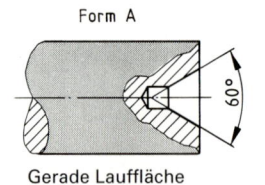

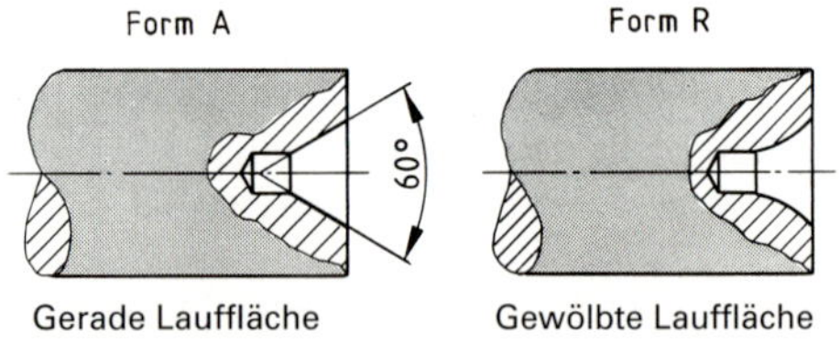

Form A — Gerade Lauffläche, 60°
Form R — Gewölbte Lauffläche

Zentrierbohrungen

6.6 Ermittlung der Schnittwerte zum Drehen

Die Wahl der Schnittgeschwindigkeit richtet sich nach folgenden Faktoren:
- Schlichten oder Schruppen,
- Werkstoff des Werkstücks,
- Werkstoff der Werkzeugschneide,
- Standzeit des Werkzeugs.

• Standzeit

Der wirtschaftliche Einsatz von Schneidwerkzeugen ist von der Zeit abhängig, in der das Werkzeug vom Anschliff bzw. Einsatz bis zum Stumpfwerden ununterbrochen im Eingriff ist. Diese Zeitspanne wird Standzeit T genannt.

Die Standzeit für Schneidwerkzeuge wird vom Hersteller durch Versuche ermittelt. Für einige Standzeiten werden Schnittgeschwindigkeiten und Vorschübe empfohlen.

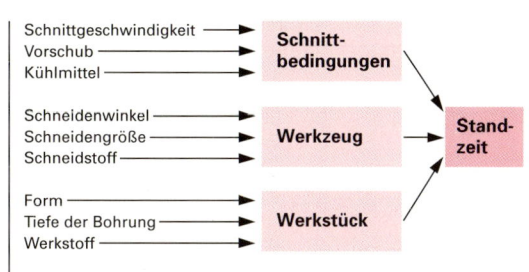

Schnittgeschwindigkeit → Vorschub → Kühlmittel → **Schnittbedingungen**

Schneidenwinkel → Schneidengröße → Schneidstoff → **Werkzeug**

Form → Tiefe der Bohrung → Werkstoff → **Werkstück**

→ **Standzeit**

Beeinflussung der Standzeit

> Die Standzeit ist die Zeitspanne zwischen zwei Anschliffen, in der das Werkzeug ununterbrochen im Einsatz ist.

Der Anwender entscheidet sich für eine Standzeit, die bei geringen Werkzeugkosten noch günstige Schnittwerte ermöglicht. Die nachfolgende Tabelle ist ein Auszug von Herstellerangaben.

• **Richtwerte für für Drehen mit Hartmetall-Schneidplatten bei einer Standzeit von 30 min**

Werkstoff des Werkstücks	Schruppen und unterbrochener Schnitt			Schlichten		
	HM-Sorte	Vorschub in mm	Schnittgeschwindigkeit in m/min	HM-Sorte	Vorschub in mm	Schnittgeschwindigkeit in m/min
Unlegierte Stähle bis 500 $\frac{N}{mm^2}$ Zugfestigkeit	P20 P30 BK[1])	0,4 – 0,8 0,5 – 1,2 0,3 – 0,5	120 – 70 90 – 60 200 – 150	P01 P10 BK[1])	bis 0,1 0,1 – 0,4 bis 0,1	300 – 250 220 – 160 300 – 250
Unlegierte Stähle über 500 – 700 $\frac{N}{mm^2}$ Zugfestigkeit	P25 P40 BK[1])	0,6 – 1,2 1,2 – 2,5 0,3 – 0,6	110 – 50 65 – 30 200 – 150	P01 P10 BK[1])	bis 0,1 0,1 – 0,4 bis 0,1	240 – 180 200 – 150 220 – 160
Niedrig legierte Stähle 850 – 1400 $\frac{N}{mm^2}$ Zugfestigkeit	P25 P30 P40	0,6 – 1,0 0,6 – 1,2 1,2 – 2,5	80 – 40 60 – 25 30 – 15	P10 M10 BK[1])	0,1 – 0,4 0,1 – 0,3 bis 0,1	140 – 70 110 – 60 300 – 200
Gusseisen bis 200 $\frac{N}{mm^2}$ Zugfestigkeit	K20	0,3 – 1,2	70 – 30	K10 BK1[2])	0,1 – 0,5 bis 0,3	80 – 40 180 – 160
Aluminiumlegierungen	K10 BK[1])	0,3 – 0,6 0,3 – 0,6	450 – 250 450 – 250	K10 BK[1])	0,1 – 0,3 bis 0,1	900 – 600 1200 – 900

[1]) BK-TiC-TiN-Mehrfachbeschichtung auf P25 Grundhartmetall
[2]) BK1 Aluminiumoxid-Beschichtung (keramisch)

• Bestimmung der Umdrehungsfrequenz

Aus der gewählten Schnittgeschwindigkeit wird für den zu bearbeitenden Werkstückdurchmesser die einzustellende Umdrehungsfrequenz berechnet.

$$n = \frac{v_c}{d \cdot \pi}$$

n Umdrehungsfrequenz
d Werkstückdurchmesser in m
v_c Schnittgeschwindigkeit in m/min

Die einzustellende Umdrehungsfrequenz kann auch aus Diagrammen ermittelt werden.

Mithilfe von Diagrammen können Umdrehungsfrequenzen wie folgt bestimmt werden: Aus Tabellen wird für den Werkstoff die Schnittgeschwindigkeit ermittelt, aus der Zeichnung wird der Drehdurchmesser abgelesen. Im Diagramm geht man von der Schnittgeschwindigkeit waagerecht nach rechts und vom Drehdurchmesser senkrecht nach oben. Im Schnittpunkt findet man die einzustellende Umdrehungsfrequenz. Entsprechende Diagramme mit Umdrehungsfrequenzen der Maschine befinden sich an Getriebekästen.

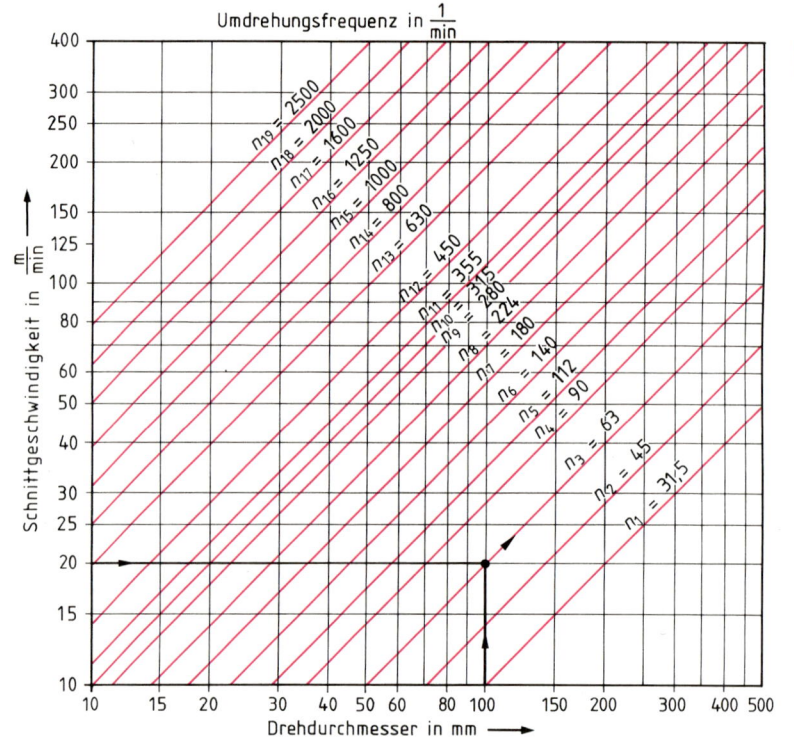

Ablesebeispiel

Gegeben:
Schnittgeschwindigkeit
$v_c = 20 \frac{m}{min}$

Drehdurchmesser
$d = 100$ mm

Lösung:
Gesuchte Umdrehungsfrequenz $n = 63 \frac{1}{min}$

Diagramm zur Bestimmung der Umdrehungsfrequenz

6.7 Sicherheitshinweise zum Drehen

- Geeignete Spannzeuge auswählen, Werkzeuge und Werkstücke fest und sicher spannen, Spannschlüssel abziehen und sicher ablegen.
- Eng anliegende Kleidung tragen, keine Handschuhe anziehen, Augen gegen abspritzende Späne schützen.
- Rundlauf bei niedriger Umdrehungsfrequenz überprüfen und Unwucht ausgleichen.
- Vorschubweg durch Endschalter begrenzen.
- Vorschub und Umdrehungsfrequenz richtig einstellen.
- Maschine vor Fertigungsbeginn probelaufen lassen.
- Für geeigneten Spanablauf sorgen.
- Keine Messungen an laufenden Werkstücken vornehmen.
- Zur Beseitigung von Spänen Spanhaken verwenden.
- Backenfutter nicht mit der Hand abbremsen.

Arbeitsraum abschirmen

7 Fertigen auf Fräsmaschinen

Fräsen ist ein spanendes Bearbeiten mit einem meist mehrschnittigen Fräser, von dem an der Schnittstelle stets eine oder mehrere Schneiden im Eingriff sind. Der Fräser hat geometrisch bestimmte Schneiden.
Die Spanabnahme erfolgt auf der Fräsmaschine dadurch, dass
- der Fräser die *kreisförmige* Schnittbewegung und
- das Werkstück die *geradlinige* und stetige Vorschubbewegung ausführt.

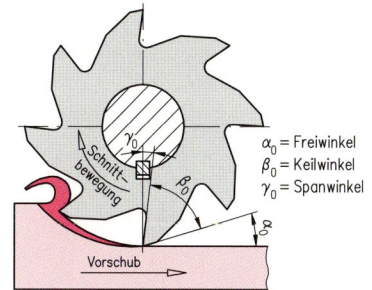

α_0 = Freiwinkel
β_0 = Keilwinkel
γ_0 = Spanwinkel

Vorschub und Schnittbewegung beim Fräsen

Fräsen erfolgt mit geometrisch bestimmten Schneiden. Die Schnittbewegung erfolgt durch den rotierenden Fräser.

7.1 Fräsmaschinen

Fräsmaschinen werden nach der Lage der Frässpindel in die beiden Grundformen Waagerecht- und Senkrechtfräsmaschinen eingeteilt. Für den Werkzeug- und Vorrichtungsbau sind umrüstbare Universalmaschinen im Einsatz.

Waagerecht-Fräsmaschine	Senkrecht-Fräsmaschine
Einsatzbereich: – Umfangsfräsen an waagerechten Werkstückoberflächen, – Fräsen langer Werkstücke mit gleich bleibendem Oberflächenprofil, – Stirnfräsen an senkrechten Werkstückflächen.	**Einsatzbereich:** – Stirnfräsen mit Messerköpfen, Walzenstirnfräsen an waagerechten Werkstückflächen, – Arbeiten mit Schaftfräsern.
Die Frässpindel liegt **waagerecht**. Für bestimmte Fräsarbeiten wird die Frässpindel durch verstellbare Stützlager im Gegenhalter geführt.	Die Frässpindel steht **senkrecht**. Der Fräskopf ist schwenkbar. Eine Höhenverstellung des Fräsers im Fräskopf ist möglich.

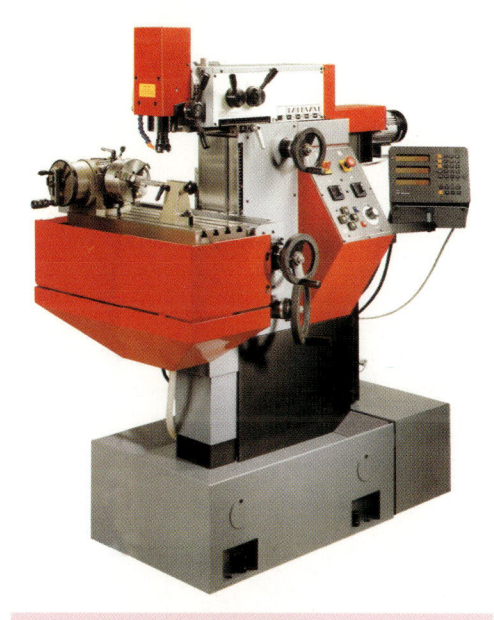

Übungsaufgabe FT-113

7.2 Fräsverfahren

- **Einteilung nach der Art des Zusammenwirkens von Schnitt- und Vorschubbewegung**

Entsprechend dem Zusammenwirken von Schnitt- und Vorschubbewegung unterscheidet man Gegenlauf- und Gleichlauffräsen.

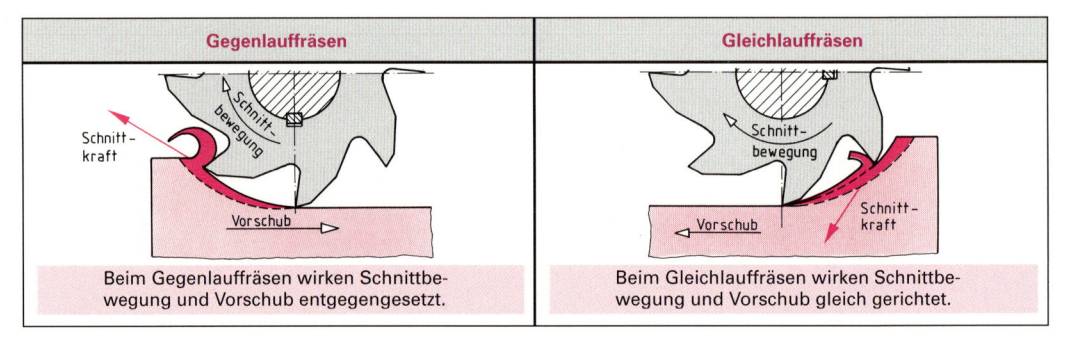

Gegenlauffräsen	Gleichlauffräsen
Beim Gegenlauffräsen wirken Schnittbewegung und Vorschub entgegengesetzt.	Beim Gleichlauffräsen wirken Schnittbewegung und Vorschub gleich gerichtet.

- **Einteilung nach der Lage der Schneiden zur Vorschubbewegung**

Als **Hauptschneiden** bezeichnet man die Schneiden, welche in Vorschubrichtung liegen. **Nebenschneiden** liegen nicht in Vorschubrichtung. Haupt- und Nebenschneide bilden die **Schneidenecke**.

Beispiele für die Bezeichnung der Schneiden in Abhängigkeit von der Vorschubrichtung

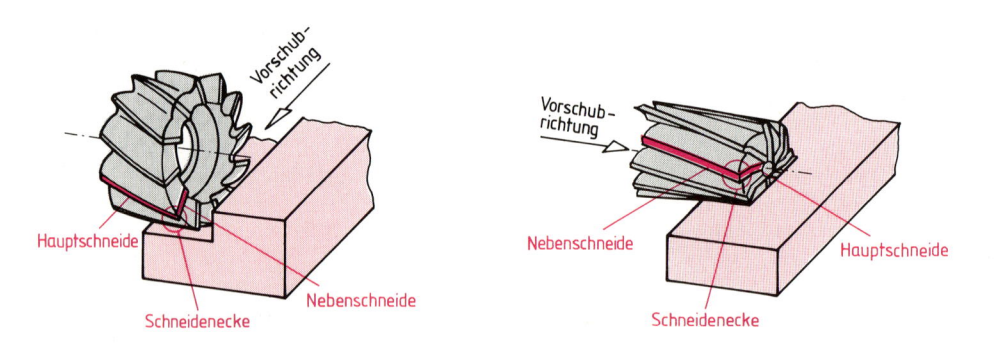

Nach der Lage der Schneiden am Fräser, durch welche die gewünschte Oberfläche erzeugt wird, unterscheidet man Umfangsfräsen, Stirnfräsen und Stirn-Umfangsfräsen.

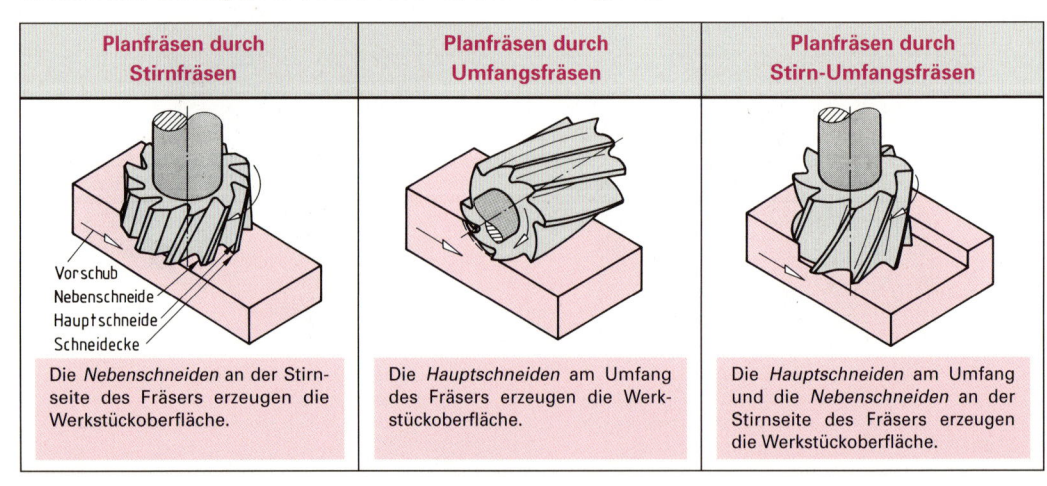

Planfräsen durch Stirnfräsen	Planfräsen durch Umfangsfräsen	Planfräsen durch Stirn-Umfangsfräsen
Die *Nebenschneiden* an der Stirnseite des Fräsers erzeugen die Werkstückoberfläche.	Die *Hauptschneiden* am Umfang des Fräsers erzeugen die Werkstückoberfläche.	Die *Hauptschneiden* am Umfang und die *Nebenschneiden* an der Stirnseite des Fräsers erzeugen die Werkstückoberfläche.

7.3 Fräswerkzeuge

- **Walzenfräser**

Die Größe des Freiwinkels, Keilwinkels und Spanwinkels richtet sich hauptsächlich nach dem Werkstoff des zu bearbeitenden Werkstücks. Aber auch die Größe der Spanräume und die Anzahl der Schneiden ist vom zu bearbeitenden Werkstoff abhängig. Danach sind drei Fräsertypen genormt:

Fräsertyp	Typ H	Typ N	Typ W
zu bearbeitender Werkstoff	harte und zähharte Werkstoffe, z.B. Werkzeugstahl	normalharte Werkstoffe, z.B. Baustahl und Stahlguss	weiche Werkstoffe, z.B. Aluminium
Spanwinkel	klein	mittel	groß

- **Schaftfräser**

Schaftfräser werden vorwiegend zur Bearbeitung kleiner Flächen, Nuten, Langlöcher und Taschen verwendet. Sie werden häufig mit Titannitrid beschichtet. Zur Bearbeitung hochfester Werkstoffe werden Vollhartmetallfräser eingesetzt.

Beschichteter Schaftfräser

- **Profilfräser**

Nuten, Rundungen und Langlöcher werden mit Profilfräsern gefertigt, deren Form dem gewünschten Ausschnittprofil entspricht. Diese Fräser ermöglichen die Fertigung eines Ausschnitts in einem Arbeitsgang. Die Fräser für häufig wiederkehrende Profile sind genormt.

Beispiel für Profilfräser

| Winkelstirnfräser | Nutenfräser | Schaftfräser für T-Nuten | Radius-Schaftfräser |

7.4 Spannen der Werkstücke

Zum Spannen *kleinerer Werkstücke* verwendet man meist den Maschinenschraubstock. Zum Einspannen unterschiedlich geformter Werkstücke benutzt man Spannbacken und Hilfsmittel, wie zum Beispiel Unterlagen, die entsprechend der Werkstückform gestaltet sind.

Beim Einsatz eines Maschinenschraubstockes muss darauf geachtet werden, dass die Schnittkraft möglichst nicht auf die bewegliche Schraubstockbacke gerichtet ist.

Beispiele für Spannen im Maschinenschraubstock

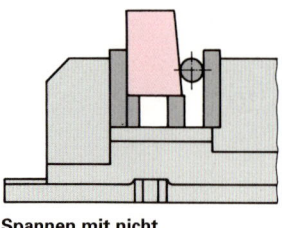

Spannen mit nicht parallelen Anlageflächen

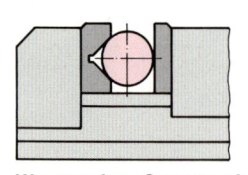

Waagerechtes Spannen eines runden Werkstücks

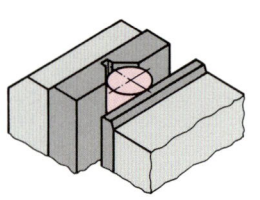

Senkrechtes Spannen eines runden Werkstücks

> Im Maschinenschraubstock werden kleine Werkstücke gespannt.
> Die Spannbacken sollen die Form des Werkstücks sicher aufnehmen.
> Die Schnittkraft soll nicht auf die bewegliche Spannbacke gerichtet sein.

Größere Werkstücke werden von oben mit Spanneisen direkt gegen den Maschinentisch oder gegen aufgespannte Winkel u. Ä. gespannt.

Beispiele für Spanneisen

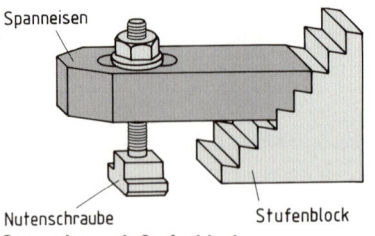

Spanneisen mit Stufenblock (Spanneisen, Nutenschraube, Stufenblock)

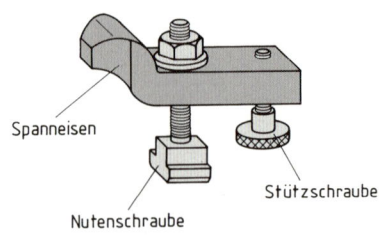

Gekröpftes Spanneisen (Spanneisen, Nutenschraube, Stützschraube)

Zum Spannen von der Seite her werden Niederzugspanner eingesetzt. Diese pressen durch Keil- oder Hebelwirkung das Werkstück gleichzeitig gegen den Maschinentisch und einen festen Anschlag.

Beispiele für Niederzugspanner

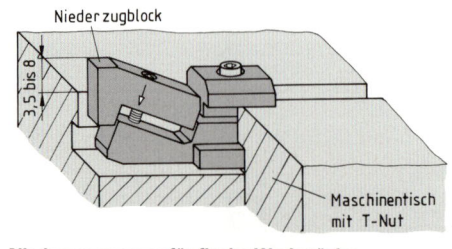

Niederzugspanner für flache Werkstücke (Niederzugblock, 3,5 bis 8, Maschinentisch mit T-Nut)

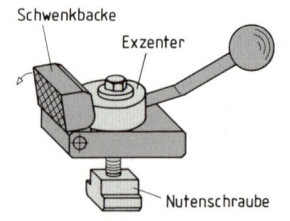

Niederzugspanner mit Schnellverstellung (Schwenkbacke, Exzenter, Nutenschraube)

> Größere Werkstücke werden gegen den Maschinentisch gespannt. Spanneisen wirken von oben – Niederzugspanner wirken gleichzeitig horizontal und vertikal.

7.5 Sicherheitshinweise beim Fräsen

- Beim Fräsen ist Tragen eng anliegender Kleidung vorgeschrieben, da die Gefahr besteht, dass lose Kleidung vom Fräser erfasst wird.
- Beim Einrichten und Reinigen der Maschine sowie beim Nachmessen des aufgespannten Werkstücks ist die Fräsmaschine vollständig abzuschalten (Hauptschalter: AUS).
- Fräser unfallsicher ablegen und zum Werkzeugeinbau Schneidenschutz benutzen.
- Nie in der Nähe des rotierenden Fräsers hantieren. Die messerscharfen Schneiden führen zu Verletzungen.

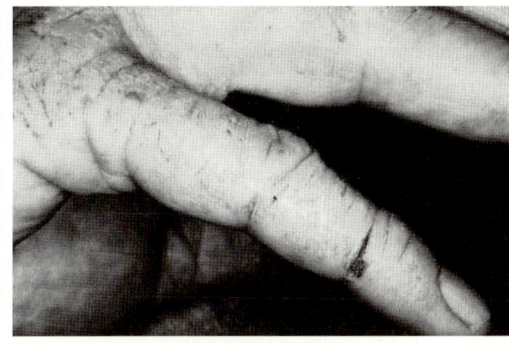

Ölekzem verursacht durch Kühlschmiermittel

- Späne nur bei abgeschalteter Maschine mit Handfeger und Pinsel entfernen.
- Beim Fräsen kurzspanender Werkstoffe wie Gusseisen, Messing und Bronze ist eine Schutzbrille zu tragen. Die Umgebung ist gegen herumfliegende Späne durch Schutzvorrichtungen zu sichern.

8 Fertigen auf Schleifmaschinen

Schleifen ist ein spanendes Fertigungsverfahren mit einer Schleifscheibe.

Metallische Werkstücke werden durch Schleifen bearbeitet, um
- die Endform mit hoher Maßgenauigkeit und Oberflächengüte herzustellen,
- Schneidwerkzeuge zu schärfen,
- die Trennung von Werkstücken vorzunehmen.

Beispiele für Schleifarbeiten

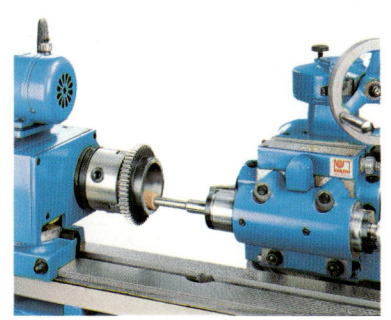

Innenrundschleifen

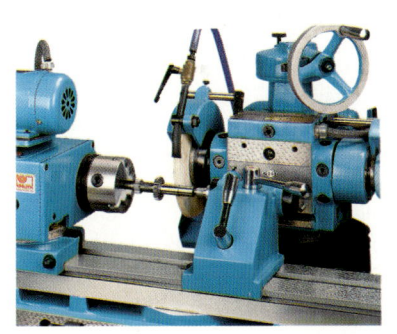

Außenrundschleifen

Werkzeugschleifen (Fräser)

Werkzeugschleifen (Kreissäge)

An der Oberfläche der Schleifscheibe bilden die Schleifkörner, welche durch ein Bindemittel zusammengehalten werden, eine große Anzahl von keilförmigen Schneiden. Die Form und die Lage der Schleifkörner ist zufällig und daher unbestimmt. Darum bezeichnet man die Schleifscheibe als **vielschnittiges Werkzeug mit geometrisch unbestimmten Schneiden**.

Die Schnittbewegung ist kreisförmig. Die Spanabnahme erfolgt mit hoher Schnittgeschwindigkeit, sodass jede Schneide nur kurzzeitig im Eingriff ist.

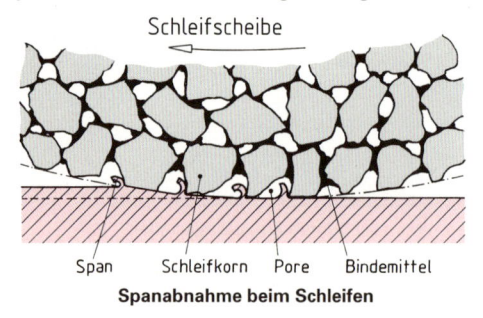

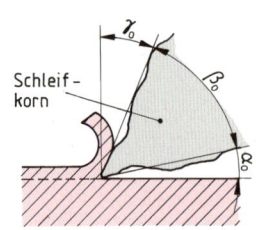

Spanabnahme beim Schleifen 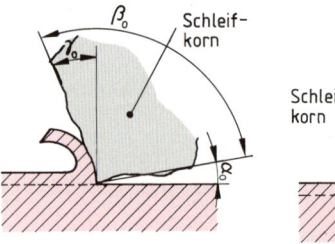   **Winkel beim Schleifen**

Schleifen ist ein spanendes Fertigungsverfahren, bei dem mit einer kreisförmigen Schnittbewegung von hoher Geschwindigkeit kleine Späne durch ein vielschnittiges Werkzeug mit geometrisch unbestimmten Schneiden abgetrennt werden.

8.1 Schleifmaschinen

● **Doppelschleifmaschinen**

Doppelschleifmaschinen sind mit zwei Schleifscheiben ausgestattet, die zum Schruppen und Schlichten geeignet sind. Zum Schruppschleifen benutzt man Schleifscheiben mit **grober Körnung** und einem hohen Porenanteil. So kann ein großes Spanvolumen bei einer geringen Oberflächengüte abgetragen werden.

Zum Schärfen von Werkzeugen werden Schleifscheiben mit feiner Körnung eingesetzt, mit denen ein kleines Spanvolumen abgetragen und eine hohe Oberflächengüte erzielt wird.

Am Schleifbock werden durch Schruppschleifen einfache Werkstückformen grob vorgearbeitet. Die Werkstücke erhalten durch die Ablage eine Führung und werden von Hand gegen die Schleifscheibe gedrückt.

Doppelschleifmaschinen (Schleifbock)

● **Spiralbohrerschleifmaschinen**

Spiralbohrerschleifmaschinen sind Spezialmaschinen zum Schärfen von Bohrern. Als Schleifscheiben werden Topfscheiben verwendet. Da die Bohrer im Schneidenbereich aus gehärtetem Werkzeugstahl bestehen, werden **weiche Schleifscheiben** eingesetzt. Bei diesen sind die Bindungskräfte zwischen den Schleifkörnern nicht stark, sodass stumpfe Schleifkörner schnell ausbrechen.

Die Schleifbewegung ist durch die Führungen in der Bohreraufnahme zwangsweise vorgegeben. Dadurch ist es auch für einen Ungeübten möglich, Bohrer einwandfrei zu schärfen.

Spiralbohrerschleifmaschine

- **Bandschleifmaschinen**

Die moderne Fertigung verlangt neben erhöhter Maß- und Formgenauigkeit zunehmend Oberflächen mit sehr geringen Rautiefen, z. B. spiegelnde Metallflächen an Armaturen, Papierwalzen, Tafelblechen und Turbinenschaufeln. Für diese Aufgaben haben sich Schleifwerkzeuge mit Schleifmitteln auf Unterlagen wie z. B. Schleifbänder oder Schleifblätter besonders bewährt.

Schleifbänder bzw. Schleifblätter bestehen aus der Unterlage, der Bindung und dem Schleifmittel.

Maschine mit Schleifband und Schleifblatt

| Beispiele | für den Einsatz von Schleifwerkzeugen mit Schleifmitteln auf Unterlagen |

Werkzeug	Schleifband	Schleifband	Schleifblatt	Schleifstreifen
Verfahren und Maschine	Tischbandschleifmaschine, vertikal	Flachschleifmaschine mit Stützplatte	Winkelschleifer	Schwingschleifer

- **Planschleifmaschinen**

Auf der abgebildeten Planschleifmaschine befindet sich die Schleifscheibe auf einer horizontalen Schleifspindel. Die Schleifscheibe bearbeitet mit ihrer Umfangsfläche die Werkstücke. Werkstücke aus magnetisierbaren Werkstoffen werden zum Planschleifen häufig auf Elektromagnettische gespannt. Der Werkstücktisch führt die geradlinig hin und her gehende Vorschubbewegung und auch die Quervorschubbewegung aus. Die Zustellbewegung erfolgt über eine Höhenverstellung des Schleifspindelträgers. Alle Bewegungen werden über hydraulische Antriebe betätigt. Eine automatische Kühlmittelzufuhr hält die Arbeitstemperatur im erlaubten Bereich und dient zum Wegspülen des abgetrennten Werkstoffs.

Da der Werkstoffabtrag durch das Umfangs-Planschleifen gering ist, werden die Werkstücke so vorgearbeitet, dass nur eine geringe Bearbeitungszugabe abgearbeitet werden muss.

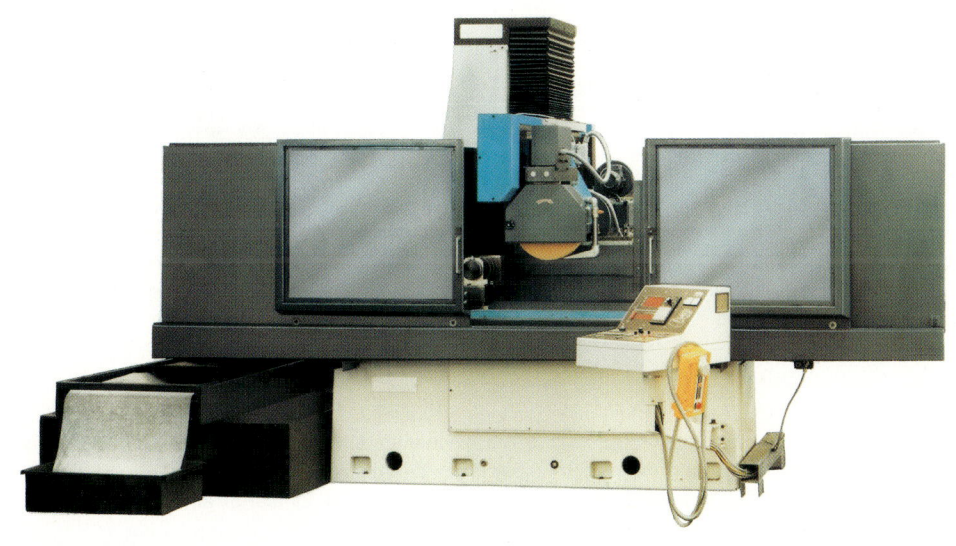

Planschleifmaschine mit Langtisch

8.2 Planschleifen

Die Vielfalt der durch Schleifen zu bearbeitenden Werkstückformen verlangt eine große Zahl verschiedener Schleifwerkzeuge. Das unterschiedliche Zusammenwirken der Bewegungen von Werkzeug und Werkstück hat schließlich zu einer großen Anzahl von Schleifverfahren geführt. Ein wichtiges Verfahren ist das Planschleifen.

Werden *ebene Werkstückflächen* durch Schleifen bearbeitet, bezeichnet man dies als Planschleifen. Dazu werden die Werkstücke auf den ebenen Arbeitstisch der Schleifmaschine gespannt.

Die Verfahren des Planschleifens unterscheidet man danach, ob die ebene Werkstückoberfläche mit dem *Umfang* oder der *Seitenfläche* einer Schleifscheibe bearbeitet wird.

Umfangs-Planschleifen	Seiten-Planschleifen
Wird eine ebene Fläche durch Spanabnahme mit der Umfangsfläche einer Schleifscheibe erzeugt, so bezeichnet man dieses Verfahren als Umfangs-Planschleifen.	Wird eine ebene Fläche durch Spanabnahme mit der Seitenfläche einer Schleifscheibe erzeugt, so bezeichnet man dieses Verfahren als Seiten-Planschleifen.
Beide Planschleifverfahren werden mit unterschiedlichen Vorschubbewegungen zur Bearbeitung der Werkstücke eingesetzt.	
• Auf *Langtischen* erfolgt die hin- und hergehende Längsbewegung mit schrittweisem Quervorschub.	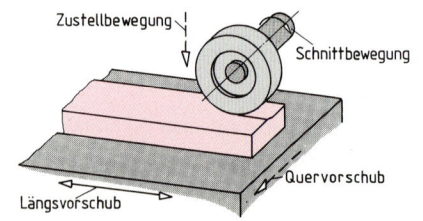
Umfangs-Planschleifen auf einem Langtisch	**Seiten-Planschleifen auf einem Langtisch**
• Auf *Rundtischen* erfolgt eine drehende Vorschubbewegung der Werkstücke. Gleichzeitig führt der Schleifstein eine stetige Vorschubbewegung in radialer Richtung aus.	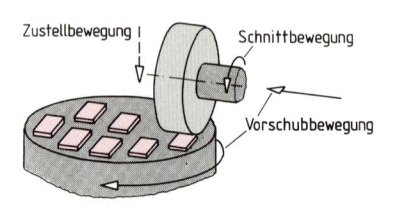
Umfangs-Planschleifen auf einem Rundtisch	**Seiten-Planschleifen auf einem Rundtisch**
Beim Umfangs-Planschleifen erzielt man bei geringen Abtragsleistungen eine besonders hochwertige Werkstückoberfläche.	Beim Seiten-Planschleifen erzielt man bei geringer Oberflächengüte eine hohe Abtragleistung.

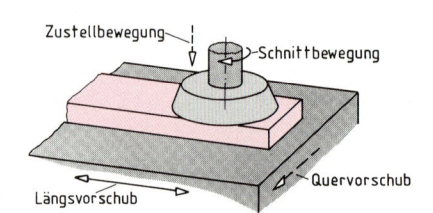

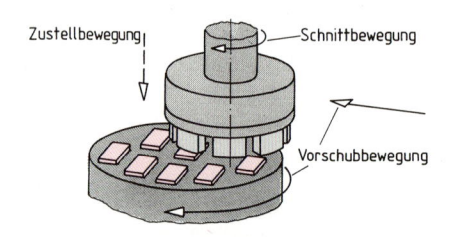

Das Seiten-Planschleifen wird bevorzugt zum Schruppschleifen eingesetzt. Die im Eingriff befindliche Fläche des Schleifwerkzeugs ist groß, entsprechend auch die Abtragleistung.
Das Umfangs-Planschleifen ist für das Schlichtschleifen vorzuziehen. Es ist nur eine kleine Fläche des Schleifwerkzeugs im Eingriff, entsprechend gering ist die Abtragleistung.

8.3 Schleifwerkzeuge

Die Auswahl des Schleifwerkzeuges hinsichtlich Form und Abmessung erfolgt nach der Werkstückform, dem Schleifverfahren und der Schleifmaschine.

Benennung	Schleifkörperform	Verwendungszweck
gerade Schleifscheibe		Gerade Schleifscheiben werden zum Planschleifen, Rundschleifen, Schleifen auf Schleifböcken, Werkzeugschärfen und Trennschleifen eingesetzt.
Topfschleif-scheiben und Schleifteller		Topfschleifscheiben und Schleifteller werden zum Scharfschleifen von Trennwerkzeugen auf Universalschleifmaschinen verwendet. Sie sind in der Form den zu schleifenden Flächen an Bohrern, Senkern, Fräsern, Reibahlen angepasst.

- **Zulässige Umfangsgeschwindigkeit von Schleifscheiben**

Für normale Schleifscheiben sind Schnittgeschwindigkeiten bis zu 30 m/s üblich. Für Sonderschleifverfahren wie das Trennschleifen werden Schnittgeschwindigkeiten bis zu 100 m/s empfohlen.

Bei allen Schleifverfahren treten hohe Umfangsgeschwindigkeiten an der Schleifscheibe auf. Bei zu hohen Umfangsgeschwindigkeiten können die auftretenden Fliehkräfte die Schleifscheibe zerreißen und schwere Unfälle verursachen. Es dürfen aus diesem Grunde zum Schleifen mit hohen Geschwindigkeiten nur Schleifkörper und Schutzvorrichtungen eingesetzt werden, die vom Deutschen Schleifscheiben-Ausschuss zugelassen sind.

Auf Schleifscheiben wird die höchste zulässige Umfangsgeschwindigkeit durch einen Farbstreifen über den gesamten Durchmesser gekennzeichnet.

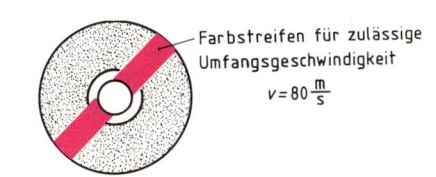

Farbstreifen für zulässige Umfangsgeschwindigkeit $v = 80 \frac{m}{s}$

Trennschleifscheibe

Farbstreifen	blau	gelb	rot	grün
zulässige Umfangs-geschwindigkeit	50 m/s	63 m/s	80 m/s	100 m/s

Farbcodierung der zulässigen Umfangsgeschwindigkeit

- **Abrichten von Schleifscheiben**

Schleifscheiben nutzen beim Schleifen unregelmäßig ab und werden unrund. Außerdem werden Schleifkörner stumpf, und die Poren setzen sich mit Spänchen zu. Daher ist es notwendig, die Schleifwerkzeuge mit Abrichtgeräten zu warten. Die ungleichmäßig abgenutzte Schicht wird abgetragen, bis die Schleiffläche wieder rund und formgenau ist und überall scharfe Schleifkörner freigelegt sind. Diesen Vorgang nennt man Abrichten.

Beim Abrichten von Hand werden als Abrichtgeräte gezahnte oder gewellte Stahlrädchen verwendet. Für genaues Abrichten von Schleifwerkzeugen benutzt man Einzeldiamanten oder diamantbestückte Rollen, die vielfach bei Schleifmaschinen mit einer Abrichteinrichtung an der Schleifscheibe vorbeigeführt werden.

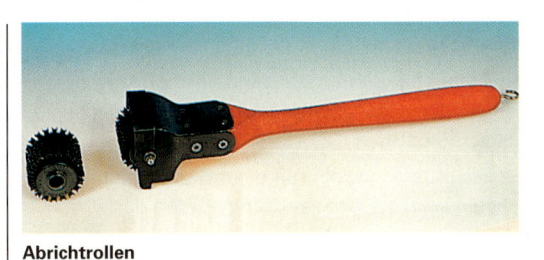

Abrichtrollen

Abrichten mit Abrichtdiamanten

Schleifwerkzeuge werden an ihren Schleifflächen auf der Schleifmaschine formgenau nachgearbeitet, sodass der Rundlauf gewährleistet ist. Diese Nacharbeit nennt man Abrichten.

8.4 Sicherheitshinweise zum Schleifen

An Schleifmaschinen bestehen Gefahren durch wegfliegende Schleifspäne, Schleifkörner und Werkstücke. Daher muss beonders beachtet werden:

- dass die zulässige Schnittgeschwindigkeit der Schleifkörper nie überschritten wird,
- dass geeignete Schutzbrillen getragen oder Schutzschilde benutzt werden,
- dass die Werkstücke sicher eingespannt oder gehalten werden.

Beim Schleifen am Schleifbock besteht die Gefahr, dass kleine Werkstücke oder auch Teile mit kleinen Durchmessern in den Spalt zwischen Auflage und Schleifscheibe gezogen werden. Durch eingeklemmte Werkstücke besteht die Gefahr, dass die Schleifscheiben zerspringen und den Facharbeiter und die Kollegen in unmittelbarer Nähe verletzen.

Unfallgefahr am Schleifbock

Am Schleifbock ist besonders darauf zu achten:

- dass der Spalt zwischen Werkstückauflage und Schleifscheibe nicht größer als 3 mm ist. Die Werkstückauflage ist entsprechend der Schleifscheibenabnutzung nachzustellen,
- dass die Schutzhaube höchstens einen Öffnungswinkel von 65° aufweist.

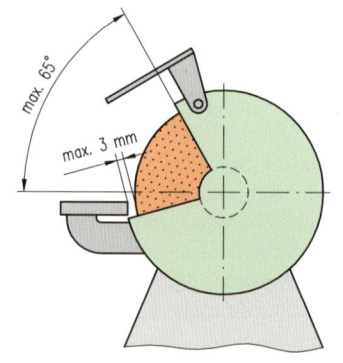

Sicherheitsmaße am Schleifbock

Winkelschleifmaschinen bilden bei unsachgemäßer Benutzung ebenfalls eine Gefährdung.

- Diese Maschinen müssen immer mit beiden Händen geführt werden, um ein Abrutschen zu verhindern.
- Sie müssen immer mit einer Schutzhaube versehen sein, die nicht entfernt werden darf.
- **Eine Schutzbrille ist unverzichtbar.**
- **Funkenflug soll vom Körper weggerichtet sein.**
- **Schwer entflammbare Arbeitskleidung tragen.**

Trennschleifen ohne Schutzhaube ist verboten!

Durch den **Deutschen Schleifscheibenausschuss** sind darüber hinaus Sicherheitsempfehlungen durch Symbole für den jeweiligen Einsatz vorgeschlagen.

- = Nicht zulässig für Freihandschleifen!
- = Augenschutz aufsetzen!
- = Gehör schützen!
- = Nicht zulässig für Nassschleifen!
- = Nicht zulässig für Seitenschleifen!
- = Staubmaske anlegen!

Arbeitsauftrag: **Fertigung einer Nabe auf Werkzeugmaschinen**

Durch Kreuzscheibenkupplungen kann man Wellen, die in der Höhe gering versetzt sind, miteinander verbinden.

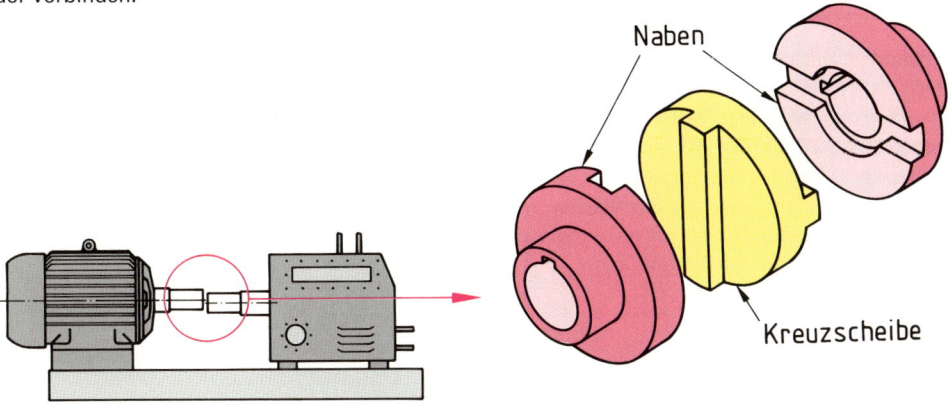

Es sollen die Naben für eine Kreuzscheibenkupplung aus E295 hergestellt werden.

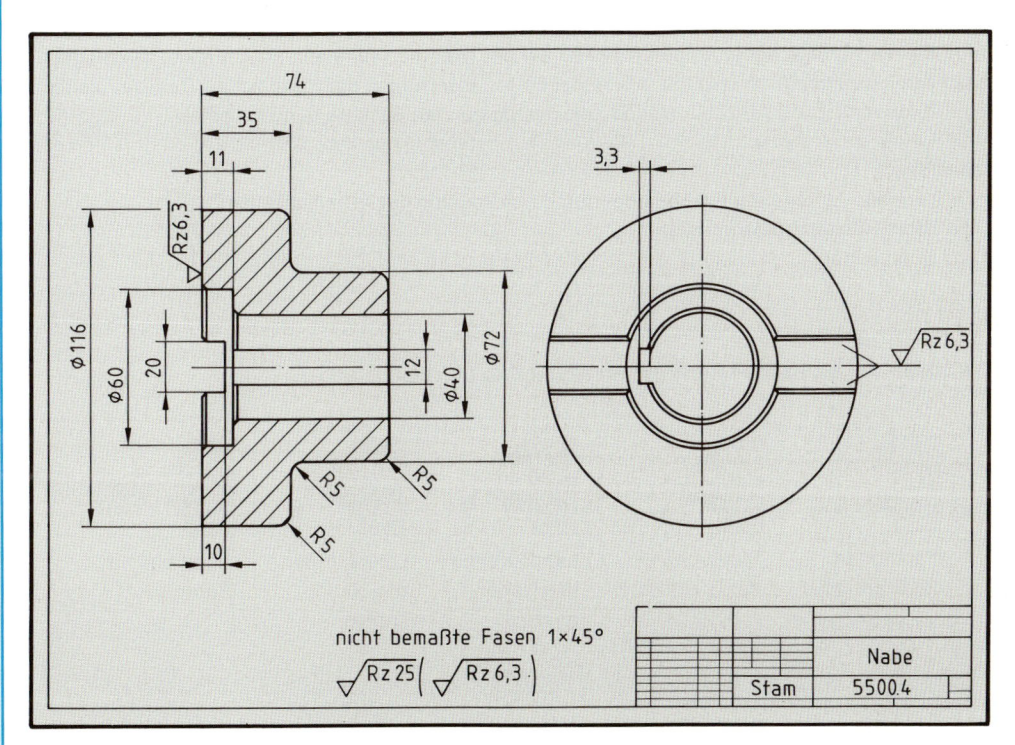

Zeichnung der Nabe

1. Analyse des Auftrags

Welcher Werkstoff ist vorgeschrieben?
Welche Oberflächengüten müssen erreicht werden?
Legen Sie die Abfolge der Fertigungsverfahren zur Herstellung der Nabe fest.

2. Planung der Rohteilfertigung

Wählen Sie aus Maßtabellen den Durchmesser für ein geeignetes Rundmaterial aus.
Wählen Sie ein geeignetes Verfahren zum Abtrennen des Rohlings aus.
Geben Sie die Länge des abzutrennenden Rohlings unter Berücksichtigung der Genauigkeit des Trennverfahrens an.
Es besteht die Gefahr, dass die Stirnflächen nicht rechtwinklig sind. Dadurch kann der Rohling trotz genügender Länge das Werkstück nicht mehr enthalten. Wählen Sie entsprechend Prüfverfahren und Prüfmittel zur Prüfung des Rohteils aus.

3. Planung vorbereitender Arbeiten

Überprüfen Sie, ob Anreißarbeiten vor der maschinellen Bearbeitung vorzunehmen sind.

4. Planung der Fertigungsschritte für jede erforderliche Werkzeugmaschine

4.1 Arbeiten mit der Drehmaschine

Es steht eine Leit- und Zugspindeldrehmaschine mit dem Werkzeug vor der Drehmitte zur Verfügung. Legen Sie die Abfolge der einzelnen Arbeiten auf der Drehmaschine fest. Beschreiben Sie möglichst genau den jeweiligen Arbeitsschritt, z.B. in der Form „Plandrehen der Stirnfläche". Damit einheitliche Begriffe verwendet werden, benutzen Sie die nachfolgenden Beschreibungsbeispiele.

Planen Sie
- die sinnvolle Abfolge der Drehbearbeitung durch Angabe der Arbeitsschritte,
- die erforderlichen Maßkontrollen,
- das Umspannen.

Beispiele für die Beschreibung der Arbeitsschritte (noch ungeordnet)

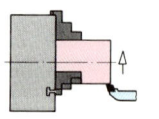

| Plandrehen der Stirnfläche | 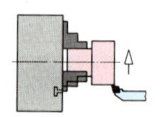 Plandrehen der Gleitfläche | 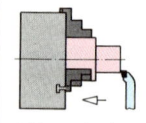 Längsdrehen des Nabenansatzes | 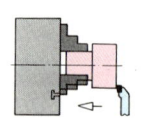 Längsdrehen des Nabenkopfes | 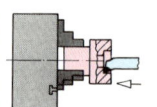 Ausdrehen der Bohrung |

Legen Sie für die Drebarbeit eine Tabelle nach folgendem Muster an.

Fertigungsschritt	Werkzeug	Schnittge-schwindigkeit v_c m/min	Derhzahl n 1/min	Vorschub f mm	Schnitttiefe a_p mm
Plandrehen der Stirnfläche Schruppen Schlichten	abgesetzter rechter Stirn-drehmeißel, HSS	? ?	? ?	? ?	? ?

⚠️ Welche Sicherheitsvorschriften sind beim Drehen besonders zu beachten?

Anmerkung
Das Berechnen der Drehzahlen aus den Schnittgeschwindigkeiten und den Durchmessern können Sie sich durch ein kleines Computerprogramm erleichtern.

4.2 Arbeiten mit der Fräsmaschine

Zum Fräsen der Nut für die Kreuzscheibe steht eine Senkrechtfräsmaschine zur Verfügung.
Geben Sie ein geeignetes Spannmittel an.
Beschreiben Sie die Fertigung der Nut.
Geben Sie für das Fräsen der Nut die wichtigen Größen tabellarisch an:

Fertigungsschritt	Werkzeug	Schnittge-schwindigkeit v_c m/min	Drehzahl n 1/min	Vorschub f mm	Schnitttiefe a_p mm
Schruppen	Schaftfräser, HSS $d = ?$	?	?	?	?
Schlichten	Schaftfräser, HSS $d = ?$	?	?	?	?

⚠️ Welche Sicherheitsvorschriften sind beim Fräsen besonders zu beachten?

Geben Sie an, wie die mittige Lage der Nut geprüft werden kann.

5. Herstellen der Nut für die Verbindung von Welle und Nabe

Nennen Sie geeignete Verfahren zur Herstellung der Nut.

6. Kontrollmessungen am fertigen Werkstück

Welche Maße sind für den späteren Einbau besonders wichtig und müssen überprüft werden?
Geben Sie jeweils geeignete Prüfmittel an.

9 Fertigungsverfahren des Fügens

Durch die Fertigungsverfahren des Urformens, Umformens und Trennens werden Werkstücke als Einzelteile hergestellt. Fertigungsverfahren, die dazu dienen, zusammengesetzte Baugruppen, vollständige Geräte und Maschinen herzustellen, ordnet man nach DIN 8580 den Verfahren des Fügens zu.

9.1 Einteilung der Fügeverfahren

- **Unterscheidung nach dem Schaffen des Zusammenhalts**

Entsprechend der DIN-Norm werden die Fügeverfahren nach der Art und Weise, in der ein Zusammenhalt geschaffen wird, in Gruppen unterteilt.
Wichtige Fügeverfahren sind
- **Fügen durch Zusammenlegen,** z.B. durch Einlegen einer Feder,
- **Fügen durch An- und Einpressen,** z.B. durch Anpressen mit Schrauben,
- **Fügen durch Stoffvereinigen,** z.B. durch Schweißen oder Kleben,
- **Fügen durch Umformen,** z.B. durch Falzen,
- **Fügen durch Urformen,** z.B. durch Eingießen.

| Beispiele | für Fügeverfahren bei der Montage eines Fußpedals |

Einzelteile

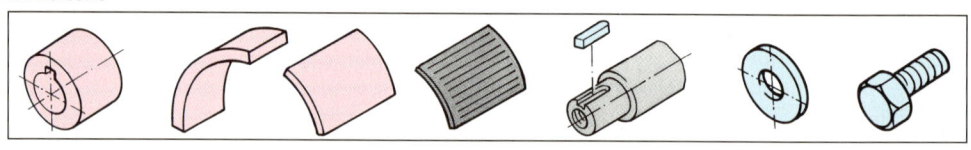

Fügeverfahren

Feder
Klebenaht
Schweißnaht
Schraube

Fügen durch Stoffvereinigen | Fügen durch Zusammenlegen | Fügen durch An- und Einpressen

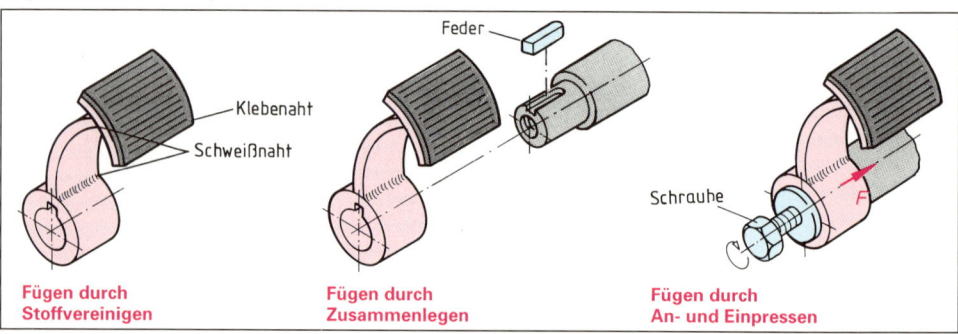

Baugruppe

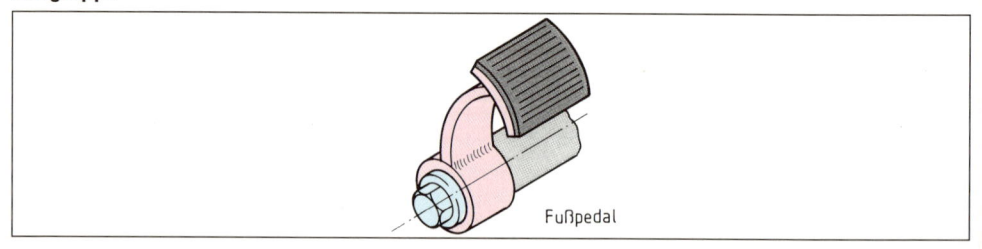

Fußpedal

Durch Fügeverfahren wird Zusammenhalt zwischen Einzelteilen geschaffen. Die entstandenen Baugruppen werden wiederum mit anderen zu größeren Einheiten gefügt, sodass Geräte, Maschine und Fahrzeuge hergestellt werden.

Übungsaufgaben FT-135; FT-136

- **Unterscheidung der Fügeverfahren nach Art der Kraftübertragung**

Die Kraftübertragung von einem Bauelement auf das nächste kann unterschiedlich bewirkt werden:
- **Formschluss:** Gefügte Bauteile übertragen durch entsprechend gestaltete Bauelemente Kräfte.
- **Kraftschluss:** Reibungskräfte zwischen Bauelementen ermöglichen Kraftübertragung.
- **Stoffschluss:** Zusammenhaltskräfte zwischen den Werkstoffteilchen der gefügten Bauelemente übertragen Kräfte.

Beispiele	für Form-, Kraft- und Stoffschluss beim Fügen einer Welle mit einer Nabe

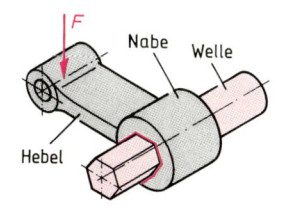

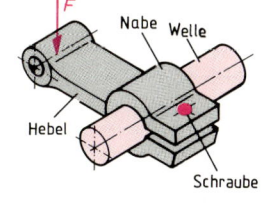

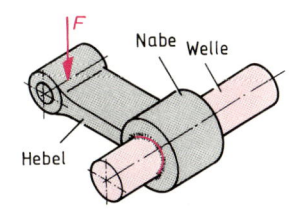

Nabe auf Sechskantwelle gesteckt
Gefügt durch Formschluss

Nabe auf Welle geklemmt
Gefügt durch Kraftschluss

Welle und Nabe verschweißt
Gefügt durch Stoffschluss

Nach der Art der Kraftübertragung unterscheidet man:
- Formschluss
- Kraftschluss
- Stoffschluss

- **Unterscheidung der Fügeverfahren nach der Beweglichkeit der gefügten Bauelemente**

Durch Fügeverfahren können starre oder bewegliche Verbindungen zwischen Bauelementen entstehen.
Starre, unlösbare Verbindungen sind nur durch Zerstörung wieder lösbar.
Starre, lösbare Verbindungen hingegen können bei Bedarf einfach getrennt werden.
Bewegliche Verbindungen lassen an den gefügten Bauteilen vorbestimmte Bewegungen zu.

Beispiele	für starre und bewegliche Verbindungen

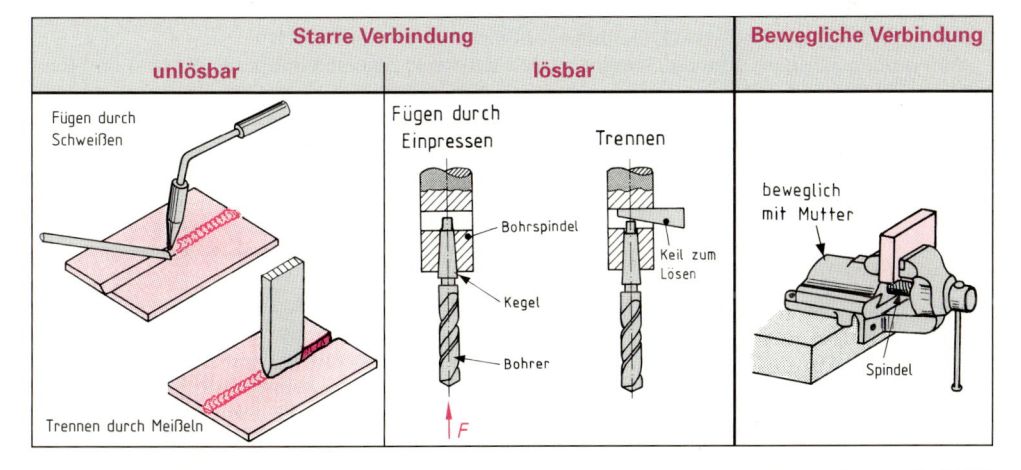

Starre Verbindung		Bewegliche Verbindung
unlösbar	lösbar	
Fügen durch Schweißen — Trennen durch Meißeln	Fügen durch Einpressen — Trennen (Bohrspindel, Kegel, Bohrer, Keil zum Lösen)	beweglich mit Mutter (Spindel)

Nach der Beweglichkeit der verbundenen Bauelemente unterscheidet man:
- Starre, unlösbare Verbindungen,
- starre, lösbare Verbindungen,
- bewegliche Verbindungen.

9.2 Fügen mit Gewinden

- **Einsatz von Schrauben zur Befestigung**

Zur Befestigung von Bauelementen wendet man Schrauben an, wenn die Bauelemente:
- zur Reparatur u. a. einfach gelöst werden müssen.
  Anwendungsbeispiele sind die Befestigung von Radfelgen am Kfz, Deckeln an Getriebegehäusen und Ventilen in Rohrleitungen.
- mit genau vorbestimmten Kräften zusammengepresst werden müssen, damit z.B. Dichtungen auch unter Last dicht bleiben.
  Anwendungsbeispiele sind Zylinderkopfschrauben am Kfz und Deckel an Druckbehältern.
- anders schwer zu fügen sind.
  Anwendungsbeispiel ist das Fügen von vorgefertigten Teilen von Gittermasten für Hochspannungsleitungen.

| Beispiele | für den Einsatz von Befestigungsschrauben |

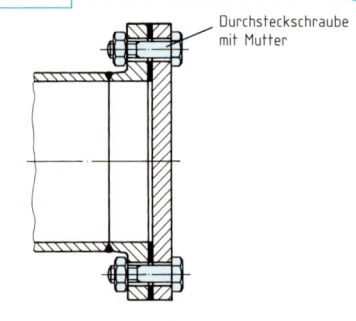

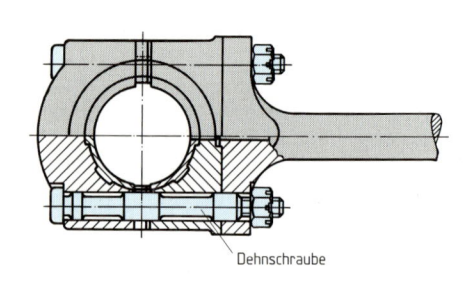

Durchsteckschraube mit Mutter

Dehnschraube

Befestigungsschrauben setzt man ein, wenn:
- die Verbindung lösbar sein muss,
- Montagearbeiten erleichtert werden.
- genaue Anpresskräfte erreicht werden müssen,

- **Einsatz von Schrauben zur Übertragung von Bewegung**

Schrauben zur Übertragung von Bewegung werden meist als **Spindeln** bezeichnet. Sie dienen zum Umformen einer Drehbewegung in eine geradlinige Bewegung.
Spindeln werden angewendet, wenn:
- bei der Umformung der Bewegung große Kräfte erzeugt werden müssen.
  Anwendungsbeispiele sind die Spindel im Schraubstock, Spindeln in Spindelpressen und Spindeln in Hebeböcken.
- präzise Längsbewegungen auszuführen sind.
  Anwendungsbeispiel sind Spindeln in Werkzeugmaschinen.

| Beispiele | für den Einsatz von Bewegungsgewinden |

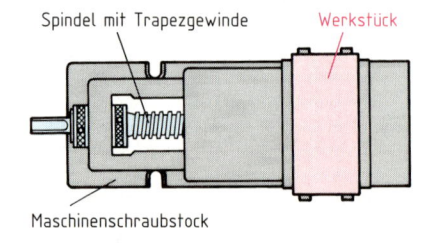

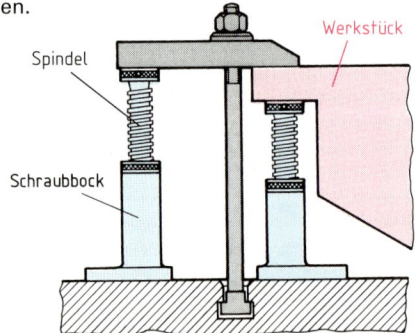

Spindel mit Trapezgewinde
Werkstück
Maschinenschraubstock

Spindel
Werkstück
Schraubbock

Bewegungsschrauben werden eingesetzt, wenn:
- große Längskräfte aus einer Drehbewegung heraus erzeugt werden müssen,
- präzise Längsbewegungen ausgeführt werden sollen.

9.2.1 Befestigungsschrauben

• Kräfte in Schraubenverbindungen

Das Schrauben ist ein Fügeverfahren, bei dem die Bauelemente stark gegeneinander gepresst werden. Dadurch wirken zwischen den Bauelementen große Reibungskräfte, und es entsteht eine kraftschlüssige Vebindung.

In Schraubenverbindungen erreicht man die zum Kraftschluss erforderlichen großen Kräfte:
- durch die Hebelübersetzung der Handkraft an einem Schraubenschlüssel und
- durch die Kraftverstärkung im Gewindegang.

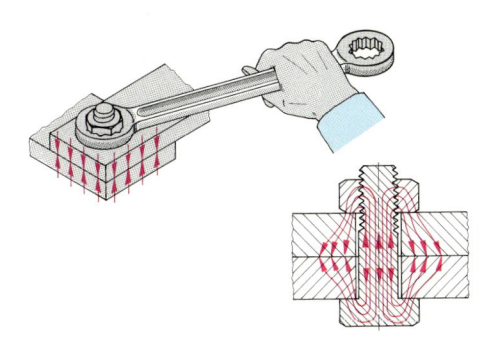

Kraftschluss in Schraubenverbindung

• Befestigungsgewinde

In Spitzgewinden treten wegen der kleinen Steigungswinkel und der großen Flankenwinkel große Reibungskräfte auf; Spitzgewinde sind daher als Befestigungsgewinde besonders geeignet.

Gewindeprofil	Benennung des Gewindes	Beispiel für Maßangabe	Verwendung
60° Mutter/Bolzen	Metrisches ISO-Regelgewinde (DIN 13)	M 30 M – Zeichen für metrisches Gewinde 30 – Gewindenenndurchmesser „d" in mm	Befestigungsgewinde für Schrauben und andere Bauteile
60° Mutter/Bolzen	Metrisches ISO-Feingewinde (DIN 13)	M 30 × 1,5 M – Zeichen für metrisches Gewinde 30 – Gewindenenndurchmesser „d" in mm 1,5 – Steigung „P" in mm	Befestigungsgewinde bei kurzen Einschraublängen, großen Nenndurchmessern, dünnwandigen Bauteilen. Stellgewinde bei Messschrauben
55° Rohr	Whitworth Rohrgewinde (DIN ISO 228)	G 3/4 G – Zeichen für zylindrisches Rohrgewinde 3/4 – Bezeichnung der Gewindegröße entspricht der Nennweite des benutzten Rohres in Zoll	Befestigungsgewinde für Rohre und Fittings im Installationsbau, nicht dichtend

Befestigungsschrauben erhalten Spitzgewinde.

• Rechts- und linksgängige Gewinde

Die Normalausführung bei Gewinden ist rechtsgängig. Rechtsgängig ist ein Gewinde dann, wenn der Einschraubvorgang im Uhrzeigersinn erfolgt. Die Einschraubrichtung bei Linksgewinden ist dem Uhrzeigersinn entgegengesetzt. Eine Mutter mit Linksgewinde hat entweder einer Rille am Umfang oder ein großes L auf einer der Auflageflächen.

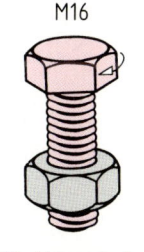

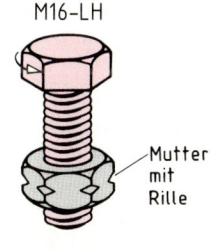

M16 — Rechtsgewinde

M16-LH — Linksgewinde (Mutter mit Rille)

Linksgewinde werden in der Normbezeichnung durch Anhängen der Buchstaben LH gekennzeichnet (LH kommt von Left Hand).

Übungsaufgaben FT-140 bis FT-144

| Beispiel | für den Einsatz von Linksgewinden |

Bei einem Doppelschleifbock muss eine Schleifscheibe mit Links- und die andere mit Rechtsgewinde befestigt werden, damit beim Anlauf kein Lösen erfolgt (*funktionsbedingtes Linksgewinde*).

An der Propangasflasche verhindert man durch Linksgewinde eine Verwechslung mit anderen Gasarmaturen (*sicherheitsbedingtes Linksgewinde*).

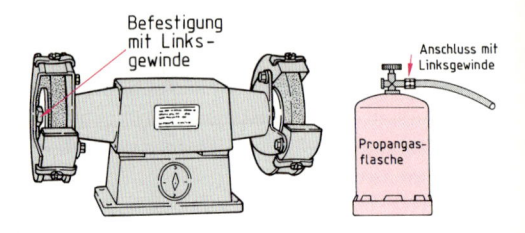

> Linksgewinde kommen nur in Sonderfällen zum Einsatz. Man verwendet sie aus funktions- und sicherheitsbedingten Gründen.

- **Schrauben- und Mutternformen**

Schrauben unterscheiden sich in ihren verschiedenen Ausführungsformen vor allem durch die Gestaltung des Kopfes, durch das benutzte Gewinde und durch die Ausführung des Bolzenendes.

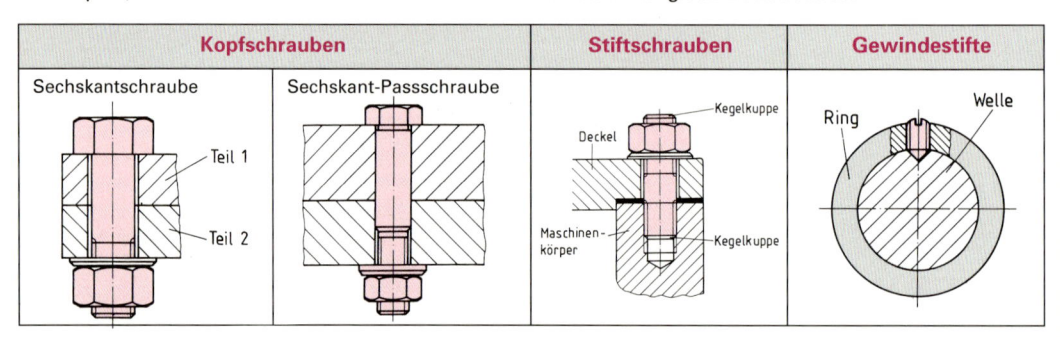

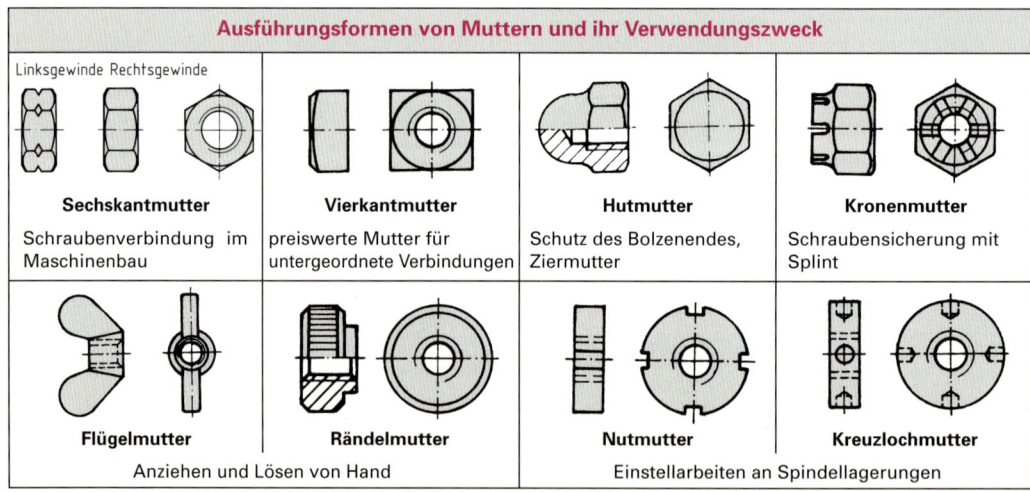

Kopfschrauben		Stiftschrauben	Gewindestifte
Sechskantschraube	Sechskant-Passschraube		

Ausführungen von Kopfformen für Schrauben

| Sechskantkopf | Vierkantkopf | Innensechskantkopf | Flachrundkopf | Rändelkopf | Zylinderkopf | Halbrundkopf | Senkkopf | Linsensenkkopf mit Kreuzschlitz |

Ausführungsformen von Muttern und ihr Verwendungszweck

Sechskantmutter	Vierkantmutter	Hutmutter	Kronenmutter
Schraubenverbindung im Maschinenbau	preiswerte Mutter für untergeordnete Verbindungen	Schutz des Bolzenendes, Ziermutter	Schraubensicherung mit Splint
Flügelmutter	Rändelmutter	Nutmutter	Kreuzlochmutter
Anziehen und Lösen von Hand		Einstellarbeiten an Spindellagerungen	

9.2.2 Festigkeit von Schrauben und Muttern

• Schraubenfestigkeit

Die Festigkeitsklassen für Schrauben und Muttern aus Stahl sind genormt. Die Schrauben sind am Kopf meist durch zwei Zahlen, z.B. 12.9, gekennzeichnet, die durch einen Punkt getrennt sind. Diese Zahlenangabe wird Festigkeitskennzahl genannt. Aus dieser lassen sich Festigkeitskennwerte des Werkstoffs ermitteln.

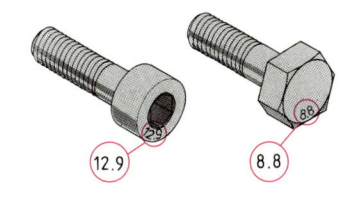

Festigkeitskennzahl bei Schrauben

Die erste Zahl ist die Kennzahl für die Zugfestigkeit R_m des Werkstoffes der Schraube. Zur Ermittlung der Zugfestigkeit aus der Kennzahl wird die erste Zahl mit 100 multipliziert. Man erhält die Zugfestigkeit in N/mm². Die Streckgrenze des Schraubenwerkstoffes lässt sich mithilfe der ersten und der zweiten Kennzahl ermitteln. Die erste Zahl mit dem 10-fachen der zweiten Zahl multipliziert, ergibt die Streckgrenze R_{eH} in N/mm².

Festigkeitskennzahlen bei Schrauben:

3.6	4.6	4.8	5.6	5.8	6.6	6.8	6.9	8.8	10.9	12.9	14.9

• Mutternfestigkeit

Auch Muttern werden meist mit einer Festigkeitskennzahl versehen. Zulässig sind auch Markierungen durch Striche, die bestimmten Festigkeitskennzahlen zuzuordnen sind. Beim Fügen sollen Schrauben und Muttern die gleiche Festigkeitskennzahl aufweisen.

Festigkeitskennzahlen bei Muttern

Festigkeitskennzahl	6	8	10	12	14
bevorzugte Markierung					
mögliche Markierung					

Beispiel | für die Ermittlung der Festigkeitskennwerte aus der Festigkeitskennzahl

Aufgabe:
Es sind Zugfestigkeit R_m und Streckgrenze R_{eH} einer Schraube mit der Kennzeichnung 12.9 zu ermitteln.

Lösung:

Zugfestigkeit: $R_m = 12 \cdot 100 \frac{N}{mm^2} = \mathbf{1200 \frac{N}{mm^2}}$

Streckgrenze: $R_{eH} = 12 \cdot 9 \cdot 10 \frac{N}{mm^2} = \mathbf{1080 \frac{N}{mm^2}}$

Die Zugfestigkeit R_m in $\frac{N}{mm^2}$ des Schrauben- und Mutternwerkstoffes wird errechnet aus der Multiplikation der Festigkeitskennzahl mit 100.

9.2.3 Sicherungen von Schraubenverbindungen

Schwingungen, Temperaturschwankungen und Lastwechsel können ein selbsttätiges Lösen von Schraubenverbindungen bewirken. Deswegen werden in solchen Fällen Schraubensicherungen verwendet. Man kann Schraubensicherungen nach Kraftschluss, Formschluss und Stoffschluss unterscheiden:

- **Kraftschlüssige Sicherungen**

Sie verhindern weitgehend das Lockern der Verbindung. Die Sicherungselemente gleichen das Nachlassen der Spannung in der Verbindung durch Federkräfte aus.

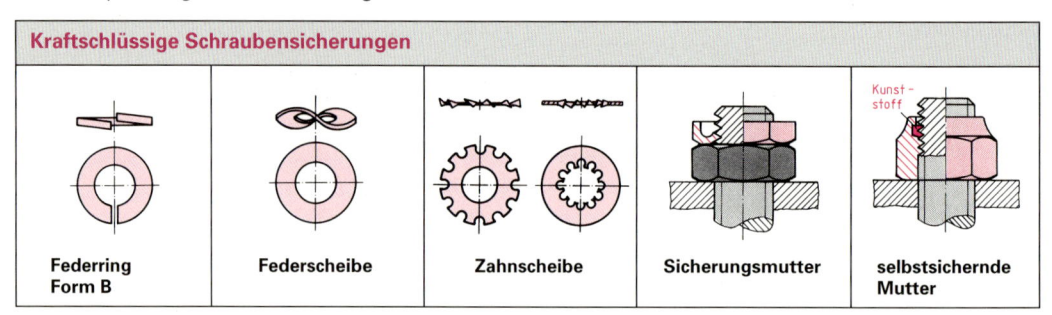

Kraftschlüssige Schraubensicherungen				
Federring Form B	Federscheibe	Zahnscheibe	Sicherungsmutter	selbstsichernde Mutter

Bei einigen kraftschlüssigen Schraubensicherungen, z.B. Federring, Zahnscheibe, ist auch ein Formschlussanteil durch Verkeilen der Sicherungselemente mit den Bauteilen wirksam.

- **Formschlüssige Sicherungen**

Sie können zwar das Lockern der Verbindung nicht verhindern, sie dienen aber als Sicherung gegen das Losdrehen. Bei allen Betriebsbedingungen erfüllen die formschlüssigen Sicherungen die höchsten Anforderungen an die Sicherheit wie z.B. in Getrieben und Motoren.

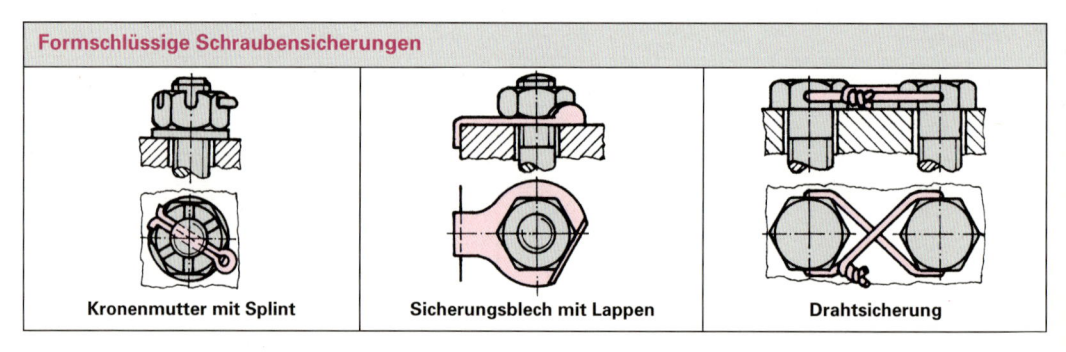

Formschlüssige Schraubensicherungen		
Kronenmutter mit Splint	Sicherungsblech mit Lappen	Drahtsicherung

- **Stoffschlüssige Sicherungen**

Dabei werden die Zwischenräume von Bolzen- und Muttergewinde oder Bolzenende und Mutter durch Kunststoffkleber, Lack oder Lot ausgefüllt. Die Schraubensicherung kann dabei dann gleichzeitig dichtend wirken.
Eine Besonderheit sind Schrauben, die mit einem Klebstoff versehen geliefert werden. Dieser Klebstoff ist in winzigen Kapseln enthalten, die beim Einschrauben platzen. Der austretende Klebstoff verklebt dann Schrauben- und Muttergewinde.

Klebstoff in Kapseln
Schraube mit mikroverkapseltem Klebstoff

Schraubenverbindungen sollen durch richtiges Anziehen der Schraube gegen Lösen gesichert sein. Schraubensicherungen gewähren einen zusätzlichen Schutz.

9.2.4 Berechnung des Drehmomentes zum Anziehen von Schrauben

Die Funktionsfähigkeit einer Schraubenverbindung ist häufig abhängig von der Kraft, mit der die Schraube beim Anziehen vorgespannt wird. So müssen z.B. die Schrauben des Deckels eines Druckbehälters so angezogen werden, dass sie auch bei Betrieb des Behälters die Dichtungen noch andrücken.

Man erreicht die notwendige Vorspannkraft in der Schraube dadurch, dass man die Drehwirkung beim Anziehen genau beschreibt. Die Drehwirkung drückt man durch das **Drehmoment** aus. Das Drehmoment M_d beim Anziehen der Schraube ist das Produkt aus der Handkraft F_H und dem Hebelarm l des Schraubenschlüssels.

$$M_d = F_H \cdot l$$

Zum genauen Anziehen einer Schraube verwendet man **Drehmomentschlüssel**.

Drehmoment beim Anziehen einer Schraube

9.2.5 Normangaben bei Gewinden

Bewegungsgewinde sollen möglichst wenig Reibung aufweisen. Am günstigsten wären Flachgewinde. Da diese jedoch schwer herstellbar sind, fertigt man Bewegungsgewinde mit geringen Flankenwinkeln.

Gewindeprofil	Benennung des Gewindes	Beispiel für Maßangabe	Verwendung
(30°, Mutter, Bolzen, P, d)	**Metrisches ISO-Trapezgewinde** (DIN 103)	**Tr 32 × 6** Tr – Zeichen für Trapezgewinde 32 – Gewindenenndurchmesser „d" in mm 6 – Steigung „P" in mm	Bewegungsgewinde bei Spindeln für beidseitige Kraftübertragung
(3°, 30°, Mutter, Bolzen, P, d)	**Sägengewinde** (DIN 513)	**S 30 × 6** S – Zeichen für Sägengewinde 30 – Gewindenenndurchmesser „d" in mm 6 – Steigung „P" in mm	Bewegungsgewinde für einseitig axiale Übertragung großer Kräfte, z.B. bei Spindelpressen und Spannzangen
(30°, Mutter, Bolzen, P, d)	**Rundgewinde** (DIN 405)	**Rd 30 × 1/8** Rd – Zeichen für Rundgewinde 30 – Gewindenenndurchmesser „d" in mm 1/8 – Steigung „P" in Zoll; entspricht 8 Gewindegängen je ein Zoll Bolzenlänge	Bewegungsgewinde bei Verbindungen, die starken Verschmutzungen unterliegen, z.B. Waggonverbindungen, Kupplungen; Spindeln für Ventile; in seltenen Fällen auch als Befestigungsgewinde

Normangaben über zusätzliche Eigenschaften der Bewegungsgewinde (DIN ISO 965)

Zusätzliche Eigenschaft	Zusätzliche Angabe hinter der Maßangabe	Beispiel für Maßangabe	Hinweise
Gewindetoleranzen der nach Norm festgelegten Güteklasse	f = fein m = mittel c = grob	Tr 32 x 6f	
Mehrgängige Gewinde	hinter dem Kurzzeichen und dem Gewindedurchmesser folgt die Steigung und die Teilung	Tr 60 x Ph 14 P7 Tr 60 x Ph 14 P7-8e Tr 32 x Ph 9 P3-LH	Die Teilung wird mit dem Buchstaben P hinter die Steigung P_h gesetzt. Gangzahl = $\dfrac{\text{Steigung}}{\text{Teilung}} = \dfrac{P_h}{P}$

Übungsaufgaben FT-154 bis FT-156

9.3 Fügen mit Stiften und Bolzen

9.3.1 Stifte

Stifte dienen zum lösbaren Fügen von Bauelementen. Durch Stifte werden Kräfte vor allem durch Formschluss übertragen.

- **Verwendung von Stiften**

Nach der jeweiligen *Verwendung* werden Passstifte, Befestigungsstifte, Sicherungsstifte und Abscherstifte unterschieden.

Passstifte

Werden Stifte vor allem zur Lagesicherung von Teilen eingesetzt, so kennzeichnet man die benutzten Stifte als Passstifte. Durch Passstifte lässt sich die Montage von Bauelementen erleichtern und die genaue Lage von zusammengeschraubten Teilen sichern.

Befestigungsstifte

Dienen Stifte in einer Verbindung von Bauelementen vor allem zur Befestigung, so bezeichnet man die benutzten Stifte als Befestigungsstifte. Mit Befestigungsstiften lassen sich auf einfache Art bewegliche und feste Verbindungen herstellen.

Sicherungsstifte

Sollen Stifte das selbstständige Lösen gefügter Bauelemente verhindern, so dienen sie zur Sicherung. Sicherungsstifte können gleichzeitig die Aufgabe von Befestigungs- oder Passstiften übernehmen.

Abscherstifte

Soll an einer Maschine ein bestimmter Bereich vor Überlastung geschützt werden, so kann man zwischen der treibenden Spindel und dem angetriebenen Bauelement, z.B. Zahnrad auf einer Welle, einen Stift einbauen, der die Kräfte weiterleitet und bei Überbelastung abschert. Der Abscherstift wird nach der Beseitigung der Störung durch einen neuen ersetzt.

- **Stiftformen**

Je nach *Form* der Stifte unterscheidet man:
Zylinderstifte, Kegelstifte, Kerbstifte und Spannstifte.

Zylinderstifte

Ungehärtete Zylinderstifte nach DIN EN ISO 2338 werden im Durchmesserbereich von 0,6 bis 50 mm mit den Toleranzen m6 und h8 angeboten. Die Norm erlaubt unterschiedliche Ausführungen der Stiftenden und weitere Toleranzen. So sind z. B. abgerundete Fasen und Einsenkungen nach Abbildung möglich. Die Oberflächengüte ist von der Toleranz abhängig, sie beträgt bei m6 $R_a \leq 0{,}8$ µm, bei h8 $R_a \leq 1{,}6$ µm.

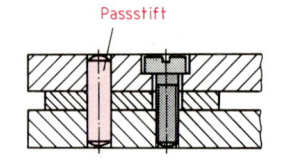

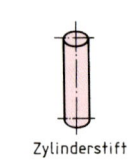

Lagesicherung von Bauteilen durch Passstifte

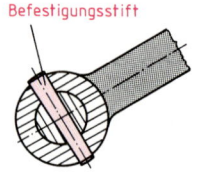

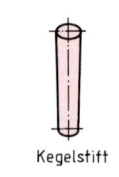

Zylinderstift

Befestigen von Bauteilen

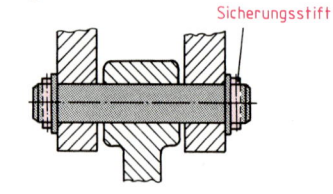

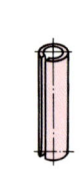

Kegelstift

Sichern einer Bolzenverbindung

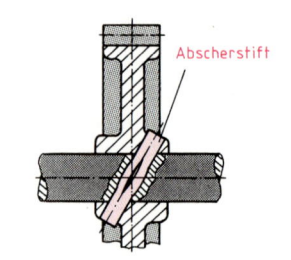

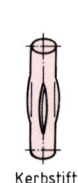

Spannstift

Überlastsicherung durch Abscherstift

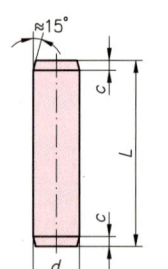

Kerbstift

Zylinderstifte (ungehärtet)

Beispiel	für Abmessungen	
d (mm)	3	8
c (mm)	0,5	1,6
l (mm)	8 – 30	12 – 80

Kerbstifte

Kerbstifte tragen im Gegensatz zu den Zylinder- oder Kegelstiften auf ihrem Umfang in Längsrichtung drei Kerben mit wulstartigen Rändern. Beim Einschlagen des Kerbstiftes in die Bohrung sitzt er aufgrund der Verformung sehr fest.

Bohrungen für Kerbstifte brauchen nur mit dem Spiralbohrer hergestellt zu werden, ein Aufreiben entfällt.

Kerbstifte werden als Befestigungs- und Sicherungsstifte verwendet. Auch als Lager- oder Gelenkbolzen können sie eingesetzt werden.

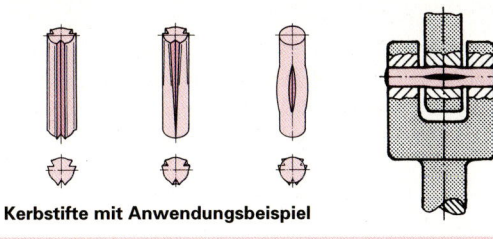

Kerbstifte mit Anwendungsbeispiel

Verbindungen durch Kerbstifte sind leicht herzustellen. Kerbstifte sollen nur einmal verwendet werden.

Spannstifte

Spannstifte sind in Längsrichtung offene Hülsen aus Federstahl. Sie haben gegenüber dem Nenndurchmesser je nach Größe ein Übermaß von 0,2 mm bis 0,5 mm. Ein kegeliges Ende an den Spannstiften erleichtert ihr Eintreiben in Bohrungen. Die Bohrungen werden nicht aufgerieben, weil die Spannung der zusammengedrückten Stifte die erforderliche Anpressung gewährleistet.

Spannstifte dienen wie die Kerbstifte als Befestigungs- und Sicherungselemente. Müssen in Schraubenverbindungen Scherkräfte aufgenommen werden, so kann man Spannstifte als Schraubenhülsen einsetzen.

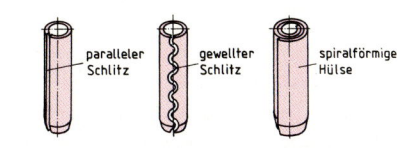

Ausführungsformen von Spannstiften (paralleler Schlitz, gewellter Schlitz, spiralförmige Hülse)

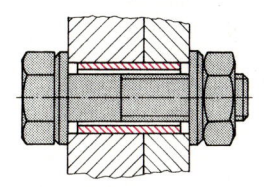

Spannstift als Schraubenhülse

Verbindungen mit Spannstiften sind preiswert. Spannstifte lassen sich ohne Beschädigung wieder austreiben und erneut verwenden.

9.3.2 Bolzen

Bolzen sind zylindrische Bauteile mit und ohne Kopf. Bolzen haben meist das Toleranzfeld h11 und werden vor allem als Gelenkbolzen wie z.B. in Stangenverbindungen oder Laschenketten eingesetzt. Als Verbindungselement in beweglichen Verbindungen müssen Bolzen durch Sicherungselemente wie Sicherungsringe oder Splinte gegen Verschieben gesichert werden.

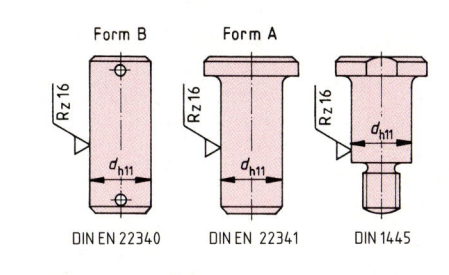

Genormte Bolzenformen — Form B (DIN EN 22340), Form A (DIN EN 22341), DIN 1445

Bolzen werden zum Fügen von Gelenkverbindungen verwendet. Sie werden dabei vorwiegend auf Scherung beansprucht.

9.4 Fügen mit Passfedern und Profilformen

Achsen, Zapfen und Wellen lassen sich mit den Naben von Rollen, Rädern und Hebeln auf unterschiedliche Art fügen. Durch **Einlegeteile** oder **Profilformen** wird dabei eine Mitnehmerverbindung zwischen Nabe und Welle geschaffen.

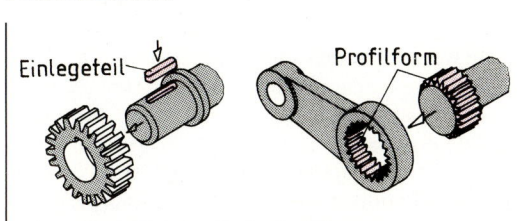

Fügen durch Einlegeteil oder Profilform

Übungsaufgaben FT-160; FT-161

9.4.1 Passfederverbindungen

Die Passfederverbindung ist eine häufig angewendete Verbindung zum Fügen von Nabe und Welle. Die Passfeder liegt in Naben- und Wellennut. Die Kraftübertragung erfolgt formschlüssig über die Seitenflächen der Passfeder. Somit werden Passfedern auf Abscheren beansprucht. In der Höhe besteht zwischen Passfeder und Nabe Spiel.

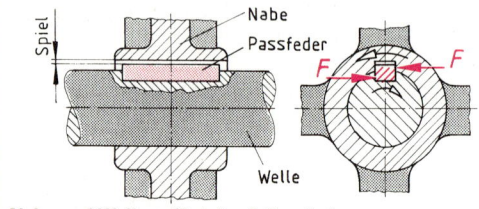

Nabe und Welle gefügt durch Passfeder.

> Passfedern übertragen Kräfte durch Formschluss über ihre Seitenflächen.

Je nach konstruktiven Anforderungen werden unterschiedliche Passfederformen verwendet.
Meist benutzt man rundstirnige Passfedern. Sie werden in entsprechend gefräste Wellennuten eingelegt. Flachstirnige Passfedern müssen gegen axiales Verrutschen gesichert werden.

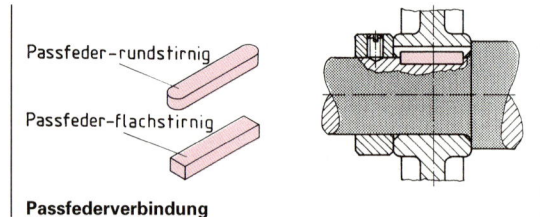

Passfederverbindung

Für Naben von Verschieberädern benutzt man Passfedern mit entsprechenden Toleranzen als Gleitfedern. Die Gleitfeder ist in der Wellennut und die Zapfenfeder in der Nabe fixiert. Die Nabe kann in axialer Richtung verschoben werden.

Beispiele für Federverbindungen mit axialer Verschiebung

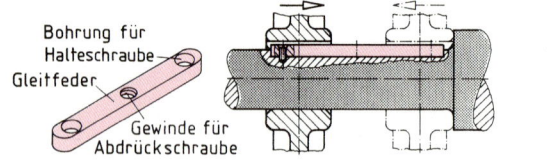

Gleitfederverbindung 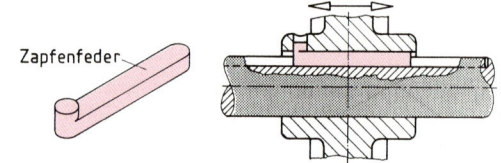   **Zapfenfederverbindung**

9.4.2 Fügen mit Profilformen

Werden Welle und Nabe mit einem besonderen Profil versehen, dann ist ebenfalls eine Verbindung beider Teile durch Formschluss gewährleistet. Die wichtigsten Profilformen sind das Keilwellenprofil, die Kerbverzahnung und das Polygonwellenprofil.

Beim **Keilwellenprofil** sind in die Welle und die Nabe Längsnuten gleichmäßig über den Umfang verteilt. Die Keilwellen haben keine Neigung. Richtiger müsste man daher von Federwellen sprechen.
Gegenüber der Passfederverbindung haben Verbindungen mit Profilformen den Vorteil eines gleichmäßigeren Kraftflusses von Welle zu Nabe.

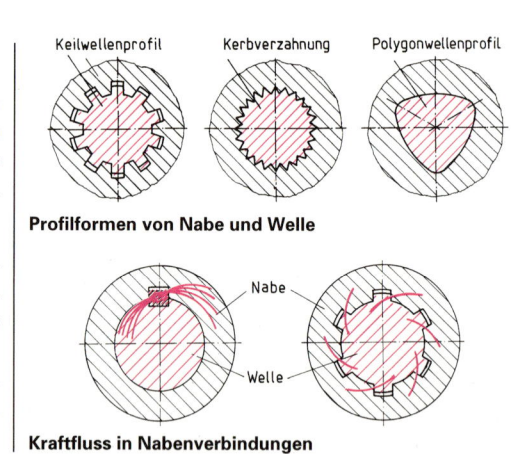

Profilformen von Nabe und Welle

Kraftfluss in Nabenverbindungen

Arbeitsauftrag: Fügen eines Schraubstockes

Der dargestellte Schraubstock soll aus den weitgehend vorgefertigten Teilen hergestellt werden.

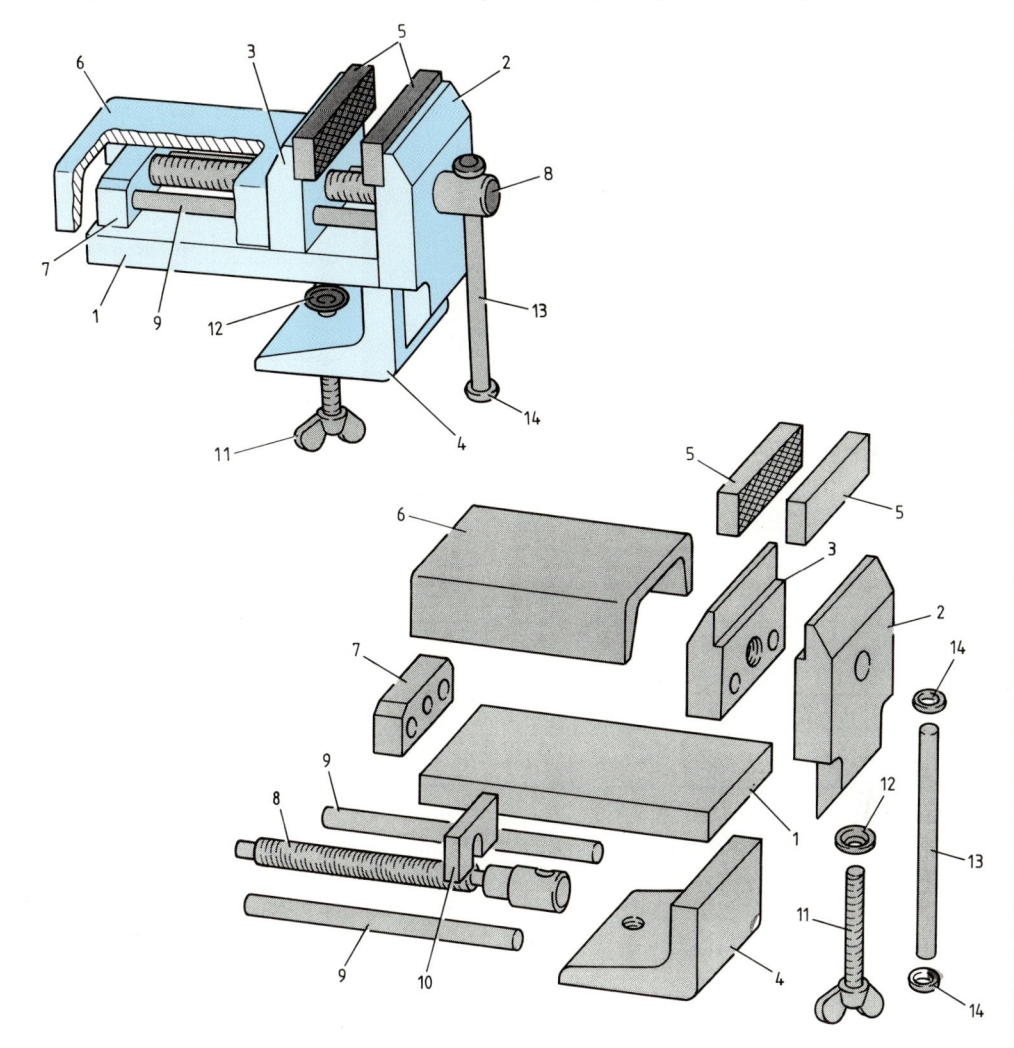

1. Machen Sie Vorschläge zum Fügen der Teile. Erledigen Sie diese Aufgabe in tabellarischer Form gemäß folgendem Muster.
2. Geben Sie in der Spalte Bemerkungen an, welche Zusatzarbeiten an den einzelnen Teilen noch zu erledigen sind.
3. Beachten Sie ferner die Reihenfolge der einzelnen Fügearbeiten.

Arbeits-schritt	Fügen von Teil ... mit Teil ...	Verfahren	Bemerkungen

10 Arbeitssicherheit und Unfallschutz

10.1 Betrieblicher Arbeitsschutz

Zum Schutz von Leben und Gesundheit der arbeitenden Menschen sind *Arbeitsschutzmaßnahmen* erforderlich. Der **Arbeitsschutz** umfasst *zwei* Arten von Schutzvorschriften:

- *staatliche Vorschriften*, gegliedert nach den sechs Sachgebieten:
  Arbeitsstättenverordnung, Gerätesicherheitsgesetz, Gefahrstoffverordnung, Arbeitszeitordnung, Jugendarbeitsschutzgesetz und Arbeitssicherheitsgesetz,

Arbeitsstätte mit Betriebshygiene		Arbeitszeitregelung
Maschinen, Geräte, Anlagen		Schutz bestimmter Personengruppen
Gefahrstoffe		Arbeitsschutz-organisation im Betrieb

- *berufsgenossenschaftliche Unfallverhütungsvorschriften*, die insbesondere Gebote und Verbote für bestimmte Maschinen, Geräte oder Anlagen enthalten. Diese sind z. B. Unfallverhütungsvorschriften für Pressen, für Schweiß- und Schneidanlagen oder für Drehmaschinen.

Informationsschriften können von der Vereinigung der Metall-Berufsgenossenschaften (**www.vmbg.de**) bezogen werden.

10.2 Allgemeine Forderungen zum sicherheitsgerechten Verhalten

– Der Aufenthalt an Arbeitsplätzen ist nur befugten Personen erlaubt.
– Die Inbetriebnahme und Benutzung von Maschinen und Geräten ist nur den dafür ausgebildeten Personen erlaubt.
– Die Tätigkeiten sind so auszuführen, dass auch für andere Menschen keine Gefährdungen entstehen.
– Schutz- und Warneinrichtungen dürfen weder entfernt noch zweckentfremdet benutzt werden.
– Es ist eng anliegende Arbeitskleidung zu tragen. Gefährdende Schmuckgegenstände u.a. sind abzulegen. Vorgeschriebene Schutzkleidung ist anzulegen (z.B. Augenschutz, Handschutz, Sicherheitsschuhe).
– Vor Inbetriebnahme einer Maschine oder eines Geräts hat sich der Bediener von der Betriebssicherheit des entsprechenden Arbeitsmittels und seiner Umgebung zu überzeugen.

Sicherheitskennzeichnung – Gebotszeichen

Augenschutz tragen	Kopfschutz tragen	Gehörschutz tragen	Schutzhandschuhe	Sicherheitsschuhe tragen

– Technologisch vorgegebene Daten wie Schnittgeschwindigkeiten und Vorschübe dürfen nicht überschritten werden.
– Arbeiten an oder in der Nähe bewegter Teile, z.B. Messen, Richten, Nachspannen, Säubern u.a. sind nur mit speziellen Vorrichtungen erlaubt. Falls diese nicht vorhanden sind, dürfen solche Arbeiten nur im Stillstand der Maschine vorgenommen werden.
– Maschinen und Anlagen dürfen in Betrieb nicht ohne die notwendige Aufsicht gelassen werden.
– Auftretende Störungen und Mängel sind unverzüglich der zuständigen Stelle zu melden.
– „NOT-AUS"-Schalter freihalten.

Übungsaufgaben FT-166; FT-167

10.3 Sicherheit beim Arbeiten an Werkzeugmaschinen

Jährlich erleidet in der Bundesrepublik Deutschland jeder sechzehnte Arbeitnehmer einen Arbeitsunfall, der eine zeitliche oder gar dauernde körperliche Schädigung verursacht. Von diesen Unfällen entfällt ein großer Teil auf den Umgang mit Werkzeugen und Werkzeugmaschinen. Die hohe Zahl der Unfälle kann durch strikte Einhaltung von Sicherheitsbestimmungen und Erweiterung von Schutzmaßnahmen erheblich gesenkt werden.

Arbeits- und Unfallschutz soll gewährleisten, dass
- Gefahren nicht wirksam werden können,
- Gefährdungen rechtzeitig erkannt werden,
- Arbeitsschutzmaßnahmen rechtzeitig ergriffen werden.

Gefährdungen an Werkzeugmaschinen

Gefährdung	Ursachen der Gefährdung durch ...		mögliche Auswirkungen
– Erfassen von Kleidungs- und Körperteilen – Berühren scharfer Werkzeugteile	*Maschinenbewegungen*	– Schnittbewegungen – Vorschubbewegungen – Spannzeugbewegungen – Transportbewegungen	– Schnittwunden, Quetschungen, Brüche – Verluste von Gliedmaßen
– Auftreffen abgeschleuderter Teile – Hautkontakt mit Schmier- und Kühlmitteln – Einatmen von Sprühnebeln und Stäuben	*unkontrollierte Bewegungen von Maschinen- und Werkzeugteilen, Werkstoff- und Hilfsteilchen*	– Abreißen von Werkzeugen, Werkstücken oder Teilen infolge von Bruch oder Überlastung – Abschleudern von heißen Spänen – Abschleudern und Versprühen von Kühl- und Schmiermitteln – Mitreißen und Fortschleudern herumliegender Teile – Herabfallen von Teilen aus Transporteinrichtungen	– Schnittwunden, Brüche, Verbrennungen, Hautschäden (z.B. Ölakne) – Augenschäden – Schädigung der Atmungsorgane
– Bestrahlung mit gefährlichen Strahlen	*Wärme- und Lichtstrahlung*	– Laserstrahlung – UV-Licht	– Verbrennungen – Augenschäden
– Berührung spannungführender Teile	*elektrische Energie*	– Elektroantriebe – elektrische Steuerungen – elektrische Messsysteme	– Verbrennungen – Herz- oder Atemstillstand – Tod
– Einwirkung auf Gehör und Nervensystem	*Lärm*	– Lärm durch Antriebe – Lärm durch Arbeitsvorgänge – Lärm durch Transportvorgänge	– Schwerhörigkeit – Herz- und Kreislaufbeschwerden

10.4 Maßnahmen bei Unfällen

Trotz Sicherheitseinrichtungen und sicherheitsbewusstem Verhalten kommt es zu Arbeitsunfällen. Damit in solchen Fällen zielgerichtet und schnell geholfen werden kann, ist es die Pflicht eines jeden Betriebsangehörigen, über die in seinem Betrieb vorhandenen Hilfs- und Meldeeinrichtungen informiert zu sein.

Sofortmaßnahmen nach einem Unfall:
- Maschinen und Geräte im unmittelbaren Gefahrenbereich abschalten.
- Verunglückte Personen aus dem Gefahrenbereich bergen.
- Verunglückte Personen sicher lagern.
- Hilfe herbeirufen.
- Verunglückten möglichst nicht allein lassen.
- Meldung des Unfalls nach betrieblichem Alarmplan.
- Soweit möglich erste Hilfe leisten.

Jeder Unfall ist sofort zu melden

Übungsaufgaben FT-168 bis FT-171

10.5 Sicherheitskennzeichnung

Arbeitsplätze, an denen gefährliche Arbeitsstoffe verarbeitet werden, müssen nach der Unfallverhütungsvorschrift „Sicherheitskennzeichnung am Arbeitsplatz" mit Sicherheitskennzeichen versehen sein.
Die Sicherheitskennzeichen werden mit genormten Farbtönen, den Sicherheits- und Kennzeichnungsfarben, erstellt.

Sicherheits- und Kennzeichnungsfarben	Bedeutung
Rot	Halt! Verbot!
Gelb	Achtung! Gefahr!
Blau	Gebote, Hinweise
Grün	Sicherheit, Hilfe

Als Kontrastfarben werden Weiß und Schwarz verwendet.

Die verschiedenen Sicherheitskennzeichen lassen sich in 4 Gruppen einteilen.

1. Verbotszeichen (Rot auf weißem Grund, schwarze Kontrastfarbe)

| Zutritt für Unbefugte verboten |  Rauchen verboten |  Feuer, offenes Licht und Rauchen verboten |  Verbot mit Wasser zu löschen |  Mobilfunk verboten |

2. Warnzeichen (Schwarz auf gelbem Grund)

| Warnung vor feuergefährlichen Stoffen |  Warnung vor explosionsgefährlichen Stoffen |  Warnung vor giftigen Stoffen |  Warnung vor ätzenden Stoffen |

3. Gebotszeichen (blaue Schilder mit weißen Zeichen)

| Allgemeines Gebotszeichen |  Atemschutz tragen |  Schutzschuhe tragen |  Gebrauchsanweisung beachten |

4. Rettungszeichen (grüne Schilder mit weißen Zeichen)

| Notruftelefon |  Hinweis auf „Erste Hilfe" |  Krankentrage |  Rettungsweg (Richtungsangabe für Rettungsweg) |

Übungsaufgaben FT-172 bis FT-174

Maschinen- und Gerätetechnik

Handlungsfeld: Baugruppen montieren

Problemstellung
Auftrag: Lochstanze montieren bis... Mdg
Zeichnung
Stückliste
Einzelteile:

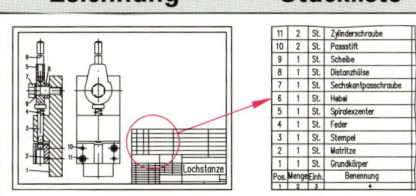

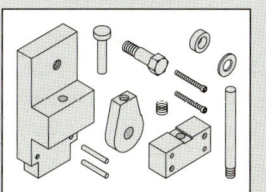

Analysieren

Vorgaben:
- Auftrag mit Termin
- Zeichnung mit Stückliste
- Herstellerliste (Eigenteile, Zukaufteile, Normteile)
- Grobzuordnung zu Baugruppen

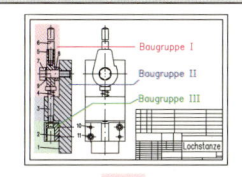

Ergebnisse:
- Gliederung in Baugruppen
- Kenntnisse über Funktion
- Montagefolge
- Besondere Anforderungen z.B. Einpassabeiten, Justage, Zwischenprüfungen

---

Planen

Planungsgrundlagen:
- Informationen aus Zeichnung u. Auftrag
- Spezielle Anforderungen
- Sicherheitshinweise

Ergebnisse:
- Montageplan und -anweisungen mit
  – Unterbaugruppen
  – Montageabfolge
  – Werkzeug- u. Hilfsmittelliste
  – spezielle Hinweise
- Prüfplan

Montieren

Vorgaben:
- Montageplan und -anweisung
- Einzelteile, Hilfsstoffe
- Werkzeuge
- Sicherheitshinweise

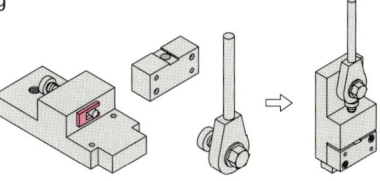

Ergebnis:
- montierte Baugruppe

Kontrollieren/Bewerten

Vorgaben:
- montierte Baugruppe
- Prüfplan

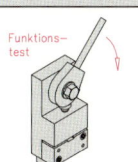

Ergebnis:
- Dokumentation der Prüfung

Funktionstest

1 Systeme zur Umsetzung von Energie, Stoff und Information

1.1 Systemtechnische Grundlagen

1.1.1 Technische Systeme

Maschinen, Geräte, Anlagen usw. sind häufig kaum überschaubar. Man versucht darum durch Systematisierung und Zusammenfassung die Überschaubarkeit herzustellen.

In der Technik bezeichnet man alles, was in sich geschlossen eine Funktion erfüllen kann, als **technisches System**. Man spricht so z.B. vom Verkehrssystem, Informationssystem. Auch ein Walzwerk, eine Ölraffinerie oder eine Maschinenfabrik kann man ebenso wie ein Kraftfahrzeug oder eine Werkzeugmaschine als System bezeichnen. Ein technisches System hat folgende Eigenschaften:

- *Es ist nach außen abgegrenzt,*
- *es hat Eingang und Ausgang,*
- *es erfüllt eine Funktion, bei der Eingangs- und Ausgangsgrößen verknüpft werden,*
- *es interessiert vor allem die Gesamtaufgabe, die innerhalb des Systems gelöst wird.*

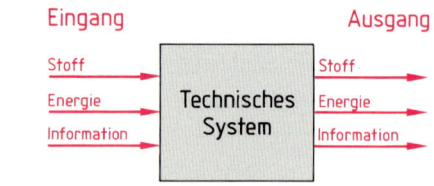

Allgemeine Systemdarstellung

Jedes technische System erfüllt eine Hauptfunktion wie z.B. Umwandlung von Energie, Produktion von Gütern. Stoffe, Energie und Informationen fließen ein und gehen heraus.
Das technische System stellt man grafisch durch ein Rechteck dar. Die Eingangs- und Ausgangsgrößen kennzeichnet man durch Pfeile.

| Beispiel | für ein technisches System |

CNC-Drehmaschine

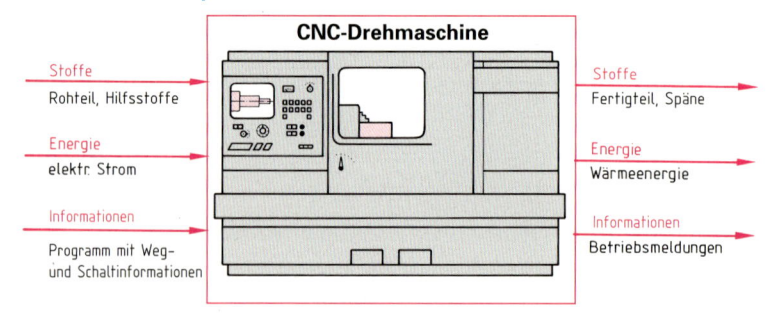

Stoffe: Rohteil, Hilfsstoffe → Stoffe: Fertigteil, Späne
Energie: elektr. Strom → Energie: Wärmeenergie
Informationen: Programm mit Weg- und Schaltinformationen → Informationen: Betriebsmeldungen

> Ein technisches System ist in sich geschlossen und funktionsfähig. Eingangs- und Ausgangsgrößen werden miteinander verknüpft.
> Ein- und Ausgangsgrößen können sein: • Stoff, • Energie, • Information.

An Stoff, Energie und Information können in technischen Systemen folgende Vorgänge ablaufen:
- **Transport,** • **Formung,** • **Umwandlung.**

Von den genannten Vorgängen steht in technischen Systemen entsprechend ihrer Aufgabe meist nur einer im Vordergrund.
Systeme, die vorwiegend dem Transport dienen, sind **Transportsysteme**. Zu den Transportsystemen zählen auch Speicher, in denen Stoff, Energie oder Informationen auf dem Transport zwischengespeichert werden.
Systeme zur Formung verändern nur die Form von Stoff, Energie oder Information.
Werden in einem System diese Größen umgewandelt, so spricht man von **Umwandlungssystemen**.

> In technischen Systemen können Stoff, Energie und Informationen transportiert, geformt und umgewandelt werden.

1.1.2 Unterteilungen innerhalb eines technischen Systems

Technische Systeme lassen sich nach DIN 40150 in Teilsysteme untergliedern. Dabei ergibt sich:

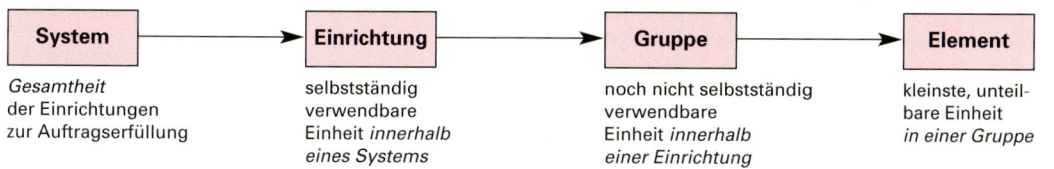

System → **Einrichtung** → **Gruppe** → **Element**

- **System**: Gesamtheit der Einrichtungen zur Auftragserfüllung
- **Einrichtung**: selbstständig verwendbare Einheit *innerhalb eines Systems*
- **Gruppe**: noch nicht selbstständig verwendbare Einheit *innerhalb einer Einrichtung*
- **Element**: kleinste, unteilbare Einheit *in einer Gruppe*

Beispiel | für die Gliederung eines Systems

Das System CNC-Drehmaschine besteht aus verschiedenen **Einrichtungen**, z.B. dem Gestell, dem Antrieb, der Steuerung.

Die Einrichtung Steuerung besteht aus verschiedenen **Gruppen**, z.B. der Eingabeeinheit, dem Rechner, den Stellmotoren. Die Gruppe Stellmotore setzt sich aus **Elementen** zusammen, z.B. Wellen, Wicklungen.

System
- Eingänge: Rohteil, elektrische Energie, Programm
- CNC-Drehmaschine
- Ausgänge: Fertigteil, Bewegungsenergie, Wärmeenergie, Betriebsdaten

Einrichtungen aus dem System CNC-Drehmaschine: Gestell, Steuerung, Antrieb

Gruppen aus der Einrichtung Steuerung: Eingabeeinheit, Stellmotoren

Elemente aus der Gruppe Stellmotoren: Wicklungen, Welle

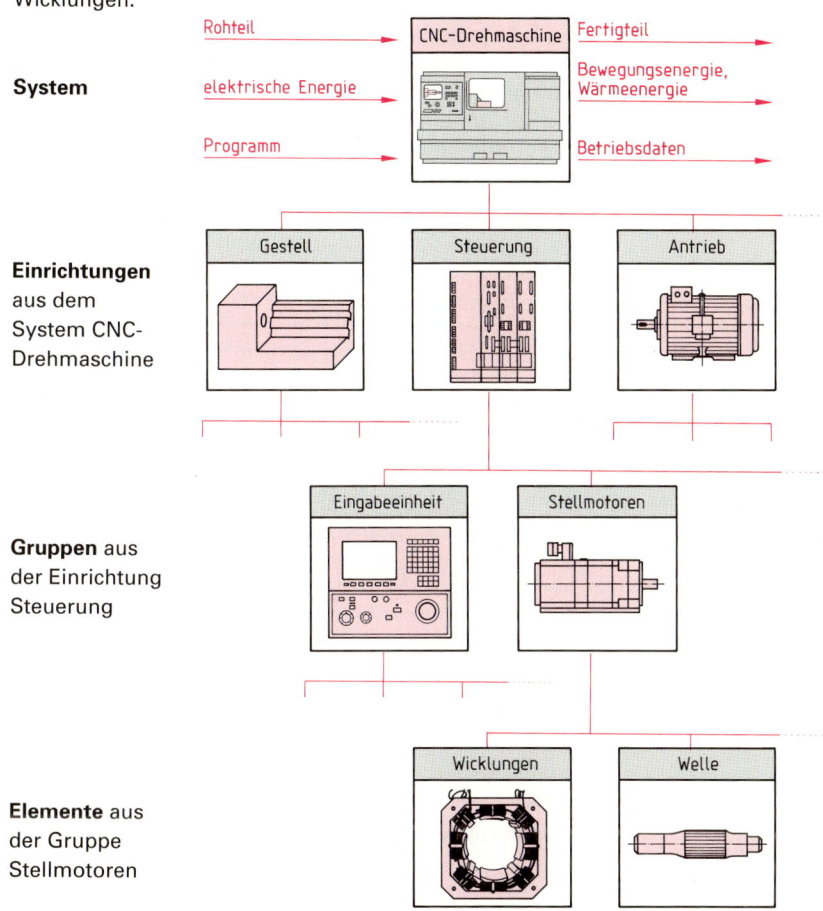

Ganz allgemein, ohne Rücksicht auf die Gliederung eines Systems, spricht man bei Einrichtungen und Gruppen auch von Einheiten. Was man als System bezeichnet, hängt vom Betrachter ab. So ist z.B. die Heizungsanlage eines Wohnhauses für den Architekten eine Einrichtung – ein Teilsystem. Der Heizungsbauer sieht die Heizungsanlage aber als ein System an, das von ihm installiert wird.

> Systeme bestehen aus Einrichtungen (Teilsystemen).
> Einrichtungen bestehen aus Gruppen. Gruppen bestehen aus Elementen.

Übungsaufgaben MG-3; MG-4

1.1.3 Funktionen von Einrichtungen

Ein technisches System erfüllt eine Hauptfunktion. Diese Hauptfunktion kann nur durch das Zusammenwirken von **Teilfunktionen** erreicht werden. Wichtige Teilfunktionen in technischen Systemen sind z.B. Antreiben, Steuern und Regeln, Tragen und Stützen.

Einrichtungen, welche Teilfunktionen erfüllen, bezeichnet man als **funktionale Einrichtungen**.

Neben dem Gesichtspunkt der Funktion ist der *Aufbau von Einrichtungen* von Bedeutung. Man spricht in diesem Zusammenhang dann von **Baueinrichtungen**. So kann z.B. die funktionale Einrichtung Antriebseinheit die Baueinrichtung Verbrennungsmotor sein.

Wichtige funktionale Einrichtungen und Beispiele für die entsprechenden Baueinrichtungen sind:

Antriebseinheiten	z.B. Turbine im Kraftwerk
Steuer- und Regeleinheiten	z.B. ABS-Bremsanlage im Auto
Energieübertragungseinheiten	z.B. Getriebe in einer Werkzeugmaschine
Speichereinheiten	z.B. Erzbunkeranlage im Hüttenwerk
Stütz- und Trageinheiten	z.B. Gestell einer Presse
Arbeits- und Umweltschutzeinheiten	z.B. Rauchgasentschwefelung eines Kraftwerkes

Beispiel	für die Funktionen von Einrichtungen und die entsprechenden Baueinrichtungen im technischen System Bohrmaschine

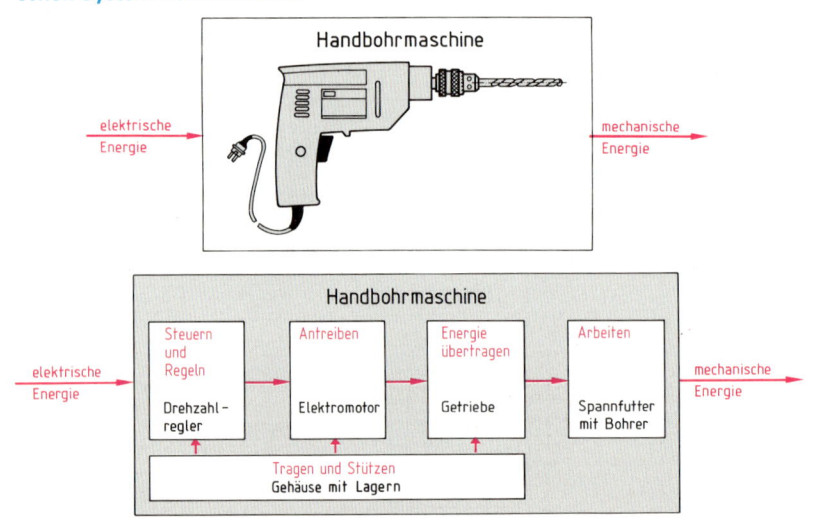

Handbohrmaschine

elektrische Energie → → mechanische Energie

Handbohrmaschine

Steuern und Regeln	Antreiben	Energie übertragen	Arbeiten
Drehzahl-regler	Elektromotor	Getriebe	Spannfutter mit Bohrer

elektrische Energie → → mechanische Energie

Tragen und Stützen
Gehäuse mit Lagern

Funktionale Einrichtungen erfüllen Teilfunktionen, die erst in ihrer Gesamtheit die Hauptfunktion ermöglichen.

1.1.4 Funktionen von Gruppen

Innerhalb von Einrichtungen erfüllen **Funktionsgruppen** bestimmte **Grundfunktionen**. Solche Grundfunktionen sind z.B.
- Leiten und Isolieren,
- Sammeln und Verzweigen,
- Vergrößern und Verkleinern.

Funktionsgruppen erfüllen innerhalb einer Einrichtung Grundfunktionen.

In der Fertigungstechnik hat die Grundfunktion **Zusammenhaltändern** besondere Bedeutung, weil in nahezu allen Fertigungsverfahren der Zusammenhalt geändert wird. So werden z.B. beim Schweißen der Zusammenhalt vermehrt und beim Drehen der Zusammenhalt vermindert.

In Maschinen und Geräten der Fertigungstechnik hat die Funktionsgruppe, mit welcher der Zusammenhalt geändert wird, besondere Bedeutung.

Beispiele für Grundfunktionen

Grundfunktion	Praxisbeispiel	Grundfunktion	Praxisbeispiel
Leiten und Isolieren	Leiten des Drehmoments in einem Riementrieb (Zugmittel)	**Vergrößern und Verkleinern**	Vergrößern der Kraft – Verkleinern des Weges an einem Hebebock (große Kraft, kleiner Weg / kleine Kraft, großer Weg; F_2, F_1)
	Elektrische Isolierung eines flexiblen Kabels (Gewebeband, 2. Gummimantel, 1. Gummimantel)	**Richten und Oszillieren**	Richten einer hin- und hergehenden Bewegung in eine gleichmäßige Drehbewegung (Kurbelstange, Gelenke, Kurbelwelle)
Sammeln und Verzweigen	Sammeln elektrischer Energie von verschiedenen Erzeugern (E-Werk 1, E-Werk 2)		Formung einer gleichmäßigen Drehbewegung in eine oszillierende Bewegung (Stößel, Kurvenscheibe)
	Verzweigen des Energieflusses an einer Drehmaschine (Hauptgetriebe, Motor, Vorschubgetriebe)	**Koppeln und Unterbrechen**	Koppeln und Unterbrechen des Energieflusses mit einer Scheibenkupplung (ein / aus)
Führen	Führen des Werkzeugschlittens einer Drehmaschine (Führung)	**Verbinden (Mischen) und Lösen (Entmischen)**	Zentrifugieren von Spänen zum Abtrennen von Kühl-Schmiermittel (Späne, Kühl-Schmiermittel)
Wandeln	Wandeln von elektr. Energie in mechanische Energie		

Übungsaufgabe MG-7

1.2 Systeme zum Energieumsatz

1.2.1 Anlagen und Maschinen

Die Energie zum Betrieb von Maschinen und Anlagen liegt meist nicht in der gewünschten Form und an der gewünschten Einsatzstelle vor. Systeme mit der Hauptfunktion Energieumsatz besorgen die Wandlung, Formung und den Transport von Energie.

- **Kraftwerke**

Kraftwerke liefern die elektrische Energie für Maschinen und Anlagen.

Beispiel für den Energieumsatz in einem Wärmekraftwerk

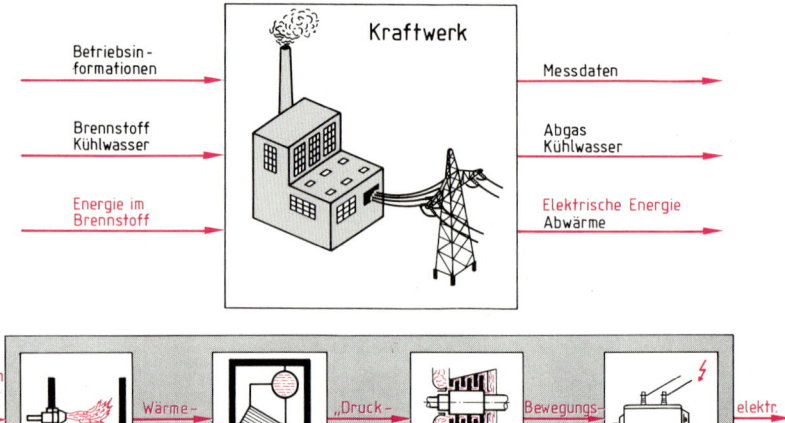

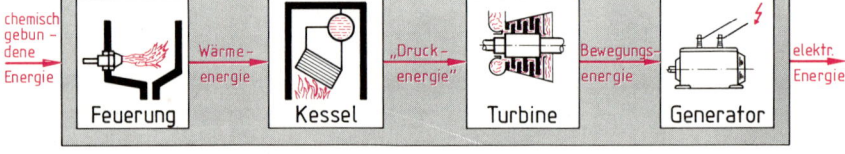

Energieumsatz im Wärmekraftwerk

> Kraftwerke wandeln Energie von Brennstoff, Wasserströmung, Wind u.a. in elektrische Energie.

- **Kraftmaschinen**

Kraftmaschinen haben die Hauptfunktion, mechanische Energie zum Antrieb von Maschinen, Fahrzeugen oder Geräten bereitzustellen. Man unterscheidet nach der Eingangsenergie zum Betrieb dieser Maschinen
- *Wärmekraftmaschinen*   z.B. Verbrennungskraftmaschinen
- *Elektrische Antriebsmaschinen*   z.B. Elektromotore
- *Strömungsmaschinen*   z.B. Gasturbinen

Elektrische Antriebsmaschinen

Antriebsmaschinen, die elektrische Energie aufnehmen und diese in mechanische Energie wandeln, heißen Elektromotoren. Nach ihrer Arbeitsweise unterscheidet man **Rotations- und Linearmotoren**.

Für Werkzeugmaschinen, Aufzüge und Schienenfahrzeuge ist der Elektromotor als Rotationsmotor das bevorzugte Antriebselement. Bei ihm wird elektrische Energie als Eingangsgröße in mechanische Energie als Ausgangsgröße *umgewandelt*. Im Elektromotor ist die Energieausnutzung besonders günstig. Er ist für nahezu alle Leistungen herstellbar und hat im Verhältnis zu seiner Leistungsfähigkeit nur geringe Masse. Bei größeren Leistungen ist er an das Energienetz gebunden.

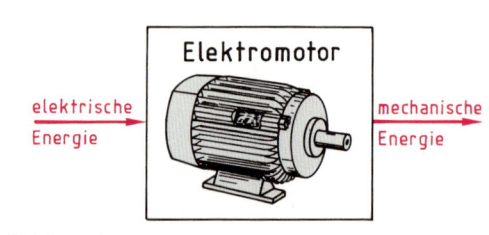

Elektromotor

> Elektromotoren wandeln mit sehr hohem Wirkungsgrad elektrische Energie in mechanische Energie.

1.2.2 Arbeit und Energie

- **Arbeit**

Eine Last kann auf verschiedene Art und Weise auf eine bestimmte Höhe befördert werden:

- die Last wird auf einer geneigten Ebene hoch gezogen,
- die Last wird an einem Seil hoch gezogen,
- die Last wird durch eine Hydraulikanlage hoch gehoben.

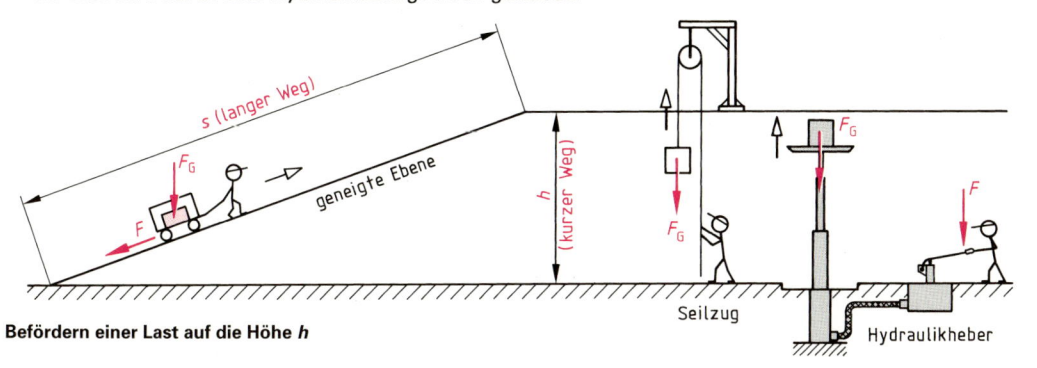

Befördern einer Last auf die Höhe h

Physikalisch wird in allen Fällen die gleiche Arbeit verrichtet:

Geneigte Ebene: Eine kleine Zugkraft ist über einen langen Weg einzusetzen.

Rolle: Die Last wird mit großer Kraft auf dem kürzesten Weg hoch gezogen.

Hydraulikheber: Mit einer kleinen Pumpkraft wird durch mehrfaches Pumpen (langer Weg) die Last nach oben befördert.

Bei der Berechnung der Arbeit ist zu beachten, dass die Kraft zu berücksichtigen ist, die entlang des Weges wirkt.

> Die mechanische Arbeit ist das Produkt aus der Kraft, die in Richtung des Weges wirkt, multipliziert mit dem zurückgelegten Weg. $W = F \cdot s$

Die Einheit der mechanischen Arbeit setzt sich zusammen aus dem Produkt der Krafteinheit (N) und der Längeneinheit (m) und ist demnach Newtonmeter (Nm). Die Einheit Nm bezeichnet man auch als Joule (J). Ein Joule entspricht der elektrischen Arbeit von einer Wattsekunde (Ws).

- **Energie**

Gespeicherte Arbeit nennt man Arbeitsvermögen oder Energie. Man unterscheidet verschiedene Formen der Energie:

In einem Körper, der auf die Höhe h gebracht wurde, ist Hubarbeit gespeichert. Aufgrund seiner Lage in bestimmter Höhe besitzt der Körper Energie der Lage, auch **potenzielle Energie** genannt. Ein hochgezogener Fallhammer besitzt potenzielle Energie.

$W_{pot} = F_G \cdot h$

W_{pot} potenzielle Energie in Nm
F_G Gewichtskraft in N
h Höhe in m

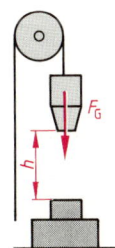

Einfacher Fallhammer

> Potenzielle Energie ist gespeicherte Hubarbeit.

Übungsaufgaben MG-9; MG-10

Zum Komprimieren eines Gases muss man z.B. einen Kolben bewegen, der das Gas in einem Zylinder verdichtet. Dabei speichert das Gas Energie in Form von Druck. Man spricht in diesem Zusammenhang von **Druckenergie**.

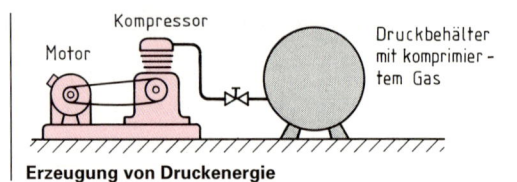

Erzeugung von Druckenergie

> Druckenergie ist die beim Komprimieren in Gasen gespeicherte Arbeit.

In Brennstoffen ist Energie chemisch gespeichert. Beim Verbrennen wird diese Wärmemenge frei. Die in einem Stoff enthaltene Wärmemenge gibt der **Heizwert** an.
Er ist bei festen und flüssigen Brennstoffen auf 1 kg bezogen. Bei Gasen bezieht man ihn auf 1 m³ bei 20° C und 1,013 bar.

Heizwerte von Brennstoffen (Auszug)

Stoff	Heizwert
Anthrazit (Kohle)	35 000 kJ/kg
Benzin	41 000 kJ/kg
Erdgas	36 000 kJ/m³
Wasserstoff	11 000 kJ/m³

> Die in Brennstoffen chemisch gebundene Energie wird durch den Heizwert näher beschrieben.

1.2.3 Leistung und Wirkungsgrad

• Energie

Die gleiche Arbeit W kann in unterschiedlicher Zeit t verrichtet werden. Man bezeichnet das Verhältnis von Arbeit zu der dafür benötigten Zeit als Leistung P. Die Einheit der Leistung ist $\frac{Nm}{s}$.

$$\text{Leistung} = \frac{\text{Arbeit}}{\text{Zeit}} \qquad P = \frac{W}{t} = \frac{F \cdot s}{t} = F \cdot v$$

Einheiten der Leistung: $1\frac{Nm}{s} = 1\frac{J}{s} = 1\,W$

- P Leistung in $\frac{Nm}{s}$
- W Arbeit in Nm
- t Zeit in s
- F Kraft in N
- s Weg in m
- v Geschwindigkeit in $\frac{m}{s}$

> Leistung ist das Verhältnis von Arbeit zur dafür benötigten Zeit. $P = \frac{W}{t}$

• Wirkungsgrad

Energie kann nie verloren gehen. Sie kann nur in andere Formen der Energie umgewandelt werden. Diesen grundlegenden Satz der Physik nennt man den **Energieerhaltungssatz**.

In technischen Systemen kann die eingegebene Energie nie vollständig in eine andere nutzbare Energieform umgewandelt werden. Es ist stets ein gewisser Anteil der aufgewendeten Energie *nicht nutzbringend* einzusetzen. Bei mechanischen Systemen wird er meist in Reibungswärme umgewandelt. Bei Systemen zur Umwandlung von Wärmeenergie in mechanische Energie, z.B. bei Verbrennungsmotoren, treten erhebliche Verluste durch Abwärme auf.

Man nennt das Verhältnis von Nutzenergie W_e zur aufgewendeten Energie W_i den Wirkungsgrad η des Systems.

$$\eta = \frac{W_e}{W_i}$$

Auf die Leistung bezogen ist der Wirkungsgrad η das Verhältnis von Nutzleistung P_e zur aufgewendeten Leistung P_i.

$$\eta = \frac{P_e}{P_i}$$

- η = Wirkungsgrad
- W_e = effektive Energie
- W_i = induzierte Energie
- P_e = effektive Leistung
- P_i = induzierte Leistung

> Energie geht nicht verloren (Energieerhaltungssatz).
> Technisch ist eine verlustfreie Umwandlung in eine andere Energieform nicht möglich.
>
> $$\text{Wirkungsgrad} = \frac{\text{Nutzenergie}}{\text{aufgewendete Energie}} \qquad \eta = \frac{P_e}{P_i}$$

1.3 Systeme zum Stoffumsatz

1.3.1 Stoffe in technischen Systemen

In technischen Anlagen werden Stoffe unterschiedlicher Art auf verschiedene Arten verarbeitet, bearbeitet und transportiert. Insgesamt bezeichnet man dies als **Stoffumsetzung**.

Je nach Aufgabe des Stoffes im Fertigungsprozess unterscheidet man:

- **Stoffe für die Werkstoffherstellung**
  z.B. Erze für die Metallgewinnung oder Erdöl zur Kunststoffherstellung,
- **Stoffe für die Werkstückherstellung**
  z.B. Halbzeuge zum Bearbeiten durch Drehen oder Granulate für Kunststoffteile,
- **Stoffe zum Einsatz im Fertigungsprozess**
  z.B. Kühlschmierstoffe beim Zerspanen, Fräser zur Spanabnahme oder Spritzgießformen für die Herstellung von Kunststoffteilen,
- **Stoffe zum Betreiben von Anlagen**
  z.B. Brennstoffe zur Energieerzeugung oder Öl als Schmiermittel in Getrieben.

- **Stoffumwandlung**

Stoffumwandlungen finden statt bei der Energieerzeugung aus Brennstoffen oder bei Herstellung von Werkstoffen aus Rohstoffen.
So wird Erdgas zum Betreiben eines Glühofens in Wärmeenergie umgewandelt. Aus Eisenerz wird im Hüttenwerk Stahl erzeugt.

Stoffumwandlung bei der Stahlherstellung

- **Stoffformung**

In der Fertigungstechnik teilt man die Formung von Stoffen in die folgenden Hauptgruppen ein:

- **Urformen:** z.B. Gießen eines Motorblocks aus einer Aluminiumlegierung,
- **Umformen:** z.B. Schmieden einer Kurbelwelle aus einem Stahlrohteil,
- **Trennen:** z. B. Bohren von Flanschen für Rohrleitungen,
- **Fügen:** z.B. Schweißen von Karosserien für Pkws.

- **Stofftransport**

In der Fertigung erfolgt der Transport von Stoffen bei Zuführen von Rohstoffen und Rohteilen in die Fertigungsanlagen. Innerhalb der Anlagen werden Werkstücke, Werkzeuge und Spannmittel bewegt. Stofftransport geschieht mithilfe von Fördermitteln. Die Fördermittel unterscheidet man nach der Art des Bewegungsablaufes in stetige und unstetige Fördermittel.
Zu stetigen Fördermitteln gehören: Förderbänder, Förderschnecken, Becherwerke, Fördergebläse.
Zu unstetigen Fördermitteln gehören: Flaschenzüge, Kräne, Hubwagen, Lastwagen.

Beispiele für Fördermittel

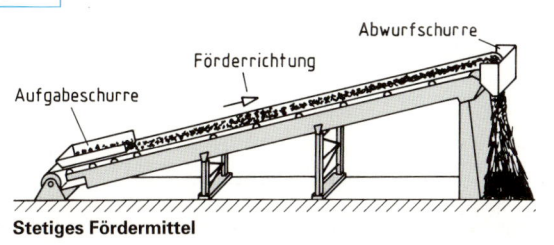

Stetiges Fördermittel  | **Unstetiges Fördermittel**

Die Stoffumsetzung in technischen Systemen kann als Stoffumwandlung, Stoffformung und als Stofftransport erfolgen.

1.3.2 Stoffformung durch Trennen

In der Fertigungstechnik erfolgt die Herstellung von Einzelteilen mit unterschiedlichen Werkzeugmaschinen. Von den Maschinen zum Trennen durch Spanen werden Bohr-, Dreh- und Fräsmaschinen am häufigsten angewendet. Diese Maschinen sind aus bestimmten Funktionseinheiten aufgebaut, die in allen anderen Maschinen zum Spanen ebenfalls vertreten sind.

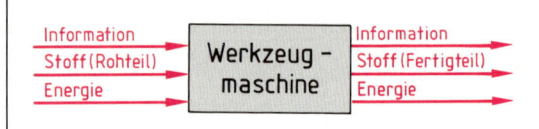

System Werkzeugmaschine

| Beispiel | für Funktionseinheiten an einer Drehmaschine |

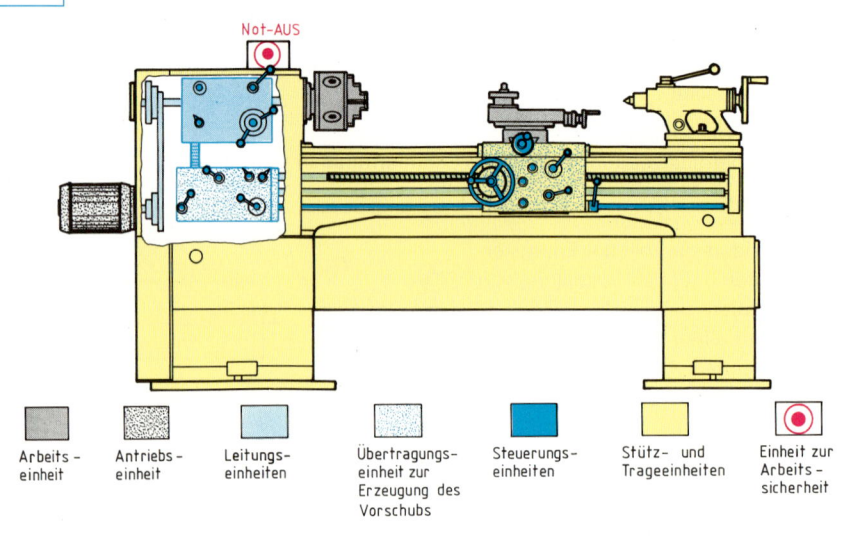

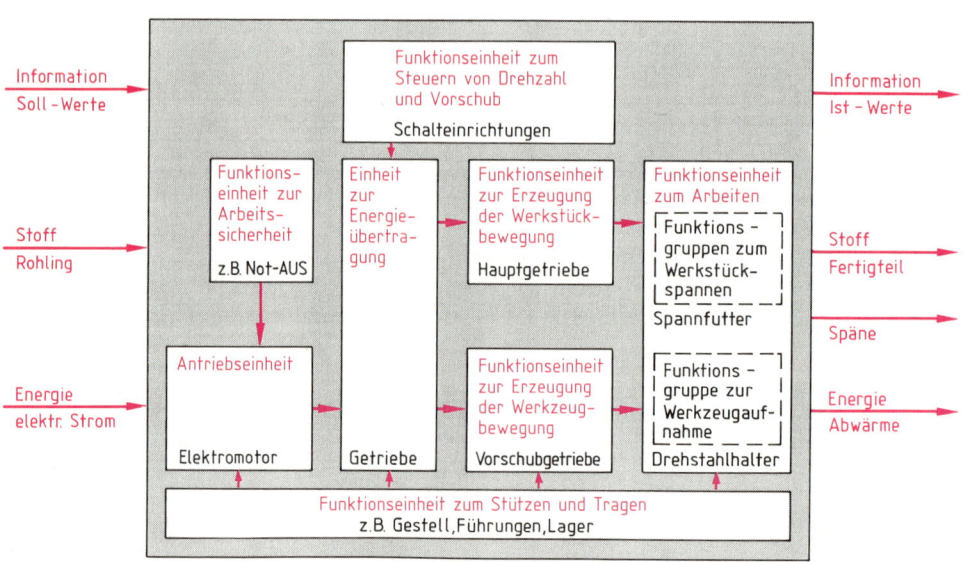

Legende:
- Arbeitseinheit
- Antriebseinheit
- Leitungseinheiten
- Übertragungseinheit zur Erzeugung des Vorschubs
- Steuerungseinheiten
- Stütz- und Trageeinheiten
- Einheit zur Arbeitssicherheit

Blockschaltbild:
- Information Soll-Werte → / Information Ist-Werte →
- Stoff Rohling → / Stoff Fertigteil →, Späne
- Energie elektr. Strom → / Energie Abwärme →

Funktionseinheiten:
- Funktionseinheit zum Steuern von Drehzahl und Vorschub — Schalteinrichtungen
- Funktionseinheit zur Arbeitssicherheit — z.B. Not-AUS
- Einheit zur Energieübertragung
- Funktionseinheit zur Erzeugung der Werkstückbewegung — Hauptgetriebe
- Funktionseinheit zum Arbeiten — Funktionsgruppen zum Werkstückspannen — Spannfutter
- Antriebseinheit — Elektromotor
- Getriebe
- Funktionseinheit zur Erzeugung der Werkzeugbewegung — Vorschubgetriebe
- Funktionsgruppe zur Werkzeugaufnahme — Drehstahlhalter
- Funktionseinheit zum Stützen und Tragen — z.B. Gestell, Führungen, Lager

> Wesentliche Funktionseinheiten an Maschinen zum Trennen durch Spanen sind Einheiten zur Erzeugung einer Bewegung
> - zwischen Werkzeug und Werkstück – Schnittbewegung,
> - für eine kontinuierliche Spanabnahme – Vorschubbewegung.

1.4 Systeme zur Informationsumsetzung

Informationen sind alle Mitteilungen, Nachrichten, Anweisungen, Hinweise u.a., die zwischen einem „Sender" über einen Übertragungskanal an einen „Empfänger" übertragen werden.
Der unmittelbare Informationsaustausch durch Gespräch zwischen Menschen zeigt die Grundelemente einer jeden Informationsübertragungskette oder **Kommunikationskette,** wie der Fachbegriff lautet.

Kommunikationskette: Sender — Übertragungskanal / Information → Empfänger

Als Partner, die als Sender und Empfänger in technischen Systemen auftreten können, kommen Mensch und Maschine in Frage. Damit ergeben sich vier mögliche Beziehungen:

Sender	Informationsträger	Empfänger
Mensch	Sprache, Zeichnung, ...	Mensch
Mensch	Handkurbel, NC-Code, ...	Maschine
Maschine	Signalleuchte, Maßanzeige, ...	Mensch
Maschine	analoge oder digitale Signale, ...	Maschine

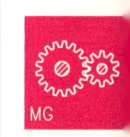

Die Beziehung Mensch-Maschine, in welcher der Mensch als Sender und die Maschine als Empfänger auftritt, hat in der Transport- und in der Fertigungstechnik besondere Bedeutung. Zur Fertigung eines Produktes gibt der Fachmann zwei Arten von Informationen an die Werkzeugmaschine:
Informationen, welche die Maße des Werkstücks betreffen, nennt man **Weginformationen.**
Informationen, welche Drehzahlen, Vorschübe, Kühlmittelzufuhr und andere Größen betreffen, die später am Produkt nicht wiederzufinden sind, nennt man **Schaltinformationen.**

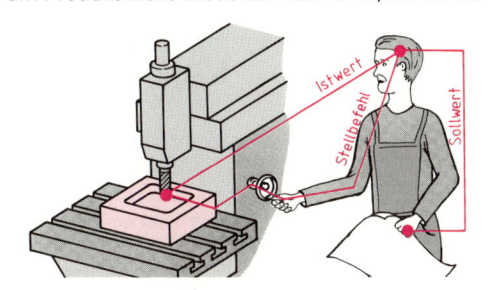

Informationsfluss an einer herkömmlichen Werkzeugmaschine

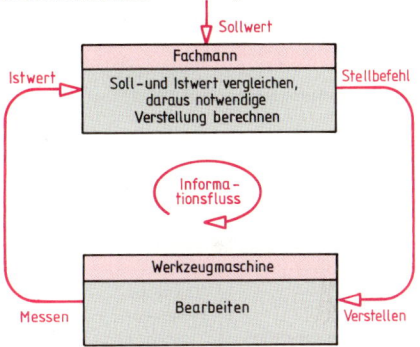

> Im Kommunikationssystem Mensch-Maschine gibt der Mensch in der Fertigungstechnik Weg- und Schaltinformationen an die Maschine.

Die Art der Informationseingabe ist abhängig von der Maschinensteuerung. Gesteuert werden kann:

- **manuell**
- **mechanisch**
- **numerisch**

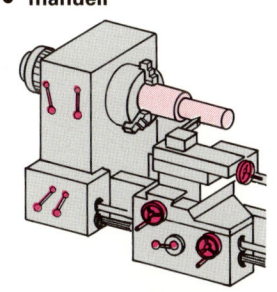

Informationseingabe durch Hebel, Kurbeln, ...

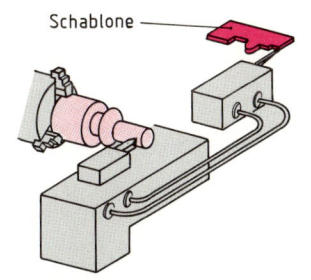

Informationseingabe durch Maß- und Formverkörperungen

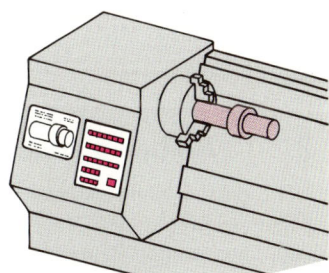

Informationseingabe durch Zeichen

> Die Informationseingabe im Kommunikationssystem Mensch-Maschine kann manuell, mechanisch oder numerisch erfolgen.

Übungsaufgaben MG-18; MG-19

2 Funktionseinheiten von Maschinen

2.1 Einteilung der Funktionseinheiten

Maschinen und Anlagen bestehen aus festen und beweglichen Elementen. Durch das Zusammenwirken der Elemente führen Maschinen vorbestimmte, regelmäßig wiederkehrende Bewegungen aus.
Es gibt Maschinen für die verschiedensten Aufgaben. In ihnen werden unabhängig von der Gesamtaufgabe gleiche Bauelemente für gleiche Einzelaufgaben verwendet. Darum sind diese Bauelemente zumeist in Abmessungen und im Werkstoff genormt. Die Normung führt zur Vereinfachung in Konstruktion und Montage und ermöglicht das Austauschen.

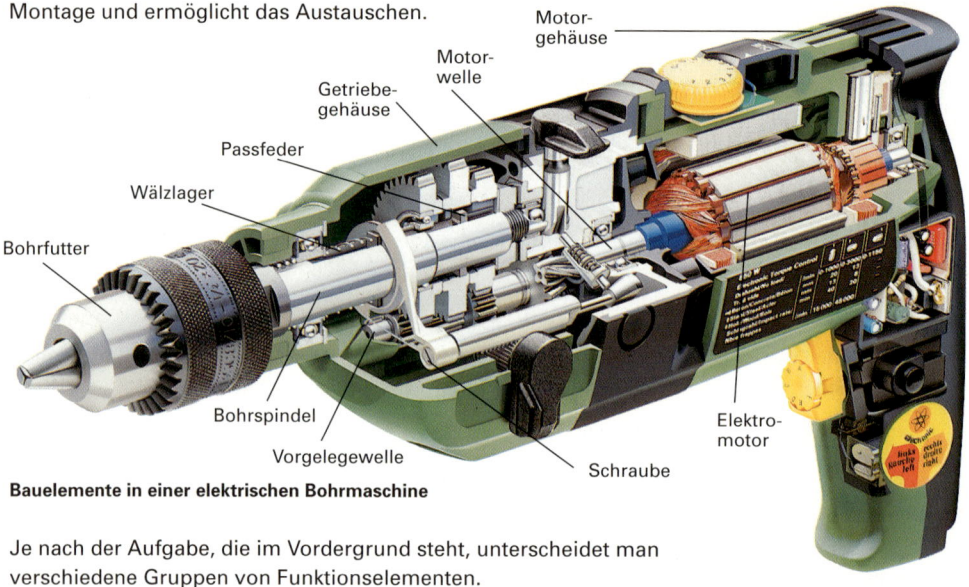

Bauelemente in einer elektrischen Bohrmaschine

Je nach der Aufgabe, die im Vordergrund steht, unterscheidet man verschiedene Gruppen von Funktionselementen.

Funktionselemente	Bauelemente	Funktion
Verbindungselemente	Schraube Passfeder	verbindet Elemente des Verschiebemechanismus verbindet Zahnrad mit Bohrspindel
Stützelemente	Gehäuse Wälzlager	trägt Lager und nimmt feststehende Bauteile auf trägt Bohrspindel, Motorwelle und Vorgelegewelle
Leitungselemente für mechanische Energie	Vorgelegewelle Bohrspindel	überträgt Energie auf Zahnräder überträgt Energie vom Zahnradgetriebe
Elemente zum Formen von Bewegungen	Zahnräder	übertragen Drehmoment vom Motor auf die Bohrspindel und ändern Umdrehungsfrequenzen

2.2 Reibung zwischen Maschinenelementen

Alle Einheiten zum Abstützen beweglicher Baueinheiten gehören zu den Gruppen Lager und Führungen. Lager tragen Bauteile, die Drehbewegungen ausführen, z.B. Wellen und Achsen. Geradführungen tragen Baueinheiten, die geradlinige Bewegungen ausführen, z.B. Schlitten und Maschinentische. Durch Schmierung werden Reibung und Verschleiß aufeinander gleitender Bauteile vermindert.

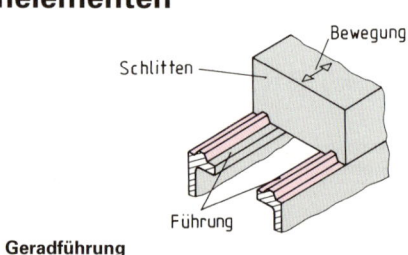

Geradführung

Durch einen Riementrieb sollen Kräfte und Bewegungen vom Motor zur Maschine übertragen werden. Ein solcher Antrieb ist nur deswegen möglich, weil zwischen Riemen und Riemenscheiben eine große Kraft wirkt. Diese Kraft bezeichnet man als **Reibungskraft**; je größer sie ist, desto günstiger ist dies für die Wirkungsweise des Antriebes (erwünschte Reibung).

In den Lagern tritt zwischen den Bauelementen, die sich gegeneinander bewegen, eine hemmende Kraft auf. Auch diese Kraft bezeichnet man als Reibungskraft. Sie soll in Lagern möglichst gering sein, lässt sich aber nicht verhindern (unerwünschte Reibung).

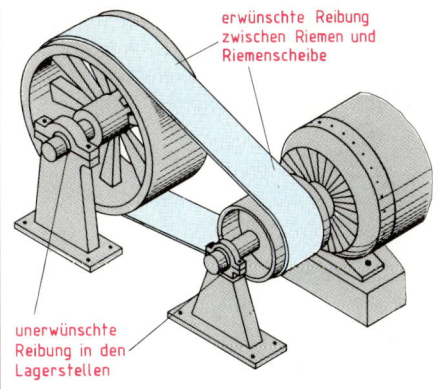

Reibung zwischen Maschinenteilen

Reibungskräfte können erwünscht oder unerwünscht sein.

- **Reibungskraft und Normalkraft**

Die Größe der Reibungskraft ist abhängig von
- der **Normalkraft** F_N. Diese ist die Kraft, welche senkrecht auf die Reibungsflächen wirkt.
- der Werkstoffkombination und der Beschaffenheit der aufeinander gepressten Werkstückoberflächen.

Die Werkstoffkombination und die Beschaffenheit der Oberflächen werden mit der **Reibungszahl μ** erfasst.

Die Reibungskraft ist von der Größe der Reibungsflächen unabhängig.

Die Reibungskraft wirkt immer der angestrebten Bewegung entgegen.

Mit steigender Normalkraft wächst im gleichen Verhältnis die Reibungskraft. Es gilt somit:

$$F_R = \mu \cdot F_N$$

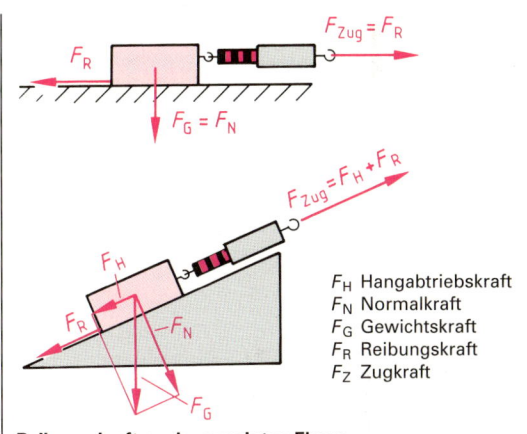

F_H Hangabtriebskraft
F_N Normalkraft
F_G Gewichtskraft
F_R Reibungskraft
F_Z Zugkraft

Reibungskraft an der geneigten Ebene

Die Reibungskraft ist von der Normalkraft und der Reibungszahl abhängig.
Die Reibungskraft wirkt einer entstehenden oder vorhandenen Bewegung immer entgegen.

- **Reibungsarten**

Haftreibung muss überwunden werden, wenn ein Bauteil aus dem Ruhezustand in Bewegung gesetzt werden soll.

Gleitreibung muss überwunden werden, um ein Bauteil in gleichförmiger Bewegung zu halten. Gleitreibung ist immer kleiner als Haftreibung.

Rollreibung tritt zwischen aufeinander rollenden Bauteilen auf. Sie ist erheblich kleiner als Gleitreibung.

Reibungskräfte können durch Schmierung verringert werden.

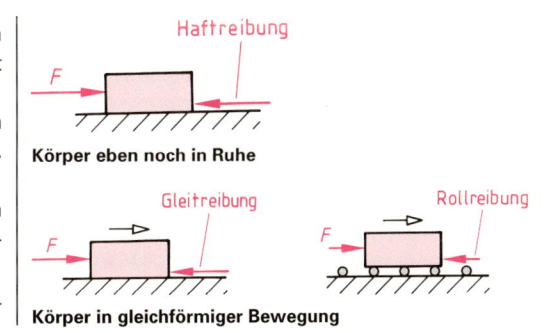

Körper eben noch in Ruhe

Körper in gleichförmiger Bewegung

Übungsaufgaben MG-21 bis MG-23

Haftreibung

Will man z.B. die Spannbacken eines geöffneten Schraubstockes verstellen, so spürt man eine Widerstandskraft. Diese bewegungshemmende Kraft ist die Reibungskraft. Sie wirkt in den Führungen und im Gewinde. Die bewegungshemmende Kraft wird spürbar, sobald man versucht, die Bauteile des Schraubstockes zu bewegen. Die Bauteile haften nämlich aneinander. Man spricht daher auch von Haftreibung. Die Haftreibung entsteht, weil sich die sehr kleinen Unebenheiten der Körperoberflächen ineinander verklammern.

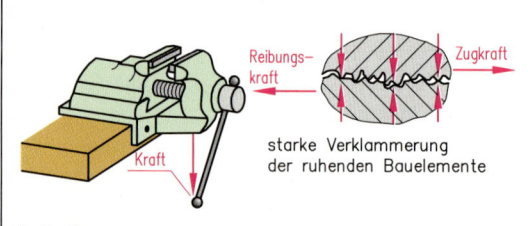

starke Verklammerung der ruhenden Bauelemente

Haftreibung

> Die Haftreibungskraft ist der Reibungswiderstand, den zwei aneinander gedrückte Bauteile einer entstehenden Bewegung entgegensetzen.

Gleitreibung

Beim Öffnen des Schraubstockes muss man zunächst die Haftreibungskraft überwinden. Sobald sich die Spannbacke bewegt, lässt die Reibungskraft nach. Die Bauelemente gleiten aneinander vorbei. Man bezeichnet diesen Zustand als Gleitreibung oder Bewegungsreibung. Die Gleitreibungskraft hat die gleiche Ursache wie die Haftreibungskraft. Die Oberflächen sind jedoch nicht mehr so stark ineinander verklammert. Die Gleitreibungskraft ist kleiner als die Haftreibungskraft.

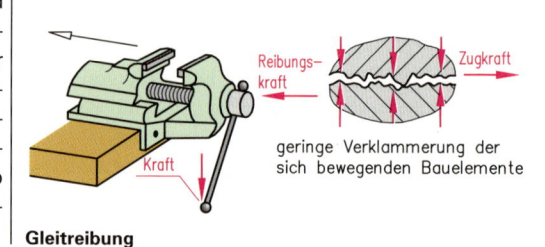

geringe Verklammerung der sich bewegenden Bauelemente

Gleitreibung

> Die Gleitreibungskraft ist der Reibungswiderstand, den zwei aneinander vorbeigleitende Bauelemente der vorhandenen Bewegung entgegensetzen.

Rollreibung

Durch die Rollkörper wird die Reibungskraft stark vermindert. Die auftretende Reibung wird als Rollreibung bezeichnet. Die Rollreibungskraft entsteht ähnlich wie die Gleitreibungskraft. Auch bei der Rollreibung verklammern und verformen sich die Unebenheiten der Bauelemente an den Berührungsflächen und verursachen eine bewegungshemmende Kraft.

Für serienmäßige Maschinenteile wie etwa Wälzlager oder Autoreifen kann man zur Vereinfachung der Rechnung eine Rollreibungszahl μ_r einführen.

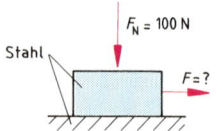

Gleitreibungszahl $\mu = 0{,}18$

Rollreibungszahl $\mu = 0{,}05$ bei $R = 10$ mm

$F = F_{R,\,Gleit} = \mu \cdot F_N$
$F_{R,\,Gleit} = 0{,}18 \cdot 100$ N
$F_{R,\,Gleit} = 18$ N

Gleitreibung verglichen mit Rollreibung

- **Richtwerte für Reibungszahlen**

Werkstoffpaarung (Glatte Oberflächen)	Beispiel	Haftreibungszahl μ_0 trocken	geschmiert	Gleitreibungszahl μ trocken	geschmiert
Stahl/Stahl	Schraubstockführung	0,18	0,1	0,13	0,05
Gummi/Gusseisen	Riemen auf Riemenscheibe	0,55	0,3	0,4	0,2
Bremsbelag/Stahl	Scheibenbremse	–	–	0,3 bis 0,5	0,15 bis 0,3
Stahl/Stahl	Wälzlager	Rollreibungszahl μ_r			
Gummi/Asphalt	Reifen auf Straße	je nach Bauart 0,0005 bis 0,001, je nach Größe 0,015 bis 0,025			

> Die Rollreibungskraft ist der Reibungswiderstand, den zwei aufeinander abrollende Bauelemente der Bewegung entgegensetzen.
> Rollreibungskräfte sind kleiner als Gleitreibungskräfte, diese sind kleiner als Haftreibungskräfte.

Übungsaufgabe MG-24

2.3 Funktionseinheiten zum Stützen, Tragen und Führen

2.3.1 Lagerarten

Nach der Richtung der *Lagerbelastung* unterteilt man die Lager in zwei Gruppen:
- **Radiallager**: Die zu tragende Kraft wirkt in Richtung des Radius.
- **Axial- oder Längslager**: Die zu tragende Kraft wirkt in Richtung der Längsachse.

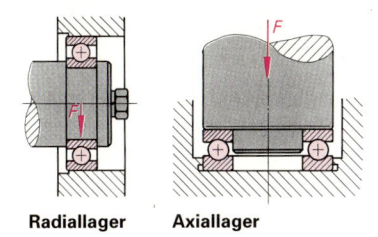

Radiallager   **Axiallager**

Nach der Richtung der Belastung unterscheidet man:
- Radiallager: Belastung in Richtung des Radius,
- Axiallager: Belastung in Längsrichtung der Achse.

Weiterhin unterscheidet man die Lager nach der Art der *Reibung* im Lager:
- **Gleitlager**: Der Wellenzapfen gleitet über die Lagerfläche, es entsteht *Gleitreibung*.
- **Wälzlager**: Im Lager sind zur Verringerung der Reibung Kugeln, Nadeln o. Ä. eingebaut, es entsteht *Rollreibung*.

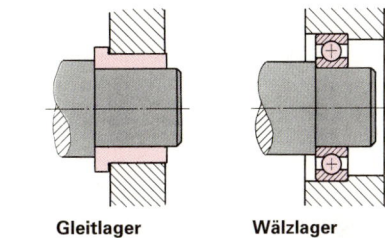

Gleitlager   **Wälzlager**

Nach der Art der Reibung unterscheidet man:
- Gleitlager bei Gleitreibung
- Wälzlager bei Rollreibung

2.3.2 Gleitlager

Ein Gleitlager besteht meist aus
- Lagergehäuse,
- Lagerbuchse oder Lagerschalen,
- Schmiereinrichtung.

Lagergehäuse werden als genormte Bauelemente in Maschinen eingebaut. Sie sind meist gegossen oder geschmiedet. Um die Montage zu ermöglichen, bzw. zu erleichtern, sind die Lagergehäuse meist geteilt.

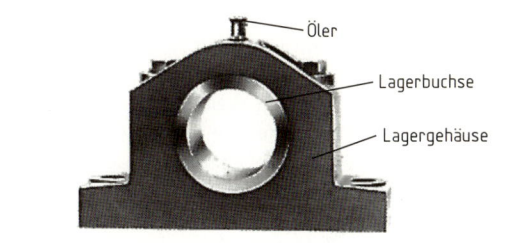

Stehlager mit Lagerbuchse

Je nach Werkstoff des Lagers und Qualität der Ausführung wird das Lager eingepasst oder der Lagerwerkstoff eingegossen. Eingegossene Lager werden spanend nachgearbeitet. Die Gleitfläche des Lagers muss eine hohe Oberflächengüte aufweisen. Die Rautiefe darf jedoch $Rz \approx 1$ µm nicht unterschreiten, da Flächen mit geringerer Rautiefe zum Ausreißen neigen.

Eigenschaften wichtiger Lagerwerkstoffe

notwendige Eigenschaft	Gusseisen	Sintermetalle	Bronzen und Pb-Sn-Legierungen		Kunststoff
Gleiteigenschaft	befriedigend	befriedigend	gut		sehr gut
Notlaufeigenschaft	befriedigend	sehr gut	gut		sehr gut
Verschleißfestigkeit	sehr gut	befriedigend	gut		befriedigend
Tragfähigkeit	sehr gut	befriedigend	Bronze gut	Pb-Sn ausreichend	mäßig
Wärmeleitfähigkeit	befriedigend	befriedigend	befriedigend		mangelhaft
geringe Wärmedehnung	sehr gut	sehr gut	gut		mangelhaft
Anwendungsbeispiel	EN-GJL-200, für wenig belastete und billige Lager	Sint-B10 und Sint-B51, für Kleinmaschinen	G-CuPb10Sn, für hochwertige Lager an Motoren		Polyamid, für kleine und schwingungsfreie Lager

- **Lagerreibung**

Man unterscheidet bei Gleitlagern folgende Fälle der Reibung:

Trockenreibung
Es ist kein Schmiermittel vorhanden. Die Gleitflächen von Welle und Lager gleiten unmittelbar aufeinander. Trockenreibung führt zur starken Erwärmung und zur schnellen Zerstörung des Lagers.

Mischreibung
Zwischen den Gleitflächen von Lager und Welle ist kein zusammenhängender Schmierfilm vorhanden. Teilweise tritt Trockenreibung auf.

Flüssigkeitsreibung
Ein zusammenhängender Schmierfilm trennt die Gleitflächen voneinander. Dabei findet die Reibung im Schmiermittel statt. Es tritt kein Verschleiß auf, die Erwärmung bleibt niedrig.

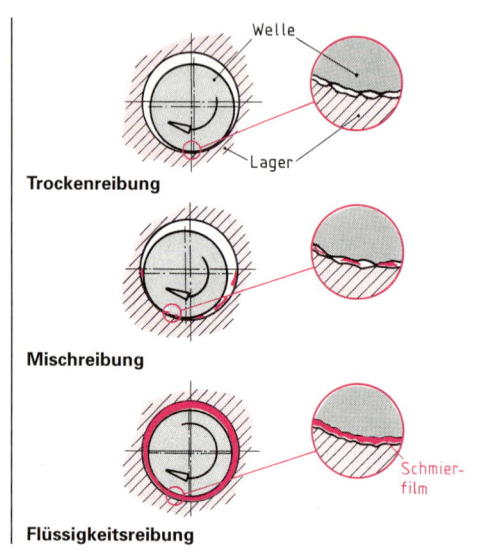

> Man unterscheidet hinsichtlich der Reibung bei Lagern
> - Trockenreibung
> - Mischreibung
> - Flüssigkeitsreibung

- **Hydrodynamische Schmierung**

In Ruhestellung liegen Zapfen und Lager unmittelbar aufeinander. Beim Anlauf tritt deshalb Mischreibung oder gar Trockenreibung auf. Durch die Gleitbewegung wird an der Welle anhaftender Schmierstoff mitgerissen und in den sich verengenden Spalt zwischen Welle und Lager gepresst. Dadurch wird der Zapfen im Lager geringfügig angehoben, und es entsteht bei genügend großer Umdrehungsfrequenz ein zusammenhängender Schmierfilm, also Flüssigkeitsreibung. Dies ist die **hydrodynamische Schmierung**.

Für diese Schmierung eignen sich besonders Mineralöle mit Zusätzen zur Erhöhung der Belastbarkeit. (Kennbuchstaben „CLP")

Die Lagerflächen hydrodynamisch geschmierter Lager dürfen im Bereich des größten Drucks keine Schmiernute u. Ä. aufweisen.

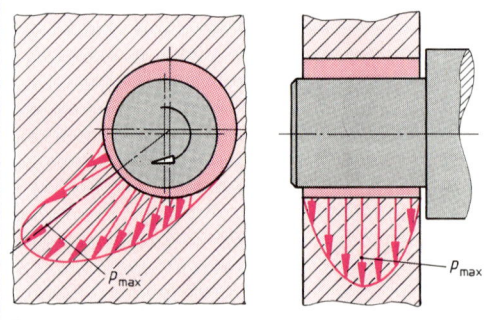

Druckverteilung bei hydrodynamischer Schmierung

- **Hydrostatische Schmierung**

Im Werkzeugmaschinen- und Großmaschinenbau werden häufig Lager eingesetzt, bei denen ein Film aus eingepresstem Drucköl die Wellenzapfen trägt. Durch das eingepresste und damit unter Druck stehende Öl werden die Gleitflächen von Lager und Wellenzapfen schon vor Anlaufen der Maschine voneinander getrennt. Man bezeichnet diese Gleitlager wegen des konstanten Öldruckes im Lager, der unabhängig von der Umdrehungsfrequenz ist, als *hydrostatische Lager*.

Als Schmieröl für diese Lager eignen sich Mineralöle, denen Wirkstoffe zur Verschleißminderung zugegeben sind. Sie werden normgerecht durch die Kennbuchstaben „CG" bezeichnet.

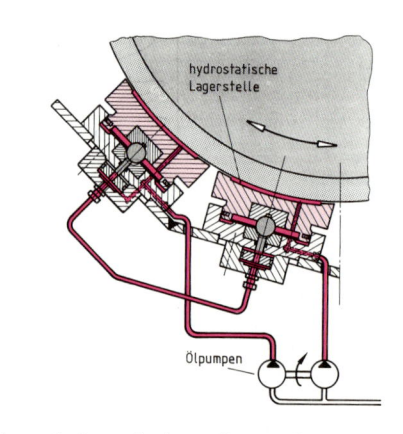

Hydrostatisch geschmiertes Segmentlager

Übungsaufgaben MG-28 bis MG-30

- **Ölschmierung**

Schmiermittel und Schmiermittelzuführung
Für die meisten Gleitlager aus Metall wird Öl als Schmiermittel verwendet. Dabei muss das Schmieröl dem Lager an einer *unbelasteten* Stelle zugeführt werden. Die Schmierölzuführung kann auf verschiedene Weise erfolgen:

Schmierung durch Umlauföl
Diese Art der Schmierung wird bei Einzellagern häufig verwendet. Hierbei gibt es folgende Möglichkeiten:
- Welle und Lager befinden sich im Ölbad.
- Durch einen Schmierring, der sich lose auf der Welle mitdreht, wird das Öl aus dem Bad hoch befördert.

Zur Schmierung mit Umlauföl eignen sich besonders Öle mit Bitumenanteil, weil sie eine hohe Haftfähigkeit aufweisen (Kennbuchstabe „B").

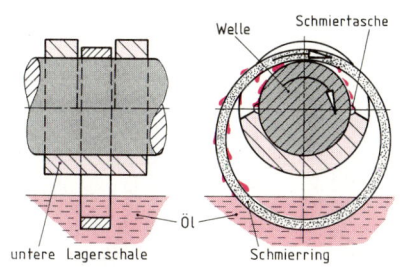

Schmierung durch Umlauföl mit Schmierring

Zentralschmierung
Hier werden alle Gleitlager einer Maschine von einer zentralen Schmieranlage mit Schmiermittel versorgt. Für eine Zentralschmierung bei Öltemperaturen bis 50 °C eignen sich Mineralöle ohne Zustz (Kennbuchstaben „AN").

Automatisch arbeitende Zentralschmieranlagen bieten gegenüber Einzelschmierung folgende Vorteile:
- *genaue Dosierung des Schmiermittels,*
- *keine Stillstandzeiten wegen Schmierung.*

> Ölschmierung erfolgt bei Gleitlagern mit kleinen bis sehr hohen Drehzahlen und Belastungen. Die Zuführung des Schmieröls kann erfolgen durch:
> - Ölbäder ohne und mit Schmierring.
> - Pumpen in Zentralschmieranlagen.

- **Fettschmierung**

Fettschmierung erfolgt bei Lagern mit geringen Drehzahlen und hoher Belastung sowie bei Lagern in Gelenken. Vorzugsweise wird eine Fettschmierung bei Sinterlagern verwendet.

Das verwendete Fett muss auf die Lagerbelastung und die Betriebstemperatur abgestimmt sein. Zu berücksichtigen ist auch die Beständigkeit des Fettes gegenüber Wasser.

Das Fett kann auf unterschiedliche Weise ins Lager gebracht werden:

Handschmierung	selbsttätige Schmierung	Depotfettfüllung
Fett wird durch Schmiernippel oder Stauferbuchsen an die Schmierstelle gepresst.	Fett wird durch Federdruck aus einer Fettbuchse in das Lager gepresst.	Fett wird vom Lager aus einem Depot entnommen. Lager mit Depotfüllung sind wartungsfrei.
Stauferbuchse	**Fettbuchse**	**Sinterlager mit Depotfettfüllung**

2.3.3 Wälzlager

In Wälzlagern rollen zwischen der inneren und der äußeren Lauffläche Wälzkörper ab. Dabei entsteht **Rollreibung**. Sie ist wesentlich geringer als Gleitreibung.

Wälzlager werden bevorzugt eingesetzt bei
- *wartungsfreien Lagern mit normaler Beanspruchung,* z.B. Getriebe, Motoren, Fördereinrichtungen,
- *Lagern mit kleinen Drehzahlen und hohen Belastungen,* z.B. Kranhaken und Drehgestellen,
- *Lagern, in denen Bewegungen „ruckfrei" ausgeführt werden müssen,* z.B. Werkzeugmaschinen.

- **Aufbau**

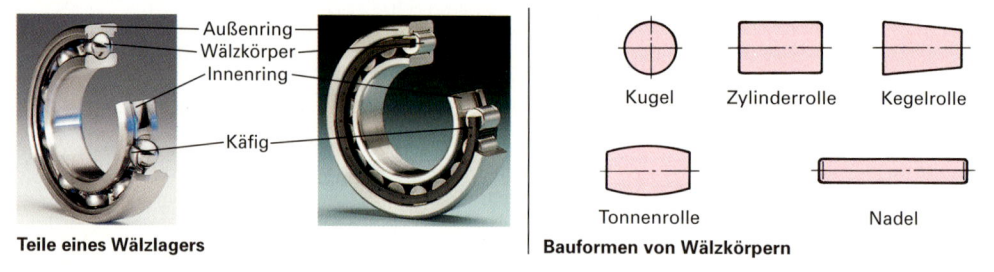

Teile eines Wälzlagers

Bauformen von Wälzkörpern: Kugel, Zylinderrolle, Kegelrolle, Tonnenrolle, Nadel

Die Wälzkörper werden meist in Käfige eingebaut.
Falls der Lagerdurchmesser sehr klein werden muss, verwendet man käfiglose **Nadellager** ohne Innen- und ohne Außenring und lässt die Wälzkörper unmittelbar zwischen Gehäuse und Welle rollen.

> Ein Wälzlager besteht meist aus Außenring, Innenring, Wälzkörpern und Wälzkörperkäfig. Als Wälzkörper werden Kugeln, Zylinder, Kegelstümpfe, Tonnen oder Nadeln verwendet.

- **Ausführungsformen von Wälzlagern**

Wälzlager werden in verschiedenen Ausführungen für den jeweiligen Verwendungszweck hergestellt.

Übersicht über wichtige Bauformen von Kugellagern

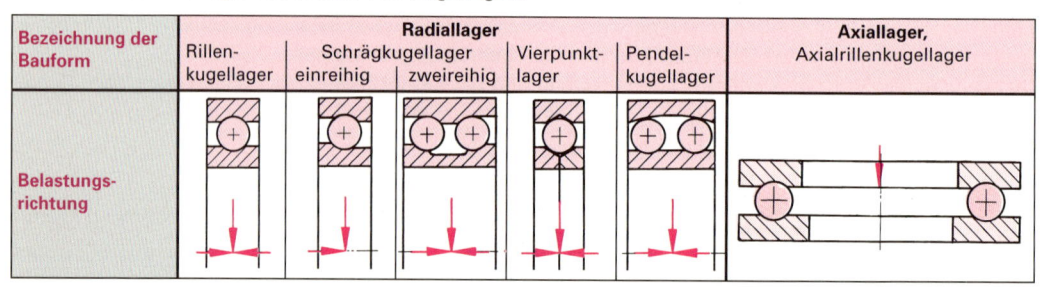

Bezeichnung der Bauform	Radiallager				Axiallager, Axialrillenkugellager
	Rillenkugellager	Schrägkugellager einreihig	Schrägkugellager zweireihig	Vierpunktlager	Pendelkugellager
Belastungsrichtung					

Von den Kugellagern werden bevorzugt Rillenkugellager verwendet, weil sie gut in axialer und radialer Richtung belastbar sind. Darüber hinaus sind diese Lager preiswert.

Übersicht über wichtige Ausführungsformen von Rollen- und Nadellagern

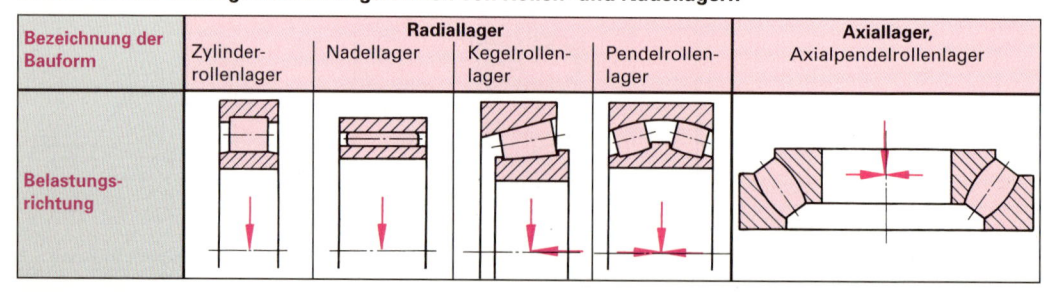

Bezeichnung der Bauform	Radiallager				Axiallager, Axialpendelrollenlager
	Zylinderrollenlager	Nadellager	Kegelrollenlager	Pendelrollenlager	
Belastungsrichtung					

- **Lebensdauer von Wälzlagern**

Da in einem Wälzlager die Wälzkörper auf den Laufflächen nur mit sehr kleinen Flächen abrollen, unterliegen Wälzlager auch bei bester Schmierung dem Verschleiß. Darum ist die Lebensdauer von Wälzlagern stets begrenzt. Wenn Kugel- oder Rollenlager unter Belastung umlaufen, stellt sich nach gewisser Zeit an irgendeiner Stelle eine Ermüdung des Werkstoffes ein. Sie beginnt im Allgemeinen mit feinen Rissen unter der Oberfläche, die im weiteren Verlauf zur Schälung führen und dadurch früher oder später einen Lagerwechsel erforderlich machen. Bei den ersten Anzeichen einer Schälung hat das Lager seine Lebensdauer erreicht.

Große Lager mit niedriger Lagerbelastung und vielen Wälzkörpern halten bei niedriger Lagertemperatur und guter Schmierung sehr lange.

Zur Schmierung werden Wälzlager beim Einbau mit einer Fettfüllung versehen oder sie werden vom Getriebeöl geschmiert.

Besonders lange Lebensdauer haben Wälzlager, bei denen Wälzkörper und Laufflächen aus Keramik gefertigt sind.

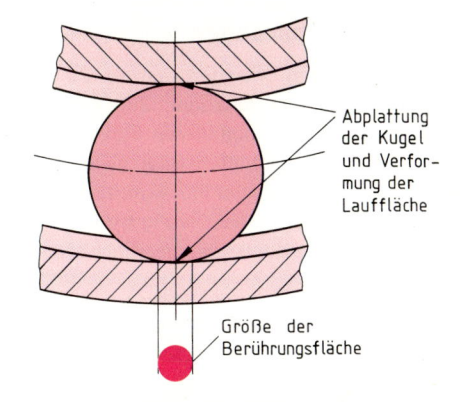

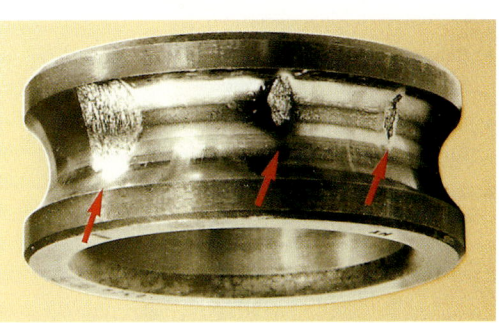

Innenring eines Rillenkugellagers mit fortgeschrittener Schälung

Die Lebensdauer von Wälzlagern ist begrenzt. Sie hängt ab von
- Größe der Lagerbelastung, • Zahl der Umläufe, • Lagertemperatur, • Schmierung.

- **Gegenüberstellung von Gleit- und Wälzlagern**

	Gleitlager	Wälzlager
Reibung beim Anlauf	groß bei Trockenreibung, gering bei Flüssigkeitsreibung	gering
Empfindlichkeit gegen Stöße	unempfindlich, Stöße werden gedämpft	empfindlich, Stöße werden nicht gedämpft
Laufgeräusch	gering	höher
Umdrehungsfrequenz	unbegrenzt hoch, bei hydrodynamisch geschmierten Lagern nach unten begrenzt	nach unten unbegrenzt, nach oben begrenzt
Lebensdauer	bei ständiger Flüssigkeitsreibung unbegrenzt	begrenzt durch Materialermüdung
Schmierstoffverbrauch	hoch	gering
Wartung	ständige Wartung nötig	geringe Wartung
Abdichtung gegen Verunreinigung	gut	weniger gut
Austauschbau	aufwändig	einfach

Übungsaufgaben MG-37 bis MG-39

2.3.4 Gleitführungen

Bei Gleitführungen bewegen sich die Gleitflächen der Baueinheiten aufeinander. Zur Verringerung der Reibung und zur genaueren Führung werden die Gleitflächen geschliffen oder geschabt. Gute Schmierung gewährleistet Flüssigkeitsreibung und vermindert den Verschleiß. Häufig sind die Gleitflächen gehärtet, wodurch der Verschleiß ebenfalls verringert wird.

Nach dem Querschnitt unterscheidet man folgende Grundformen von Gleitführungen:

- **Flachführungen**
  für schwere Maschinen
- **Schwalbenschwanzführungen**
  für mittelgroße Maschinen
- **V- und Dachführungen**
  für kleine bis mittelgroße Maschinen
- **Zylindrische Führungen**
  für Bohrspindeln, Säulenführungen

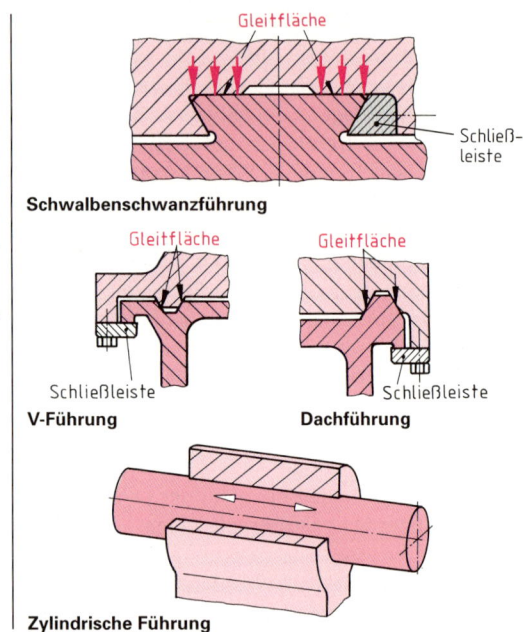

Schwalbenschwanzführung

V-Führung   **Dachführung**

Zylindrische Führung

> Grundformen von Gleitführungen sind:
> - Flachführungen,
> - Schwalbenschwanzführungen,
> - V-Führungen und Dachführungen,
> - zylindrische Führungen.

Gleitführungen sind leicht herzustellen und gut belastbar. Deshalb werden sie im Maschinenbau, Apparatebau und in vielen anderen Bereichen verwendet.

Gleitführungen haben jedoch folgende Nachteile:
- *unterschiedlicher Kraftbedarf:* Hoher Kraftaufwand beim Anfahren durch Haftreibung, geringerer Kraftaufwand beim Gleiten durch Gleitreibung. Die Folge ist ein nicht ruckfreies Anfahren des gleitenden Bauteils, Stick-Slip-Effekt genannt.
- *hoher Schmiermittelverbrauch:* Eine laufende Wartung ist erforderlich.
- *Verschleiß:* Eine ständige Flüssigkeitsreibung kann nicht aufrecht erhalten werden.
- *schwieriger Austauschbau:* Die Teile der Führung müssen meist zueinander passend gefertigt werden.
- *Auftreten von Spiel:* Verschleiß führt zu Spiel. Die Folge ist ein ungenaues Führen. Deshalb müssen Gleitführungen von Zeit zu Zeit nachgestellt werden.

> Vor- und Nachteile von Gleitführungen:
> - einfache Herstellung,
> - hohe Belastbarkeit,
> - hoher Schmierstoffverbrauch,
> - Verschleiß.
> - Stick-Slip-Effekt,

2.3.5 Wälzführungen

In Wälzführungen rollen wie bei den Wälzlagern zwischen zwei Laufflächen Wälzkörper ab. Dabei entsteht Rollreibung, die wesentlich geringer ist als Gleitreibung. Wälzführungen sind im Gegensatz zu Gleitführungen Bauelemente, die komplett geliefert werden, wie dies auch bei den Wälzlagern der Fall ist. Insgesamt haben Wälzführungen gegenüber Gleitführungen folgende Vorteile:

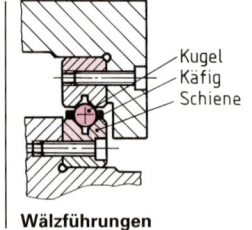

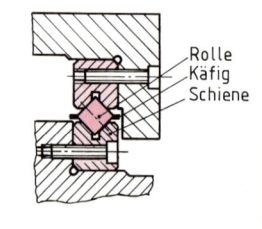

Wälzführungen

- *geringe Reibung,*
- *kein Stick-Slip-Effekt,*
- *leichtes und spielfreies Führen,*
- *geringer Schmiermittelverbrauch.*
- *leichter Austauschbau,*

Man unterscheidet Wälzführungen meist nach der Form der Laufflächen.

Flache Laufflächen	V-förmige Laufflächen	Zylinderförmige Laufflächen

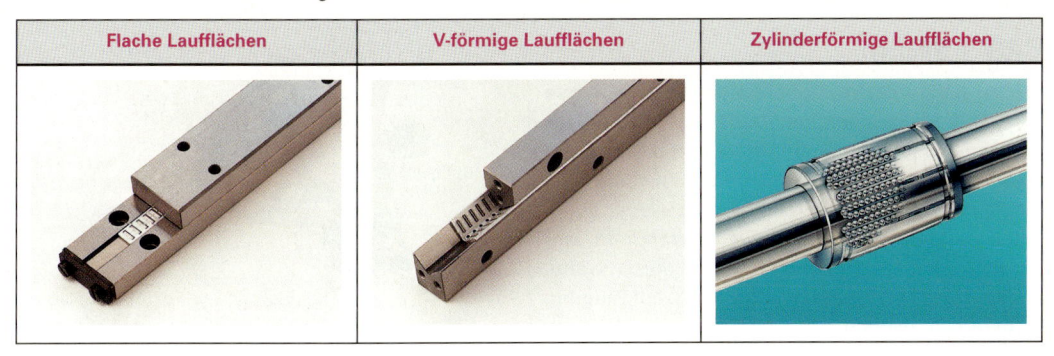

2.3.6 Achsen

Achsen tragen und stützen sich drehende Baueinheiten. Sie sind Funktionselemente zum Stützen. Achsen werden in der Hauptsache auf Biegung und nie auf Verdrehen beansprucht. Man unterscheidet feststehende Achsen und umlaufende Achsen. Kurze Achsen, welche feststehen, nennt man auch Bolzen. Sie sind zur wirtschaftlichen Verwendung in unterschiedlichen Formen genormt.

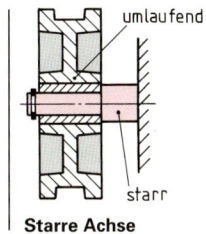

Starre Achse 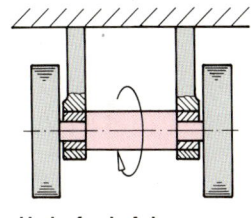 **Umlaufende Achse**

> Achsen werden hauptsächlich auf Biegung und nie auf Verdrehung beansprucht.

Biegebeanspruchung bei Achsen

Die Biegebeanspruchung bei Achsen entsteht dadurch, dass die Lagerung der Achse und der Kraftangriff der abgestützten Baueinheit an verschiedenen Stellen der Achse erfolgen.
Damit die Beanspruchung der Achse durch die zu stützende Baueinheit anschaulicher wird, zeichnet man die Achse als Strecke und trägt Größe und Richtung der angreifenden Biegekräfte als Pfeile entsprechend an. Nimmt die Biegekraft zu, so wächst im gleichen Verhältnis die Biegebeanspruchung.

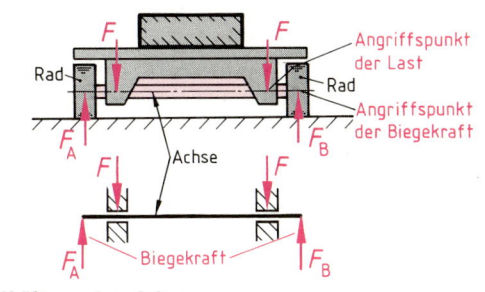

Kräfte an einer Achse

Bei gleicher Biegekraft wächst die Biegebeanspruchung mit größer werdendem Abstand zwischen Biegekraft und Lagerstelle. Die Biegewirkung für jede Stelle der Achse in diesem Bereich hängt ab:
- von der *Größe* der aufgebrachten Kraft,
- von dem *Abstand* zwischen Kraftangriff und Achslagerung.

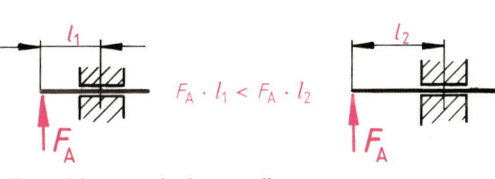

$F_A \cdot l_1 < F_A \cdot l_2$

Biegewirkung an der Lagerstelle

Die größte Biegewirkung tritt bei der skizzierten Achse an der Lagerstelle auf. Sie wird als Produkt aus Kraft und Abstand zwischen Kraftangriff und Lagerstelle berechnet und als **Biegemoment** bezeichnet.

$$\text{Biegemoment} = \text{Kraft} \cdot \text{Hebelarm}$$
$$M_b = F \cdot l$$

Übungsaufgaben MG-43 bis MG-45

2.4 Elemente und Gruppen zur Energieübertragung

2.4.1 Wellen

Wellen haben die Aufgabe, mechanische Energie von der Antriebseinheit zum Antriebsort zu leiten. Sie laufen dabei um und übertragen Drehbewegungen. Diese werden durch Zahnräder, Kupplungen, Hebel u.a. in die Welle eingeleitet und auch wieder abgeleitet. Dadurch sind *Wellen auf Verdrehung* beansprucht. Gleichzeitig können Wellen durch Kräfte, die senkrecht zur Wellenachse wirken, auf Biegung beansprucht werden.

Weiterleiten mechanischer Energie über Wellen

> Wellen sind Bauelemente, die mechanische Energie weiterleiten. Sie werden hauptsächlich auf Verdrehung beansprucht.

- **Drehmoment**

Beim Einleiten der Drehbewegung in eine Welle wirkt eine Kraft an einem Hebelarm, z.B. am Teilkreis eines Zahnrades. Dabei ist der Hebelarm der Abstand zwischen Angriffspunkt der Kraft und Drehpunkt.

Das Drehbestreben, welches eine Kraft an einem Hebel ausübt, nennt man Drehmoment (M_d). Das Drehmoment ist das Produkt aus Umfangskraft und Hebelarm. Eine Welle kann ein eingegebenes Drehmoment nur in gleicher Größe weiterleiten.

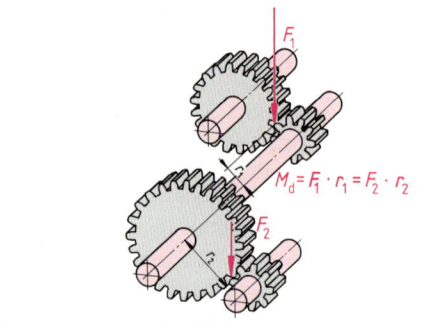

$$M_d = F_1 \cdot r_1 = F_2 \cdot r_2$$

Drehmoment an einer Welle

> Wellen übertragen Drehmomente. Ein Drehmoment ist das Produkt aus Umfangskraft und Hebelarm.

- **Befestigung von Bauteilen auf Wellen und Achsen**

Wellen und Naben müssen wegen des zu übertragenden Drehmomentes sorgfältig gefügt werden. Die Art der Verbindung zwischen Welle und Nabe richtet sich nach der Größe des zu übertragenden Drehmomentes, der Umdrehungsfrequenz und der Qualität der Fügestelle. Dazu verwendet man Verbindungselemente wie Stifte, Keile, Passfedern oder Profilformen, oder man verschweißt, verlötet oder verklebt Welle und Nabe.

Bei kleinen Wellen und Raum sparender Gestaltung arbeitet man die Elemente zur Weiterleitung des Drehmomentes aus der Welle heraus.

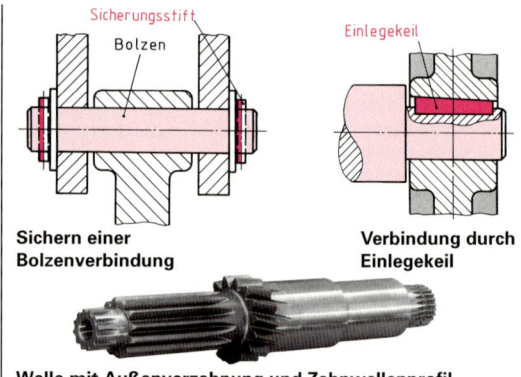

Sichern einer Bolzenverbindung — Sicherungsstift, Bolzen

Verbindung durch Einlegekeil — Einlegekeil

Welle mit Außenverzahnung und Zahnwellenprofil

Gegen axiales Verschieben der Baueinheiten auf den Wellen werden diese durch an die Wellen angedrehte Schultern, aufgesteckte Distanzhülsen, Sicherungsringe oder Gewinderinge gesichert. Sicherungsringe erfordern schmale, scharfkantige Nuten in der Welle. Wegen der Kerbwirkung durch diese Nuten sollen solche Sicherungen nur in dem Teil der Welle eingesetzt werden, der nicht durch ein Drehmoment oder Biegemoment beansprucht wird.

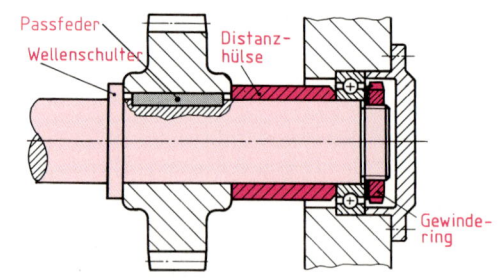

Sicherung gegen axiales Verschieben — Passfeder, Wellenschulter, Distanzhülse, Gewindering

2.4.2 Kupplungen

Kupplungen sind Funktionseinheiten, die zur Übertragung von Drehmomenten von einer Welle auf die andere dienen. Dadurch ergibt sich, dass eine Kupplung stets aus zwei Hälften besteht, die auf unterschiedliche Weise verbunden sind. Die verschiedenen Bauformen von Kupplungen lassen sich entsprechend der Forderung nach dauernder oder nur zeitweiliger Verbindung der Bauteile beim Betrieb in zwei Gruppen einteilen:

- nicht schaltbare Kupplungen,
- schaltbare Kupplungen.

● **Nicht schaltbare Kupplungen**

Nicht schaltbare Kupplungen verbinden Wellen dauernd während des Betriebes. Man unterscheidet bei diesen Kupplungen:
– *starre Kupplungen*, welche die Wellen so miteinander verbinden, als wären sie aus einem Stück und
– *nachgiebige Kupplungen*, welche Längen-, Winkel- und Lageänderungen von Wellen ausgleichen oder rutschen können.

| Beispiel | für nicht schaltbare Kupplungen |

Starre Kupplung — Welle 1, Welle 2

Nachgiebige Kupplung — Welle 1, Welle 2

Längenänderung

Winkelbeugung

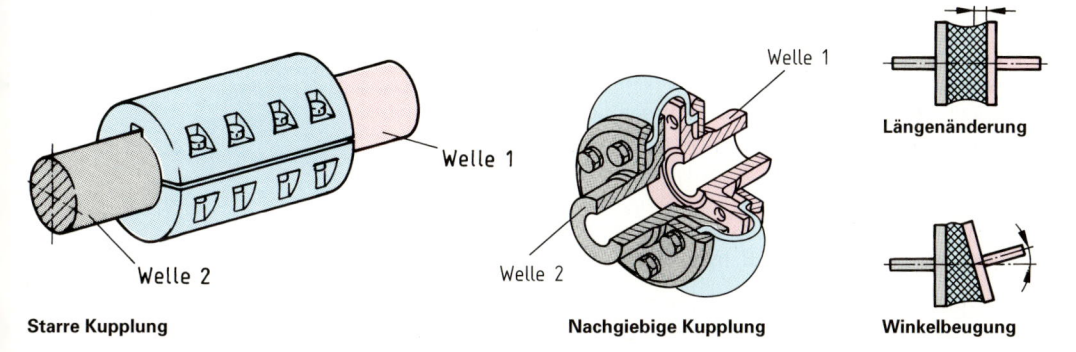

Nachgiebige, nicht schaltbare Kupplungen verbinden Wellen stoßdämpfend miteinander. Diese Verbindungsteile lassen folgende Verlagerungen zwischen den Wellen zu:
- Längenänderung,
- Winkelbeugung,
- Querverlagerung.

● **Schaltbare Kupplungen**

Schaltbare Kupplungen erlauben es, die Verbindung zwischen dem treibenden und dem getriebenen Teil einer Maschine zu unterbrechen. Man unterscheidet zwischen:
– *formschlüssigen Kupplungen*, nur im Stillstand (oder bei Gleichlauf) schaltbar und
– *kraftschlüssigen Kupplungen*, im Stillstand und in Betrieb schaltbar.

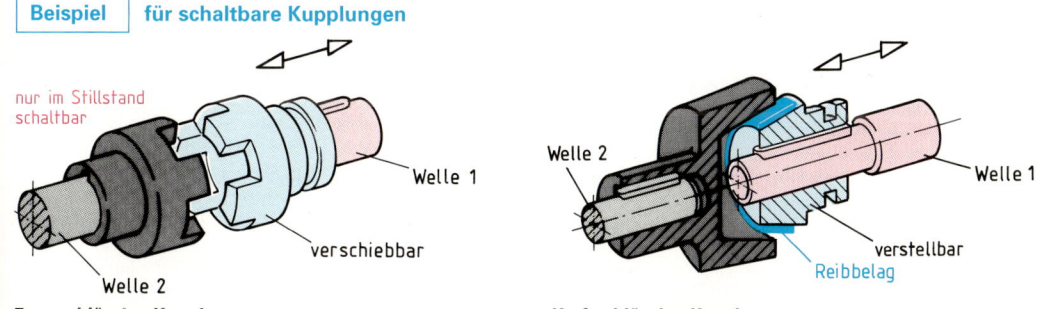

| Beispiel | für schaltbare Kupplungen |

Formschlüssige Kupplung — nur im Stillstand schaltbar, Welle 1, Welle 2, verschiebbar

Kraftschlüssige Kupplung — Welle 1, Welle 2, verstellbar, Reibbelag

Kraftschlüssige Kupplungen sind im Stillstand und in Betrieb schaltbar.
Der Schaltvorgang kann mechanisch, hydraulisch, pneumatisch oder elektromagnetisch erfolgen.

Übungsaufgabe MG-50

2.4.3 Getriebe und ihre Einteilung

Getriebe sind Baueinheiten zwischen Antriebs- und Arbeitseinheit. Sie können die Funktionen haben:
- Bewegungsenergie weiterzuleiten,
- Drehzahlen zu ändern,
- Drehrichtung umzukehren,
- Bewegungsart umzuformen.

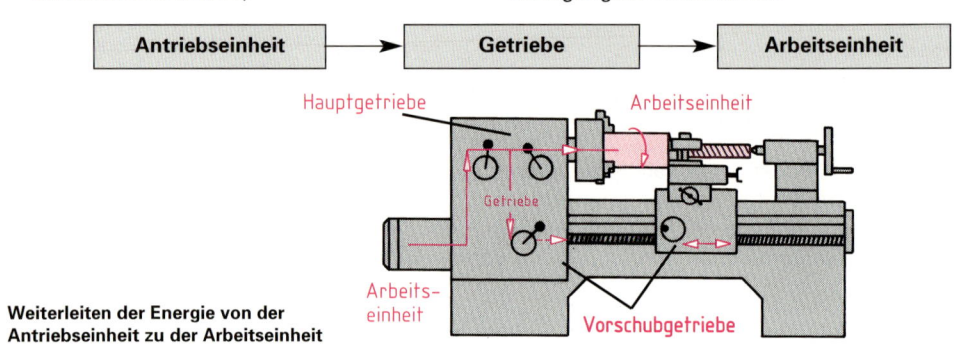

| Antriebseinheit | → | Getriebe | → | Arbeitseinheit |

Hauptgetriebe
Arbeitseinheit
Getriebe
Arbeitseinheit
Vorschubgetriebe

Weiterleiten der Energie von der Antriebseinheit zu der Arbeitseinheit

Entsprechend dem mechanischen Prinzip der Umformung lassen sich verschiedene Getriebearten unterscheiden:

- **Zugmittelgetriebe**   z.B. Fahrradkette,
- **Zahnradgetriebe**   z.B. Drehmaschinengetriebe,
- **Schraubengetriebe**   z.B. Schlossmutter an Leitspindel,
- **Gelenkgetriebe**   z.B. Pleuelstange,
- **Kurvengetriebe**   z.B. Ventilsteuerung der Nockenwelle,
- **Sperrgetriebe**   z.B. Hemmgetriebe in Uhr,
- **Druckmittelgetriebe**   z.B. hydraulische Presse.

| Beispiele | für mechanische Getriebe |

	Zugmittelgetriebe	Zahnradgetriebe	Schraubengetriebe
Aufgabe	Übertragung einer Drehbewegung von einer Welle auf eine andere, bei einem Achsabstand, der größer ist als die Summe der Radien von An- und Abtriebsrad, meist verbunden mit Änderung der Drehzahl.	Übertragung der Drehbewegung von einer Welle auf eine andere, verknüpft mit der Umkehrung der Drehrichtung, meist angewendet zur Änderung der Drehzahl.	Umwandlung einer Drehbewegung in eine geradlinige Bewegung, wobei die geradlinige Bewegung der Drehbewegung jederzeit proportional ist.
Beispiel	Zugmittel — Übertragen der Drehbewegung der Pedalbewegung auf das Hinterrad eines Fahrrads.	Zahnräder — Umformung der Drehzahl und Drehrichtung von der Antriebseinheit auf die Arbeitseinheit in einem Drehmaschinengetriebe.	Mutter / Schraube — Schlittenbewegung an der Drehmaschine. Umformung der Drehbewegung an der Spindel in geradlinige Bewegung des Schlittens.

Getriebe werden für folgende Aufgaben verwendet:
- Weiterleiten der Bewegung von der Antriebseinheit zu der Arbeitseinheit,
- Anpassen der gegebenen Antriebsbewegung an die geforderte Arbeitsbewegung.

2.4.4 Zugmittelgetriebe

Bei Zugmittelgetrieben werden die Drehbewegungen vom Antriebsrad durch Riemen oder Ketten als Zugmittel auf das getriebene Rad übertragen. Diese Getriebe verwendet man, wenn große Achsabstände zu überbrücken sind.

- **Kraftschlüssige Riemengetriebe**

In Riemengetrieben dient ein elastischer Riemen als Zugmittel zur Übertragung der Drehbewegung. Dabei besteht *Kraftschluss* zwischen Riemen und Riemenscheibe. Die Größe der übertragbaren Kraft hängt von der Reibungskraft ab, die zwischen Riemen und Riemenscheibe wirkt. Die Reibungskraft wird bestimmt durch:
- die Normalkraft F_N,
- die Reibungszahl μ,
- den Umschlingungswinkel α.

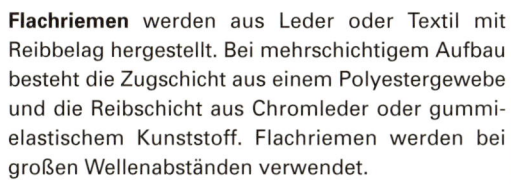

Teil eines Zugmittelgetriebes an einer Textilmaschine

Flachriemen werden aus Leder oder Textil mit Reibbelag hergestellt. Bei mehrschichtigem Aufbau besteht die Zugschicht aus einem Polyestergewebe und die Reibschicht aus Chromleder oder gummielastischem Kunststoff. Flachriemen werden bei großen Wellenabständen verwendet.

Keilriemen werden aus Gummi hergestellt. Sie werden wegen ihrer Höhe im Wesentlichen auf der Oberseite auf Zug beansprucht und sind dort durch Gewebe verstärkt.

Keilriemen liegen an den Flanken der keilförmig ausgearbeiteten Riemenscheibe an. Dadurch wird die Kraft im Riemen in große Normalkräfte zerlegt, welche auf die Flanken wirken. Daher müssen Keilriemen den gleichen Flankenwinkel wie die Riemenscheiben haben und dürfen am Scheibengrund nicht aufliegen.

Bei sehr großer Kraftübertragung werden Riemenscheiben eingesetzt, auf denen nebeneinander Keilriemen angeordnet sind.

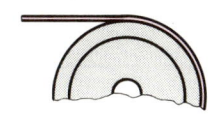

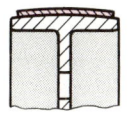

Flachriemen

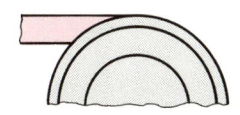

Keilriemen

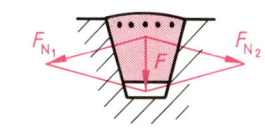

Normalkraft beim Keilriemen

> Flachriemen haben Kraftschluss am Umfang der Riemenscheiben.
> Keilriemen haben Kraftschluss an den Flanken der Riemenscheiben.

- **Formschlüssige Riemengetriebe**

Zahnriemen werden aus Gummi oder Kunststoff hergestellt. Durch das Zahnprofil wird zwischen Riemen und Scheibe Formschluss erzeugt. Dadurch ist eine schlupffreie Übertragung der Drehbewegung möglich.

Zahnriemen werden eingesetzt, wenn die Vorteile der Riemengetriebe, z.B. großer Wellenabstand und Stoßminderung, genutzt werden sollen, und der Nachteil, der Schlupf, aber keinesfalls auftreten darf.

Zahnriemen

> Zahnriemen übertragen die Drehbewegung durch Formschluss zwischen Riemen und Scheibe.

Übungsaufgaben MG-53; MG-54

2.4.5 Zahnradgetriebe

Mit Hilfe von Zahnrädern werden Drehbewegungen von einer Welle auf eine andere durch Formschluss und damit ohne Schlupf übertragen. Zahnradgetriebe eignen sich je nach Ausführung zur Übertragung von sehr niedrigen Leistungen, wie z.B. in der Uhrentechnik, bis zu sehr großen Leistungen, wie z.B. bei Walzenantrieben. Neben der Übertragung der Drehbewegung werden meist Drehzahl, Drehmoment oder auch Drehrichtung geändert.

Zahnradgetriebe

● **Formen von Zahnradgetrieben**

Man unterscheidet nach der Lage der Wellen verschiedene Grundformen von Zahnradgetrieben.

Wellen liegen parallel zueinander	Wellen schneiden sich	Wellen kreuzen sich
Stirnradtrieb	Kegelradtrieb	Schneckentrieb

Stirnradgetriebe

Stirnradgetriebe werden zur Übertragung von Drehmomenten von einer Welle auf eine parallel dazu liegende andere Welle verwendet. Nach der Lage der Zähne zur Drehachse spricht man bei Stirnradgetrieben von Rädern mit Geradverzahnung und Schrägverzahnung.

Bei schräg verzahnten Stirnrädern sind stets mehrere Zähne im Eingriff. Dadurch laufen diese Getriebe ruhiger. Infolge der schrägen Verzahnung treten aber Kräfte in Achsrichtung auf, die von den Lagern aufgenommen werden müssen.

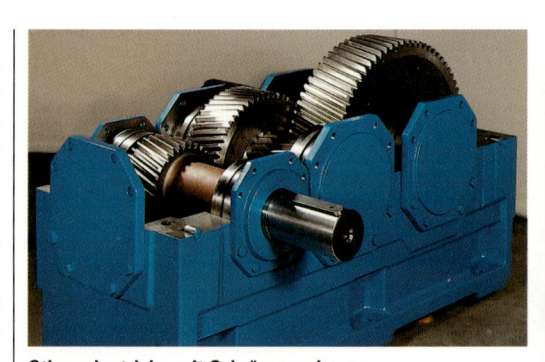

Stirnradgetriebe mit Schrägverzahnung

Schrägverzahnte Stirnräder haben gegenüber geradverzahnten Stirnrädern:
- höhere Laufruhe,
- bessere Eignung für hohe Drehzahlen,
- geringe Empfindlichkeit gegen Zahnformfehler,
- geringeren Wirkungsgrad,
- Schubkraft in Axialrichtung, kann durch Doppelschräg- und Pfeilverzahnung aufgehoben werden.

Kegelradgetriebe

Kegelradgetriebe dienen zur Übertragung von Drehmomenten von einer Welle auf eine andere Welle, die im rechten Winkel dazu steht. Nach der Lage der Zähne zur Kegelspitze unterscheidet man gerade, schräg und bogenverzahnte Kegelräder.

- **Verstellbare Zahnradstufengetriebe**

In verstellbaren Zahnradstufengetrieben sind mehrere Rädergetriebe vereinigt. Mit ihnen lassen sich unterschiedliche Umdrehungsfrequenzen, Drehmomente und Drehrichtungen einstellen.

Schieberadgetriebe

In Schieberadgetrieben werden gerade verzahnte Zahnradpaare, Stirnradsätze oder Schiebeblöcke durch axiales Verschieben zum Eingriff gebracht. Die Schiebeblöcke werden meist auf Keilwellen geführt und durch Schaltgabeln in die jeweilige Eingriffsposition geschoben.

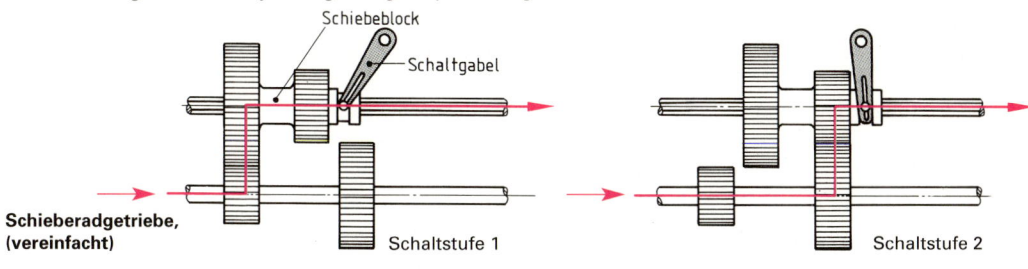

Schieberadgetriebe, (vereinfacht)
Schaltstufe 1   Schaltstufe 2

Ziehkeilgetriebe

Bei einem Ziehkeilgetriebe sind mehrere Zahnradpaare miteinander im Eingriff. Dabei sind nur die Räder einer Welle drehfest mit ihr verbunden, die Räder auf der anderen Welle drehen sich lose mit. Der Ziehkeil schafft die Verbindung der Welle zu einem der beweglichen Zahnräder. Durch dieses Zahnradpaar wird das Übersetzungsverhältnis bestimmt.
Durch Verschieben des Ziehkeils werden jeweils unterschiedliche Zahnradpaare für die Wahl eines anderen Übersetzungsverhältnisses geschaltet.
Ziehkeilgetriebe eignen sich zum Übertragen kleinerer Kräfte (Fahrradnabenschaltung).

Schaltstufe 1   Schaltstufe 2

Ziehkeilgetriebe

2.4.6 Stufenlos verstellbare Getriebe

Unter den mechanischen, stufenlos verstellbaren Getrieben sind die Umschlingungsgetriebe besonders im mittleren und oberen Leistungsbereich bis etwa 150 kW am stärksten vertreten.

Stufenlos verstellbare Getriebe gibt es mit einem kraftschlüssigen Zugmittel, z.B. einem breiten Keilriemen, und einem formschlüssigen Zugmittel, z.B. einer Lamellenkette. Zwei keglige Scheibenpaare lassen sich auf ihren Wellen axial so verschieben, dass die dadurch entstehenden Laufflächen mehr oder weniger geöffnet bzw. geschlossen werden können. Die so entstehenden unterschiedlichen Laufradien für das Zugmittel bewirken die Drehzahländerung. Diese Getriebe sind meist unter **PIV-Getriebe** bekannt.
Die Anpresskraft der Kegelscheibe gegen den Zugstrang wird durch mechanische oder hydraulische Stelleinrichtungen der zu übertragenden Leistung angepasst. Bei allen Ausführungsformen kann die Drehzahländerung nur während des Laufs vorgenommen werden.

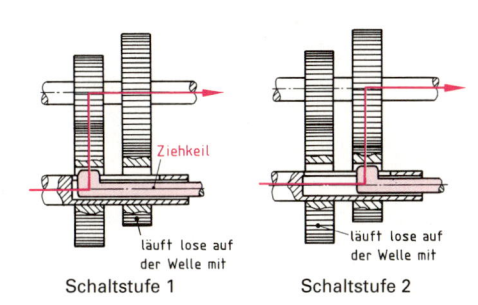

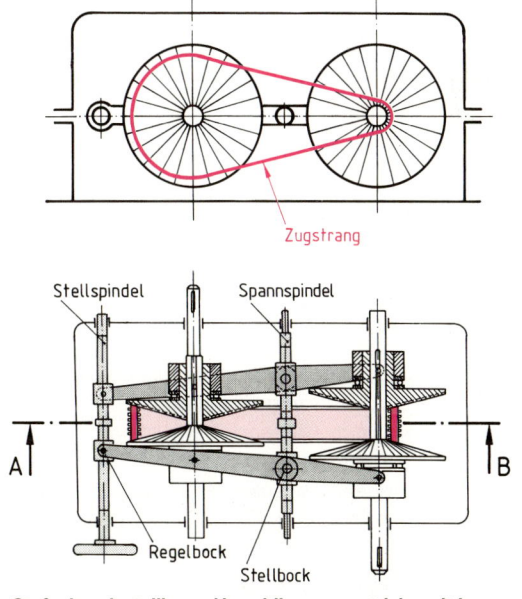

Stufenlos einstellbares Umschlingungsgetriebe mit Lamellenkette

Umschlingungsgetriebe arbeiten mit keilförmigen Zugmitteln, die auf unterschiedlich einstellbaren Durchmessern von Antriebs- und Abtriebsscheibe laufen können.

Übungsaufgaben MG-57 bis MG-60

3 Verschleißursachen und Verschleißminderung

Gleiten Oberflächen aufeinander, so werden vor allem wegen der Unebenheiten der Oberflächen laufend Teilchen aus ihnen herausgetrennt – man spricht von **Verschleiß**. Er tritt z.B. in Lagern, an Führungen, in Fördereinrichtungen, Getrieben, Düsen u.a. auf. Verschleiß ist eine der Hauptursachen für Bauteilschädigung und den damit verbundenen Ausfall von Maschinen und Geräten. Die Verringerung von Verschleiß ist darum eine wesentliche Möglichkeit, die Lebensdauer von Maschinen und Geräten zu erhöhen und damit Kosten und Rohstoffe einzusparen.

Man nennt die Wissenschaft und Technik, die sich mit Reibung und Verschleiß befasst, **Tribologie**.

Einflussgrößen auf Verschleiß

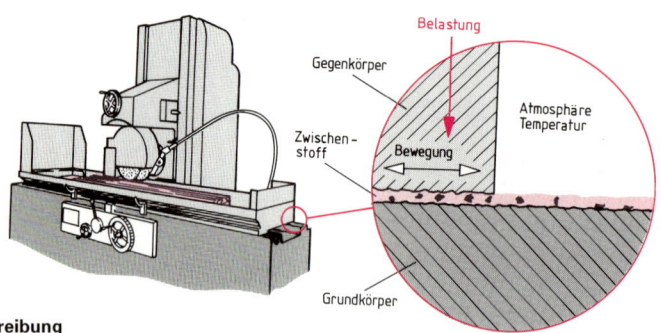

Einflüsse bei Gleitreibung

Die Höhe des Verschleißes wird von vielen Faktoren bestimmt:

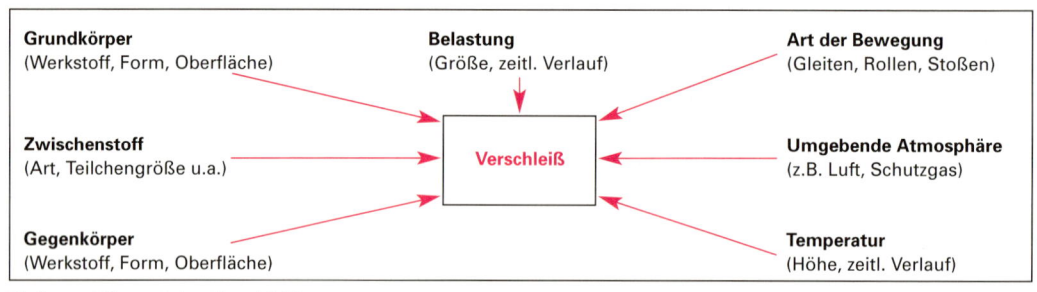

Grundkörper (Werkstoff, Form, Oberfläche)	**Belastung** (Größe, zeitl. Verlauf)	**Art der Bewegung** (Gleiten, Rollen, Stoßen)
Zwischenstoff (Art, Teilchengröße u.a.)	**Verschleiß**	**Umgebende Atmosphäre** (z.B. Luft, Schutzgas)
Gegenkörper (Werkstoff, Form, Oberfläche)		**Temperatur** (Höhe, zeitl. Verlauf)

Einflussgrößen auf den Verschleiß

3.1 Verschleißmechanismen

Verschleiß wird hauptsächlich durch vier unterschiedliche Verschleißmechanismen bestimmt.
- adhäsiver Verschleiß,
- abrasiver Verschleiß,
- Oberflächenzerrüttung,
- Reaktionsverschleiß.

● **Adhäsiver Verschleiß**

Liegen sich berührende Bauteile fest aufeinander, so haften die Berührungsflächen infolge Adhäsion aneinander. Beim Gleiten werden dann Teilchen abgeschert. Es entstehen so Löcher und schuppenartige Materialteilchen, die oft an der Gleitfläche des härteren Partners haften bleiben. Diesen Verschleißmechanismus bezeichnet man als **adhäsiven Verschleiß** oder Haftverschleiß. Adhäsiver Verschleiß tritt bei mangelnder Schmierung auf.

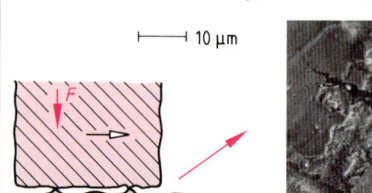

Adhäsiver Verschleiß

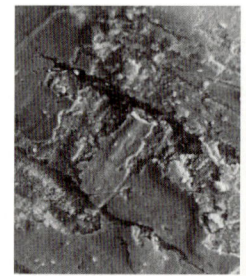

> Adhäsiver Verschleiß entsteht, wenn Bauteile ohne Zwischenstoff gegeneinander bewegt werden. Bei adhäsivem Verschleiß werden Randschichtteilchen abgeschert.

- **Abrasiver Verschleiß**

Wenn harte Teilchen oder Spitzen eines der Reibungspartner, z.B. Teilchen von Schleifmitteln, in die Randschicht eindringen, so entstehen Furchen, Kratzer und Mulden. Man bezeichnet diesen Verschleiß als **abrasiven Verschleiß** oder **Furchverschleiß**.

Furchverschleiß tritt durch Fremdkörper wie zum Beispiel Späne, Schleifmittelreste auf.

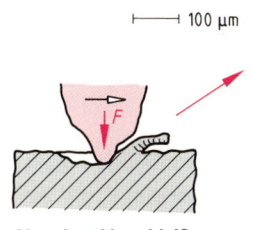

Abrasiver Verschleiß

> Abrasiver Verschleiß ist eine Zerspanung im Mikrobereich.

- **Oberflächenzerrüttung**

Wenn ein Bauteil ständig durch Stöße auf seine Oberfläche beansprucht wird, tritt eine Zerrüttung der Randschicht auf. So entstehen in der Randschicht Risse und Grübchen. Diesen Verschleiß bezeichnet man als **Oberflächenzerrüttung**. Overflächenzerrüttung tritt zum Beispiel in Wälzlagern durch das ständige Überrollen auf.

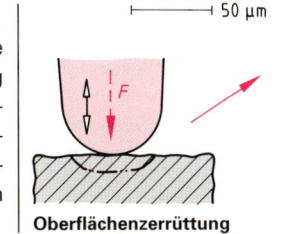

Oberflächenzerrüttung

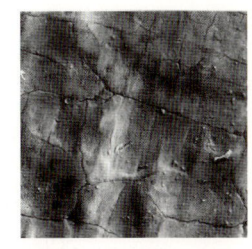

> Oberflächenzerrüttung ist ein Verschleißmechanismus, der durch ständige stoßartige Beanspruchung entsteht.

3.2 Verschleißarten

Je nach Wechselwirkung zwischen der Beanspruchung von Bauteilen und den auftretenden Verschleißmechanismen unterscheidet man verschiedene Verschleißarten.

Übersicht über wichtige Verschleißarten

Verschleißsystem	Beanspruchung		Verschleißart	wirkende Verschleißmechanismen			
				Adhäsion	Abrasion	Oberflächenzerrüttung	Reaktionsschichtverschleiß
Festkörper mit Festkörper	Gleiten	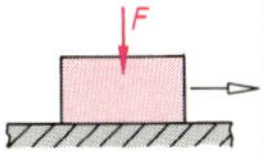	Gleitverschleiß	x			(x)
	Rollen	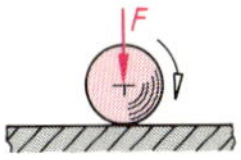	Rollverschleiß (Wälzverschleiß)			x	(x)
Festkörper + Festkörperpartikel	Gleiten	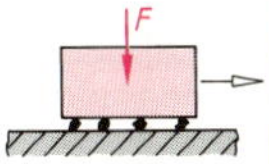	Gleitverschleiß (mit Zwischenstoff)		x	(x)	
Festkörper + Partikel + Trägergas oder Trägerflüssigkeit	Anströmen	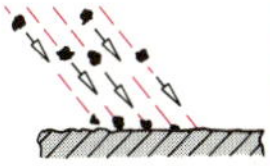	Strahlverschleiß Hydroabrasiver Verschleiß		x	x	
Festkörper + Flüssigkeit	Strömen	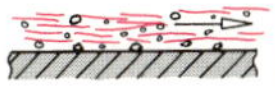	Kaviationserosion			x	

3.3 Verschleiß beim Gleiten, Rollen und Wälzen

- **Gleitverschleiß**

Wenn feste Körper aufeinander gleiten, so entsteht Verschleiß. Bei Trockenlauf trennt kein schützender Schmierfilm Grund- und Gegenkörper, wie zum Beispiel Gleitlager und Welle. Infolge hoher Belastung können an geringen Unebenheiten, die aufeinander liegen, so hohe Drücke entstehen, dass beide Körper im Ruhezustand fest aneinander haften und örtlich sogar *„kaltschweißen"*. Bei Gegeneinanderbewegen der Teile werden dann diese Bindungen getrennt, oder es werden Teilchen aus der Oberfläche des weniger festen Werkstoffes gerissen, die zunächst an der Oberfläche des widerstandsfähigeren Werkstoffes hängen bleiben. Später lösen sie sich meist und bleiben als feinste Teilchen zwischen den Gleitflächen. Dort können sie zu erheblicher Abrasion führen.

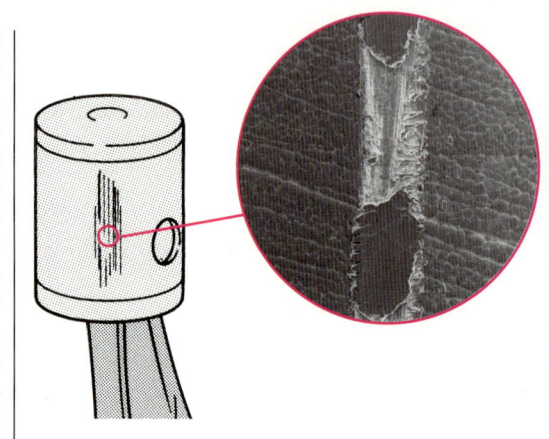

Gleitverschleiß durch Adhäsion und Abrasion an einem vernickelten Pumpenkolben

> Gleitverschleiß entsteht durch adhäsiven und abrasiven Verschleiß.

Ohne Oxidhäute neigen alle Metalle zu starker Adhäsion und damit bei Reibung zu starkem **adhäsivem Verschleiß**. Die Oxidschichten auf den Metallen weisen aber, auch dann, wenn sie nur sehr dünn sind, unterschiedliche Adhäsionsneigung auf. Darum unterscheiden sich Metalle erheblich in ihrer Neigung zu **Gleitverschleiß**.

3.4 Verschleißminderung

Maßnahmen zur Verschleißverminderung bei Gleitverschleiß liegen in erster Linie in der Wahl der Werkstoffe von Grund- und Gegenkörper.

Lagerwerkstoff	Bemerkung
Weißmetall (Legierung aus Zn, Pb, Bi, Si)	Betriebstemperatur maximal 120 °C, da die Schmelztemperatur 300 °C beträgt; gute Notlaufeigenschaften
Rotguss, Bronze	Betriebstemperatur bis 200 °C, darüber nur dann, wenn die hohe Wärmedehnung des Lagerwerkstoffes maßgeblich berücksichtigt wurde
Kunststoffe – Polyamid (PA)	Reibungszahl (μ) etwa 0,2; PA nimmt Wasser auf, es entstehen maßliche Veränderungen
– Polytetrafluorethylen (PTFE)	Reibungszahl (μ) etwa 0,07 bis 0,15; Verwendung auch für Gleitlacke bei Schichtdicken von 5 bis 10 µm

Wesentliche Verschleißminderung kann durch Wahl eines geeigneten Schmiermittels erreicht werden.

Gleitgeschwindigkeit in m/s	Schmiermittel	
bis 0,7	Festschmierstoffe, z.B. Grafit, Molybdänsulfid, oder als Zusätze in Öl oder Fett	
0,4 bis 2,0	Molybdänsulfid oder Schmierfett mit Zusätzen	abnehmende Zähigkeit des Schmiermittels
0,5 bis 10,0	Motoren- und Maschinenöle	
10 bis 30	Turbinen- oder Spindelöle	
über 30	Spindelöle, Wasser oder Luft	

> Bei sehr niedrigen Gleitgeschwindigkeiten setzt man Festschmierstoffe ein.
> Mit steigender Gleitgeschwindigkeit werden Schmierstoffe mit geringerer Zähigkeit verwendet.

Arbeitsauftrag: **Analyse von Funktionseinheiten eines Motors**

In der Zeichnung ist der Kolben eines Motors mit Pleuelstange und Kurbelwelle dargestellt.

1. Welche Teilfunktion hat die dargestellte Gruppe im Gesamtsystem zu erfüllen?
2. Welche Funktionen erfüllen die folgenden Beuelemente innerhalb der dargestellten Gruppe: Kolben; Kolbenbolzen; Sicherungsring; Lagerbuchse; Pleuelstange; Kurbelwelle.
3. Welche Fertigungsverfahren müssen eingesetzt werden, um die einzelnen Bauelemente herzustellen?
4. Aus welchen Werkstoffgruppen (z.B. Gussbronze, gehärteter Stahl) sind die Werkstoffe für die dargestellten Bauelemente auszuwählen?
5. Welcher Verschleiß ist zwischen Kolbenbolzen und Lagerbuchse bzw. zwischen Kurbelwelle und Lagerbuchse zu erwarten? Begründen Sie Ihre Aussage.

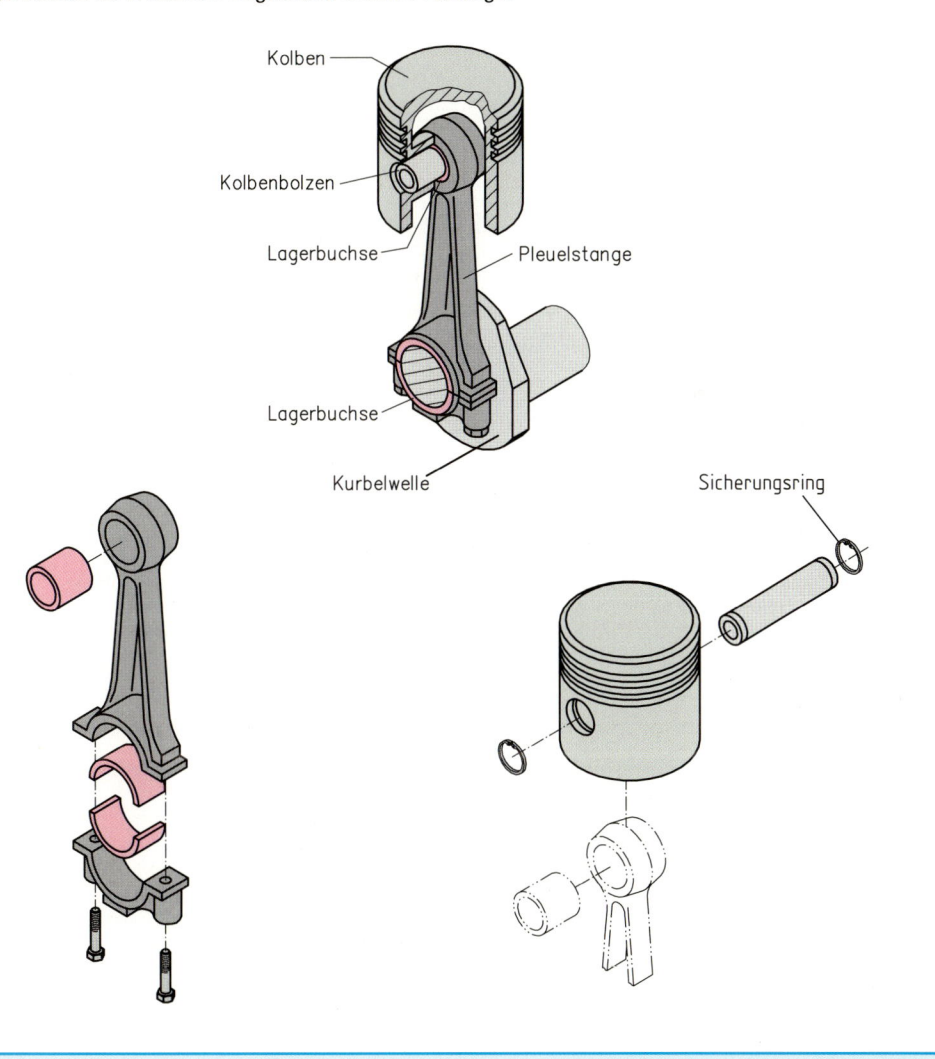

Instandhaltung – Wartungstechnik

Handlungsfeld: Wartungsmaßnahmen durchführen

Problemstellung

Wartungsauftrag:

Für neue LZ-Drehmaschine Wartungsplan erstellen Maschine warten

zu wartendes Objekt:

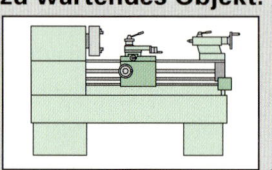

Analysieren

Vorgaben:
- Auftrag
- zu wartendes Objekt
- Betriebsanleitung

Betriebsanleitung – Inhalt:
1. Aufstellung
2. Inbetriebnahme
3. Bedienung
4. Instandhaltung
5. Schmierplan
6. Störungssuche
7. Ersatzteile

ausgewählte Informationen:
- Instandhaltungsanleitung
- Beschreibung des Sollzustandes
- Ersatzteilliste

Planen

Vorgaben:
- Instandhaltungsanleitung
- Ersatzteilliste
- Sicherheits- und Umweltbestimmungen

Arbeitsplan / Inspektions- / Wartungsplan

Nr.	Baueinheit	Zeit
1	Kühlmitteleinrichtung reinigen	tägl.
2	Spänewanne reinigen	tägl.
3	Führungsbahnen schmieren	tägl.

Ergebnisse:
- Wartungsplan mit Angaben zu Inspizieren, Konservieren, Schmieren u.a. (Was?)
- Zeitplan (Wann?)
- Personalplan (Wer?)
- Materialliste
- Entsorgungsmaßnahmen

Warten

Vorgaben:
- Wartungsplan u.a.
- Ersatzteile, Hilfsstoffe u.a.
- Werkzeuge
- Messgeräte

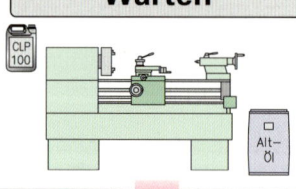

Ergebnisse:
- gewartetes Objekt
- verbrauchte Hilfsstoffe
- verschlissene Bauteile

Kontrollieren/Dokumentieren

Vorgaben:
- gewartetes Objekt
- Prüfdaten (Soll – Ist)

– 4 –

Nr.	Kontrolle	Ergebnis
14	Spiel Oberschlitten	o.k.
15	Spiel Querschlitten	o.k.
16	Antrieb Keilriemen	o.k.

04.02.04

Ergebnisse:
- Dokumentation der Wartung
- Beschreibung des Objektzustands

1 Instandhaltung (Wartung, Inspektion, Instandsetzung)

1.1 Aufgaben der Instandhaltung

Die Instandhaltung hat die Aufgabe, eine störungsfreie und sichere Benutzung von Maschinen, Anlagen und Gebrauchsgegenständen zu gewährleisten. Denn der Ausfall oder die Beeinträchtigung der Funktion von solchen Systemen bedeutet wirtschaftlichen Schaden, Qualitätsminderung von Produkten und die Gefährdung von Personen.

Beispiele für die Auswirkungen von Störungen

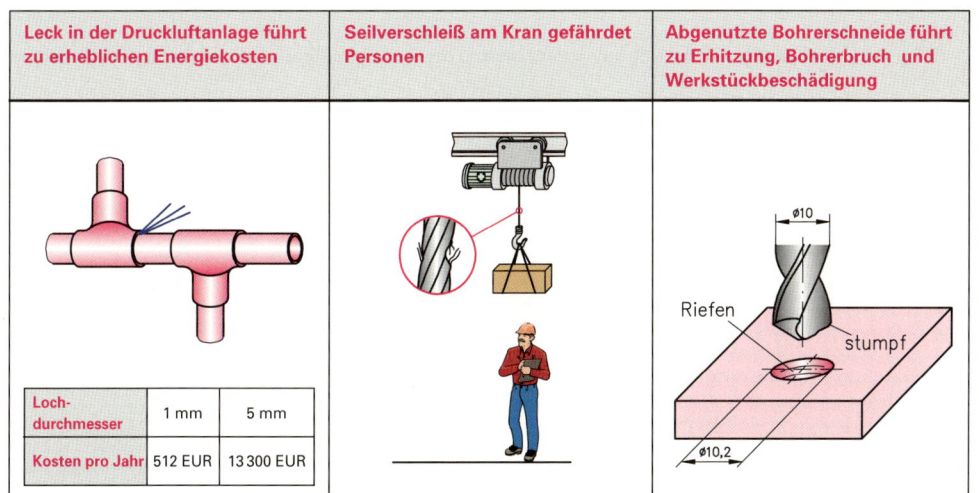

Leck in der Druckluftanlage führt zu erheblichen Energiekosten	Seilverschleiß am Kran gefährdet Personen	Abgenutzte Bohrerschneide führt zu Erhitzung, Bohrerbruch und Werkstückbeschädigung

Lochdurchmesser	1 mm	5 mm
Kosten pro Jahr	512 EUR	13 300 EUR

> Instandhaltung dient dazu, technische Systeme sicher und funktionstüchtig zu erhalten.

1.2 Begriffe der Instandhaltung

Die Instandhaltung umfasst die drei Bereiche Wartung, Inspektion und Instandsetzung. Durch gut geplante Arbeiten in diesen Bereichen der Instandhaltung wird sichergestellt, dass geforderte Qualitätsmerkmale in der Produktion über die gesamte Fertigung erhalten bleiben und dass bei Gebrauchsgütern Nutzung und Sicherheit gewährleistet sind.

Unter **Wartung** versteht man alle Maßnahmen, die dazu dienen, den Sollzustand an einem System zu bewahren.
Bei der **Inspektion** werden alle Maßnahmen ergriffen, die zur Feststellung und Beurteilung des Istzustandes an einem System notwendig sind.
Die **Instandsetzung** umfasst alle Maßnahmen, welche dazu dienen, den Sollzustand in einem System wiederherzustellen.

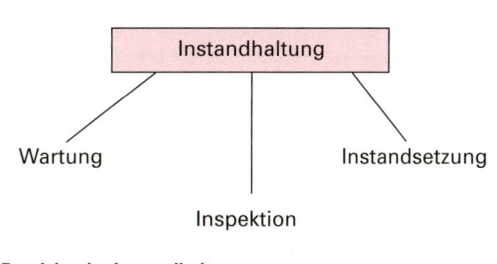

Bereiche der Instandhaltung

| Beispiele | für Instandhaltungen |

Wartung	Inspektion	Instandsetzung
Karosserie säubern und wachsen	Ladezustand der Batterie prüfen	Bremsbeläge ausbauen und erneuern

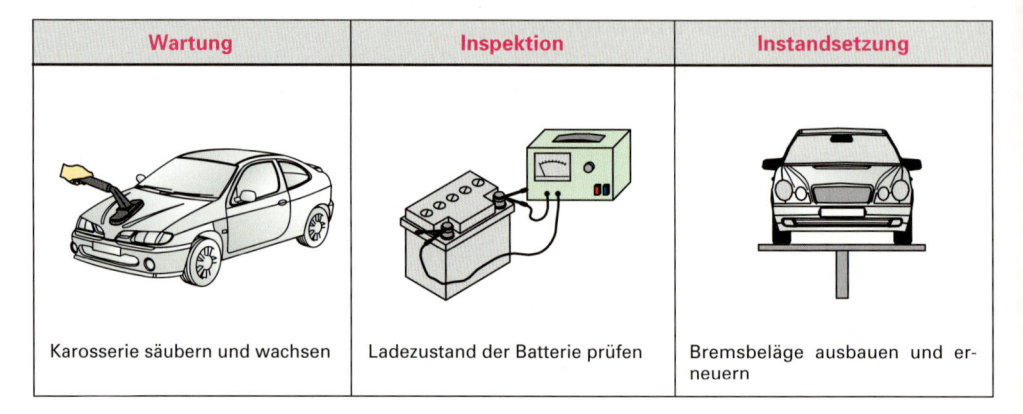

Instandhaltung umfasst Wartung, Inspektion und Instandsetzung.

1.3 Maßnahmen der Instandhaltung

Instandhaltung diente lange Zeit nur dazu, plötzliche Ausfälle durch Verschleiß oder Bruch zu beheben. Man bezeichnet diese Art des Vorgehens als **Crash-Methode**. Heute vermeidet man störungsbedingte Ausfälle durch planmäßige und vorbeugende Instandhaltung.
Bei der Fertigung auf Großanlagen und bei der Nutzung von gekoppelten Maschinensystemen führen Störungen zu erheblichen Produktionsausfällen. Ein „Bandabriss" in der Automobilproduktion kann je nach Dauer mehrstellige Millionenbeträge kosten.
Zur vorbeugenden Instandhaltung nutzt man auch computergesteuerte Überwachungssysteme. Man erhält zuverlässige Störanalysen und Warnmeldungen bereits vor einer Störung. Beispielsweise zeigen Verschleißüberwachungseinrichtungen das Stumpfwerden von Schneidwerkzeugen an und veranlassen den notwendigen Werkzeugwechsel rechtzeitig.

| Beispiel | für den Vorteil einer vorbeugenden Instandhaltung |

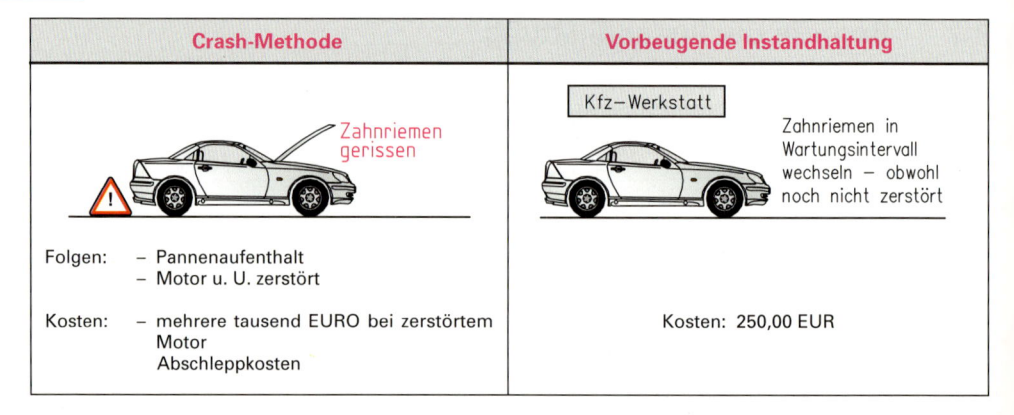

Crash-Methode	Vorbeugende Instandhaltung
Zahnriemen gerissen	Kfz–Werkstatt — Zahnriemen in Wartungsintervall wechseln — obwohl noch nicht zerstört
Folgen: – Pannenaufenthalt – Motor u. U. zerstört	
Kosten: – mehrere tausend EURO bei zerstörtem Motor Abschleppkosten	Kosten: 250,00 EUR

Instandhaltung wird vorwiegend als vorbeugende Instandhaltung ausgeführt.

Übungsaufgaben IW-4 bis IW-6

2 Instandhaltungsmaßnahmen durch Wartung

2.1 Übersicht über Wartungsarbeiten

Durch Wartung sollen Maschinen, Anlagen und Geräte möglichst in ihrem Sollzustand erhalten bleiben. Zumindest aber möchte man den unvermeindlichen Abnutzungsprozess verlangsamen und weiterhin einen sicheren Umgang gewährleisten. Arbeiten im Rahmen von Wartung sind ihrer Art nach Erhaltungsmaßnahmen und lassen sich in mehrere Aufgabenbereiche unterteilen.

Wartungsarbeiten	vorzunehmende Tätigkeiten
Reinigen	Fremdstoffe oder belastete Hilfsstoffe entfernen
Konservieren	Systeme gegen Fremdeinflüsse durch Schutzmaßnahmen haltbar machen
Schmieren	Reibstellen im System Schmierstoffe zuführen, um die Gleitfähigkeit zu erhöhen
Nachstellen	Mithilfe von Korrektureinrichtungen beseitigt man Abweichungen von einem Sollzustand
Ergänzen	System wird mit erforderlichen Hilfsstoffen aufgefüllt
Auswechseln	Kleinteile oder Hilfsstoffe durch einfache und kurzfristig durchführbare Tätigkeiten ersetzen

Beispiele für Wartungsarbeiten am Fahrrad

Reinigen
- Putzen des Rahmens, der Schutzbleche, Räder, Pedalen und des Lenkers mit Schwamm und Wasser
- Reinigen der Kette und der Kettenräder mit Pinsel und Waschbenzin

Nachstellen
- Neueinstellen des Bremszuges der Handbremse nach Verschleiß der Bremsklötze
- Korrektur der Schaltwege der Gangschaltung
- Einstellen des Rundlaufs der Felgen durch Nachstellen der Speichenspannung

Konservieren
- Einreiben und Polieren der verchromten Teile wie Lenker, Pedalen, Felgen u.a. mit einem Chrompflegemittel

Schmieren
- Auftragen von Kettenfett auf die Fahrradkette und die Verzahnung und mit einem Pinsel verteilen

Ergänzen
- Den Hilfsstoff „Luft" in den Reifen mit Hilfe einer Luftpumpe ergänzen
- Einen verlorenen Reflektor ersetzen

Auswechseln
- Abgenutzte Bremsklötze erneuern
- Einen porösen Schlauch durch neuen austauschen
- Eine defekte Glühlampe der Beleuchtungsanlage auswechseln

Wartungsarbeiten dienen der Erhaltung des Sollzustands und somit der Bewahrung der Funktionsfähigkeit und der Werterhaltung von technischen Systemen.
Wartung erfolgt durch Reinigen, Konservieren, Schmieren, Ergänzen, Auswechseln und Nachstellen.

2.2 Reinigen und Konservieren

● **Reinigen**

Verschmutzungen an Maschinen und Geräten lassen diese nicht nur unschön aussehen, sondern führen auch zu höherem Verschleiß bewegter Teile, zu erhöhter Reibung und damit zu einer Leistungsminderung. Deshalb müssen je nach Verschmutzungsgrad und Benutzungshäufigkeit Schmutzteilchen, Späne und Abriebteilchen sowie verschmutzte Fette, Öle und Hilfsstoffe in bestimmten Zeitintervallen entfernt werden.

Wichtige Reinigungsarbeiten im Fertigungsbetrieb:
- Das Entfernen von Spänen und losen Partikeln von Maschinen sollte täglich durchgeführt werden.
- Das Säubern von Sieben und Filtern in Kühlschmiereinrichtungen muss abhängig vom Verschmutzungsgrad erfolgen. Die anfallenden Abfallstoffe sind fachgerecht zu entsorgen.
- Bei Instandsetzungen von Maschinen sind vielfach Bauteile auszubauen. Sie sind zur näheren Untersuchung zunächst von Ölen und Fetten zu reinigen. Nur so kann festgestellt werden, ob eine Wiederverwendung oder ein Auswechseln erforderlich ist. Vor der anschließenden Montage müssen auch die Aufnahmebereiche für neue Teile gereinigt werden. Dazu verwendet man chemische Reinigungsmittel, wie z.B. Aceton, Waschbenzin oder Verdünnung.

Reinigen eines ausgebauten Wälzlagers

> Durch Reinigungsmaßnahmen entfernt man schädliche Verschmutzungen aus dem Fertigungsprozess.

● **Konservieren**

Durch Konservieren mit Beschichtungsstoffen schützt man die Oberflächen von Bauteilen vor schädlichen Umwelteinflüssen, die zur Korrosion führen ↗ WT Kap. 5. Als Beschichtungsstoffe verwendet man Öle, Fette, Wachse und Anstriche.

- Blanke Maschinenteile, wie z.B. die Säule oder der Arbeitstisch einer Bohrmaschine, sowie Gleitbahnen und Bettführungen von Werkzeugmaschinen, werden zum kurzzeitigen Korrosionsschutz gefettet.
- Mess- und Prüfzeuge sowie Anreißplatten werden zum kurzzeitigen Schutz gereinigt und anschließend geölt oder gefettet.
- Blanke Maschinenteile aus Stahl werden für längere Versandwege mit Wachs oder einem Schutzlack beschichtet. Auch ein Verpacken solcher Teile mit ölhaltigem Papier ist üblich.
- Verzinkte Bauteile, an denen eine Beschädigung der Schutzbeschichtung eingetreten ist, werden mit Zinkspray nachverzinkt, um wieder einen ausreichenden Schutz herzustellen.

Hilfsstoffe mit konservierender Wirkung

> Konservierende Maßnahmen werden durchgeführt, um die Oberflächen von Bauteilen vor schädlichen Umwelteinflüssen (Korrosion) zu schützen.

- **Sicherheitshinweise zum Umgang mit Reinigungs- und Konservierungsmitteln**

Beim Reinigen mit chemischen Reinigungsmitteln und der Benutzung von Konservierungsmitteln müssen die Sicherheitshinweise beachtet werden. Die Sicherheitshinweise müssen sich auf den Behältern befinden. Neben Textinformationen geben Sicherheitskennzeichen notwendige Informationen.

- Ätzende Reinigungsmittel sind haut- und augenschädlich.
- Dämpfe von Reinigungsmitteln sollen nicht eingeatmet werden, Reinigungsarbeiten sind daher in gut durchlüfteten Räumen oder im Freien durchzuführen.
- Hautkontakte sind zu vermeiden, weil die Haut durch Reinigungsmittel entfettet wird.
- Reinigungsmittel dürfen nicht in die Augen gelangen. Bei Unfällen müssen die Augen sofort mit viel Wasser ausgewaschen werden. Meist muss auch der Augenarzt aufgesucht werden.
- Sprühstäube von Sprays dürfen nicht eingeatmet werden.
- Konservierungsstoffe enthalten auch Anteile von Lösungsmitteln und Zusätzen, die nicht mit Lebensmitteln in Berührung kommen dürfen.

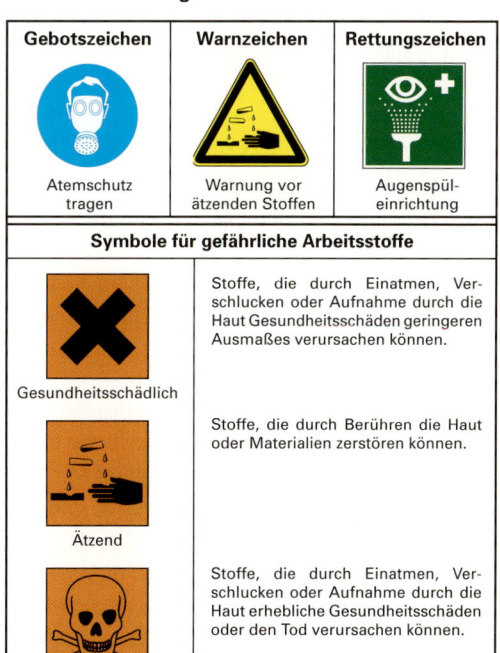

Gebotszeichen	Warnzeichen	Rettungszeichen
Atemschutz tragen	Warnung vor ätzenden Stoffen	Augenspüleinrichtung

Symbole für gefährliche Arbeitsstoffe

Gesundheitsschädlich	Stoffe, die durch Einatmen, Verschlucken oder Aufnahme durch die Haut Gesundheitsschäden geringeren Ausmaßes verursachen können.
Ätzend	Stoffe, die durch Berühren die Haut oder Materialien zerstören können.
Giftig	Stoffe, die durch Einatmen, Verschlucken oder Aufnahme durch die Haut erhebliche Gesundheitsschäden oder den Tod verursachen können.

Auswahl von Sicherheitskennzeichen

2.3 Schmieren

- **Aufgaben des Schmierens**

Durch Schmieren von Maschinen, Geräten und Anlagen erreicht man Folgendes:

- Energieverluste infolge von Reibungsvorgängen werden vermindert.
- Verschleißvorgänge an Bauteilen, die sich gegeneinaner bewegen, werden verringert.
- Oberflächen können vor schädlichen Umwelteinflüssen geschützt werden.

Besonders wichtig ist die Schmierung von Lagern und Führungen. Die Schmierstoffe verhindern, dass sich die aufeinander gleitenden oder abrollenden Bauteilflächen direkt berühren.
Schmierung verringert die Beanspruchung der Oberflächen und verlängert die Einsatzzeit von Bauteilen, wie z.B. Kugellagern.

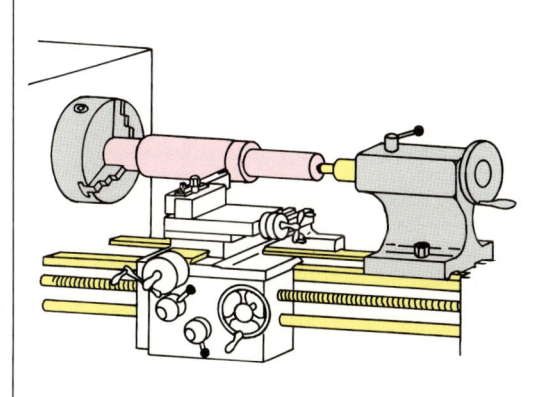

Gleitflächen an einem Drehmaschinenbett

> Durch Schmieren vermindert man in technischen Systemen Energieverluste, verringert Verschleißvorgänge und schützt Oberflächen vor Korrision.

Übungsaufgaben IW-10 bis IW-12

- **Schmieranweisungen**

Schmieren erfolgt nach festen Vorgaben des Herstellers einer Maschine, eines Gerätes oder einer Anlage. Die Vorgaben berücksichtigen vor allem die Einsatzbedingungen der Maschinen bzw. Anlagen im Produktionsprozess.

Die Schmieranweisung muss gemäß Normvorgaben Folgendes enthalten:

- eine **Schmierstoffübersicht** ↗ WT Kap. 8, mit den empfohlenen Schmierstoffen und ihren genormten Bezeichnungen,
- einen **Schmierstellenplan**, in dem die einzelnen Schmierstellen und die vorgesehenen Schmierintervalle eingetragen sind,
- die Angaben über die jeweiligen **Schmierstoffmengen**,
- die Art des jeweiligen **Schmierverfahrens**, mit dem der Schmierstoff einzubringen ist.

- **Schmierplan**

Im Betrieb werden die Anweisungen des Herstellers in den Instandhaltungsplan eingebracht. Es wird ein entsprechender Schmierplan aufgestellt, nach welchem der Fachmann die Schmierung vorzunehmen und zu bestätigen hat. Der Schmierplan enthält:

- die Bezeichnung der Schmierstellen in sinnvoller Reihenfolge
 (wo?),
- die eindeutige Bezeichnung der zuzuführenden Schmierstoffe
 (was?),
- die Menge des beim jeweiligen Schmiervorgang einzubringenden Schmierstoffes
 (wie viel?),
- die Beschreibung der notwendigen Arbeitsmittel
 (womit?),
- das Intervall, nach dem jeder der beschriebenen Arbeitsgänge regelmäßig auszuführen ist. Das Intervall kann in Zeitabständen, Stückzahlen o.a. gemessen sein
 (wann?),
- die Arbeitszeitvorgabe
 (wie lange?),
- die Hinweise zur Koordinierung der Arbeiten mit dem Betriebsablauf, z.B. „*in Betrieb*" oder „*bei Stillstand auszuführen*"
 (wobei?).

Zur anschaulichen Darstellung der Schmieranweisungen werden Pläne mit den folgenden Symbolen erstellt.

Symbole für Schmieranleitungen

	Ölstand prüfen		Schmierung allgemein mit Ölkanne oder Spraydose		Angabe der Schmierintervalle in Betriebsstunden
	Ölstand überwachen, falls erforderlich auffüllen		Automatische Zentralschmiereinrichtung für Öl		
	Behälter entleeren		Fettschmierung mit Fettpresse		Ergänzende Erläuterungen in der Betriebsanleitung nachlesen
	Behälterinhalt austauschen, Angabe der Füllmenge in l		Filter auswechseln, Filtergehäuse reinigen		

| Beispiel | für einen Schmierplan |

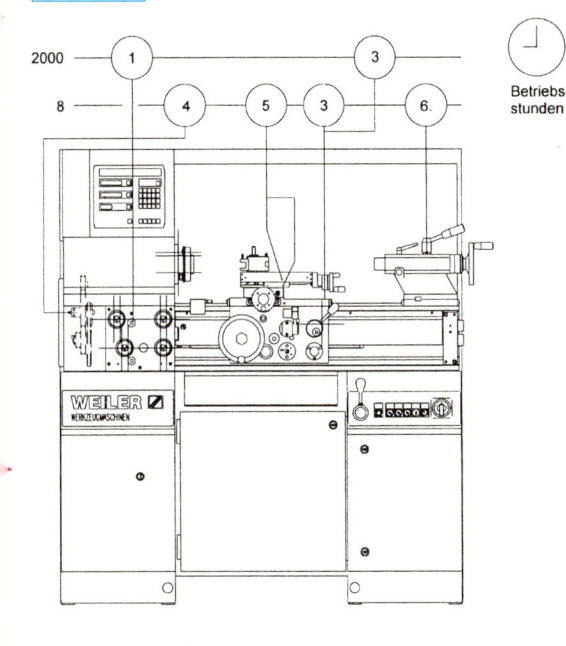

Eingriff-stelle	Nr.	Art des Eingriffs Füllmenge (l)	Betr.-Std. (h)
Vorschub-getriebe	1	1,2 l Austau-schen	2000
Schloss-kasten	3	0,5 l Prüfen Auffüllen	8
	3	1,0 l Austau-schen	2000
Wechselrad-getriebe	4		
Ober-schlitten	5	Abschmie-ren	8
Reitstock	6		
Schmierstoff DIN 51517-CLP 46			

Der Schmierplan ist vom Fachmann aus folgenden Gründen genau einzuhalten:
- Viele Schmierstoffe vertragen sich nicht untereinander, deswegen darf man keine eigenmächtigen Änderungen hinsichtlich der *Art des Schmierstoffes* vornehmen.
- Übervolle Fettfüllungen in Lagern führen zu erhöhter Lagerreibung und damit zur Verflüssigung des Fettes und zu Schmierstoffverlust, deswegen muss die *Schmierstoffmenge* eingehalten werden.
- Oft muss das Schmiermittel beim Einbringen durch Kanäle gepresst werden, die verfestigten Schmierstoff und Abriebteilchen enthalten. Das *Arbeitsmittel* zum Einbringen des Schmiermittels ist daher festgelegt, damit der notwendige Einpressdruck aufgebracht werden kann.

Genaue Angaben über die Schmierung einer Maschine oder Anlage sind dem Schmierplan zu entnehmen.

- **Einbringen von Schmierstoffen**

Im Betrieb werden zum Schmieren von Hand meist Öl- und Fettpressen verwendet. Maschinen werden heute jedoch nur noch an wenigen Stellen von Hand geschmiert, weil größere Systeme mit einer automatisch arbeitenden Zentralschmiereinrichtung ausgerüstet sind.
Anders ist es bei der Montage, dort werden die Bauteile vor dem Einbau meist von Hand geschmiert.

Einfetten der Wälzlager von Hand

Unsachgemäßes Schmieren kann zu erheblichen Schäden in Maschinenteilen und Anlagenbereichen führen. Schmierpläne müssen eingehalten werden.

Übungsaufgabe IW-15

2.4 Ergänzen, Nachstellen und Auswechseln

- **Warten durch Ergänzen**

Warten durch Ergänzen bezieht sich vorwiegend auf das Nachfüllen von Hilfsstoffen wie Öle, Fette, Kühlschmiermittel und Kühlwasser. Auch das Aufladen von Akkumulatoren und das Aufpumpen von Luftreifen gehören zum Warten durch Ergänzen.

> Warten durch Ergänzen ist vorwiegend das Auffüllen von Hilfsstoffen.

- **Warten durch Nachstellen**

Im Betrieb können sich die Maße und die Lage von Bauteilen verändern. Verursacht werden diese Veränderungen durch die Höhe der Belastung, durch Verschleiß und durch bleibende Dehnungen der Bauteile. So dehnen sich z.B. Riemen und Ketten im Laufe des Betriebes und Führungen bekommen durch Verschleiß Spiel.

Durch Nachstelleinrichtungen, die heute meist schon in den Maschinen eingebaut sind, lassen sich die Veränderungen ausgleichen oder wieder rückgängig machen. So wird der ursprüngliche Sollzustand des Systems wieder erreicht.

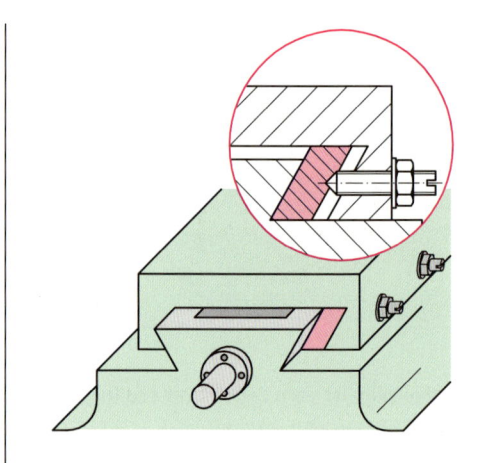

Nachstellbare Führung an einer Maschine

> Durch Nachstellen korrigiert man Abweichungen vom Sollzustand, verbessert die Funktion des Produktionsablaufes, erhöht die Qualität der Produkte und beugt Störungen vor.

- **Auswechseln von Verschleißteilen**

In Maschinen, Anlagen oder Geräten unterliegen einige Teile einem höherem Verschleiß als andere. Solche Verschleißteile müssen ausgewechselt werden, wenn ein bestimmter Abnutzungszustand erreicht ist.

Beispiele für Verschleißteile, die ausgewechselt werden:

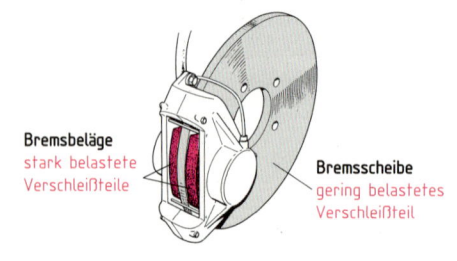

Bremsbeläge
stark belastete Verschleißteile

Bremsscheibe
gering belastetes Verschleißteil

Bremsbelag einer Bremse

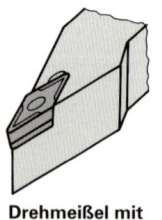

Drehmeißel mit eingeschraubter Schneidplatte

Schneidplatte
stark belastetes Verschleißteil

Verschleißteile unterliegen einer erhöhten Abnutzung und müssen rechtzeitig ausgewechselt werden. Für viele Baugruppen werden daher vom Hersteller so genannte Verschleißteilsätze geliefert werden.

> **Beispiel** für einen Verschleißteilsatz an einem Pneumatikzylinder:

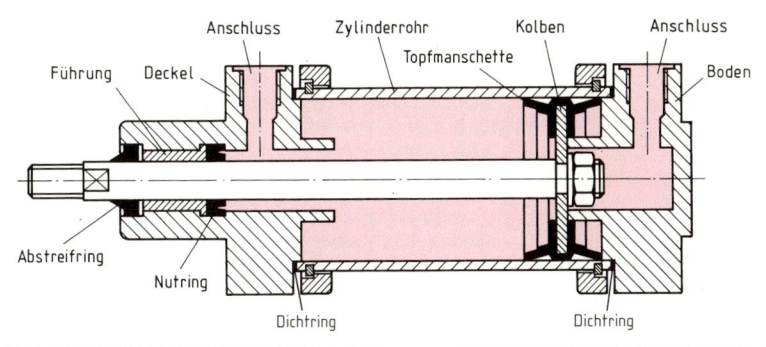

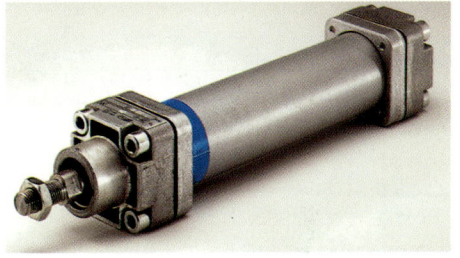

- **Auswechseln von Hilfsstoffen**

Auch Hilfsstoffe wie Öle, Fette, Kühlschmiermittel u.a. müssen nach einer bestimmten Betriebsdauer ausgewechselt werden, da sie altern und mit Abriebteilchen belastet sind, z. B. verfällt die Herstellergarantie bei einem KFZ, wenn der Ölwechsel nicht in den vorgeschriebenen Intervallen durchgeführt wurde.

3 Systembeurteilung durch Inspektion

Inspektionen dienen dazu, regelmäßig den Zustand von Geräten, Maschinen oder Anlagen zu überprüfen bzw. die Qualität der Arbeitsweise festzustellen. Insbesondere müssen an sehr komplexen technischen Systemen wie Flugzeugen, Lokomotiven oder Produktionsanlagen entsprechende Inspektionen durchgeführt werden.

- **Inspektionsintervalle**

Inspektionen sind nach vorgeschriebenen Zeitabständen durchzuführen. Die Zeitabstände zwischen den jeweiligen Inspektionen richten sich nach der Belastung:

- Bei Fahrzeugen wird meist die gefahrene Strecke zugrunde gelegt; z.B. für PKW alle 15 000 km.
- Für kontinuierlich arbeitende Maschinen, Pumpen, Produktionsanlagen wird die Betriebszeit als Basis gewählt; z. B. alle 500 Betriebsstunden.
- Produzieren Maschinen ständig den gleichen Artikel, so wird häufig nach einer bestimmten Produktionszahl eine Inspektion vorgenommen; z.B. nach 10 000 Stück.

Vorgeschriebene Checks an einem Flugzeug

Inspektionsart	Einsatzdauer	Werftliegezeit	Arbeiten
A-Check	350 Flugstunden	über Nacht (100 Mannstunden)	Kabinen-Inspektion System-Check
B-Check	1000 Flugstunden	1 Tag (800 Mannstunden)	Inspektion der Struktur System-Check
C-Check	alle 18 Monate	mehrere Tage (1400 Mannstunden)	Inspektion der Struktur nach Abnahme aller Verkleidungen großer System-Check

> Inspektionen werden in festgelegten Intervallen durchgeführt. Die Intervalle richten sich nach der Belastung des jeweiligen Sytems.

Übungsaufgabe IW-18

• Inspektion durch Sinneswahrnehmung

Bei Inspektionen werden Eigenschaften oder Zustände von Systemen beurteilt, die oft schon mit unseren Sinnen unmittelbar erfasst werden können. Solche subjektiven Wahrnehmungen reichen meist aus, um gegebenenfalls notwendige Instandhaltungsmaßnahmen einzuleiten.

Beispiele für Inspektionen durch Sehen, Hören und Fühlen

Vorschrift	Inspektion	Beispiel
Am Kfz alle 15 000 km mit der Hand Keilriemenspannung prüfen und äußeren Zustand begutachten.	Prüfen der Riemenspannung durch Fühlen und Kontrolle des Riemens auf Risse durch Sehen.	
Eine Druckluftanlage bei Arbeitsbeginn täglich auf Druckluftverlust prüfen.	Überwachen der Anlagenteile und Leitungen auf Druckluftverluste infolge Lecks durch Abhören (Zischgeräusche)	

• Inspektion mit Messgeräten

Inspektionen mit Messgeräten sind meist aussagefähiger als Inspektionen durch Sinneswahrnehmungen, denn zu beurteilende Eigenschaften werden objektiv erfasst und können entsprechend bewertet werden.

Beispiel für die Inspektion von Wälzlagern durch Messen:

Verschleiß verursacht in den Abrollzonen der Lagerringe eine Welligkeit, die beim Lauf Stoßimpulse hervorruft. Diese Impulse werden mit einem Mikrofon aufgenommen, in einem Rechner ausgewertet und angezeigt. Die Stärke der Stoßimpulse ermöglicht Rückschlüsse auf den Lagerzustand.

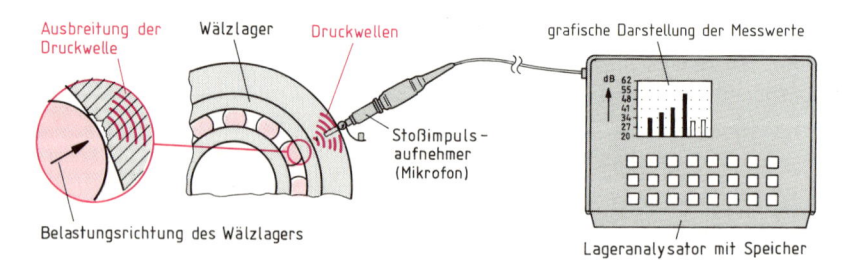

Das jeweils charakteristische Schwingungsverhalten einer unbeschädigten Lagerart ist im Rechner als Sollwert gespeichert. In einem Soll-Istwert-Vergleich kann der Verschleißzustand eines Wälzlagers beurteilt werden. Bei Überschreiten eines festgelegten Grenzwertes wird das Lager vorbeugend ausgewechselt.

> Bei der Inspektion werden die zu untersuchenden Eigenschaften mit Sinnen subjektiv oder mit Messgeräten objektiv erfasst. Die Beurteilung erfolgt nach den Vorgaben der Inspektionsanweisung.

- **Kontinuierliche Inspektion**

Zwischen den Inspektionen unterliegen Maschinen, Anlagen und Geräte weiterhin dem Verschleiß und es besteht die Gefahr von Betriebsstörungen. Intervallmäßige Inspektionen erfodern auch störende Unterbrechungen der Nutzung. Deshalb wird versucht, die Inspektionen während des Betriebes kontinuierlich durchzuführen und Meldung geben zu lassen, wenn Teile der Maschine oder Anlage in einen kritischen Zustand kommen, z. B. wenn Lager zu heiß werden, wenn Werkzeuge abstumpfen oder Motoren überhitzen. Kontinuierliche Inspektion verlängert die Zeit zwischen zwei Instandsetzungen, weil erst bei drohendem Betriebsausfall eingeschritten werden muss.

| Beispiel | für eine Einrichtung zur kontinuierlichen Inspektion |

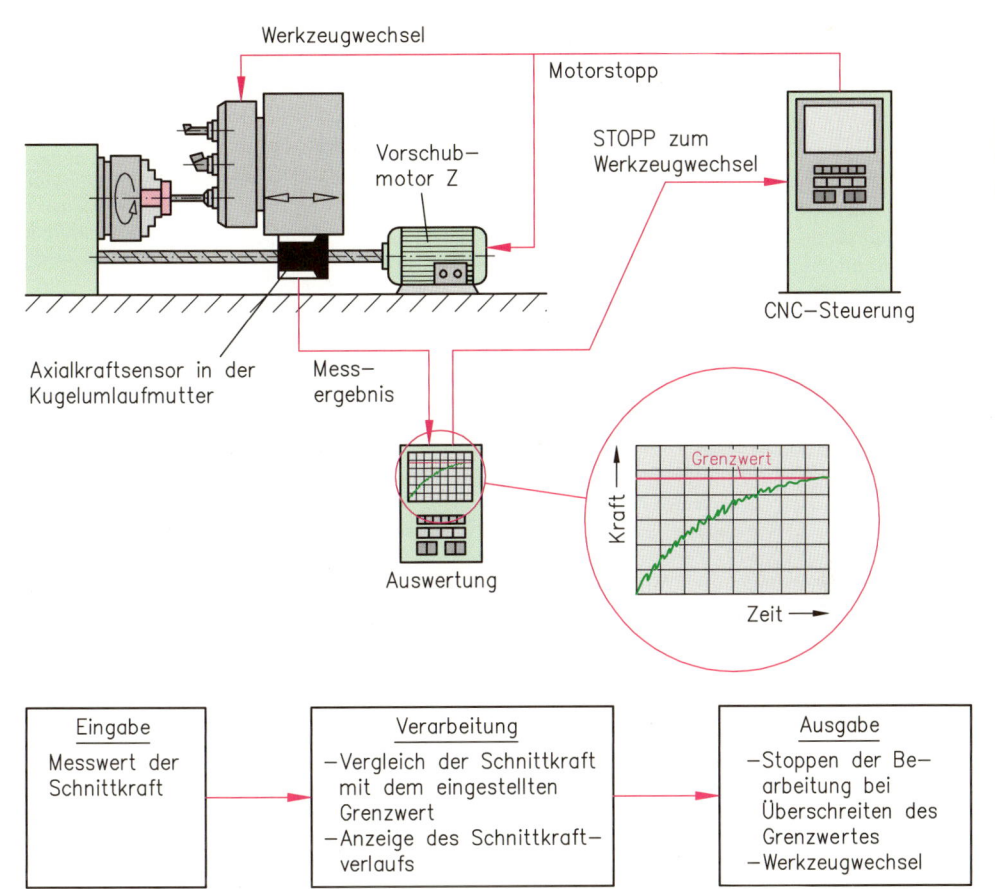

Durch kontinuierliche Inspektion, also ständige Überwachung, werden unnötige Betriebsunterbrechungen vermieden.

Übungsaufgabe IW-21

4 Instandsetzen

- **Schadensbedingte Instandsetzung**

Unvorhergesehene Schäden an Maschinen und Anlagen, z. B. der plötzliche Ausfall eines Motors oder das Platzen eine Hydraulikschlauches, zwingen zu sofortiger Instandsetzung. Weil nicht bekannt ist, wann ein solcher Schaden auftritt und welche Ausmaße er annimmt, verursacht er im Besonderen organisatorische Probleme mit längerem Produktionsausfall durch Fehlersuche und Ersatzteilbeschaffung.

Maschinenausfall durch Bruch

Schadensbedingte Instandsetzung erfolgt nach plötzlich auftretenden Störungen. Diese erzwingen oft längere Unterbrechungen wegen Fehlersuche und Ersatzteilbeschaffung.

- **Vorbeugende Instandsetzung**

An Maschinen und Anlagen mit hoher Produktivität, langen Laufzeiten und geringem zeitlichen Spielraum, z. B. an Druckerpressen in Zeitungsverlagen oder an Produktionsanlagen der Automobilindustrie, wechselt man in bestimmten Zeitintervallen störungsgefährdete Bauelemente aus, ohne dass sich ein Schaden ereignet hat. Diese Art des Vorgehens bezeichnet man als vorbeugende Instandsetzung. Dabei erzielt man ein hohes Maß an Zuverlässigkeit, jedoch zu dem Preis von vorschnellem Bauteilaustausch.

Maschinenausfall absehbar

Bei vorbeugender Instandsetzung können Art, Umfang und der Zeitpunkt der Durchführung im Voraus geplant werden.

- **Zustandsbedingte Instandsetzung**

Störungsbedingte Unterbrechungen von Maschinen lassen sich weitgehend vermeiden, wenn man kontinuierlich den Zustand verschleißanfälliger Bauelemente überwacht und die Instandsetzung einleitet, wenn der Verschleiß eines Bauteils weit fortgeschritten ist. Über Änderungen im Verhalten des Bauteils, z.B. am Temperaturanstieg eines Wälzlagers oder an Veränderungen der Lagergeräusche, lassen sich drohende Schäden vorherbestimmen. Meist bleibt genügend Zeit zur Ersatzteilbeschaffung und zur Vorbereitung der Instandsetzungsmaßnahme.

Maschinenausfall vermeidbar

Zustandsbedingte Instandsetzung ist nach Art und Umfang planbar, jedoch nicht immer ihr genauer Zeitpunkt.

5 Wartungsanleitungen

Der Hersteller einer Anlage händigt dem Betreiber stets bei Übergabe eine Wartungsanleitung aus. Er erstellt die Wartungspläne, da er den Aufbau seiner Anlagen kennt und um die Notwendigkeit bestimmter Pflegemaßnahmen weiß.

Wartungspläne – meist in Tabellenform oder übersichtlichen Listen – enthalten für die Baugruppen einer Anlage die erforderlichen Wartungsarbeiten mit den zugehörigen zeitlichen Intervallen. Die Ausführung der Arbeiten zu den vorgegebenen Zeitpunkten ist Voraussetzung dafür, dass die Herstellergarantie nicht verloren geht.

Die Auflistung der Wartungsarbeiten in den Plänen kann nach verschiedenen Gesichtspunkten gegliedert werden. Man ordnet die Wartungsschritte nach:

- den **Wartungsintervallen** – diese werden meist steigend in Betriebsstunden angegeben,
  zum Beispiel: nach 8, nach 50, nach 200 Betriebsstunden usw.,
- oder den **Baugruppen der Anlage**,
  zum Beispiel: Gehäuse, Führungsbahnen, Bedienpult, Kühlmitteleinrichtung usw.,
- oder der **Zweckmäßigkeit des Arbeitsablaufes** der Gesamtmaßnahme,
  zum Beispiel: Stellen Sie den Hauptschalter auf AUS und schalten die Zuleitung zur Maschine spannungsfrei, öffnen Sie die Verschlussklappe zum ..., usw.

Beispiel für den Wartungsplan einer Baugruppe:

Wartungsanweisung zum Sonderbestücker   Blatt 5
Arbeitsunterlage für Instandhaltungspersonal

Pneumatikverschraubungen auf Dichtheit prüfen	wöchentlich	Geräuschprüfung
Kugelgewindespindel Achsen fetten	monatlich	Auftragen eines dünnen Fettfilms auf die Spindel
Zahnriemen auf Risse, Ausfransungen und Zahnausbrüche prüfen	monatlich	Sichtprüfung für den gesamten Riemen durchführen

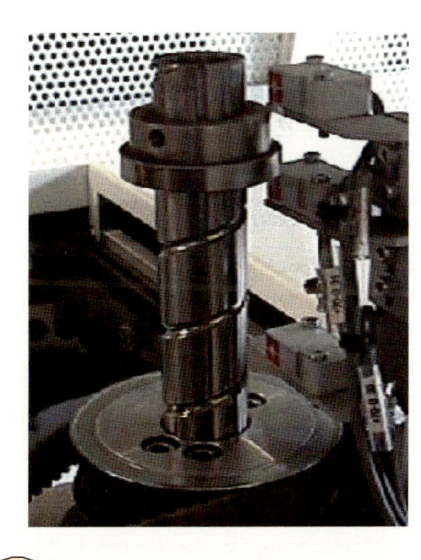

Übungsaufgabe IW-25

| Beispiel | für den Wartungsplan einer Fräsmaschine (nur Auszüge!) |

Die Nummern geben die laufende Nummer im Wartungsplan an.

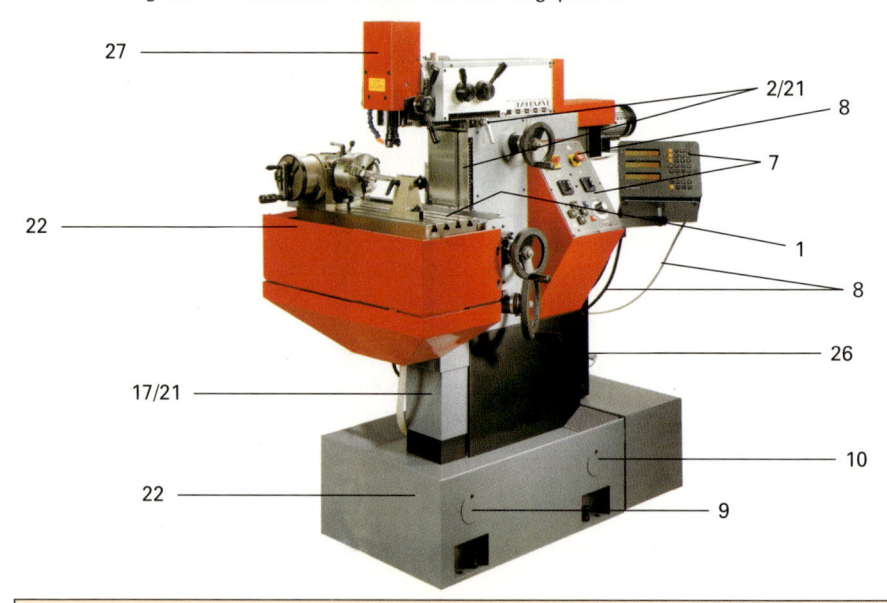

Lfd. Nr.	Wartungs-/Inspektionsmaßnahme	Intervall in Betriebs-Std.	Bemerkungen
1	**Frästisch** reinigen, auf Beschädigungen kontrollieren und leicht fetten	8	Nur Pinsel und Putzlappen verwenden
2	Alle **Schlittenführungen** reinigen	8	Keine Pressluft einsetzen!
7	**Maschinengehäuse, Steuerung** und **Bedienpult** reinigen	40	
8	**Elektrozuleitungen** und **Schalter** auf Beschädigugen sorgfältig kontrollieren	40	Alle Schäden sofort melden!
9	**Füllmenge** der Kühlschmiereinrichtung prüfen und bei Bedarf auffüllen	40	Kühlschmierstoff E 8 %
10	**Füllmenge** der Zentralschmiereinrichtung prüfen und bei Bedarf auffüllen	40	Ölsorte: CL 68
17	**Abstreifer** an **Führungsbahnen** reinigen und bei Bedarf auswechseln	80	
21	**Stellleisten** der **Schlittenführungen** prüfen und eventuell nachstellen	160	
22	**Siebe** und **Filter** der Kühlschmiereinrichtung reinigen	160	
26	Spannung u. Verschleiß des **Keilriemens** vom Hauptantrieb sowie des **Zahnriemens** vom Vorschubantrieb prüfen, evtl. nachstellen	1000	
27	Lagerspiel der **Frässpindel** prüfen und bei Toleranzüberschreitung nachstellen	5000	Zul. Rundlaufabweichung Max. t = 0,03 mm

Übungsaufgabe IW-26

Arbeitsauftrag: Wartungsplan erstellen

In der Werkstatt wurde in der vierten Kalenderwoche (4. KW) eine Fräsmaschine aufgestellt. Diese wurde vor der Inbetriebnahme komplett gewartet.
In der Betriebsanleitung zur Maschine wird u.a. die folgende Schmieranleitung vorgegeben:

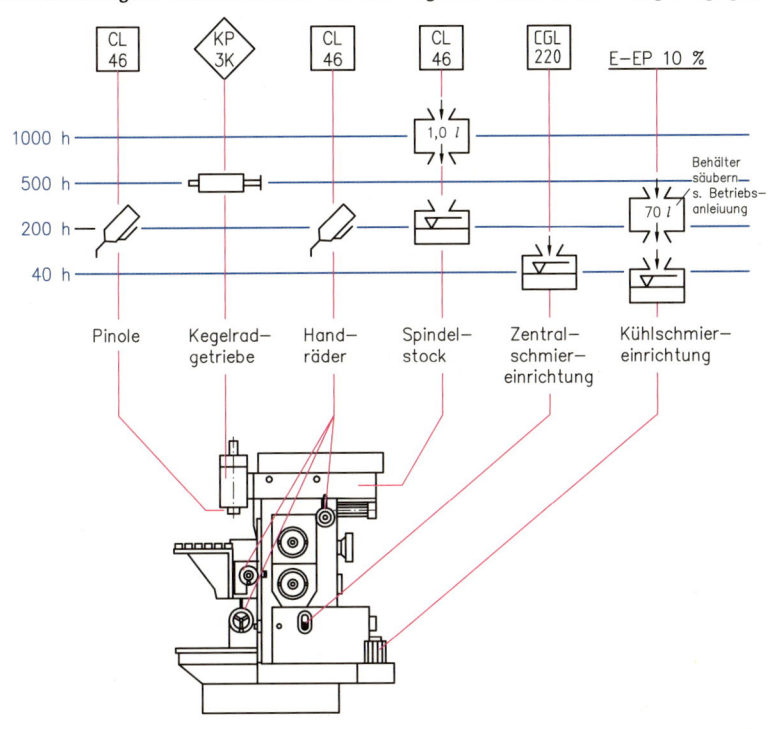

Erstellen Sie anhand der Schmieranleitung eine Auflistung der verschiedenen Arbeiten, geordnet nach den Kalenderwochen, in denen die anfallen. Berücksichtigen Sie dabei, dass die Fräsmaschine in jeder Woche einmal etwa 20 Stunden in Betrieb ist.
Fassen Sie gleichzeitig auszuführende Tätigkeiten zusammen und tragen Sie diese in eine Tabelle – wie vorgegeben – ein.

Kalender-woche	Schmierstelle	Art der Tätigkeit	Schmierstoff/ Sonstige Hilfsstoffe
4.		Anlieferung, Inbetriebnahme, Vollständige Wartung	
6., 8., 10., ...	Zentralschmiereinrichtung	Ölstand kontrollieren, ggf. nachfüllen	Umlaufschmieröl mit korrosionshemmenden Zusätzen, Viskositätsgrad 46
	Kühlschmiermitteleinrichtung	Flüssigkeitsstand kontrollieren, ggf. nachfüllen	Kühlschmierstoffemulsion mit 10 % Öl und Zusätzen

Elektrotechnik

1 Wirkungen und Einsätze elektrischer Energie

- **Wärmewirkung**

Elektrische Energie kann in Wärmeenergie umgewandelt werden. Dies geschieht z.B. im Elektroofen, beim Lichtbogenschweißen und beim Schmelzen einer Schmelzsicherung.

Beispiel für die Umwandlung von elektrischer Energie in Wärmeenergie

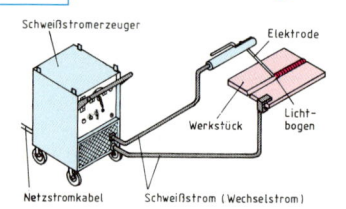

- **Magnetische Wirkung**

Elektrische Energie wird in Elektromagneten in Energie eines magnetischen Feldes umgewandelt. Dies geschieht z.B. in Hubmagneten und Elektromotoren.

Beispiel für die Umsetzung elektrischer Energie in Energie eines Magnetfeldes

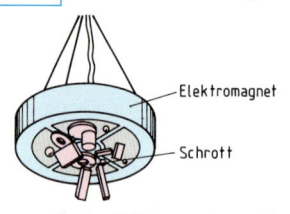

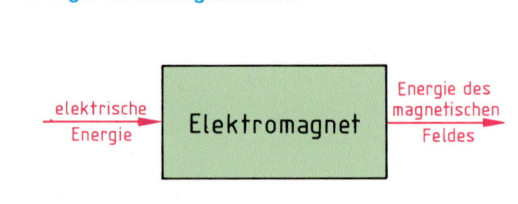

Die magnetische Wirkung des elektrischen Stromes wird in Elektromotoren ausgenutzt.

Beispiel für die Nutzung elektrischer Energie zur Erzeugung von Bewegungsenergie

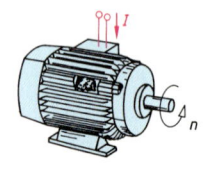

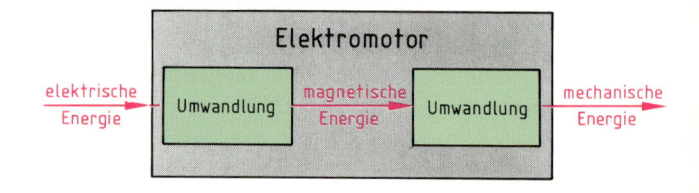

- **Chemische Wirkung**

Zur Auslösung und Fortführung vieler chemischer Reaktionen benötigt man Energie. Sie wird oft in Form elektrischer Energie zugeführt, z.B. in galvanischen Anlagen und zum Laden von Akkus.

Beispiel für die Nutzung elektrischer Energie bei chemischen Prozessen

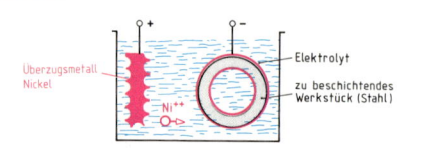

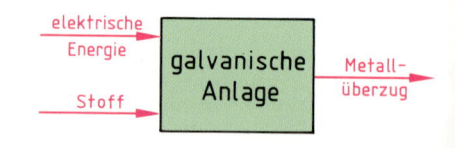

In der Metalltechnik werden folgende Wirkungen des elektrischen Stromes genutzt:
- Wärmewirkung,   • magnetische Wirkung,   • chemische Wirkung.

2 Physikalische Grundlagen

2.1 Elektrische Ladung

• Atomaufbau

Die Atome aller Elemente haben einen Kern und eine Hülle. Der Atomkern enthält als wichtigste Bausteine die **Protonen** und die **Neutronen**. Protonen und Neutronen haben etwa die gleiche Masse.
Die Hülle wird von elektrisch negativ geladenen Teilchen, den **Elektronen,** gebildet. Diese Elektronen bewegen sich mit sehr hoher Geschwindigkeit um den Kern, so dass sich die Vorstellung einer Elektronenhülle ergibt. Elektronen haben nur etwa $1/2\,000$ der Masse eines Protons.
Protonen sind elektrisch positiv, Elektronen sind negativ geladen. Neutronen sind neutral.

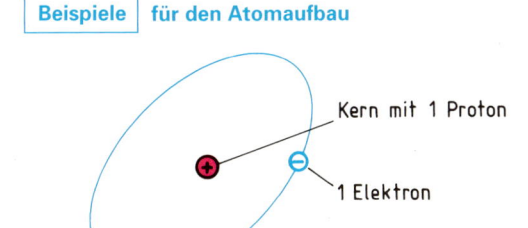

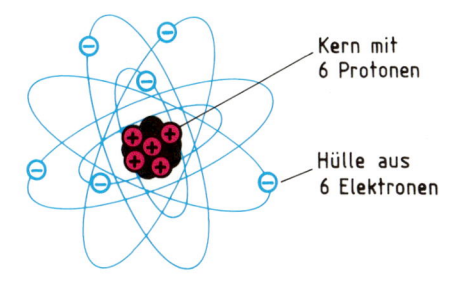

Beispiele für den Atomaufbau

Wasserstoffatom — Kern mit 1 Proton, 1 Elektron

Kohlenstoffatom — Kern mit 6 Protonen, Hülle aus 6 Elektronen

Teilchenart	Symbol	Ladung	Masse	Massenverhältnis
Proton	p^+	positiv	$1{,}7 \cdot 10^{-24}$ g	1
Neutron	n	neutral	$1{,}7 \cdot 10^{-24}$ g	1
Elektron	e^-	negativ	$9{,}1 \cdot 10^{-28}$ g	$\approx \frac{1}{2\,000}$

• Elementarladung

Die Ladung eines Elektrons ist die kleinste Ladungseinheit. Deshalb bezeichnet man diese Ladung als Elementarladung, und da das Elektron negativ geladen ist, als *negative Elementarladung.*
Die gleich große Ladung eines Protons bezeichnet man als positive *Elementarladung.*

> Jedes Elektron besitzt eine negative Elementarladung.
> Jedes Proton besitzt eine positive Elementarladung.

• Kräfte zwischen Ladungen

Unterschiedliche elektrische Ladungen können durch Einsatz von Energie getrennt werden.

Beispiel für Ladungstrennung

Beim Reiben eines Kunststoffstabes mit einem Wolltuch gehen Elektronen des Wolltuches auf den Kunststoffstab über, und es entsteht dort ein Elektronenüberschuss. Der Kunststoffstab erhält dadurch eine negative Ladung. Das Wolltuch weist hingegen Elektronenmangel auf und ist dadurch positiv geladen.

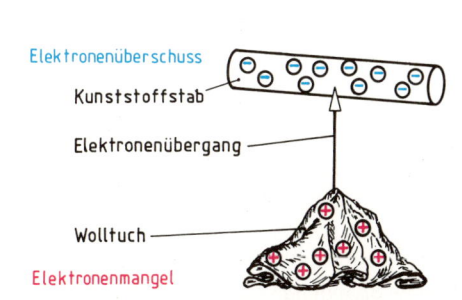

> Zur Trennung elektrischer Ladungen ist Energie erforderlich.

Hat man unterschiedliche Ladungen voneinander getrennt, so bestehen zwischen Teilen mit unterschiedlicher elektrischer Ladung *anziehende* Kräfte und zwischen Teilen mit gleicher elektrischer Ladung *abstoßende* Kräfte.

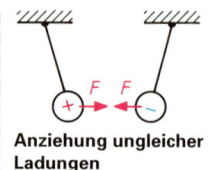

Anziehung ungleicher Ladungen

Abstoßung gleicher Ladungen

Teile mit unterschiedlicher elektrischer Ladung ziehen sich gegenseitig an.
Teile mit gleicher elektrischer Ladung stoßen sich gegenseitig ab.

2.2 Strom

In elektrischen Leitungen können Elektronen weiter bewegt werden. Diesen Fluss von Elektronen bezeichnet man als den elektrischen Strom. Wenn durch den Leiterquerschnitt in einer Sekunde $6{,}25 \cdot 10^{18}$ Elektronen strömen, so fließt ein Strom von **1 Ampere**.

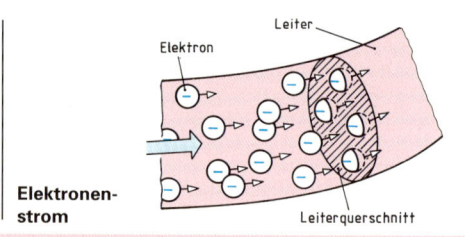

Elektronenstrom

Der elektrische Strom ist der Fluss von Elektronen.
1 Ampere entspricht einem Fluss von $6{,}25 \cdot 10^{18}$ Elektronen je Sekunde.

Bewegt sich der Elektronenstrom stets in die gleiche Richtung, so spricht man von **Gleichstrom**. Stellt man in einem Diagramm den Strom in Abhängigkeit von der Zeit dar, so zeigt das Diagramm eine parallele Linie zur Zeitachse. Batterien und Akkumulatoren liefern Gleichstrom.

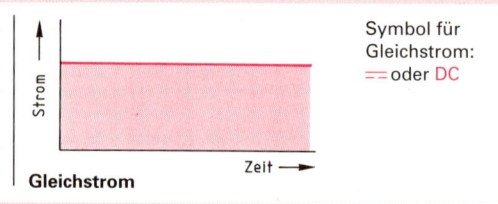

Gleichstrom

Symbol für Gleichstrom:
$=\!=$ oder DC

Ein Strom, der stets in gleiche Richtung fließt, ist ein Gleichstrom.

Ändert der Elektronenstrom in regelmäßigen Zeitabständen (periodisch) seine Größe und seine Richtung, so nennt man diesen Strom **Wechselstrom**. Stellt man in einem Diagramm den Strom in Abhängigkeit von der Zeit dar, so zeigt das Diagramm eine Wellenlinie (Sinuskurve) um die Nulllinie. Die Elektroversorgungsunternehmen liefern einen Wechselstrom, der 100 mal in der Sekunde seine Richtung ändert.

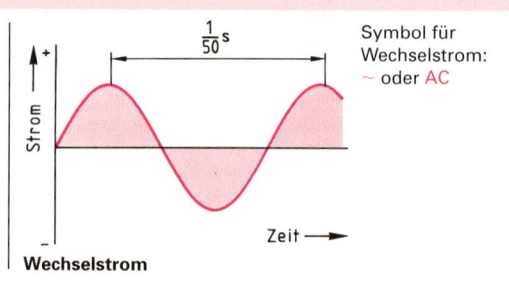

Wechselstrom

Symbol für Wechselstrom:
$\sim$ oder AC

Ein Strom, der periodisch seine Richtung und Größe ändert, ist ein Wechselstrom.

2.3 Spannung

- **Prinzip der Spannungserzeugung**

Durch die Trennung elektrischer Ladungen erhält man Bereiche mit Elektronenüberschuss und solche mit Elektronenmangel.
Der Bereich mit *Elektronenüberschuss* ist der **Minuspol**, der Bereich mit dem *Elektronenmangel* der **Pluspol**.
Wegen der Anziehungskräfte zwischen den unterschiedlichen Ladungen besteht das Bestreben, einen Ausgleich zwischen den beiden Polen herzustellen. Dieses Ausgleichsbestreben nennt man die elektrische **Spannung**.

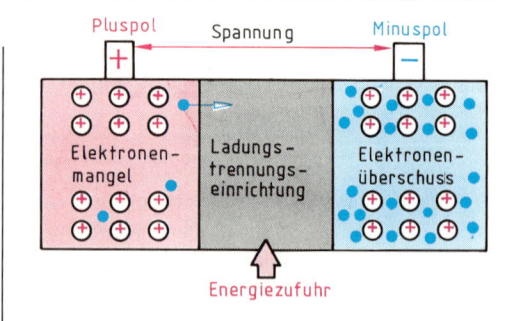

Pluspol — Spannung — **Minuspol**

Elektronenmangel — Ladungstrennungseinrichtung — Elektronenüberschuss

Energiezufuhr

⊕ positiv geladene Teilchen   • Elektronen

Prinzip einer Spannungsquelle

Spannung besteht zwischen getrennten elektrischen Ladungen.

Zur Spannungserzeugung muss Arbeit aufgewendet werden. Verrichtet man bei der Ladungstrennung an $6{,}25 \cdot 10^{18}$ Elektronen (1 Coulomb) eine Arbeit von 1 Nm, so hat man eine Spannung von **1 Volt** erzeugt.

> 1 Nm Arbeit an 1 Coulomb verrichtet, ergibt die Spannung 1 Volt.

- **Spannungsquellen**

Generator
In Generatoren wird Spannung durch Aufwenden mechanischer Energie erzeugt.
Diese Art der Spannungserzeugung wird von den Elektroversorgungsunternehmen betrieben. Generatoren im kleineren Maßstab sind der Dynamo am Fahrrad und die „Lichtmaschine" im Kraftfahrzeug.

Batterie und Akkumulator
In Batterien und Akkumulatoren wird Spannung durch chemische Prozesse erzeugt.
Man verwendet diese Spannungsquellen zur Versorgung nicht ortsgebundener Maschinen und Geräte.

Solarzellen
In Solarzellen erfolgt die Ladungstrennung durch Lichteinwirkung.
Die Anwendung von Solarzellen beschränkt sich in der Bundesrepublik Deutschland im Wesentlichen auf die Spannungsversorgung nicht ortsgebundener Elektrogeräte mit geringem Energieumsatz z.B. Taschenrechnern und Parkscheinautomaten.

Thermoelemente
In Thermoelementen geschieht die Ladungstrennung unmittelbar durch Wärmeenergie.
Man verwendet Thermoelemente zum Speisen von Zündsicherungen in Erwärmungsanlagen und zur Temperaturmessung.

Beispiele	für Spannungsquellen

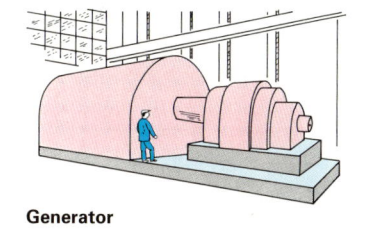

Generator 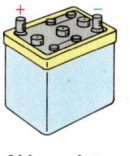 — **Akkumulator**  — **Solarzelle** 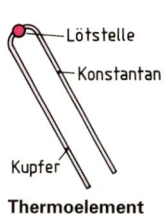 — **Thermoelement** (Lötstelle, Konstantan, Kupfer)

Spannungserzeugung geschieht in:
- Generatoren,
- Batterien und Akkumulatoren,
- Solarzellen,
- Thermoelementen.

2.4 Stromkreis

Verbindet man die Pole einer Spannungsquelle über eine elektrisch leitende Verbindung mit einem Verbraucher, so fließen Elektronen vom Minuspol (–) der Spannungsquelle über Leiter und Verbraucher zum Pluspol (+).
Die in sich geschlossene Anordnung von Spannungsquelle, Leiter und Verbraucher bezeichnet man als *elektrischen Stromkreis*.
Aus historischen Gründen hat man als Stromrichtung eine Bewegung vom Pluspol zum Minuspol festgelegt. Diese Festlegung wird als **technische Stromrichtung** bezeichnet.

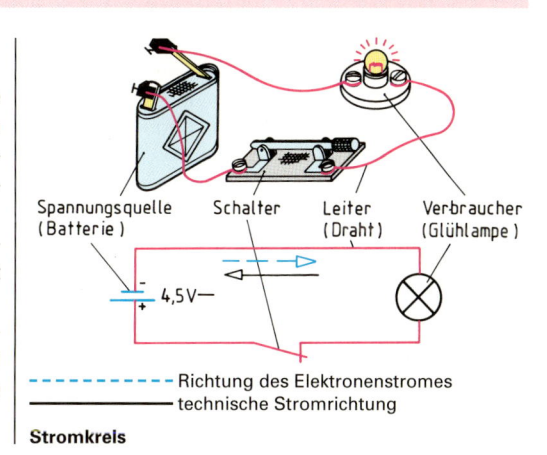

Spannungsquelle (Batterie) — Schalter — Leiter (Draht) — Verbraucher (Glühlampe)

4,5 V

---- Richtung des Elektronenstromes
—— technische Stromrichtung

Stromkreis

> Der geschlossene Stromkreis besteht aus Spannungsquelle, Leiter und Verbraucher.
> Technische Stromrichtung: vom Pluspol zum Minuspol.

2.5 Messung von Stromstärke und Spannung

• Strommessung

Strommessung ist Durchflussmessung, deshalb müssen **Strommessgeräte** direkt in den Stromkreis eingesetzt werden. Sie stehen in einer Reihe mit dem Verbraucher – sie sind *in Reihe geschaltet*. Strommessgeräte zeigen die Stromstärke in Ampere an, man nennt sie auch Amperemeter.
Strommessgeräte dürfen nur zusammen mit einem Verbraucher zum Einsatz kommen, da sonst ein extrem hoher Strom fließt, den man in der Technik als **Kurzschlussstrom** bezeichnet.

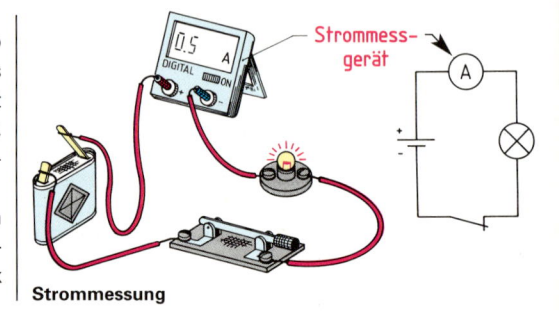

Strommessung

> Der Strommesser wird immer mit dem Verbraucher in Reihe geschaltet.

• Spannungsmessung

Spannungsmessung ist die Messung eines Unterschiedes. Spannungen müssen immer zwischen zwei Punkten eines Stromkreises gemessen werden, z.B. zwischen den beiden Polen einer Spannungsquelle oder zwischen dem Eingangs- und Ausgangspunkt eines Verbrauchers.
Das **Spannungsmessgerät** wird *parallel zum Verbraucher* angeschlossen. Spannungsmesser zeigen die Spannung in Volt an, man bezeichnet sie auch als Voltmeter.

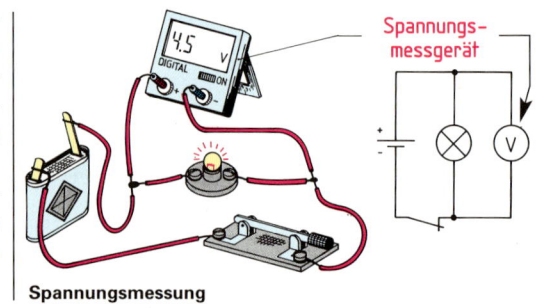

Spannungsmessung

> Der Spannungsmesser wird immer mit dem Verbraucher parallel geschaltet.

2.6 Leiter und Nichtleiter

• Metallische Leiter

Metalle sind gute elektrische Leiter. Die Ursache dafür sind frei bewegliche Elektronen im Metall. Sobald mit einem metallischen Leiter ein Stromkreis geschlossen wird, setzen sich diese in Richtung Pluspol in Bewegung.
Elektronen treten am Minuspol der Spannungsquelle in den Leiter ein, und am Pluspol treten dafür andere heraus. Obwohl sich die Elektronen nur mit sehr geringer Geschwindigkeit (ca. 0,3 m/h) im Leiter in Stromrichtung bewegen, pflanzt sich der „Stoß", der durch das Eintreten von Elektronen in den Leiter entsteht, mit hoher Geschwindigkeit fort.

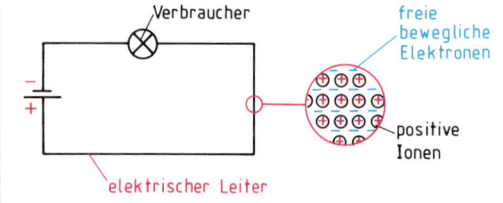

Metall als elektrischer Leiter

> Quasifreie Elektronen sind die Ursache für die gute elektrische Leitfähigkeit eines Metalles.

• Nichtleiter

Stoffe ohne bewegliche Ladungsträger leiten den elektrischen Strom nicht. Solche Stoffe sind z.B. Gummi, Kunststoffe, Glas, trockene Luft und chemisch reines Wasser. Man verwendet diese Stoffe zur Isolierung von elektrischen Leitern und Geräten. Deshalb bezeichnet man sie als **Isolierstoffe** oder **Nichtleiter**.

Querschnitt einer isolierten Kupferleitung

> Stoffe, in denen Ladungen nicht bewegt werden können, werden als Nichtleiter oder Isolierstoffe bezeichnet.

Übungsaufgaben ET-17 bis ET-24

2.7 Elektrischer Widerstand

Im Stromkreis wird der Fluss der Elektronen gehemmt. Diese Erscheinung bezeichnet man als **elektrischen Widerstand**. Er wird in **Ohm** (Ω) angegeben.
Der elektrische Widerstand eines Leiters ist abhängig von:
- Leiterlänge, • Leiterquerschnitt, • Leiterwerkstoff, • Temperatur des Leiters.

In den meisten Fällen ist der Einfluss der Temperatur auf den Leiter unbedeutend. Daher wird bei Berechnungen die Temperatur mit 20°C als konstant angesetzt.

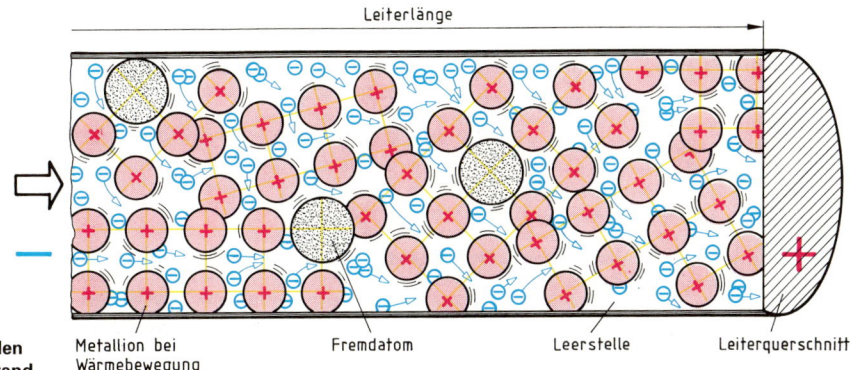

Einflussgrößen auf den elektrischen Widerstand: Metallion bei Wärmebewegung, Fremdatom, Leerstelle, Leiterquerschnitt

Die verschiedenen Einflussgrößen auf den elektrischen Widerstand haben folgende Auswirkungen:
- Mit *steigender Leiterlänge* wächst der Widerstand, weil die Elektronenbewegung auf dem längeren Weg stärker behindert wird.
- Mit *kleinerem Leiterquerschnitt* wird der Widerstand größer, weil die Durchtrittsfläche kleiner wird.
- Mit *sinkender Zahl* freier Elektronen und *stärkerer Behinderung durch Fremdatome* im Kristallgitter steigt der elektrische Widerstand. Diese Werkstoffabhängigkeit des Widerstandes drückt man durch den **spezifischen Widerstand** (Formelzeichen: ϱ) aus.

Der Zusammenhang zwischen den Einflussgrößen und dem elektrischen Widerstand R bei 20 °C wird in folgender Gleichung angegeben:

$$R = \frac{\varrho \cdot l}{S}$$

R Widerstand in Ω
l Leiterlänge in m
S Leiterquerschnitt in mm²
ϱ spezifischer Widerstand
  in $\frac{\Omega \, mm^2}{m}$ bei 20 °C

Werkstoff	Spezifischer Widerstand in $\frac{\Omega \, mm^2}{m}$ bei 20 °C
Silber	0,0149
Kupfer	0,0178
Aluminium	0,0241
Eisen	0,1400

> Der Widerstand eines Leiters hängt bei konstanter Temperatur ab von:
> - Länge,
> - Querschnitt, $R = \frac{\varrho \cdot l}{S}$
> - Werkstoff.

Weicht die Temperatur eines Widerstandes von 20 °C ab, so muss der Widerstandswert neu errechnet werden. Diese Neuberechnung erfolgt über den *Temperaturbeiwert* α.

$$R = R_K \cdot (1 + \alpha \cdot \Delta \vartheta)$$

R_K Widerstand bei 20 °C
α Temperaturbeiwert
$\Delta \vartheta$ Temperaturänderung gegenüber 20 °C

Werkstoff	Temperaturbeiwert α in $\frac{1}{K}$
Kupfer	0,0039
Aluminium	0,0038
Eisen	0,0045

> Der Widerstand von elektrischen Leitern ist temperaturabhängig. Bei metallischen Leitern steigt der Widerstand mit steigender Temperatur.

Übungsaufgaben ET-25 bis ET-30

2.8 Ohmsches Gesetz

Den gesetzmäßigen Zusammenhang der elektrischen Größen **Spannung, Stromstärke** und **Widerstand** in einem elektrischen Stromkreis erforschte Georg Simon Ohm.

Er stellte folgende Abhängigkeiten fest:
1. Steigert man die Spannung bei gleich bleibendem Widerstand, so steigt die Stromstärke im gleichen Verhältnis wie die Spannung.
2. Erhöht man den Widerstand bei gleich bleibender Spannung, so nimmt die Stromstärke im gleichen Verhältnis ab, wie der Widerstand zunimmt.

Aus diesen beiden Abhängigkeiten ergibt sich das **Ohmsche Gesetz:**

> Spannung = Stromstärke · Widerstand
> $U = I \cdot R$

Beispiel für einen Versuch zum Nachweis des Ohmschen Gesetzes

Man führt eine Versuchsreihe mit 0,98 m Konstantandraht mit einem Querschnitt von 1 mm² durch, indem man verschiedene Spannungen anlegt und dabei die verschiedenen Stromstärken misst.

Versuchsaufbau:

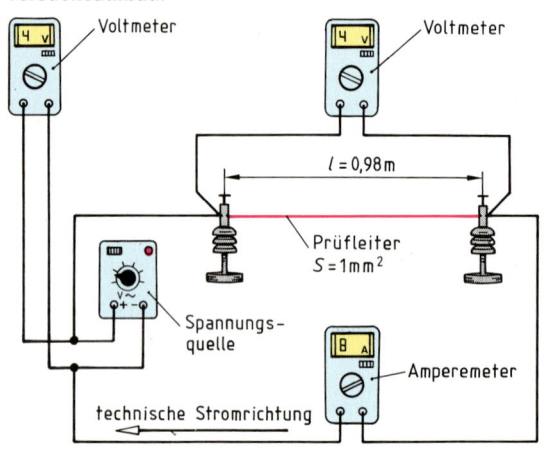

Messergebnis:

Spannung U in Volt	Stromstärke I in Ampere
1	2
2	4
3	6
4	8

Versuchsauswertung:

Aus den Messwerten und dem Verlauf des Graphen im Spannungs-Stromstärken-Schaubild ergibt sich, dass Spannung und Stromstärke stets in gleichem Verhältnis stehen. Das Verhältnis aus Spannung und Strom ist der Widerstand.

Der Versuch zeigt, dass z.B. eine Spannung von 1 V in einem Konstantandraht von 0,98 m Länge und 1 mm² Querschnitt einen Strom von 2A fließen lässt. Der Widerstand des Drahtes ist demnach:

$$R = \frac{U}{I} = \frac{1\,V}{2\,A} = 0{,}5\,\Omega$$

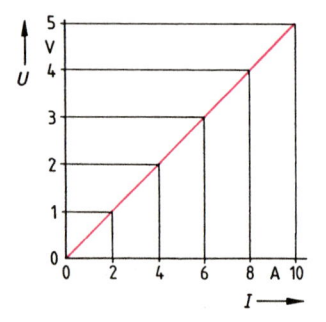

> Das Spannungs-Stromstärken-Schaubild verdeutlicht die Abhängigkeit zwischen Spannung und Strom in einem Stromkreis.

3 Grundschaltungen

3.1 Reihenschaltung

In einer Reihenschaltung liegen alle Verbraucher hintereinander im Stromkreis und werden vom gleichen Strom durchflossen. Die Reihenschaltung findet z.B. bei Lichterketten für Weihnachtsbäume Verwendung. Zudem stellt jede Zuleitung zu einem Verbraucher einen Widerstand dar, der mit dem Verbraucher in Reihe geschaltet ist.

Reihenschaltung von Glühlampen

Für die Reihenschaltung gilt:

1. Der Strom ist an allen Stellen gleich.
   $I_{ges} = I_1 = I_2 = I_3 = ...$
2. Der Gesamtwiderstand ist gleich der Summe der Einzelwiderstände.
   $R_{ges} = R_1 + R_2 + R_3 + ...$
3. Der Spannungsbetrag, der notwendig ist, um den Strom durch den einzelnen Widerstand zu treiben – Spannungsabfall am Widerstand – ist nach dem Ohmschen Gesetz:
   $U_1 = I \cdot R_1 \quad U_2 = I \cdot R_2 \quad U_3 = I \cdot R_3 ...$
   Die Gesamtspannung ist gleich der Summe der Teilspannungen.
   $U_{ges} = U_1 + U_2 + U_3 + ...$

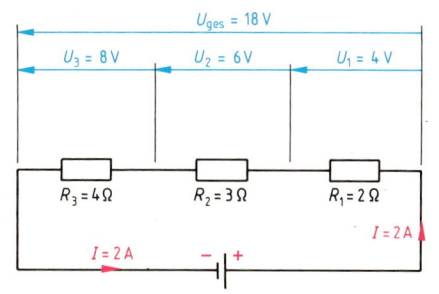

Reihenschaltung mit Widerständen

Reihenschaltung: $\quad I_{ges} = I_1 = I_2 = I_3 = ... \quad R_{ges} = R_1 + R_2 + R_3 + ... \quad U_{ges} = U_1 + U_2 + U_3 + ...$

3.2 Parallelschaltung

In einer Parallelschaltung liegen die Verbraucher parallel zueinander. An allen Verbrauchern liegt die gleiche Spannung an.
Die Geräte am Stromnetz sind parallel geschaltet.

Parallelschaltung von Glühlampen

Für die Parallelschaltung gilt:

1. Die Spannung ist an allen Verbrauchern gleich.
   $U_{ges} = U_1 = U_2 = U_3 = ...$
2. Der Strom, welcher durch den einzelnen Widerstand fließt, ist
   $I_1 = \dfrac{U}{R_1} \qquad I_2 = \dfrac{U}{R_2} \qquad I_3 = \dfrac{U}{R_3}$
   Der Gesamtstrom ist gleich der Summe der Teilströme.
   $I_{ges} = I_1 + I_2 + I_3 + ...$
3. Den Gesamtwiderstand errechnet man aus
   $\dfrac{U}{R_{ges}} = \dfrac{U}{R_1} + \dfrac{U}{R_2} + \dfrac{U}{R_3} + ... \quad |:U$
   $\dfrac{1}{R_{ges}} = \dfrac{1}{R_1} + \dfrac{1}{R_2} + \dfrac{1}{R_3} + ...$

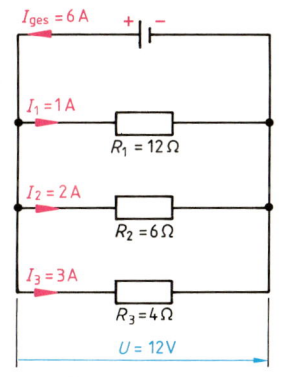

Parallelschaltung von Widerständen

Parallelschaltung: $\quad U_{ges} = U_1 = U_2 = U_3 = ... \quad I_{ges} = I_1 + I_2 + I_3 + ... \quad \dfrac{1}{R_{ges}} = \dfrac{1}{R_1} + \dfrac{1}{R_2} + \dfrac{1}{R_3} + ...$

Übungsaufgaben ET-37 bis ET-42

4 Schaltzeichen für elektrische Bauelemente und Schaltpläne

4.1 Bauteile in der Elektrotechnik

Sehr viele elektrische Schaltungen bestehen im Prinzip aus folgenden Bauelementen:

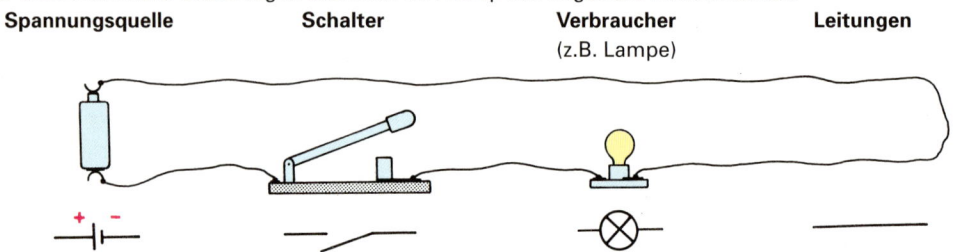

Spannungsquelle   **Schalter**   **Verbraucher**   **Leitungen**
(z.B. Lampe)

Diese Bauteile werden **Betriebsmittel** genannt. Betriebsmittel werden durch Symbole dargestellt. Die Symbole heißen **Schaltzeichen**. Schaltzeichen enthalten die allgemeinste Information über Art und Funktion des Betriebsmittels. Alle Schaltzeichen sind genormt.

Beispiele für Betriebsmittel und Schaltzeichen

Betriebsmittel	Beispiele für Bauformen	Schaltzeichen
chemische Spannungsquellen		
Schalter		
Lampen		
Leitungen		

Schaltzeichen enthalten die allgemeinste Information über Art und Funktion des elektrischen Bauelementes.

4.2 Elektrische Schaltpläne

Schaltzeichen werden zu **Schaltplänen** zusammengefasst. Verschiedene Schaltpläne (z.B. Stromlaufplan oder Installationsplan) sollen verschiedene Sachverhalte einer Schaltung deutlich machen. Damit keine Missverständnisse entstehen, ist auch die Ausführung (die Darstellungsweise) der Schaltpläne genormt. Schaltpläne enthalten Informationen über
- die Anordnung der Betriebsmittel in einer Schaltung,
- die elektrischen Verbindungen in einer Schaltung,
- die Wirkungsweise einer Schaltung.

In Stromlaufplänen kommt es ausschließlich auf die Wirkungsweise einer Schaltung an. Deshalb müssen in Stromlaufplänen die einzelnen Stromwege übersichtlich dargestellt werden.

Beispiele für Stromlaufpläne

1. Zusammenhängende Darstellung

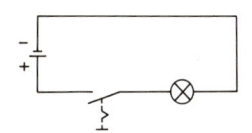

2. Aufgelöste Darstellung

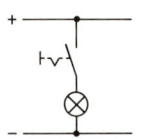

Bei der zusammenhängenden Darstellung werden alle Schaltzeichen der elektrischen Betriebsmittel **zusammenhängend** – als Einheit – gezeichnet.

Bei der aufgelösten Darstellung werden die Schaltzeichen so angeordnet, dass geradlinige Stromwege entstehen.

In allen Stromlaufplänen werden die Verbindungslinien waagerecht oder senkrecht gezeichnet, ganz gleich, wie die Leitungen in der ausgeführten Schaltung tatsächlich liegen.

In Schaltplänen werden Schaltzeichen mit elektrischen Leitern verbunden dargestellt, sie zeigen die Arbeitsweise der elektrischen Schaltung.

4.3 Auswahl genormter Schaltzeichen

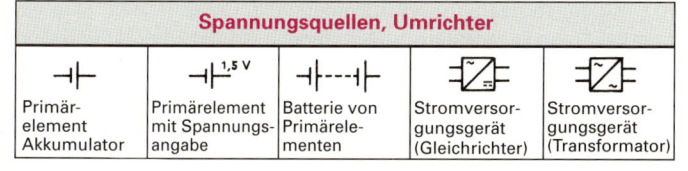

Spannungsquellen, Umrichter					Messgeräte	
Primärelement Akkumulator	Primärelement mit Spannungsangabe	Batterie von Primärelementen	Stromversorgungsgerät (Gleichrichter)	Stromversorgungsgerät (Transformator)	Spannungsmesser	Strommesser

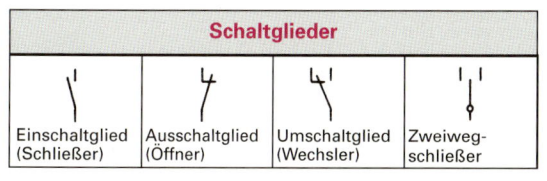

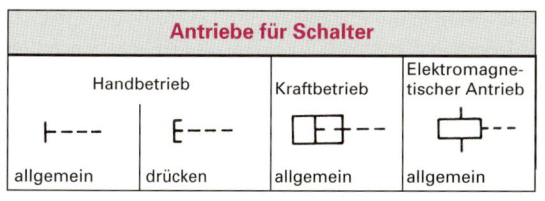

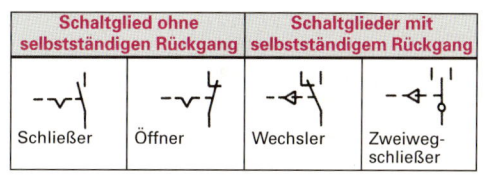

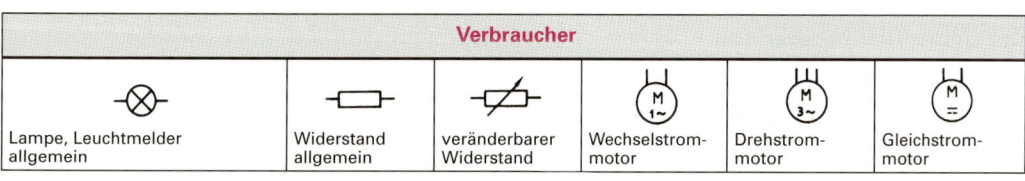

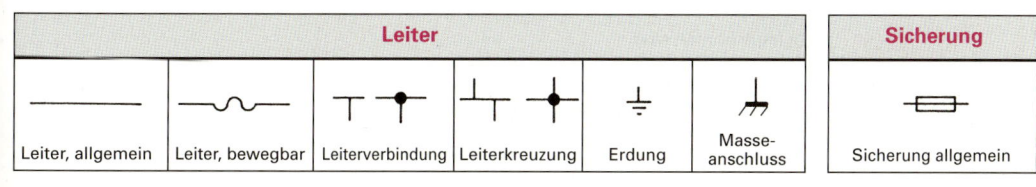

Schaltglieder				Schaltglied ohne selbstständigen Rückgang		Schaltglieder mit selbstständigem Rückgang	
Einschaltglied (Schließer)	Ausschaltglied (Öffner)	Umschaltglied (Wechsler)	Zweiwegschließer	Schließer	Öffner	Wechsler	Zweiwegschließer

Antriebe für Schalter				Betätigte Schalter	
Handbetrieb		Kraftbetrieb	Elektromagnetischer Antrieb	betätigter Schließer	betätigter Öffner
allgemein	drücken	allgemein	allgemein		

Verbraucher					
Lampe, Leuchtmelder allgemein	Widerstand allgemein	veränderbarer Widerstand	Wechselstrommotor	Drehstrommotor	Gleichstrommotor

Leiter						Sicherung
Leiter, allgemein	Leiter, bewegbar	Leiterverbindung	Leiterkreuzung	Erdung	Masseanschluss	Sicherung allgemein

Übungsaufgaben ET-43 bis ET-47

5 Maßnahmen zur Unfallverhütung

Die Gefahren des elektrischen Stromes können mit den menschlichen Sinnen nicht wahrgenommen werden, so dass viele der Unfälle aus Unkenntnis, Unachtsamkeit oder auch aus Leichtsinn geschehen.

- **Kontrolle und Instandsetzung elektrischer Bauelemente**

Alle elektrischen Leitungen und Bauelemente an Anlagen und Maschinen sind ständig auf Beschädigung zu überprüfen. Beschädigungen an Schaltern, Steckern, Steckdosen, Zuleitungen, Verlängerungen und Kabeltrommeln bilden eine Gefahr. Die Anlagen mit beschädigten elektrischen Bauteilen sind durch Betätigung des Hauptschalters spannungsfrei zu schalten. Die beschädigten Bauteile müssen durch einen Fachmann ausgetauscht werden.

- **Gefährliche Wirkungen des elektrischen Stromes**

Der menschliche Körper leitet den elektrischen Strom. Daher kann bei einer Berührung eines stromdurchflossenen Leiters durch den Menschen Strom fließen. Die Größe der Stromstärke ist abhängig von der anliegenden Spannung und dem Gesamtwiderstand des Menschen. Der Gesamtwiderstand setzt sich dabei zusammen aus
- dem Übergangswiderstand zwischen Leiter und Mensch,
- dem Körperinnenwiderstand,
- dem Übergangswiderstand zwischen Mensch und dem zweiten Leiter, bzw. zwischen Mensch und Erde.

Der Körperinnenwiderstand ist gegenüber dem Hautwiderstand vernachlässigbar klein. Feuchte Hände oder Feuchtigkeit zwischen Füßen und Boden verringern den Übergangswiderstand erheblich. Nach dem Ohmschen Gesetz steigt die Stromstärke mit abnehmendem Gesamtwiderstand. Daher besteht eine besondere Gefährdung in Feuchträumen und auf feuchtem Untergrund im Freien, wo der Übergangswiderstand sehr gering sein kann.

Werden Menschen kurzzeitig einer höheren Stromstärke als 309 mA und einer höheren Spannung als 50 V ausgesetzt, so können gefährliche Wirkungen auftreten:

Fehlsteuerungen von Körperfunktionen

Viele Körperfunktionen werden elektrisch über Nervenbahnen gesteuert. So kann unter dem Einfluss eines durch den Körper fließenden Stroms eine Fehlsteuerung eintreten. Diese kann zur Muskelverkrampfung, zu Herzkammerflimmern oder zum Herzstillstand führen.

Schäden durch übermäßige Erwärmung

Bei großen Stromstärken führt die Wärmewirkung des elektrischen Stroms an den Ein- und Austrittsstellen zu Verbrennungen. Es kann zur Verkohlung von Körperteilen kommen, wenn an den Übergangsstellen ein Lichtbogen entsteht.

Zersetzen der Körperflüssigkeit

Bei längerer Einwirkung des elektrischen Stroms zersetzt sich die Körperflüssigkeit (Blut u.a.) elektrolytisch. Dies kann zu Vergiftungserscheinungen führen. Da diese Folgeerscheinungen erst nach einigen Tagen auftreten, sollte ein Arzt bei Unfällen mit Elektrizität aufgesucht werden, damit dieser vorbeugend das Unfallopfer behandeln kann.

ERSTE HILFE bei Unfällen mit Elektrizität

Eine gute und schnelle Hilfe bei Unfällen mit Elektrizität kann lebensrettend sein. Anleitungen zur ersten Hilfe bei Unfällen müssen in allen elektrischen Betriebsräumen aushängen.

Erste Maßnahmen sind:
- Stromkreis unterbrechen oder Verunglückten von Kontaktstelle entfernen, ohne ihn direkt zu berühren.
- Bewusstlosen in Seitenlage bringen und Atemwege frei machen.
- Wiederbelebung mit Atemspende und Herzmassage.
- Sofortige Benachrichtigung eines Arztes zur weiteren Versorgung veranlassen.

- **Allgemeine Schutzmaßnahmen**
- Alle spannungsführenden Teile müssen mit Isolierungen oder Abdeckungen versehen sein.
- Alle Anlagen und Geräte mit einer Spannung über 50 Volt Wechselspannung bzw. 120 Volt Gleichspannung müssen mit Maßnahmen zum Schutz für den Bediener versehen sein, wenn ein Defekt an den Isolierungen auftreten sollte – **VDE-Bestimmungen**. Das *VDE-Zeichen* garantiert die Einhaltung der geltenden Schutzvorschriften für die Bauart dieses Gerätes.
- Arbeiten an unter Spannung stehenden Anlagen sind strengstens verboten.
- Arbeiten an elektrischen Anlagen sind nur von Fachkräften auszuführen.

VDE-Zeichen

> Nur autorisierte Fachkräfte dürfen an elektrischen Anlagen arbeiten. Es besteht ein strenges Verbot, an Anlagen, die Spannung führen, zu arbeiten.

5.1 Leitungs- und Geräteschutzeinrichtungen

- **Leitungsquerschnitte nach DIN VDE 0100**

Elektrogeräte und elektrische Leitungen können bei Überlastung durch eine zu hohe Stromstärke beschädigt oder zerstört werden, da sich die Strom führenden Teile erwärmen.
In den DIN VDE-Bestimmungen ist z.B. festgelegt, dass sich Leitungen mit PVC-Isolierungen bei gängiger Verlegeart wie in Installationsrohren oder Kanälen bis maximal 70° C erwärmen dürfen. Die Erwärmung eines Leiters wächst mit steigender Stromstärke und sinkendem Leiterquerschnitt. Aus diesem Grund ist für jeden Leiterquerschnitt die maximal zulässige Stromstärke in den DIN VDE-Bestimmungen festgelegt.

Mindestquerschnitt für 2 belastete Cu-Leitungen in mm²	Nennstrom der Sicherungen in A
1,5	13
2,5	16
4	25
6	35

Auszug aus DIN VDE 0100 für Mehraderleitungen verlegt in Installationsrohren

- **Schmelzsicherungen**

Schmelzsicherungen werden als schwächstes Glied am Anfang eines Stromkreises eingebaut. Die auswechselbare Sicherungspatrone ist mit einem dünnen Schmelzdraht im Sandbett versehen. Der Gesamtstrom fließt durch diesen Schmelzdraht, so dass dieser bei einer Überschreitung der zulässigen Stromstärke schmilzt. Damit wird der Stromfluss unterbrochen.
Schmelzsicherungen werden entsprechend dem vorhandenen Leiterquerschnitt eingebaut. Um eine Verwendung zu starker Sicherungen zu erschweren, hat der Fußkontakt der Sicherungspatrone einen festgelegten Durchmesser, der in einen Passring des Sicherungssockels passen muss.
Ein farbiges Signalplättchen, welches von einer Feder herausgedrückt wird, zeigt an, ob der Schmelzdraht durchgebrannt ist. *Schmelzsicherungen dürfen nicht geflickt werden.*

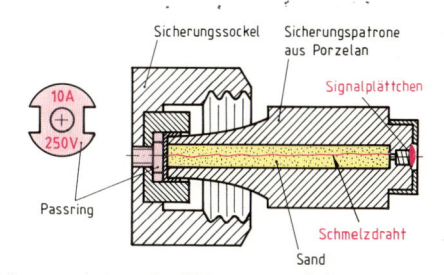

Sicherungspatrone im Sicherungssockel

Nennstrom ≙ Höchststrom	Kennfarbe für Sicherung u. Passring
8 Ampere	grün
10 A	rot
16 A	grau
20 A	blau
25 A	gelb

Schmelzsicherungen und ihre Kennfarben

> Schmelzsicherungen müssen auf den verwendeten Leiterquerschnitt abgestimmt sein. Sie dürfen nicht überbrückt oder geflickt werden.

Übungsaufgaben ET-51 bis ET-55

5.2 Schutzmaßnahmen gegen gefährliche Körperströme

Die Schutzmaßnahmen, die den menschlichen Körper gegen gefährliche Ströme schützen sollen, lassen sich in zwei Gruppen unterteilen:

Arten von Schutzmaßnahmen

Netzunabhängige Schutzmaßnahmen	Netzabhängige Schutzmaßnahmen
Der Schutz ergibt sich durch die Bauweise der Geräte (Verbraucher), z.B. • Schutzisolierung • Schutzkleinspannung	Der Schutz ergibt sich durch einen Schutzleiter im Stromversorgungsnetz, z.B. • Schutzerdung • Fehlerstromschutzschalter

● **Schutzisolierung**

Ortsveränderliche Betriebsmittel – z.B. eine Handbohrmaschine – sind mit einer Schutzisolierung versehen.
Eine Auskleidung des Maschinengehäuses mit einer Isolierschicht bzw. ein Gehäuse aus Kunststoff verhindert, dass im Falle eines Fehlers Gehäuseteile unter Spannung geraten.
Das Gerät muss bei dieser Isolierung mit einem Profilstecker ohne Schutzkontakt ausgestattet werden. Die Anschlussleitung ist mit dem Stecker fest verbunden. Schutzisolierung wird angewendet bei Elektrowerkzeugen (z.B. Handbohrmaschine), Haushaltsgeräten, Leuchten und Kleingeräten (z.B. Elektrorasierern).

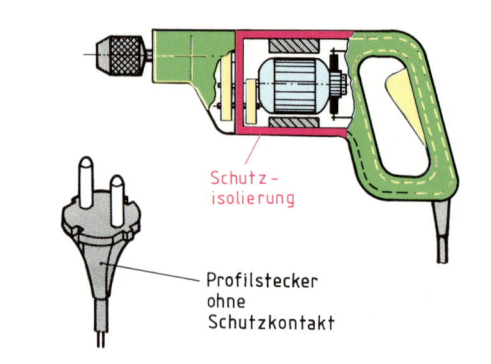

Handbohrmaschine mit Schutzisolierung

> Schutzisolierung verhindert Fehlerspannung an Betriebsmitteln.
> Betriebsmittel mit Schutzisolierung haben Profilstecker ohne Schutzkontakt.

● **Schutzkleinspannung**

Als Schutzkleinspannung bezeichnet man Wechselspannungen bis 50 V. Einem Verbraucher wird ein Transformator vorgeschaltet, oder dieser ist ein fest installierter Bestandteil des Gerätes.
Der Trafo formt die Netzspannung in die Kleinspannung um. Die Sekundärseite, an die der Verbraucher angeschlossen ist, hat keine leitende Verbindung zum Netz. Dies und die niedrige Spannung sind eine wirksame Schutzmaßnahme. Geräte mit Schutzkleinspannung dürfen auf der Sekundärseite keine Anschlussklemme für einen Schutzleiter besitzen.

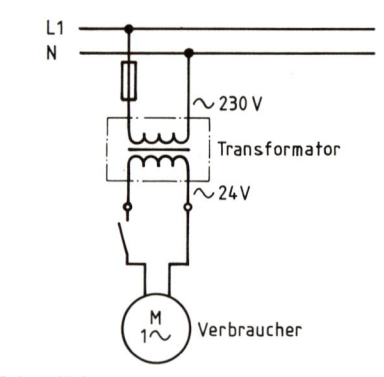

Schutzkleinspannung

> Eine Schutzkleinspannung bis 50 V-Wechselspannung erzeugt man durch einen dem Verbraucher vorgeschalteten Transformator.
> Die Kleinspannungsseite hat keine leitende Verbindung zum Stromnetz.

- **Schutzerdung**

Von einer Schutzerdung spricht man, wenn die nicht Strom führenden Teile von Betriebsmitteln (Verbraucher) über einen Schutzleiter mit einem **Erder** verbunden sind.
Erder sind großflächige leitende Metallteile, die in Oberflächennähe, in Fundamenten oder als Tiefenerder elektrische Ströme in das Erdreich ableiten. Erder dürfen nur einen begrenzten Übergangswiderstand zum Erdreich haben. Dadurch entstehen zwischen einer Person, die das wegen des Fehlers spannungsführende Bauteil berührt, und der Erde nur geringe Spannungsdifferenzen. Diese sind ungefährlich.

Benennung des Schutzleiters: **PE** (**p**rotection **e**arth [engl.] = Schutzerde)
                              Kennfarbe: grün/gelb   Symbol:

> Schutzerdung verhindert hohe Berührungsspannung.

- **Fehlerstromschutzschalter**

Fehlerstromschutzschalter schützen den Menschen vor Schäden durch den elektrischen Strom. Sie schalten das angeschlossene Betriebsmittel innerhalb von 0,2 Sekunden ab, wenn ein Fehlerstrom wegen eines Isolationsfehlers fließt.
So lange die Ursache für die Abschaltung des Betriebsmittels *nicht* beseitigt ist, kann der Fehlerstromschutzschalter *nicht* wieder eingeschaltet werden.
Fehlerstromschutzschalter werden meist kurz als FI-Schutzschalter bezeichnet.

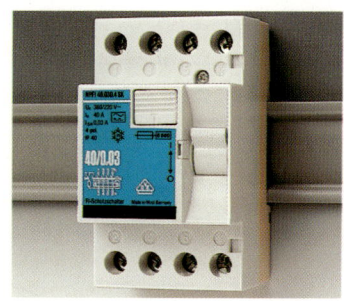

Fehlerstromschutzschalter

> Fehlerstromschutzschalter dienen dem Personenschutz. Nach Abschalten durch einen Fehlerstromschutzschalter ist das Wiedereinschalten des Betriebsmittels nur nach Beseitigung der Störungsursache möglich.

5.3 Kennzeichnung elektrischer Geräte

Die technischen Daten eines elektrischen Gerätes kann man dem Leistungsschild auf dem Gerät entnehmen. Die richtige Deutung der Kennzeichnung kann lebenswichtig sein, besonders, wenn das Gerät bei der Benutzung feucht werden kann. Manche Geräte sind auch nur für Kurzzeitbetrieb geeignet.

Schutzsymbole

Symbole	Bedeutung	Symbole	Bedeutung
	VDE-geprüft auf Sicherheit		strahlwassergeschützt
	schutzisoliert		spritzwassergeschützt
	funkentstört		wasserdicht
		...bar	druckwasserdicht
	explosionsgeschützte Ausführung		staubgeschützt
	regengeschützt		staubdicht

Übungsaufgaben ET-60 bis ET-64

Werkstofftechnik

Handlungsfeld: Werkstoffe auswählen

Problemstellung

Für ein Bauteil ist der Werkstoff auszuwählen

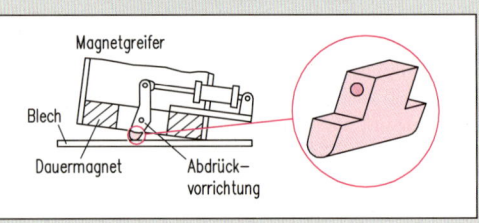

(Abbildung: Magnetgreifer mit Blech, Dauermagnet, Abdrückvorrichtung)

Analysieren

- Belastung des Bauteils feststellen (mechanisch, thermisch, chemisch)
- notwendige Eigenschaften aus der Belastung ermitteln

Belastung:
- Biegung
- Verschleiß

notwendige Eigensch.:
- unmagnetisch
- fest
- abriebfest
- weicher als Blech
- etc.

- bisher verwendete bzw. in ähnlichen Fällen eingesetzte Werkstoffe auflisten
- Kostenrahmen für Werkstoff ermitteln

Vorauswahl durchführen

Werkstoffe mit den notwendigen Eigenschaften auswählen

geeignet:
- austenitischer Stahl
- Messing, Bronze
- PA, PE, PTFE
- Al-Legierungen

- Werkstoffhauptgruppe auswählen (Stahl, Leichtmetall, Kunststoff...)
- Werkstoffuntergruppe benennen (z.B. Baustahl, Messing...)

Werkstoff technisch und wirtschaftlich bewerten

- Fertigung:
  - Werkstoffkosten
  - Fertigungskosten
  - Umweltbelastung

	Punktebewertung		
	Werkstoffpreis	Fertigungskosten	Umwelt
austenitischer Stahl	1	1	
Messing	2	2	
Bronze	1	2	
Polyamid	3	2	
Polytetrafluorethylen	2	1	

- Nutzung:
  - Wartung
  - Instandhaltung (Ersatzteilbeschaffung...)
- Beseitigung:
  - Recycelbarkeit

ausgewählten Werkstoff normgerecht definieren

- Werkstoffbezeichnung

Druckstück:
Polyamid PA 610

- Werkstoffnummer
- Kurzzeichen

1 Eigenschaften der Werkstoffe

Jeder Werkstoff besitzt viele Eigenschaften, die ihn von anderen Werkstoffen unterscheiden.
Man unterscheidet physikalische und chemische Eigenschaften. Aus diesen ergeben sich die technologischen Eigenschaften. Sie bestimmen die technische Verwendbarkeit von Werkstoffen.

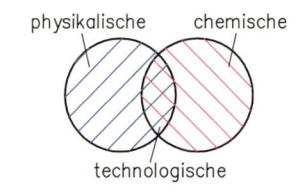

Eigenschaften der Werkstoffe

1.1 Physikalische Eigenschaften

1.1.1 Mechanische Eigenschaften

- **Dichte**

Jeder Körper besitzt eine Masse (Formelzeichen m). Die Einheit der Masse ist das Kilogramm (Einheitenzeichen kg).
Jeder Werkstoff hat eine für ihn kennzeichnende Massenkenngröße. Diese Massenkenngröße erhält man, wenn man die Masse eines Körpers durch sein Volumen dividiert. Die so ermittelte Kenngröße bezeichnet man als **Dichte** (Formelzeichen ϱ, gesprochen: rho).

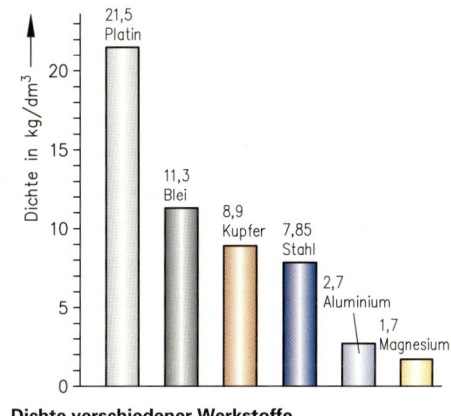

Dichte verschiedener Werkstoffe

$$\text{Dichte} = \frac{\text{Masse}}{\text{Volumen}} \qquad \varrho = \frac{m}{V}$$

Einheiten der Dichte:
$$\frac{t}{m^3}; \quad \frac{kg}{dm^3}; \quad \frac{g}{cm^3}$$

Die Dichte ist bei der Auswahl von Werkstoffen z.B. für den Fahrzeug- und Flugzeugbau von Bedeutung. Um Gewicht zu sparen werden z.B. Flugzeugkonstruktionen aus Aluminiumlegierungen, Felgen für PKW aus Magnesiumlegierungen, Motor- und Getriebegehäuse für PKW aus Aluminiumlegierungen gefertigt.

> Die Dichte ist das Verhältnis von Masse zu Volumen.
> In der Technik wird die Dichte eines Stoffes meist in kg/dm³ angegeben.

- **Festigkeit**

Die kleinsten Teilchen eines Werkstoffes werden untereinander durch Kräfte zusammengehalten. Diese Kräfte bezeichnet man als Zusammenhangskräfte oder **Kohäsionskräfte** eines Werkstoffes. Wird ein Werkstoff belastet, so verhindern die Kohäsionskräfte die Trennung der Werkstoffteilchen. Sobald jedoch die Belastung die Kohäsionskräfte übersteigt, werden die Werkstoffteilchen voneinander getrennt.

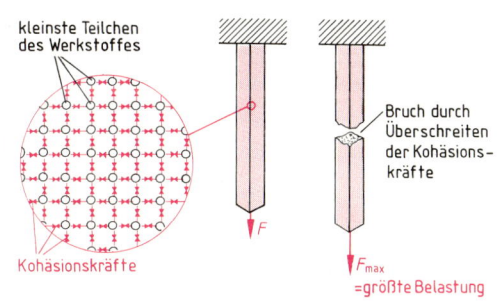

Kohäsionskräfte und Wirkung äußerer Kräfte

> Die kleinsten Teilchen eines Werkstoffs werden durch Kohäsionskräfte zusammengehalten.

Übungsaufgaben WT-1 bis WT-3

Die Kraft zur Überwindung der Kohäsionskräfte hängt vom Werkstoff und vom Querschnitt des belasteten Körpers ab. Mit größer werdendem Querschnitt kann ein Körper eine größere Belastung aufnehmen. Damit verschiedene Werkstoffe miteinander verglichen werden können, rechnet man die zur Überwindung der Kohäsionskräfte notwendige äußere Belastung auf einen Quadratmillimeter des Querschnitts um. Man spricht dann von der Festigkeit des Werkstoffs.

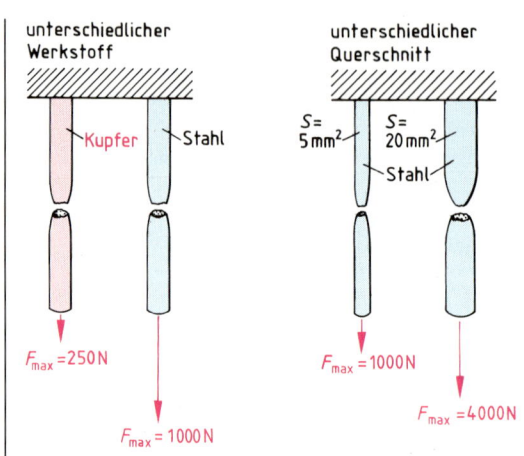

$$\text{Festigkeit} = \frac{\text{größte Belastung}}{\text{Querschnitt}}$$

Belastung in Abhängigkeit von Werkstoff und Querschnitt

Die Festigkeit ist ein Kennwert für die Belastbarkeit eines Werkstoffes. Die Festigkeit wird durch das Verhältnis von größtmöglicher Belastung zum Querschnitt ausgedrückt. Die Festigkeit wird meist in N/mm² angegeben.

Man unterscheidet verschiedene **Beanspruchungsarten**:

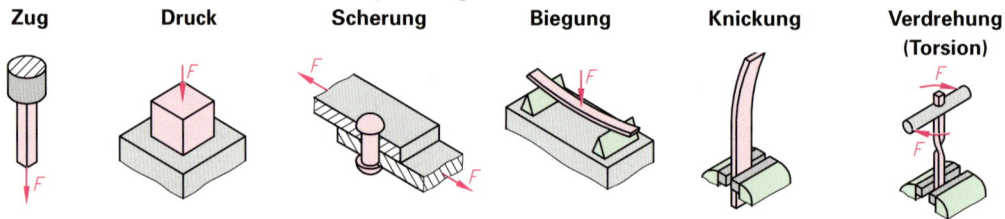

Zug   **Druck**   **Scherung**   **Biegung**   **Knickung**   **Verdrehung (Torsion)**

Die Werkstoffe zeigen bei den einzelnen Beanspruchungen unterschiedlichen Widerstand gegen eine Trennung der kleinsten Teilchen. Man unterscheidet darum verschiedene **Festigkeitsarten**.
Unter den Festigkeitsarten hat die Zugfestigkeit besondere Bedeutung.

Zugfestigkeit

Wird ein Körper durch Zugkräfte beansprucht, so verlängert er sich. Die Festigkeit, die ein Werkstoff dem Zerreißen infolge Zugbeanspruchung entgegensetzt, nennt man seine **Zugfestigkeit**.
Die Zugfestigkeit des Werkstoffes ist besonders wichtig z.B. bei Schrauben, Seilen, Ketten und Betonstahl.

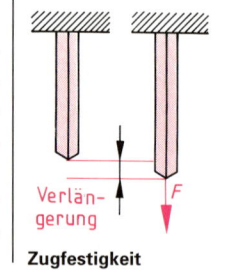

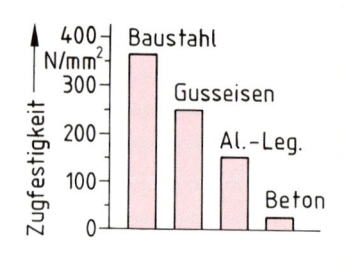

Zugfestigkeit

Die Zugfestigkeit gibt an, welche Kraft ein Werkstoff je mm² Querschnitt einer Zugkraft höchstens entgegensetzen kann. Die Zugfestigkeit ist ein wichtiger Kennwert eines Werkstoffs.

Weitere Festigkeitsarten sind:
- bei Druckbeanspruchung: Druckfestigkeit,
- bei Scherbeanspruchung: Scherfestigkeit,
- bei Biegebeanspruchung: Biegefestigkeit,
- bei Knickbeanspruchung: Knickfestigkeit,
- bei Verdrehbeanspruchung: Verdrehfestigkeit (Torsionfestigkeit).

• Elastizität und Plastizität

Wirken Kräfte auf ein Werkstück, so werden zunächst die Abstände zwischen den Werkstoffteilchen um ein geringes Maß vergrößert oder verkleinert. Das Werkstück ändert dadurch seine äußere Form. Wenn die kleinsten Teilchen eines Werkstoffs dabei ihre Plätze nicht verlassen haben, geht das Werkstück nach Entlasten wieder in seine Ausgangsform zurück – das Werkstück verhält sich **elastisch**. Hohe Elastizität wird besonders von Werkstoffen für Blatt- und Wendelfedern verlangt. Wird ein Werkstoff über eine gewisse Grenze – in der Technik als **Streckgrenze** bezeichnet – verformt, so kommt es zu Platzwechseln der kleinsten Teilchen. Das Werkstück kann dann nach Entlastung nicht mehr vollständig in die urspüngliche Form zurückgehen, es bleibt plastisch verformt.

Die Streckgrenze ist neben der Zugfestigkeit ein wichtiger Werkstoffkennwert.

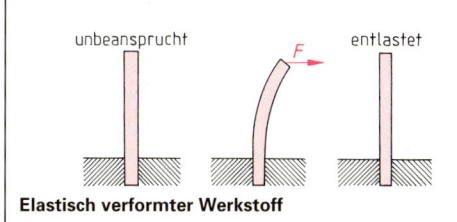

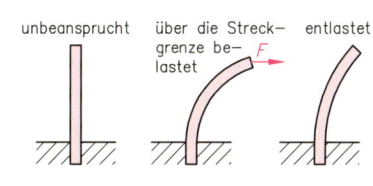

Elastisch verformter Werkstoff

Plastisch verformter Werkstoff

> Elastizität ist die Eigenschaft eines Werkstoffes, nach Entlasten seine Ausgangsform wieder einzunehmen. Verformungen über die Streckgrenze hinaus führen zu bleibenden Verformungen.

• Härte

Werkstoffe können unterschiedlich hart sein. Diese Eigenschaft lässt sich nur durch Vergleich mehrerer Werkstoffe ermitteln. Harte Werkstoffe ritzen weiche. Den Widerstand, den ein Werkstoff dem Eindringen eines anderen in seine Oberfäche entgegensetzt, nennt man seine Härte. Bei der Auswahl von Werkstoffen für Werkzeugschneiden ist die Härte von besonderer Bedeutung.

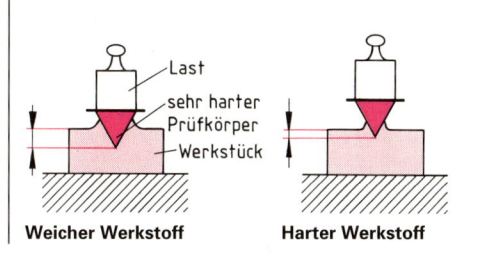

Weicher Werkstoff   **Harter Werkstoff**

> Härte ist der Widerstand, den ein Werkstoff dem Eindringen eines anderen Körpers entgegensetzt.

1.1.2 Thermische Eigenschaften

Wärmedehnung

Bei steigender Erwärmung eines Stoffes geraten seine kleinsten Teilchen in immer heftigere Bewegung. Sie benötigen dafür mehr Raum, das Volumen des Werkstoffes nimmt zu. Darum dehnen sich die Werkstoffe bei Erwärmung aus. Beim Abkühlen nimmt das Volumen ab, der Werkstoff schrumpft.

Bei Stahl beträgt die Wärmedehnung 0,012 mm je Meter Länge bei 1 Grad Temperaturänderung.

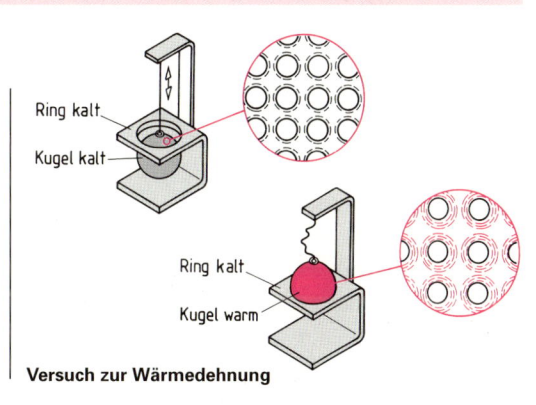

Versuch zur Wärmedehnung

Längenausdehnung verschiedener Werkstoffe im Vergleich zur Längenausdehnung von Stahl:

Kunststoffe:		
Polyethylen (PE)	16	fach
Polyvinylchlorid (PVC)	7	fach
Zink	2,5	fach
Aluminium	2	fach

Beton	1	fach
Glas	0,6	fach
Quarzglas	0,05	fach

Übungsaufgaben WT-8 bis WT-14

1.2 Chemische Eigenschaften

- **Korrosionsbeständigkeit**

Durch chemische Vorgänge können metallische Werkstoffe von der Oberfläche her unter Einwirkung von Luft, Wasser, Säuren oder anderen Stoffen zerstört werden. Diese Zerstörung bezeichnet man als **Korrosion**. Metalle, die sich durch Einflüsse ihrer Umgebung chemisch nicht verändern, sind korrosionsbeständige Werkstoffe.

- **Giftigkeit**

Flüssige Metalle verdampfen geringfügig. Die Dämpfe von Blei und Quecksilber sind giftig und können u.a. zu schweren Nierenschäden führen.
Cadmium ist krebserregend und schädigt Nieren und Erbgut.
Nickelstaub führt zu Allergien und kann Lungen- und Nasenkrebs verursachen.
Viele Bestandteile in noch nicht ausgehärteten Flüssigkunststoffen (z.B. Polyester und Epoxidharze) sind ebenfalls giftig und z.T. krebserregend.

1.3 Technologische Eigenschaften

Durch technologische Eigenschaften wird das Verhalten der Werkstoffe bei der Verarbeitung beschrieben.

- **Gießbarkeit**

Durch Gießen von flüssigem Werkstoff in Formen werden Werkstücke gefertigt.
Die Eignung eines Werkstoffes, durch Gießen in Formen eine vorgegebene Gestalt anzunehmen, bezeichnet man als Gießbarkeit. Gut gießbare Stoffe sind im flüssigen Zustand dünnflüssig und neigen bei der Erstarrung und Abkühlung nicht zu Fehlern wie z.B. zu Rissen und Blasen.

Gehäuse aus gut gießbarem Werkstoff

Ausschuss durch Verwendung eines schlecht gießbaren Werkstoffs

Gießbarkeit

> Gießbarkeit ist die Eignung eines Werkstoffes zum Vergießen in Formen.

- **Umformbarkeit**

Durch Walzen, Schmieden und andere Umformverfahren werden Werkstücke in ihrer Form bleibend geändert. Die Eignung eines Werkstoffes, durch Umformen in eine andere Form gebracht zu werden, bezeichnet man als seine Umformbarkeit. Gut umformbare Werkstoffe sind leicht plastisch formbar.

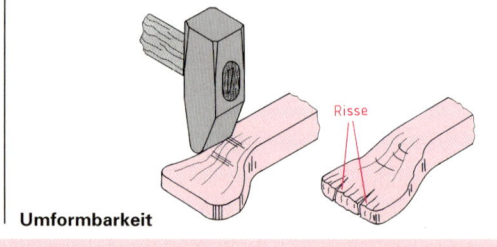

Umformbarkeit

> Umformbarkeit ist die Eigenschaft eines Werkstoffes, durch äußere Beanspruchung bleibend umgeformt zu werden.

- **Zerspanbarkeit**

Durch spanende Bearbeitung, wie z.B. durch Drehen, Fräsen und Bohren, werden Werkstücke in ihrer Form geändert. Die Eignung eines Werkstoffes zum Zerspanen bezeichnet man als seine Zerspanbarkeit. Gut zerspanbare Werkstoffe zeigen glatte Oberflächen nach der Zerspanung und ergeben Späne, die den Fertigungsablauf nicht behindern.

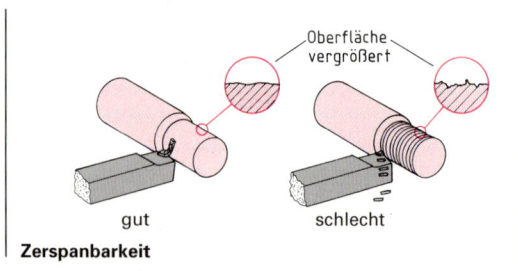

gut   schlecht
Zerspanbarkeit

> Zerspanbarkeit ist die Eignung eines Werkstoffes zum Zerspanen.

Arbeitsauftrag: Prüfen von Werkstoffeigenschaften

Untersuchen Sie die drei folgenden verschiedenen Werkstoffe hinsichtlich ihrer Eigenschaften. Verwenden Sie dazu Draht beziehungsweise Schnur aus folgendem Werkstoff:

- **Unlegierter Stahl** (Bindedraht) ca. 0,6 mm Durchmesser,
- **Kupferdraht** (Spulendraht) ca. 0,6 mm Durchmesser,
- **Polyamid** (Angelschnur) ca. 0,6 mm Durchmesser.

a) Ermittlung der Dichte

1. Bestimmen Sie mit einer Waage die Masse von jeweils 5 m Draht bzw. Schnur.

2. Berechnen Sie das jeweilige Volumen dieser 5 m.

3. Berechnen Sie die Dichte der verschiedenen Werkstoffe aus der Masse und dem Volumen.

4. Geben Sie alle Daten in einer Tabelle nach folgendem Muster an:

| Werkstoff | Probe | | | | Dichte |
	Durchmesser mm	Länge m	Gewicht g	Volumen mm^3	g/cm^3
Stahl	?	?	?	?	?
Kupfer	?	?	?	?	?
Polyamid	?	?	?	?	?

5. Vergleichen Sie ihre Ergebnisse mit Werten aus einem Tabellenbuch. Äußern Sie sich zu Abweichungen.

b) Ermittlung der Zugfestigkeit

1. Belasten Sie jeweils ca. 300 mm einer Probe und messen Sie dabei die Kraft im Augenblick des Zerreißens mit einer Federwaage.

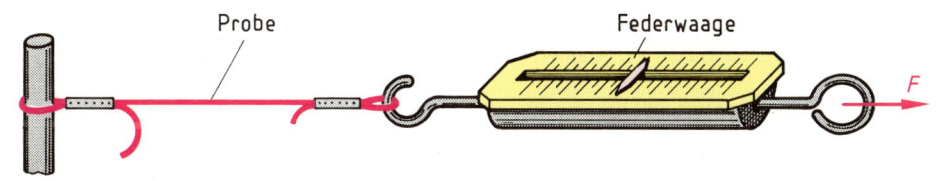

2. Berechnen Sie den Querschnitt der Probe.

3. Bestimmen Sie die Zugfestigkeit nach folgender Formel:

$$Zugfestigkeit = \frac{höchste\ Zugkraft}{Querschnitt}$$

4. Geben Sie alle Daten tabellarisch an:

Werkstoff	Probe			Zugfestigkeit
	Durchmesser mm	Querschnitt mm²	höchste Zugkraft N	N/mm²
Stahl	?	?	?	?
Kupfer	?	?	?	?
Polyamid	?	?	?	?

c) Untersuchung des elastischen Verhaltens

Die verschiedenen Werkstoffe sind elastisch. Die Beträge, um welche die Werkstoffe durch Zugkraft elastisch verlängert werden können, sind jedoch klein und mit einfachen Mitteln schwer messbar. Darum können Sie das elastische Verhalten nur ungefähr beobachten.

1. Ziehen Sie jeweils eine 4 m lange Probe ein wenig länger und beobachten Sie die Längenänderung beim Entlasten.

2. Berichten Sie über Ihre Beobachtung.

d) Ermittlung der Bruchdehnung

Die Bruchdehnung ist ein Kennwert für das plastische Verhalten eines Werkstoffes.

1. Ziehen Sie jeweils eine 4 m lange Probe so lang, bis sie zerreißt.

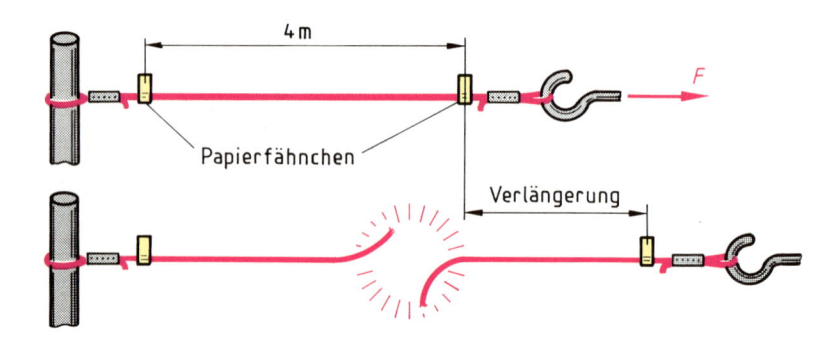

2. Messen Sie die Länge der zerrissenen Probe.

3. Berechnen Sie, um wie viel Prozent sich der Werkstoff gegenüber der Anfangslänge plastisch verlängert hat. Geben Sie alle Daten tabellarisch an:

4. Geben Sie alle Daten tabellarisch an:

Werkstoff	Probe		Bruchdehnung
	Anfangslänge mm	Verlängerung mm	%
Stahl	?	?	?
Kupfer	?	?	?
Polyamid	?	?	?

2 Aufbau metallischer Werkstoffe

2.1 Chemische Elemente

• **Vorkommen und Einteilung**

Alle Stoffe auf der Erde, z.B. Wasser, Stein, Holz, Stahl, Kunststoff, sind aus Grundstoffen aufgebaut. Diese Grundstoffe nennt man chemische Elemente. In der Natur gibt es 92 Elemente. Zu diesen kommen noch Elemente, die mit Mitteln der modernen Atomphysik erzeugt werden. Diese künstlich hergestellten Elemente sind bislang jedoch technisch bedeutungslos.

Auf der Erde sind die Elemente in sehr unterschiedlichen Mengen vorhanden. So bestehen z.B. 50% der Erdrinde aus dem Element Sauerstoff, während 83 andere Elemente einen Anteil von insgesamt nur 1,4% haben. Darunter befinden sich so wichtige Elemente wie Kupfer, Zink, Nickel, Kohlenstoff.

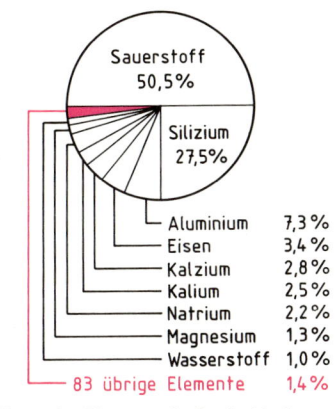

Sauerstoff	50,5 %
Silizium	27,5 %
Aluminium	7,3 %
Eisen	3,4 %
Kalzium	2,8 %
Kalium	2,5 %
Natrium	2,2 %
Magnesium	1,3 %
Wasserstoff	1,0 %
83 übrige Elemente	1,4 %

Verteilung der Elemente in der Erdrinde

> Alle Stoffe bestehen aus Grundstoffen, den chemischen Elementen. Chemische Elemente lassen sich mit üblichen Trennverfahren nicht in einfachere Stoffe zerlegen.

Jedes Element hat einen Namen, der durch ein international gültiges Symbol abgekürzt wird. Das Symbol setzt sich aus Buchstaben des lateinischen Namens des Elementes zusammen.

Eisen	= **F**errum	⇒ **Fe**
Sauerstoff	= **O**xygenium	⇒ **O**
Kohlenstoff	= **C**arboneum	⇒ **C**
Stickstoff	= **N**itrogenium	⇒ **N**

Etwa 70 Elemente zeigen als gemeinsame Merkmale besonderen Glanz, gute Wärmeleitfähigkeit, elektrische Leitfähigkeit und gute Umformbarkeit. Sie werden als **Metalle** bezeichnet. Die übrigen Elemente bezeichnet man als **Nichtmetalle**.

> Kennzeichen der Metalle:
> - glänzende Oberfläche,
> - gute elektrische Leitfähigkeit,
> - gute Wärmeleitfähigkeit,
> - gute Umformbarkeit.

Die Metalle werden nach der Dichte in **Leichtmetalle** und **Schwermetalle** unterteilt. Leichtmetalle haben eine Dichte unter 4,5 g/cm³.

Von den Schwermetallen ist das Element Eisen das in der Technik am häufigsten verwendete Metall. Andere Schwermetalle sind als Legierungsmetalle des Eisens von Bedeutung, wie z.B. Mangan, Wolfram und Chrom.

Häufig verwendete Leichtmetalle sind die Elemente Aluminium, Magnesium und Titan.

Unter den Nichtmetallen nimmt das Element Kohlenstoff eine besondere Stellung ein. Kohlenstoff ist die Grundlage aller Stoffe der lebenden Natur und der Kunststoffe.

Schwermetalle:
Eisen	Fe	Kupfer	Cu	Zinn	Sn
Zink	Zn	Blei	Pb	Nickel	Ni
Mangan	Mn	Wolfram	W	Vanadium	V
Kobalt	Co	Molybdän	Mo	Chrom	Cr

Leichtmetalle:
Aluminium	Al	Magnesium	Mg	Titan	Ti

Nichtmetalle:
Kohlenstoff	C	Silizium	Si	Stickstoff	N
Schwefel	S	Wasserstoff	H	Chlor	Cl
Phosphor	P	Sauerstoff	O	Argon	Ar

Aufbau der Elemente

Das Atom ist das kleinste Teilchen eines chemischen Elementes. Jedes Element hat anders aufgebaute Atome.

Bausteine der Atome sind das **Proton,** das **Neutron** und das **Elektron**. Sie unterscheiden sich von einander durch ihre Masse, ihre elektrische Ladung und ihren Platz im Atom.

Protonen sind elektrisch positiv geladen. Elektronen sind elektrisch negativ geladen. Neutronen sind elektrisch neutral.

Protonen und Neutronen haben etwa gleiche Masse und bilden den Atomkern.

Das Elektron hat nur etwa 1/2000 der Masse eines Protons. Die Elektronen bilden die Hülle des Atoms.

Das erste brauchbare Atommodell wurde 1913 von E. Rutherford entworfen und von N. Bohr weiterentwickelt. Hiernach bewegen sich die Elektronen auf kreis- oder ellipsenförmigen Bahnen um den Atomkern.

Die Bahnen, auf denen sich die Elektronen bewegen, liegen schalenförmig um den Atomkern. Man spricht deshalb von Schalen, die unterschiedliche Abstände zum Kern haben.

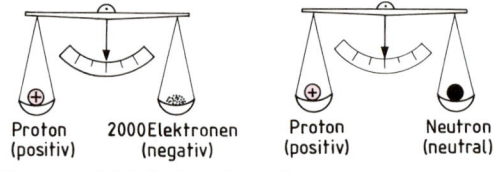

Massenvergleich der Atombausteine

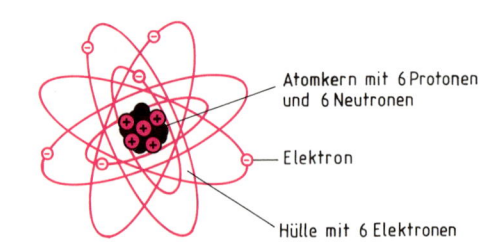

Proton (positiv) — 2000 Elektronen (negativ)
Proton (positiv) — Neutron (neutral)

Atomkern mit 6 Protonen und 6 Neutronen
Elektron
Hülle mit 6 Elektronen

Kohlenstoffatom nach Bohr

Atombausteine:
  Kernbausteine: • Protonen (elektrisch positiv) • Neutronen (ungeladen)
  Bausteine der Hülle: • Elektronen (elektrisch negativ)

Atomaufbau der Elemente 1 bis 18

(nach dem Atommodell von Bohr)

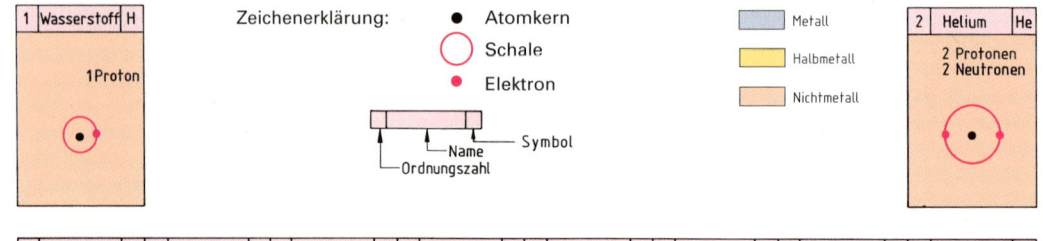

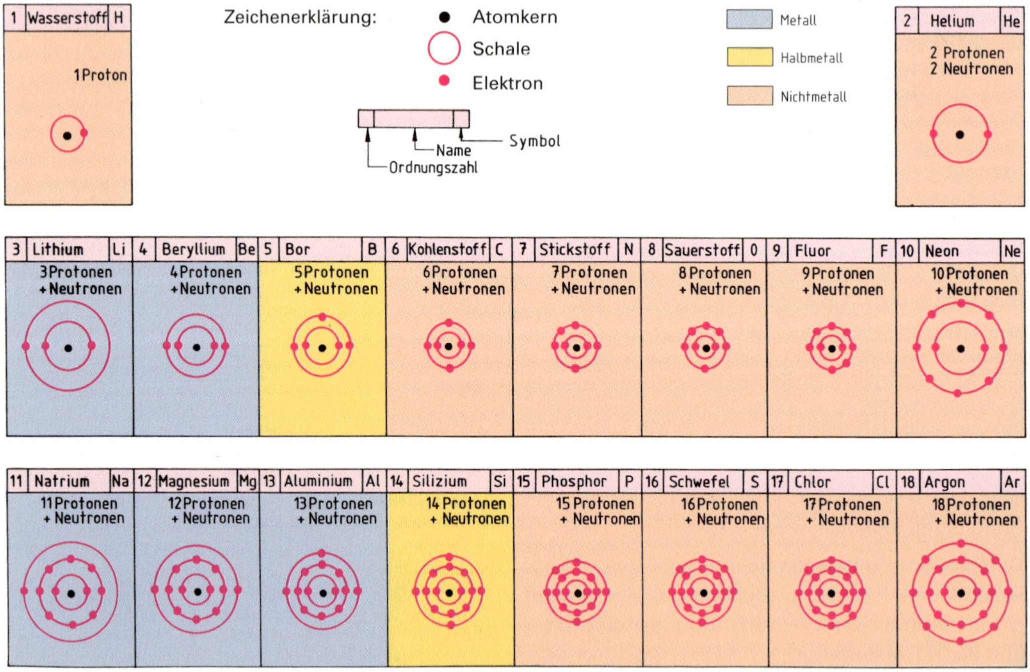

Zeichenerklärung:
• Atomkern
○ Schale
• Elektron

Symbol — Name — Ordnungszahl

Metall
Halbmetall
Nichtmetall

1 Wasserstoff H	2 Helium He
1 Proton	2 Protonen / 2 Neutronen

3 Lithium Li	4 Beryllium Be	5 Bor B	6 Kohlenstoff C	7 Stickstoff N	8 Sauerstoff O	9 Fluor F	10 Neon Ne
3 Protonen + Neutronen	4 Protonen + Neutronen	5 Protonen + Neutronen	6 Protonen + Neutronen	7 Protonen + Neutronen	8 Protonen + Neutronen	9 Protonen + Neutronen	10 Protonen + Neutronen

11 Natrium Na	12 Magnesium Mg	13 Aluminium Al	14 Silizium Si	15 Phosphor P	16 Schwefel S	17 Chlor Cl	18 Argon Ar
11 Protonen + Neutronen	12 Protonen + Neutronen	13 Protonen + Neutronen	14 Protonen + Neutronen	15 Protonen + Neutronen	16 Protonen + Neutronen	17 Protonen + Neutronen	18 Protonen + Neutronen

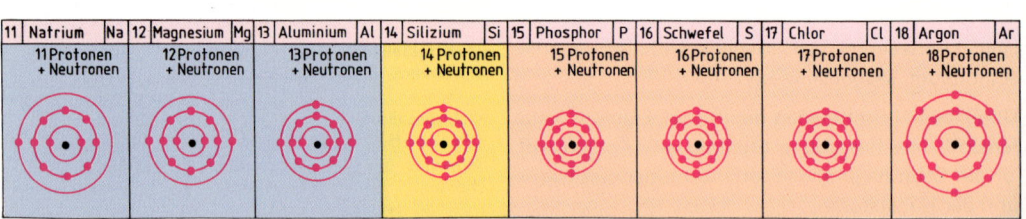

2.2 Aufbau von reinen Metallen

2.2.1 Metallbindung

Metallatome geben die Elektronen der äußeren Schalen ab. Dadurch entstehen elektrisch positiv geladene Teilchen, die man als **Metallionen** bezeichnet.
Die abgegebenen Elektronen bleiben ungebunden und können sich zwischen den Metallionen frei bewegen. Durch ihre negative Ladung bewirken sie den Zusammenhalt der Metallionen. Es entsteht ein **kristalliner Aufbau** – ein Metallkristall.
Bei starker Vergrößerung ist an polierten Metallflächen die Kristallform erkennbar.

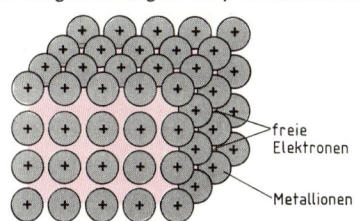

Schema eines Metallkristalls

Foto einer Aluminiumoberfläche — 10 000fache Vergrößerung

> In Metallen werden die positiv geladenen Metallionen von freien Elektronen zusammengehalten. Metalle sind kristallin aufgebaut.

Wirken Kräfte auf einen Metallkristall, so können die Schichten innerhalb des Metallkristalls leicht gegeneinander verschoben werden, ohne dass der Gesamtzusammenhang verloren geht. Die Folge ist eine gute Umformbarkeit der Metalle.

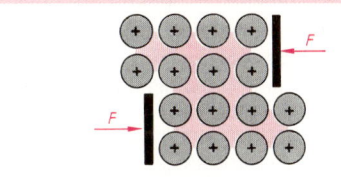

Metallkristall bei Umformung

> Metalle sind wegen des kristallinen Aufbaus leicht umformbar.

Bildet man mit einem metallenen Draht und einer Batterie einen geschlossenen Stromkreis, so fließen Elektronen. Die Elektronen strömen vom Minuspol durch den Draht zum Pluspol. Die leichte Verschiebbarkeit der freien Elektronen in Metallen ist die Ursache für die gute elektrische Leitfähigkeit der Metalle.

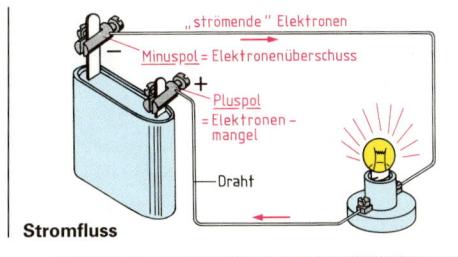

Stromfluss

Minuspol = Elektronenüberschuss
Pluspol = Elektronenmangel
"strömende" Elektronen
Draht

> Die freien Elektronen sind die Ursache für die elektrische Leitfähigkeit der Metalle.

2.2.2 Metallgefüge

In einer Metallschmelze bewegen sich Metallionen regellos mit hoher Geschwindigkeit durcheinander. Kühlt die Schmelze ab, so wird die Bewegung der Metallionen langsamer. Bei Erreichen der **Erstarrungstemperatur** lagern sich die Ionen gleichzeitig an vielen Stellen der Schmelze zusammen. Es entstehen viele einzelne Kristalle, die während des Erstarrungsvorganges wachsen.

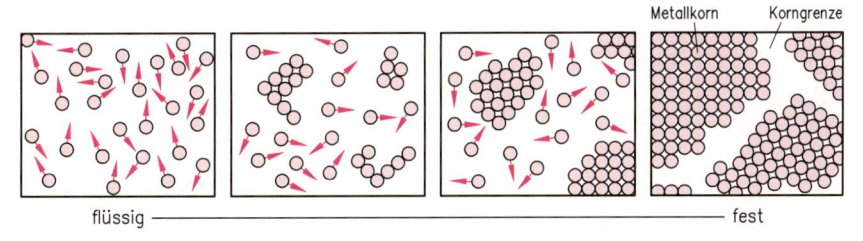

Metallkorn — Korngrenze

flüssig ——————————————————— fest

Übungsaufgaben WT-30 bis WT-33

Gegen Ende der Erstarrung stoßen die Kristalle aneinander. Die so entstandenen und gegeneinander gewachsenen Kristalle nennt man **Körner**. Die Grenzen zwischen den Körnern werden als **Korngrenzen** bezeichnet. Körner und Korngrenzen sind an polierten und mit Säure behandelten Metallproben unter dem Mikroskop zu erkennen. Diesen unter dem Mikroskop sichtbaren Aufbau des Metalls nennt man **Metallgefüge**.

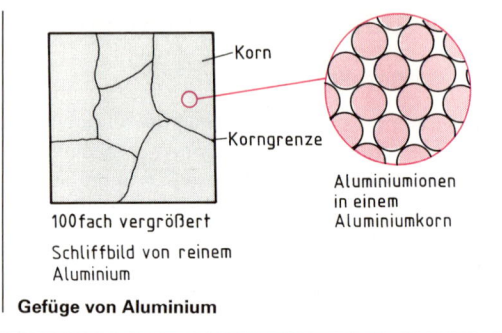

100fach vergrößert
Schliffbild von reinem Aluminium
Aluminiumionen in einem Aluminiumkorn

Gefüge von Aluminium

Das Metallgefüge besteht aus vielen gegeneinander gewachsenen Kristallen.
Man nennt diese Kristalle Körner.

2.3 Aufbau von Legierungen

Reine Metalle haben im Maschinenbau und in der Fertigungstechnik nur geringe Bedeutung. Die reinen Metalle erfüllen nicht die vielseitigen Anforderungen, die an die Werkstoffe von Bauteilen gestellt werden. Zur Änderung der Eigenschaften werden darum Metalle mit anderen Metallen oder Nichtmetallen im flüssigen Zustand gemischt. Ein solches Gemisch ist eine **Legierung**.

Stahl ist eine Sammelbezeichnung für schmiedbare Legierungen aus Eisen und höchstens 2,06% Kohlenstoff. Für besondere Anforderungen legiert man andere Elemente zu.
Gusseisen ist die Bezeichnung für nicht schmiedbare Legierungen aus Eisen und 3 bis 5% Kohlenstoff.
Messing ist eine Sammelbezeichnung für Legierungen aus Kupfer (mehr als 50%) und Zink.

Eine Legierung ist ein Gemisch von Metallen bzw. Metallen mit Nichtmetallen, das aus einer gemeinsamen Schmelze erstarrt.

Beispiel für verschiedene Legierungen in einem Getriebemotor

① Gehäuse aus Gusseisen
④ Wälzlager aus Stahl
⑤ Deckel aus Zinkdruckguss
③ Zahnräder aus Stahl
② Welle aus Stahl

Bauelemente	Geforderte Eigenschaften	Werkstoff
① Gehäuse	mittlere Festigkeit, leicht herstellbar durch Gießen	**Gusseisen** mit 3,5% Kohlenstoff und 1,5% Silizium
② Welle	hohe Festigkeit und Zähigkeit	**Stahl** mit 0,42% Kohlenstoff, 4% Chrom, 0,5% Silizium und 0,4% Mangan
③ Zahnräder	hohe Zähigkeit mit harter Oberfläche	**Stahl** mit 0,2% Kohlenstoff, 1,3% Mangan und 0,5% Silizium (oberflächengehärtet)
④ Wälzlager	harte und verschleißfeste Oberfläche	**Stahl** mit 1,05% Kohlenstoff, 0,5% Chrom und 0,3% Silizium
⑤ Deckel	leicht herstellbar durch Gießen, sehr geringe Anforderungen	**Zinkdruckguss** mit 3,8% Aluminium
Wicklung	gute elektrische Leitfähigkeit	**reines Kupfer**
Kontakt-	gute elektrische Leitfähigkeit,	**Messing** mit 65% Kupfer und 35% Zink

Das Gefüge von Legierungen besteht ebenso wie das Gefüge von reinen Metallen aus Körnern. Nach dem Aufbau des Gefüges unterscheidet man Gefüge von Legierungen mit Mischkristallen und Gefüge von Legierungen mit Kristallgemengen.

2.3.1 Mischkristallgefüge

Wenn die Bestandteile einer Legierung in jedem Korn der Legierung gleichmäßig verteilt sind, spricht man von einem Mischkristallgefüge.
Weil die Körner einer Legierung mit Mischkristallen alle gleich aufgebaut sind, kann man im Mikroskop einer solche Legierung nur Körner und Korngrenzen sehen – es ist also im Mikroskop kein Unterschied zu einem reinen Metall zu erkennen.
Da alle Körner gleich aufgebaut sind, verformen sich auch alle gleichmäßig gut und verhalten sich chemisch gleich. Darum sind Legierungen mit Mischkristallen gut umformbar und korrosionsbeständig.

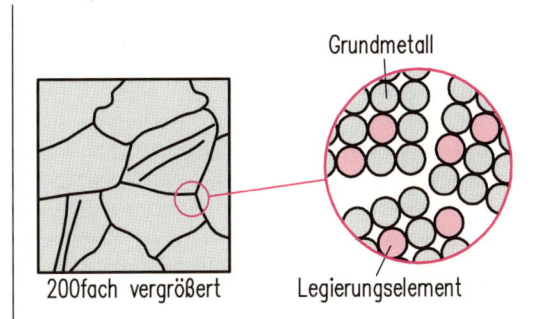

Gefüge von Mischkristallen in korrosionsbeständigem Stahl

Legierungen bilden Mischkristalle, indem die Bestandteile gemeinsame Gitter bilden.
Legierungen mit Mischkristallgefüge:
- haben hohe Zähigkeit,
- sind leicht umformbar,
- sind meist korrosionsbeständig.

2.3.2 Gefüge von Kristallgemengen

Wenn die Bestandteile einer Legierung eigene Körner bildne, so liegt ein Kristallgemenge vor.
Weil die einzelnen Körner unterschiedlich aufgebaut sind, können sie im Mikroskop unterschieden werden.
In Legierungen mit Kristallgemengen sind häufig die verschiedenen Bestandteile unterschiedlich spröde. Darum sind diese Legierungen schlecht umformbar. Beim Spanen bricht der Span am spröderen Bestandteil leichter. Darum sind Legierungen mit Kristallgemengen gut spanbar. Die meisten Gusslegierungen sind Kristallgemenge.

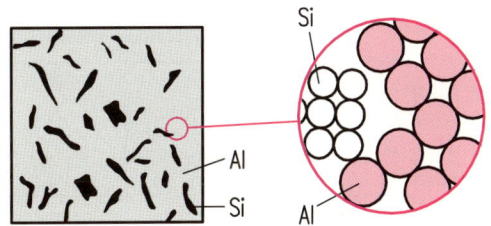

Kristallgemenge in einer schlecht umformbaren Al-Legierung mit 12% Silizium

Legierungen bilden Kristallgemenge, indem die Legierungsbestandteile nebeneinander eigene Kristalle bilden.

3 Stahl und Eisen-Kohlenstoff-Gusswerkstoffe

Stahl ist eine schmiedbare Eisen-Kohlenstoff-Legierung mit höchstens 2 % Kohlenstoff. Aufgrund unterschiedlicher Kohlenstoffgehalte, weiterer Legierungselemente und Wärmebehandlungsverfahren lassen sich Stähle mit unterschiedlichsten Eigenschaften herstellen. Da die Herstellung von Stahl im Verhältnis zu anderen Gebrauchsmetallen zudem kostengünstig ist, ist Stahl der am häufigsten verwendete metallische Werkstoff.
Eisen-Kohlenstoff-Gusswerkstoffe enthalten Kohlenstoff in verschiedener Konzentration und verschiedener Form. Sie haben deshalb sehr unterschiedliche Gefüge.
Stahlguss ist in Formen gegossener Stahl. Er zeigt das normale Stahlgefüge. Der C-Gehalt beträgt höchstens etwa 0,75 % C.
Gusseisen weist den Kohlenstoff überwiegend in Form von Lamellen oder Kugeln auf. Gusseisen hat C-Gehalte von 3 bis 5 %.

3.1 Stahl

3.1.1 Gefüge von Stahl bei Raumtemperatur

Das Gefüge von Stahl ist bei Raumtemperatur ein Kristallgemenge aus zwei verschiedenen Arten von Körnern. Je nach Anteil der einzelnen Kornarten hat Stahl unterschiedliche Eigenschaften.

Die eine Sorte Körner besteht aus reinem Eisen. Diese Körner sind weich, zäh und gut umformbar. Sie werden als **Ferritkörner** bezeichnet.

Die zweite Sorte Körner besteht aus einem schichtartigen Aufbau von Eisen und einer sehr harten chemischen Verbindung von Eisen und Kohlenstoff (Fe_3C). Diese Körner haben hohe Festigkeit, sind hart und spröde. Man bezeichnet sie als **Perlitkörner**. Perlitkörner enthalten 0,8 % Kohlenstoff.

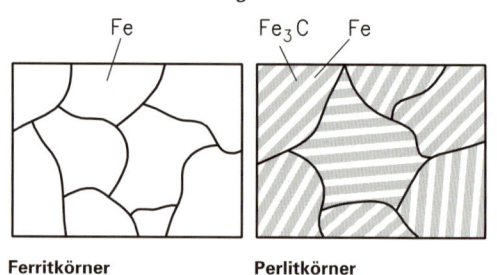

> Ferritkörner bestehen aus reinem Eisen, sie sind weich, zäh und gut umformbar.
> Perlitkörner enthalten neben Eisen die chemische Verbindung Fe_3C. Sie sind sehr fest, hart und spröde.

Bei Raumtemperatur besteht das Gefüge von Eisen mit 0 % Kohlenstoff nur aus Ferrit. Mit steigendem Kohlenstoffgehalt wächst der Perlitanteil, der neben den Ferritkörnern im Stahlgefüge vorliegt. Bei insgesamt 0,8 % Kohlenstoff besteht das Stahlgefüge ganz aus Perlit. Mit steigendem Perlitanteil erhöhen sich Festigkeit und Härte. Der Stahl lässt sich jedoch schlechter umformen, schweißen und spanen.

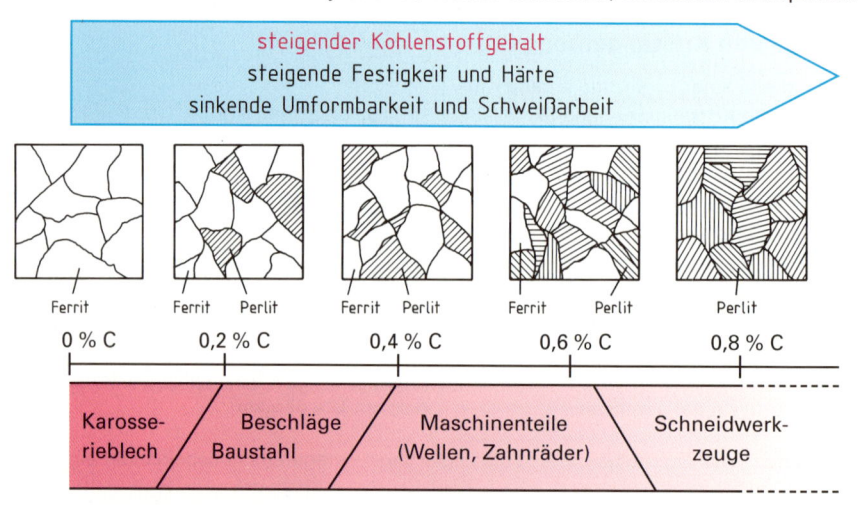

3.1.2 Kurznamen von Stählen

- **Benennung nach den mechanischen Eigenschaften und Verwendung**

Für Stähle, die zu Konstruktionszwecken verwendet werden, gibt der Kurzname nach DIN EN 10027 Auskunft über die Festigkeitseigenschaften.

Hauptgruppe		Zusatzgruppe	
Kennzeichen für Verwendungszweck	Kennzahl	Gruppe 1	Gruppe 2
S Stähle für den allgem. Stahlbau P Stähle für Druckbehälter L Stähle für Rohrleitungen E Stähle für Maschinenbau H Kaltgewalzte Flacherzeugnisse D Flacherzeugnisse zum Kaltumformen	Zahlenwert der Mindeststreckgrenze in N/mm^2	Kerbschlagarbeit für Stahlbaustähle Besondere Eigenschaften Spezielle Verwendung	ergänzende Angaben zu Gruppe 1

Beispiele für den Aufbau von Kurznamen mit Hinweisen auf Verwendung und mechanische Eigenschaften nach DIN EN 10027

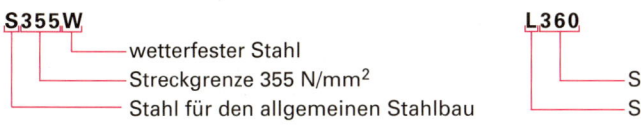

S355W
- W: wetterfester Stahl
- 355: Streckgrenze 355 N/mm²
- S: Stahl für den allgemeinen Stahlbau

L360
- 360: Streckgrenze 360 N/mm²
- L: Stahl für Rohrleitungen

• Benennung unlegierter Stähle

Unlegierte Stähle, deren Eigenschaften durch eine Wärmebehandlung verändert werden können, werden nach der DIN EN 10027 durch das Symbol C für Kohlenstoff und eine angehängte Zahl, welche das 100fache des C-Gehaltes angibt, gekennzeichnet.

Beispiele für die Kurzbenennung unlegierter Stähle nach DIN EN 10027

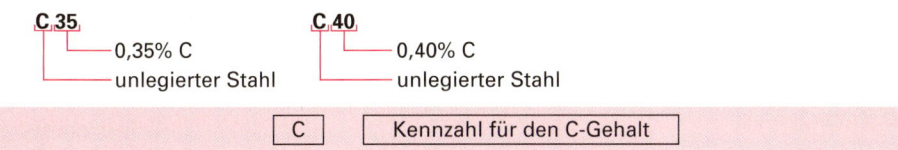

C35
- 35: 0,35% C
- C: unlegierter Stahl

C40
- 40: 0,40% C
- C: unlegierter Stahl

C	Kennzahl für den C-Gehalt

• Benennung legierter Stähle

Bei Stählen, in denen kein Legierungselement 5 % Anteil überschreitet, erfolgt die Kennzeichnung durch:
- Kennzahlen für den C-Gehalt,
- Symbole für die Legierungselemente,
- Kennzahlen für die Legierungsanteile.

Die Kennzahlen ergeben sich durch Multiplikation des %-Anteils des Legierungselementes mit dem Faktor f (siehe Tabelle). Die Entschlüsselung erfolgt durch Dividieren.

Faktoren für Legierungselemente

Faktor f	Legierungselement
100	C, P, S, N, Ce
10	Al, Cu, Mo, Ta, Ti, V
4	Si, Co, Cr, W, Ni, Mn

Beispiele für die Kurzbenennung unter 5 % legierter Stähle nach DIN EN 10027

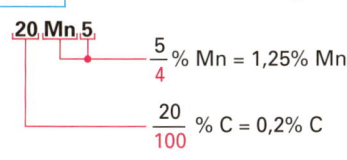

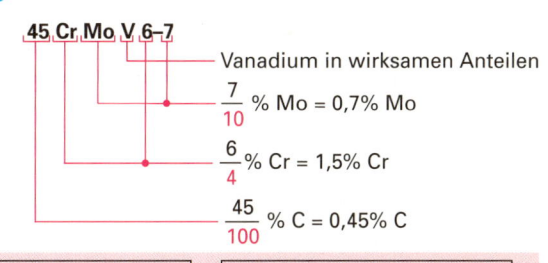

20 Mn 5
- $\frac{5}{4}$ % Mn = 1,25% Mn
- $\frac{20}{100}$ % C = 0,2% C

45 Cr Mo V 6-7
- V: Vanadium in wirksamen Anteilen
- $\frac{7}{10}$ % Mo = 0,7% Mo
- $\frac{6}{4}$ % Cr = 1,5% Cr
- $\frac{45}{100}$ % C = 0,45% C

Kennzahl für C-Gehalt	Chem. Symbole der Leg.-Elemente	Kennzahlen für Leg.-Anteile

Bei Stählen mit mehr als 5 % Legierungselementen wird nur der Kohlenstoffgehalt in 1/100 % angegeben. Die Legierungsgehalte werdn in vollen Prozenten gekennzeichnet. Bei diesen Stählen beginnt die Kurzbenennung mit dem großen Buchstaben **X**. Es folgen
- Kennzahl für den C-Gehalt,
- Symbole der Legierungselemente,
- Anteile der Legierungselemente in Prozent.

Beispiele für die Kurzbenennung über 5 % legierter Stähle nach DIN EN 10027

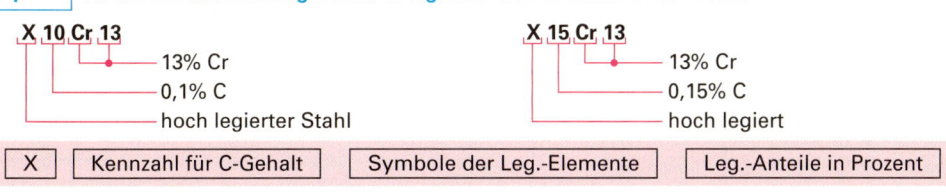

X 10 Cr 13
- 13: 13% Cr
- 10: 0,1% C
- X: hoch legierter Stahl

X 15 Cr 13
- 13: 13% Cr
- 15: 0,15% C
- X: hoch legiert

X	Kennzahl für C-Gehalt	Symbole der Leg.-Elemente	Leg.-Anteile in Prozent

3.1.3 Werkstoffnummern von Stählen

Neben den systematischen Benennungen von Werkstoffen mit Buchstaben und Zahlenkombinationen besteht auch ein Nummernsystem für Werkstoffe aller Art.
ie Werkstoffnummern für Stähle sind fünfstellig.
Mit der ersten Stelle wird die Werkstoffhauptgruppe gekennzeichnet. Die **Werkstoffhauptgruppe** Stahl hat die Nummer **1**. Nach einem Punkt folgt als zweistellige Zahl die **Stahlgruppennummer**. Sie lässt Rückschlüsse auf die Zusammensetzung bzw. Verwendung zu. Die folgenden zwei Zahlen sind **Zählnummern**, die keine Rückschlüsse auf Eigenschaften zulassen. Diese Ziffern werden vom jeweiligen Normenausschuss festgelegt.

Zur Entschlüsselung benötigt man die Tabellen des Normblattes DIN EN 10027.

| Beispiele | für Werkstoffnummern von Stählen |

1.00 60
└── Zählnummer
      für E 335 (St 60-2)
└── Grundstahl

1.01 16
└── Zählnummer
      für S 235 J2 G3 (St 37-3)
└── Qualitätsstahl
      $R_m < 500$ N/mm²

1.71 31
└── Zählnummer
      für 16 Mn Cr 5
└── Stahl für Maschinen-
      und Behälterbau
      Cr- und Mn-legiert

3.1.4 Stahlsorten

• **Unlegierte Baustähle**

Unlegierte Baustähle nach DIN EN 10025 sind Grund- und Qualitätsstähle, die vorwiegend aufgrund ihrer mechanischen Eigenschaften im Stahlbau und Maschinenbau eingesetzt werden.

| Beispiele | für unlegierte Baustähle |

Kurznamen nach DIN EN 10025	Werkstoff-nummer	Gewährleistete mechanische Werte		
		Proben 3-100 mm Zugfestigkeit N/mm²	Mittelwerte Proben 3-100 mm Streckgrenze N/mm²	Bruchdehnung %
S 185	1.0035	510 bis 295	185 bis 175	18
S 235	1.0144	470 bis 340	275 bis 205	26
E 295	1.0050	610 bis 470	295 bis 265	26
E 335	1.0060	710 bis 570	335 bis 305	16
E 360	1.0070	830 bis 790	360 bis 335	11

• **Vergütungsstähle**

Vergütungsstähle sind nach DIN EN 10083 unlegierte und legierte Stähle. Sie sind für kleine Maschinenelemente wie Schrauben und Bolzen bis zu großen Bauelementen mit hohen Festigkeitseigenschaften wie Schiffskurbelwellen einzusetzen.

| Beispiele | für Vergütungsstähle |

Kurznamen nach DIN EN 10083	Werkstoff-nummer	Gewährleistete mechanische Werte über 16 bis 40 mm Durchmesser vergütet		
		Zugfestigkeit N/mm²	Streckgrenze N/mm²	Bruchdehnung %
C 45	1.0503	800 bis 650	305	16
C 60	1.1221	950 bis 800	520	13
28 Mn 6	1.1170	840 bis 690	490	15
34 Cr 4	1.7033	950 bis 800	590	14
50 CrMo 4	1.7228	1200 bis 1000	780	10
30 CrNiMo 8	1.6580	1300 bis 1100	900	10
34 CrNiMo 6	1.6582	1300 bis 1100	900	10

3.2 Eisen-Kohlenstoff-Gusswerkstoffe

3.2.1 Stahlguss

Stahlguss ist in Formen gegossener unlegierter und legierter Stahl mit einem Kohlenstoffgehalt meist um 0,25%. Wegen des geringen Kohlenstoffgehaltes hat Stahlguss eine Gießtemperatur von etwa 1600 °C, also um 300 °C höher als bei Gusseisen.

Stahlguss wird als Werkstoff etwa für hochfeste Werkstücke mit komplizierter Form verwendet. So werden Turbinengehäuse, Nähmaschinenteile u.a. aus Stahlguss hergestellt. Die Stückgewichte reichen von weniger als einem Gramm bis zu mehreren 100 Tonnen.

Verdichtergehäuse (3 500 kg)

Nähmaschinenteil (2g)

> Stahlguss ist unlegierter und legierter Stahl, der in Formen unmittelbar zu Werkstücken vergossen wird. Der Stahlguss hat hohe Festigkeit und Zähigkeit.

3.2.2 Gusseisen mit Lamellengraphit (GJL)

Gusseisen mit Lamellengraphit nach DIN EN 1561 ist ein Eisen-Kohlenstoff-Gusswerkstoff, dessen Kohlenstoff im Gefüge überwiegend in Form von Graphitlamellen vorliegt. Er hat in der Regel Kohlenstoffgehalte von 2,5% bis 4,0% bei Siliziumgehalten um 2,0%. Dadurch ergeben sich gute Gießeigenschaften. Wegen seiner schwingungsdämpfenden Eigenschaft und seiner guten Gießbarkeit wird Gusseisen zur Herstellung von Ständern für Werkzeugmaschinen, Motorengehäuse u.a. verwendet.

Gefüge

Getriebegehäuse aus Gusseisen mit Lamellengraphit

> Gusseisen mit Lamellengraphit (GJL) ist ein Eisen-Kohlenstoff-Gusswerkstoff, bei dem der Kohlenstoff überwiegend als Graphit in Lamellenform vorliegt.
> Gusseisen mit Lamellengraphit
> • ist gut gießbar,   • wirkt schwingungsdämpfend,   • ist relativ korrosionsbeständig.

3.2.3 Gusseisen mit Kugelgraphit (GJS)

Gusseisen mit Kugelgraphit nach DIN EN 1563 ist ein Eisen-Kohlenstoff-Gusswerkstoff, dessen Kohlenstoff im Gefüge weitgehend kugelförmig vorliegt.

Gusseisen mit Kugelgraphit wird als Werkstoff für Automobilteile (Achsgehäuse, Getriebegehäuse, Bremstrommeln, Kurbelwellen u.a.), hoch beanspruchte Maschinenteile, Bauteile im Landmaschinenbau und Waggonbau verwendet.

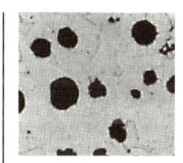

Gefüge

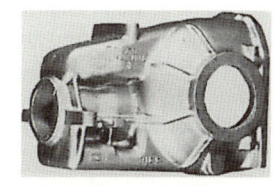

Achsgehäuse aus GJS

> Gusseisen mit Kugelgraphit (GJS) ist ein Eisen-Kohlenstoff-Gusswerkstoff, bei dem der Kohlenstoff überwiegend als Graphit in Kugelform vorliegt.
> Gusseisen mit Kugelgraphit
> • ist fester und zäher als GJL,   • ist gut gießbar,   • ist relativ korrosionsbeständig.

Übungsaufgaben WT-54 bis WT-57

4 Nichteisenmetalle

4.1 Aluminium und Aluminiumlegierungen

- **Reinaluminium**

Aluminium wird im Gegensatz zu Eisen auch als reines Metall verwendet.
Der innere Aufbau des Aluminiums bestimmt seine Eigenschaften, die eine vielseitige Anwendung des Aluminiums und seiner Legierungen ergeben.

chem. Symbol:	Al
Schmelzpunkt:	660 °C
Dichte:	2,7 g/cm³

Ursache	Eigenschaft	Verwendungsbeispiele
großer Abstand der Atome kleine Masse eines Atoms	geringe Dichte $\varrho = 2{,}7$ g/cm³	Legierungen für Fahrzeugbau und Flugzeugbau
viele freie Elektronen	gute elektrische Leitfähigkeit	Reinaluminium für Stromschienen und Überlandleitungen
	gute Wärmeleitfähigkeit	Reinaluminium und Aluminiumlegierungen für Kochtöpfe und Heizkörper
kubisch-flächenzentriertes Gitter	gute Umformbarkeit	Reinaluminium für Folien und Tuben
Bildung einer festen und dichten Oxidhaut an der Luft	Korrosionsbeständigkeit	
	schweiß- und lötbar mit besonderen Verfahren	Reinaluminium und Aluminiumlegierungen für Nahrungsmittelbehälter und Rohrleitungen

- **Aluminiumgusslegierungen**

Aluminium bildet mit Silizium ein Kristallgemenge. Eine Aluminium-Silizium-Legierung mit etwa 12% Silizium schmilzt bereits bei etwa 600 °C, besitzt sehr gute Gießeigenschaften (Dünnflüssigkeit, geringe Schwindung) und hat hohe Festigkeit. Sie lässt sich im Allgemeinen gut schweißen und ist korrosionsbeständig.

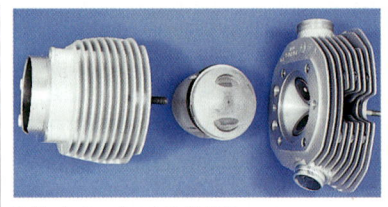

Zylinderkopf aus G-AlSiMg

Anteile an Magnesium und Kupfer erhöhen die Festigkeit. Kupfer verringert jedoch die Korrosionsbeständigkeit. Aluminiumgusslegierungen mit diesen Elementen werden als Werkstoffe z.B. für Motorengehäuse und Getriebegehäuse im Fahrzeug- und Flugzeugbau verwendet.

> Aluminiumgusslegierungen sind Aluminiumlegierungen mit guten Gießeigenschaften. Sie enthalten in der Regel Silizium.

- **Aluminiumknetlegierungen**

Bereits geringe Zusätze der Legierungselemente Magnesium (Mg), Silizium (Si), Kupfer (Cu), Zink (Zn) und Mangan (Mn) ändern sehr stark die Eigenschaften des reinen Aluminiums. Insbesondere werden Festigkeit und Härte gesteigert, während die Umformbarkeit nur gering nachlässt. Diese Legierungen können durch Warmumformen (Walzen, Strangpressen) durchgeknetet werden, deshalb nennt man sie Aluminiumknetlegierungen.

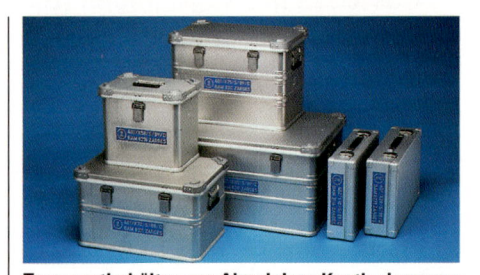

Transportbehälter aus Aluminium-Knetlegierungen

Aluminiumknetlegierungen werden aufgrund ihrer hohen Festigkeit und geringen Dichte als Werkstoffe für Transportbehälter sowie Konstruktionsteile im Fahrzeug-, Flugzeug- und Schiffbau verwendet.

> Aluminiumlegierungen mit Zusätzen von Magnesium, Silizium, Kupfer, Zink und Mangan sind gut umformbar und haben hohe Festigkeit. Man nennt sie Knetlegierungen.

Übungsaufgaben WT-58 bis WT-63

4.2 Kupfer und Kupferlegierungen

Kupfer wird sowohl als reines Metall als auch als Basismetall vieler Legierungen in der Technik verwendet. Die folgenden Eigenschaften bestimmen seinen Einsatz:

chem. Symbol:	**Cu**
Schmelzpunkt:	1 083 °C
Dichte:	8,9 g/cm^3

Ursache	Eigenschaft	Verwendungsbeispiele
Viele freie Elektronen	sehr gute elektr. Leitfähigkeit	Kabel, Stromschienen
	sehr gute Wärmeleitfähigkeit	Wärmetauscher, Lötkolben
Kubisch-flächenzentriertes Gitter	gute Umformbarkeit	Behälter, Kessel, Dichtungen, Kunstgegenstände
Bildung einer dichten und festen Oxidschicht an der Luft	gute Korrosionsbeständigkeit	Rohrleitungen, Dachabdeckungen, Plattierungen

● **Kupfer-Zink-Legierungen**

Kupfer-Zink-Legierungen mit einem Kupfergehalt von mindestens 50% und Zink als Hauptlegierungsbestandteil werden als **Messing** bezeichnet. Damit bei der spanenden Bearbeitung der Span besser bricht, kann Messing bis zu 3% Blei enthalten.
Beträgt der Zinkgehalt unter 38%, so sind diese Messingsorten sehr gut umformbar. Sie werden als Kupfer-Zink-Knetlegierungen bezeichnet. Aus diesen Messingsorten werden Schrauben, Blattfedern, Kugelschreiberminen, Hülsen u.a. Bauteile durch Kaltumformen hergestellt.
Messingsorten mit mehr als 38 % Zn sind schlecht umformbar, aber gut gießbar und zerspanbar. Aus diesen Messingsorten werden Armaturen, Ventile, Steuerungsbauteile und Formdrehteile aller Art hergestellt.

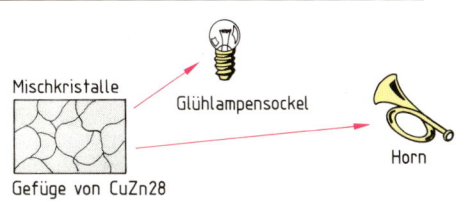

Gefüge von CuZn28
Gefüge und Beispiele für die Verwendung von Cu-Zn-Legierungen mit niedrigem Zn-Gehalt (Messing)

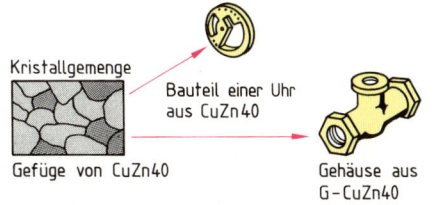

Gefüge von CuZn40
Gefüge und Beispiele für die Verwendung von Cu-Zn-Legierungen mit höheren Zn-Gehalten (Messing)

> Messing ist eine Kupfer-Zink-Legierung. Messingsorten mit weniger als 38% Zinkgehalt sind gut umformbar. Messingsorten mit mehr als 38% Zinkgehalt sind gut gieß- und zerspanbar.

● **Kupfer-Zinn-Legierungen**

Kupfer-Zinn-Legierungen bezeichnet man als **Zinn-Bronzen**.
Zinn-Bronzen bis zu 9% Zinn sind Knetlegierungen. Diese Zinnbronzen sind gut umformbar. Es werden daraus Schrauben, Drähte, Bleche, Bänder und andere Bauteile hergestellt.
Steigt der Zinngehalt über 9%, verschlechtert sich die Umformbarkeit. Die Gießeigenschaften verbessern sich. Darüber hinaus verbessern sich Korrosionsbeständigkeit und die Gleiteigenschaften. Aus Zinnbronzen mit mehr als 9 % Sn stellt man Schneckenräder, Lager, Armaturen, Bauteile für Turbinen und Gleitschienen durch Gießen her.

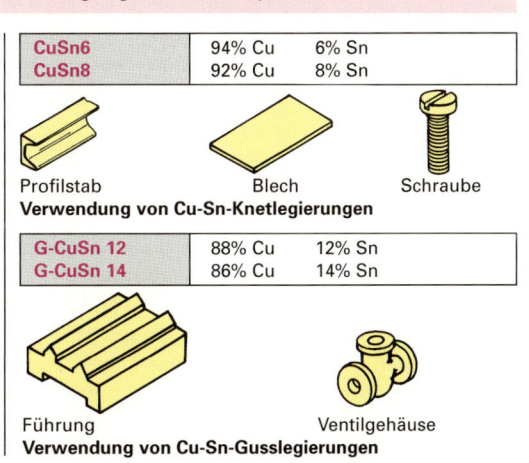

CuSn6	94% Cu	6% Sn
CuSn8	92% Cu	8% Sn

Verwendung von Cu-Sn-Knetlegierungen

G-CuSn 12	88% Cu	12% Sn
G-CuSn 14	86% Cu	14% Sn

Verwendung von Cu-Sn-Gusslegierungen

> Bronzen sind Kupfer-Zinn-Legierungen. Bronzen mit weniger als 9% Zinn sind Knetlegierungen. Bronzen mit mehr als 9% Zinn werden vergossen.

5 Korrosion

Metallische Werkstoffe in Anlagen und Maschinen können von der Oberfläche her durch chemisch wirksame Stoffe wie Luftsauerstoff, Feuchtigkeit und andere Bestandteile der Umgebung oder aus verschmutzter Luft zerstört werden. Diese Zerstörung bezeichnet man als Korrosion.

Zwei verschiedene Metalle einer Konstruktion, die von einer elektrisch leitenden Flüssigkeit – z.B. von „saurem Regen" – umgeben sind, verursachen einen elektrochemischen Prozess, durch den eines der Metalle langsam zerstört wird. Zwischen den beiden Metallen findet eine Ionenwanderung statt, wenn sie äußerlich elektrisch leitend zu einem Stromkreis verbunden sind. Die Art der Metallzerstörung bezeichnet man als **elektrochemische Korrosion**. Die elektrisch leitende Flüssigkeit wird Elektrolyt genannt.

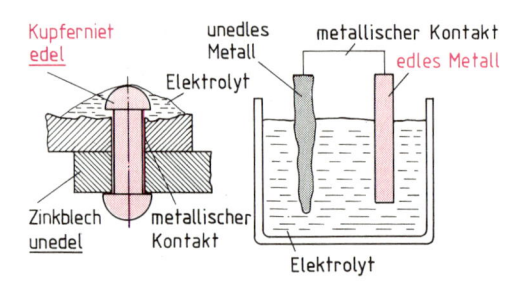

Elektrochemische Korrosion

> Korrosion ist die von der Oberfläche ausgehende Zerstörung metallischer Werkstoffe, welche meist durch elektrochemische Reaktionen verursacht sind.

Welches Metall einer Werkstoffpaarung zerstört wird, wurde in Versuchsreihen ermittelt. Dazu hat man die elektrische Spannung gemessen, die ein Metall gegenüber einem von Wasserstoff umspülten Platinblech abgibt. Die entstehenden Spannungen sind verschieden hoch, die Werte können positiv oder negativ sein. Sie sind in einer Reihe geordnet, welche **elektrochemische Spannungsreihe** genannt wird.

Je weiter ein Element in dieser Reihe rechts steht, desto geringer ist sein Bestreben, Verbindungen zu bilden. Ganz rechts stehen edle Elemente, nach links hin werden sie zunehmend unedel.

Je weiter zwei Elemente in der Spannungsreihe auseinander stehen, desto höher ist der Spannungsunterschied zwischen diesen, die Korrosionsgefahr nimmt zu.

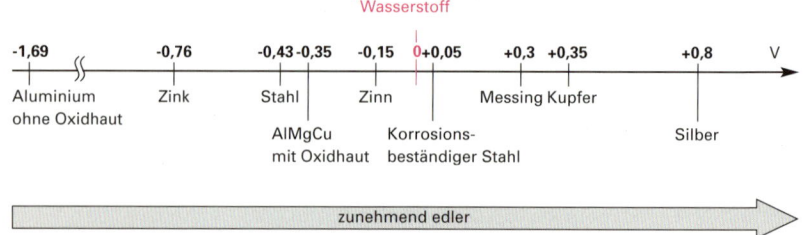

Elektrochemische Spannungsreihe

> Zwei unterschiedliche Metalle können bei bestimmten Bedingungen elektronische Reaktionen hervorrufen, welche das unedlere langsam zerstören.

Elektrochemische Korrosion kann durch unterschiedliche Maßnahmen in erträglichen Grenzen gehalten werden:
- Man soll nach Möglichkeit nur Bauelemente aus gleichen Metallen miteinander verbinden.
- Bei der Werkstoffauswahl sollen Legierungen mit Mischkristallgefüge vorgezogen werden.
- Beim Fügen von Bauelementen aus unterschiedlichen Metallen kann der Stromfluss durch Isolierzwischenlagen verhindert werden.
- Durch Beschichten kann der Zutritt eines Elektrolyten verhindert werden.

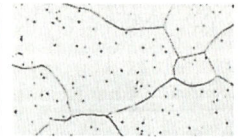

Gefüge eines korrosionsbeständigen Stahles

Gefüge eines nicht korrosionsbeständigen unlegierten Stahles

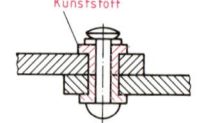

Korrosionsschutz durch Kunststoffzwischenlagen und Anstrich

6 Kunststoffe

Im Maschinenbau haben die Kunststoffe neben den Metallen als Konstruktionswerkstoffe Bedeutung gewonnen. Ihre Anwendung wächst ständig, da die Eigenschaften dieser Werkstoffgruppe sehr leicht den Erfordernissen angepasst werden können.

Wichtige Anwendungen von Kunststoffen im Maschinenbau sind:
- Verkleidungen, Gehäuse,
- Rohrleitungen, Schläuche, Behälter,
- Zahnräder, Riemen, Kupplungen, Lager,
- Dichtungen, Isolierungen,
- Klebstoffe.

Alle Kunststoffe haben gemeinsame Eigenschaften, durch die sie sich von anderen Werkstoffen unterscheiden.

Bauteile aus Kunststoff für den Maschinenbau

Eigenschaft	Verwendung	Beispiele
geringe Dichte	Behälterwerkstoff	Flaschenkästen, Eimer, Öltanks
elektrisch nicht leitend	Isolierstoffe	Steckdosen, Handbohrmaschinengehäuse
schlecht wärmeleitend	Wärmedämmstoffe	Heizleitungsisolation, Kühlschrankisolation
schwingungsdämpfend	Schallschutzstoffe	Getriebeteile, Maschinenunterlagen
korrosionsbeständig	Korrosionsschutzwerkstoff	Rohrleitungen, Apparate, Beschichtungen

6.1 Einteilung der Kunststoffe

6.1.1 Einteilung nach dem Molekülaufbau

Kunststoffe bestehen aus sehr großen Molekülen, von denen jedes aus vielen tausend Atomen gebildet wird. Man nennt diese großen Moleküle **Makromoleküle**. Die Makromoleküle haben die Form von langen Ketten, die auch verzweigt sein können.
Das Grundgerüst der Makromoleküle, die Kette, wird bei Kunststoffen auf Kohlenstoffbasis durch Kohlenstoffatome gebildet.
Bei Kunststoffen auf Siliziumbasis, den Silikonen, bilden Silizium- und Sauerstoffatome das Grundgerüst der Makromoleküle.

| Beispiel | für den unterschiedlichen Molekülaufbau von Kunststoffen |

Kunststoff auf Kohlenstoffbasis:
Polyvinylchlorid (PVC)

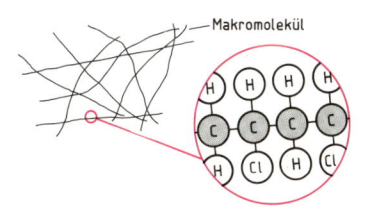

Kunststoff auf Siliziumbasis:
Silikonkautschuk

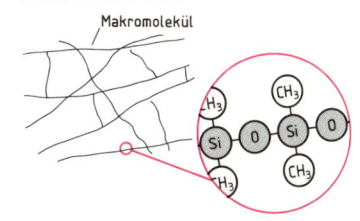

Die meisten Kunststoffe bestehen aus Makromolekülen, in denen Kohlenstoffatome das Grundgerüst bilden.

Die meisten Kunststoffe bestehen aus Makromolekülen, mit Kohlenstoffatomen als Grundgerüst.
In den Kunststoffen, die als Silikone bezeichnet werden, bilden Silizium- und Sauerstoffatome das Grundgerüst der Makromoleküle.

Übungsaufgaben WT-70 bis WT-72

6.1.2 Einteilung nach Struktur und thermischem Verhalten

Die fadenförmigen Makromoleküle eines Kunststoffes können unvernetzt oder vernetzt sein. Dies bestimmt entscheidend das Verhalten eines Kunststoffs beim Erwärmen.

- **Unvernetzte Makromoleküle**

In unvernetzten Kunststoffen liegen die Makromoleküle miteinander *verknäult* vor. Bei Erwärmen sind die Makromoleküle sehr leicht gegeneinander verschiebbar. Darum sind Kunststoffe mit unvernetzten Makromolekülen in der Wärme schmelzbar und plastisch formbar. Sie werden als **Thermoplaste** bezeichnet (z. B. PVC).

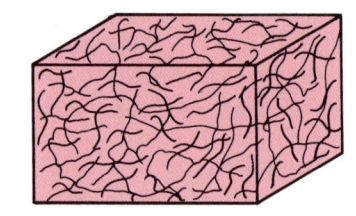

Unvernetzte Makromoleküle

Thermoplastische Kunststoffe können durch Schweißen miteinander verbunden werden. Durch Lösungsmittel, z. B. Aceton, können die unvernetzten Moleküle von Thermoplasten aus ihrem Verband gelöst werden. Darum sind die meisten thermoplastischen Kunststoffe durch Lösungsmittel anlösbar.

> Thermoplastische Kunststoffe bestehen aus unvernetzten Makromolekülen. Thermoplaste sind schmelzbar, im warmen Zustand unformbar, schweißbar und meist unbeständig gegen Lösungsmittel.

- **Vernetzte Makromoleküle**

In vernetzten Kunststoffen bilden die Makromoleküle infolge chemischer Verknüpfung ein mehr oder weniger dichtes, *räumliches Netzwerk*. Die Makromoleküle können auch beim Erwärmen nicht mehr gegeneinander verschoben werden. Darum sind Kunststoffe mit vernetzten Makromolekülen auch nach Erwärmen nicht mehr umformbar.

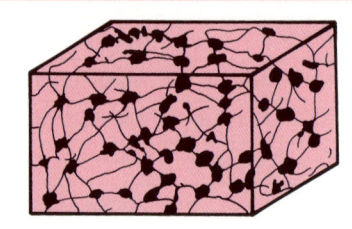

Räumlich vernetzte Makromoleküle

Duroplastische Kunststoffe

Kunststoffe, in denen die Makromoleküle *vernetzt* vorliegen, bleiben auch bei höheren Temperaturen hart und fest. Diese Kunststoffe bezeichnet man als **Duroplaste**.
Bei den Duroplasten können sich die fadenförmigen Makromoleküle nicht gegeneinander verschieben, weil sie in kurzen Abständen verknüpft sind. Man kann Duroplaste auch nicht verschweißen.

Zur Herstellung von Bauelementen liefert der chemische Betrieb diese Kunststoffe als unvernetzte Vorprodukte. Nach der endgültigen Formgebung leitet man die Vernetzung der Makromoleküle meist durch Wärme ein. Diesen Vernetzungsvorgang bezeichnet man auch als Aushärtung.

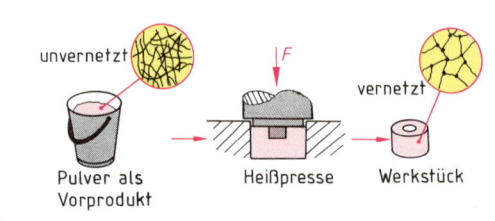

Verarbeitung eines Duroplastes

> Duroplaste sind Kunststoffe, die aus vernetzten Makromolekülen bestehen.
> Duroplaste sind nach der Aushärtung in der Wärme nicht umformbar und nicht schweißbar.

Elastische Kunststoffe

Kunststoffe, in denen die Makromoleküle in größeren Abständen voneinander vorliegen und dabei weitmaschig vernetzt sind, zeigen auch bei Raumtemperatur gummielastisches Verhalten. Diese Kunststoffe bezeichnet man als **Elaste**.

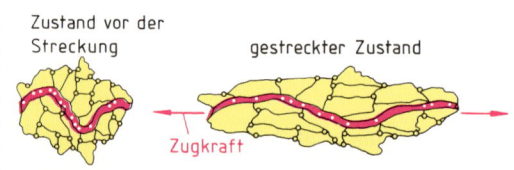

Gummielastisches Verhalten eines Elastes

> Elaste sind Kunststoffe, die aus weitmaschig vernetzten Makromolekülen bestehen. Sie zeigen gummielastisches Verhalten und sind nach der Aushärtung in der Wärme nicht umformbar und nicht schweißbar.

Vergleich des thermischen Verhaltens von Thermoplasten und Duroplasten

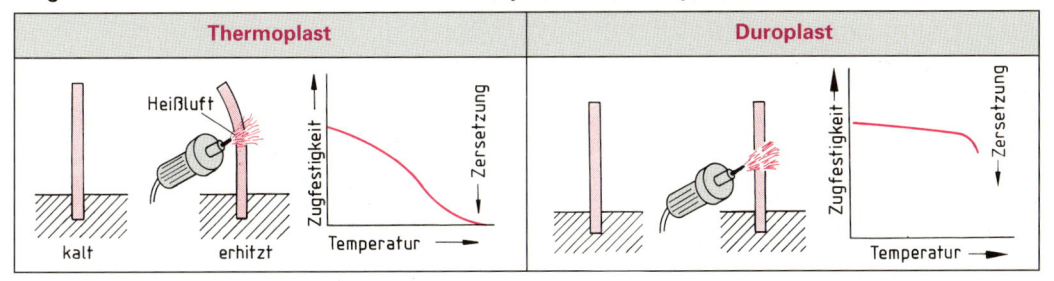

6.2 Erzeugung und Verwendung von Kunststoffen

Die Ausgangsstoffe für die Kunststoffherstellung werden aus Erdöl, Erdgas oder Kohle gewonnen. Diese Ausgangsstoffe bestehen aus kleinen Molekülen mit wenigen Atomen. Die Erzeugung der Kunststoffe besteht darin, aus vielen kleinen Molekülen Makromoleküle zu bilden. Die Verfahren, nach denen die kleinen Ausgangsmoleküle zu Makromolekülen verknüpft werden, geben den so erzeugten Kunststoffgruppen ihre Bezeichnung:

- Erzeugung durch Polymerisation liefert **Polymerisate**,
- Erzeugung durch Polykondensation liefert **Polykondensate**,
- Erzeugung durch Polyaddition liefert **Polyaddukte**.

Die Vorsilbe poly = viel deutet auf die Vielzahl der kleinen Moleküle hin, aus denen die Makromoleküle entstehen.

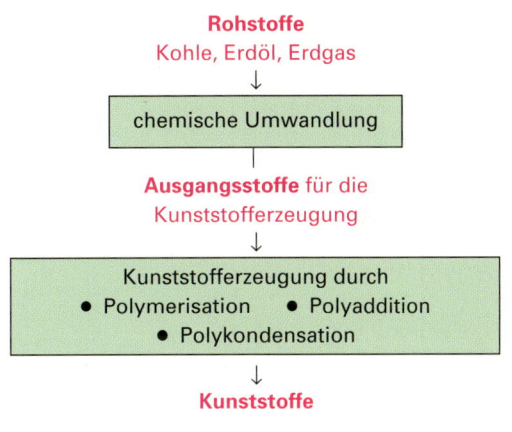

Rohstoffe
Kohle, Erdöl, Erdgas
↓
chemische Umwandlung
↓
Ausgangsstoffe für die Kunststofferzeugung
↓
Kunststofferzeugung durch
- Polymerisation • Polyaddition
- Polykondensation
↓
Kunststoffe

Von Rohstoffen zu Kunststoffen

| Beispiel | für die Erzeugung eines Kunststoffes durch Polymerisation |

Bei der Polymerisation wird die Doppelbindung in den Monomeren aufgespalten, und die einzelnen Monomere verbinden sich zu kettenförmigen Polymeren. Je nach Art der Monomere entstehen durch die Polymerisation Kunststoffe mit unterschiedlichen Eigenschaften.

Ausgangsmoleküle,
(Monomere)
Ethylen

Ausgangsmoleküle nach Aufspaltung der Doppelbindung (aktivierte Monomere)

Verknüpfung der aktivierten Ausgangsmoleküle zu Makromolekülen
(Polymer)
Polyethylen

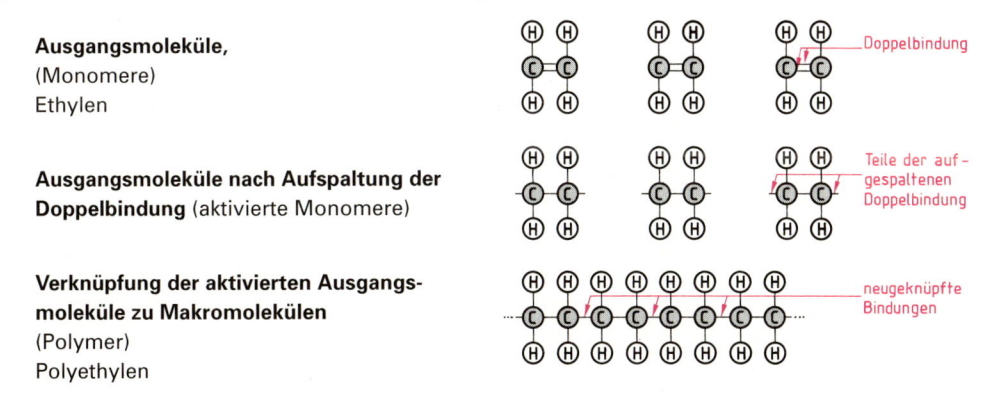

Kleine Ausgangsmoleküle werden bei der Kunststofferzeugung zu Makromolekülen verbunden.

Übungsaufgabe WT-77

6.3 Übersicht über wichtige Kunststoffe

	Kunststoff Kurzzeichen	Typische Verwendungen	Weitere Anwendungen Handelsnamen	Eigenschaften	Erkennen des Kunststoffes am Verhalten eines Spanes in der Flamme eines Bunsenbrenners
Polymerisate	Polyethylen **PE**	Eimer, Druckrohre	Haushaltsartikel (Eimer, Wannen, Schüssel), Schutzhelme, Rohre, Verpackungsfolien, Kabelisolierungen, Hohlkörper, Folien. *Handelsnamen:* Hostalen, Vestolen, Lupolen	Dichte: 0,9 g/cm³ Zugfestigkeit: 140 N/mm² Bruchdehnung: bis 500% chem. Beständigkeit: beständig gegen Säuren, Laugen und organische Lösungsmittel, unbeständig gegen heißes Öl	bläuliche Flamme Geruch nach brennender Kerze schmilzt brennende Tropfen fallen ab, dabei gelbe Flamme
	Polyvinylchlorid **PVC**	Dachrinnen u. Abwasserrohre, Behälter für Molkereiprodukte, Fensterrahmen u. Rolläden	Fußbodenbeläge, Kunstleder, Vorhänge, Stiefel, Rohre, Platten, Flaschen, Folien, Apparate. *Handelsnamen:* Vestolit, Hostalit, Skai, Pegulan	Dichte: 1,4 g/cm³ Zugfestigkeit: 60 N/mm² Bruchdehnung: bis 100% chem. Beständigkeit: unbeständig gegen organische Lösungsmittel	grünliche Flamme brennt schlecht stechender Geruch nach Salzsäure erlischt außerhalb der Flamme
	Polystyrol **PS**	Joghurt-Behälter, Isolierplatten aus Hartschaum	Isolierteile für Elektrotechnik, Werkzeuggriffe, billige Haushaltsartikel, kleine Behälter, Einwegverpackungen, Isolierungen. *Handelsnamen:* Luran, Hostyren, Vestyran, Styropor	Dichte: 1,05 g/cm³ Zugfestigkeit: 65 N/mm² Bruchdehnung: 3,5% chem. Beständigkeit: unbeständig gegen organische Lösungsmittel	gelbe Flamme süßlicher Geruch stark rußend schmilzt beim Brennen
Polyaddukte	Polyurethan **PU**	Zweikomponentenlacke, Polsterschäume	Kleber, Dichtungen, Zahnräder, Treibriemen, Textilfasern, Lacke. *Handelsnamen:* Desmodur-Desmophen, Moltopren, Vulkollan	Dichte: 1,21 g/cm³ Zugfestigkeit: 50 N/mm² Bruchdehnung: 80% chem. Beständigkeit: unlöslich in organischen Lösungsmitteln	gelbliche Flamme stechender Geruch verkohlt an der Brennfläche
	Epoxidharz **EP**	Zweikomponentenkleber, Leitwerk von Sportflugzeug (glasfaserverstärkt)	hoch feste, glasfaserverstärkte Konstruktionsteile, Gießereimodelle, abriebfeste Anstrichstoffe. *Handelsnamen:* Lekutherm, Epoxin, Araldit, UHU-plus	Dichte: 1,3 g/cm³ Zugfestigkeit: 50 N/mm² Bruchdehnung: 0,7% chem. Beständigkeit: unlöslich in organischen Lösungsmitteln	hellorangefarbige, bläulich gesäumte Flamme rußend phenolartiger Geruch

Kunststoff Kurzzeichen	Typische Verwendungen	Weitere Anwendungen Handelsnamen	Eigenschaften	Erkennen des Kunststoffes am Verhalten eines Spanes in der Flamme eines Bunsenbrenners
Polyester PETP	Seile, Textilfasern	Lagerschalen, Schaltergehäuse, Kontaktabdeckungen, Folien *Handelsnamen:* Diolen, Trevira, Dacron, Hostaphan	Dichte: 1,8 g/cm^3 Zugfestigkeit: 150 N/mm^2 Bruchdehnung: 40% chem. Beständigkeit: unlöslich in den meisten Lösungsmitteln	zusammenschmelzend süßlicher Geruch brennt außerhalb der Flamme weiter
glasfaserverstärkter Polyester UP	Boote	Abdeckungen, lichtdurchlässige Verkleidungen, Angelruten *Handelsnamen:* Leguval, Palatal, Polyleit, Vestopal	Dichte: 1,9 g/cm^3 Zugfestigkeit: bis 800 N/mm^2 Bruchdehnung: 3% chem. Beständigkeit: unlöslich in organischen Lösungsmitteln	gelbliche Flamme süßlicher Geruch starke Rußentwicklung
Polyamide PA	Bohrmaschinengehäuse, Zahnräder	Füllhalter, Schutzhelme, Rollen, Bürsten, Angelschnüre, Textilfasern, Lagerschalen *Handelsnamen:* Supramid, Ultramid, Vestamid	Dichte: 1,15 g/cm^3 Zugfestigkeit: 85 N/mm^2 Bruchdehnung: bis 200% chem. Beständigkeit: unbeständig gegen starke Säuren und Laugen, beständig gegen Öl und Benzin	bläuliche Flamme Geruch nach Horn bräunlich anschmelzend zieht Tropfen
Aminoplaste MF u.a.	Beschichtungen von Küchenmöbeln, Steckdose, Schalter, Isolierteile	Telefongehäuse, Campinggeschirr, Küchenmaschinengehäuse, Toilettendeckel *Handelsnamen:* Albamit, Getalit, Resopal	Dichte: 1,5 g/cm^3 Zugfestigkeit: 40 N/mm^2 Bruchdehnung: 0,5% chem. Beständigkeit: beständig gegen schwache Säuren und Laugen sowie gegen organische Lösungsmittel	brennt schlecht Material verkohlt unter knackendem Geräusch fischartiger Geruch
Phenoplaste PF	Lagerschale aus Schichtpressstoffen, Zündverteiler im Kfz	Zahnräder, Schichtholz, Isolierplatten, Bedienungsknöpfe *Handelsnamen:* Bakelit, Pertinax	Dichte: 1,3 g/cm^3 Zugfestigkeit: bis 250 N/mm^2 Bruchdehnung: 1% chem. Beständigkeit: beständig gegen schwache Säuren und Laugen sowie organische Lösungsmittel	gelbe Flamme Material brennt schwer platzt knackend Phenolgeruch

Polykondensate

7 Kühlschmierstoffe

Bei Zerspanungsvorgängen entsteht an der Schnittstelle Wärme. Sie wird verursacht durch die Umformung der Werkstoffteilchen und durch die Reibung. Die Wärme muss von der Schneide abgeführt werden, da sonst ihrer Härte erheblich gemindert wird. Dies wird mit Kühlschmierstoffen erreicht.

Es werden entsprechend der Norm zwei Gruppen von Kühlschmierstoffen unterschieden:

- **nicht wassermischbare Kühlschmierstoffe** und
- **wassermischbare Kühlschmierstoffe**.

Die Auswahl für einen bestimmten Fertigungsprozess hängt davon ab, ob Kühlen oder Schmieren im Vordergrund steht. Weitere Gesichtspunkte, welche die Auswahl betreffen, sind:
- die *Wirtschaftlichkeit,* hier sind wassermischbare Kühlschmierstoffe erheblich preisgünstiger,
- der *Pflegeaufwand* und die *Entsorgung,* nicht wassermischbare Kühlschmierstoffe sind leichter zu pflegen und brauchen nur selten entsorgt zu werden.

Anwendung von Kühlschmierstoffen

Zerspanungsart	bevorzugter Kühlschmierstoff		Zerspanungsart	bevorzugter Kühlschmierstoff	
	wassermischbar	nicht wassermischbar		wassermischbar	nicht wassermischbar
Drehen	x	○	Rund- und Flachschleifen	x	○
Bohren	x	○	Formschleifen mit profilierter Scheibe	○	x
Tieflochbohren	(x)	x			
Fräsen	x	○	Spitzenloses Außenrundschleifen	x	○
Räumen	x	x			
Automatenarbeiten	(x)	x	Hochgeschwindigkeitsschleifen	(x)	x
Zahnradfräsen, -stoßen, -hobeln, -schaben	○		Honen, Läppen	(x)	x

x häufige Anwendung   (x) weniger häufige Anwendung   ○ seltene Anwendung

7.1 Nicht wassermischbare Kühlschmierstoffe

Nicht wassermischbare Kühlschmierstoffe werden häufig auch als Metallbearbeitungsöle (Schneidöl, Honöl u.a.) bezeichnet. Sie bestehen aus Mineralöl mit Zusätzen und werden eingesetzt, wenn die Schmierung bei der Metallbearbeitung im Vordergrund steht. Ferner finden sie Verwendung auf Automaten, die mit einem **Einheitsöl** arbeiten, das gleichzeitig für die Hydraulik, die Maschinenschmierung und die Zerspanung eingesetzt wird.

Die wichtigste Eigenschaft von nicht wassermischbaren Kühlschmierstoffen ist die Viskosität. Je höher die Viskosität, desto zähflüssiger ist ein Öl. Für den Zerspanungsbereich liegt die Viskosität der Öle bei 40 °C etwa zwischen 2 mm^2/s (Honöle) bis 45 mm^2/s (für schwerste Zerspanungsarbeiten). Am häufigsten werden Öle im Viskositätsbereich von 20 bis 35 mm^2/s angewendet.

Die Erhöhung der Viskosität eines Kühlschmierstoffs ergibt folgende Eigenschaftsänderungen:
- Die Wärmeleitfähigkeit wird geringer.
- Die Nebelbildung beim Zerspanen nimmt ab.
- Der Austrag von Kühlschmierstoffen mit den Spänen nimmt zu.
- Der Spantransport wird durch Verkleben der Späne erschwert.
- Die Entflammbarkeit nimmt ab.

Man verwendet deshalb Kühlschmierstoffe mit hoher Viskosität
- bei großen Bauteilen,
- beim Zerspanen mit niedrigen Schnittgeschwindigkeiten,
- bei großen Spanquerschnitten,
- bei unterbrochenem Schnitt.

7.2 Wassermischbare Kühlschmierstoffe

Wassermischbare Kühlschmierstoffe werden wegen der guten Kühlwirkung und vor allem wegen des günstigen Preises am häufigsten eingesetzt. Sie werden vom Hersteller als Konzentrat geliefert und vom Anwender mit Wasser entsprechend den Herstellerangaben verdünnt. Die meisten dieser wassermischbaren Kühlschmierstoffe sind Gemische von Öl, einem Emulgator, bakterien- und pilztötenden Zusätzen u.a., die als Konzentrat geliefert werden, und Ansetzwasser. Im fertigen Zustand enthalten Kühlschmierstoffe 2% bis 10% Konzentrat.

Wichtigster Bestandteil der Konzentrate sind Stoffe, die dafür sorgen, dass die öligen Bestandteile in feinster Verteilung im Wasser gehalten werden können. Man nennt solche Stoffe **Emulgatoren**. Dies sind seifenartige chemische Verbindungen, die aus kettenförmigen Molekülen bestehen. Diese Moleküle weisen ein „Fett liebendes" und ein „Wasser liebendes" Ende auf. Im wassermischbaren Kühlschmierstoff lagern sich die Emulgatormoleküle um die Öltröpfchen und verhindern so eine Vereinigung der Tröpfchen zu größeren Öltropfen, die im Wasser aufsteigen und damit den Kühlschmierstoff entmischen können.

Weitere Zusätze in Konzentraten für wassermischbare Kühlschmierstoffe sind korrosionshemmende Stoffe, Hochdruckzusätze (EP-Zusätze), Antischaummittel sowie bakterien- und pilztötende Zusätze (Biozide).

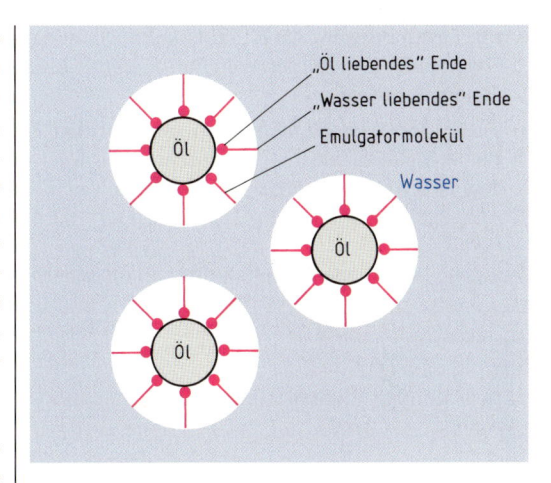

Wirkung des Emulgators

Öltröpfchendurchmesser und Aussehen der Lösung

Öltröpfchen	0,001 µm	0,01 µm	0,1 µm	1 µm
Aussehen der Lösung	wasserhell	trüb	undurchsichtig	milchig

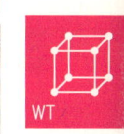

Wassermischbare Kühlschmierstoffe enthalten 2% bis 10% ölhaltiges Konzentrat und 90% bis 98% Wasser. Der Emulgator bestimmt besonders die Eigenschaften des Kühlschmierstoffes. Ansetzwasser soll möglichst weich und keimfrei sein.

Im Umgang mit wassermischbaren Kühlschmierstoffen ist zu beachten:
- Beim Ansatz muss stets Kühlschmierstoff in strömendes Wasser gegeben werden.
- Die Konzentration wird entsprechend der geplanten Bearbeitung eingestellt.
- Wassermischbare Kühlschmierstoffe werden am besten bei Raumtemperatur gelagert. Für Lagerung und Transport sind die Vorschriften zum Umgang mit wassergefährdenden Stoffen zu beachten.
- Kühlschmierstoffe müssen möglichst gut belüftet, kühl und frei von Verunreinigungen gehalten werden, damit sich Bakterien und Pilze nicht übermäßig vermehren.
- Vor dem Austausch von Kühlschmierstoffen ist die gesamte Anlage mit Reinigern zu desinfizieren.
- Kühlschmierstoff darf nicht ins Grundwasser und ins Abwasser gelangen. Darum ist die Entsorgung von Spezialfirmen durchzuführen.

Wassermischbare Kühlschmierstoffe sind umweltschädlich und gesundheitsgefährdend. Darum müssen Richtlinien zum Umgang mit diesen Kühlschmierstoffen streng beachtet werden.

7.3 Schutzmaßnahmen beim Umgang mit Kühlschmierstoffen

Hautschäden im Zusammenhang mit Schmierstoffkontakt gehören zu den häufigsten Berufskrankheiten in der Metall verarbeitenden Industrie. Neben dem Einatmen der entstehenden Dämpfe birgt insbesondere der Hautkontakt mit Kühlschmierstoffen eine Reihe von Gefahren:

- Die Haut wird bei ständiger Berührung entfettet, verliert ihre Schutzschicht, wird rissig und anfällig gegenüber Krankheiten, z.B. Entzündungen, Akne und Ekzeme. Nicht selten treten diese Erkrankungen an Körperteilen auf, an denen ölverschmutzte Kleidung eng anliegt.
- Die in den Kühlschmierstoffen mitgeführten Fremdkörper wie kleine Metallspäne u.a. verursachen winzige Verletzungen, die ebenfalls zu Hautschäden führen können.

Einsatz von Kühlschmierstoffen beim Fräsen

Den oben beschriebenen Gefahren kann mit einer Reihe von **Schutzmaßnahmen** begegnet werden:

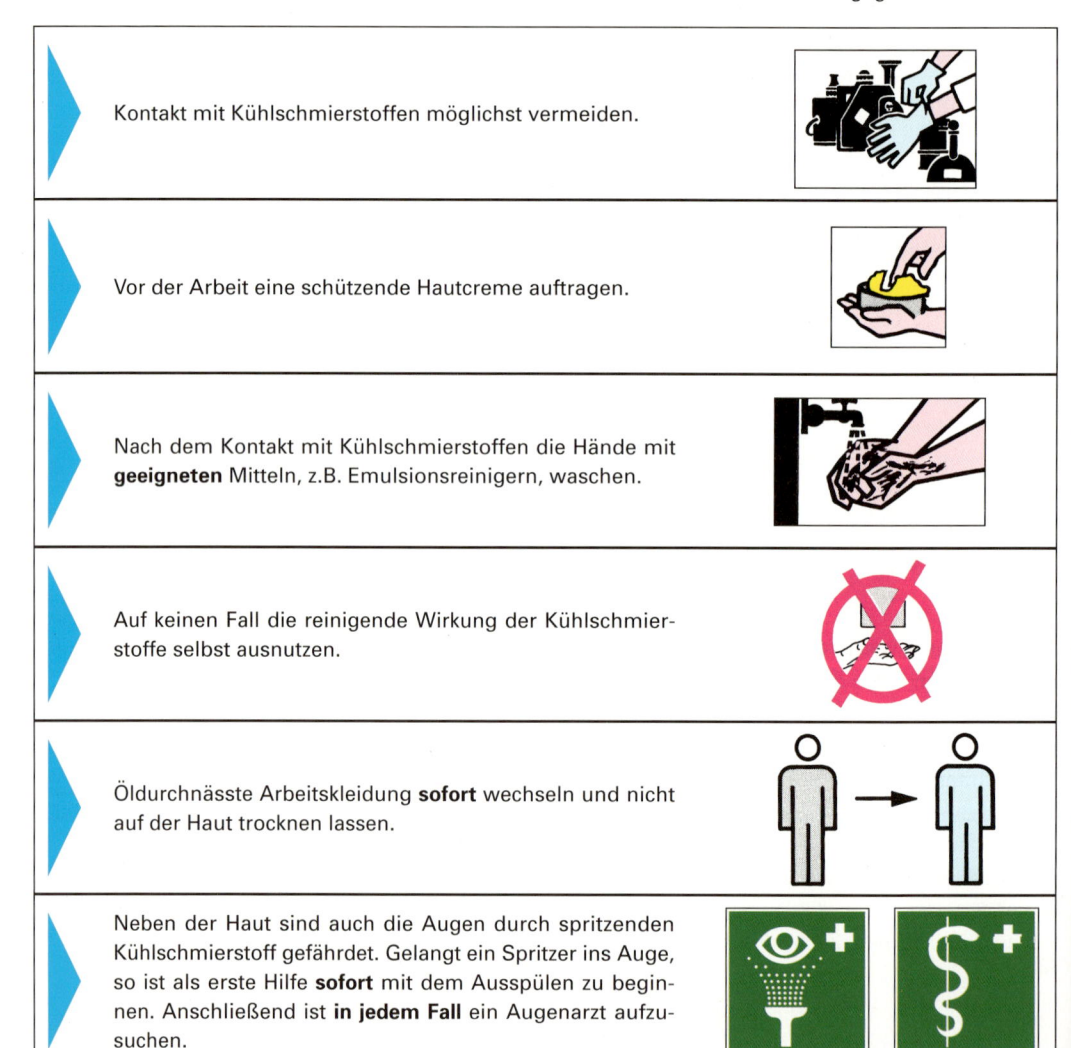

▶ Kontakt mit Kühlschmierstoffen möglichst vermeiden.

▶ Vor der Arbeit eine schützende Hautcreme auftragen.

▶ Nach dem Kontakt mit Kühlschmierstoffen die Hände mit **geeigneten** Mitteln, z.B. Emulsionsreinigern, waschen.

▶ Auf keinen Fall die reinigende Wirkung der Kühlschmierstoffe selbst ausnutzen.

▶ Öldurchnässte Arbeitskleidung **sofort** wechseln und nicht auf der Haut trocknen lassen.

▶ Neben der Haut sind auch die Augen durch spritzenden Kühlschmierstoff gefährdet. Gelangt ein Spritzer ins Auge, so ist als erste Hilfe **sofort** mit dem Ausspülen zu beginnen. Anschließend ist **in jedem Fall** ein Augenarzt aufzusuchen.

7.4 Reinigung von Kühlschmierstoffen

Metallspäne, Werkzeugabrieb besonders von Schleifscheiben, Grafit von Gussteilen, Fremdöl u. a. verunreinigen den Kühlschmierstoff und mindern seine Gebrauchseigenschaften. Die Reinigung des Kühlschmierstoffs von festen Teilchen geschieht durch Absetzen, Filtrieren oder Magnettrennung.
Fremdöl kann nach Aufschwimmen von der Oberfläche abgezogen werden. Eine andere Möglichkeit der Fremdölabtrennung ist das Zentrifugieren.
Durch Zusätze spezieller Emulgatoren kann auch ein Teil des Fremdöls vom Kühlschmierstoff aufgenommen werden, dabei verschlechtern sich aber auf Dauer die Gebrauchseigenschaften.

7.5 Entsorgung von Schmier- und Kühlschmierstoffen

Schmier- und Kühlschmierstoffe werden nach einer bestimmten Einsatzdauer unbrauchbar. Entweder kommt es wie z.B. bei Schneidölen oder Kühlschmierstoffen zu Verunreinigungen, welche die Gebrauchseigenschaften verändern oder wie bei Schmierölen zur Oxidation, wobei das Öl seine Schmierfähigkeit verliert. Der Schmier- oder Kühlschmierstoff muss also nach einer bestimmten Zeit ausgetauscht und entsorgt werden. Da Öle und Emulsionen zu den wassergefährdenden Stoffen zählen, dürfen sie nicht in den Boden, ein Gewässer oder eine übliche Kläranlage geleitet werden. Die Entsorgung regeln Verordnungen, die aufgrund des Bundesabfallgesetzes erlassen wurden. So dürfen z.B. nur Unternehmen mit entsprechenden Genehmigungen die Entsorgung von Sonderabfällen (z.B. Öl, Kühlschmierstoffe usw.) vornehmen.

Entsorgungspflichtig ist in jedem Fall der Erzeuger von Sonderabfällen!

Die ordnungsgemäße Beseitigung der Sonderabfälle wird von den Behörden überwacht. Die Entsorgung der Öle und Emulsionen bereitet unterschiedliche Probleme.

Öl
- ist durch Reinigungsprozesse teilweise wieder regenerierbar und kann für untergeordnete Zwecke weiterverwendet werden,
- wird kostenlos durch die Mineralölaufbereiter entsorgt.

Emulsionen
- sind nicht unmittelbar weiter verwertbar,
- müssen in kostspieligen Trennverfahren aufbereitet werden.

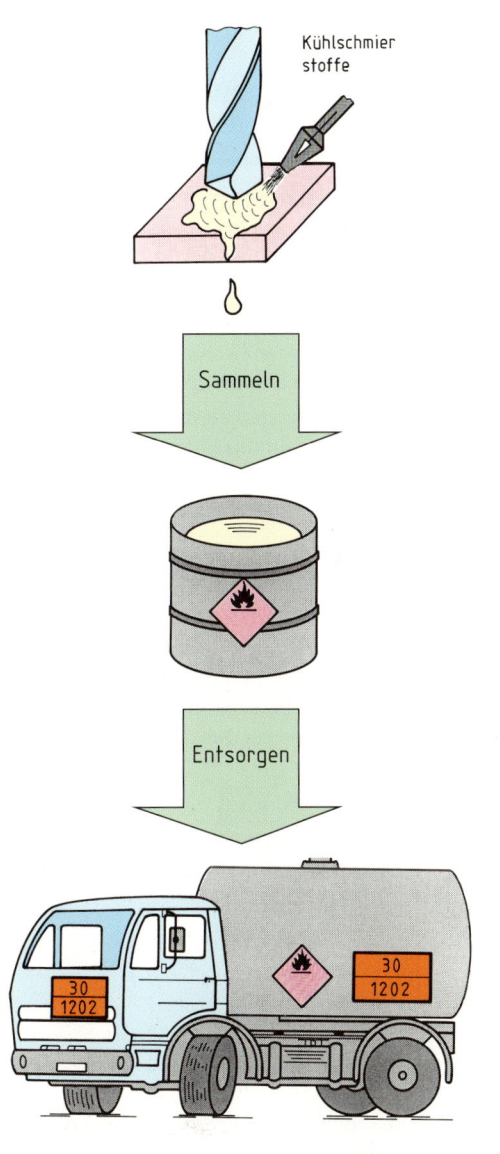

Sammeln und Entsorgen von Kühlschmierstoffen

8 Schmierstoffe

Bei der Montage und der Wartung von Bauteilen ist darauf zu achten, dass eine ausreichende und dem Einsatzgebiet angepasste Schmierung erfolgt.

Aufgaben von Schmierstoffen:
- Bildung eines Schmierfilms zwischen sich bewegenden Teilen,
- Verringerung von Reibung und Verschleiß,
- Schutz gegen Korrosion,
- Abdichtung bestimmter Bereiche gegen Staub und Feuchtigkeit.

Auswahlkriterien für Schmierstoffe:
- Einsatzgebiet   z. B. Hydraulikanlagen, Gleitlager,
- Betriebsbedingungen z. B. Drehfrequenzen, Betriebstemperatur,
- Umgebung   z. B. erhöhte Explosionsgefahr.

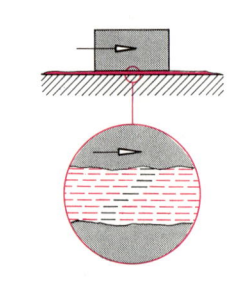

Wirkungsweise der Schmierung

Die Auswahl der Schmierstoffarten richtet sich im Wesentlichen nach:
- Drehfrequenzen, • Betriebstemperaturen, • Gleitgeschwindigkeiten und • Umwelteinflüssen.

8.1 Ölschmierung

Ölschmierung kommt meist bei *hohen Umdrehungsfrequenzen* und *hohen Betriebstemperaturen* zum Einsatz. Ölschmierung ist vorteilhaft, wenn benachbarte Bauteile ebenfalls mit Öl geschmiert werden, z. B. Lager in einem Getriebe.

Das Schmieröl für einen bestimmten Einsatzfall wählt man nach den Eigenschaften aus.
Die Bestandteile der Schmieröl-Kennzeichnung haben folgende Bedeutung:
- *geometrisches Symbol* für die Art der Erzeugung, z. B. Mineralöl, Syntheseöl,
- *Kennbuchstaben* für das Einsatzgebiet des Öles, z. B. Hydrauliköl,
- *weitere Kennbuchstaben* für die Zusätze – Additive -, z. B. Alterungsschutz,
- *Kennzahlen* für die Ölklasse durch den Viskositätsgrad, z. B. Viskositätsgrad 100 mm^2/s.

| Beispiel | für die Auswahl eines Schmieröles für eine Umlaufschmierung |

Bei einer Drehmaschine kommt es häufig vor, dass Bauteile aus dem Stand unter Last angefahren werden, dabei tritt Mischreibung mit der Gefahr eines hohen Verschleißes auf.
Das einzusetzende Schmieröl ist deshalb so auszuwählen, dass es mit verschleißmindernden Additiven versehen ist. Das gewählte Schmieröl hat die Kennzeichnung **CLP 68**.

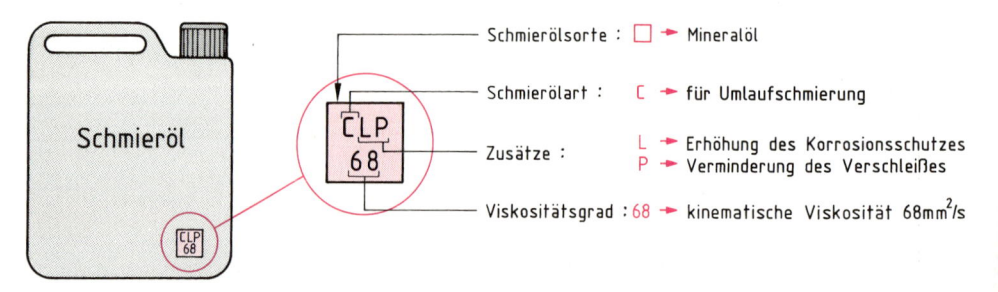

Schmierölsorte : □ → Mineralöl
Schmierölart : C → für Umlaufschmierung
Zusätze : L → Erhöhung des Korrosionsschutzes
P → Verminderung des Verschleißes
Viskositätsgrad : 68 → kinematische Viskosität 68 mm^2/s

Die Kennzeichnung der Schmieröle gibt Auskunft über:
- Schmierölart, • Additive im Schmieröl und • Viskositätsgrad.

• Viskosität

Schmieröle sollen stets gleichmäßig an den gleitenden Werkstückoberflächen haften und einen zusammenhängenden Schmierfilm bilden. Dieser Schmierfilm soll auch bei größerer Belastung nicht abreißen. Diese Anforderung an das Schmiermittel hängt in großem Maße von dessen Zähflüssigkeit ab.

Man bezeichnet die Zähflüssigkeit als **Viskosität**. Schmiermittel mit hoher Viskosität sind zähflüssig. Sie werden bei langsam laufenden Maschinen, großer Lagerbelastung und großem Lagerspiel eingesetzt. Schmiermittel mit niedriger Viskosität sind dünnflüssig. Sie eignen sich für schnell laufende und gering belastete Maschinen.

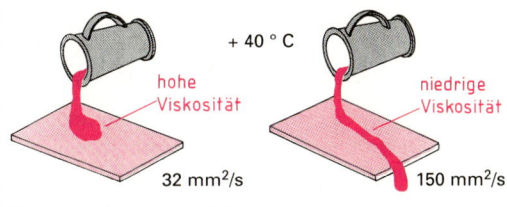

Öle unterschiedlicher Viskosität

Beim Messen im Kapillarviskosimeter lässt man eine bestimmte Ölmenge bei Prüftemperatur durch ein langes dünnes Rohr, die Kapillare, laufen. Aus der Auslaufzeit ermittelt man die kinematische Viskosität. Wasser hat bei 20° C eine kinematische Viskosität von etwa 1 mm^2/s.

> Unter Viskosität versteht man die Zähigkeit eines flüssigen Schmiermittels.

Mit sinkender Temperatur nimmt die Viskosität eines flüssigen Schmiermittels zu, d.h. das Schmiermittel geht allmählich vom flüssigen Zustand in den festen Zustand über. Die Temperatur, bei der ein flüssiges Schmiermittel infolge zu hoher Viskosität unter genormten Bedingungen nicht mehr fließt, bezeichnet man als **Pourpoint** (früher Stockpunkt genannt). Die meisten Schmieröle haben einen Pourpoint, der unter 0° Celsius liegt. Für Maschinen und Geräte, die bei niedrigen Temperaturen arbeiten müssen, benutzt man Schmieröle mit besonders tiefem Pourpoint.

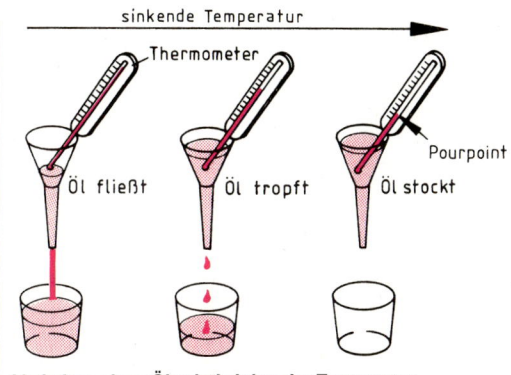

Verhalten eines Öles bei sinkender Temperatur

> Als Pourpoint bezeichnet man die Temperatur, bei der ein flüssiges Schmiermittel seine Fließfähigkeit verliert.

• Alterungsneigung

Durch Verunreinigungen, zum Beispiel Abrieb, verschlechtern sich die Öleigenschaften. Ein weiteres Absinken der Eigenschaften tritt ein durch Bildung von
- Säuren infolge Oxidation,
- harz- und asphaltartigen Produkten infolge Bildung größerer Moleküle.

Dieses sind Vorgänge, wie sie in kurzer Zeit auch im Speiseöl in Friteusen ablaufen.
Den größten Einfluss auf die Alterung von Ölen hat die Temperatur. Nur 10 Kelvin Temperaturerhöhung verkürzen die Zeit zum Altern auf die Hälfte.
Metalle können die Alterungsreaktionen beschleunigen. Hier fördert Kupfer den Alterungsprozess besonders stark. Aus diesem Grunde sollen Schmierölleitungen möglichst *nicht* aus Kupfer hergestellt werden.
Durch Zusätze von Alterungsschutzadditiven (Antioxidantien, Oxidationsinhibitoren) wird ein gewisser Alterungsschutz erreicht.

> Öle altern besonders bei höheren Temperaturen und bei Anwesenheit von kupferhaltigen Werkstoffen im Ölkreislauf.

Übungsaufgaben WT-88 bis WT-90

8.2 Fettschmierung

Fettschmierung wird bei mittleren und *niedrigen Umdrehungsfrequenzen* und *niedrigen Gleitgeschwindigkeiten* eingesetzt.

Fettschmierungen erlauben aufgrund des Haftvermögens der Fette einfache, kostengünstige Konstruktionen. Fettschmierung bietet einen Schutz gegen Feuchtigkeit und Verunreinigungen.
Das Schmierfett für einen bestimmten Einsatzfall wählt man anhand der Eigenschaften aus.
Die Bestandteile der Schmierfett-Kennzeichnung haben folgende Bedeutung:
- *Geometrisches Symbol* für die Schmierfettbasis, z. B. Mineralölbasis.
- *Kennbuchstaben* für das Einsatzgebiet des Fettes, z. B. Gleit- und Wälzlagerfett.
- *Weitere Kennbuchstaben* für die Einsatztemperatur, z. B. -20° C bis + 80° C.
- *Kennzahlen* für die Konsistenzklasse, z. B. Klasse 3 für beinahe festes Wälzlagerfett.

| Beispiel | für die Auswahl eines Schmierfettes für Wälzlager |

Im Rahmen einer Wartung sind u. a. auch die Wälzlager eines Elektromotors zu fetten. Die Betriebstemperatur überschreitet + 70° C nicht. Der Motor ist in einem feuchten, staubigen Raum installiert.
Somit ist ein Schmierfett auf Mineralölbasis mit Lithiumseife als Dichtungsmittel anzuwenden. Das gewählte Schmierfett hat die Kennzeichnung **K 3 E**.

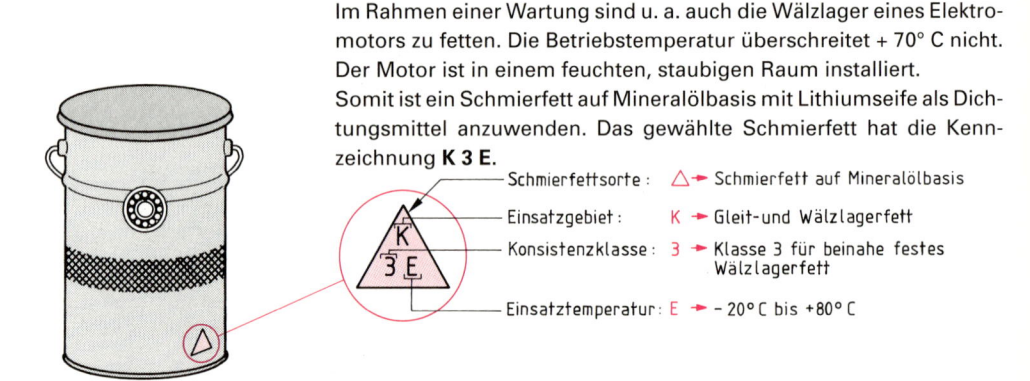

Schmierfettsorte: △ → Schmierfett auf Mineralölbasis
Einsatzgebiet: K → Gleit-und Wälzlagerfett
Konsistenzklasse: 3 → Klasse 3 für beinahe festes Wälzlagerfett
Einsatztemperatur: E → -20°C bis +80°C

Die Kennzeichnung der Schmierfette gibt Auskunft über:
- Schmierfettart, • Einsatzgebiet mit Temperaturbereich, • Konsistenzklasse.

8.3 Festschmierstoffe

Trockene Schmiermittel sind pulverförmige Stoffe, die aus besonders feinen Plättchen bestehen. Zu diesen Schmiermitteln gehört z.B. Grafit. Die Schmierwirkung trockener Schmiermittel entsteht dadurch, dass die sehr feinen Plättchen des Schmierstoffes im Schmierspalt wie Karten eines Kartenspiels aufeinander gleiten. Wichtige Trockenschmiermittel im Maschinenbau sind Grafit und Molybdänsulfid.

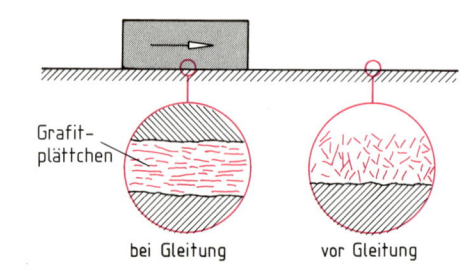

Grafit-plättchen

bei Gleitung   vor Gleitung
Trockenschmierung mit Grafit

Eigenschaften von Grafit und Molybdänsulfid

Eigenschaften	Grafit	MoS$_2$
Dichte in g/cm^3	2,4	4,8
Reibwert bei trockenem Stahl auf Stahl	0,1 bis 0,2	0,04 bis 0,08
Temperaturgrenzen an Luft in °C	– 18 bis + 450	– 180 bis + 400
Schmierfähigkeit im Vakuum	versagt	gut

Festschmierstoffe werden dann eingesetzt, wenn aufgrund der Bedingungen an der Schmierstelle keine Flüssigkeitsreibung erreicht werden kann.

Übungsaufgaben WT-91 bis WT-93

Informationstechnik

Handlungsfeld: Programme erstellen

Problemstellung

Auftrag:
Messwerte
– aufnehmen
und
– auswerten

Vorgaben: Messgerät, Messobjekt, geordnete Liste, Zeichnung

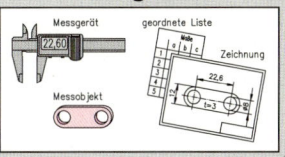

Klärung der Eingangsbedingung:
- vorhandene Hardware
- Vorgaben aus Auftrag

Problem analysieren

Eingabe: Ist, Soll → Computergerechte Aufbereitung → Ausgabe Merkmale: –gut, –Ausschuss, –Nacharbeit

Ergebnisse:
- Hardwareauswahl
- Art der ein- und auszugebenden Daten
- Sicherheitsaspekte

Planungsgrundlagen:
- ausgewählte Hardware
- Daten
- mögliche Programmiersprachen
- Fähigkeiten der zukünftigen Anwender

Planen

Struktogramm, Programmen C++, Excel, Pascal
Variable:
n – Zahl
A – Maß 1
B – Maß 2
C – Maß 3

Ergebnisse:
- ausgewählte Programmiersprache
- Programmablauf
- Liste der Variablen

Vorgaben:
- Programmierhandbuch
- Programmablaufplan
- Variablenliste

Programm entwickeln

Ergebnis:
- Programm
- Programmdokumentation

Vorgaben:
- ungetestetes Programm
- Hardware

Programm testen

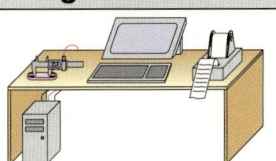

Ergebnis:
- lauffähiges Programm
- getestete Hardware
- Programmdokumentation

Anwenden

IT

1 Grundlagen der Datenverarbeitung

Computer übernehmen in der Berufswelt Aufgaben, die den Facharbeiter bei seiner Arbeit unterstützen oder zeit- und kostenintensive Tätigkeiten ersetzen. Computer sind hoch entwickelte elektronische Rechenanlagen und Zahlenspeicher. Allen Computern gemeinsam ist, dass sie über eine **Eingabeeinheit**, eine **Verarbeitungseinheit** und eine **Ausgabeeinheit** verfügen.

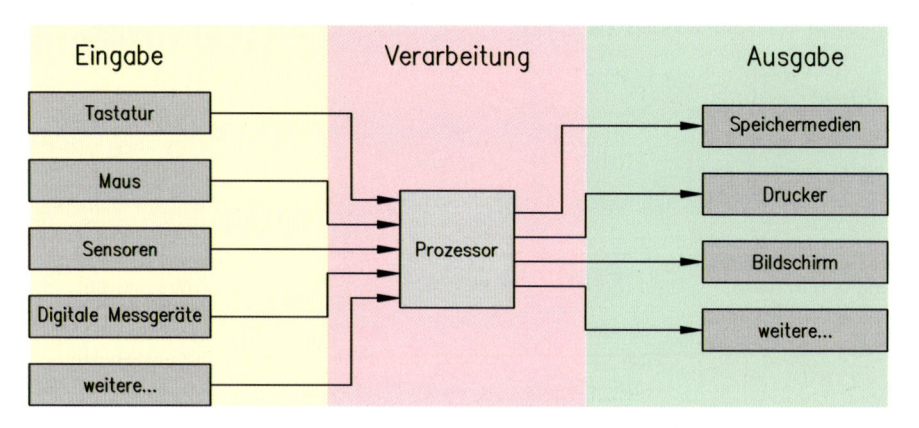

Eingabe	Verarbeitung	Ausgabe
Tastatur		Speichermedien
Maus		Drucker
Sensoren	Prozessor	Bildschirm
Digitale Messgeräte		weitere...
weitere...		

Beispiel für die Anwendung eines Computers in der Fertigung

Auftrag: Messwerte eines Werkstückes sollen aufgenommen und ausgedruckt werden. Beim Überschreiten einer Toleranz soll ein akustisches Signal ertönen.

Lösung: Mit einem digitalen Messschieber wird die Länge von Werkstücken gemessen. Im Messschieber wird die Länge in elektrische Impulse umgewandelt. Die Impulse werden über das Verbindungskabel zum Computer übertragen, dort werden sie entsprechend dem eingegebenen Programm verarbeitet und zu den Ausgabeeinheiten weitergeleitet.

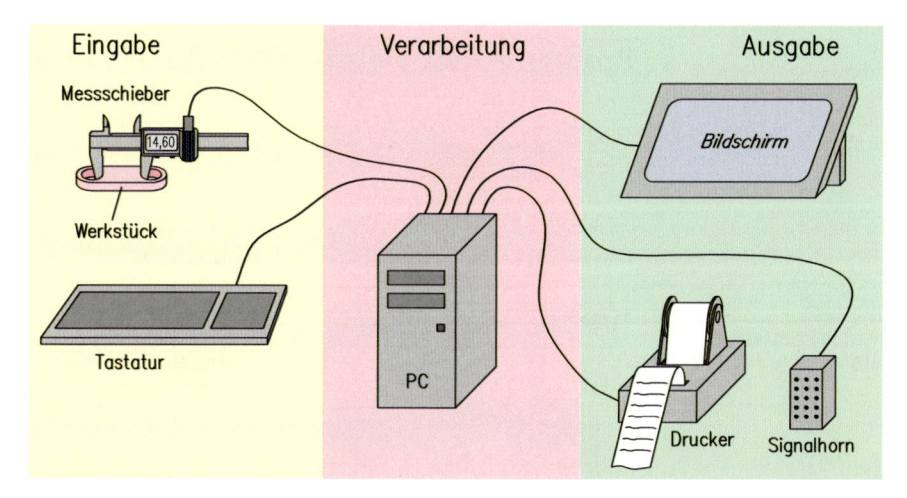

Eingabe	Verarbeitung	Ausgabe
Messschieber (14,60), Werkstück, Tastatur	PC	Bildschirm, Drucker, Signalhorn

Die Ein- und Ausgabeeinheiten von Computern sind Bestandteile des industriellen Fertigungsprozesses.

2 Arbeitsweise eines Computers

2.1 Dateneingabe

- **Analoge und digitale Datenerfassung**

Unter Daten versteht man Informationen. Diese können durch Zeichen dargestellt werden. Man unterscheidet zwischen analogen und digitalen Daten.

Werden die Informationen **stetig** aufgenommen, liegt eine **analoge** Datenerfassung vor.
Werden Informationen **schrittweise** aufgenommen, so liegt eine **digitale** Datenerfassung vor.

| Beispiel | für analoge und digitale Messwerterfassung |

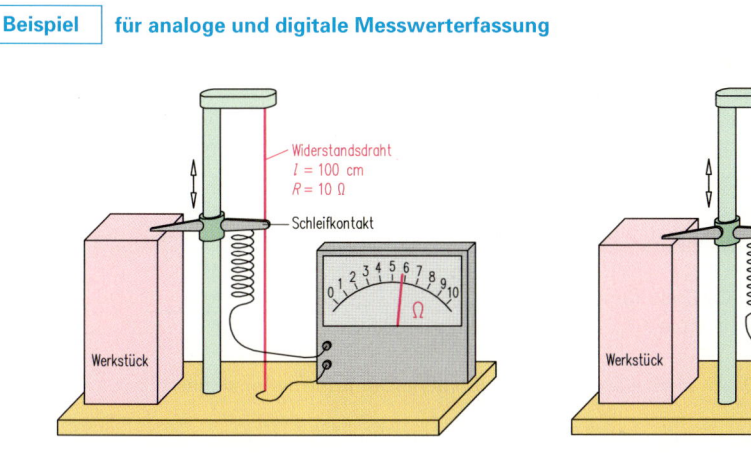

Analoge Datenerfassung

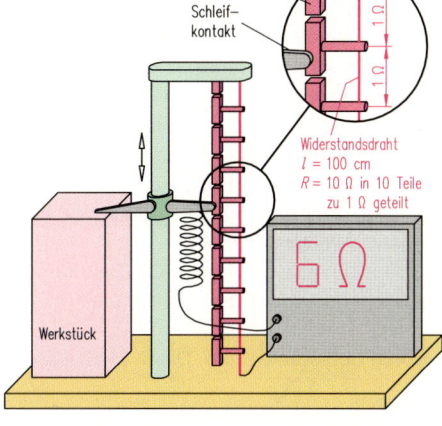

Digitale Datenerfassung

Da ein Computer nur digitale Daten verarbeiten kann, müssen die analogen Daten erst in digitale Daten umgewandelt werden. Geräte, welche analoge Signale in digitale Signale umwandeln, nennt man Analog-Digital-Wandler oder kurz A/D-Wandler.

- **Digitale Signale im PC**

Computer setzen alle eingegebenen Informationen in eine sehr einfache „Sprache" um. Während wir in der deutschen Sprache 26 Buchstaben, 10 Ziffern und einige Sonderzeichen (z.B. Punkt, Komma) benötigen, um Begriffe schriftlich wiederzugeben oder zu rechnen, muss der Computer in seiner „Sprache" mit einem Vorrat von nur zwei Zeichen auskommen. Er kann nur zwischen elektrisch „EIN" und „AUS" unterscheiden. Man ordnet diesen beiden Zuständen die Ziffern „1" und „0" zu. Der Computer arbeitet also mit so genannten binären Zuständen, eine 1 soll andeuten, dass eine Binärstelle belegt ist, eine 0 stellt demnach eine unbelegte Binärstelle dar.

Die kleinste Informationseinheit, die nur zwei unterschiedliche Zustände kennt, bezeichnet man in der Fachsprache mit **Bit**. Dieser Begriff ist die Abkürzung der englischen Wörter binary digit (binärer Schritt).

Je mehr Bits zur Verfügung stehen, desto mehr Schaltzustände können realisiert werden.

Anzahl Bit	2 Bits	4 Bits	6 Bits	8 Bits
Schaltzustände	4	16	64	256

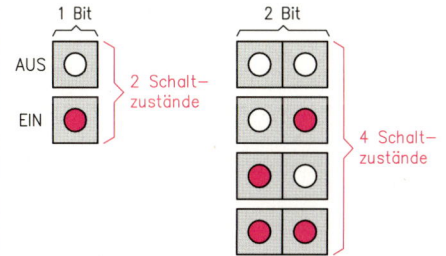

Schaltzustände, die mit einem bzw. zwei Bit realisiert werden können

Elektronische Datenverarbeitungsanlagen arbeiten im Inneren binär. Ein Bit ist die kleinste Informationseinheit, sie kann 1 oder 0 sein. 1 Byte ist eine Gruppe von 8 Bits.

2.2 Datencodierung

● **Codieren**

Alle Buchstaben, Ziffern und Zeichen der menschlichen Sprache müssen für den Computer in eine digitale Sprache umgewandelt werden. Zwischen beiden Sprachen müssen daher zunächst Zuordnungen von Zeichen vorgenommen werden. Das Umwandeln von Zeichen der Sprache des Menschen in den Zeichenvorrat einer EDV-Anlage nennt man **codieren**. Die Zuordnung von Zahlen, Zeichen und Ziffern erfolgt nach bestimmten Vereinbarungen, die Code genannt werden. Hat der Computer die gestellte Aufgabe gelöst, so müssen die Computerzeichen wieder rückübersetzt werden in die Sprache des Menschen, diesen Vorgang nennt man **decodieren**. Drückt man z.B. den Buchstaben „A" auf der Tastatur, so wird eine Impulsfolge über Leitungen in den Computer geschickt. Diese Impulsfolge von einem Byte besteht aus 8 Bits.
Die Impulsfolge nach dem ASCII-Code für den Buchstaben „A" würde lauten: 0 1 0 0 0 0 0 1.

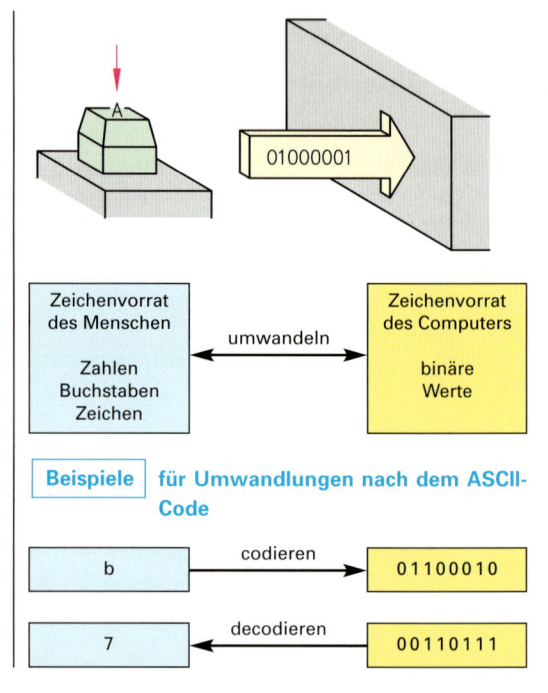

Beispiele für Umwandlungen nach dem ASCII-Code

b → codieren → 01100010

7 ← decodieren ← 00110111

> Durch Codieren werden Daten in eine andere Form gebracht. Der Informationsinhalt bleibt erhalten.

● **Der 4-Bit-CODE**

Zur Darstellung der zehn Ziffern 0 bis 9 des dezimalen Zahlensystems genügt ein 4-Bit-Code.
Mit 4 Bit lassen sich 16 Schaltzustände realisieren, von denen die ersten zehn für die Ziffern 0 bis 9 reserviert sind. Die restlichen 6 Schaltzustände werden durch die Großbuchstaben A bis F belegt.
Im 4-Bit-Code setzt sich z.B. der Code für die Ziffer 2 zusammen aus den beiden Nullen der ersten Zeile und den Ziffern 1 und 0 (10) in der dritten Spalte.

Im 4-Bit-Code lautet die Dezimalzahl 2003:

2	0	0	3
0010	0000	0000	0011

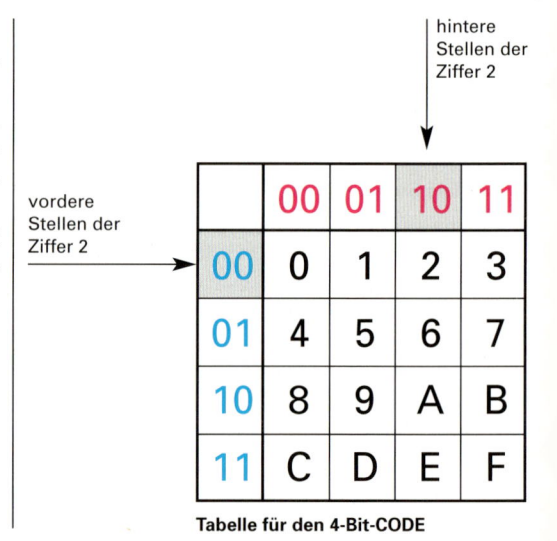

hintere Stellen der Ziffer 2 ↓

vordere Stellen der Ziffer 2 →

	00	01	10	11
00	0	1	2	3
01	4	5	6	7
10	8	9	A	B
11	C	D	E	F

Tabelle für den 4-Bit-CODE

> Zur binären Codierung der Ziffern einer beliebigen Dezimalzahl genügt ein 4-Bit-Code.

● **Der ASCII-CODE**

Im ASCII-Code werden 256 Zeichen = 2^8-Bit codiert. Mit ihm lassen sich die großen und kleinen Buchstaben, alle Ziffern und Sonderzeichen darstellen. Es bleiben sogar noch Zeichen übrig, die als grafische Zeichen verwendet werden können. Außerdem werden durch die ASCII-Codierung auch die Steuerzeichen für die Darstellung der Zeichen auf dem Monitor oder Drucker international geregelt: z.B. das Beginnen in einer neuen Zeile.

Auszug aus der Tabelle für den ASCII-Code:

binär		0000	0001	0010	0011	0100	0101	0110	0111	1000	1001	1010	1011	1100	1101	1110	1111
	hex	0	1	2	3	4	5	6	7	8	9	A	B	C	D	E	F
0000	0																
0001	1																ß
0010	2			!	"	#	$	%	&	'	(	)	*	+	,	-	.	/
0011	3	0	1	2	3	4	5	6	7	8	9	:	;	<	=	>	?
0100	4		A	B	C	D	E	F	G	H	I	J	K	L	M	N	O
0101	5	P	Q	R	S	T	U	V	W	X	Y	Z	[	\	]	^	
0110	6		a	b	c	d	e	f	g	h	i	j	k	l	m	n	o
0111	7	p	q	r	s	t	u	v	w	x	y	z	{	¦	}	~	
1000	8		ü			ä											Ä
1001	9					ö				Ö							
1010	A									Ü							
1011	B																
1100	C																
1101	D																
1110	E	α			π	Σ		μ		γ		Ω	δ				
1111	F																

ASCII-Code (1)

Beispiel für eine Codierung nach dem ASCII-Code

Aufgabe: Die Angabe AZUBI 2003 soll im ASCII-Code dargestellt werden.

Lösung:

A	Z	U	B	I
0100 0001	0101 1010	0101 0101	0100 0010	0100 1001

	2	0	0	3
0000 0000	0011 0010	0011 0000	0011 0000	0011 0011

Mit 8 Bit = 1 Byte lassen sich im ASCII-Code alle Ziffern, alle großen und kleinen Buchstaben und Sonderzeichen binär codieren.

2.3 Datenverarbeitung

2.3.1 Teilsysteme einer Datenverarbeitungsanlage

Die in der Eingabeeinheit erfassten Daten werden in der Zentraleinheit des Computers verarbeitet. Die Zentraleinheit wird auch Mikrocomputer genannt und besteht aus folgenden vier Teilsystemen:

- **Prozessor** (CPU = Central Processing Unit); er enthält das Rechenwerk und das Leitwerk.
- **Arbeitsspeicher**; er besteht aus RAM- und ROM-Speichern (siehe Kap. 2.4).
- **Ein- und Ausgabebausteinen** (I/O Chips = Input/Output).
- **BUS**; eine Leitungsgruppe, welche die Bausteine des Mikrocomputers miteinander verbindet.

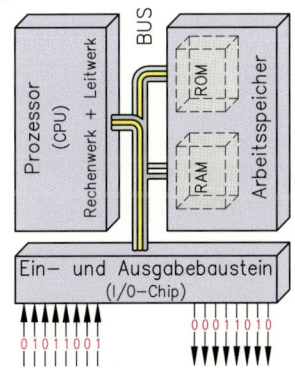

Aufbau eines Mikrocomputers

Die vier Teilsysteme der Zentraleinheit eines Computers sind der Prozessor, die Arbeitsspeicher, die Ein- und Ausgabebausteine und das BUS-System.

2.3.2 Datentransport

• Serieller und paralleler Datentransport

Die binären Daten müssen im Innern des Computers als Impulse transportiert werden. Schickt man die Impulse nacheinander über eine Leitung, spricht man von einem **seriellen** Datentransport. Schickt man hingegen die Impulse über parallele Leitungen, so spricht man von **parallelem** Datentransport.

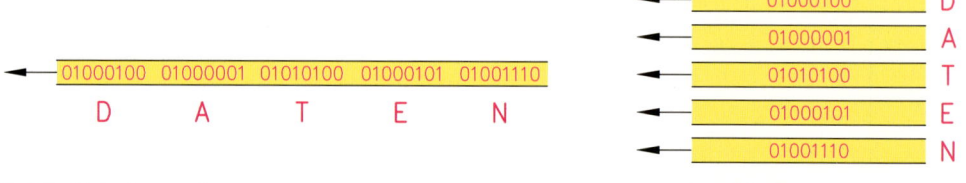

Beispiele für seriellen und parallelen Datentransport

```
◄── 01000100 01000001 01010100 01000101 01001110
        D        A        T        E        N
```
Serieller Datentransport

```
◄── 01000100   D
◄── 01000001   A
◄── 01010100   T
◄── 01000101   E
◄── 01001110   N
```
Paralleler Datentransport

> Bei seriellem Datentransport werden die Impulse nacheinander über die Datenleitung geschickt – bei parallelem Datentransport geschieht dies über parallele Leitungen.

• Datenbus im Mikrocomputer

Die Bausteine des Mikrocomputers sind untereinander über besondere Gruppen von Leitungen verbunden. Eine solche Leitungsgruppe nennt man einen Bus.
Innerhalb des Computers werden die Daten parallel übertragen. Je mehr Leitungen für die parallele Datenübertragung genutzt werden können, desto schneller kann der Mikrocomputer die Daten verarbeiten. Neben dem 16-Bit-Bus werden 32-Bit-Busse oder 64-Bit-Busse verwendet. Mit schnelleren Prozessoren ist der Einsatz von 124- oder 264-Bit-Bussen technisch möglich und sinnvoll.

Für die verschiedenen Aufgaben in einem Mikrocomputer gibt es verschiedene Bus-Leitungen.

Adressenbus

Der Adressenbus hat parallele Leitungen. Auf ihm können Bits parallel übertragen werden. Über den Adressenbus teilt der Mikroprozessor dem Speicherbaustein mit, welche der möglichen Speicherzellen angesprochen werden soll. Auch die Ein- und Ausgabebausteine sind über den Adressenbus erreichbar.

Datenbus

Der Datenbus besteht ebenfalls aus parallelen Leitungen, über diesen Bus können die Bausteine Daten senden oder empfangen.

Steuerbus

Der Steuerbus besteht aus wenigen Leitungen; über sie steuert sich der Mikrocomputer.

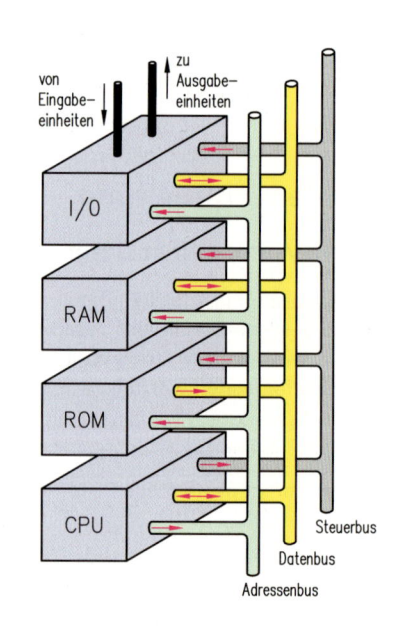

Bus-Leitungen im Mikrocomputer

> Ein Datenbus überträgt Daten innerhalb eines Mikrocomputers. Je nach Anzahl der Leitungen unterscheidet man zwischen 16-, 32-, 64-Bit-Bussen.

- **Serielle Schnittstelle**

Über größere Strecken ist der parallele Datentransport störanfällig. In solchen Fällen verwendet man einen seriellen Datentransport. Die Geräteeinheiten und Bauteile eines Computers werden durch Stecker verbunden. Der Fachbegriff für eine Verbindung zu einer seriell übertragenden Datenleitung lautet serielle Datenschnittstelle. Beispiele solcher seriellen Datenschnittstellen für Ein- und Ausgabeeinheiten sind die RS-232- und RS-422-Schnittstellen.

Beispiel für ein Messsystem mit serieller Schnittstelle

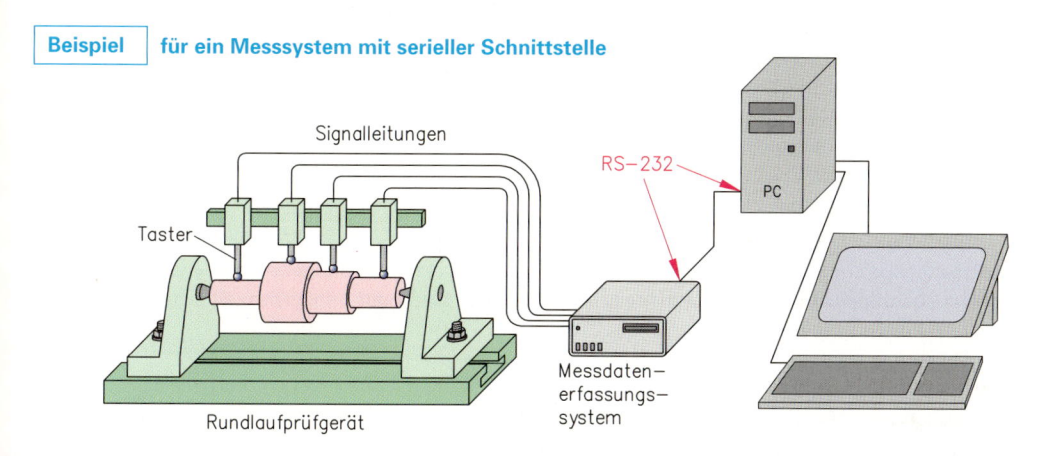

Serielle Datenübertragung ist für größere Entfernungen geeignet. Der Übergang zu Ein- und Ausgabeeinheiten für serielle Datenübertragung erfolgt über die serielle Schnittstelle (RS-232 oder RS-422).

2.4 Datenausgabe – Datenspeicherung

- **Schreib- und Lese-Speicher (RAM)**

Ein wichtiger Speicher des Computers ist der Schreib-Lese-Speicher. Er dient als **Arbeitsspeicher**, in ihn kann sowohl etwas hineingeschrieben als auch wieder herausgelesen werden. In der Computer-Fachsprache heißt dieser Speicher **RAM** (RAM = **R**andom **A**ccess **M**emory).

Jeden RAM-Chip kann man sich als einen Schrank mit einer Menge sehr vieler kleiner Schubladen vorstellen. Wenn der Computer Daten in einen RAM-Chip schreibt, dann legt er die Daten in eine dieser Schubladen hinein, die er mit einer so genannten Adresse versieht. Wenn der Computer Daten herauslesen soll, dann geht er direkt zu der angegebenen Adresse, zieht sozusagen die Schublade auf und liest die Information, die dort abgelegt ist. Wird der Computer ausgeschaltet, so sind keine Informationen mehr in dem RAM-Speicher vorhanden. Der RAM-Speicher ist gewissermaßen das Kurzzeitgedächtnis des Computers.

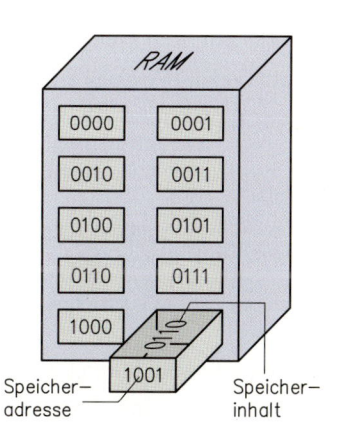

Modell eines RAM-Speichers

Der Arbeitsspeicher (RAM) des Computers ist ein Schreib-Lese-Speicher. Wird der Computer ausgeschaltet, so verliert der Arbeitsspeicher alle Informationen.

Übungsaufgabe IT-9

Festwertspeicher (ROM)

Festwertspeicher stellen des Langzeitgedächtnis eines Computers dar. In einem Festwertspeicher sind gewöhnlich die Befehle, die der Computer nach dem Einschalten benötigt, abgelegt. Außerdem findet man in einem Festwertspeicher Programme, die dem Computer von vorneherein zur besseren Bedienung mitgegeben sind. Der Computer kann die Informationen auf dem Chip des Festwertspeichers zwar lesen, aber keine neuen Daten hinzuschreiben. Die Informationen bleiben auch nach dem Ausschalten erhalten. Solche Speicher heißen in der Fachsprache daher **ROM** – vom englischen **R**ead **O**nly **M**emory (Nur-Lese-Speicher).

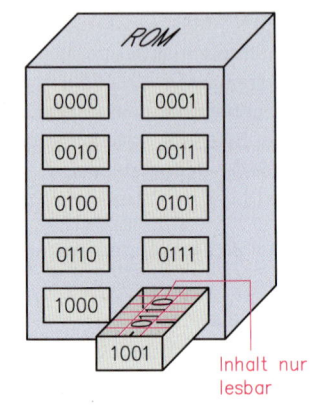

Modell eines ROM-Speichers

Im Festplattenspeicher (ROM) des Computers stehen Daten und Anweisungen. Der Festwertspeicher ist ein Nur-Lese-Speicher. Beim Ausschalten des Computers bleibt der Speicherinhalt erhalten.

Ein- und Ausgabechips (I/O)

Neben dem Mikroprozessor und den Speichern hat ein Mikrocomputer noch Ein- und Ausgabebausteine. In der Computerfachsprache werden solche Chips „I/O"-Einheiten genannt; vom englischen „Input" für „hinein" und „Output" für „heraus".

Über diese Chips kann der Mikrocomputer mit der Umgebung zusammenarbeiten. So werden beispielsweise Daten von der Tastatur an den Input-Chip übergeben. Der Mikroprozessor verarbeitet diese Daten und schickt sie über den Output-Chip beispielsweise zu einem Bildschirm oder zu einem Drucker.

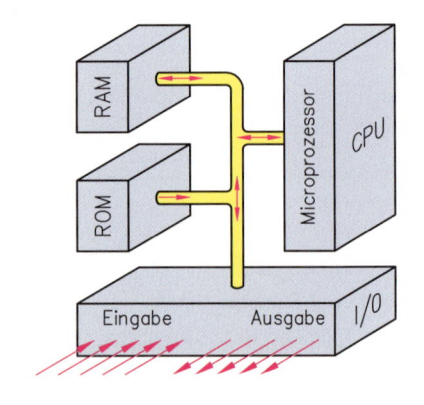

Ein- und Ausgabe-Baustein

Über die Input/Output-Bausteine arbeitet der Mikrocomputer mit seiner Umgebung zusammen.

Datenausgabe

Die in den Speichern abgelegten Daten können zu verschiedenen Geräten ausgegeben werden, z.B.:

- Zum Bildschirm, für die kurzzeitige Ansicht von Informationen,
- zum Drucker, zur Erstellung von Dokumenten,
- an den CD-Brenner, zum Speichern von Daten auf CD's,
- zu Steuerungen an Maschinen und Anlagen,
- an die USB-Schnittstelle zur externen Speicherung von Daten auf Memory-Sticks.

Datenausgabe an einem Kontrollsystem

3 Programmieren

3.1 Betriebssysteme und Benutzeroberflächen

Ein Computer muss nicht nur leistungsfähig sein, sondern auch bedienerfreundlich. Für die verschiedenen Computertypen sind daher Programmpakete entwickelt worden, die die Arbeit mit dem Computer erleichtern. Ein solches Programmpaket ist jeweils auf einen bestimmten Computertyp abgestimmt und wird „Betriebssystem" genannt. Von dem benutzten Betriebssystem hängt es auch ab, inwieweit eine Anlage für bestimmte Problemlösungen einsetzbar ist.

Die zurzeit gebräuchlichsten Betriebssysteme sind MS-DOS (**M**icrosoft **D**isk **O**perating **S**ystem) und LINUX. Im Gegensatz zu MS-DOS ist LINUX ein Betriebssystem, dessen Programmquellcode (zusammengesetzte Folge von Befehlen einer Programmiersprache) veröffentlicht wurde.
Der Vorteil eines veröffentlichten Quellcodes liegt darin, dass die Programme von jedem, der die Programmcodes lesen kann, weiterentwickelt werden können und die Programmschritte nachvollziehbar sind. Dies bietet eine höhere Datensicherheit. Der Vorteil von MS-DOS liegt in seiner weiten Verbreitung.

Grafische Benutzeroberflächen ermöglichen die Befehlseingabe über Zeigergeräte wie z.B. Maus, Trackball oder Messsensoren.
Moderne Betriebssysteme, wie z.B. WINDOWS bieten den Vorteil, dass sie automatisch die vorhandene Hardware erkennen. Alle angeschlossenen Peripheriegeräte wie Drucker, Scanner, WebCam u.s.w. werden somit ohne zusätzlichen Aufwand eingebunden. Durch moderne Betriebssysteme wird weiterhin erreicht, dass man Netzwerke aufbauen kann, in denen mehrere Benutzer Zugriff zu den gleichen Peripheriegeräten haben.

Benutzeroberfläche

> Ein Betriebssystem ist ein Programmsystem zur Steuerung und Überwachung der EDV-Anlage. Das Betriebssystem ermöglicht das Arbeiten mit Computern.

3.2 Grundlagen für die Programmerstellung

Die Hardware und das Betriebssystem einer Datenverarbeitungsanlage können von sich aus alleine nichts leisten. Sinnvolle Abläufe ergeben sich erst durch gezielte Anweisungen an den Computer im Rahmen eines Programmes.

Ein **Programm** ist eine Abfolge von Anweisungen, die nach bestimmten Regeln aufgestellt worden sind. Die Anweisungen des Programmes führt der Computer nur dann aus, wenn er sie verstehen kann. Der Ersteller eines Programmes – der Programmierer – muss daher die Programmiersprache richtig anwenden. Unabhängig von der Programmiersprache wird ein Programm jedoch erst nach allgemeinen Regeln entwickelt. Zunächst wird das anstehende Problem grundsätzlich gelöst, danach wird es in der ausgewählten Programmiersprache zu einem lauffähigen Programm umgeschrieben.

1. Schritt	Aufgabenstellung
2. Schritt	Problemanalyse
3. Schritt	Darstellung in graphischer Form
4. Schritt	Programmierung
5. Schritt	Programmtest
6. Schritt	Programmdokumentation

Schritte zur Erstellung von Programmen

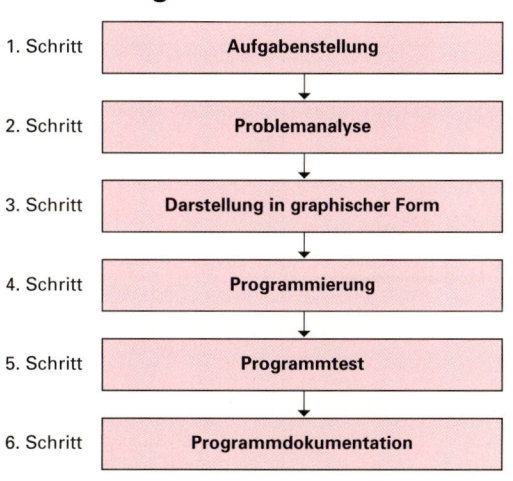

> Die Problemanalyse ist unabhängig von der Programmiersprache; erst nach der allgemeinen Lösung wird das Programm in einer ausgewählten Programmiersprache erstellt.

Übungsaufgabe IT-13

3.2.1 Programmablaufplan und Struktogramm

Die Lösung von Aufgaben mit einem Computer-Programm setzt bei dem Programmierer die genaue Kenntnis der Aufgabenstellung und Erfahrungen in der Problemanalyse voraus. So wird beispielsweise ein Einzelhandelskaufmann schwerlich in der Lage sein, ein Programm für eine Fertigungssteuerung mit einer Werkzeugmaschine zu schreiben. Umgekehrt wird ein Industriemechaniker Schwierigkeiten haben, ein Programm für die Buchhaltung in einer Handelskette zu erstellen. Die Aufgabenstellung und die daraus abzuleitende Problemlösung werden nachfolgend an einigen Beispielen erläutert.

Eine wichtige Hilfe zur Problemanalyse und zur Erstellung von Programmen ist die übersichtliche Darstellung des Problems und die grundsätzliche Lösung der Aufgabe mithilfe von grafischen Darstellungen.

Man unterscheidet zwei Formen der Darstellung:
- **Programmablaufplan,**
- **Struktogramm.**

Beide Darstellungsformen machen die gleiche Aussage – nur das Bild ist anders. Für umfangreiche Programme ist das Struktogramm übersichtlicher.

Grundlegende Bildzeichen für die Darstellung von Programmabläufen

Bedeutung	Bildzeichen im Programmablaufplan	Bildzeichen im Struktogramm
Programmbeginn Programmende	Start / Ende	kein Bildzeichen
Eingabe Ausgabe Verarbeitung	(Rechteck)	(Rechteck)
Verzweigung	Bedingung (Raute) ja/nein	Bedingung ja/nein
Mehrfachauswahl	Fall (Raute) Fall 1, Fall 2, Fall 3, Fall 4	Fall; Fall 1, Fall 2, Fall 3, Fall 4
Verbindungen	Pfeile verbinden die Bildzeichen und weisen in die Ablaufrichtung des Programmes	Blöcke werden ohne Verbindungslinien aufeinander gesetzt. Das Programm läuft von oben nach unten ab. Seitliche Übergänge sind nicht möglich.

3.2.2 Arbeitsablauf zur Programmentwicklung (Beispiel)

1. Schritt: Aufgabenstellung

Ein Werkstoffprüfer ermittelt mithilfe einer Zerreißmaschine die Zugfestigkeit von Proben mit rundem Querschnitt. Zur Feststellung der Zugfestigkeit muss er die höchste Kraft, welche die Probe erträgt, durch den Anfangsquerschnitt der Probe dividieren:

$$\text{Zugfestigkeit} = \frac{\text{Höchstkraft}}{\text{Anfangsquerschnitt}} \qquad R_m = \frac{F_m}{S_0}$$

Für die Berechnung der Zugfestigkeit soll ein Programm geschrieben werden.

2. Schritt: Problemanalyse

Über die Tastatur sollen die Höchstkraft und die Probemaße eingegeben werden. Der Rechner muss den Querschnitt der Probe errechnen und anschließend ist die Höchstkraft durch den Probenquerschnitt zu dividieren. Das Ergebnis soll schließlich am Bildschirm ausgegeben werden.

3. Schritt: Darstellung in grafischer Form

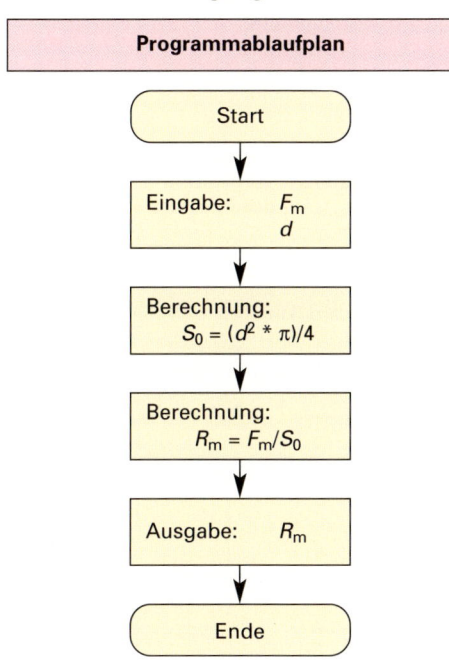

Programmablaufplan	Struktogramm
Start ↓ Eingabe: F_m, d ↓ Berechnung: $S_0 = (d^2 * \pi)/4$ ↓ Berechnung: $R_m = F_m/S_0$ ↓ Ausgabe: R_m ↓ Ende	Programm: Zugfestigkeitsberechnung Eingabe: F_m, d Berechnung: $S_0 = (d^2 * \pi)/4$ Berechnung: $R_m = F_m/S_0$ Ausgabe: R_m

4. Schritt: Programmierung

Das Programm wird entsprechend der Diagrammdarstellung (Programmablaufplan bzw. Struktogramm) in der gewünschten Programmiersprache geschrieben. Mögliche Programmiersprachen für technische Probleme sind z.B. Turbo PASCAL und VISUAL BASIC. Eine Programmierung über ein Tabellenkalkulationsprogramm wie z.B. EXCEL, Star Base oder Lotus 1-2-3 ist ebenfalls möglich.

5. Schritt: Programmtest

Bevor das Programm eingesetzt wird, erfolgt der Probelauf mit Testdaten. Werte für d und F_m werden vorgegeben, S_0 wird berechnet und F_m wird durch S_0 dividiert. Die Aufgabe wird von Hand berechnet und das Ergebnis mit dem Ergebnis des Computers verglichen. Das Programm wird auch mit der Eingabe von falschen Daten (z.B. Buchstaben statt Zahlen) getestet.

6. Schritt: Dokumentation

Die Unterlagen zur Programmerstellung werden archiviert und das Programm wird auf einen Datenträger abgespeichert. Auf dem Programmausdruck und auf allen weiteren Unterlagen notiert man, auf welchem Datenträger und unter welchem Namen das Programm abgelegt ist.

3.3 Programmieren mit einem Tabellenkalkulationsprogramm

3.3.1 Aufbau eines Tabellenkalkulationsprogramms am Beispiel EXCEL

Stellvertretend für alle auf dem Markt befindlichen Tabellenkalkulationsprogramme soll am Programm EXCEL anhand von zwei Beispielen gezeigt werden, wie eine technische Aufgabenstellung in ein EDV-Programm umgesetzt wird. EXCEL wurde von der Firma Microsoft entwickelt und wird meistens in dem Programmpaket OFFICE angeboten. Datenmengen, wie zum Beispiel Messdaten, können mit EXCEL erfasst, mathematisch verknüpft, ausgewertet und verwaltet werden.

Zum Starten von EXCEL wird die grafische Benutzeroberfläche WINDOWS benötigt. Man startet EXCEL durch einen Doppelklick auf der linken Maustaste, wenn sich der Mauszeiger auf dem Programmsymbol (engl. ICON) für EXCEL befindet.

- **Das EXCEL-Fenster**

Das EXCEL-Fenster enthält Zellen, die tabellenförmig angeordnet sind. Jede Zelle stellt eine Variable dar, deren Namen automatisch von EXCEL über die Zeilen und Spaltenköpfe festgelegt wird. Beispielsweise hat die Zelle in der Spalte C und der Zeile 7 den Namen C7. Die Namen der Variablen können auch geändert werden, was vor allem bei umfangreichen Berechnungen angewendet wird.

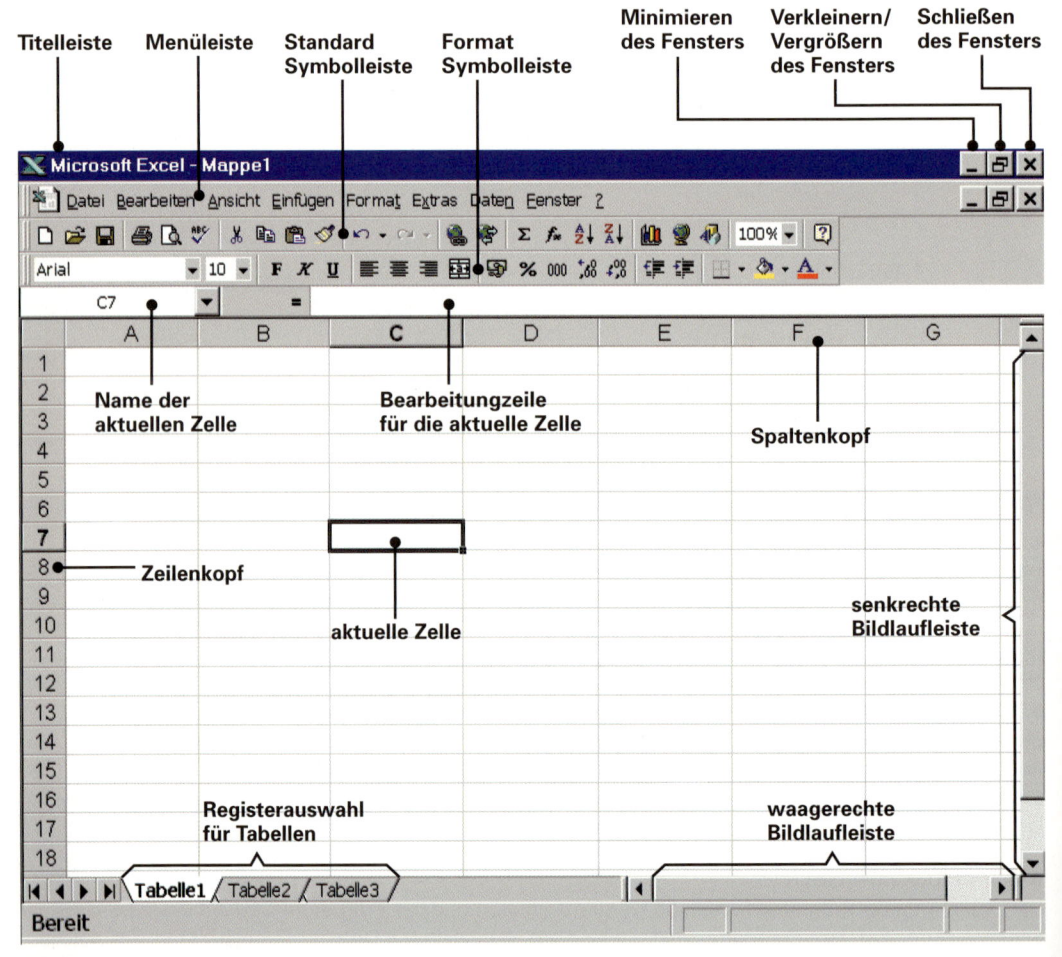

EXCEL Standardbildschirm

- **Anweisungen in EXCEL**

Begriff	Bedeutung	Hinweis/Beispiel
Titelleiste	Hier wird neben dem Programmnamen EXCEL auch der Name der Datei angezeigt, in der alle Informationen abgelegt werden.	Der Name der Datei aus Beispiel 1 lautet: „Mappe 1". Dies ist ein Standardvorschlag von EXCEL. Im Beispiel 2 werden alle Informationen unter dem Dateinamen: „Messprotokoll Kettenglieder" abgelegt.
Registerauswahl für Tabellen	In einer EXCEL-Datei können über die Registrierkarten Unterdateien angelegt werden.	Im Beispiel 1 handelt es sich um eine einfache Berechnung, sodass sich das Anlegen einer weiteren Unterdatei in Form einer Registrierkarte erübrigt. Im Beispiel 2 könnte man für die jeweilige Arbeitsschicht eine eigene Registrierkarte anlegen.
Spaltenkopf	Die Spaltenköpfe bezeichnen die jeweilige Spalte.	In Beispiel 1 werden die Spalten A bis C verwendet. EXCEL stellt insgesamt 256 Spalten von A bis IV zur Verfügung.
Zeilenkopf	Die Zeilenköpfe bezeichnen die jeweilige Zeile.	Die maximale Anzahl der Zeilen ist von der Version von EXCEL abhängig und umfasst mehrere tausend Zeilen.
Aktuelle Zelle	Die aktuelle Zelle wird nach Spalte und Zeile benannt. Die Zelle A5 befindet sich in Spalte A und Zeile 5.	Wird in einer Zelle eine Formel eingegeben, die sich auf eine weitere Zelle bezieht, so kann der Zellbezug relativ oder absolut sein. Relative Zellbezüge passen sich beim Kopieren der logischen Reihenfolge an. Absolute Zellbezüge bleiben beim Kopieren unverändert. Der durch das vorangestellte Dollarzeichen markierte Teil des Zellnamens ist ein absoluter Zellbezug. A5 bedeutet, dass beim Kopieren weder Spaltenname noch Zeilenname verändert werden. $A5 bedeutet, dass der Spaltenname nicht verändert wird, aber der Zeilenname sich der logischen Reihenfolge anpasst.
Name der aktuellen Zelle	In großen Tabellen ist es sinnvoll, Zellen einen Namen zu geben, Formeln werden dadurch übersichtlicher.	Im Beispiel 2 wird in Zelle B3 das Höchstmaß eingetragen. Diese Zelle könnte mit dem Namen Höchstmaß bezeichnet werden, sodass in allen Formeln statt des absoluten Zellbezuges „B3" nur noch „Höchstmaß" steht.
Bearbeitungszeile	In dieser Zeile wird der Inhalt der aktuellen Zelle bearbeitet.	Im Beispiel 1 wird in Zelle C3 eine Rechnung mit anderen Zelleninhalten und Faktoren durchgeführt: „=A3*1000/E3*3,14"
Menüleiste	Die Menüleiste enthält Menüpunkte mit Untermenüs, in denen sich alle von EXCEL bereitgestellten Funktionen finden lassen.	Im Menü „Datei" finden sich u.a. die Funktionen: „Öffnen, Schließen, Speichern, ..., Drucken, ..., Beenden". Häufig benutzte Funktionen können über spezielle Symbolleisten zusammengestellt werden.
Format-Symbolleiste	Die Format-Symbolleiste enthält eine vordefinierte Sammlung von Funktionen, mit denen die Formatierung verändert werden kann.	Häufig benutzte Format-Funktionen sind Fettdruck und Variationen der Textausrichtung. Diese Funktionen können über ein Symbol der Formatsymbolleiste direkt aufgerufen werden. Es gibt neben der Format-Symbolleiste noch weitere Symbolleisten, die über einen Mausklick sichtbar gemacht werden können. Im Normalfall sind die Standard-Symbolleiste und die Format-Symbolleiste eingeschaltet.

3.3.2 Beispiel für ein EXCEL-Programm

Beispiel 1 Berechnung der Umdrehungsfrequenz (Drehzahlberechnung)

Aufgabenstellung:
Ein Fachmann in der Arbeitsvorbereitung hat aus Tabellen die richtige Schnittgeschwindigkeit auszuwählen und daraus für verschiedene Drurchmesser die Drehzahl an seiner Werkzeugmaschine zu berechnen. Diese Rechenarbeit soll durch ein Programm übernommen werden.

Problemanalyse:
Über eine Tastatur soll die Schnittgeschwindigkeit in m/min und der Durchmesser in mm eingegeben werden.

Gleichung: $$n = \frac{v_c \cdot 1000}{d \cdot \pi}$$

Nach der angegebenen Gleichung soll die Drehzahl berechnet werden. Das Ergebnis soll anschließend für n in 1/min auf dem Bildschirm sichtbar sein.

Programmablaufplan:

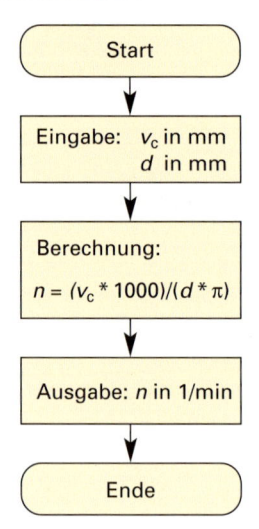

Start
↓
Eingabe: v_c in mm / d in mm
↓
Berechnung: $n = (v_c * 1000)/(d * \pi)$
↓
Ausgabe: n in 1/min
↓
Ende

Eingabe	Bildschirmausgabe

Eingabe von Text in eine Zelle:

▶ 🖱 auf Zelle **A1**

Aktivieren der Zelle A1 durch Betätigung der linken Maustaste auf der Zelle A1

▶ ⌨ **Drehzahlberechnung**

Eingabe des Textes „Drehzahlberechnung" über die Tastatur

▶ ⌨ ↵ (Return-Taste)

Abschließen der Eingabe durch die Return-Taste

▶ In Zelle A2 **Schnittgeschwindigkeit** eingeben
▶ In Zelle B2 **Durchmesser** eingeben
▶ In Zelle C2 **Drehzahl** eingeben

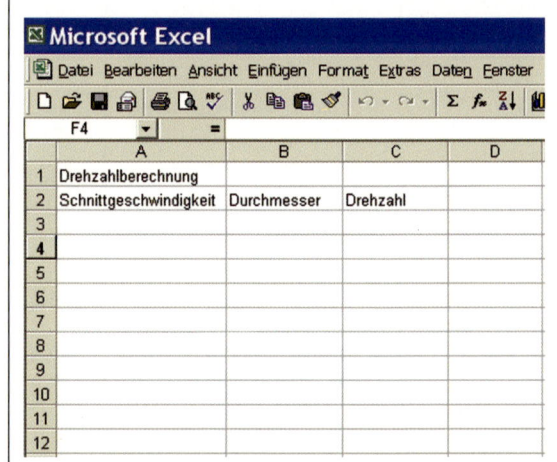

Microsoft Excel

Datei Bearbeiten Ansicht Einfügen Format Extras Daten Fenster

F4 =

	A	B	C	D
1	Drehzahlberechnung			
2	Schnittgeschwindigkeit	Durchmesser	Drehzahl	
3				
4				
5				
6				
7				
8				
9				
10				
11				
12				

Bemerkung: Wenn der Text für die eingestellte Spaltenbreite zu lang ist, kann entweder im Menü Format der Schriftgrad für die entsprechenden Zellen verändert werden, oder die Spaltenbreiten werden mit der Maus oder über die Menüleiste Format im Untermenü Spalte mit dem Menüpunkt Breite so verändert, dass der eingegebene Text gut lesbar ist.

Eingabe	Bildschirmausgabe
Formatierung von Zellen: ▶ 🖱 auf Zelle **A3** ▶ 🖱 in der Menüleiste auf **Format** ▶ 🖱 im Untermenü auf **Zellen ...** ▶ 🖱 auf die Registrierkarte **Zahlen** ▶ 🖱 im linken Auswahlfenster auf **Benutzerdefiniert** ▶ 🖱 im rechten Auswahlfenster auf **0,00** ▶ 🖱 auf das **Eingabefeld** oberhalb des rechten Auswahlfensters ▶ ⌨ (im Eingabefeld hinter 0,00) „**m/min**" ▶ ⌨ ↵ (Return-Taste) Analoge Vorgehensweise für die Zellen B3 und C3, wobei für die Zelle C3 keine Nachkommastelle festgelegt wird.	Microsoft Excel – Zelle F4, leer; Zeile 1: Drehzahlberechnung; Zeile 2: Schnittgeschwindigkeit, Durchmesser, Drehzahl; Zeile 3: 1,00 m/min, 1,00 mm, 1 1/min **Hinweis:** Da die Formatierung in EXCEL erst nach Eingabe eines Wertes sichtbar ist, gibt man zur Überprüfung der Formatierung in jeder Zelle einen Zahlenwert ein. Im Beispiel wurde eine „1" eingegeben.
Eingabe von Formeln: ▶ 🖱 auf Zelle **C3** ▶ ⌨ **= a3*1000/(b3*3,14)** ▶ ⌨ ↵ (Return-Taste) **Hinweis:** Funktionen beginnen in EXCEL stets mit dem Gleichheitszeichen (=). EXCEL stellt eine Vielzahl mathematischer Funktionen zur Verfügung. Die Funktionen können entweder über die Tastatur eingegeben werden oder über das Menü Einfügen im Untermenü „Funktion..." aufgerufen werden.	Microsoft Excel – WENN, =a3*1000/(b3*3,14); Zeile 3: 1,00 m/min, 1,00 mm, =a3*1000/(b3*3,14)
Programmtest: ▶ 🖱 auf Zelle **A3** ▶ ⌨ **90** ▶ ⌨ ↵ (Return-Taste) ▶ 🖱 auf Zelle **B3** ▶ ⌨ **10** ▶ ⌨ ↵ (Return-Taste)	Microsoft Excel – C3, =A3*1000/(B3*3,14); Zeile 3: 90,00 m/min, 10,00 mm, 2866 1/min

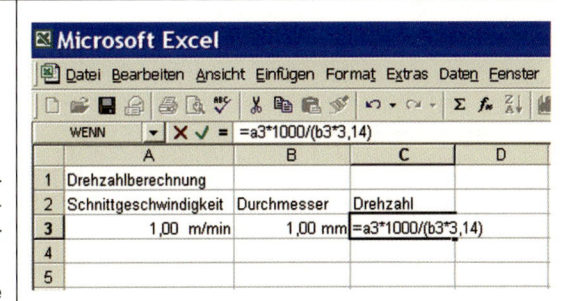

Technische Kommunikation

1 Technisches Zeichnen

1.1 Technische Zeichnungen als Informationsträger

Der Austausch von Informationen zwischen Menschen wird meist über Sprache und Texte vorgenommen. Zeichnungen können darüber hinaus unabhängig von der Sprache zu einem eindeutigen Informationsaustausch genutzt werden. Alle Informationsträger und -wege in einem Betrieb basieren auf Fachsprache, Texten, Datensammlungen und Zeichnungen, die weitgehend vereinheitlicht sind. Man fasst sie unter dem Begriff „Technische Kommunikation" zusammen.

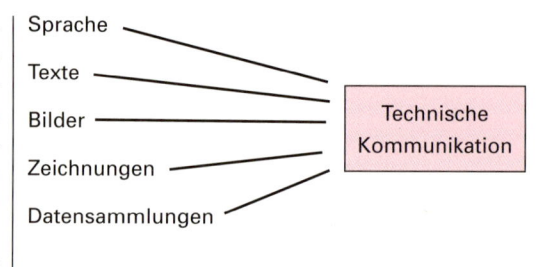

Sprache
Texte
Bilder — Technische Kommunikation
Zeichnungen
Datensammlungen

Informationsträger in einem Betrieb

Alle für die Fertigung eines Produktes notwendigen Informationen müssen klar und eindeutig sein. Die technische Zeichnung ist ein wesentliches Mittel im Produktherstellungsprozess, weil sie diese Bedingungen erfüllt.

| Beispiele | für technische Kommunikationsmittel in einem Fertigungsauftrag |

Formulierung als Text

Ein Winkelstahl 40 x 40 x 5 soll auf 30 mm Länge abgeschnitten werden.
In einen Schenkel soll eine Bohrung ⌀ 10 mm gefertigt werden, welche 25 mm von der unteren Auflagefläche hoch und mittig zur Länge (30 mm) liegt.

Zeichnung

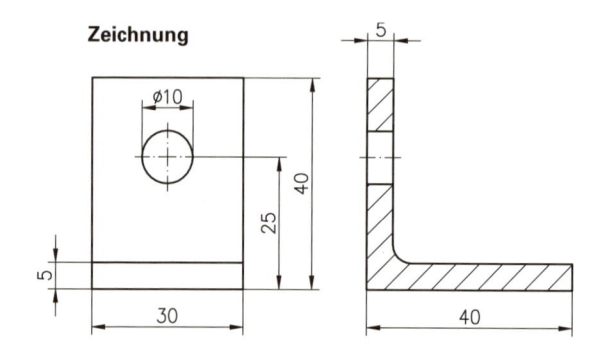

Räumliche Darstellung

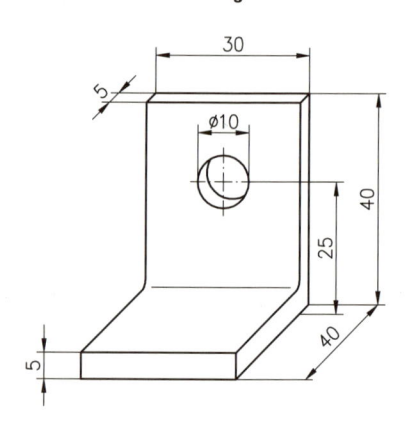

Der Fachmann muss die für seinen Beruf angewendeten Kommunikationsmittel lesen und verstehen können. Außerdem soll er in der Lage sein, aus technischen Informationen, wie z.B. aus einer Skizze, entsprechende technische Zeichnungen zu erstellen. Dazu muss er die fachlichen Grundlagen der technischen Kommunikation beherrschen.

> Technische Kommunikationsmittel dienen dazu, alle notwendigen Informationen bereitzustellen, um einen reibungslosen Produktherstellungsprozess innerhalb eines Unternehmens zu ermöglichen und zu dokumentieren.

Das wichtigste Kommunikationsmittel in der Fertigungsabteilung eines Betriebes ist die technische Zeichnung, weil optische Informationen vom Betrachter besser aufgenommen werden können als umfangreiche Texte.

Man hat die Möglichkeit, dreidimensionale Darstellungen von Werkstücken zu wählen. Diese Darstellungsart ist anschaulich und leicht zu verstehen, jedoch schwierig zu erstellen.

Üblicherweise werden Werkstücke in Ansichten gezeichnet, aus denen der Betrachter auf die räumliche Form des Körpers schließen kann.

Beispiele für verschiedene Darstellungsformen eines Werkstückes

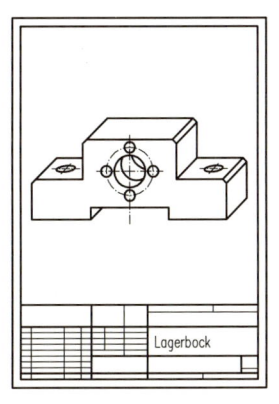

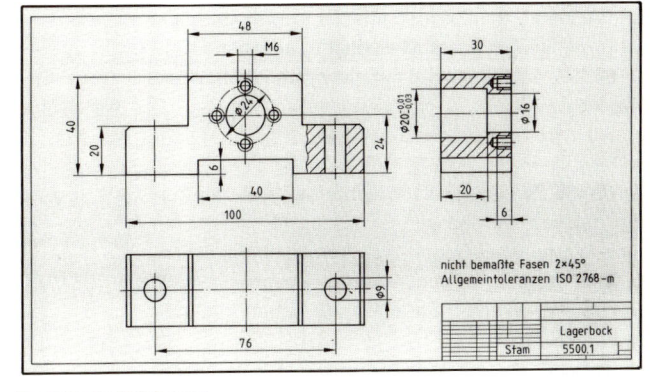

Räumliche Darstellung **Technische Zeichnung**

Neben der Darstellung der Form des Körpers durch verschiedene Ansichten bietet eine Zeichnung auch aussagekräftige Informationen über die Abmessungen des Bauteiles. Nach den Maßangaben kann der Fachmann das Bauteil fertigen. Zusätzlich zu den Maßangaben finden sich meist auch Angaben darüber, wie die Oberflächenbeschaffenheit des Bauteiles sein soll.

Weiterhin ist in einer Ecke der Zeichnung en Schriftfeld angebracht, welches vor allem Informationen zur Dokumentation der Zeichnung enthält.

In einer technischen Zeichnung sind mehrere Informationen enthalten, denen Vereinbarungen in Form von Normen zugrunde liegen.

Beispiele für genormte Elemente in Zeichnungen

Genormte Elemente	Erklärungen
Ansichten	Aus der Lage der Ansichten kann man auf den räumlichen Aufbau des Werkstückes schließen.
Blatteinteilung	Die Blatteinteilung wird so vorgenommen, dass die Zeichenfläche optimal ausgenutzt wird.
Schriftfeld	Das Schriftfeld dient zur Dokumentation der Werkstückunterlagen und Zeichnungserstellung.
Maßeintragungen	Die Maßeintragungen beschreiben die Größe und Form des Werkstückes.
Schnittdarstellungen	Die Schnittdarstellungen erlauben, innere Konturen des Werkstückes zu verstehen.
Gewindedarstellungen	Die Gewindedarstellungen bieten eine vereinfachte Information über die Art und Größe von Gewinden.
Toleranzangaben	Die Toleranzangaben legen fest, wie genau das Werkstück hergestellt werden soll.

Übungsaufgabe TK-2

1.2 Von der räumlichen Darstellung zur technischen Zeichnung

Den räumlichen Aufbau eines Werkstücks auf einer Blattebene kann man darstellen, indem das Werkstück in verschiedenen Ansichten gezeichnet wird. Man unterscheidet z.B.:
- Vorderansicht
- Seitenansicht
- Draufsicht.

Eine Ansicht zeichnet man aus der jeweiligen Blickrichtung des Zeichners. Die von ihm gesehene Kontur des Werkstückes wird auf das Zeichenblatt übertragen.

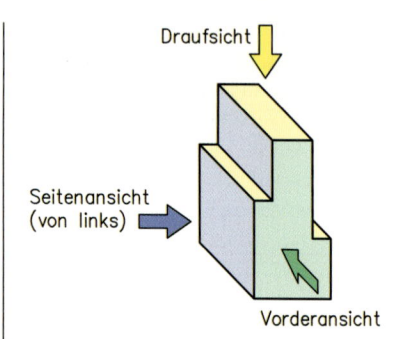

Blickrichtungen für die Ansichten

Damit die Zeichnung auch von einer anderen Person gelesen werden kann, müssen die Ansichten nach festgelegten Regeln auf dem Zeichenblatt angeordnet sein.
Von der Vorderansicht ausgehend, gelten folgende Vereinbarungen:
- die Seitenansicht von links wird rechts neben die Vorderansicht gezeichnet,
- die Draufsicht wird unter der Vorderansicht gezeichnet.

Hält man diese Regeln ein, so erkennt der Betrachter, aus welchen Blickrichtungen die Ansichten gezeichnet worden sind. Er kann sich somit das Werkstück räumlich vorstellen.

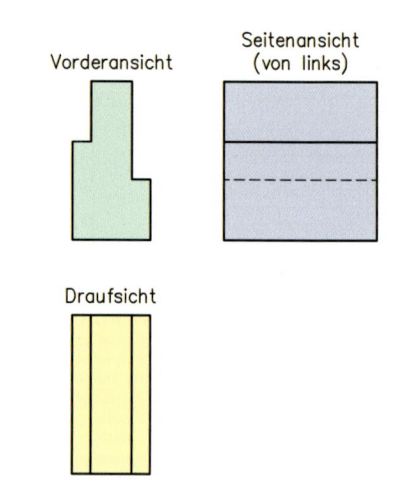

Anordnung der Ansichten auf einem Zeichenblatt

Damit ein Werkstück eindeutig dargestellt ist, zeichnet man so viele Ansichten, wie nötig.
- Prismatische Werkstücke werden meist in drei Ansichten gezeichnet.
- Bei Drehteilen reichen oftmals zwei Ansichten aus.
- Für flache Werkstücke ist vielfach nur die Draufsicht mit der zusätzlichen Angabe der Dicke ausreichend.

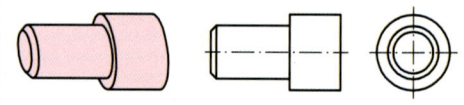

Drehteil in zwei Ansichten

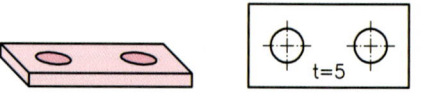

Flaches Werkstück in einer Ansicht

Folgende Vereinbarungen über Linienarten bestehen:
- Sichtbare Kanten werden mit einer breiten Volllinie gezeichnet,
- verdeckte Kanten zeichnet man gestrichelt und schmal,
- Strich-Punktlinien wendet man für Mittellinien und Symmetrielinien an.

Linienart	Breite	Anwendung
———	0,5 mm	sichtbare Kanten
– – – –	0,25 mm	verdeckte Kanten
— · — · —	0,25 mm	Mittellinie

Linienarten und Strichstärken

> Die technische Zeichnung stellt einen Körper in Ansichten dar. Aus diesen Ansichten kann man auf die räumliche Struktur des Werkstückes schließen.

Übungsaufgaben TK-3; TK-4

1.2.1 Festlegung der Werkstücklage für die zeichnerische Darstellung

Wenn der Fachmann eine technische Zeichnung von einem Werkstück erstellt, so wählt er zuerst die Vorderansicht aus. Diese Ansicht ist so zu wählen, dass möglichst wenig Kanten, z.B. durch vorliegende Flächen, verdeckt werden.

Verdeckte Kanten lassen sich nicht immer vermeiden und müssen dann gezeichnet werden, wenn die alleinige Darstellung der sichtbaren Kanten nicht ausreicht, um die räumliche Formgebung des Werkstückes vollständig wiederzugeben.

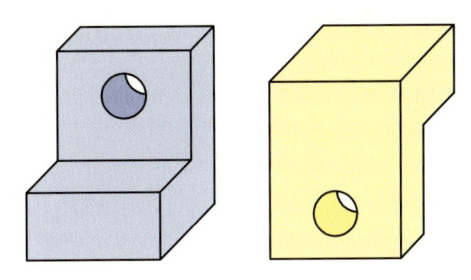

Werkstück in unterschiedlichen Perspektiven

Regeln zur Wahl von Körperansichten und zur Darstellung von verdeckten Kanten und Bohrungen:

- Die Anordnung der Ansichten ist so zu wählen, dass möglichst wenige verdeckte Kanten dargestellt werden müssen.

- Verdeckte Kanten werden durch schmale Strichlinien dargestellt.

- Angrenzungen von verdeckten Kanten an anderen Körperkanten beginnen und enden immer als Strich, nicht als Lücke.

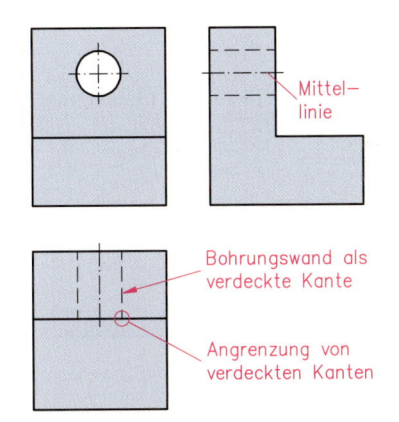

Günstige Anordnung der Ansichten mit wenigen verdeckten Kanten

- Wandungen von Bohrungen werden auch als verdeckte „Kante" dargestellt.

- Die Lage der Bohrungsmitte wird in allen Ansichten durch dünne Strichpunktlinien dargestellt.

- Das Achsenkreuz von Strichpunktlinien wird durch den Schnitt zweier Linien erfasst.

- Verdeckte Kanten müssen nicht immer eingezeichnet werden, sondern nur dann, wenn die Lesbarkeit der Zeichnung verbessert wird.

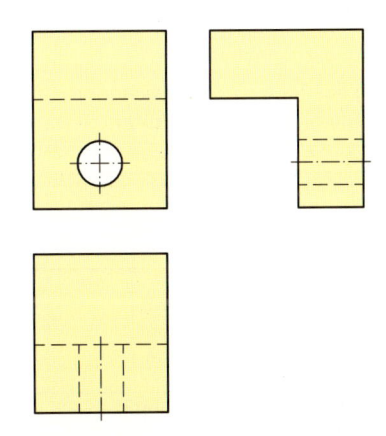

Ungünstige Anordnung der Ansichten mit mehreren verdeckten Kanten

Verdeckte Kanten sind aus der Blickrichtung einer Ansicht nicht sichtbar. Sie werden durch schmale Strichlinien dargestellt.
Äußere Begrenzungen von Bohrungen werden als verdeckte Kanten gezeichnet.

Übungsaufgabe TK-5

1.2.2 Blatteinteilung

Ein Zeichenblatt besteht aus einer Zeichenfläche und einem Schriftfeld. Damit die Körperansichten auf die Zeichenfläche des Zeichenblattes passen und ausreichend Platz für eine spätere Bemaßung vorhanden ist, muss das Zeichenblatt entsprechend eingeteilt werden.

Die Abstände zwischen den Ansichten sind möglichst gleich groß zu wählen und betragen bei einfachen Werkstücken etwa 30 mm.

Die Seitenabstände a und b für eine günstige Blatteinteilung können wie folgt bestimmt werden:

$$a = \frac{\text{Breite der Zeichenfläche} - x}{2}$$

$$b = \frac{\text{Höhe der Zeichenfläche} - y}{2}$$

Je nach Form des Werkstücks ist es manchmal günstiger das Zeichenblatt im Querformat zu nutzen.

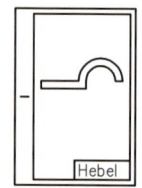

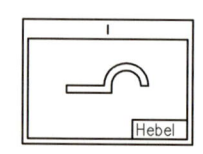

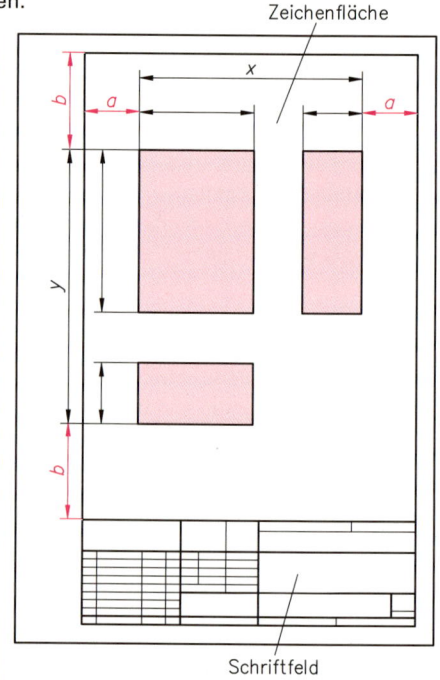

Blatteinteilung

> Ansichten werden möglichst gleichmäßig und übersichtlich auf der Zeichenfläche angeordnet.

1.2.3 Schriftfeld

In das Schriftfeld werden alle wichtigen Angaben eingetragen, die für den betrieblichen Informationsaustausch notwendig sind. Der Aufbau von Schriftfeldern ist genormt.

Man findet dort u.a. Angaben über:

- Benennung des Teiles,
- Zeichner mit Datum u. Namen,
- Firma,
- Maßstab,
- Zeichnungsnummer,
- Prüfer mit Datum u. Namen,
- Änderung mit Datum und Namen.

(Verwendungsbereich)			(Zul. Abw.)	(Oberfläche)	Maßstab		(Gewicht)	
				Datum	Name	(Benennung)		
			Bearb.					
			Gepr.					
			Norm					
			(Firma)		(Zeichnungsnummer)		Blatt	
							Bl.	
Zust.	Änderung	Datum	Name	(Urspr.)	(Ers.f.:)		(Ers.d.:)	

> Zeichnung und Schriftfeld zusammen dienen als ein betriebliches Dokument, nach welchem die Fertigung durchgeführt wird und spätere Ersatzteilbeschaffungen möglich sein müssen.

1.2.4 Blattgrößen und Maßstäbe

Ein Werkstück wird möglichst in seinen realen Abmessungen im Maßstab 1:1 gezeichnet, damit die Größe des Werkstücks vorstellbar bleibt. Kann man die realen Werkstückabmessungen auf ein Zeichenblatt nicht übertragen, da das Werkstück zu groß oder zu klein ist, muss man Folgendes abwägen:

- Das Zeichenblatt wird größer gewählt, um den Originalmaßstab 1:1 zu erhalten.
- Zu große Werkstücke werden maßstäblich verkleinert gezeichnet.
- Zu kleine Werkstücke werden maßstäblich vergrößert gezeichnet.

● **Blattgrößen**

Die Größen von genormten Zeichenblättern werden in DIN-Formaten geordnet. Die Fläche des Ausgangsformates eines Fertigblattes A0 beträgt 1 m². Die Seitenverhältnisse sind immer: $1 : \sqrt{2}$
Halbiert man das Ausgangsformat, so entstehen zwei gleich große nachfolgende Formate. Aus dem Ausgangsformat A0 werden zwei Nachfolgeformate A1; aus A1 werden zwei Nachfolgeformate A2 usw.
Durch jeweiliges Halbieren der Ausgangsformate ergibt sich somit die Größe des nächst kleineren Formates. Das Fertigblatt ist das auf Normformat geschnittene äußere Zeichenblatt. Die Zeichenfläche wird durch einen umlaufenden Rand begrenzt.

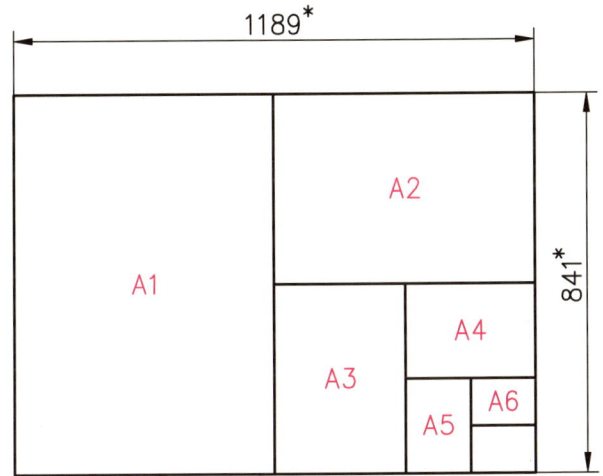

DIN-Format	Fertigblatt-Maße*
A0	841 x 1189
A1	594 x 841
A2	420 x 594
A3	297 x 420
A4	210 x 297
A5	148 x 210
A6	105 x 148

Teilung eines DIN A0-Zeichenblattes   *alle Maße in mm

> Das Ausgangsformat eines Zeichenblattes ist DIN A0. Die nächst kleineren Formate ergeben sich durch wiederholtes Halbieren des Ausgangsformates.

● **Maßstäbe für technische Zeichnungen**

Für alle Gebiete der Technik sind die verwendbaren Maßstäbe festgelegt.

Natürlicher Maßstab	1:1					
Verkleinerungsmaßstäbe	1:2	1:5	1:10	1:20	1:50	1:100
Vergrößerungsmaßstäbe	2:1	5:1	10:1	20:1	50:1	

Der verwendete Maßstab muss in der technischen Zeichnung kenntlich gemacht werden. Dazu trägt der Zeichner in dem dafür vorgesehenen Schriftfeld den Maßstab ein.
Die Bemaßung des Werkstückes erfolgt mit den wirklichen Abmessungen des Werkstückes.

> Der Maßstab gibt das Verhältnis der Zeichnungsabmessungen des Werkstückes zur Wirklichkeit an.

1.3 Beschriftungen in technischen Zeichnungen

1.3.1 Normschrift

In der Norm sind Schriftform und Schriftgröße nach internationalen Vereinbarungen festgelegt. Damit in der Fertigung Fehler vermieden werden, müssen die Schriftzeichen, besonders die Zahlen, einheitlich geschrieben werden und klar lesbar sein.
Auch die Lesrichtung von Zahlen und Texten in Zeichnungen ist vereinbart, damit keine Fehler auftreten und z.B. statt *86* die Zahl *98* gelesen wird.

Schriftform A (kursiv)	Schriftform B (vertikal)
abcdefghi *ABCDEFGHI* *1234567890*	abcdefghi ABCDEFGHI 1234567890

Durch die international vereinbarte Normschrift verringert man im Bereich der technischen Kommunikation Informationsfehler.

1.3.2 Maßeintragungen

Für die Bemaßung von Körpern werden folgende drei Bemaßungselemente benutzt:

- **Maßhilfslinie**: Sie dient zum Herausziehen von Maßen und verläuft senkrecht zur bemaßenden Körperkante.
- **Maßlinie**: Sie stellt die Größe der zu bemaßenden Körperkante dar, verläuft parallel zu ihr und wird durch Maßpfeile abgeschlossen.
- **Maßzahl**: Sie gibt die Größe der Körperkante an und wird über die Maßlinie geschrieben.

Bemaßungselemente

Um eine normgerechte Bemaßung vorzunehmen, muss Folgendes beachtet werden:

- Im Maschinenbau werden Längenmaße in Millimetern ohne Nennung der Einheit angegeben.
- Alle Maße müssen von unten oder von rechts lesbar sein.
- Es wird in der Ansicht bemaßt, welche am deutlichsten die zu bemaßende Kontur zeigt.
- Doppelbemaßungen sind nicht erlaubt, sondern nur als Kontrollmaße zulässig und müssen in Klammern gesetzt werden.
- An verdeckten Kanten soll möglichst keine Maßlinie geführt werden.
- Maßlinien sind in übersichtlichen Abständen anzubringen.

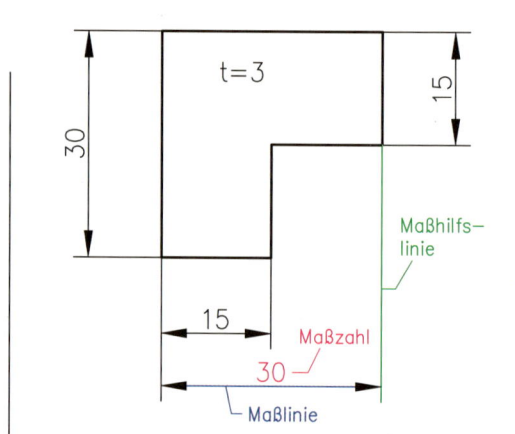

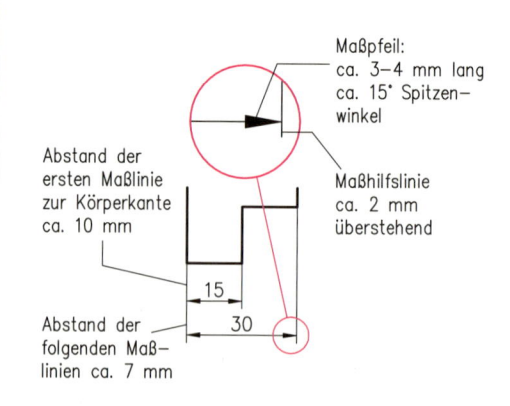

Form, Größe und Abstände von Maßlinien

Die Bemaßung hat die Aufgabe, die Abmessungen eines Werkstücks eindeutig festzulegen. Für alle Längenmaße ohne Einheit gilt im Maschinenbau die Einheit „mm" als vereinbart.

1.3.3 Maßbezugsebenen

- **Maßbezugsebenen unsymmetrischer Werkstücke**

Eine Bemaßung sollte immer nach Bezugsebenen erfolgen. Die Bezugsebene ist eine Fläche (in der Ansicht eine Kante), von der aus alle Maße angetragen werden.
Um ein Werkstück vollständig zu bemaßen, wird für jede der drei räumlichen Achsen eine Bezugsebene festgelegt. Häufig werden Auflageflächen als Bezugsebenen gewählt. Die Wahl einer Bezugsebene kann auch durch die Arbeitsfolge zur Fertigung des Werkstücks bestimmt werden.

| Beispiel | für eine Bemaßung nach Bezugsebenen |

Für das Anreißen mit dem Parallelanreißer werden die Auflageflächen des Werkstückes als Bezugsebenen für das Werkstück gewählt.

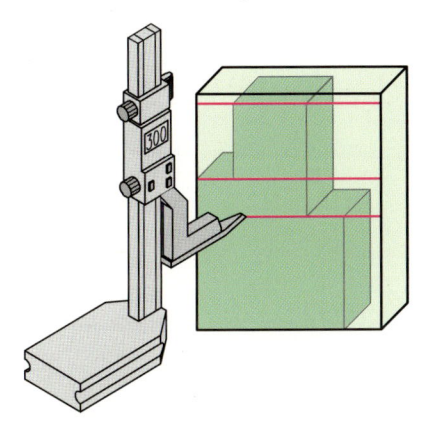

Parallelanreißer mit Werkstück 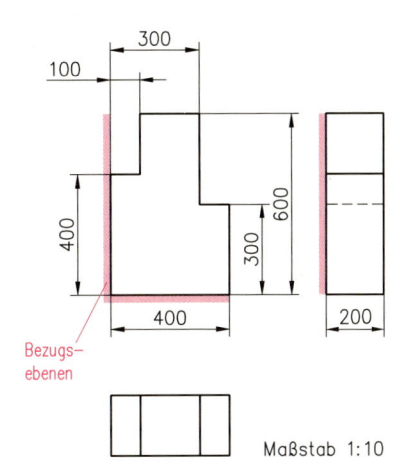 **Bezugsebenen an einem Werkstück**

- **Maßbezugsebenen symmetrischer Werkstücke**

Bei symmetrischen Werkstücken dient die Symmetrieebene als Bezugsebene. Die Symmetrieebene ist die Ebene, an der das Werkstück nach beiden Seiten gespiegelt werden kann.
In der zweidimensionalen Ansicht entspricht die Symmetrieebene der Mittellinie, welche mit einer schmalen Strichpunktlinie gezeichnet wird.

| Beispiel | für eine Symmetriebemaßung |

Von der Mittellinie ausgehend werden alle Breitenmaße symmetrisch angetragen.
Für die Höhenmaße ist die Hauptauflagefläche als Bezugsebene gewählt worden.

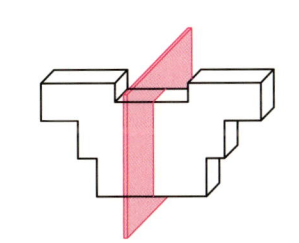

Symmetrieebene eines Werkstückes 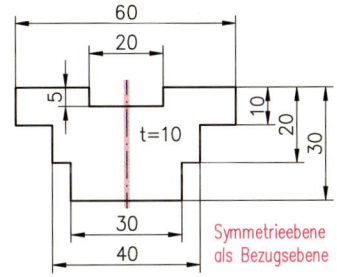   **Werkstück mit Symmetriebemaßung**

Neben Symmetrieebenen dienen möglichst große Auflage- oder Spannflächen als Bezugsebenen, welche in einem frühen Stadium gefertigt werden und dann für Prüf- und Anreißaufgaben zur Verfügung stehen.

1.3.4 Bemaßung einzelner Formelemente

● **Bemaßung von Radien, Bohrungen und Winkeln**

Rundungen an Werkstücken werden durch Radien bemaßt. Sie werden durch ein „**R**" vor der Maßzahl gekennzeichnet. Die Maßlinie des Radius kann von außen oder von innen an die Rundung herangeführt werden.

Die Bemaßung einer **Bohrung** besteht aus:

- Längenmaßen, die eindeutig die Lage des Bohrungsmittelpunktes bestimmen,
- der Durchmesserangabe mit einem ⌀-Zeichen vor der Maßzahl,
- einem Längenmaß, welches die Tiefe der Bohrung angibt.
  (Entfällt bei Durchgangsbohrungen)

Schrägen lassen sich auf zwei Arten bemaßen:

- Die Endpunkte der Schräge werden bemaßt.
- Die Schräge wird durch eine Winkelangabe in Grad und die Lage eines Bezugspunktes festgelegt.

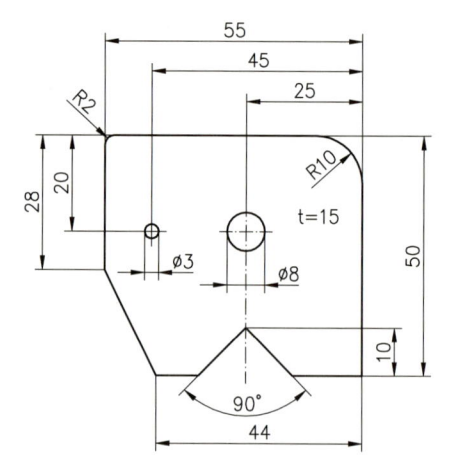

Werkstück mit Radien, Winkeln, Bohrungen

● **Bemaßung von Durchmessern und Teilungen**

Durchmesser können auf zwei Arten bemaßt werden:

- Der Durchmesser wird direkt in den zu bemaßenden Kreis eingetragen. Ausnahmsweise dürfen sich hierbei Maßlinien schneiden.
- Die Durchmesserangabe kann mithilfe von Maßhilfslinien achsparallel an den Durchmesser herangeführt werden.

Bohrungen und andere Formelemente können auf Kreisen mit gleichen Winkelabständen liegen. Solche **Teilungen** lassen sich vereinfacht bemaßen. Man gibt die Anzahl und den Winkelabstand der Formelemente an; zusätzlich wird der Gesamtwinkel in Klammern eingetragen.

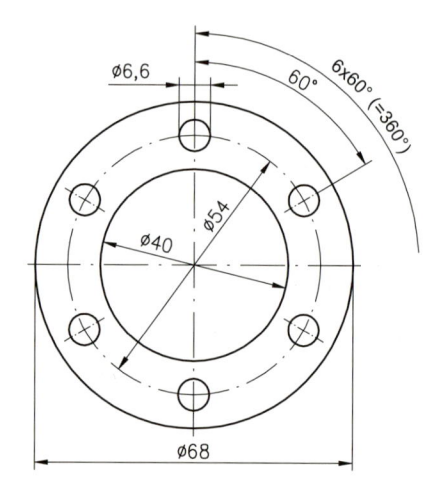

Flansch mit Bohrungen auf einem Teilkreis

> Ein Werkstück ist vollständig, eindeutig und normgerecht zu bemaßen. Doppelbemaßungen – so genannte Überbemaßungen – dürfen nicht vorgenommen werden.

1.3.5 Eintragung von Toleranzangaben[1]

Eine bemaßte technische Zeichnung ohne Toleranzangaben ist nicht vollständig. Die Maßangaben bestimmen zwar die Form und Größe des Werkstücks, berücksichtigen aber nicht, dass in der Fertigung Maße nie genau eingehalten werden können und auch meist nicht eingehalten werden müssen. Daher legt man für jedes Maß zulässige Abweichungen fest. Diese hängen von der Funktion ab. Aus wirtschaftlichen Gesichtspunkten fertigt man nicht so genau wie möglich, sondern so genau wie nötig.

● **Allgemeintoleranzen**

Allgemeintoleranzen sind die für ein Fertigungsverfahren werkstattüblich erreichbaren Toleranzen. Sie sind in DIN ISO 2768-1 festgelegt. Die Allgemeintoleranzen sind in folgende Toleranzklassen eingeteilt:

f fein,   **m** mittel,   **g** grob,   **v** sehr grob

Bei Verwendung der Allgemeintoleranzen ist unter die Zeichnung oder im Schriftfeld der Hinweis auf die Allgemeintoleranz einzutragen. Mit dieser Eintragung ist vereinbart, dass die Allgemeintoleranz für alle Maßeintragungen gilt, die nicht mit einer Einzeltolerierung versehen sind.

| Beispiele | für die Eintragung von Allgemeintoleranzen: |

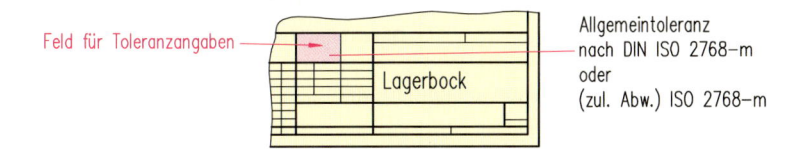

● **Einzeltolerierung**

Wird für die Funktion eines Bauteils bei einigen Maßen eine höhere Genauigkeit verlangt, so wendet man die Einzeltolerierung an, indem die zulässigen Grenzabmaße direkt hinter das jeweilige Maß eingetragen werden.

Statt der zulässigen Grenzabmaße können auch die Kennzeichnungen gemäß der Passungssysteme benutzt werden. Dabei sind die Grenzabmaße in Form von Toleranzklassen durch Buchstaben- und Zahlenkombinationen verschlüsselt. Allgemein gelten große Buchstaben für Bohrungstoleranzen und kleine Buchstaben für Wellentoleranzen.

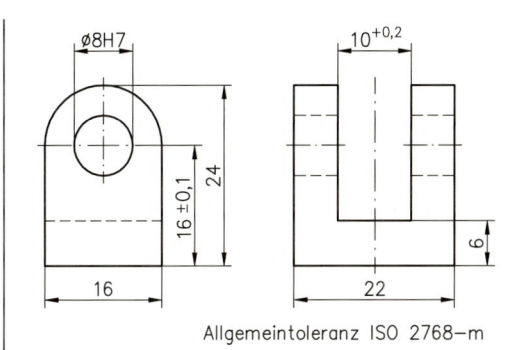

Bemaßtes Werkstück mit Toleranzangaben

Hinweise auf Allgemeintoleranzen stehen im Schriftfeld und gelten für alle Maße, die keine Einzeltolerierung aufweisen.
Bei Einzeltolerierungen werden die Grenzabmaße hinter das zu tolerierende Maß geschrieben.

● **Entschlüsselung von Toleranzangaben**

Stehen in einer Zeichnung Toleranzangaben, die durch Buchstaben- und Zahlenkombinationen verschlüsselt sind, so kann in der Nähe des Schriftfeldes eine Tabelle mit den entschlüsselten Werten eingetragen werden.

| Beispiel | für Passmaßtabelle |

Passmaß	Höchstmaß	Mindestmaß
8 H7	8,015	8,000
50 K7	50,009	49,979
60 m6	60,030	60,011

---
[1] Toleranzen siehe auch Kap. Prüftechnik

1.3.6 Eintragung von Oberflächenangaben

Die Funktionstauglichkeit eines Werkstückes ist oftmals auch von der Beschaffenheit der Oberfläche abhängig. An die Oberflächenrauheit werden z.B. in Dichtungsbereichen oder bei Gleitflächen besondere Anforderungen gestellt. Entsprechende Oberflächenangaben müssen in der Zeichnung normgemäß den jeweiligen Werkstückflächen zugeordnet werden.

- **Symbole für Oberflächenangaben**

Das Grundsymbol für Oberflächenangaben besteht aus zwei unter 60° gezeichneten Linien ungleicher Länge.

Grundsymbol für Oberflächenangaben

Eine zusätzliche waagerechte Linie weist darauf hin, dass die Oberfläche materialabtrennend bearbeitet wird.

Materialabtrennend bearbeitete Oberfläche

Steht statt der Linie ein Kreis ohne zusätzliche Angabe, so bleibt die Oberfläche im Anlieferungszustand.

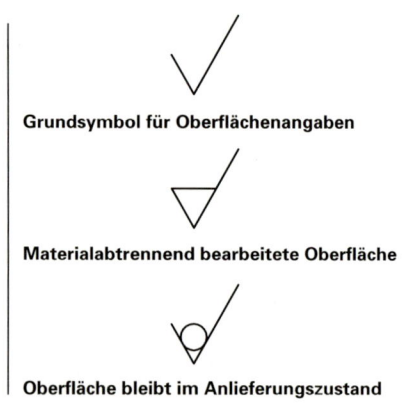

Oberfläche bleibt im Anlieferungszustand

An das Grundsymbol werden die Zusatzangaben eingetragen:

- **a** Rauheitswerte Ra in μm oder Rauheitsklasse N
- **b** Fertigungsverfahren, Behandlung
- **c** Bezugsstrecke, Wellenlänge in μm
- **d** Rillenrichtung
- **e** Bearbeitungszugabe in mm
- **f** Andere Rauheitsmessgrößen, wie z.B. Rz

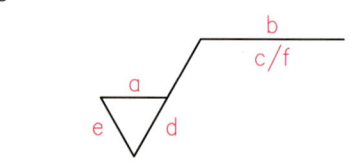

Lage von Oberflächenangaben am Symbol

Beispiele von Symbolen für Oberflächenangaben

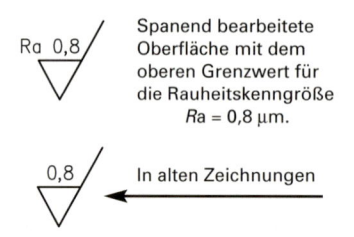

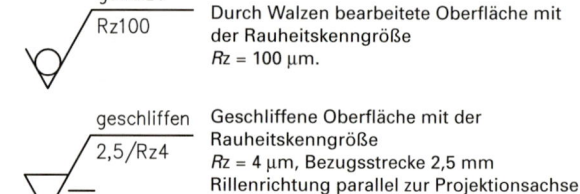

Ra 0,8 — Spanend bearbeitete Oberfläche mit dem oberen Grenzwert für die Rauheitskenngröße $Ra = 0{,}8$ μm.

0,8 — In alten Zeichnungen

gewalzt / Rz100 — Durch Walzen bearbeitete Oberfläche mit der Rauheitskenngröße $Rz = 100$ μm.

geschliffen 2,5/Rz4 — Geschliffene Oberfläche mit der Rauheitskenngröße $Rz = 4$ μm, Bezugsstrecke 2,5 mm, Rillenrichtung parallel zur Projektionsachse

Werte für die Kennzeichnung der Oberflächenbeschaffenheit

Oberflächenbeschaffenheit nach alter Norm	Oberflächenangaben nach DIN EN ISO 1302							
	Rz in μm				Ra in μm			
	R 1	R 2	R 3	R 4	R 1	R 2	R 3	R 4
geschruppt Riefen fühlbar und mit bloßem Auge sichtbar	160	100	63	25	25	12,5	6,3	3,2
geschlichtet Riefen mit bloßem Auge noch sichtbar	40	25	16	10	6,3	3,2	1,6	0,8
fein geschlichtet Riefen mit bloßem Auge nicht mehr sichtbar	16	6,3	4	2,5	1,6	0,8	0,4	0,2
feinst geschlichtet	–	1	1	0,4	–	0,1	0,1	0,025

R 2 ist zu bevorzugen

- **Eintragung von Oberflächenangaben in Zeichnungen**

Für die Eintragung von Oberflächenangaben gilt, dass jede Fläche gekennzeichnet sein muss. Symmetrieeigenschaften werden nicht übernommen:

- Die Symbole und Beschriftungen müssen von unten oder von rechts lesbar sein.

- Das Symbol darf man auch in anderen Lagen zeichnen, wenn nur Angaben zur Rauheit eingetragen werden. Die grundsätzliche Lesbarkeit von unten oder von rechts muss beibehalten bleiben.

- Sind in dem Symbol Angaben zu besonderen Oberflächenbeschaffenheiten enthalten, werden dann Bezugslinien eingezeichnet, wenn sie nicht von unten oder rechts lesbar sind.

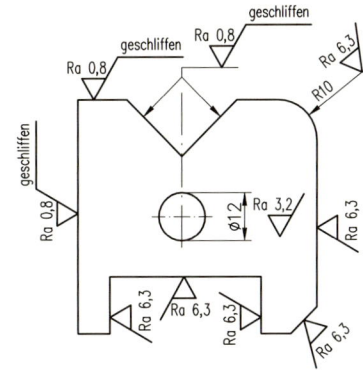

Eintragung von Oberflächenangaben

Die Eintragungsrichtung der Oberflächensymbole ist so zu wählen, dass die Spitze des Symbols wie ein Bearbeitungskeil auf die zu bearbeitende Oberfläche weist.

- Ist ein Werkstück durchweg mit der gleichen Oberflächenqualität zu fertigen, so erhält die Gesamtzeichnung das entsprechende Oberflächenzeichen als Hauptsymbol. Die abweichenden Oberflächenqualitäten werden in der Zeichnung gekennzeichnet und in einer Klammer hinter das Hauptsymbol werden die entsprechenden Oberflächenzeichen angeordnet.

- Das Symbol sollte dort eingetragen werden, wo die zugehörige Bemaßung erfolgt.

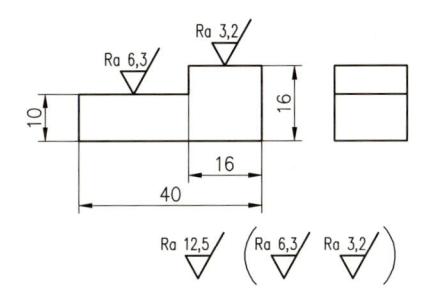

Werkstück mit Oberflächenangaben

- **Fertigungsverfahren und Oberflächenangaben**

Oberflächenbeschaffenheit		0,04	0,06	0,1	0,16	0,25	0,4	0,63	1	1,6	2,5	4	6,3	10	16	25	40	63	100	160	250	400	630	1000
Rauheitskenngröße R_z in µm																								
Urformen	Sandformgießen																							
	Kokillengießen																							
Umformen	Schmieden																							
	Ziehen																							
Trennen	Feilen																							
	Schaben																							
	Bohren																							
	Reiben																							
	Längs drehen																							
	Fräsen																							
	Flach-Stirnschleifen																							

Bereiche: feinst geschlichtet, fein geschlichtet, geschlichtet, geschruppt

Zeichenerklärung: Rauheitswert bei sorgfältiger Fertigung — Rauheitswert bei grober Fertigung

1.3.7 Anwendungsbezogene Bemaßung

Für die Eintragung von bestimmten Maßen kann es notwendig sein, die jeweilige Maßeintragung anwendungsbezogen vorzunehmen.

Die Ausgangszeichnung dient als Grundlage für die Darstellung der Funktion. Sie ist so vermaßt, dass das Bauteil hergestellt werden kann und dass die Funktion des Bauteiles sichergestellt ist. Für die Fertigung, bzw. für die Prüfung können daraus abgeleitet eigene Zeichnungen mit den anwendungsbezogenen Maßen erstellt werden.

| Beispiele | für anwendungsbezogene Bemaßung |

Sachverhalt
Die zwei Stifte des dargestellten Oberteils sollen in die Bohrungen des Unterteils passen.

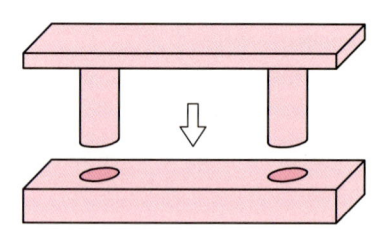

Gesichtspunkte zur Bemaßung

Funktionsgerechte Bemaßung
Damit dies sichergestellt ist, wählt der Zeichner für die Bemaßung der Bohrungsabstände eine funktionsgerechte Maßeintragung. Aus dem Bohrungsabstand und dem Bohrungsdurchmesser mit den jeweiligen Toleranzangaben ergeben sich entsprechende Fertigungs- bzw. Prüfmaße.

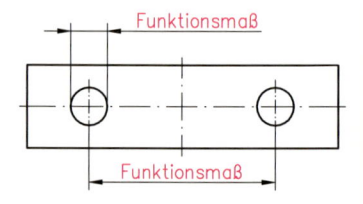

Fertigungsgerechte Bemaßung
Für die Fertigung des Unterteiles ist es vorteilhaft, wenn die Bemaßung so eingetragen ist, wie der Fachmann den Flachstahl anreißen würde. Dies ist eine fertigungsgerechte Bemaßung.

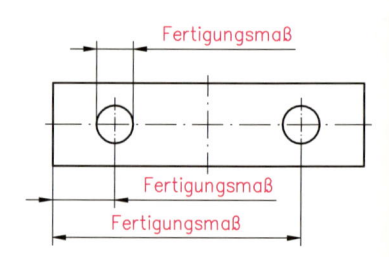

Prüfgerechte Bemaßung
Eine prüfgerechte Bemaßung ergibt sich aus den zur Prüfung des Werkstücks verwendeten Messmitteln. Die dargestellte prüfgerechte Bemaßung des Unterteils erleichtert die Prüfung der Bohrungsabstände mit dem Messschieber.

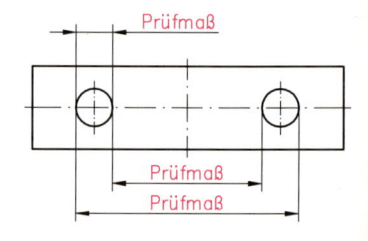

Die funktionsgerechte Zeichnung dient als Vorgabe für die Fertigung, Prüfung und Dokumentation eines Bauteiles.
Anwendungsbezogene Maße können in zusätzlichen Zeichnungen für die Fertigung bzw. Prüfung eingetragen werden.

1.4 Darstellung und Bemaßung zylindrischer Werkstücke

Zylindrische Bauteile können in einer Ansicht bemaßt werden. Das Durchmesserzeichen vor der Maßzahl gibt die Information, dass es sich um ein Drehteil handelt.

Die **Drehachse** des zylindrischen Bauteils wird durch eine schmale Strichpunktlinie gekennzeichnet.

Fasen an Drehteilen werden mit einem Längenmaß und dem Winkel bemaßt.

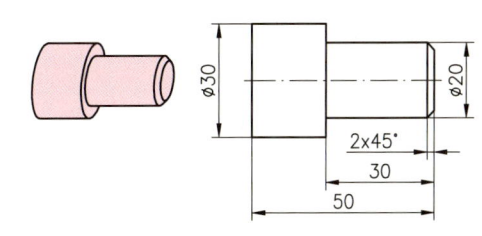

Darstellung eines Bolzens mit Fase

Sind an Drehteilen **Abflachungen** vorhanden, werden diese durch zwei sich kreuzende schmale 45°-Volllinien gekennzeichnet.

Oft werden Abflachungen an Drehteilen angebracht, damit man bei der Montage einen Maulschlüssel ansetzen kann. Die so genannte **Schlüsselweite** kann vereinfacht mit dem Kurzzeichen SW und der entsprechenden Maßzahl dargestellt werden.

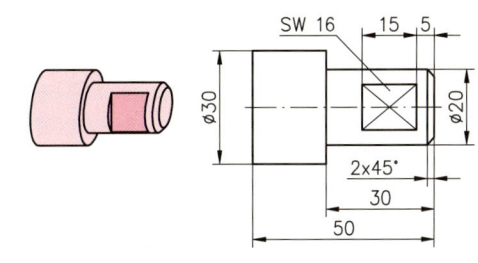

Zylindrisches Werkstück mit Abflachung

Abflachungen an zylindrischen Werkstücken führen in den unterschiedlichen Ansichten der Werkstückkontur zu Kanten, die nur mithilfe von Konstruktionslinien ermittelt werden können.

Folgende Vorgehensweise zur Konstruktion der Abflachung ist möglich:

- Blatteinteilung mit gleichen Abständen der Ansichten wählen und 45°-Linie einzeichnen.
- Mittellinien und Umrisse (Hüllform) in allen Ansichten mit schmalen Linien zeichnen.
- Mithilfe der Konstruktionslinien die Lage der fehlenden Kanten der Werkstückkontur in allen Ansichten ermitteln.
- Konstruktionslinien abradieren und ausziehen der sichtbaren Kanten mit breiter Volllinie.

Beispiel für ein Werkstück mit Abflachung

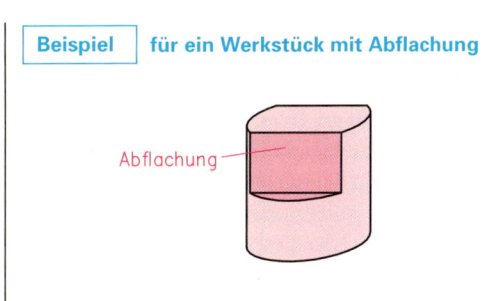

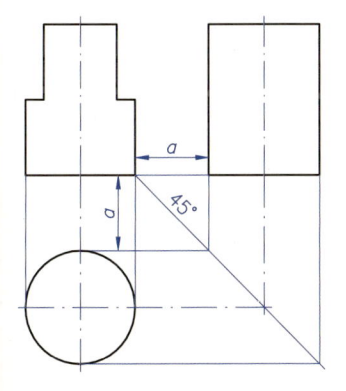

Hüllform des Werkstücks

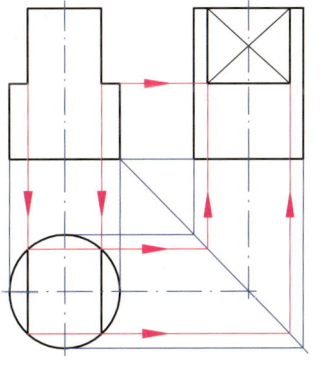

Konstruktion der Abflachung

Übungsaufgaben TK-16; TK-17

1.5 Schnittdarstellungen

Der innere Aufbau eines Werkstücks wird besser vorstellbar, wenn man sich der Schnittdarstellungen bedient.

Beim Zeichnen eines Schnittes kann man sich das Werkstück in der Mitte durchgetrennt vorstellen. Es werden neue Kanten in der Schnittfläche sichtbar. Die gedachte Schnittfläche kennzeichnet man in der Zeichnung durch eine Schraffur. Die Schraffur besteht aus schmalen Volllinien, die in gleichmäßigen Abständen diagonal gezeichnet werden. Die bevorzugte Schraffurrichtung verläuft unter 45° von unten links nach oben rechts.

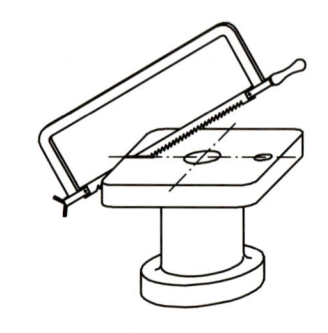

Gedankliches Modell eines Schnittes

Schnitte kann man in verschiedenen Darstellungen zeichnen. Man unterscheidet:
- Vollschnitt,
- Halbschnitt,
- Teilschnitt.

• Vollschnitt

Das Werkstück wird als vollständig durchgeschnitten gezeichnet. Die sichtbar gewordenen Kanten zeichnet man als breite Volllinie, verdeckte Kanten lässt man entfallen. Die Schraffurlinien sollen ohne Versatz durch die ganze Schnittfläche verlaufen.

Vollschnitt

• Halbschnitt

Das Werkstück wird nur auf einer Seite bis zur Symmetrielinie im Schnitt gezeichnet. Die Symmetrielinie bleibt auch in der Darstellung erhalten.
Im nicht geschnittenen Teil des Werkstückes werden keine verdeckten Kanten eingezeichnet.
Im Halbschnitt bemaßt man die Durchmesser mit nur einem Maßpfeil.
Bei einem Halbschnitt mit senkrechter Mittellinie liegt der Schnitt immer rechts von der Mittellinie. Bei einem Halbschnitt mit waagerechter Mittellinie liegt der Schnitt immer unter dieser.

Halbschnitt

• Teilschnitt

Ein Teilschnitt wird durch eine Ausbruchlinie begrenzt. Der Rest der Werkstückes wird in einer normalen Ansichtsdarstellung gezeichnet.

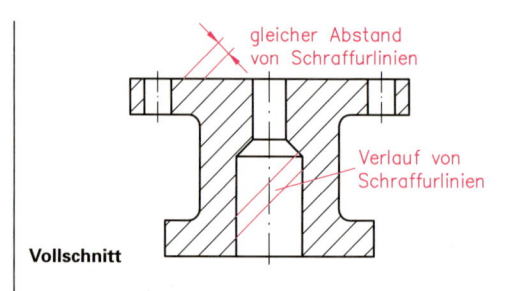

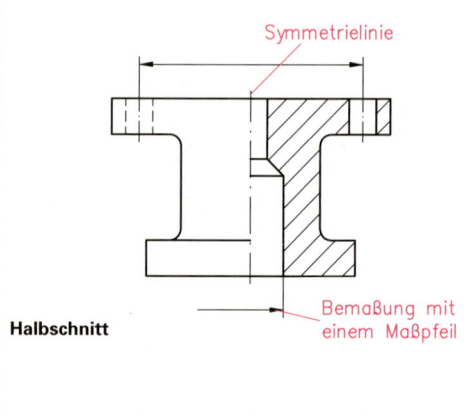

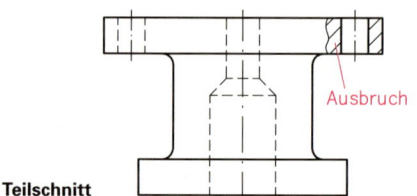

Teilschnitt

> Der Halbschnitt wird bei symmetrischen Bauteilen angewandt und hat gegenüber dem Vollschnitt den Vorteil, dass die Innenkontur und gleichzeitig die Außenkontur sichtbar werden. Der Teilschnitt zeigt nur die Innenkontur von wichtigen Teilbereichen eines Bauteils.

1.6 Darstellung und Bemaßung von Gewinden

In der Technik hat man sich auf eine vereinfachte Darstellung von Gewinden geeinigt, weil die eigentlichen Gewindegänge sehr aufwendig zu zeichnen sind.

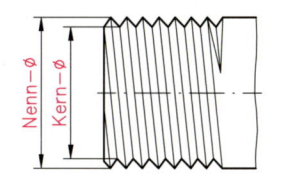

Darstellung eines Gewindebolzens mit Gewindegängen

• Außengewinde in der Ansicht

Folgende Vereinbarungen gelten:
- der Nenndurchmesser wird als breite Volllinie gezeichnet,
- der Kerndurchmesser wird als schmale Volllinie dargestellt,
- den Anschnitt des Gewindes zeichnet man mit einer 45°-Fase,
- das Gewindeende erhält eine breite Volllinie,
- bei der Ansicht in Achsrichtung wird das Außengewinde mit einem Vollkreis (breite Volllinie) für den Nenndurchmesser und einem 3/4-Kreis (schmale Volllinie) mit beliebiger Lage für den Kerndurchmesser gezeichnet.

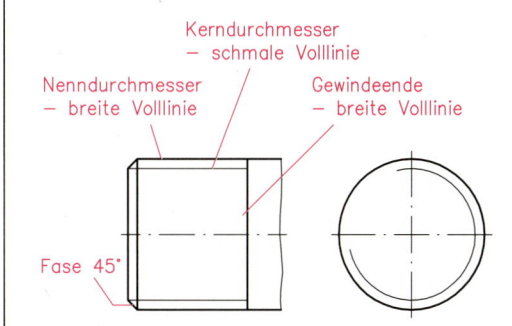

Vereinfachte Darstellung eines Gewindebolzens

• Innengewinde im Schnitt

Folgende Vereinbarungen gelten:
- der Nenndurchmesser wird als schmale Volllinie gezeichnet,
- der Kerndurchmesser wird als breite Volllinie dargestellt, die Schraffur wird bis zu dieser Linie geführt,
- das Gewindeende erhält eine breite Volllinie,
- bei der Ansicht in Achsrichtung wird ein Innengewinde mit einem Vollkreis (breite Volllinie) für das Kernloch und einem 3/4-Kreis (schmale Volllinie) mit beliebiger Lage für den Nenndurchmesser gezeichnet.

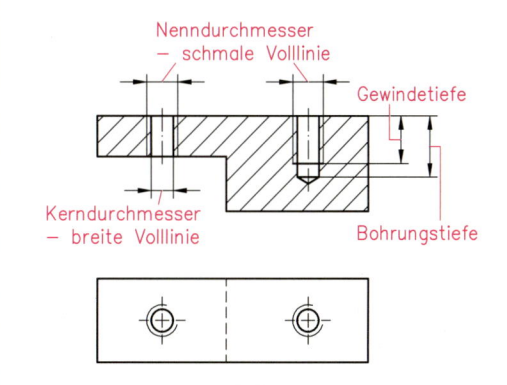

Darstellung von Innengewinden

• Bemaßung von Gewinden

Ein Gewinde ist durch die Angabe der Gewindeart, des Nenndurchmessers und der Gewindelänge vollständig bemaßt.
Die Gewindeart wird durch Buchstaben verschlüsselt angegeben, an welchen sich die Zahl des Nenndurchmessers anschließt.

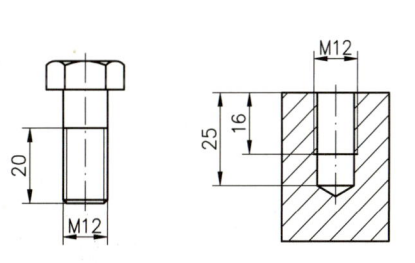

Bemaßung von Gewinden

> Gewinde werden in technischen Zeichnungen vereinfacht durch Volllinien mit unterschiedlichen Strichstärken für Nenn- und Kerndurchmesser dargestellt.

Übungsaufgaben TK-19 bis TK-22

1.7 Normen und Normteile

Durch Normen vereinheitlicht man Verfahren, Methoden und Gegenstände. Im Rahmen der internationalen Arbeitsteilung und Gewährleistung der Austauschbarkeit von Bauteilen werden Normen gemeinschaftlich festgelegt. Normangaben enthalten in der Regel neben dem Fachbegriff Kurzzeichen für den Geltungsbereich der Norm und eine Nummer. Diese Nummer verweist auf das Normblatt, in dem alle Vorgaben genau festgelegt sind.

Beispiele für genormte Konturen und Bauteilformen

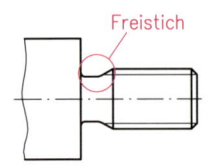

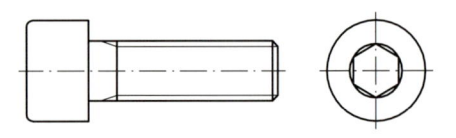

Gewindefreistich nach DIN 76-1   **Zylinderschraube nach DIN EN ISO 4762**

Es existieren nationale und internationale Arbeitsausschüsse, welche Normen für die Allgemeinheit entwickeln, pflegen und für verbindlich erklären.

Deutsche Norm – DIN	Internationale Norm – ISO	Europäische Norm – EN
In Deutschland werden die Normen durch das Deutsche Institut für Normung e.V. erstellt, welche dann mit **DIN** gekennzeichnet sind.	Normen des Internationalen Normenausschusses (International Standardization Organisation) werden mit **ISO** gekennzeichnet. Wenn DIN-Normen der ISO-Norm entsprechen, werden sie mit den Zeichen **DIN ISO** aufgeschrieben.	Findet man die Kennzeichnung **EN**, so enthält diese Norm auch die Festlegungen der europäischen Norm.

Neben genormten Bauelementen sind auch Werkstückdetails, wie z.B. Gewindefreistiche und Zentrierbohrungen, in einer Norm vereinheitlicht. Diese Werkstückdetails können in der Zeichnung vereinfacht dargestellt werden. Der Fachmann muss dann in der Fertigung mit entsprechenden Werkzeugen dieses Werkstückdetail herstellen. Die notwendigen Abmessungen kann er aus Tabellenbüchern entnehmen.

Beispiel für ein genormtes Werkstückdetail

Vereinfachte Darstellung in der Zeichnung

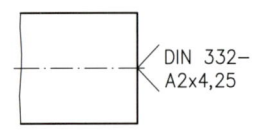

DIN 332–
A2x4,25

Auszug der Norm aus dem Tabellenbuch

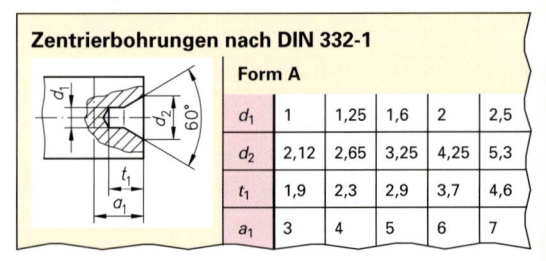

Zentrierbohrungen nach DIN 332-1
Form A

d_1	1	1,25	1,6	2	2,5
d_2	2,12	2,65	3,25	4,25	5,3
t_1	1,9	2,3	2,9	3,7	4,6
a_1	3	4	5	6	7

> Normteile sind in Form, Größe und Material vereinheitlichte Bauelemente, deren Abmessungen und Eigenschaften aus Tabellen entnommen werden können.

1.8 Gesamtzeichnung und Stückliste

Die Funktion und den Aufbau einer Baugruppe kann man in einer Gesamtzeichnung darstellen. Sie zeigt die Einzelteile einer Baugruppe im Zusammenbau.
Jedes Einzelteil erhält in der Gesamtzeichnung eine Positionsnummer. In der zugehörigen Stückliste werden dann alle Einzelteile der Baugruppe listenartig aufgeführt. Die Gesamtzeichnung enthält keine Bemaßung. Wichtige Zusammenbaumaße können jedoch eingetragen werden.
Bei Schnittdarstellungen werden die verschiedenen Bauteile unterschiedlich schraffiert, insbesondere, wenn sie aneinander grenzen. Man erreicht dies durch Änderung der Schraffurrichtung oder durch eine andere Schraffurbreite.

Beispiel einer Gesamtzeichnung mit Stückliste

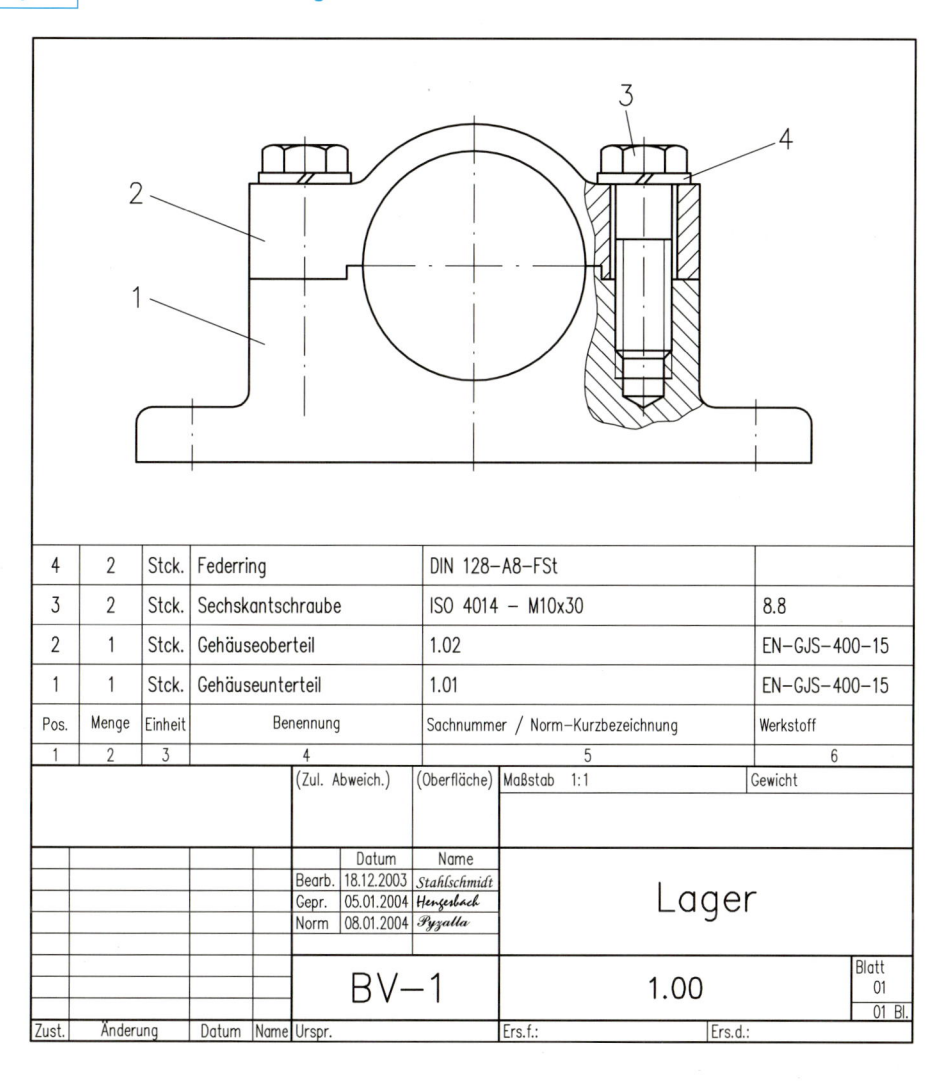

Pos.	Menge	Einheit	Benennung	Sachnummer / Norm-Kurzbezeichnung	Werkstoff
4	2	Stck.	Federring	DIN 128-A8-FSt	
3	2	Stck.	Sechskantschraube	ISO 4014 – M10x30	8.8
2	1	Stck.	Gehäuseoberteil	1.02	EN-GJS-400-15
1	1	Stck.	Gehäuseunterteil	1.01	EN-GJS-400-15

Schriftfeld: Lager, BV-1, 1.00, Blatt 01, Bearb. 18.12.2003 Stahlschmidt, Gepr. 05.01.2004 Hengesbach, Norm 08.01.2004 Pyzalla, Maßstab 1:1

In einer Gesamtzeichnung wird eine Baugruppe im zusammengebauten Zustand dargestellt. Die Einzelteile erhalten Positionsnummern und sind damit in der Stückliste aufgeführt. Unterschiedliche Schraffuren erleichtern die Lesbarkeit.

Stückliste

Zu jeder Baugruppe gehören eine Gesamtzeichnung, Einzelteilzeichnungen und eine Stückliste. Positionsnummern kennzeichnen die Einzelteile. Mithilfe der Positionsnummern in der Stückliste werden den Einzelteilen Angaben zu Menge, Benennung und Kennzeichnung zugeordnet.

Regeln für die Anfertigung von Stücklisten	Hinweise
Gleichartige Bauteile werden unter einer Positionsnummer geführt.	Die Anzahl gleicher Bauteile ist in der Stückliste sofort abzulesen.
Die Benennung der Einzelteile ist identisch mit der Benennung in der Einzelteilzeichnung.	Die Zugehörigkeit der Einzelteile zur Gesamtzeichnung ist dadurch eindeutig geregelt.
Die Zeichnungsnummer (Sachnummer) von zu fertigenden Bauteilen wird meistens von der Nummer der Gesamtzeichnung abgeleitet.	Mithilfe der Zeichnungsnummer und der Stückliste lassen sich die Einzelteilzeichnungen für ein Bauteil dokumentieren.
Werden Normteile verwendet, so werden bei den Angaben zur Kennzeichnung die betreffenden Normen und notwendigen Abmessungen eingetragen.	Normteile sind eindeutig festgelegt. Form und nicht bekannte Abmessungen können in den jeweiligen Normblättern ermittelt werden.
Wird die Stückliste direkt über das Schriftfeld in die Gesamtzeichnung eingetragen, so wird sie von unten nach oben durchnummeriert.	Diese Art der Durchnummerierung ermöglicht ein späteres Ergänzen mit zusätzlichen Einzelteilen.
Schreibt man Stücklisten auf gesonderte Blätter, erfolgt die Nummerierung von oben nach unten.	Zusätzliche Einzelteile können nach unten weiter ergänzt werden.

Beispiel für eine Stückliste

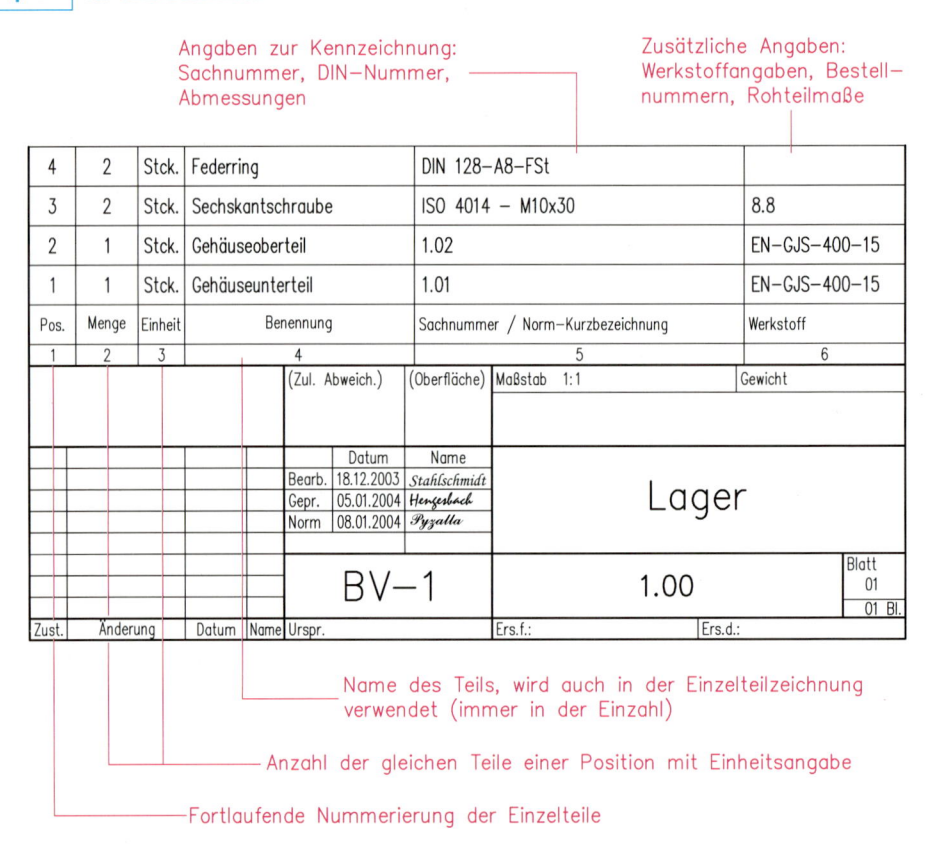

Angaben zur Kennzeichnung: Sachnummer, DIN–Nummer, Abmessungen

Zusätzliche Angaben: Werkstoffangaben, Bestellnummern, Rohteilmaße

Pos.	Menge	Einheit	Benennung	Sachnummer / Norm-Kurzbezeichnung	Werkstoff
4	2	Stck.	Federring	DIN 128–A8–FSt	
3	2	Stck.	Sechskantschraube	ISO 4014 – M10x30	8.8
2	1	Stck.	Gehäuseoberteil	1.02	EN–GJS–400–15
1	1	Stck.	Gehäuseunterteil	1.01	EN–GJS–400–15
1	2	3	4	5	6

(Zul. Abweich.) (Oberfläche) Maßstab 1:1 Gewicht

	Datum	Name
Bearb.	18.12.2003	Stahlschmidt
Gepr.	05.01.2004	Hengesbach
Norm	08.01.2004	Pyzalla

Lager

BV–1 1.00 Blatt 01 / 01 Bl.

Zust. | Änderung | Datum | Name | Urspr. | Ers.f.: | Ers.d.:

Name des Teils, wird auch in der Einzelteilzeichnung verwendet (immer in der Einzahl)

Anzahl der gleichen Teile einer Position mit Einheitsangabe

Fortlaufende Nummerierung der Einzelteile

1.9 Darstellung von Schraubenverbindungen

Die Schraubenverbindung wird im Maschinenbau häufig verwendet, um Bauteile miteinander zu fügen. Schrauben, Muttern und Scheiben werden nicht geschnitten dargestellt. Diese Vereinbarung gilt auch für Bolzen, Achsen, Wellen und andere zylindrische Bauelemente.

Beim Zeichnen einer Schraubverbindung gelten folgende Vereinbarungen:
- Schrauben, Muttern und Scheiben liegen zeichnerisch übergeordnet vor den anderen Bauteilen,
- von diesen Elementen verdeckte Kanten werden nicht gezeichnet,
- das Außengewinde der Schraube verdeckt das Innengewinde.

Die Schraubenabmessungen sowie die Abmessungen der Normteile und Senkungen sind aus Tabellenbüchern zu entnehmen.

Hierarchie der Verdeckungen bei Schraubenverbindungen

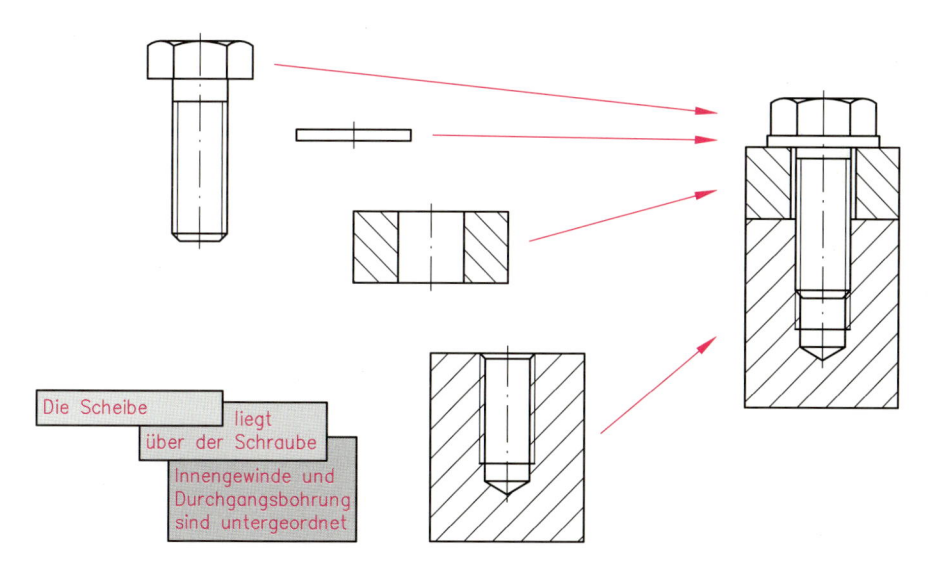

Die Scheibe liegt über der Schraube
Innengewinde und Durchgangsbohrung sind untergeordnet

Beispiel einer Schraubenverbindung mit Sechskantschraube und Mutter

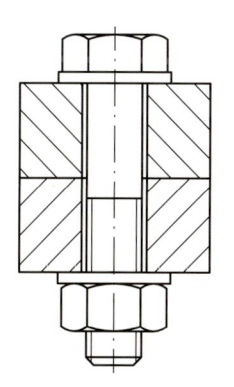

Beispiel einer Schraubenverbindung mit Zylinderschraube

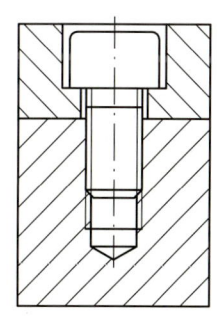

Übungsaufgabe TK-24

Arbeitsauftrag: Konstruktion eines Biegewerkzeugs ändern

Das dargestellte Biegewerkzeug soll durch eine Änderungs-Konstruktion verbessert werden. Das Unterteil ist noch zu gebrauchen und soll daher, so wie es ist, gezeichnet werden.

Biegewerkzeug

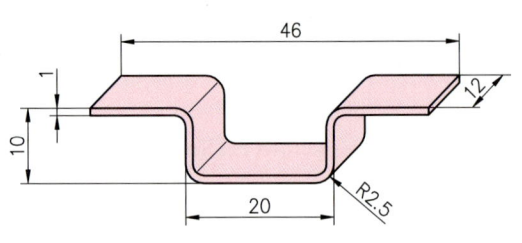

Zeichnung des Werkstücks

1. Zeichnen Sie das Unterteil in drei Ansichten und bemaßen Sie es. Beachten Sie dabei die vorgegebenen Maße.

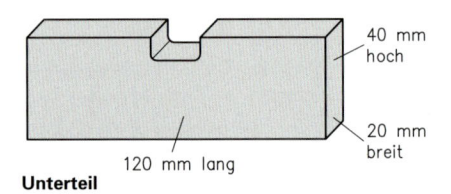

   Unterteil 120 mm lang, 40 mm hoch, 20 mm breit

2. Damit das Oberteil sich nicht verkanten oder verdrehen kann, soll es durch Rundstähle geführt werden.
   Entwerfen Sie ein verbessertes Oberteil.

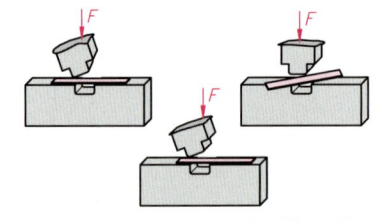

   Verkanten und Verdrehen des Oberteils

3. Überlegen Sie sich in der Gruppe, wie ein verbessertes Werkzeug aussehen könnte. Denken Sie daran, dass das Werkzeug möglichst einfach sein soll. Bedenken Sie bei Ihrem Entwurf:

   3.1 Skizzieren Sie die Lösung der Gruppenarbeit für sich auf ein gesondertes Blatt.
   3.2 Erstellen Sie die Skizze so, wie Sie es am besten können, perspektivisch oder in der Ansicht.
   3.3 Wählen Sie ein geeignetes Flachprofil aus einem der vorhandenen Werkstoffe für das Oberteil aus.

   Vorhandene Werkstoffe:
   Baustahl S235 JR
   Vergütungsstahl C45 E
   Messing CuZN40Pb2
   Hochfeste Al.-Leg. EN AW-7020

   Vorhandene Querschnitte für alle Werkstoffe:
   20 x 40; 30 x 40; 20 x 50; 30 x 50

   3.4 Zeichnen und bemaßen Sie das Oberteil in drei Ansichten.

4. Das Unterteil muss der Konstruktion des Oberteils angepasst werden.
   Entwerfen und zeichnen Sie das veränderte Bauteil.
   Bedenken Sie bei Ihrem Entwurf:
   4.1 Die Führungen für das Oberteil müssen befestigt werden (z.B. durch Spannhülsen).
   4.2 Das Biegewerkzeug darf im Schraubstock nicht verrutschen.
   4.3 Der Rohling für die Lasche muss mittig auf dem Unterteil liegen.
   4.4 Legen Sie zulässige Allgemeintoleranzen fest.

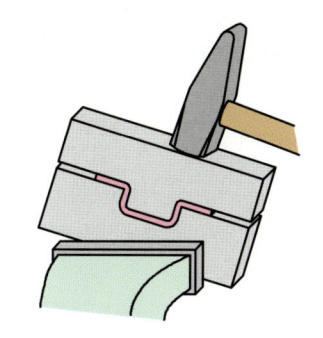

5. Beim Schlagen des Oberteils mit dem Hammer wird dieses beschädigt. Ein in das Oberteil eingeschraubter Schlagkopf aus Vergütungsstahl soll das Oberteil vor Beschädigungen schützen.
   Zeichnen Sie den Schlagkopf im Maßstab 2:1.

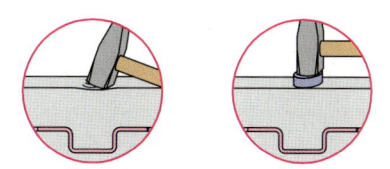

6. Das Werkstückoberteil muss nun eine Gewindebohrung enthalten. Diese wird in der Schnittstellung am besten sichtbar.
   Zeichnen und bemaßen Sie das Oberteil. Stellen Sie die Vorderansicht im Vollschnitt und die Seitenansicht als Ansicht dar. Geben Sie die erforderlichen Toleranzen an.

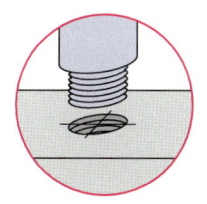

7. Die Einzelteile des umkonstruierten Biegewerkzeugs sollen im Zusammenbau gezeigt werden. Erstellen Sie die Gesamtzeichnung des Biegewerkzeugs im Halbschnitt.

8. Das Werkzeugoberteil soll gefertigt werden.
   Erstellen Sie einen Arbeitsplan für die Fertigung des von Ihrer Gruppe geplanten Werkzeugoberteils. – Planen Sie gemeinsam, so ist es einfacher.

2 Technische Informationsquellen

2.1 Arbeitspläne

Der Arbeitsplan ist eine tabellenförmige Auflistung der bei der Fertigung eines Werkstückes durchzuführenden Arbeitsgänge. Zusätzlich enthält er zu jedem Arbeitsgang wichtige ergänzende Informationen zur Fertigung.
Die Grundlage für den Arbeitsplan ist die Fertigungszeichnung, nach der die Arbeitsgänge zur Fertigung eines Werkstückes angegeben werden und ihre Reihenfolge festgelegt wird.

Beispiel für einen Arbeitsplan zur Fertigung eines Zwischenstücks

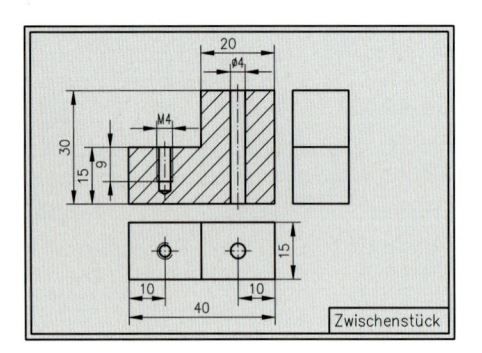

Fertigungszeichnung   Arbeitsgänge

Arbeitsplan

Benennung	Zeichng.-Nr	Rohteil	Werkstoff	Datum: 10.09.03
Zwischenstück	1001.00	Fl DIN EN 10278 30x15	S235 JR	Name: Feilmann

Fertigungsfolge

Nr.	Arbeitsgang	Maschinen Werkzeuge	Spannmittel	Messmittel Anreißmittel Hilfsmittel
1.	Rohteil ablängen	Bügelsäge	Schraubstock	Stahlmaß Winkel
2.	Stirnfläche feilen	Flachstumpffeilen H1 u. H2	Schraubstock	Winkel Messschieber
3.	Ausklinkung anreißen	Anreißplatte	Aufspannwinkel	Parallelanreißer
4.	Ausklinkung aussägen	Bügelsäge	Schraubstock	Messschieber Winkel
5.	Ausklinkung feilen	Flachstumpffeilen H1 u. H2	Schraubstock	Messschieber Winkel
6.	Bohrungen anreißen und körnen			Reißnadel, Stahllineal, Körner, Winkel
7.	Bohrung für Gewindeloch bohren	Bohrmaschine Bohrer Ø 3,3 mm	Maschinenschraubstock	Tiefanschlag an der Bohrmaschine
8.	...			

Die Anordnung der Spalten eines Arbeitsplanes muss nicht immer gleich sein, sondern hängt von seinem Einsatzweck ab. Die grundsätzliche Struktur des Arbeitsplanes, eine Reihenfolge der Arbeitsgänge aufzulisten, bleibt jedoch immer erhalten.

Beispiel für einen Arbeitsplan zur maschinellen Fertigung eines Werkstücks

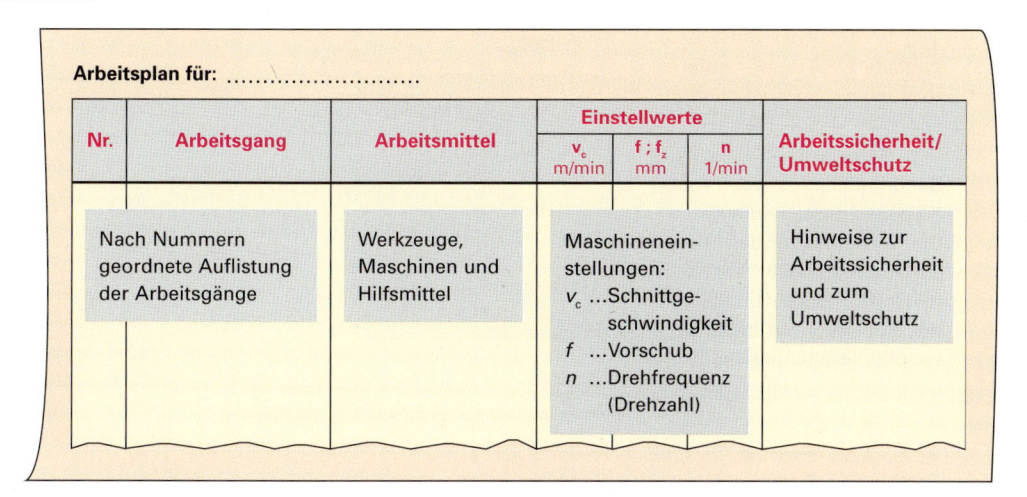

Arbeitsplan für: ....

Nr.	Arbeitsgang	Arbeitsmittel	Einstellwerte			Arbeitssicherheit/ Umweltschutz
			v_c m/min	$f; f_z$ mm	n 1/min	
	Nach Nummern geordnete Auflistung der Arbeitsgänge	Werkzeuge, Maschinen und Hilfsmittel	Maschineneinstellungen: v_c ...Schnittgeschwindigkeit f ...Vorschub n ...Drehfrequenz (Drehzahl)			Hinweise zur Arbeitssicherheit und zum Umweltschutz

Der Arbeitsplan ist eine nach Arbeitsgängen eingeteilte Arbeitsanweisung für:
- die Fertigung eines Bauteils (Fertigungsplan) oder
- die Montage einer Baugruppe (Montageplan).

2.2 Versuche und Versuchsprotokolle

2.2.1 Versuche

Versuche finden in allen Teilbereichen des Maschinenbaus, besonders in der Werkstoffprüfung und Qualitätssicherung statt. In Versuchen werden Daten ermittelt und aufgenommen. In Versuchen können naturwissenschaftliche und technische Zusammenhänge untersucht werden, indem man zu vorgegebenen Bedingungen Messwerte ermittelt.
Ein Versuch muss nachvollziehbar und wiederholbar (reproduzierbar) sein, daher müssen alle Versuchsbedingungen und Versuchsergebnisse sorgfältig protokolliert werden.

2.2.2 Versuchsprotokolle

In Versuchsprotokollen werden die Versuchsbedingungen und das Versuchsergebnis festgehalten. In Versuchsprotokollen erfasst man Daten, die ausgewertet als belegbare Aussagen über Versuche und Messreihen zur Verfügung stehen.

Darum muss das Versuchsprotokoll alle entsprechenden Informationen enthalten. Zu einem Versuchsprotokoll gehören in der Regel:
- eine Dokumentation, u.a. mit Bezeichnung, Datum und Verantwortlichen,
- eine Darstellung des Versuchaufbaus,
- eine Beschreibung der Versuchsdurchführung mit Erfassung der Messwerte,
- eine Beschreibung der gemachten Beobachtungen,
- eine Versuchsauswertung.

- **Versuchsaufbau**

Mithilfe von Texten und Bildern erfasst man den Versuchsaufbau. Die Anordnung der Geräte wird meistens skizzenhaft dargestellt. Hier kann man auch auf die Messgrößen hinweisen und die Messvorschrift verdeutlichen.

> **Beispiel** für einen Versuchsaufbau (Reibungsexperiment)
>
> Den Probekörper mit einem Zugfaden über eine Umlenkrolle mit einem Eimer verbinden.
> Den Behälter vorsichtig mit Sand füllen, bis der Probekörper zu gleiten anfängt.
> Die Gewichtskraft des Probekörpers entspricht der Normalkraft, die Gewichtskraft des Behälters mit Inhalt entspricht der Reibungskraft.
>
> Versuchsaufbau zur Untersuchung der Reibung

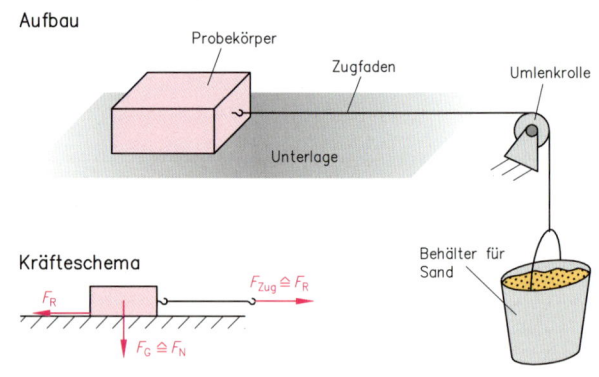

- **Versuchsbeschreibung und Versuchsdurchführung**

In der Versuchsbeschreibung wird festgehalten, wie der Versuch durchgeführt wird. Die Messwerte, die im Versuch ermittelt werden, hält man in übersichtlichen Tabellen fest. Diese Messergebnisse dienen zur Versuchsauswertung.

> **Beispiel** für eine Versuchsbeschreibung und Versuchsdurchführung (Reibungsexperiment)
>
> Mit dem dargestellten Versuchsaufbau wird der Zusammenhang zwischen Reibungskraft und Normalkraft untersucht.
> Verschieden schwere Probekörper aus Gummi werden über eine Unterlage aus Gusseisen gezogen. Dabei wird die Abhängigkeit der Normalkraft F_N, welche sich aus dem Gewicht des Probekörpers ergibt, zu der Reibungskraft F_R ermittelt. Die Gewichtskraft von Eimer mit Füllung entspricht der Reibungskraft. Die Messwerte werden in einer Tabelle erfasst.

Nr. der Messung	Normalkraft F_N in N	Reibungskraft F_R in N
1	10	6,1
2	20	8,2
3	30	16,0
4	40	21,8
5	50	24,1

- **Versuchsbeobachtung**

Die während der Versuchsdurchführung gemachten Beobachtungen protokolliert man. In der Versuchsauswertung kann man neben den Messwerten auch auf diese Daten zurückgreifen.

> **Beispiel** für eine Versuchsbeobachtung
>
> - Die Reibungskraft F_R wirkt der Verschieberichtung entgegen.
> - Die Reibungskraft F_R ist umso größer, je größer die Normalkraft F_N ist.

- **Versuchsauswertung**

Wenn die Auflistung der Messwerte in einer Tabelle nicht aussagekräftig genug ist, wählt man eine grafische Zuordnung der Messwerte. Vorzugsweise benutzt man dazu Diagramme. Aus den Diagrammen lassen sich leichter Abhängigkeiten zwischen den Messgrößen erkennen. Manchmal können diese Abhängigkeiten auch mithilfe von mathematischen Formeln beschrieben werden.

| Beispiel | für eine Versuchsauswertung (Reibungsexperiment) |

Die Messwerte trägt man in ein Koordinatensystem ein (Reibungskraft über Normalkraft). Die einzelnen Punkte des Diagramms werden in diesem Fall nicht direkt miteinander verbunden, weil die Messwerte offensichtlich experimentell bedingt streuen.

Der eigentliche Zusammenhang zwischen den beiden Messgrößen wird durch eine Ausgleichsgerade beschrieben, welche zwischen die Punkte gelegt wird.

In der Annahme, dass die Abweichungen der Punkte zur Ausgleichsgeraden durch Messfehler verursacht wurden, kann auf folgende Aussagen geschlossen werden:

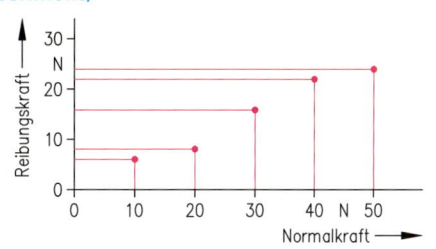

Eintragung der Messwerte in ein Koordinatensystem

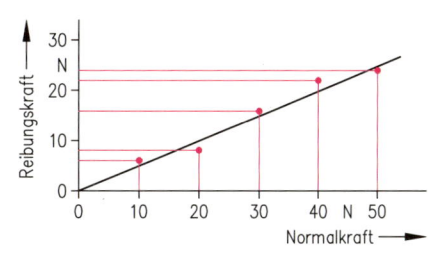

Diagramm mit Ausgleichsgerade

- Die Reibungskraft steigt linear in Abhängigkeit zur Normalkraft an.

- Der Verhältniswert von Reibungskraft zu Normalkraft hat eine konstante Größe und wird als Reibungszahl μ bezeichnet.

$$\text{Reibungszahl } \mu = \frac{\text{Reibungskraft } F_R}{\text{Normalkraft } F_N}$$

Versuchsauswertung zum Reibungsexperiment

- **Versuchsergebnis**: Die Reibungszahl μ für die Werkstoffpaarung Gusseisen-Gummi beträgt: 0,51.

Ein Versuchsprotokoll ist die Beschreibung eines Experimentes oder eines technischen Prüfauftrages. Im Protokoll werden der Versuchsaufbau, die Versuchsdurchführung und die Messwerte sowie die Beobachtungen und die Versuchsauswertungen dokumentiert.

2.3 Diagramme

Diagramme sind ein Mittel, um Größen und Größenbeziehungen grafisch darzustellen. Sie ergänzen und veranschaulichen Tabellen. Es gibt verschiedene Arten von Diagrammen, die aus ihren speziellen Eigenschaften heraus in der Naturwissenschaft, Technik und Statistik ihre Anwendung finden. In der Technik häufig verwendete Diagramme sind:
- Balkendiagramme,
- Koordinatensysteme,
- Kreisdiagramme,
- Sankey-Diagramme,
- Zustandsdiagramme,
- Funktionsdiagramme.

2.3.1 Balkendiagramme

In einem Balkendiagramm werden die Werte von Größen als Balken mit entsprechender Höhe nebeneinander gezeichnet. Insbesondere Größenunterschiede können anschaulich grafisch dargestellt werden.

| Beispiel | für ein Balkendiagramm |

In dem nebenstehenden Balkendiagramm werden die Schmelztemperaturen verschiedener Werkstoffe durch die unterschiedlich hoch gezeichneten Balken verglichen.

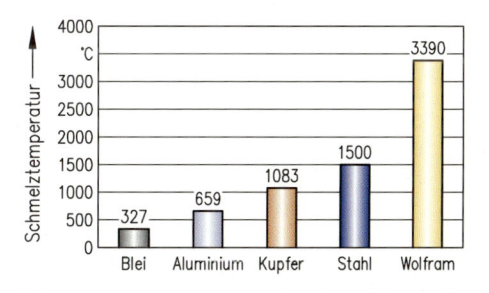

Schmelztemperaturen unterschiedlicher Werkstoffe

Balkendiagramme verwendet man, um Vergleiche von Werten zu veranschaulichen.

2.3.2 Koordinatensysteme

Will man die Beziehung zweier zueinander abhängiger Größen deutlich machen, so kann man sie in ein Koordinatensystem eintragen. Hierdurch wird die Abhängigkeit der Größen deutlicher erkennbar als in einer Messwerttabelle.

In ein Koordinatensystem wird:
- auf der waagerechten Achse (Abszissenachse) wird eine Größe – z.B. die Dehnung – angetragen,
- auf der senkrechten Achse (Ordinatenachse), wird die andere Größe – z.B. die Spannung – angetragen.

Bevor man die Werte in das Koordinatensytem überträgt, müssen die Achsen maßstäblich aufgeteilt beschriftet werden. Zu der Beschriftung gehören durchweg Zahlenwert und Einheit.

Beispiel für die Darstellung im Koordinatensystem (Spannungs-Dehnungs-Diagramm)

Bei den Spannungs-Dehnungs-Messungen in einem Zugversuch werden die voneinander abhängigen Größen:
- Dehnung in %   (Abszisse)
- Spannung in N/mm²   (Ordinate)

in ein Koordinatensystem eingetragen.

Zu jedem Wert der Dehnung kann somit der zugehörige Spannungswert abgelesen werden.

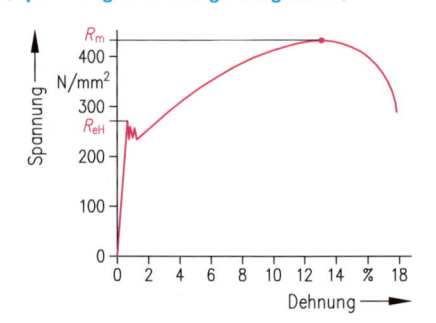

Spannungs-Dehnungs-Diagramm eines unlegierten Baustahls

> In einem Koordinatensystem werden in zwei Achsen die voneinander abhängigen Größen eingetragen. Der Verlauf des entstehenden Graphen veranschaulicht die Beziehung der beiden Größen zueinander.

2.3.3 Kreisdiagramme

Mit einem Kreisdiagramm können die Anteile von Größen aus der Gesamtmenge veranschaulicht werden. Meistens werden die Anteile in Prozent angegeben, wobei die Gesamtmenge 100 % bzw. einem Vollkreis (360°) entspricht. Die Prozentanteile der anderen Werte werden jeweils in einen Winkel umgerechnet und als Kreisstück farblich oder durch Schraffur in dem Vollkreis gekennzeichnet.

Beispiel für ein Kreisdiagramm

In dem nebenstehend dargestellten Kreisdiagramm sind die Legierungsanteile eines Hartlotes in Prozentanteilen dargestellt.
- Die Summe der Prozentanteile muss 100 % ergeben.
- Der Winkel des Kreisstückes für Zink (Zn) errechnet sich im Dreisatz:

$$\frac{\alpha}{360°} = \frac{40\ \%}{10\ \%}$$

$$\alpha = \frac{360°}{100\ \%} \cdot 40\ \% = 144°$$

Hartlot AG 207

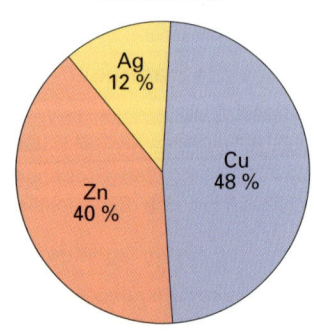

Legierungsanteile eines Hartlotes

> Ein Kreisdiagramm veranschaulicht die Anteile einer Größe von einer Gesamtmenge.

2.3.4 Sankey-Diagramme

Werden die Anteile einer Gesamtmenge in Verhältnis zu einer Vergleichsbalkenbreite gestellt, so erhält man ein Sankey-Diagramm. Sankey-Diagramme werden in der Technik häufig verwendet, um Energieumsätze in einer Maschine grafisch darzustellen. Ähnlich einem Kreisdiagramm werden die Energieanteile prozentual angegeben.

Beispiel für ein Sankey-Diagramm

Die eingehende Energie entspricht mit 100 % einer vorgegebenen Balkenbreite.
Die Balkenbreiten der prozentualen Energieanteile werden von dem Vergleichsbalken (100 %) ausgehend berechnet.

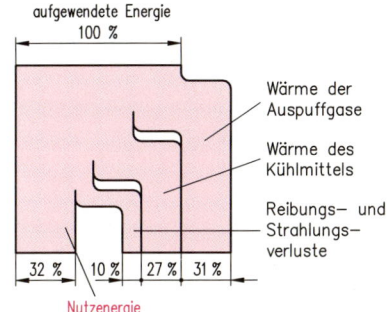

Sankey-Diagramm eines Viertakt-Otto-Motors

Sankey-Diagramme stellen die Größenanteile einer Gesamtmenge in Form von entsprechend breiten Balkenanteilen dar. In der Technik werden sie häufig verwendet, um Energieumsätze in einer Maschine zu veranschaulichen.

2.3.5 Zustands-Diagramme

Lässt man Legierungen erstarren, so erhält man so genannte Abkühlungskurven. Ändert man die Legierungszusammensetzung, so ändern sich auch die Abkühlungskurven. Abkühlungskurven von Legierungen mit gleichen Legierungspartnern, die jedoch unterschiedliche prozentuale Zusammensetzungen haben, können zu so genannten Zustandsdiagrammen zusammengefasst werden.

Beispiel für die Entwicklung eines Zustandsdiagramms (Kupfer – Nickel) aus Abkühlungskurven

Zur besseren Übersicht über das Erstarrungsverhalten von Kupfer-Nickel-Legierungen trägt man Beginn und Ende der Erstarrungsintervalle der jeweiligen Legierung in ein neues Diagramm mit den Achsen „Temperatur" und „Zusammensetzung" ein. Verbindet man die Punkte untereinander, so erhält man ein neues Diagramm, das man als Zustands-Diagramm von Kupfer-Nickel-Legierungen bezeichnet.

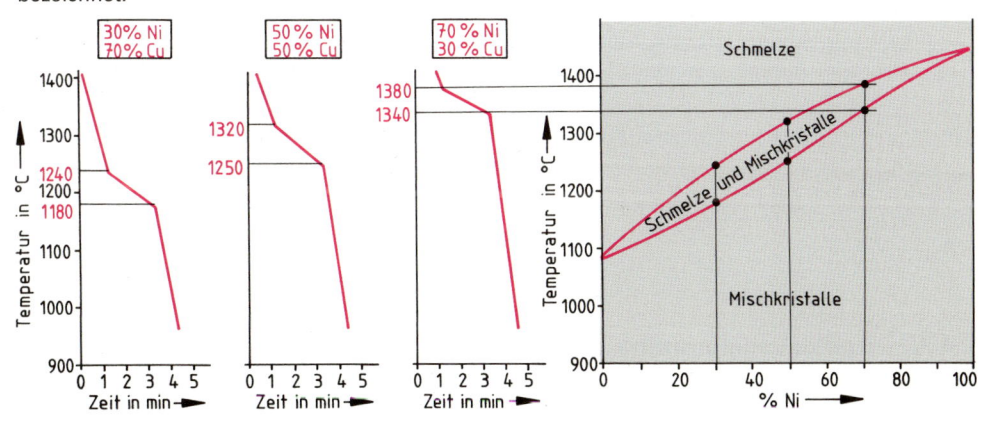

Abkühlungskurven von Cu-Ni-Legierungen | **Zustandsdiagramm von Kupfer-Nickel-Legierungen**

Aus Zustandsdiagrammen kann man Werkstoffeigenschaften von Legierungen ablesen.

2.4 Planungsunterlagen am Beispiel einer pneumatischen Steuerung

Pneumatische Steuerungen für Maschinen und Anlagen setzen sich meist aus einer Kombination verschiedener Steuerungsarten zusammen. Je nach Aufgabenstellung lassen sich die Abläufe über willens-, wege- oder zeitabhängig beeinflusste Elemente verwirklichen.
In der Planungsphase für die Steuerung untersucht man die Aufgabe genau und erstellt folgende Planungsunterlagen:
- Aufgabenstellung und Technologieschema,
- Funktionsdiagramm,
- Schaltplan.

2.4.1 Aufgabenstellung und Technologieschema

Die Beschreibung der Steuerungsaufgabe muss möglichst eindeutig und vollständig sein. In der Aufgabenstellung werden die Teilfunktionen der Steuerung beschrieben. Der Ablauf der Steuerung wird schrittweise erfasst. Das Technologieschema verdeutlicht die Lage der Elemente und Baugruppen zueinander in einer stark vereinfachten Form.

Beispiel für Aufgabenstellung und Technologieschema

In einer Biegevorrichtung werden Werkstücke pneumatisch gespannt und anschließend selbsttätig gebogen. Der Steuerungsablauf erfolgt in folgenden Schritten:

Schritt	Beschreibung des Ablaufes
1	Zylinder 1A fährt aus, spannt Biegeteil
2	Zylinder 2A fährt aus, biegt Werkstück vor
3	Zylinder 3A fährt aus, biegt Werkstück fertig
4	Zylinder 2A und 3A fahren ein
5	Zylinder 1A fährt ein, Werkstück wird gelöst und entnommen

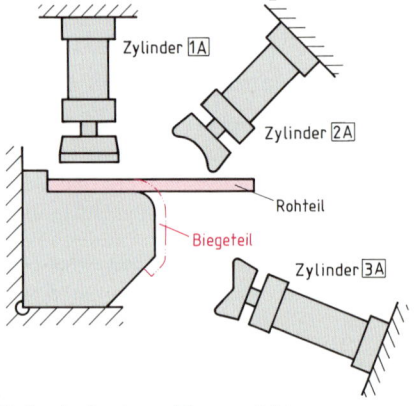

Technologieschema Biegevorrichtung

Anmerkungen:
Beim Start müssen alle Zylinder eingefahren sein, der Ablauf für die Rückstellung der Zylinder kann auch anders erfolgen. Statt der Aussage „die Kolbenstange des Zylinders 1A fährt aus" wird abkürzend gesagt: „Zylinder 1A fährt aus".

In der genauen Beschreibung der Steuerung wird die Gesamtaufgabe in Teilfunktionen zerlegt und in einzelnen Schritten beschrieben. Das Technologieschema verdeutlicht in einfacher Form die Lage der Bauteile zueinander.

2.4.2 Funktionsdiagramme

Die zeitlichen und funktionellen Abläufe in Steuerungen verdeutlicht man in Funktionsdiagrammen. Die Grundlage für den Aufbau der Diagramme bildet die Gliederung des zeitlichen Ablaufes der Steuerung in einzelne Schritte. Für die Untersuchung des Bewegungsablaufes der Antriebsglieder kennt man **Weg-Zeit-Diagramme** bzw. **Weg-Schritt-Diagramme**. Soll das Zusammenwirken zwischen den Antriebsgliedern und Schaltelementen einer Steuerung dargestellt werden, so zeichnet man **Zustands-Schritt-Diagramme**.

Weg-Zeit-Diagramm

Im Weg-Zeit-Diagramm wird der Bewegungsablauf von Antriebsgliedern in Abhängigkeit von Weg und Zeit dargestellt. An dem Beispiel einer pneumatischen Bohrvorrichtung wird diese Darstellungsweise gezeigt.

1. Schritt:	Zylinder 1A fährt aus
	– Spannen des Werkstückes
2. Schritt:	Zylinder 2A fährt schnell aus
	– Eilzustellung des Bohrers
3. Schritt:	Zylinder 2A fährt langsam aus
	– Bohrvorschub
4. Schritt:	Zylinder 2A fährt schnell ein
	– Eilrückstellung des Bohrers
5. Schritt:	Zylinder 1A fährt ein
	– Lösen des Werkstückes

Im Diagramm trägt man auf der senkrechten Achse den Weg auf, dabei kann auf eine maßstäbliche Darstellung verzichtet werden. Auf der waagerechten Achse wird die zeitliche Zuordnung der Schritte vorgenommen.

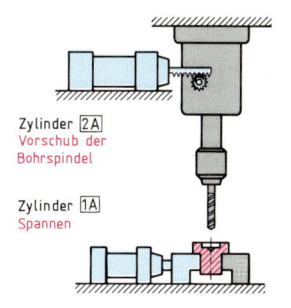

Technologieschema für eine Bohrvorrichtung

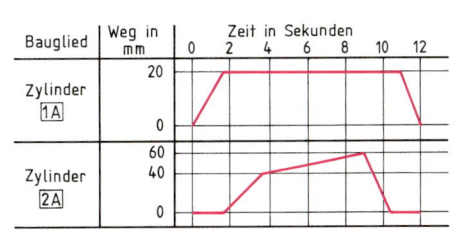

Weg-Zeit-Diagramm

Weg-Zeit-Diagramme dienen zur Untersuchung der Bewegungsabläufe von Antriebsgliedern.

Weg-Schritt-Diagramm

Übersichtlicher und unabhängig von der Zeiteinteilung ist ein Weg-Schritt-Diagramm. In ihm werden auf der waagerechten Achse die Schaltschritte in zeitlicher Reihenfolge eingetragen. Für jeden Schaltschritt wird der gleiche Abstand gewählt. Will man in einem solchen Diagramm Zeiten kennzeichnen, so können diese Angaben zwischen den jeweiligen Schritten zusätzlich eingetragen werden. Auf der senkrechten Achse wird der Weg aufgetragen. Auch hier kann auf maßstäbliche Darstellung verzichtet werden.

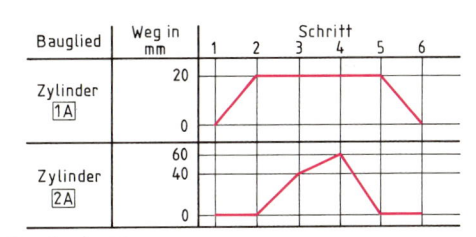

Weg-Schritt-Diagramm

Bei einfachen Steuerungen bilden Weg-Schritt-Diagramme in Verbindung mit den jeweiligen Schaltplänen die Grundlage für die Wartung und die Instandsetzung pneumatischer Steuerungen.

Zustands-Schritt-Diagramm

Das Zusammenwirken zwischen den Antriebsgliedern und den Schaltelementen einer Steuerung kann am zweckmäßigsten im Zustands-Schritt-Diagramm erfasst werden. Auch in diesem Funktionsdiagramm wird die Steuerung in ihren einzelnen aufeinander folgenden Schritten dargestellt. Auf der senkrechten Achse werden statt der Wege die Zustände der Elemente gekennzeichnet. Bei Zylindern kann man die beiden Zustände „eingefahren" und „ausgefahren" unterscheiden.
Den Steuer- und Stellgliedern ordnet man den jeweiligen Schaltzustand durch die Buchstaben **a, b** und **0** zu. Bei Ventilen mit zwei Schaltstellungen bedeutet **b** Ruhestellung und **a** Schaltstellung. Bei Ventilen mit drei Schaltstellungen bedeutet **0** Ruhestellung; **a** und **b** sind dann Schaltstellungen.

• **Signallinien**

Eine zusätzliche Orientierungshilfe im Zustands-Schritt-Diagramm können **Signallinien** sein. Sie verdeutlichen, welche zeitliche und logische Verbindung zwischen den einzelnen Gliedern einer Steuerung besteht. Die Signallinien gehen von dem Element aus, von dem der Schaltschritt ausgelöst wird. Sie weisen mit ihrem Pfeil auf das Element, welches betätigt wird.

| Beispiel | für ein Zustands-Schritt-Diagramm mit Signallinien |

Aufgabenstellung

Ein Rüttler soll das Sieb in Schwingungen halten, damit das Schüttgut durch das Sieb fällt. Der Rüttelvorgang soll so lange anhalten, wie das Ventil 0 V betätigt ist.

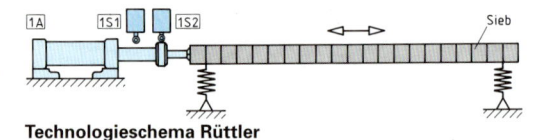

Technologieschema Rüttler

Lösung

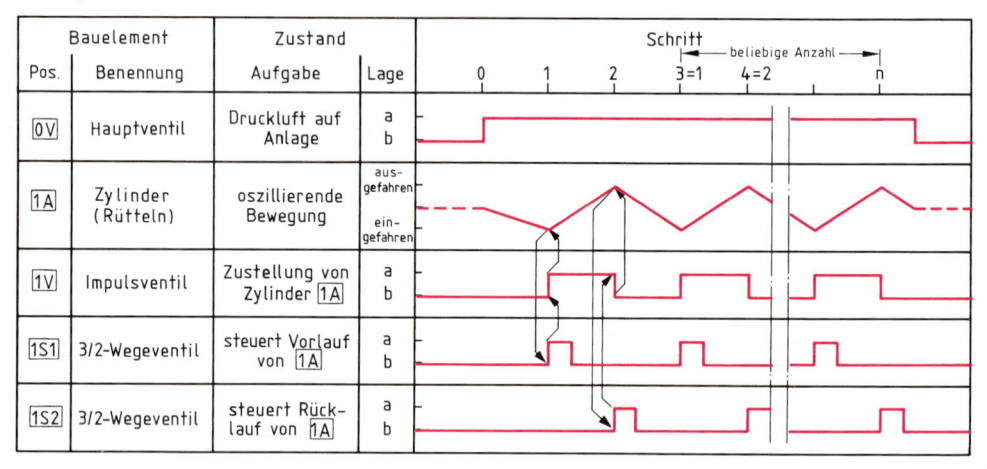

Zustands-Schritt-Diagramm

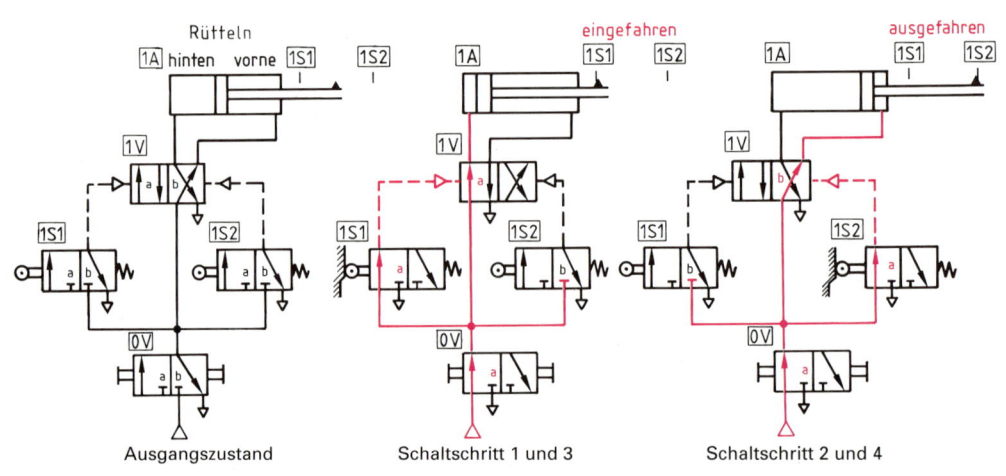

Schaltzustände

Ausgangszustand — Schaltschritt 1 und 3 — Schaltschritt 2 und 4

Übungsaufgaben TK-31; TK-32

- **Zeichnerische Darstellung von Signalgliedern und Signallinien**

Symbole für die Handbetätigung von Signalgliedern					
⊕	EIN	Ⓐ	Automatik EIN	₁⊗²	Wahlschalter
⊚	AUS	Ⓣ	Tippen	⊙	Not-AUS

Darstellung handbetätigter Signalglieder

Handbetätigungen werden durch einen Kreis gekennzeichnet und durch zusätzliche Symbole im Kreis voneinander unterschieden. Diese handbetätigten Signalglieder werden im Weg-Schritt-Diagramm oberhalb der Weg-Schritt-Linie eingezeichnet. Die Richtung des Signalflusses wird in einer Steuerung durch Pfeile an den Signallinien gekennzeichnet.

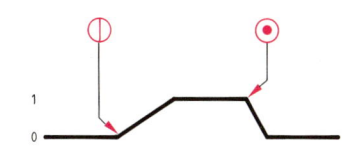

Darstellung mechanisch betätigter Signalglieder (keine Handbetätigung)

Mechanische Betätigungen werden durch einen Punkt auf der Weg-Schritt-Linie an der Stelle eingezeichnet, an der sie geschaltet werden. Mechanisch betätigte Signalglieder erhalten zusätzlich im Diagramm den Buchstaben S und werden durch angehängte Zahlen voneinander unterschieden, z.B. S1, S2. Signal S1 wird kurzzeitig beim Überfahren des Sensors betätigt; Signal S2 wird in Endlage betätigt und bleibt bestehen, solange der Aktor im Zustand 1 ist.
Eine NICHT-Betätigung eines Signalgliedes (vergleichbar einem Öffner) wird durch einen waagerechten Querstrich über der Kennzeichnung angegeben, z.B. $\overline{S3}$.

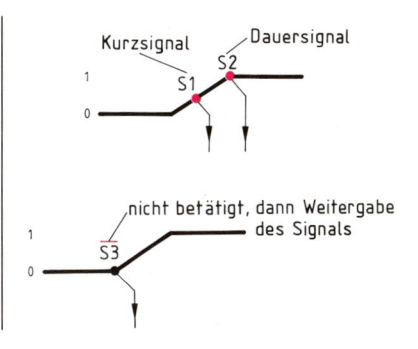

Anmerkung: Für die Kennzeichnung der Sensoren sind statt der Angaben S1, S2 usw. entsprechend der neuen Norm in der Pneumatik auch die Angaben 1S1 , 1S2 usw. möglich.

Darstellung von Verknüpfungen, Verzweigungen und Verzögerungen

Für **UND-Verknüpfungen** von Signalen werden die Signallinien zusammengeführt und durch einen breiten Querstrich unter 45° an der Verbindungsstelle dargestellt. Für **ODER-Verknüpfungen** führt man die Signallinien zusammen und kennzeichnet die Verbindungsstelle durch einen Punkt.

Wird von einem Sensor ein Signal an mehrere Aktoren geleitet, so tritt eine Verzweigung des Signales ein. **Signalverzweigungen** werden an den Verzweigungsstellen durch einen Punkt gekennzeichnet.

Zeitverzögerte Signale stellt man durch eine Linie dar, die parallel zu den Weg-Schritt-Linien verläuft. In diese Signallinie wird ein Rechteck mit dem Funktionszeichen *t* eingezeichnet. Verzögerungszeiten werden über das Rechteck geschrieben.

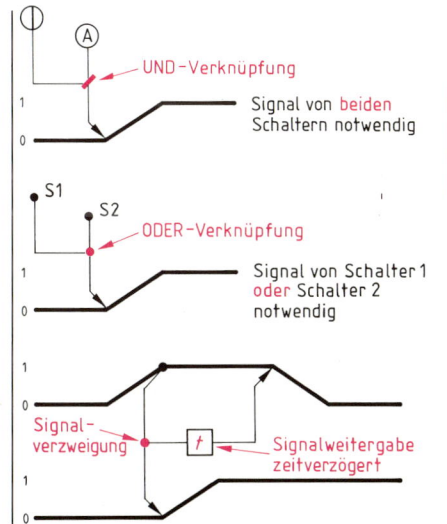

3 Technische Dokumentationen für Bedienungs- und Wartungsarbeiten

3.1 Betriebsanleitungen

Nach gesetzlich festgelegten Sicherheitsanforderungen dürfen Maschinen nicht in den Handel gebracht werden, wenn sie keine vollständige Betriebsanleitung besitzen.
Die Betriebsanleitung ergänzt die mündliche Einweisung in eine Maschine, indem sie jederzeit alle wichtigen Informationen zur Maschinenbedienung zugänglich macht.

Gesetzlich vorgeschriebene Mindestinhalte einer Betriebsanleitung müssen sein:
- Name und Kennzeichnung des Produktes,
- Name des Herstellers,
- Beschreibung der bestimmungsgemäßen Verwendung (Inbetriebnahme, Bedienungsanleitung, Wartungshinweise, …),
- Sicherheitshinweise, die deutlich kenntlich zu machen sind.

Ergänzend kann eine Betriebsanleitung folgende Inhalte besitzen:
- Technische Daten,
- Anordnungspläne (Explosionszeichnungen),
- Montageanweisungen zum Austausch von Ersatzteilen,
- Wartungspläne,
- Hilfestellungen zur Fehlersuche und Störungsbehebung.

Eine Betriebsanleitung ist vielfach aus einer Kombination von Texten, Bildern und Grafiken aufgebaut, um die Verständlichkeit zu erleichtern. Um Störungen zu vermeiden und einen gefahrlosen Umgang mit dem jeweilgen Produkt sicher zu stellen, werden Sicherheitshinweise durch auffällige Kennzeichnungen markiert.

Hinweiszeichen in Betriebsanleitungen

> Zu jeder Maschine gehört eine Betriebsanleitung, welche die bestimmungsgemäße Verwendung und die Instandhaltung der Maschine beschreibt.

3.2 Montage-/Demontagebeschreibungen

Montagebeschreibungen sind aus Bildern und Texten verfasste Dokumente, welche als Hilfsmittel dienen, um z.B.:
- Einzelteile zu Baugruppen zusammenzusetzen,
- Baugruppen an Maschinen oder Werkzeugen zu fügen oder
- Bauteile an ihrem Bestimmungsort anzubringen.

Sie geben ähnlich einem Arbeitsplan schrittweise den Arbeitsablauf zur Montage der Werkstücke vor. Die Beschreibungen der Arbeitsschritte werden jedoch meistens zusätzlich durch Grafiken, Bilder oder Anordnungspläne unterstützt. Dadurch sind Montagebeschreibungen leicht und ohne spezielle fachliche Kenntnisse begreifbar.

> Montage- bzw. Demontagebeschreibungen sind durch Grafiken und Anordnungspläne erläuterte Handlungsanweisungen zur Montage oder Demontage von Werkstücken.

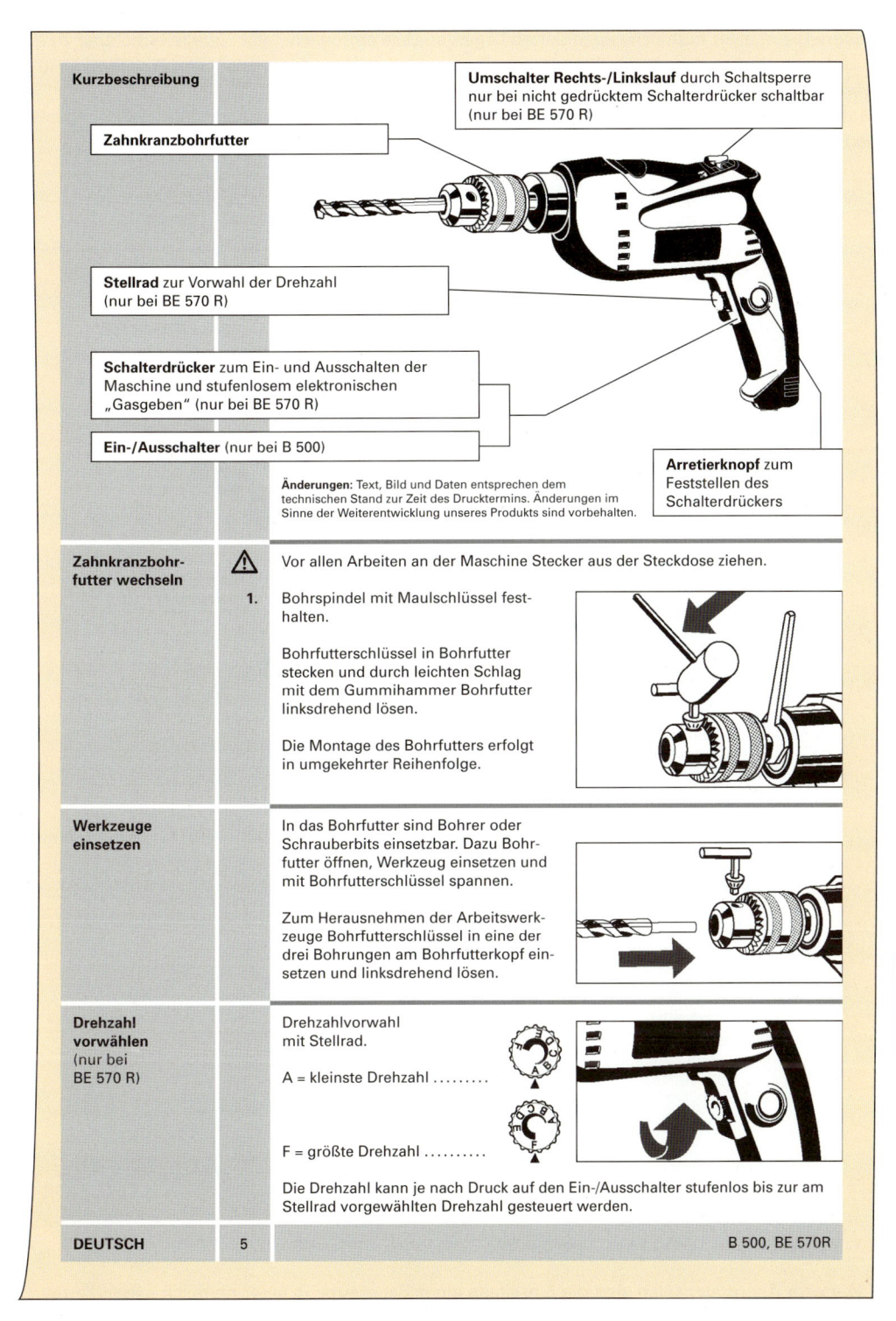

| Beispiel | für die Betriebsanleitung einer Bohrmaschine mit Montagebeschreibungen |

Kurzbeschreibung

Umschalter Rechts-/Linkslauf durch Schaltsperre nur bei nicht gedrücktem Schalterdrücker schaltbar (nur bei BE 570 R)

Zahnkranzbohrfutter

Stellrad zur Vorwahl der Drehzahl (nur bei BE 570 R)

Schalterdrücker zum Ein- und Ausschalten der Maschine und stufenlosem elektronischen „Gasgeben" (nur bei BE 570 R)

Ein-/Ausschalter (nur bei B 500)

Arretierknopf zum Feststellen des Schalterdrückers

Änderungen: Text, Bild und Daten entsprechen dem technischen Stand zur Zeit des Drucktermins. Änderungen im Sinne der Weiterentwicklung unseres Produkts sind vorbehalten.

Zahnkranzbohr-futter wechseln

⚠ Vor allen Arbeiten an der Maschine Stecker aus der Steckdose ziehen.

1. Bohrspindel mit Maulschlüssel festhalten.

   Bohrfutterschlüssel in Bohrfutter stecken und durch leichten Schlag mit dem Gummihammer Bohrfutter linksdrehend lösen.

   Die Montage des Bohrfutters erfolgt in umgekehrter Reihenfolge.

Werkzeuge einsetzen

In das Bohrfutter sind Bohrer oder Schrauberbits einsetzbar. Dazu Bohrfutter öffnen, Werkzeug einsetzen und mit Bohrfutterschlüssel spannen.

Zum Herausnehmen der Arbeitswerkzeuge Bohrfutterschlüssel in eine der drei Bohrungen am Bohrfutterkopf einsetzen und linksdrehend lösen.

Drehzahl vorwählen (nur bei BE 570 R)

Drehzahlvorwahl mit Stellrad.

A = kleinste Drehzahl ....

F = größte Drehzahl ....

Die Drehzahl kann je nach Druck auf den Ein-/Ausschalter stufenlos bis zur am Stellrad vorgewählten Drehzahl gesteuert werden.

DEUTSCH 5 B 500, BE 570R

Quelle: AEG

3.3 Anordnungspläne

Der Anordnungsplan, auch unter dem Namen „Explosionszeichnung" geläufig, stellt die Einzelteile einer Baugruppe in einer räumlich expandierten Lage dar. Dies ermöglicht, alle Einzelteile sichtbar zu machen und dem Betrachter eine Vorstellung zu geben, wie die jeweiligen Einzelteile beim Zusammenbau gefügt werden müssen.
Diese Darstellungsart ist einprägsam und verständlich. Aus diesem Grund findet der Anordnungsplan häufig bei Montage-/Demontage-Beschreibungen und in Betriebsanleitungen seine Anwendung.

| Beispiel | für den Anordnungsplan eines Winkelschleifers |

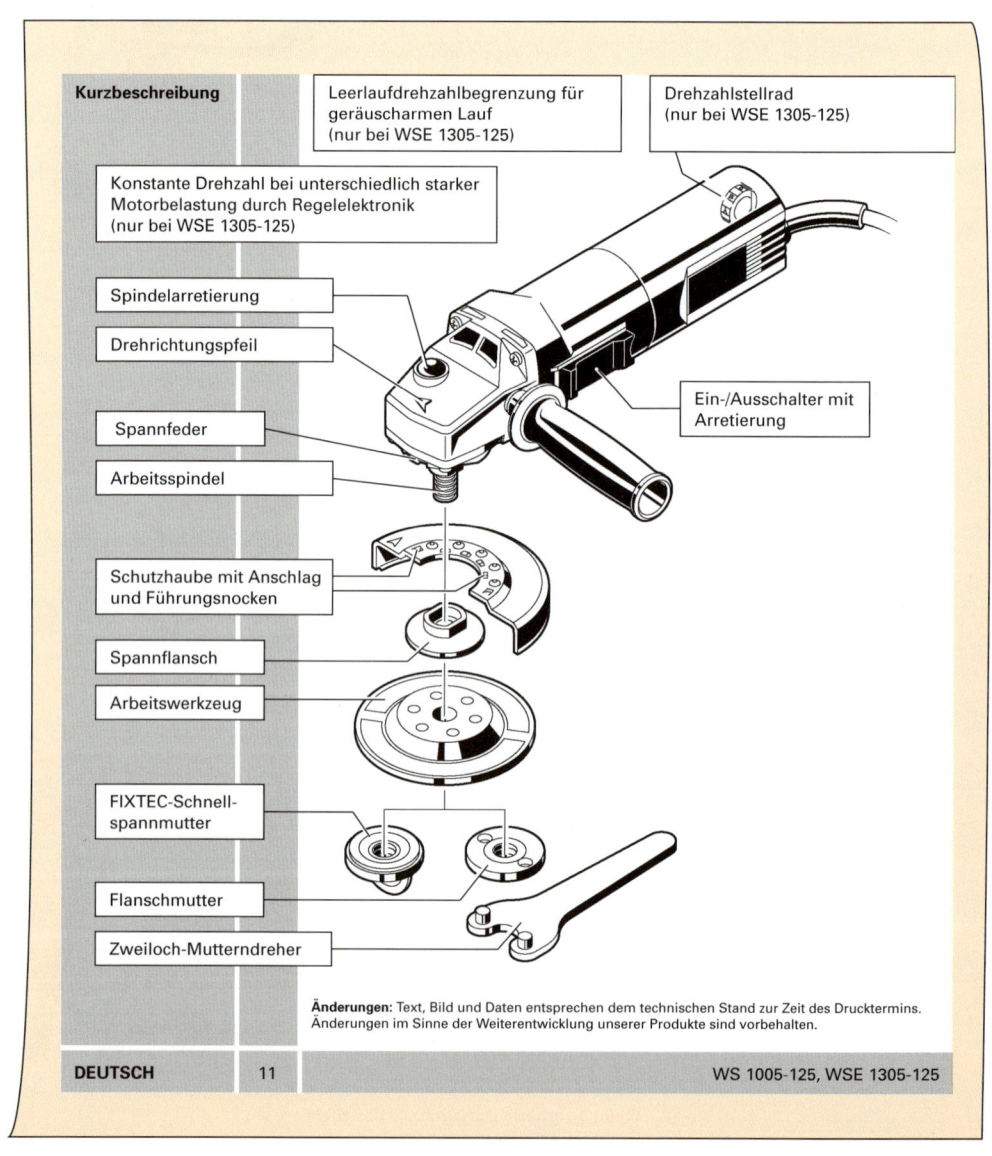

Kurzbeschreibung

- Leerlaufdrehzahlbegrenzung für geräuscharmen Lauf (nur bei WSE 1305-125)
- Drehzahlstellrad (nur bei WSE 1305-125)
- Konstante Drehzahl bei unterschiedlich starker Motorbelastung durch Regelelektronik (nur bei WSE 1305-125)
- Spindelarretierung
- Drehrichtungspfeil
- Ein-/Ausschalter mit Arretierung
- Spannfeder
- Arbeitsspindel
- Schutzhaube mit Anschlag und Führungsnocken
- Spannflansch
- Arbeitswerkzeug
- FIXTEC-Schnellspannmutter
- Flanschmutter
- Zweiloch-Mutterndreher

Änderungen: Text, Bild und Daten entsprechen dem technischen Stand zur Zeit des Drucktermins. Änderungen im Sinne der Weiterentwicklung unserer Produkte sind vorbehalten.

DEUTSCH   11   WS 1005-125, WSE 1305-125

Quelle: AEG

In einem Anordnungsplan sind die Einzelteile einer Baugruppe in einer räumlich expandierten Lage dargestellt.

Steuerungstechnik

Handlungsfeld: Entwickeln von Steuerungen

Problemstellung

Auftrag

Auftrag
Lagerbuchsen in Laufrollen einpressen
Schaltung für die Presse entwickeln.

Anlage

Analysieren

Technische Anforderungen:
- Art des Arbeitselements (z.B. Motor, Zylinder ...)
- Größe des zu steuernden Energie- oder Massestroms
- Länge der Zuleitungen
- Schrittfolgen
- Sicherheitsanforderungen (z.B. explosionssicher, NOT-Aus ...)

Anlagebeschreibung
Ablauf
Anforderungen
- Sicherheitsschaltung
- Gitter vor Start geschlossen

Ergebnisse:
- Anforderungskatalog
- Daten für Planungs-Entscheidung
- Ablaufbeschreibung
- Lagepläne

Planen

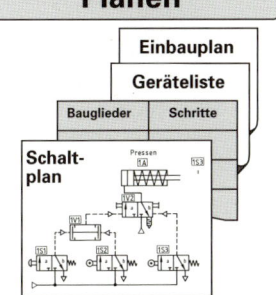

Entscheidung über:
- Art der Steuerung (z.B. pneumatisch, SPS ...)
- Ablauf
- Schaltung
- Einbau
- Bauelemente

Einbauplan
Geräteliste
Bauglieder | Schritte
Schaltplan

Ergebnisse:
1. Technologieschema
2. Funktionsplan
3. Schaltplan
4. Geräteliste
5. Einbaupläne

Realisieren (Aufbauen)

Geräte einbauen

Geräte verdrahten bzw. verrohren bzw. verschlauchen

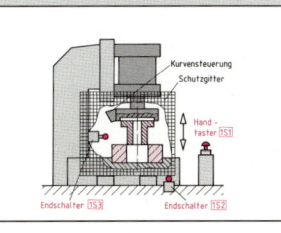

Testergebnisse protokollieren

Probelauf durchführen

ST

1 Grundlagen der Steuerungstechnik

Gesteuerte Maschinen, Anlagen und Vorrichtungen zeichnen sich durch den Einsatz unterschiedlicher Technologien aus. Die Kombination von mechanischen und elektronischen Bauteilen mit pneumatischen oder hydraulischen Systemen schafft die Voraussetzung für die Automatisierung.

| Beispiel | für Messungen an einer elektro-pneumatischen Steuerung |

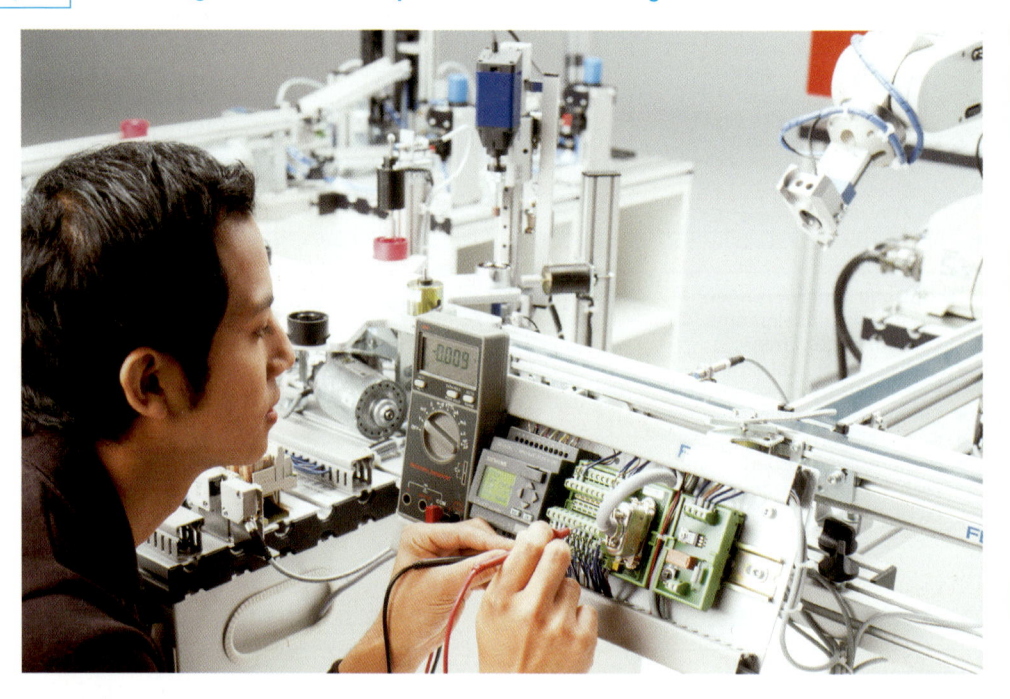

Die Technologien, die sich mit der Umformung, Übertragung und Steuerung von Kräften und Bewegungen befassen, nennt man nach den jeweiligen Informations- und Energieträgern:
– Elektrotechnik/Elektronik (Elektronen), – Pneumatik (Luft), – Hydraulik (Flüssigkeit).

1.1 Steuerungs- und Leistungsteil gesteuerter Anlagen

Gesteuerte Anlagen bestehen aus mehreren Teilsystemen. Im einfachsten Fall kann man einen Steuerungsteil und einen Leistungsteil in der Anlage unterscheiden. Im Steuerungsteil werden die Bedingungen überprüft, bei deren Erfüllung an den Leistungsteil die Anweisung zur Arbeit gegeben wird. Der Leistungsteil muss sodann die Arbeit verrichten.

Im Steuerungsteil wird nur wenig Energie zum Betrieb benötigt. Hier arbeitet man wegen des geringen Energiebedarfs meist elektrisch, elektronisch oder pneumatisch.

Im Leistungsteil wendet man elektrisch höhere Spannungen und Stromstärken an oder man arbeitet pneumatisch bzw. hydraulisch.

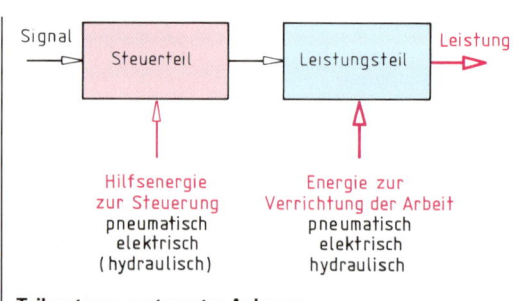

Signal → Steuerteil → Leistungsteil → Leistung

Hilfsenergie zur Steuerung
pneumatisch
elektrisch
(hydraulisch)

Energie zur Verrichtung der Arbeit
pneumatisch
elektrisch
hydraulisch

Teilsysteme gesteuerter Anlagen

Übungsaufgaben ST-1 bis ST-3

Zum Steuerungsteil einer Anlage gehören die Bauteile und Baugruppen, die Signale empfangen, verarbeiten und weiterleiten. Der Leistungsteil einer Anlage besteht aus den Arbeitsgliedern und den Bauteilen, welche die Energiezufuhr zum Arbeitsglied bewirken.

| Beispiel | für Steuerungs- und Leistungsteil in einer gesteuerten Einrichtung (Zuführeinrichtung einer Bohrvorrichtung) |

In der dargestellten Anlage werden nach Drücken des Auslösetasters Werkstücke aus einem Fallmagazin durch einen Pneumatikzylinder in die Bohrvorrichtung geschoben. Der Vorschub darf jedoch nur erfolgen, wenn die Bohrvorrichtung frei ist und noch ein Werkstück im Magazin liegt.

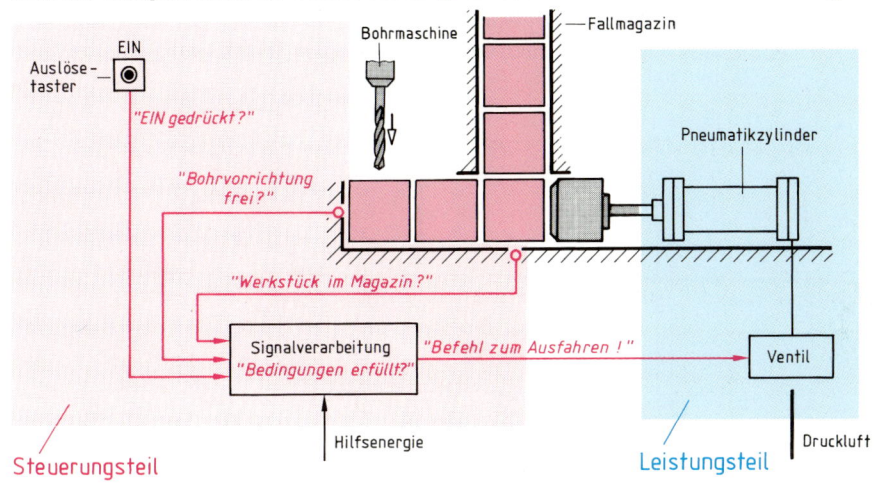

Gesteuerte Einrichtungen bestehen aus einem Steuerungsteil und einem Leistungsteil.

Zum Betrieb des Steuerungsteils und des Leistungsteils von Maschinen, Anlagen und Vorrichtungen haben sich je nach Aufgabenstellung unterschiedliche Kombinationen von Informations- und Energieträgern bewährt.

Steuerungsteil	Leistungsteil	Anwendung bei ...
pneumatisch	pneumatisch	– einfachen Steuerungen mit kurzen Verbindungsleitungen und mäßigem Kraftaufwand im Leistungsteil, geradlinigen Bewegungen, z.B. bei Spannvorrichtungen.
elektrisch elektronisch	pneumatisch	– aufwendigen Steuerungen mit mäßigem Kraftaufwand im Leistungsteil, langen Verbindungswegen, geradlinigen Bewegungen und einer Vielzahl von zu verarbeitenden Informationen, z.B. bei ferngesteuerten Transporteinrichtungen.
elektrisch elektronisch	hydraulisch	– Steuerungen für Anlagen mit hohen Kräften im Leistungsteil, langen Leitungswegen, geradliniger Bewegung, z.B. Schleusentore.
elektrisch elektronisch	elektrisch	– Steuerung von Anlagen, in denen vornehmlich Drehbewegungen ausgeführt werden oder elektrisch erwärmt wird, z.B. Krananlagen, Elektroöfen.
hydraulisch	hydraulisch	– einfachen Steuerungen mit kurzen Verbindungsleitungen und hohem Kraftbedarf im Leistungsteil, geradlinigen Bewegungen, z.B. Bagger.

In gesteuerten Systemen können der Steuerungsteil und der Leistungsteil mit unterschiedlichen Energieträgern betrieben werden.

Übungsaufgabe ST-4

1.2 Logikpläne von Steuerungen

Für die Funktion einer Steuerung ist es unerheblich, mit welcher Energieart das System betrieben wird. Die Entscheidung darüber wird unter wirtschaftlichen und wartungstechnischen Gesichtspunkten gefällt. Unabhängig von der eingesetzten Energie kann man Steuerungen auf ihre wesentlichen Zusammenhänge zwischen Eingangsgrößen und Ausgangsgrößen – auf ihre Logik – untersuchen.

| Beispiel | für den logischen Zusammenhang zwischen Eingangs- und Ausgangsgrößen einer Steuerung (Darstellung mit Schaltzeichen aus der Elektrotechnik) |

In der dargestellten Vorrichtung sollen Werkstücke nur dann unter den Bohrer geschoben werden, wenn Schalter S1 UND S2 gedrückt sind, und S3 NICHT durch ein Werkstück gedrückt ist.

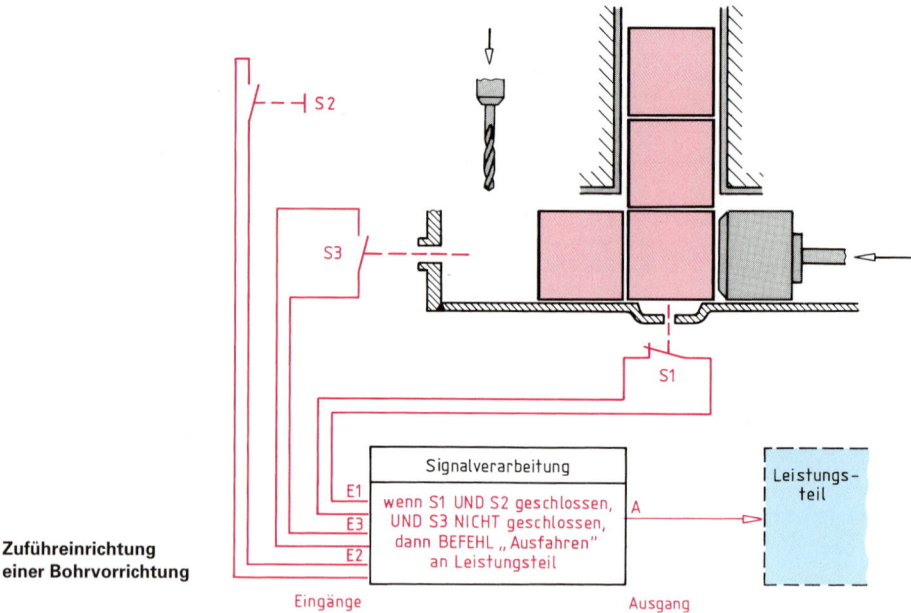

Zuführeinrichtung einer Bohrvorrichtung

In der Steuerung dieser Vorrichtung sind die logischen Funktionen UND sowie NICHT enthalten.

Im Steuerungsteil von Systemen werden Informationen logisch miteinander verknüpft.

1.2.1 Logische Grundfunktionen

Zu den logischen Grundfunktionen, mit denen **alle** Verknüpfungsschaltungen aufgebaut werden können, gehören:

- die UND-Verknüpfung,
- die ODER-Verknüpfung,
- die NICHT-Verknüpfung.

Eine logische Funktion wird dargestellt durch ein Rechteck mit einem Zeichen für die Art der Verknüpfung. Der Buchstabe **E** kennzeichnet die Eingänge, der Buchstabe **A** den Ausgang des Logiksymbols.

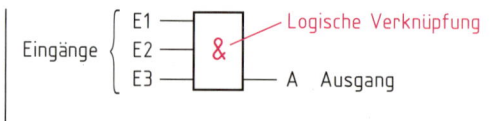

Aufbau von Logistiksymbolen

Für die Funktionsweise der einzelnen Schaltungen gilt folgende Festlegung:

- **0-Signal** → „Keine Spannung vorhanden",
- **1-Signal** → „Spannung vorhanden".

In der Funktionstabelle werden die Ausgangszustände in Abhängigkeit der Eingänge dargestellt.

• UND-Verknüpfung

Die UND-Verknüpfung ist vergleichbar mit der Reihenschaltung von Schaltern. Der Ausgang hat nur dann Signal – die Lampe ist dann eingeschaltet –, wenn die in Reihe geschalteten Schalter gleichzeitig geschlossen sind. Der Ausgang einer UND-Verknüpfung führt nur dann 1-Signal, wenn alle Eingänge 1-Signal führen. In allen anderen Fällen führt der Ausgang 0-Signal.

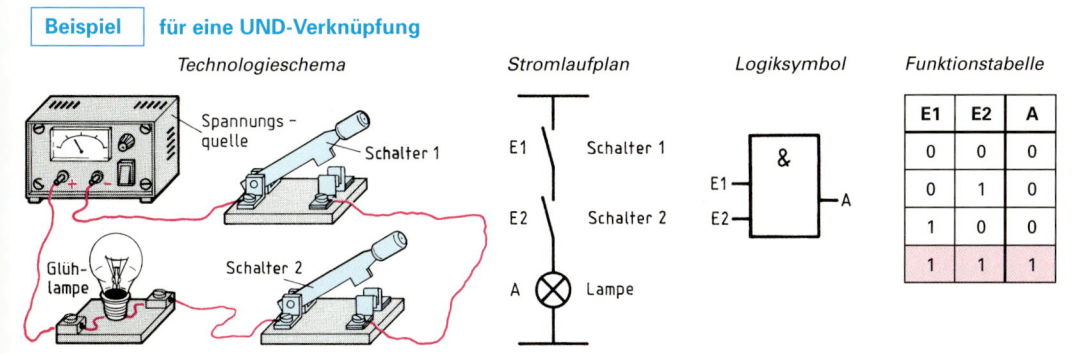

Beispiel für eine UND-Verknüpfung

Technologieschema *Stromlaufplan* *Logiksymbol* *Funktionstabelle*

E1	E2	A
0	0	0
0	1	0
1	0	0
1	1	1

• ODER-Verknüpfung

Die ODER-Verknüpfung ist vergleichbar mit der Parallelschaltung von Schaltern. Der Ausgang hat nur dann Signal – die Lampe ist dann eingeschaltet –, wenn mindestens einer der beiden parallel geschalteten Schalter geschlossen ist. Signal ist auch dann vorhanden, wenn beide Eingänge Signal führen. Der Ausgang einer ODER-Verknüpfung führt nur dann 1-Signal, wenn mindestens ein Eingang 1-Signal führt. Nur wenn alle Eingänge 0-Signal führen, führt auch der Ausgang 0-Signal.

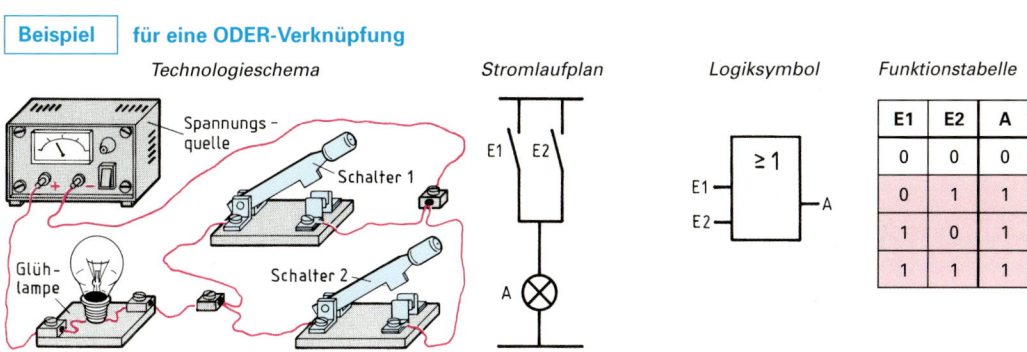

Beispiel für eine ODER-Verknüpfung

Technologieschema *Stromlaufplan* *Logiksymbol* *Funktionstabelle*

E1	E2	A
0	0	0
0	1	1
1	0	1
1	1	1

• NICHT-Verknüpfung

Die NICHT-Verknüpfung ist vergleichbar mit einem Schalter, der bei Betätigung öffnet. Der Ausgang hat dann Signal – die Lampe ist dann eingeschaltet –, wenn der Schalter nicht betätigt wurde. Der Ausgang einer NICHT-Verknüpfung führt dann 1-Signal, wenn der Eingang 0-Signal führt.

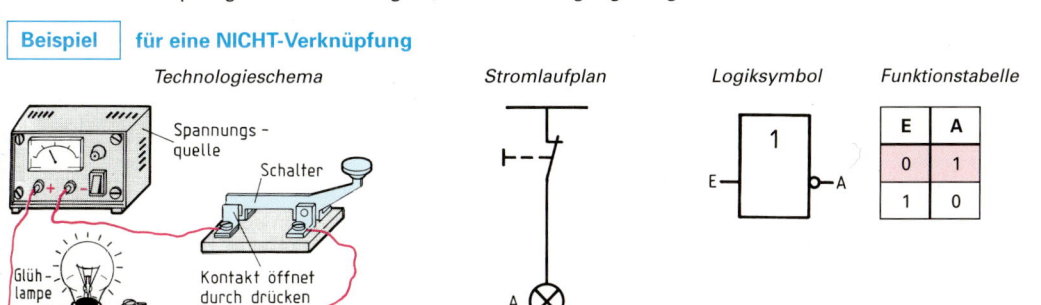

Beispiel für eine NICHT-Verknüpfung

Technologieschema *Stromlaufplan* *Logiksymbol* *Funktionstabelle*

E	A
0	1
1	0

Das Symbol für die Nicht-Verknüpfung kann auch mit anderen Symbolen zusammengefasst werden, sodass vereinfachte Darstellungen entstehen.

Beispiel für eine Verknüpfung des NICHT-Symbols

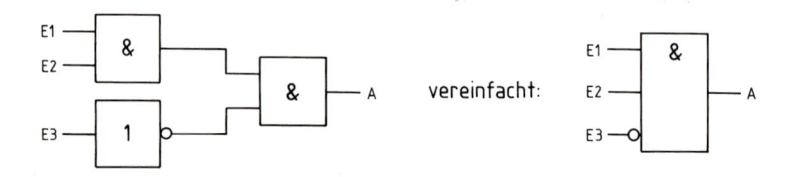

- **Verwirklichung von logischen Grundfunktionen in verschiedenen Technologien**

Bezeich-nung	Logiksymbol	Funktionstabelle	Beispiel für die Verwirklichung	
			pneumatisch	elektrisch
Identität	E — 1 — A	E: 0→0, 1→1		
UND	E1 & E2 — A	E1 E2 A: 0 0 0, 0 1 0, 1 0 0, 1 1 1		
ODER	E1 ≥1 E2 — A	E1 E2 A: 0 0 0, 0 1 1, 1 0 1, 1 1 1		
NICHT	E — 1 —o A	E A: 0 1, 1 0		

Erklärung der Schaltzeichen siehe Kapitel „Pneumatik" und „Elektrotechnik".

> Logische Funktionen werden durch Logiksymbole dargestellt. Mit ihrer Hilfe kann man unabhängig von der gewählten Technologie die Logik der Steuerung in Logikplänen erläutern. Funktionstabellen schaffen eine Übersicht über die Arbeitsbedingungen der Steuerung.

1.2.2 Planerische Darstellung von Steuerungen

Die planerische Darstellung von Steuerungen kann verschiedene Elemente enthalten. In einer genauen Aufgabenstellung muss die Steuerungsaufgabe möglichst eindeutig und vollständig beschrieben sein. Ergänzt wird diese Beschreibung meist mit einem Technologieschema. Das Technologieschema verdeutlicht insbesondere die Lage der Elemente und Baugruppen zueinander in vereinfachter Form.

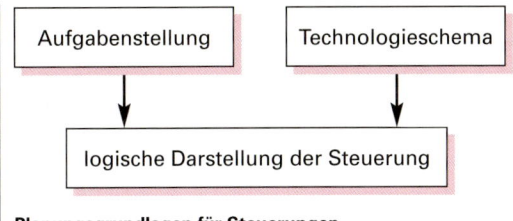

Aufgabenstellung → logische Darstellung der Steuerung ← Technologieschema

Planungsgrundlagen für Steuerungen

Mithilfe der Logiksymbole kann man die Funktion der Steuerung unabhängig von der Technologie, in der die Steuerung verwirklicht werden soll, darstellen.
Aufbauend auf diesen logischen Untersuchungen wird dann die Steuerungsplanung in der vorgesehenen Technologie vorgenommen.

Beispiel für die Darstellung von Steuerungsfunktionen mithilfe von Logiksymbolen

Aufgabenstellung

Mit der dargestellten Vorrichtung werden Lagerbuchsen in Laufrollen eingepresst. Der Einpressvorgang soll nur dann erfolgen, wenn:
– mit den Händen die Handtaster 1S 1 **und** 1S 2 gleichzeitig gedrückt sind,
oder wenn:
– der Fußtaster 1S 3 gedrückt wird **und** der Taster 1S 4 für das Schutzgitter **nicht** gedrückt ist, weil das Schutzgitter vollständig herabgelassen ist.

Technologieschema

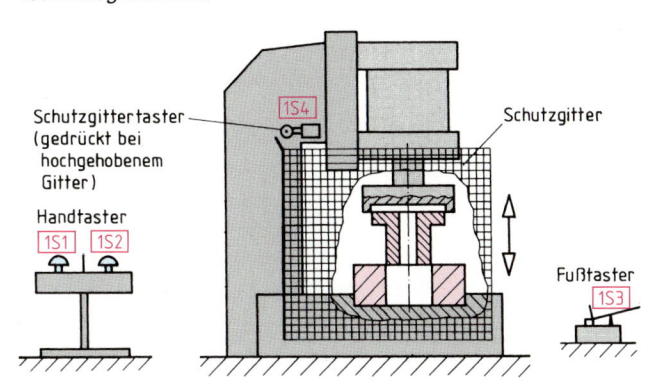

Funktionstabelle

E1	E2	E3	E4	A
0	0	0	0	0
0	0	0	1	0
0	0	1	0	1
0	0	1	1	0
0	1	0	0	0
0	1	0	1	0
0	1	1	0	1
0	1	1	1	0
1	0	0	0	0
1	0	0	1	0
1	0	1	0	1
1	0	1	1	0
1	1	0	0	1
1	1	0	1	1
1	1	1	0	1
1	1	1	1	1

Zuordnungsliste

Ein-gang	Taster 1S 1 gedrückt	E1 = 1
	Taster 1S 2 gedrückt	E2 = 1
	Taster 1S 3 gedrückt	E3 = 1
	Taster 1S 4 gedrückt	E4 = 1
Aus-gang	Zylinder ausgefahren	A = 1

Logikplan

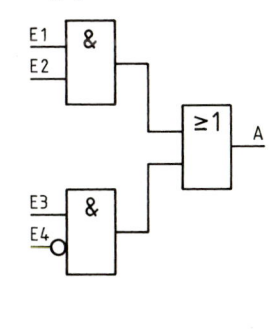

Übungsaufgaben ST-8 bis ST-10

2 Grundlagen für pneumatische Steuerungen

2.1 Druck

Übt man über einen Kolben eine Kraft auf ein Gas oder eine Flüssigkeit aus, entsteht ein Druck. Der Druck p ist das Verhältnis der Kraft F zur Fläche A.

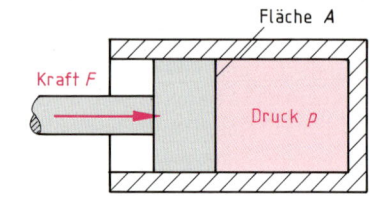

$$\text{Druck} = \frac{\text{Kraft}}{\text{Fläche}} \quad \text{bzw.} \quad p = \frac{F}{A}$$

Druck, Kraft und Fläche

- **Einheit des Druckes**

Im internationalen Einheitensystem (SI-Einheiten) ist die Einheit des Druckes Newton je Quadratmeter. Ein Newton je Quadratmeter ist ein Pascal (Einheitenzeichen: Pa). Die Einheit Pa ist für Angaben in der Pneumatik und in der Hydraulik zu klein. Deshalb wurde die Druckeinheit Bar (Einheitenzeichen: bar) eingeführt.

Im internationalen Einheitensystem sind als Druckeinheiten das Pascal und das Bar festgelegt.

$$1 \text{ Pa} = 1 \frac{\text{N}}{\text{m}^2} \qquad 1 \text{ bar} = 100\,000 \text{ Pa} \qquad 1 \text{ bar} = 10 \frac{\text{N}}{\text{cm}^2}$$

- **Atmosphärischer Druck**

Die Lufthülle der Erde erzeugt aufgrund ihres Eigengewichtes einen atmosphärischen Druck (Formelzeichen: p_{amb}). Der atmosphärische Druck ändert sich mit der Höhe der Luftsäule. Als mittlerer atmosphärischer Jahresdruck wurden p_{amb} = 1,013 bar gemessen und festgelegt.

Als mittlerer atmosphärischer Jahresdruck wurden p_{amb} = 1,013 bar gemessen und festgelegt.

Schließt man z.B. einen Zylinder an eine Druckerzeugungsanlage an, so kann der absolute Druck der Druckluft technisch nicht voll genutzt werden. Der atmosphärische Druck (p_{amb}) wirkt am Arbeitskolben gegen den absoluten Druck. Daher ist nur der Druckunterschied wirksam, den man als Überdruck bezeichnet (Formelzeichen: p_e).

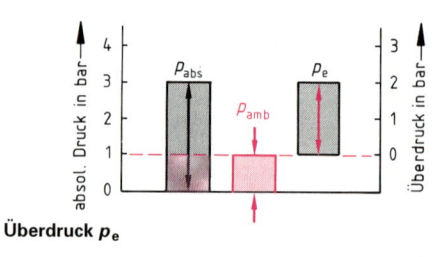

Überdruck p_e

Der Überdruck p_e ist der Druckunterschied zwischen dem absoluten Druck p_{abs} und dem atmosphärischen Druck p_{amb}. Messgeräte für die Fluidtechnik zeigen den Überdruck an.

$$p_e = p_{abs} - p_{amb}$$

- **Druckausbreitung**

Wirkt in einem Gerät auf einen Kolben mit der Fläche A_1 die Kraft F_1, so entsteht in der Flüssigkeit der Überdruck p_e. Dieser Überdruck wirkt über ein Verbindungsrohr auf einen größeren Kolben mit der Fläche A_2. Angeschlossene Messgeräte zeigen überall den gleichen Druck an. Wegen der größeren Fläche am großen Kolben wirkt dort auf ihn eine größere Kraft F_2 als auf den kleineren Kolben.

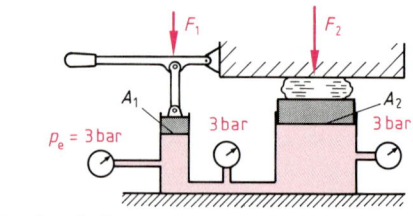

Druckausbreitung

Der Überdruck ist innerhalb eines geschlossenen Systems in allen Richtungen wirksam und überall gleich groß.

Übungsaufgaben ST-11 bis ST-17

2.2 Einheiten zur Bereitstellung der Druckluft

Mithilfe der Pneumatik werden vor allem Steuerungen im Bereich des Leichtmaschinenbaues, des Vorrichtungsbaues und der Montagetechnik verwirklicht. Jede pneumatische Anlage besteht aus folgenden drei Teilsystemen:

- System zur Druckluftbereitstellung.
- System zur Steuerung,
- System zur Arbeitsverrichtung.

Beispiel für die Teilsysteme einer Pneumatikanlage (Schema)

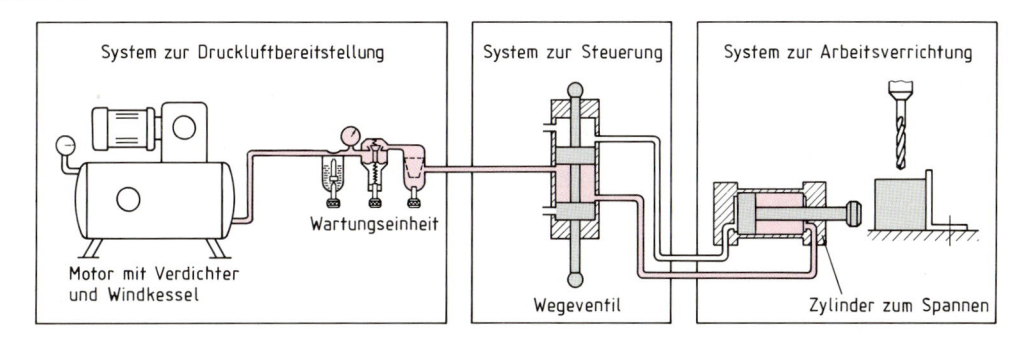

2.2.1 Verdichter (Kompressoren)

• **Grundlagen**

Drückt man Luft zusammen, so spricht man von Verdichten bzw. Komprimieren. Entsprechende Geräte heißen Verdichter oder Kompressoren. Bei Verdichtungsvorgängen wird ein vorhandenes Ansaugvolumen V_1 mit dem Eingangsdruck p_1 zu einem kleineren Volumen V_2 zusammengepresst. In dem kleineren Volumen V_2 herrscht ein erhöhter Druck p_2.

Für Verdichtungsvorgänge gilt bei konstant bleibender Temperatur das Boyle-Mariottesche Gesetz. Bei der Anwendung dieses Gesetzes ist darauf zu achten, dass p_1 und p_2 **absolute Drücke** sind.

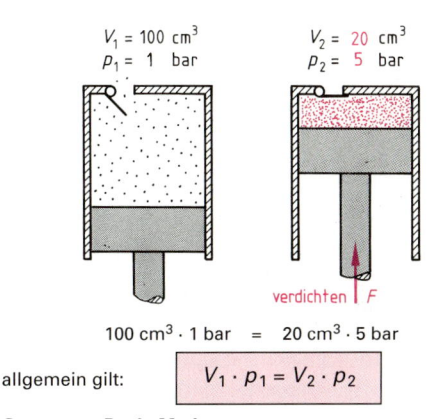

$V_1 = 100$ cm³ $V_2 = 20$ cm³
$p_1 = 1$ bar $p_2 = 5$ bar

100 cm³ · 1 bar = 20 cm³ · 5 bar

allgemein gilt: $V_1 \cdot p_1 = V_2 \cdot p_2$

Gesetz von Boyle-Mariotte

Alle Druckangaben bei pneumatischen Anlagen beziehen sich jedoch auf den Überdruck p_e gegenüber dem atmosphärischen Druck. Andernfalls werden Druckangaben besonders gekennzeichnet.

Beispiel für eine Druckberechnung

Aufgabe
Ein Verdichter saugt je Hub 200 cm³ Luft an, die einen Druck von 1 bar hat. Er verdichtet auf ein Volumen von 50 cm³.
a) Auf welchen absoluten Druck wird die Luft verdichtet?
b) Welchen Druck zeigt das Messgerät in der Druckleitung an?

Lösung
a) Druck im Verdichter
$$p_2 = \frac{p_1 \cdot V_1}{V_2} = \frac{1 \text{ bar} \cdot 200 \text{ cm}^3}{50 \text{ cm}^3}$$
$p_2 = $ **4 bar** (absoluter Druck im Verdichter)
b) $p_e = $ **3 bar** (angezeigter Druck vom Messgerät)

Druckangaben in der Pneumatik beziehen sich auf Überdruck.
Druckmessgeräte in der Pneumatik sind auf Überdruck eingestellt.

Übungsaufgaben ST-18 bis ST-20

- **Bauformen von Verdichtern**

Verdichter unterscheidet man nach der Art der Drucklufterzeugung. Werden in einem Verdichter die Luftteilchen, z.B. durch einen Kolben, verdrängt und wird dabei das Luftvolumen verkleinert, so benutzt man das Verdrängungsprinzip zur Erzeugung der Druckluft. Im Hinblick auf den erreichbaren Druck und die gewünschte Liefermenge haben sich in der Pneumatik Verdichter nach dem Verdrängungsprinzip durchgesetzt.

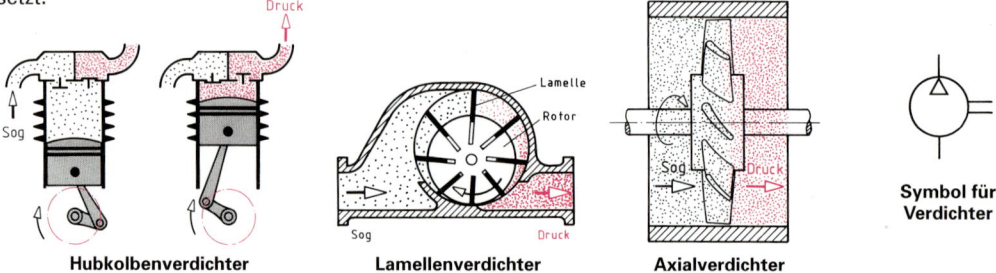

| Hubkolbenverdichter | Lamellenverdichter | Axialverdichter | Symbol für Verdichter |

Hubkolbenverdichter und Lamellenverdichter arbeiten nach dem Verdrängerprinzip.
Axialverdichter arbeiten nach dem Strömungsprinzip.

- **Liefermenge und Betriebsdruck**

Zur Kennzeichnung eines Verdichters dienen der erreichbare Druck und die Liefermenge. Die Liefermenge wird bei kleinen Anlagen in Liter/min, sonst in m³/min angegeben.
Pneumatische Anlagen arbeiten in der Regel mit einem Druck von 6 bar; als untere Grenze werden 3 bar und als obere 15 bar angesehen.

2.2.2 Druckluftverteilung

Windkessel

In Druckluftverteilungsanlagen wird die Luft aus dem Verdichter zunächst in einen Behälter geleitet, den man Windkessel nennt.
In Anlagen für den Betrieb pneumatischer Steuerungen werden nach dem Verdichter ein Nachkühler mit Wasserabscheider und danach ein Windkessel eingebaut. In kleineren Anlagen ist dem Verdichter der Windkessel direkt nachgeschaltet.

Die Aufgaben des Windkessels sind:
- *Ausgleich* der Druckstöße vom Verdichter,
- *Speicherung* von Druckluft,
- *Abkühlung* der Druckluft mit Kondensatausscheidung.

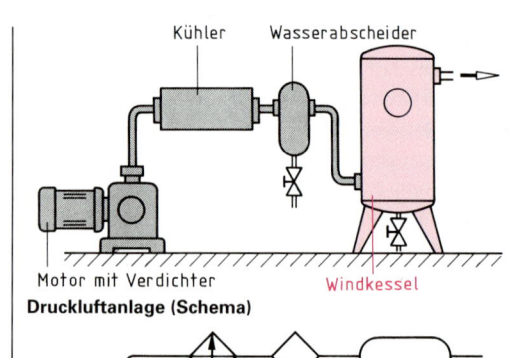

Druckluftanlage (Schema)

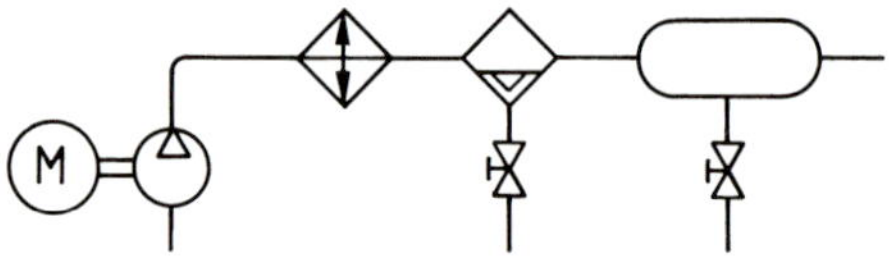

Druckluftanlage (symbolische Darstellung)

2.2.3 Aufbereitung der Druckluft

Aufgabe der Wartungseinheit

Die Druckluft aus dem Rohrleitungsnetz darf nicht unmittelbar den Pneumatikelementen zugeführt werden. Sie wird wie folgt aufbereitet:
- *Reinigen* und *Abscheiden* von Kondensat in einem Filter mit Abscheider,
- *Regeln* durch ein Druckreduzierventil mit Überdruckmessgerät,
- *Anreichern mit Ölnebel* in einem Öler.

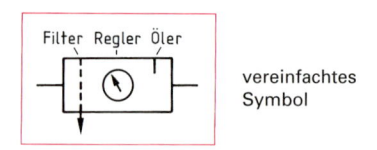

Symbol für Wartungseinheit (vereinfacht)

Diese drei Aufbereitungsvorgänge werden in einem kombinierten Gerät – der Wartungseinheit – durchgeführt.

2.3 Einheiten zum Steuern der Druckluft

In einer pneumatischen Anlage benötigt man Bauteile, welche die Druckluft steuern. Solche Bauteile nennt man Ventile. Die Ventile unterteilt man nach ihrer Funktion wie folgt:

2.3.1 Übersicht über pneumatische Ventile

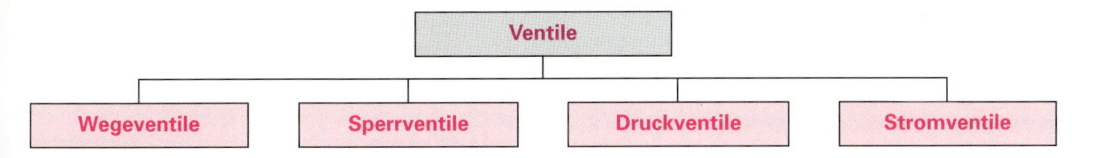

```
                    Ventile
        ┌──────────┬──┴───┬──────────┐
   Wegeventile  Sperrventile  Druckventile  Stromventile
```

2.3.2 Bauformen pneumatischer Ventile

- **Wegeventile**

Wegeventile öffnen und schließen Durchflusswege des Luftstromes. Bei den Wegeventilen unterscheidet man Sitz- und Schieberventile. Sitzventile dichten durch Kugeln oder Teller, Schieberventile durch Kolben.
Sitzventile haben eine kurze Ansprechzeit, sind unempfindlich gegen Schmutz, haben wenig Verschleißteile, erfordern jedoch eine große Betätigungskraft.

Kugelsitzventil (3/2-Wegeventil)

- **Sperrventile**

Ventile, die den Durchfluss der Druckluft richtungsmäßig beeinflussen, bezeichnet man als Sperrventile. Als Sperrventile werden das Rückschlagventil, das Wechselventil (ODER-Element) und das Zweidruckventil (UND-Element) eingesetzt.

Wechselventil (ODER)

Zweidruckventil (UND)

- **Druckventile**

Druckventile regeln den Druck in einer Anlage oder werden durch einen vorgegebenen Druck betätigt. Als Druckventile werden das Druckbegrenzungsventil und das Druckregelventil eingesetzt.
Das Druckregelventil hält den Sekundärdruck unabhängig vom Primärdruck und dem Verbrauch konstant.

Druckregelventil

- **Stromventile**

Stromventile beeinflussen die Durchflussmenge der Druckluft. Als Stromventile werden hauptsächlich das Drosselrückschlagventil, das Verzögerungsventil und das Schnellentlüftungsventil eingesetzt.

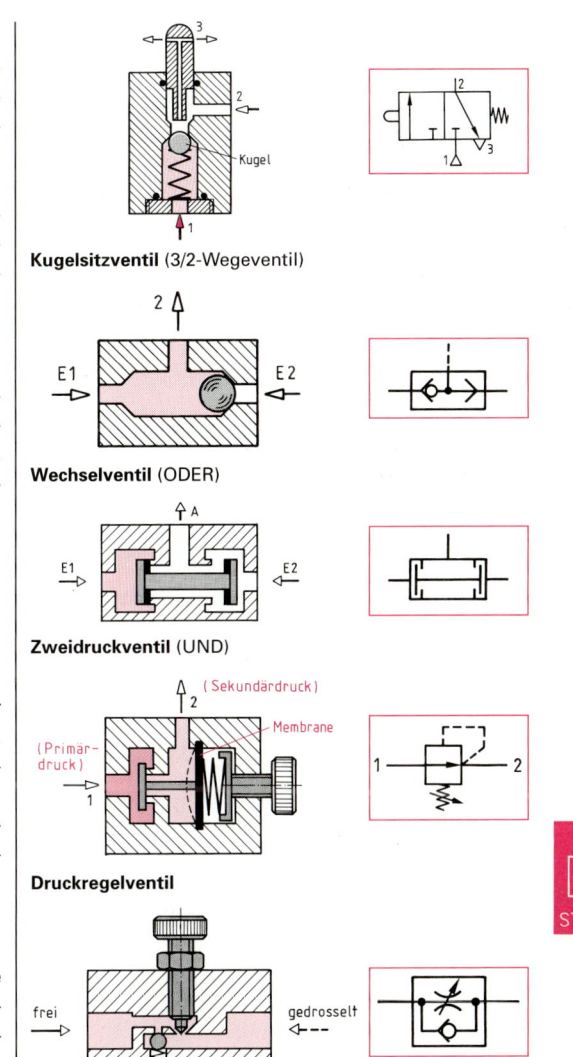

Drosselrückschlagventil

2.3.3 Vereinbarungen bei Wegeventilen

• Grafische Symbole für Wegeventile

Zeichnerisch werden die Wegeventile durch Quadrate dargestellt. Pfeile in den Quadraten kennzeichnen die Durchflusswege. Die Sperrung wird durch „T"-Zeichen gekennzeichnet. Bei Wegeventilen wird jede Schaltstellung durch ein eigenes Quadrat dargestellt. Die Schaltstellung kennzeichnet man durch Buchstaben oder Zahlen. Die Anzahl der Quadrate entspricht somit der Anzahl der Schaltstellungen. Die Rohranschlüsse zeichnet man nur an das Quadrat des Symbols, welches die Ausgangsstellung zeigt. Den Anschluss ins Freie symbolisiert man durch ein Dreieck. Rechts und links trägt man an die Quadrate die Symbole für die Betätigung an.

Die einzelnen Schaltstellungen stellt man sich durch Verschieben der Quadrate vor. Die Rohranschlüsse werden dabei nicht verschoben.

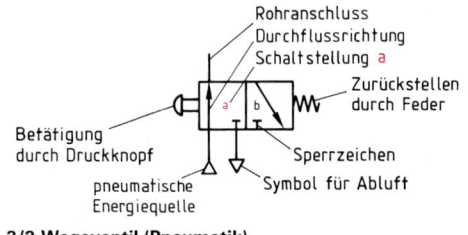

3/2-Wegeventil (Pneumatik)

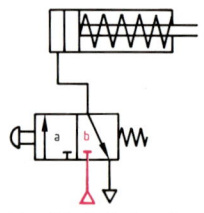

Ventil in Schaltstellung b (Ausgangsstellung)

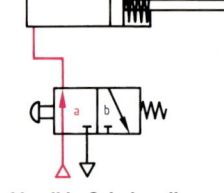

Ventil in Schaltstellung a (Verschoben)

> Grafische Symbole von Wegeventilen enthalten u.a.:
> - für jede Schaltstellung ein Quadrat mit zugeordneten Betätigungen,
> - Zeichen für die Anschlüsse an der Ausgangsstellung des Ventils,
> - Kennzeichen für Durchflusswege und Sperrstellung.

• Benennung von Wegeventilen

Man bezeichnet ein Ventil nach der Anzahl der Anschlüsse und der Zahl der möglichen Schaltstellungen. So hat z.B. ein 4/3-Wegeventil 4 Anschlüsse und 3 Schaltstellungen (1; 0; 2).

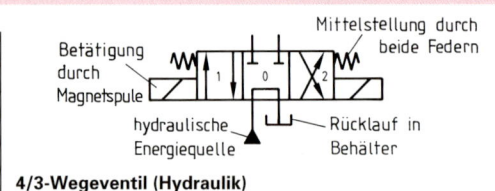

4/3-Wegeventil (Hydraulik)

> Wegeventile werden nach Anschlusszahl und Zahl der Schaltstellungen benannt.

• Kennzeichnung der Anschlüsse von Ventilen

Die Anschlüsse an Ventile in der Pneumatik können durch Buchstaben oder durch Zahlen gekennzeichnet sein. Viele Ventile tragen noch die Kennzeichen durch Buchstaben, die gemäß DIN ISO 5559 in der Pneumatik durch Zahlen ersetzt werden können. Da noch über längere Zeit ältere Ventile im Einsatz sind, müssen beide Bezeichnungsarten bekannt sein.

Beispiele für die Kennzeichnung von Anschlüssen in der Pneumatik

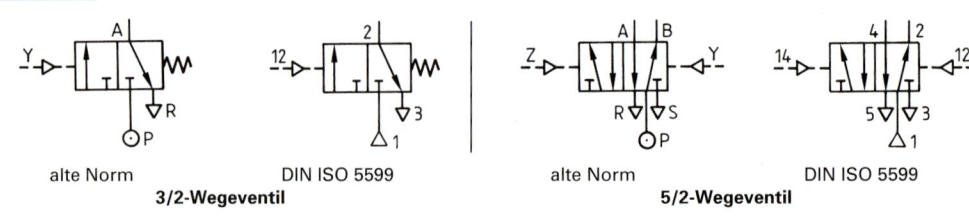

alte Norm	DIN ISO 5599	alte Norm	DIN ISO 5599
3/2-Wegeventil		5/2-Wegeventil	

Erklärung der Kennzeichnung nach DIN ISO 5599
Der in Ausgangsstellung versorgte Arbeitsanschluss bei 4/2- und 5/2-Wegeventilen erhält die Ziffer 2.
Signal an Steueranschluss 12 bedeutet: Druckleitung 1 wird mit Arbeitsleitung 2 verbunden.
Signal an Steueranschluss 14 bedeutet: Druckleitung 1 wird mit Arbeitsleitung 4 verbunden.

Übungsaufgaben ST-28 bis ST-33

2.3.4 Betätigungsarten von Ventilen

Für Ventile gibt es verschiedene Betätigungsarten. Das Symbol für die Betätigung wird bei Wegeventilen an das Schaltfeld gekennzeichnet, für welches diese Betätigung gilt. Betätigungen können auch parallel oder hintereinander kombiniert werden.

Betätigungsarten (Auswahl)

Muskelkraftbetätigung	mechanische Betätigung	sonstige Betätigung
– allgemein	– durch Stößel	– durch Druckbeaufschlagung
– durch Druckknopf	– durch Feder	– 2-stufige Betätigung durch pneumatisch-hydraulische Vorsteuerstufe
– durch Hebel	– durch Rolle	– durch Elektromagnet mit 1 Wicklung
– allgemein, mit Raste	– durch Rolle, nur in einer Richtung arbeitend	– zwei Betätigungsrichtungen durch 2 Wicklungen im E-Magnet

Im Ausgangszustand gedrückte Ventile kennzeichnet man durch das Betätigungsglied mit angesetztem Symbol für die Steuerschiene.

Beispiel für die parallele Betätigung von Wegeventilen

Beispiel für ein Ventil, das im Ausgangszustand betätigt ist

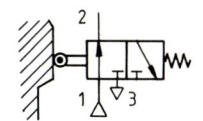

2.4 Arbeitseinheiten in der Pneumatik

2.4.1 Aufbau von Zylindern

Einfach wirkende Zylinder benötigen nur für eine Bewegungsrichtung Druckluft. Sie können Kräfte nur in einer Richtung übertragen und haben begrenzte Baulängen.

Doppelt wirkende Zylinder benötigen für zwei Bewegungsrichtungen Druckluft. Sie übertragen Kräfte in beide Richtungen. Ihre Baulänge kann den gestellten Anforderungen weitgehend angepasst werden.

Beispiele für Pneumatikzylinder

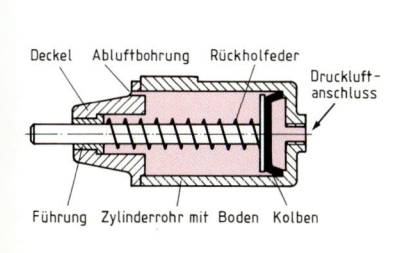

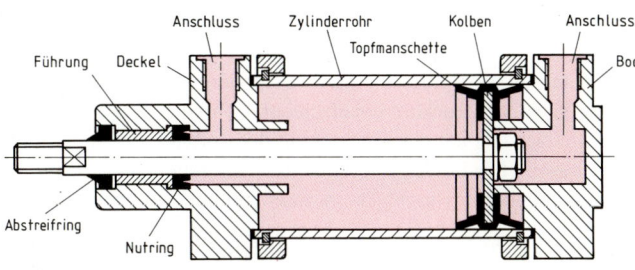

Einfach wirkender Zylinder

Doppelt wirkender Zylinder

Übungsaufgaben ST-34 bis ST-44

2.4.2 Kolbenkraft

Die Druckluft oder das Drucköl erzeugen im Zylinder auf den Kolben eine Kraft. Sie wird auch Kolbenkraft F genannt. Die Kolbenkraft ist abhängig von dem herrschenden Arbeitsdruck p_e und der Größe der beaufschlagten Kolbenfläche A.
Die rechnerisch ermittelte Kolbenkraft kann nicht voll wirksam werden. Vor allem Reibungsverluste vermindern diese Kraft.

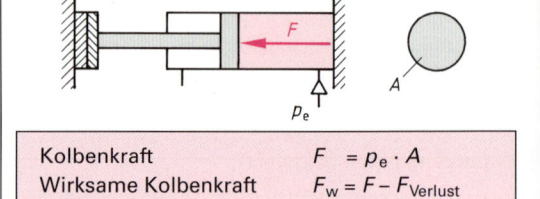

Kolbenkraft $\quad F = p_e \cdot A$
Wirksame Kolbenkraft $\quad F_w = F - F_{Verlust}$

Kolbenkraft

Die wirksame Kolbenkraft F_w ist stets kleiner als die theoretische Kolbenkraft F.

• Kolbenkraft am einfach wirkenden Zylinder

Bei einfach wirkenden Zylindern wird beim Vorschub die gesamte Kolbenfläche mit Druck beaufschlagt. Der Vorhub erfolgt gegen die Kraft der eingebauten Feder. Die wirksame Kolbenkraft F_w – auch effektive Kolbenkraft genannt – ergibt sich dann aus der Druckkraft, vermindert um die Reibungsverluste F_v und die Federkraft F_F. Für Überschlagsrechnungen können die Verluste durch Reibungs- und Federkraft bei Druckluftzylindern mit etwa 25 % angesetzt werden.

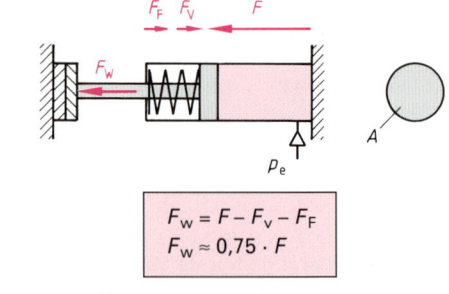

$F_w = F - F_v - F_F$
$F_w \approx 0{,}75 \cdot F$

Wirksame (effektive) Kolbenkraft

Beispiel für die Berechnung der wirksamen Kolbenkraft

Aufgabe
In einem einfach wirkenden Zylinder mit Federrückstellung herrscht ein Arbeitsdruck von 6 bar. Der Kolbendurchmesser beträgt 80 mm. Wie groß ist die Druckkraft F_w an der Kolbenstange bei Berücksichtigung von 25% Verlust?

Lösung $\quad F_w \approx 0{,}75 \cdot F$

$F_w \approx 0{,}75 \cdot p_e \cdot \dfrac{d^2 \cdot \pi}{4}$

$F_w \approx \dfrac{0{,}75 \cdot 60 \text{ N} \cdot (8 \text{ cm})^2 \cdot 3{,}14}{\text{cm}^2 \cdot 4}$

$F_w \approx 2{,}3 \text{ kN}$ (wirksame Kraft)

Die Kolbenkraft wird bei einfach wirkenden Zylindern durch die Reibungskraft und die Federkraft vermindert.

• Kolbenkraft am doppelt wirkenden Zylinder

Kolbenkraft im Vorhub
Beim Ausfahren der Kolbenstange wird die volle Kolbenfläche von der Druckluft beaufschlagt. Die wirksame Kolbenkraft im Vorhub F_{vor} ergibt sich nach Abzug der Reibungskraft. Für Überschlagsrechnungen können die Reibungsverluste mit etwa 20 % angesetzt werden.

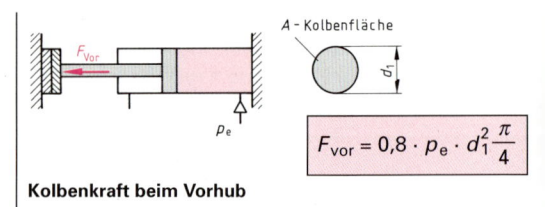

Kolbenkraft beim Vorhub

A - Kolbenfläche

$F_{vor} = 0{,}8 \cdot p_e \cdot d_1^2 \dfrac{\pi}{4}$

Kolbenkraft im Rückhub
Beim Einfahren der Kolbenstange wird nun eine geringere Fläche mit Druckluft beaufschlagt. Denn diese Kolbenfläche ist um den Querschnitt der Kolbenstange kleiner. Für Berechnungen kann man daher nur die verbleibende Ringfläche berücksichtigen.

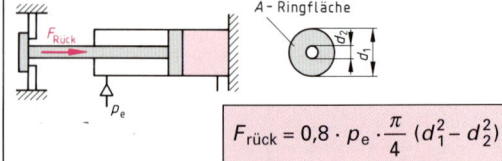

Kolbenkraft im Rückhub

A - Ringfläche

$F_{rück} = 0{,}8 \cdot p_e \cdot \dfrac{\pi}{4} (d_1^2 - d_2^2)$

Wegen der unterschiedlichen Kolbenflächen ist beim doppelt wirkenden Zylinder die Kolbenkraft im Vorhub größer als im Rückhub.

2.4.3 Dämpfung

Bewegt sich der Kolben in einem Druckluftzylinder mit hoher Geschwindigkeit, so trifft er mit großer Wucht auf den Deckel oder Boden des Zylinders auf. Damit bei größeren Massen keine Beschädigungen auftreten und die Geschwindigkeit des Kolbens allmählich abgebaut wird, haben Zylinder vielfach eine eingebaute Abbremsvorrichtung, die man als Dämpfung bezeichnet. Die Dämpfung kann konstant sein oder verändert werden.

Die einstellbare Dämpfung beruht darauf, dass das schnelle Ausströmen der Luft aus dem Zylinder in dem Augenblick behindert wird, in dem sich der Kolben kurz vor Erreichen einer Endlage befindet. Diese Drosselung der Abluft bewirkt man dadurch, dass der Kolben kurz vor Erreichen der Endlage mit einem Zapfen in eine Bohrung des Deckels bzw. des Bodens eintaucht und den Ausströmquerschnitt verringert. Vor dem Kolben baut sich dann ein Luftpolster auf und bremst den Kolben ab. Über ein verstellbares Drosselventil wird die Luft abgelassen, bis der Kolben die Endlage erreicht.

Soll der Kolben wieder in Gegenrichtung anfahren, so kann die zuströmende Druckluft die gesamte Kolbenfläche sofort beaufschlagen, weil ein Rückschlagventil durch die Druckluft geöffnet wird.

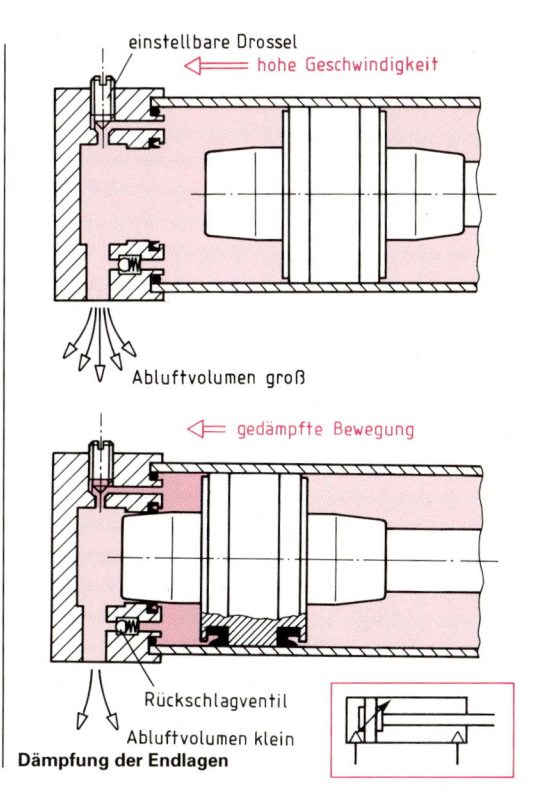

Dämpfung der Endlagen

3 Schaltpläne in der Pneumatik

3.1 Aufbau

Die pneumatischen bzw. hydraulischen Symbole werden im Schaltplan in Wirkrichtung von unten nach oben und von links nach rechts in folgender Reihenfolge angeordnet:

- Energiequellen: unten links
- Steuerungselemente: aufwärts und von links nach rechts
- Antriebe: oben und von links nach rechts.

> Im Schaltplan müssen die Symbole für die Bauteile in der Ausgangsstellung der Anlage dargestellt werden. Unter Ausgangsstellung versteht man in der Pneumatik den Schaltzustand in der Anlage, der bei Druckbeaufschlagung vor Betätigung des Startsignales vorliegt.

3.2 Kennzeichnungsschlüssel

Die Kennzeichnung der Bauteile erfolgt auf dem Schaltplan in der Nähe des jeweiligen Symboles nach einem besonderen Kennzeichnungsschlüssel. Dieser Schlüssel wird mit einem Rahmen versehen und besteht aus mehreren Elementen

Beispiel für die Kennzeichnung von Bauteilen in der Fluidtechnik

1 – 3 V 4

- Anlage Nr. 1
- Schaltkreis Nr. 3
- Bauteilart-Ventil
- Bauteil Nr. 4

Übungsaufgabe ST-51

Anlagen-Nummer	Schaltkreis-Nummer	Bauteilart-Bezeichnung	Bauteil-Nummer
Diese Kennzeichnung besteht aus Ziffern, beginnend mit 1. Die Anlagenummer muss angewendet werden, wenn der gesamte Schaltkreis aus mehr als einer Anlage besteht.	Diese Kennzeichnung besteht aus Ziffern. Die 0 ist vorgesehen für alle Zubehörteile, die zur Druckversorgung gehören. Für die verschiedenen Fluid-Schaltkreise werden fortlaufende Ziffern vergeben.	Jeder Bauteilart wird ein Buchstabe nach folgender Liste zugeordnet: – Pumpen und Kompressoren P – Antriebe A – Antriebsmotoren M – Signalaufnehmer S – Ventile V – andere Bauteile Z oder oben nicht vergebene Buchstaben	Diese Kennzeichnung besteht aus Ziffern, beginnend mit 1. Jedes Bauteil in dem betrachteten Schaltkreis wird fortlaufend nummeriert.

3.3 Beispiel für einen Pneumatikschaltplan

In einer Bohrvorrichtung sollen Werkstücke pneumatisch gespannt werden. Der Spannvorgang muss durch Knopfdruck von zwei verschiedenen Stellen ausgelöst werden können. Das Lösen soll über einen Fußschalter vorgenommen werden. Aus Sicherheitsgründen muss gewährleistet sein, dass die Spannvorrichtung nur gelöst wird, wenn die Bohrspindel zurückgefahren ist.

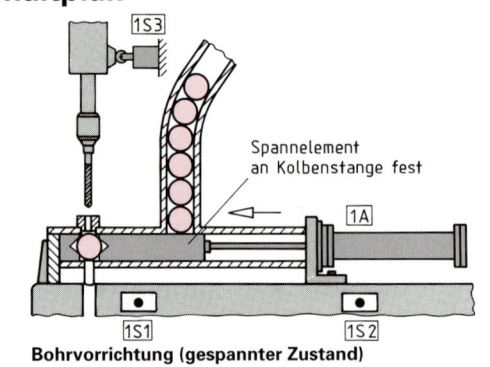

Bohrvorrichtung (gespannter Zustand)

Lösung
Steuerkette und Schaltplan

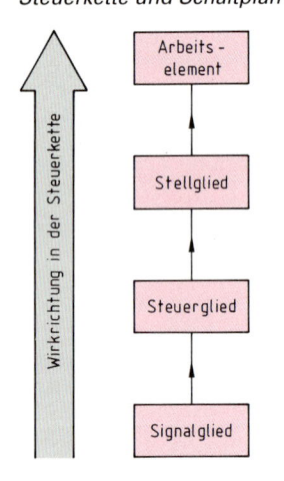

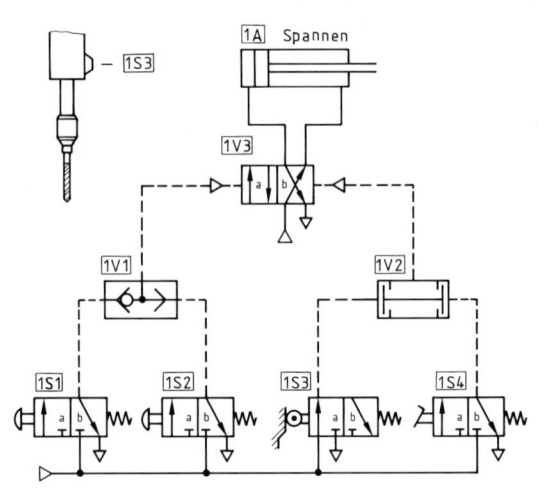

Funktionsbeschreibung
– Der Spannvorgang wird eingeleitet durch Bedienung von Handtaster 1S1 oder Handtaster 1S2.
– Über das Wechselventil 1V1 wird das Signal zum Umsteuern des Wegeventils 1V3 weitergeleitet.
– Die Kolbenstange von Zylinder 1A fährt in ihre Spannstellung vor.
– Der Spannvorgang wird gelöst durch Betätigung von Endschalter 1S3 und Fußschalter 1S4.
– Über das Zweidruckventil 1V2 wird das Signal zum Umsteuern des Wegeventils 1V2 weitergeleitet.
– Die Kolbenstange von Zylinder 1A fährt in ihre Ausgangslage zurück.

3.4 Funktionsdiagramme

Siehe Kapitel „Technische Kommunikation"

Übungsaufgaben ST-52 bis ST-54

4 Pneumatische Steuerungen

4.1 Grundschaltungen

Jede noch so umfangreiche und aufwendige pneumatische Steuerung setzt sich aus einzelnen Grundschaltungen zusammen, für die es nur wenige Veränderungsmöglichkeiten gibt.

- **Steuerung einfach wirkender Zylinder**

Einfach wirkende Zylinder werden unabhängig von der Betätigungsart und dem Umfang der Steuerung durchweg mit einem 3/2-Wegeventil als Stellglied kombiniert.

Zur Ansteuerung eines großvolumigen Zylinders benutzt man ein Stellglied mit großer Nennweite, das möglichst nahe am Zylinder montiert ist. Das Stellglied kann dann von einem Ventil mit kleiner Nennweite von einem entfernteren Betätigungsort bedient werden. Mit dieser Anordnung können Energiekosten verringert werden, da lange und großvolumige Steuerleitungen entfallen.

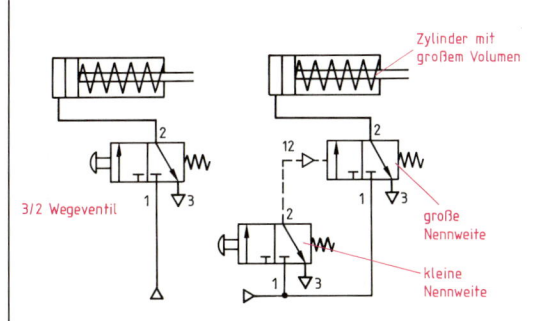

Steuerung einfach wirkender Zylinder

> Ein einfach wirkender Zylinder wird meist über ein 3/2-Wegeventil als Stellglied gesteuert.

- **Steuerung doppelt wirkender Zylinder**

Doppelt wirkende Zylinder steuert man in der Pneumatik häufig mit 4/2-Wegeventilen. In umfangreichen Schaltungen werden diese Ventile fast immer impulsbetätigt ausgeführt. Mit 4/3-Wegeventilen und 5/2-Wegeventilen können doppelt wirkende Zylinder ebenfalls angesteuert werden. In der Mittelstellung des hier gezeigten Ventiles sind z.B. beide Zylinderanschlüsse entlüftet, der Kolben ist daher frei beweglich (Schwimmstellung). Auch bei einem doppelt wirkenden Zylinder wird das Stellglied möglichst nah an dem Zylinder montiert.

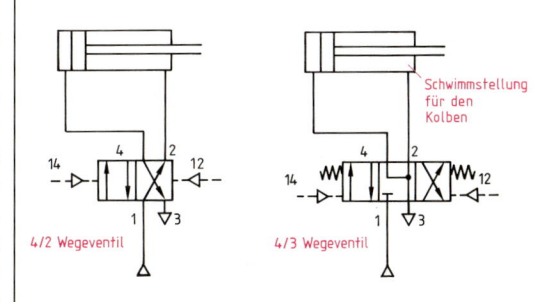

Steuerung doppelt wirkender Zylinder

> Ein doppelt wirkender Zylinder wird meist über ein Wegeventil gesteuert, das mindestens zwei Schaltstellungen hat.

- **Steuerung der Kolbengeschwindigkeit**

Sehr oft ist es notwendig, die Kolbengeschwindigkeit zu beeinflussen. Soll die Geschwindigkeit ins Langsame gesteuert werden, so setzt man Drosselrückschlagventile ein. Möglich ist dabei die Drosselung der Zuluft oder der Abluft. Die Drosselung der Abluft ist günstiger, weil der Kolben zwischen zwei Luftpolstern gespannt ist und dadurch eine gleichmäßigere Bewegung erzielt werden kann.

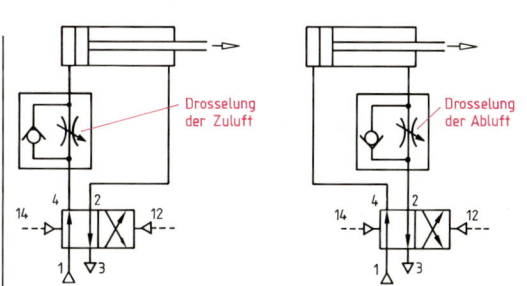

Steuerung der Kolbengeschwindigkeit beim Ausfahren

> Die Kolbengeschwindigkeit wird meist am günstigsten durch die Abluftdrosselung gesteuert.

Soll die Kolbengeschwindigkeit in beiden Richtungen ins Langsame beeinflusst werden, so kann die Steuerung mithilfe von zwei Drosselrückschlagventilen verwirklicht werden. Auch hier verwendet man am besten die Abluftdrosselung. Eine Beeinflussung ins Langsame beim Vorlauf und ins Schnelle beim Rücklauf ist ebenfalls möglich. Den Vorlauf steuert man über ein Drosselrückschlagventil in der Abluft, den Rücklauf über ein Schnellentlüftungsventil.

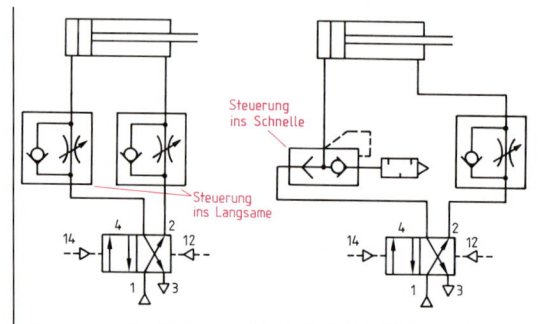

Steuerung der Kolbengeschwindigkeit bei Vor- und Rücklauf

Die Kolbengeschwindigkeit ins Langsame wird mit Drosselrückschlagventilen gesteuert.
Die Kolbengeschwindigkeit ins Schnelle wird mit Schnellentlüftungsventilen gesteuert.
Durch Drosselventile wird bei Druckluftmotoren die Drehfrequenz (Drehzahl) beeinflusst.

4.2 Grundsteuerungen

Der Steuerungsteil einer Anlage muss mit dem Arbeitsteil logisch verknüpft sein. Es werden entsprechend der Verknüpfung folgende Grundsteuerungen unterschieden:

- willensabhängige Steuerungen,
- wegeabhängige Steuerungen,
- zeitabhängige Steuerungen,
- kombinierte Steuerungen.

• Willensabhängige Steuerungen

Bei willensabhängigen Steuerungen werden alle Start- und Steuersignale von der Bedienungsperson eingegeben. Dabei wird der Vor- und Rücklauf der Zylinder bzw. der Rechts- und Linkslauf der Motoren einzeln angesteuert. Soll das Antriebsglied nur so lange angesteuert werden, wie das Signalglied betätigt wird, verwendet man als Stellglieder Ventile mit Federrückstellung; in diesen Ventilen wird das Signal nicht gespeichert.

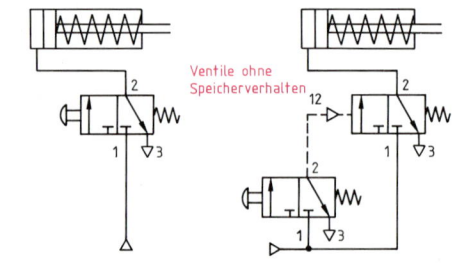

Willensabhängige Steuerungen ohne Speicherverhalten

Soll das Antriebsglied dagegen so lange angesteuert bleiben, bis es durch ein entgegengesetztes Signal wieder die Ausgangsstellung einnimmt, so verwendet man als Stellglieder Ventile ohne Federrückstellung. Üblich sind hierbei entweder handgesteuerte 3-Stellungsventile oder über Impuls angesteuerte 2-Stellungsventile; in diesen Ventilen wird das Signal gespeichert.

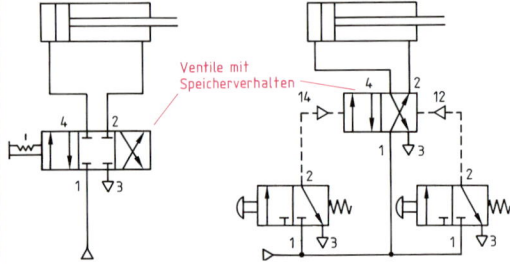

Willensabhängige Steuerungen mit Speicherverhalten

Willensabhängige Steuerungen sind nur für sehr einfache Aufgaben – etwa Spannvorgänge – geeignet. Bei umfangreichen pneumatischen Steuerungen ist die willensabhängige Steuerung jedoch insoweit notwendig, als sie zum ersten Einleiten jeder Maschinensteuerung erforderlich ist oder als Notbetätigung bei automatisierten Steuerungen unbedingt vorhanden sein muss.

Willensabhängige Steuerungen sind vom Menschen als Bedienungsperson abhängig.

- **Wegeabhängige Steuerungen**

Bei wegeabhängigen Steuerungen werden die Signalglieder von dem Antriebsglied betätigt. Dabei schaltet ein Nocken an der Kolbenstange die Ventile in Abhängigkeit vom zurückgelegten Weg. Für die Signalglieder setzt man Ventile ein, die entweder über Taster und Tastrollen oder über Tastrollen mit Leerrücklauf betätigt werden. Taster und Tastrollen geben die Signale weiter, wenn die Ventile erreicht oder überfahren werden. Bei Tastrollen mit Leerrücklauf wird das Signal nur in einer Anfahrrichtung wirksam.

In pneumatischen Schaltplänen wird die Lage von wegeabhängig betätigten Ventilen jeweils durch einen Markierungsstrich beim zugehörigen Antriebsglied gekennzeichnet. Die Betätigungsrichtung wird, falls erforderlich, durch einen Richtungspfeil dargestellt. In Richtung der Pfeilspitze erfolgt die Betätigung, also entweder nur beim Vorhub oder nur beim Rückhub.

Durch die Lagekennzeichnung der Signalglieder kann man in Schaltplänen die Darstellungsform der Steuerkette beibehalten und dennoch erkennen, wie die Wegeabhängigkeit der Signale ist.

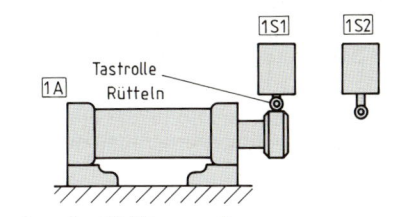

Einbaulage der 3/2-Wegeventile

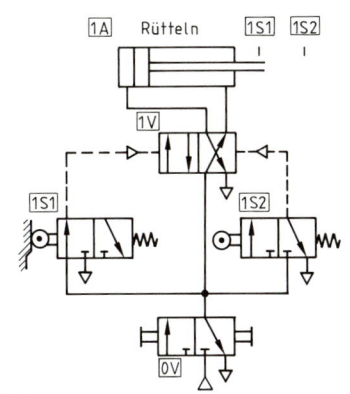

Schaltplan

Wegeabhängige Steuerungen werden durch die Bewegungen des Kolbens (des Antriebsgliedes) gesteuert.

- **Zeitabhängige Steuerungen**

In der Pneumatik kann man zeitabhängige Steuerungen mit Verzögerungsventilen verwirklichen. Die Verzögerungszeit zwischen dem Signaleingang und dem Auslösen der Steuerung (Signalausgang) kann über eine Drossel stufenlos eingestellt werden.

Durch den nachgeschalteten Speicher dauert es eine gewisse Zeit, bis sich der notwendige Schaltdruck für das 3/2-Wegeventil aufgebaut hat. Mit Drossel und Speicher lassen sich Verzögerungszeiten von mehreren Minuten erreichen.

Zeitverzögerte Druckversorgung

Nach Betätigung des Zeitgliedes durch das Eingangssignal erfolgt die *Druckversorgung* am Ausgang (Ausgangssignal) nach einer bestimmten einstellbaren Zeit.

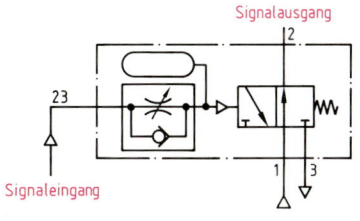

Zeitverzögerte Druckabschaltung

Nach Betätigung des Zeitgliedes durch das Eingangssignal erfolgt die *Druckabschaltung* am Ausgang (Ausgangssignal) nach einer bestimmten einstellbaren Zeit.

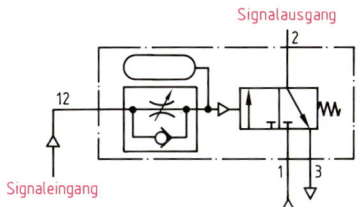

Zeitverzögerte Druckversorgung

Zeitverzögerte Druckabschaltung

Für zeitabhängige Steuerungen verwendet man Verzögerungsventile.
Die Verzögerungszeit wird über eine Drossel eingestellt.

4.3 Beispiele von pneumatischen Steuerungen

4.3.1 Steuerung mit einfachwirkendem Zylinder

In einer Presse werden Lagerbuchsen in Laufrollen eingepresst. Die Laufrollen und die Lagerbuchsen werden von Hand in die Pressvorrichtung eingelegt. Der Pressvorgang soll in folgenden Schritten ablaufen:

Schritt	Beschreibung des Ablaufes	Kurzzeichen
1	Pressen; Zylinder fährt aus	1A +
2	Lösen; Zylinder fährt ein	1A –

Zusatzbedingungen:

- Der Presszylinder soll dann ausfahren und ausgefahren bleiben, wenn das Schutzgitter über dem Endschalter 1S2 geschlossen ist und der Handtaster 1S1 betätigt wird.
- Im ausgefahrenen Zustand betätigt der Zylinder den Endschalter 1S3, dieser soll das Stellglied so umschalten, dass der Zylinder einfährt.

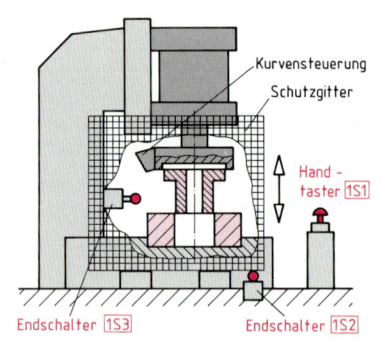

Technologieschema Presse

Zuordnungsliste für Ausgangszustand

Eingang	Handtaster 1S 1 betätigt:	E1 = 1
	Endschalter 1S 2 betätigt:	E2 = 1
	Endschalter 1S 3 betätigt:	E3 = 1
Ausgang	Zylinder 1A +; somit Stellglied 1V 2 in a:	A1 = 1
	Zylinder 1A –; somit Stellglied 1V 2 in b:	A2 = 1

Logikplan für das Ausfahren des Zylinders

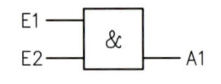

Logikplan für das Einfahren des Zylinders

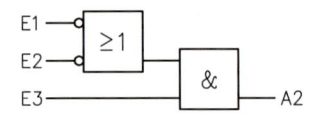

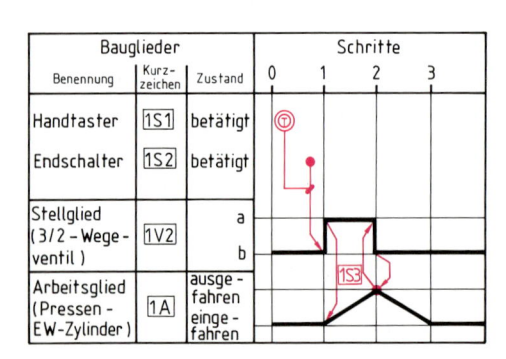

Funktionsdiagramm

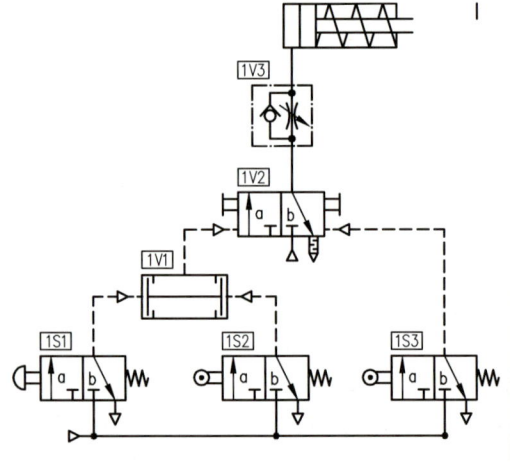

Pneumatikschaltplan

Übungsaufgaben ST-67

4.3.2 Steuerung mit doppeltwirkendem Zylinder

In einer Klebepresse werden zwei Bauteile aufeinander gepresst. Die Bauteile werden von Hand in die Presse gelegt und justiert. Der Pressvorgang soll in folgenden Schritten ablaufen:

Schritt	Beschreibung des Ablaufes	Kurzzeichen
1	Pressen; Zylinder fährt aus	1A +
2	Pressvorgang dauert an, Endschalter 1S3 gibt kein Signal	E3 = 0
3	Lösen; Zylinder fährt ein	1A –

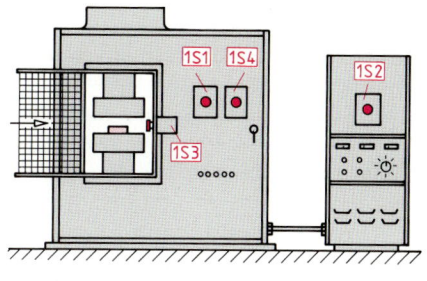

Technologieschema Klebepresse

Zusatzbedingungen:
- Der Pressvorgang soll nur dann möglich sein, wenn das Schutzgitter geschlossen ist.
- Der Pressvorgang wird entweder über die Handtaster 1S1 und 1S4 an der Maschine eingeleitet oder über den etwas entfernt liegenden Taster 1S2 an der Steuersäule.
- Der Presszylinder fährt immer dann ein, wenn das Schutzgitter geöffnet wird.

Zuordnungsliste für Ausgangszustand

Eingang	Handtaster 1S 1 betätigt:	E1 = 1
	Handtaster 1S 2 betätigt:	E2 = 1
	Endschalter 1S 3 betätigt:	E3 = 0
	Handtaster 1S 4 betätigt:	E4 = 1
Ausgang	Zylinder 1A +; somit Stellglied 1V 2 in a:	A1 = 1
	Zylinder 1A –; somit Stellglied 1V 2 in b:	A2 = 1

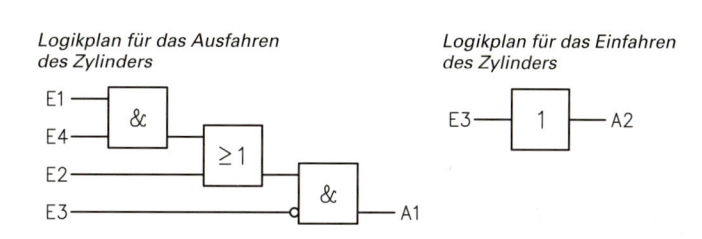

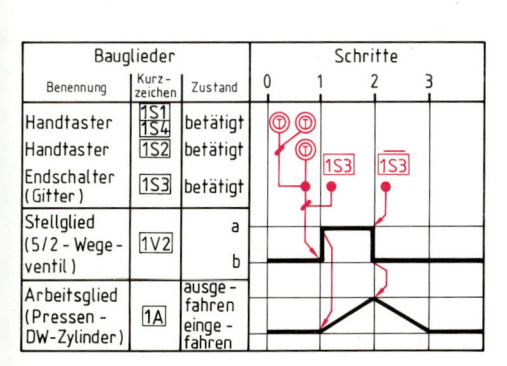

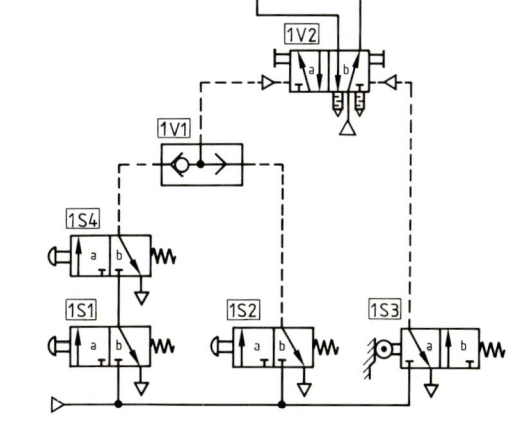

Logikplan für das Ausfahren des Zylinders

Logikplan für das Einfahren des Zylinders

Funktionsdiagramm

Pneumatikschaltplan

Übungsaufgaben ST-68 bis ST-71

5 Wartung und Fehlersuche

5.1 Wartung von pneumatischen Steuerungen

Steuerungsanlagen müssen in vorgeschriebenen Zeitintervallen systematisch gewartet werden, damit lange Betriebszeiten gewährleistet sind und die Anlage wirtschaftlich arbeitet. Die systematische Wartung und Kontrolle einer Steuerung wird erleichtert, indem man die Anlage so unterteilt, dass einzelne Teilbereiche unter besonderen Wartungsgesichtspunkten betrachtet werden können. Bei der Wartung kann man die Teilbereiche Druckversorgung, Leitungssystem und Bauelemente unterscheiden.

- **Wartung im Bereich der Druckversorgung**

Für Druckluft gilt, dass sie möglichst wasser-, staub- und schmutzfrei ist. Die Wartungseinheiten sind regelmäßig zu kontrollieren. Angesammeltes Kondensat muss abgelassen werden.
Die Filter in der Wartungseinheit halten Staubteilchen und Kondensat zurück. Deshalb müssen sie in bestimmten Zeitabständen gesäubert oder ausgewechselt werden.
Bei stark beanspruchten Anlagen soll die Druckluft nach Bedienungsvorschrift mit Öl angereichert werden. Branchenspezifische Vorschriften sind dabei zu beachten (z.B. die Hygienevorschriften in der Lebensmittelindustrie).

Wartungseinheit

- **Wartung im Bereich der Leitungssysteme**

Vorbeugende Maßnahmen verhindern Störungen in der Versorgung der Anlagen mit Druckluft. Hierzu gehört vor allem die richtige Verlegung des Rohrleitungsnetzes. Insbesondere ist darauf zu achten, dass Abzweigungen von der Hauptleitung zur Luftentnahme *nach oben* erfolgen und dass die Abzweigungen für die Kondensatenleerung nach unten angebracht werden.
Bei der Montage von Leitungen oder Anschlüssen ist unbedingt darauf zu achten, dass in den Rohren oder Schläuchen keine Schmutzteilchen oder Späne zurückbleiben.

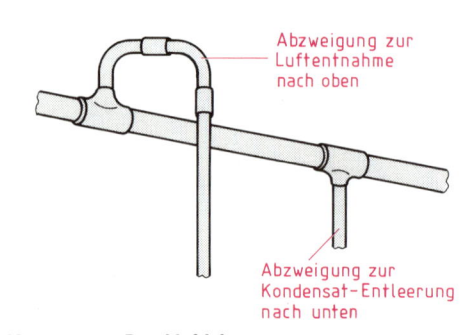

Montage von Druckluftleitungen

Während des Betriebes müssen die Druckluftleitungen und die Anschlüsse regelmäßig auf Dichtigkeit überprüft werden. Schadhafte Leitungen und undichte Anschlüsse in einer Anlage können Verluste von mehreren tausend Euro verursachen.

Beispiel für Betriebskosten durch Leckverluste

Leckgröße in mm	Luftverbrauch bei 6 bar in l/s	Verlustleistung in kW	Kosten bei 8 000 Betriebsstunden in EUR
$d = 1$ •	1,3	0,32	512,00
$d = 5$ ●	30,9	8,3	13 280,00

- **Wartung von pneumatischen Bauelementen**

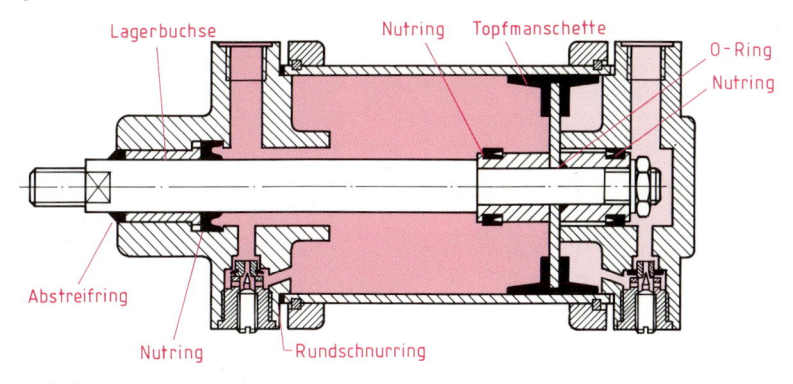

Verschleißteile am Zylinder

Die Wartung von pneumatischen Bauelementen erfolgt zunächst dadurch, dass Verschleißteile beobachtet und im Bedarfsfall ausgewechselt werden.
Verschleißerscheinungen von Dichtungen an Zylindern lassen sich durch den Abrieb an den Kolbenstangen beobachten. Bei Zylindern sind zusätzliche Abdeckungen einzubauen, wenn sehr hoher Schmutz- bzw. Staubanfall vorliegt.
Insbesondere in der Einlaufphase einer Anlage können Schmutzpartikel und Späne die Funktionen beeinträchtigen.
Verschleiß in Ventilen ist nicht vorbeugend zu erkennen. Verschleißerscheinungen in Ventilen werden erst deutlich, wenn Störungen im Steuerungsablauf auftreten.
Die Befestigungen der Bauteile müssen regelmäßig überprüft werden, weil sich durch Erschütterungen die Bauteile lockern und lösen können.
Ein wirkungsvolles Mittel zur vorbeugenden Schadensbekämpfung ist die systematische Erfassung von aufgetretenen Fehlern und Störungen in einer Anlage. Dazu benutzt man ein Protokollbuch mit entsprechenden Schadenslisten.

> Die beste Wartung für die Funktion von Steuerungsanlagen ist die Bereitstellung von wasserfreier Luft, die sorgfältig gefiltert sein muss. Kondensat muss regelmäßig entfernt werden. Bauteile sind regelmäßig auf Verschleiß und auf festen Sitz zu überprüfen.

Für die verschiedenen Wartungsarbeiten sind bei Steuerungen unterschiedlich große Wartungsintervalle vorgeschrieben. Diese Zeitabstände richten sich nach der Betriebszeit der Anlage und den Einsatzbedingungen.

Wichtige regelmäßige Wartungsarbeiten für pneumatische Anlagen

Wartungsintervall	Maßnahmen
Täglich	Kondensat ablassen (bei nicht automatischen Geräten) Öler in der Wartungseinheit kontrollieren
Wöchentlich	Funktion der Signalglieder überprüfen Druckmesser nachprüfen Ölmenge im Öler prüfen
Vierteljährlich	Leitungen und Anschlüsse auf Dichtigkeit prüfen Filterpatronen reinigen Funktionsprüfungen am automatischen Kondensatablass Befestigungen der Bauteile überprüfen
Halbjährlich	Kolbenstangenführungen auf Verschleiß untersuchen Abstreifringe und Dichtungen gegebenenfalls erneuern

Übungsaufgaben ST-74 bis ST-76

5.2 Fehlersuche in pneumatischen Steuerungen

In einer pneumatischen Steuerung können verschiedene Fehler auftreten. Diese Fehler haben sehr unterschiedliche Ursachen. Es ist daher nicht möglich, für jeden einzelnen Fall konkrete Hinweise zu geben. Die Fehlersuche wird durch sorgfältige Planung der Anlage, Auswahl der Bauelemente und Montage erleichtert.

• **Maßnahmen zur Vereinfachung der Fehlersuche**

Übersichtliche Planungsunterlagen
- Schaltpläne und Funktionsdiagramme müssen nach einheitlichen Gesichtspunkten aufgebaut sein.
- Bauteile, Rohrleitungen und Anschlüsse sollen sowohl in den Konstruktionsunterlagen als auch in der Anlage eindeutig und gleich gekennzeichnet sein.

Zweckmäßige Auswahl der Bauteile
- Bei elektrischen Bauteilen solche bevorzugen, die ihre Signalzustände durch Leuchtdioden anzeigen (LED-Anzeige).
- Pneumatische bzw. hydraulische Ventile mit Druckanzeigegeräten ausstatten, sodass die jeweilige Schaltstellung von außen ersichtlich ist.
- Bei größeren Anlagen Anzeigegeräte zur zentralen Überwachung von Prozessdaten und Prozesszuständen auf Schalttafeln vorsehen.

Übersichtliche Anordnung der Bauelemente
- Geräte mit gleicher Funktion sind möglichst nach dem gleichen Aufbauschema anzuordnen.
- Leitungen mit gleicher Funktion kennzeichnet man durch gleiche Farbgebung.
- Bauteile und ihre Anschlüsse so montieren, dass eine Demontage mit normalen Werkzeugen ohne großen Aufwand erfolgen kann.

Beispiele für Fehler in der Anlage und in den Bauteilen

Art der Störung	Fehlerursache	Fehlerfolge	Hinweise zur Behebung
Luftversorgung ist nicht ausreichend	Anlage ist zu klein ausgelegt, Querschnittsverringerung durch Schmutz, Luftverlust durch Undichtigkeiten in der Anlage	In der Taktfolge der Zylinder treten Störungen auf. Die Kräfte an den Arbeitselementen reichen zeitweise nicht aus.	Ist die Anlage erweitert worden? Leckstellen aufsuchen! Filter überprüfen! Korrodierte Leitungen austauschen!
Hoher Kondensatanfall oder feuchte Druckluft	Trockner arbeitet nicht, Kondensat ist nicht entfernt worden, Automatischer Kondensatablass ist defekt, Anschlussleitungen sind falsch verlegt	Schaltfunktionen sind beeinträchtigt, Ventilteile sitzen fest, Korrosionsschäden treten auf, Schmierstoffe in der Anlage emulgieren und verharzen	Tägliche Kontrolle der Wartungseinheiten! Filter austauschen!
Zylinder führt vorgesehene Bewegungen nicht aus	Rückschlagventil ist undicht, Ringdüse am Stromregelventil ist verklebt, Stellglieder steuern nicht um, Rückstellfeder im Zylinder gebrochen	Kolbengeschwindigkeit lässt sich nicht mehr regeln, Kolben fährt nicht mehr ein oder aus, Kolben fährt ruckartig	Verschleißteile oder Federn in den Bauteilen auswechseln. Elektrischen Anlagenteil auf Spannung überprüfen
Ventile führen vorgesehene Funktionen nicht aus	Ventil ist verschmutzt, Feder im Ventil ist gebrochen, Dichtsitze in den Ventilen sind beschädigt, Dichtringe sind gequollen, Entlüftungsbohrungen sind verstopft, Magnetspule ist durchgebrannt	Taktfolge in der Anlage ist gestört, Kolben fahren nicht mehr ein oder aus, Elektrischer Anlagenteil ist ohne Spannung, an Ventilen treten Leckverluste auf	Verschleißteile oder Federn in den Bauteilen auswechseln. Elektrischen Anlagenteil auf Spannung überprüfen Ventile komplett austauschen.

Arbeitsauftrag:	**Entwerfen und Testen einer pneumatischen Steuerung**

In einem Betrieb sollen Werkstücke in Serie gebohrt werden. Der Fertigungsablauf soll schrittweise von der reinen Handarbeit zum voll mechanisierten Ablauf durch pneumatisch betriebene Hilfsmittel verbessert werden.
Die Verbesserungen einer jeden Ausbaustufe bleiben in der Folge erhalten.
Erstellen Sie jeweils den Schaltplan und die Geräteliste. Testen Sie die Schaltung.

Ausbaustufe 1

Der Bediener legt ein Werkstück in die dargestellte Vorrichtung. Auf Knopfdruck wird das Werkstück pneumatisch durch einen doppelt wirkenden Zylinder gespannt.
Der Vorschub der Bohrmaschine wird von Hand betätigt.
Nach Drücken des Tasters Lösen fährt der Kolben des Spannzylinders in seine Ausgangslage zurück.

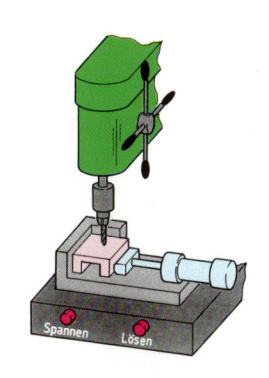

Ausbaustufe 2

Es wird ein Fallmagazin eingesetzt. Die Werkstücke werden auf Knopfdruck des Bedieners vorgeschoben und gespannt. Der Vorschub beim Bohren erfolgt von Hand.
Im Fallmagazin muss immer noch ein Werkstück vorhanden sein, da sonst der Hub des Kolbens zum Spannen zu klein ist. Der Zylinder darf erst dann lösen, wenn die Bohrspindel wieder oben ist.

Ausbaustufe 3

Zusätzlich zum Spannzylinder wird ein Auswerfzylinder eingesetzt. Dieser darf jedoch erst ausfahren, wenn der Bohrer oben ist und der Spannzylinder gelöst hat.

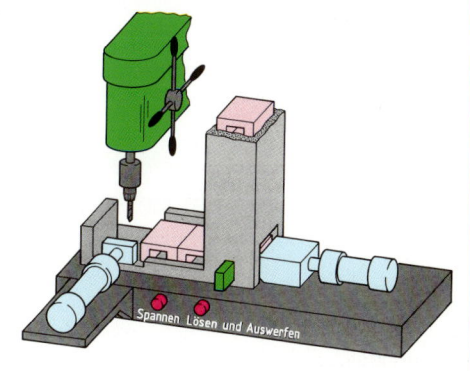

Ausbaustufe 4

Nach dem Ausstoßen des Werkstücks, jedoch vor dem Einschieben eines neuen Werkstücks soll durch einen Druckluftstoß die Auflagefläche von Spänen frei geblasen werden.

Kreativ- und Präsentationstechnik

Handlungsfeld: Präsentation kreativ entwickelter Lösungen

Problemstellung

Auftrag

Der Entwurf eines einfachen Biegewerkzeugs zum Biegen von Laschen ist zu präsentieren.

Werkzeugentwurf

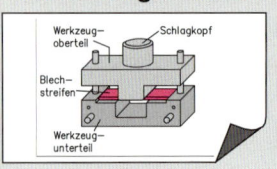

Werkstückskizze

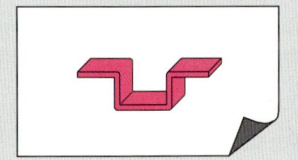

Analysieren

Gegebenheiten:
- Allgemeines Zielverständnis der Planungsgruppe
- Zielgruppe
  - Zusammensetzung und Anzahl
  - Erwartungen und Befürchtungen
  - Präsentationsgewohnheiten
- Räumliche und mediale Möglichkeiten
- Fähigkeiten des Präsentierenden

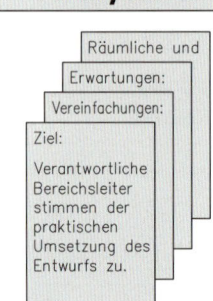

Analyseergebnisse:
- Aussagekräftige Zielformulierung
- Notwendige Vereinfachungen hinsichtlich
  - → Technischer Darstellungen
  - → Fachbegriffen
- Ermittelte Erwartungen der Zuhörergruppe
- Ermittelte räumliche und mediale Möglichkeiten

Planen und Vorbereiten

Entscheidung über:
- Inhalte
- Darstellung
  - Präsentationsmedien
  - Schrift
  - Formen und Farben
- Gestaltung der Präsentationsphasen (Eröffnung, Hauptteil, Schluss)

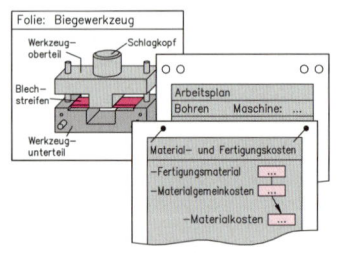

Ergebnisse:
- Konkrete Inhalte
  - wichtige Aspekte, z. B. technische, wirtschaftliche
  - Reduzierung und Strukturierung des Inhaltes
  - Zuordnung von Inhaltsaspekten und Medien
- Ausgewählte und bearbeitete Präsentationsmedien
- Ablaufplanung

Präsentieren

Durchführung von:
- Eröffnung
- Hauptteil
- Schluss

Wichtige Aspekte:
- Präsentationsgegenstand notieren
- Blickkontakt mit Zuhörern aufnehmen
- Präsentationsverlauf vorstellen

1 Kreativtechniken

Unternehmen fordern von ihren Mitarbeitern neben fachlichen Qualifikationen auch ein hohes Maß an Selbstständigkeit, Kreativität und Kooperationsfähigkeit. Deshalb müssen die Mitarbeiter imstande sein, allein oder in einem Team Problemlösungen zu entwickeln. **Kreativtechniken** helfen bei der Ideenfindung. Die beste Idee nutzt nichts, wenn sich niemand dafür interessiert. Darum müssen Vorschläge zu Problemlösungen, Verbesserungen u.a. denen deutlich gemacht werden, die über die Verwirklichung zu entscheiden haben. **Präsentationstechniken** helfen dabei, Ideen anschaulich und verständlich darzustellen.

1.1 Regeln zur kreativen Ideenfindung

Beim Einsatz von Kreativtechniken müssen bestimmte Regeln eingehalten und typische Schritte durchlaufen werden, damit die Kreativität des Menschen angeregt wird und Ideen gefunden werden. Kennzeichen von Kreativität ist flexibles, originelles, alternatives und konstruktives Denken.

Regeln:

⇨ Ideenanzahl geht vor Ideenqualität.
   Die Qualität der gefundenen Idee spielt zunächst keine Rolle.

⇨ Alles, was der Ideenfindung dient, ist erlaubt.
   In diesem Sinne sind alle originellen, ungewöhnlichen usw. Ideen gefragt.

⇨ Ideen nicht zurückhalten.
   Die Ideen der anderen fördern die eigenen Ideen.

⇨ Ideensuche von der Ideenkritik trennen.
   Die unmittelbare Ideenkritik blockiert die Ideensuche. Auch wenn es schwer fällt, sind diese Phasen unbedingt zu trennen.

⇨ Einfälle nicht zerreden.
   Knappe Beschreibung der Idee, keine Vorträge halten.

⇨ Rahmenvorgaben einhalten.
   Die Rahmenvorgaben fördern die Kreativität.

⇨ Killerphrasen sofort blockieren.
   Einige Beispiele für Killerphrasen:

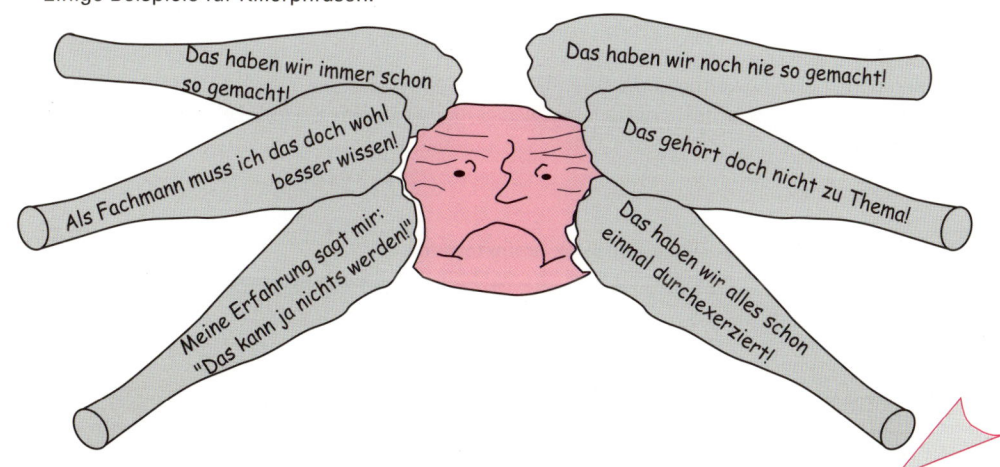

- Das haben wir immer schon so gemacht!
- Das haben wir noch nie so gemacht!
- Als Fachmann muss ich das doch wohl besser wissen!
- Das gehört doch nicht zu Thema!
- Meine Erfahrung sagt mir: „Das kann ja nichts werden!"
- Das haben wir alles schon einmal durchexerziert!

Kreativtechniken werden eingesetzt, um flexibles, originelles, alternatives und konstruktives Denken zu fördern. Dabei müssen die Regeln zur kreativen Ideenfindung eingehalten werden.

Übungsaufgabe KP-1

1.2 Brainstorming

Beim Brainstorming werden während eines festgelegten Zeitrahmens Ideen allein oder in Gruppen entwickelt, dokumentiert und gesammelt. Der Name „Brainstorming" deutet darauf hin, dass das Gehirn bei dieser Methode intensiv nach Ideen durchsucht werden soll.

Methodenbeschreibung:

⇨ **Anwendung:**

Das Brainstorming wird zum Sammeln von Ideen bei vorgegebenen Problem-, bzw. Themenstellungen eingesetzt.

⇨ **Durchführung:**

1. Einen Moderator bestimmen, der auf die Einhaltung der Regeln zur kreativen Ideenfindung und die Schritte zur Durchführung achtet.

2. Das Problem sowie die damit verbundene Zielsetzung für alle sichtbar in aussagekräftiger Form aufschreiben.

3. Das Zielverständnis der Teilnehmer herausfinden und vereinheitlichen.
   Möglichkeiten: Nachfragen, Ziel mit eigenen Worten beschreiben, Ziel gemeinsam umformulieren u. ä.

4. Brainstormingregeln (identisch mit den allgemeinen Regeln der kreativen Ideenfindung) erklären und dokumentieren.
   Möglichkeit: Regeln auf einen Flipchartbogen schreiben und einzeln mit allen Beteiligten besprechen.

5. Rahmenbedingungen festlegen: Dauer der Ideenfindung (in der Regel zwischen 10 und 20 Minuten), Einzelarbeit oder Gruppenarbeit (Gruppenarbeit fördert den Ideenfluss, optimale Gruppengröße 5 bis 12 Teilnehmer), Art der Ideendokumentation (in Stichworten und bei Gruppenarbeit für alle Gruppenmitglieder sichtbar auf Moderationskarten, Flipchart, Tafel u.ä.).

6. Brainstorming durchführen, d.h. die gefundenen Ideen aufschreiben und bei der Arbeit in Gruppen für alle sichtbar machen, z.B. auf Moderationskarten.

7. Gefundene Ideen gemeinsam ordnen.
   Möglichkeit: Ähnliche Ideen zu Gruppen zusammenfassen.

8. Gefundene Ideen bewerten und umsetzen.
   Möglichkeit: Die Frage beantworten, mit welcher Idee glauben wir unser Ziel am wahrscheinlichsten erreichen zu können?

Beispiel für den Einsatz der Kreativtechnik Brainstorming
(Ideensammlung auf Karten zum Thema: Müllvermeidung im Klassenraum)

Ideen sammeln:

- Brot in Brotdose verpacken statt in Alufolie
- Ordnungsdienst einführen
- Obst statt verpackte Süßigkeiten essen
- Prämien für gute Müllvermeidungsideen
- Müllkonzept entwickeln
- Kontrollen durchführen

Ideen ordnen:

Konzeptideen	Müllvermeidung	Kontrolle
Prämien für gute Müllvermeidungsideen	Obst statt verpackte Süßigkeiten essen	Ordnungsdienst einführen

Übungsaufgabe KP-2

1.3 Mind-Mapping

Zentraler Bestandteil der Mind-Mapping-Methode ist die Erstellung einer Mind-Map, welche die Denkweise des Gehirns in besonderer Weise unterstützt bzw. fördert. Unser Gehirn arbeitet nicht strukturiert („ordentlich"), sondern sprunghaft und gedankenverbindend. Es liefert uns in unstrukturierter Form weitaus mehr Daten und Informationen als in strukturierter. Deshalb können Mind-Maps von den Teilnehmern an jeder Stelle um neue Gedanken ergänzt oder bereits dokumentierte Gedanken weiterentwickelt werden.

Methodenbeschreibung:

⇨ **Anwendung:**

Das Mind-Mapping wird zur kreativen Ideenfindung, Planung von Referaten, Anfertigung von Gesprächsnotizen, Aufbereitung von Texten u.ä. eingesetzt.

⇨ **Durchführung:**

Ein Einzelner oder die Teilnehmer einer Gruppe bringen ihre spontanen Ideen zu einem bestimmten Thema oder einer Problemstellung schlagwortartig zum Ausdruck. Das Thema oder die Problemstellung wird in der Blattmitte notiert. Die ersten Ideen werden wie Äste um dieses Zentrum herum gruppiert. Weiterführende Gedanken, die zu den derart dokumentierten Ideen passen, werden wie Zweige dargestellt, die von den ersten Ideen abgehen. Jederzeit können neue Äste ergänzt oder einzelne Zweige weiter verästelt werden. Auch eine Veränderung der Zuordnung der Zweige zu einem anderen Ast ist möglich. Mind-Maps können von Hand oder mit Hilfe eines Rechnerprogramms, in Einzelarbeit auf einem Blatt Papier oder in Gruppen an einer Pinnwand angefertigt werden.

Beispiel für die Erstellung einer Mind-Map

1. Zielfestlegung
Die Bestandteile eines Arbeitsplans zur maschinellen Fertigung von Bauteilen sind mithilfe der Mind-Map-Methode in Kleingruppenarbeit bestimmt.

2. Maßnahme
Eine Mind-Map in Kleingruppenarbeit nach den Regeln zur kreativen Ideenfindung auf einem Pinnwandbogen erstellen:

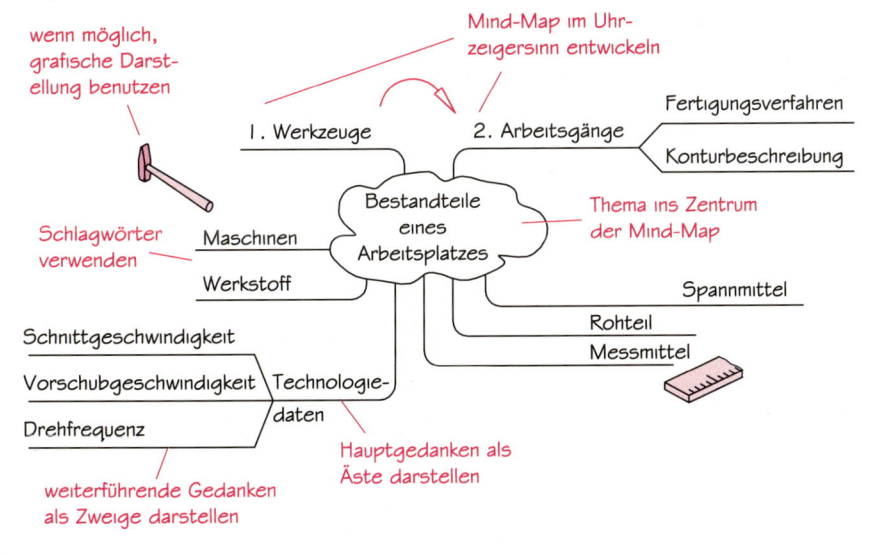

Übungsaufgabe KP-3

1.4 Ursache-Wirkungs-Diagramm (Ishikawa-Diagramm)

Das Ursache-Wirkungs-Diagramm (Ishikawa-Diagramm oder auch Fischgrätdiagramm) wird als Einstieg in einen Problemlösungsprozess eingesetzt. Dabei sorgt das im Ursache-Wirkungs-Diagramm dargestellte Gliederungsschema (ähnlich einer Fischgräte) mit den Ursachenbereichen: **M**ensch, **M**aschine, **M**ethode, **M**aterial (die 4 **M**s) dafür, dass sich die Ursachensuche auf die unterschiedlichsten Bereiche erstreckt. Das eigentliche Problem steht im Fischkopf, auf den alle Ursachenbereiche hindeuten. Zu jedem Ursachenbereich werden in kreativer Form Ideen für mögliche Ursachen allein oder in der Gruppe entwickelt und notiert.

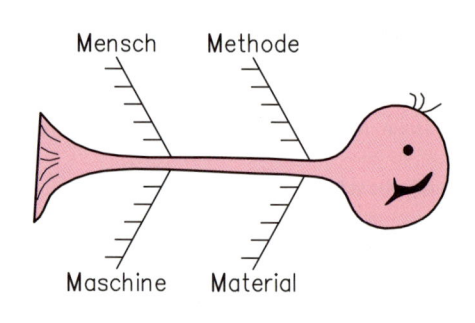

Fischgrätdiagramm

Methodenbeschreibung:

⇨ **Anwendung:**

Das Ursache-Wirkungs-Diagramm wird vorwiegend zum systematischen Auffinden möglicher Ursachen klar definierter Probleme, wie z.B. Fehler- oder Schadensursachen, eingesetzt.

⇨ **Durchführung:**

1. Problem (Fehler oder Schaden) genau beschreiben, z.B. Kraftaufwand beim Sägen von Hand ist zu groß.
2. Mögliche Ursachen zu bestimmten Bereichen in kreativer Weise, z.B. durch ein Brainstorming, herausfinden.
3. Wahrscheinlichste Ursachen bestimmen, z.B. durch Mehrheitsbeschluss per Einpunktabfrage.
4. Wahrscheinlichste Ursache weiter untersuchen, z.B. durch gezielte Fehler- oder Schadensanalyse.

Beispiel für den Einsatz des Ursache-Wirkungs-Diagramms

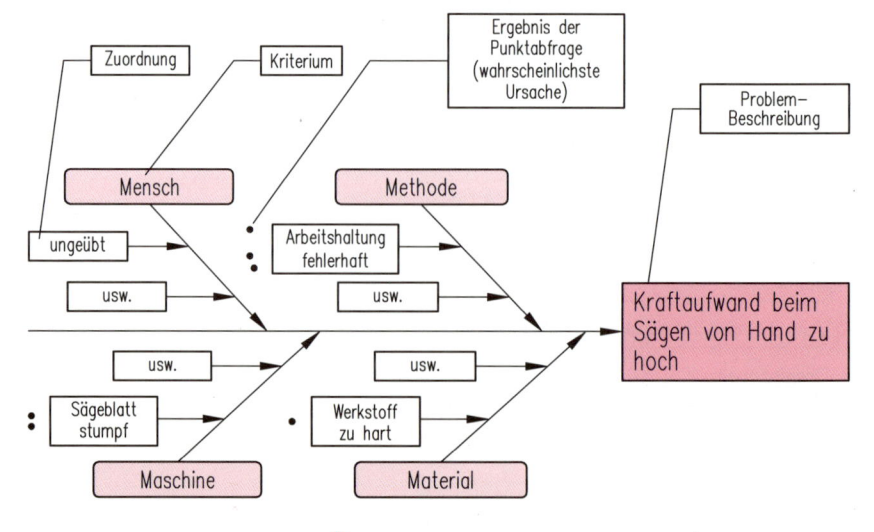

Übungsaufgabe KP-4

2 Präsentationstechniken

Die Entwicklung von Problemlösungen in Einzel- oder Teamarbeit geht häufig einher mit einer intensiven Auseinandersetzung mit der Frage- oder Problemstellung. Dafür wird Zeit benötigt, die die Zuhörer der Ergebnispräsentation meist nicht haben. Deshalb ist es notwendig, die Informationen, die während der Präsentation weitergegeben werden sollen, zu reduzieren, ohne dass die wesentlichen Aussagen und Ideen dabei verloren gehen. Weiterhin muss die Präsentation auf den Zuhörerkreis abgestimmt sein, um dessen Interesse zu wecken und aufrecht zu erhalten. Die vorangestellten Überlegungen machen deutlich, dass es kaum möglich ist, die Präsentation einfach mal so „aus dem Ärmel zu schütteln". Vielmehr ist eine systematische Vorbereitung und Durchführung sinnvoll, die über die reine Auswahl einer Präsentationstechnik hinausgeht. Dabei ist es hilfreich, in folgenden Schritten vorzugehen:

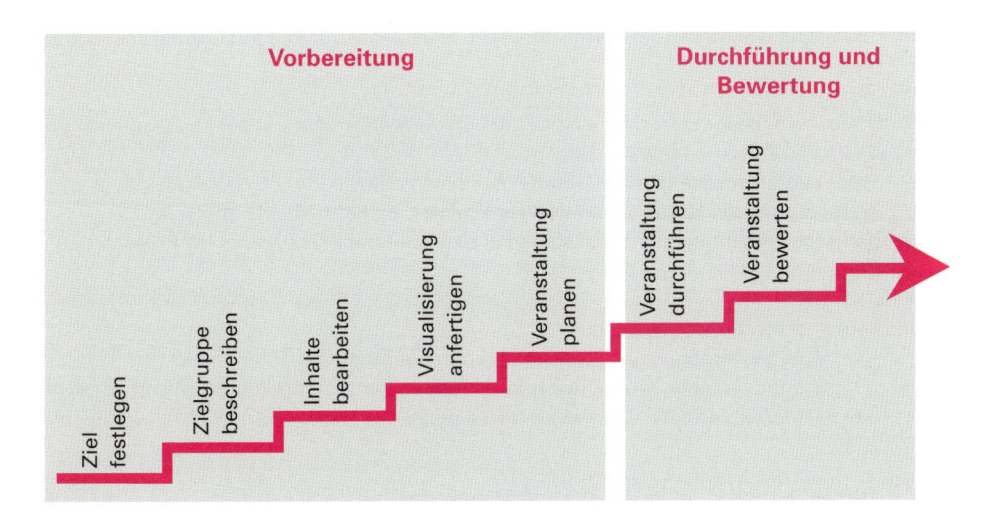

Schritte zur Vorbereitung, Durchführung und Bewertung einer Präsentation

2.1 Ziele festlegen

In einem Ziel wird exakt beschrieben, welches Ergebnis am Ende einer Maßnahme, z.B. einer Präsentation, erreicht sein soll. Wichtig ist in diesem Zusammenhang, zwischen Ziel und Maßnahme zu unterscheiden. Mithilfe geeigneter Maßnahmen ist es möglich, von einem vorhandenen Istzustand zu einem gewünschten Sollzustand zu gelangen, d.h. ein gestecktes Ziel zu erreichen.
Für die Verfolgung eines Ziels oder die Überprüfung der Zielerreichung ist es notwendig, ein Ziel aussagekräftig zu formulieren. Nur so wird deutlich, wohin man will bzw. ob man sein Ziel erreicht hat.

Unterschied von Ziel und Maßnahme

Ziele sollten möglichst:

- positiv formuliert werden, d.h. ohne Verneinung, Steigerung oder Vergleiche, z.B.:
  nicht: „Unsere Präsentation soll nicht mehr so chaotisch verlaufen, wie beim letzten Mal."
  sondern: „Unsere Präsentation ist gut strukturiert und anschaulich gestaltet."

- sinnspezifisch formuliert sein, d.h., wie sieht das Ergebnis aus, wie fühlt es sich an, wie hört es sich an u.ä., z.B.:
  nicht: „Die meisten Mitschüler finden unsere Präsentation gut."
  sondern: „Die meisten Mitschüler äußern, dass sie dem Vortrag gut folgen konnten und der Einsatz von Folien das Verständnis erleichtert hat."

- messbar sein, d.h., Angabe zu wie viel, wie lange, wo u.ä. enthalten, z.B.:
  nicht: „Der Einsatz von Folien zur Unterstützung des Vortrags kam bei den Zuhörern ganz gut an."
  sondern: „Mehr als zwei Drittel der Klasse findet den Folieneinsatz zur Unterstützung des Vortrags sinnvoll."

- aus eigener Kraft erreichbar sein, d.h., es muss die Frage beantwortet werden, was kann ich oder können wir tun, um das Ziel zu erreichen? Z.B.:
  nicht: „Der Lehrer müsste uns erst einmal die Präsentationssoftware besorgen, bevor wir mit der Vorbereitung der Präsentation unseres Projekts ‚Biegewerkzeug' beginnen."
  sondern: „Welche Präsentationsmedien stehen uns zurzeit für die Gestaltung der Präsentation zur Verfügung?"

- verträglich mit anderen Zielen sein, z.B.:
  nicht: „Unsere Präsentation wurde vollständig durchgeführt."
  sondern: „Unsere Präsentation wurde in der vereinbarten Zeit durchgeführt." (Wenn vorab eine Präsentationszeit von 5 Minuten vereinbart wurde.)

Beispiel für die Formulierungen von Ziel und Maßnahme

Ziel	Maßnahme
Allen Mitschülern unserer Klasse sind die Ergebnisse unserer Gruppenarbeit hinsichtlich der Festlegung der Fertigungsschritte zur Herstellung einer Anpressbuchse durch Drehen am Ende der Präsentation bekannt.	Als Orientierung für unsere Mitschüler heften wir eine Vergrößerung der Anpressbuchse an eine Pinnwand. Die Fertigungsschritte zur Herstellung der Anpressbuchse notieren wir auf Karten, die wir während unseres Vortrags ebenfalls an die Pinnwand heften.

Innerhalb der Vorbereitung einer Präsentation muss somit zunächst die Frage geklärt werden: „Was will ich/wollen wir mit meiner/unserer Präsentation erreichen?" Häufige Präsentationsziele sind z.B.:

- Informationen, Arbeitsergebnisse oder -abläufe sind ... bekannt,
- Bewusstsein für die bestehenden Schwierigkeiten ist ... geweckt,
- Motivation, Überzeugung für das angeregte Projekt ... ist vorhanden,
- Entscheidungen für den Zielort unserer Klassenfahrt ... wurden beeinflusst.

Den Ausgangspunkt zur Vorbereitung einer Präsentation stellt eine aussagekräftige Zielformulierung dar.

2.2 Zielgruppe beschreiben

Präsentationen werden für einen bestimmten Zuhörerkreis vorbereitet. Deshalb ist es wichtig, vorab einige Informationen über die Zuhörer und ihre Interessen in Erfahrung zu bringen. Zu diesem Zweck sind die folgenden Fragen hilfreich:

- Wie setzt sich die Zuhörergruppe zusammen?
  Es ist ein großer Unterschied, ob die Präsentation vor Mitschülern bzw. anderen Auszubildenden stattfindet oder vor einer gemischten Gruppe aus Vorgesetzten und Auszubildenden, die möglicherweise noch aus unterschiedlichen Fachgebieten bzw. Abteilungen kommen. Einen Vortrag, der hinsichtlich des Gebrauchs der Fachsprache z.B. folgendermaßen abläuft: „Um das Rohmaß der Rohrschelle zu bestimmen, mussten zunächst die Längen der neutralen Fasern der gebogenen Teilstücke, die hier auf der Zeichnung zu erkennen sind, berechnet werden.", kann ein Teilnehmer aus der kaufmännischen Abteilung sicher nicht mehr folgen, da ihm der Begriff neutrale Faser unbekannt ist und es nicht zu seinen Aufgaben gehört, technische Zeichnungen zu lesen.

Präsentation vor Mitschülern

- Wie hoch ist die Anzahl der Zuhörer?
  Bei einer Tischrunde von drei Mitschülern kann die Skizze auf dem Notizblock oder ein aufgestelltes Schild ausreichen, um den Vortrag anschaulich zu gestalten, in einem Klassenraum mit 25 Schülern reicht diese Darstellungsform nicht mehr aus. In diesem Fall ist eine Vergrößerung auf einem Flipchart oder über einen OH-Projektor o.ä. notwendig.

- Welche Erwartungen und Befürchtungen haben die Zuhörer möglicherweise?
  Geht die Präsentation an den Erwartungen der Zuhörer vorbei, kommt Langeweile auf und die Zuhörer sind unkonzentriert.

- Welche Präsentationsgewohnheiten gibt es?
  Es gibt Gruppen von Zuhörern, die den Einsatz elektronischer Medien mit anschaulich gestalteten Übersichten als Standard ansehen. Es gibt aber auch Zuhörer, die es gewohnt sind, dass die Darstellungen schrittweise vor ihren Augen entwickelt werden, z.B. auf dem Flipchart oder mithilfe von beschrifteten Karten.

- Ist die Präsentation in eine Präsentationsreihe eingebunden?
  Innerhalb der jeweiligen Präsentationen sollte ein Medienwechsel stattfinden, da auch der interessierteste Zuhörer nach dem vierten Folienvortrag in Folge das Interesse verliert.
  Von der Beantwortung dieser Fragen hängen Planungsentscheidungen, wie z.B. die Bild- oder Schriftgröße, die verwendeten Fachbegriffe, die Informationstiefe, der Medieneinsatz usw., ab. Ist der Zuhörerkreis dem Vortragenden unbekannt, sind die notwendigen Informationen meist über Gespräche mit den Organisatoren zu bekommen.

> Zur Vorbereitung einer Präsentation gehört die Analyse der Zuhörergruppe. Die Analyseergebnisse liefern Hinweise für die Gestaltung der Präsentation.

2.3 Inhalte bearbeiten

Die Inhalte bilden die Grundlage der Präsentation, ihre Vermittlung ist das Hauptanliegen. Die Inhalte werden durch die Themenvorgabe oder -auswahl bestimmt. Liegt das Thema fest, geht es zunächst darum, alle Inhalte zu ermitteln und zu sammeln, die einen Bezug zum Thema haben oder haben könnten. An dieser Stelle sollte noch nicht zu kritisch sortiert werden.

Übungsaufgabe KP-7

In einem zweiten Schritt werden die gesammelten Inhalte in Bedeutsames und Unbedeutsames getrennt.

In einem dritten Schritt werden die bedeutsamen Inhalte auf das Wesentliche reduziert und in eine für den Planer der Präsentation anschauliche Struktur gebracht. Die Strukturierung kann z.B. in Ablaufschemata, Tabellen oder Gegenüberstellungen erfolgen.

Die Frage, welche Inhalte bedeutsam und wesentlich sind, kann anhand der Zielentscheidung beantwortet werden.

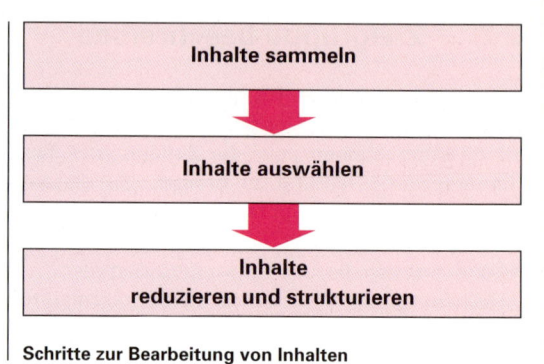

Schritte zur Bearbeitung von Inhalten

| Beispiel | für die Bearbeitung von Inhalten zum Thema Werkstoffeigenschaften |

Inhalte sammeln und auswählen:

... für uns, die wir Werkstoffe verarbeiten, stehen die Verarbeitungseigenschaften im Vordergrund. Für Werkstücke, die gegossen werden, benutzen wir Werkstoffe mit guter Gießbarkeit. Solche mit guter Umformbarkeit verarbeiten wir durch Schmieden, Walzen usw. Diejenigen Eigenschaften, die für die Verarbeitung wichtig sind, nennt man technologische Eigenschaften. Wichtig sind aber ebenso die physikalischen Eigenschaften. Hierzu zählen besonders die mechanischen Eigenschaften wie Zugfestigkeit, Elastizität, Härte. Zu den physikalischen Eigenschaften gehören aber auch die thermischen Eigenschaften wie Wärmedehnung und Wärmeleitfähigkeit sowie die elektrischen Eigenschaften wie z.B. die elektrische Leitfähigkeit. Von den chemischen Eigenschaften sind die Korrosionsbeständigkeit und die Giftigkeit für den Metallbereich besonders wichtig ...

Inhalte reduzieren und strukturieren:

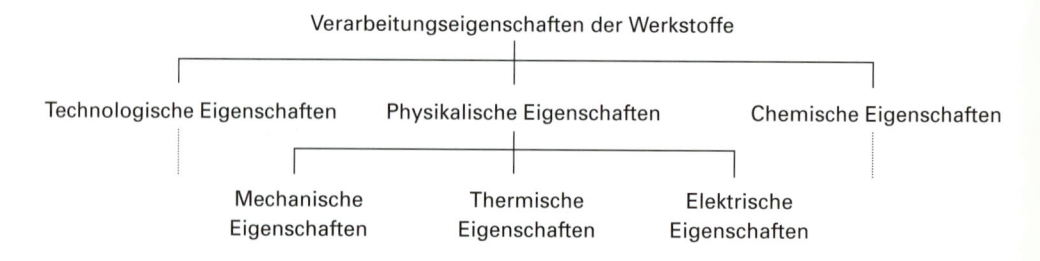

Verarbeitungseigenschaften der Werkstoffe
- Technologische Eigenschaften
- Physikalische Eigenschaften
  - Mechanische Eigenschaften
  - Thermische Eigenschaften
  - Elektrische Eigenschaften
- Chemische Eigenschaften

2.4 Darstellung (Visualisierung) anfertigen

Die ausgewählten und strukturierten Inhalte müssen in eine für die Zuhörer verständliche und ansprechende Form gebracht, d.h. dargestellt (visualisiert) werden. Die visualisierte Präsentation hat gegenüber der rein sprachlichen Form wesentliche Vorteile:

- Wichtige Informationen sind z.B. auf einem Flipchart dokumentiert und bleiben so allen Zuhörern präsent, wodurch die Aufmerksamkeit und die Konzentration gesteigert wird.
- Die Struktur des Vortrags wird transparent, d.h. der rote Faden wird für die Zuhörer deutlich.
- Wichtiges kann grafisch hervorgehoben werden, wodurch die Konzentration der Zuhörer auf das Wesentliche gelenkt wird.
- Die Dokumentation kann zur Orientierung bei Verständnisfragen genutzt werden u.ä.

Welche Arbeiten im Rahmen der Visualisierung anfallen, hängt im Wesentlichen von dem gewählten Präsentationsmedium ab.

- **Präsentationsmedium auswählen**

Der Einsatz eines geeigneten Präsentationsmediums zur Unterstützung der Darstellung bestimmter Inhalte ist entscheidender für das, was die Teilnehmer sich merken und wie sie die Qualität der Präsentation bewerten, als die Inhalte selbst. Der Auswahl eines geeigneten Präsentationsmediums sollte deshalb ebenso viel Beachtung geschenkt werden, wie der Bearbeitung der Inhalte. Für die Auswahl steht eine Vielzahl unterschiedlicher Medien zur Verfügung, die ggf. auch in unterschiedlichen Kombinationen zum Einsatz kommen können. Alle Medien können zur Dokumentation von Text und Bildinformationen in unterschiedlichen Größen, Strukturen und Farben eingesetzt werden.

Übersicht über Medien und deren Einsatzbedingungen

Medium	Einsatzbedingungen
Tafel	• Texte oder Skizzen können vor oder sinnvollerweise parallel zum Vortrag auf der Tafel dokumentiert werden. • Tafeln sind meist in allen Klassen- und Schulungsräumen direkt verfügbar. • Der Tafelanschrieb steht nur für eine begrenzte Zeit zur Verfügung. • Die Bilddarstellung beschränkt sich auf die Anfertigung von Skizzen oder die Verwendung vorgefertigter Bildplakate (Applikationen) während eines Vortrags.
Flipchart	• Flipcharts und -bögen sind mobil einsetzbar. • Die parallele Darstellung mehrerer Flipchartbögen, z.B. um unterschiedliche konstruktive Lösungen zu einer Problemstellung zu vergleichen, ist sehr gut möglich. • Eine Vervielfältigung der Flipchartinformation mithilfe einer Digitalkamera und anschließende Bearbeitung auf einem Rechner ist mit einigem Aufwand möglich. • Die Flipchartbögen stehen nach einem Vortrag für unbegrenzte Zeit zur Verfügung.
Pinnwand	• Die Pinnwand bietet die Möglichkeit, farbige Karten in unterschiedlichen Formen und Größen als Elemente der Visualisierung in ungeordneter und geordneter (strukturierter) Form einzusetzen. • Die Karten können vor, z.B. um Schreibzeit während des Vortrags einzusparen, oder während der Präsentation beschriftet werden und lassen sich beliebig und flexibel positionieren. • Durch die Kartengröße wird die Schriftgröße beschränkt, dies begrenzt den Einsatz der Pinnwand auf Zuhörergruppen von etwa 20 bis 25 Personen.
Folien	• Die Einbindung von vorhandenen Bildern und Texten in die Foliengestaltung ist mithilfe von Computerprogrammen leicht möglich. • Der Einsatz von vorgefertigten Folien ist ebenso möglich, wie die schrittweise Entwicklung des Folieninhalts vor den Augen der Zuhörer bzw. -seher. • Die Darstellung von Bewegungsvorgängen ist mithilfe bestimmter Techniken eingeschränkt möglich. • Die eingesetzten Folien können durch Kopieren vervielfältigt werden. • Der Folieneinsatz ist auch bei sehr großen Zuhörergruppen möglich.
Beamer	• Texte, Grafiken, Bilder und Multimedia in den unterschiedlichsten Variationen, die auf einem Rechner oder einer Videokamera gespeichert sind, können in fast beliebiger Größe projiziert werden. • Der Rechnereinsatz ermöglicht die Verwendung von speziellen Präsentationsprogrammen, die vielfältige Präsentationsmöglichkeiten bieten. Diese reichen von einfachen Textbewegungen bis hin zu aufwendigen Animationen. • Die Verfügbarkeit und damit die schnelle Einsatzbereitschaft ist jedoch nicht immer gegeben.

Die Auswahlentscheidung hängt ab von:

- dem Präsentationsziel,
- dem Thema bzw. Inhalt,
- den Ergebnissen der Teilnehmeranalyse,
- den vorhandenen räumlichen und medialen Möglichkeiten und
- den eigenen Fähigkeiten.

● Präsentationsmedium bearbeiten
Bei der Bearbeitung des Präsentationsmediums sind insbesondere die Schriftgröße, die einzusetzenden Farben und die Form der Visualisierungselemente sinnvoll auszuwählen.

Schriftgröße
Die dokumentierten Texte müssen von allen Zuhörern, z.B. auch von den Mitschülern, die in der letzten Reihe des Klassenraums sitzen, gut gelesen werden können. Werden die Texte, z.B. für einen Folien- oder Beamereinsatz mithilfe eines Textverarbeitungsprogramms geschrieben, sollte die Schriftgröße nicht kleiner als 5 mm (14 p) sein. Zur Orientierung bei der Schriftgestaltung von Hand für den Flipchart- oder Pinnwandeinsatz dienen die folgenden Hinweise:

- Druckbuchstaben (Normschrift) benutzen,
- Groß- und Kleinbuchstaben verwenden,
- Buchstaben eng aneinander platzieren,
- Ober- und Unterlänge der Buchstaben im Verhältnis zur Mittellänge sehr klein schreiben,
- Buchstabengrößen für Überschrift und Text unterschiedlich wählen,
- Buchstabengröße dem Zuhörerabstand anpassen.

Beispiel für sinnvolle Schriftgrößen und Schriftgestaltung

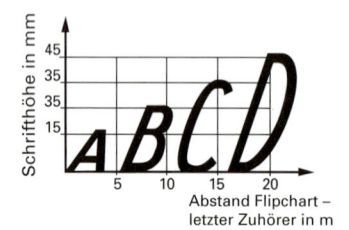

Formen und Farben
Der Einsatz von Visualisierungselementen mit unterschiedlichen Formen und Farben dient im Wesentlichen der Strukturierung von Textinformationen. Dabei sind die folgenden Gestaltungsregeln hilfreich:

- Unterordnung von Teilaspekten zu einem Oberbegriff,
- Unterscheidung von linearen und verzweigten Strukturen,
- Darstellung mit Rhythmus und Dynamik versehen,
- Formen und Farben sparsam und als Bedeutungsträger (z.B. Gruppenüberschrift Oval/Orange) verwenden.

Beispiel für Formen, Farben und Gestaltungsregeln

Formen:

Wolke für z.B. Thema, Frage, Überschrift u.ä.

Streifen für zusammenfassende Aussagen (Teilüberschriften) u.ä.

Rechteck für Ideensammlung u.ä.

Oval für Gruppenbildung (Cluster), Ergänzungen von Teilnehmern u.ä.

Linien für Strukturen, Bezüge, Unterstreichungen u.ä.

Pfeile für Veränderungen, Bewegungen u.ä.

Farben:

Gelb sollte u.a. in der Phase der Ideenfindung, z.B. beim Einsatz von Kreativtechniken, eingesetzt werden,

Orange sollte u.a. zur Strukturierung, z.B. als Gruppenüberschrift oder zentrales Merkmal, eingesetzt werden,

Rot sollte u.a. für Überschriften oder Definitionen eingesetzt werden.

Gestaltungsregeln:

Ober- und Unterpunkte

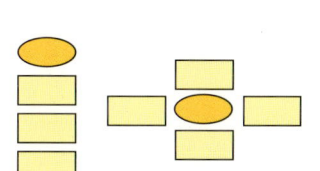

Lineare und verzweigte Strukturen

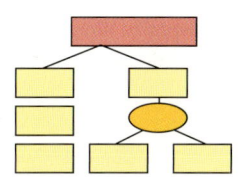

Reihenfolge und Bewegung

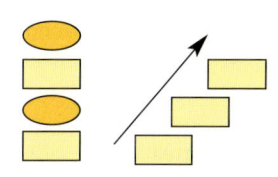

Zur Visualisierung der Präsentationsinhalte ist das Präsentationsmedium auszuwählen und die Darstellung zu bearbeiten. Dabei ist auf eine geeignete Schriftgröße und -gestaltung zu achten. Formen und Farben sind als Bedeutungsträger zu verwenden.

2.5 Präsentation planen, durchführen und bewerten

Zur Planung einer Präsentation ist es hilfreich, sich die Frage zu beantworten: „Wie soll mein Auftritt aussehen?" Dabei kann man sich an einigen grundsätzlichen Regeln für eine erfolgreiche Präsentation orientieren:

- Nennen Sie den Zuhörern das Thema oder den Gegenstand der Präsentation und notieren Sie es stichwortartig an der Tafel, dem Flipchart o.ä., z.B. „Arbeitsplanung beim Spanen".

- Halten Sie Blickkontakt zu den Zuhörern, bei kleineren Gruppen abwechselnd zu jedem Zuhörer, bei größeren Gruppen abwechselnd zu Teilgruppen, die Sie in Ihrem Blickfeld erfassen können, z.B. die Fensterreihe in Ihrem Klassenraum.
- Sprechen Sie laut und deutlich.
- Sprechen Sie in kurzen Sätzen.
- Benutzen Sie die Hände, um etwas zu zeigen oder um die vorbereiteten Medien einzusetzen.

Neben diesen sprachlichen Aspekten ist eine gute Strukturierung der Präsentation für den Erfolg von besonderer Bedeutung. Wer mit der Präsentation beginnt, ohne dass den Zuhörern klar geworden ist, um welches Thema es sich handelt oder welches Ziel mit der Präsentation verfolgt wird, verliert die Aufmerksamkeit der Zuhörer sehr schnell. Deshalb ist bei der Planung einer Präsentation die Orientierung an einem Standardschema mit den Bestandteilen Eröffnung, Hauptteil und Schluss sinnvoll.

- **Eröffnung**

Innerhalb der Eröffnungsphase wird der Kontakt zu den Zuhörern geknüpft. Dazu dient ein erster Blickkontakt mit den Zuhörern, die Begrüßung und Vorstellung der eigenen Person, falls es sich um einen Zuhörerkreis handelt, der eigens für die Präsentation zusammengekommen ist, und Personen dazugehören, die dem Präsentierenden fremd sind.

In die Eröffnung gehören weiterhin:
- die schriftliche Formulierung des Themas, z.B. „Systematische Planung pneumatischer Steuerungen",
- die Eingrenzung des Themas, z.B. „Erstellung von Schaltplänen auf der Grundlage von Funktionsdiagrammen",
- der persönliche Bezug zum Thema und die Bedeutung des Themas, z.B. „Entwicklung einer systematischen Vorgehensweise zur Schaltplanerstellung, um die Planungszeit für pneumatische Steuerungen zu verkürzen und Planungsfehler zu minimieren",
- die Ziele der Präsentation, z.B. „kritische Rückmeldungen bezüglich der Brauchbarkeit der präsentierten Vorgehensweise von Seiten der Zuhörer liegen vor",
- der Präsentationsverlauf, z.B.:
  1. Beschreibung der Aufgabenstellung,
  2. Entwicklung von Planungsschritten,
  3. Zusammenfassung der Planungsschritte zu einer exemplarischen Vorgehensweise,
  4. Erprobung der exemplarischen Vorgehensweise an einem konkreten Beispiel.

- **Hauptteil**

Während des Hauptteils wird der Blickkontakt zu den Zuhörern aufrecht erhalten. Die Präsentation bzw. der Vortrag kann z.B. anhand von Stichwortkarten, Fragestellungen u.ä. gegliedert werden. Um den Zuhörern das Verständnis zu erleichtern, ist es sinnvoll, kurze Sätze zu formulieren und abstrakte Begriffe mit Bildern, Beispielen oder Beschreibungen verständlich zu machen. Hinsichtlich der weiteren Vortragsgestaltung sind die folgenden Tipps hilfreich:

- Tätigkeitswörter statt Hauptwörter benutzen, z.B.:
  nicht: „Wir haben hinsichtlich der Reihenfolge der Baugruppenmontage eine Einigung in der Gruppe erzielt."
  sondern: „Wir haben uns über die Reihenfolge der Baugruppenmontage in der Gruppe geeinigt."
- Aktiv statt passiv ausdrücken, z.B.:
  nicht: „Für das Verständnis des Steuerungsaufbaus ist die Betrachtung des Schaltplans hilfreich."
  sondern: „Zum Verständnis des Steuerungsaufbaus betrachten Sie bitte den Schaltplan."
- Allgemeine Beschreibungen vermeiden, z.B.:
  nicht: „An diesem Bauteil wird etwas abgedreht."
  sondern: „In diesem Fertigungsschritt wird der Zapfen $\varnothing$ 40 mm plangedreht."

- Dinge beim Namen nennen, z.B.:
  nicht: „Beide Teile werden mit diesem Ding verbunden."
  sondern: „Zur Verbindung von Anpressbuchse und Motorwelle wird eine Passfeder eingesetzt."
- Überflüssigen Gebrauch der Möglichkeitsform vermeiden, z.B.:
  nicht: „Würden Sie Ihre Aufmerksamkeit bitte auf die Bauteilskizze richten."
  sondern: Ich bitte Sie, Ihre Aufmerksamkeit auf die Bauteilskizze zu richten."
- Den Ausdruck „man" vermeiden, z.B.:
  nicht: „Zunächst stellt man an der Fräsmaschine die ausgewählte Drehfrequenz ein."
  sondern: „Zunächst wird an der Fräsmaschine die ausgewählte Drehfrequenz eingestellt."
- Füllwörter, z.B. „also", „sozusagen", „irgendwo", „äh" u.ä; sowie Modeworte, z.B.: „hip", „cool", „geil", „nicht wirklich" u.ä; vermeiden.

- **Schluss**

In der Schlussphase werden die wesentlichen Punkte kurz zusammengefasst, damit sie als bleibender Eindruck von den Zuhörern gespeichert werden können. Der Hinweis auf die Möglichkeit, Rückfragen zu stellen, sollte an dieser Stelle ebenso wenig fehlen wie der Dank für die von den Zuhörern entgegengebrachte Aufmerksamkeit.

Innerhalb bestehender Arbeitsgruppen ist es sinnvoll, nach der Präsentation eine Bewertung der Qualität vorzunehmen. Dies kann geschehen, indem man die Zuhörer fragt, was ihnen an der Präsentation gut gefallen hat und was sie eher kritisch zurückmelden möchten. Die kritische Rückmeldung an den Vortragenden oder die Planungsgruppe sollte konstruktiv sein, d.h. immer auch Alternativen aufzeigen, die dem Vortragenden ggf. weiterhelfen. Als Orientierung für sachliche positive und kritische Rückmeldungen können gemeinsam verabredete oder allgemein gültige Regeln für eine gute Präsentation dienen. Die Frage an die Zuhörer kann mündlich oder schriftlich, z.B. in Form eines Fragebogens, durchgeführt werden.

> Bei der Planung und Durchführung einer Präsentation sind die Regeln einer erfolgreichen Präsentation zu beachten und eine Strukturierung in Eröffnung, Hauptteil und Schluss vorzusehen.

Bildquellenverzeichnis

Den nachfolgend aufgeführten Firmen und Instituten danken wir für die Zusendung von Informationsmaterial und Fotos.

AEG-Zentrale, Essen
Alberg, Remscheid
Alcan Aluminiumwerke, Berlin
Aluminium-Zentrale, Düsseldorf
Alzmetall, Altenmarkt
Arbeitsgemeinschaft der Eisen- und Metall-Berufsgenossenschaft, Mainz
Atlas-Copco, Essen

BASF, Ludwigshafen
Bauer & Schauerte Karcher, Neuss
Bayer, Leverkusen
Beratung Feuerverzinkung, Hagen
Black & Decker, Idstein
Blohm, Hamburg
Blümle, Stuttgart
BMW, München
Böhler-Uddeholm, Düsseldorf
Bosch, Stuttgart
Bundesanstalt für Arbeitsschutz, Dortmund

CalComp, Neuss
Cloos, Haiger
Continental, Hannover
Conitech, Hannover

Dalex-Werke, Wissen
Deckel, München
Desch Antriebstechnik, Arnsberg
Deutsche Shell, Hamburg
Deutsche Star Kugelhalter, Schweinfurt
Dick, Esslingen
Drumag, Bad Säckingen

Elabo Trainingssysteme, Kinding
Emco, Siegsdorf

FAG-Kugelfischer, Schweinfurt
Fanuc, Frankfurt
Feinprüf-, Feinmess- und Prüfgeräte, Göttingen
Feldmühle, Plochingen
Festo, Esslingen
Fette, Schwarzenbek
Flender, Bocholt
Franken, Rückersdorf
Fraunhofer-Institut, Aachen
Fritz-Werner, Berlin

Gemo, Krefeld
Georg Fischer, Schaffhausen
Gildemeister, Bielefeld
GKN Walterscheid, Lohmar
Grundig-Gildemeister, Hannover
Gühring, Albstadt

Hahn & Kolb, Stuttgart
Heidenreich & Harbeck, Hamburg
Hella, Lippstadt
Heller, Nürtingen
Hermle, Gosheim
Hertel, Fürth
Hewlett-Packard, Böblingen
Heyd, Bietigheim-Bissingen
Heyligenstaedt, Gießen
Hommelwerke GmbH, Schwenningen
Honsel Leichtmetalle, Meschede
Hüller Hille, Ludwigsburg
IBM Deutschland, Stuttgart
Ina-Wälzlager, Herzogenaurach
Informationstelle Schmiedestück-Verwendung, Hagen

Kelch, Schorndorf
Kemmler + Riehle, Reutlingen
Kern, Großmaischeid

Klaeger, Stuttgart
KNUTH, Wasbek, Stuttgart
Krautkrämer, Köln
Krebsöge Sinterwerkstücke, Remscheid
Kretzer, Solingen
Krupp Widia, Essen
KUKA, Augsburg
Kunzmann, Remchingen

Leica Mikroskopie & Systeme, Wetzlar
Leitz, Wetzlar
Lorch, Waldenbruch

Maho Hansen, Eppertshausen
Mahr, Esslingen
Mannesmann Demag, Wetter
Mauser, Oberndorf
MBB, München
Mecatool, Flawil, Schweiz
Mennekes, Lennestadt
Messer Griesheim, Frankfurt
Messerschmitt-Bölkow-Blohm, Ottobrunn
Metabo, Nürtlingen
Mingori, Schorndorf
Mitutoyo, Neuss
Monforts, Mönchengladbach
Mönninghoff, Bochum
Montanwerke Walter, Tübingen
Muhr und Bender, Attendorn

Nassovia Werkzeugmaschinen, Langen
Neumeyer-Fließpressen, Nürnberg

Oerlikon-Boeringer, Göppingen
OKU, Winterbach
Optimum-Maschinen, Hallstadt
Ortlinghaus-Werke, Wermelskirchen

P.I.V. Antriebe, Hamburg
Peddinghaus, Gevelsberg
Perthen, Göttingen

Rexnord Kette, Betzdorf
RJ Lasertechnik, Übach-Palenberg
Röhm, Sontheim
RWTÜV, Essen

Schiess-Nassovia, Langen
Schleif Maschinenwerk, Chemnitz
Schupa, Schalksmühle
SEW-Eurodrive, Bruchsal
Siemens, Deutschland
Sintermetallwerk Krebsöge, Radevormwald
SKF Kugellagerfabriken, Schweinfurt
Stahl-Informations-Zentrum, Düsseldorf
Stahlwille, Wuppertal
Strasmann, Remscheid
Stromag, Unna
Thyssen, Essen, Kassel
Tinsel, Schorndorf

Voith-Turbo, Crailsheim

Walter Hundhausen, Schwerte
Wera Werk Hermann Werner, Wuppertal
Werner und Kolb, Berlin
WKA, Heidenheim
Wolpert-Werke, Ludwigshafen

Zahnradfabrik, Friedrichshafen
Zarges, Weilheim
Zeiss, Oberkochen
Zentrale für Gußverwendung, Düsseldorf

Sachwortverzeichnis

A

Abkanten 63
Abkühlungskurve 237
Abmaß 11
Abrasiver Verschleiß 131
Abrichten, Schleifscheibe 83
Abscherstift 96
Abstechdrehen 70
Achsen 123
Adhäsiver Verschleiß 130
Adressenbus 200
Akkumulator 153
Allgemeintoleranz 219
Alterung, Schmierstoffe 193
Aluminium 180
Ampere 152
Analoge Datenerfassung 197
Anordnungsplan 244
Anreißen 30
Anschlagwinkel 31
Ansenken 51
Ansicht 212
Antriebsmaschine, elektrisch 108
Arbeit 109
Arbeitselement 260
Arbeitsplan 232
Arbeitsschutz 100
Arbeitsspeicher 201
ASCII-Code 198
Atmosphärischer Druck 252
Atomaufbau 151
Ausgangsstellung, Ventil 256
Außendrehen 70
Außengewinde 52, 225
Auswechseln 142
Automatisierung 246
Axiallager 117, 120
Axialverdichter 254

B

Balkendiagramm 235
Bandschleifen 81
bar, Druckeinheit 252
Basisgröße 9
Batterie 153
Baueinrichtung 106
Baugruppen-Wartungsplan 147
Baustahl 178
Beamer 279
Beanspruchungsarten 166
Bearbeitungszeile, EXCEL 207
Befestigungsgewinde 91
Befestigungsschraube 90
Befestigungsstift 96
Bemaßung 216, 222
Bemaßung, Gewinde 225
Benennung von Stahl 177
Berechnungen beim Schrauben 95
Berechnungen zum Biegen 65
Berechnungen zum Bohren 50
Berechnungen, Druck 253
Beschichten 29
Betätigung 241, 257
Betriebsanleitung 242
Betriebssysteme 203

Bewegungsgewinde 90
Bezugsebene 217
Bezugstemperatur 12, 24
Biegebeanspruchung, Achse 123
Biegemoment 61, 123
Biegen 61
Biegeradius 62
Biegevorrichtung 64
Biegewerkzeug 62, 230
Binärstelle 197
Bit 197
Blatteinteilung 214
Bohren 47
Bohrerschaft 48
Bohrmaschine 48, 114
Bohrungsbemaßung 218
Bohrvorrichtung 49
Bolzen 97
Bolzenverbindung 124
Boyle-Mariottesche Gesetz 253
Brainstorming 272
Bronze 181
Bügelmessschraube 15
Bus 199
Byte 197

C

Codieren 198
Computer 197
CPU 199
Crash-Methode 136

D

Dämpfung 259
Datenausgabe 202
Datenbus 200
Datencodierung 198
Datenerfassung 197
Datenspeicherung 201
Datentransport 200
Datenverarbeitung 196
Dehnschraube 90
Demontagebeschreibung 242
Depotfettfüllung 119
Diagramm 235
Dichte 165
Digitale Datenerfassung 197
DIN-Format 215
DIN-Norm 226
Drallwinkel 47
Draufsicht 212
Drehachse 223
Drehen 69
Drehmaschine 69, 112
Drehmeißel 70
Drehmoment 95, 124
Drehmomentenschlüssel 95
Dreibackenfutter 72
Druck 252
Druckenergie 110
Druckventil 255
Durchlaufblechschere 39
Durchmesserbemaßung 218
Duroplast 184

E

Eckenwinkel 71
Eingabeeinheit 196
Einheit 9
Einheitsöl 188
Einlegekeil 124
Einpassen 45
Einrichtung, technisches System 105
Einschneider, Gewinde 54
Einsenken 51
Einstellwinkel 71
Einzeltoleranz 219
Eisen-Kohlenstoff-Gusswerkstoffe 179
Elast 184
Elastizität 167
Elektrochemische Korrosion 182
Elektro-Handblechschere 39
Elektromotor 108
Elektron 151, 172
Elektrotechnik 150
Element, chemisches 171
Element, technisches System 105
Elementarladung 151
Emulgator 189
Emulsion, Entsorgung 191
Endmaß 17
Energie 109, 150
Energieerhaltungssatz 110
Energieträger 247
EN-Norm 226
Entgraten 45, 51
Entsorgung, Kühlschmierstoffe 191
Ergänzen 142
Erstarrungstemperatur 173
EXCEL 206

F

Fase 223
Fehlerstromschutzschalter 163
Fehlersuche, Pneumatikanlage 268
Feilen 45
Feilenformen 46
Feinzeiger 17
Ferritkorn 176
Fertigungsmaße 222
Fertigungstechnik 27
Fertigungsverfahren 28
Festigkeit 165
Festigkeitskennzahl, Mutter 93
Festigkeitskennzahl, Schraube 93
Festschmierstoffe 194
Festwertspeicher 202
Fettschmierung 119, 194
Fischgrätendiagramm 274
Flachriemen 127
Flankenwinkel 52
Flipchart 279
Flügelmutter 92
Flüssigkeitsreibung 118
Folie 279
Fördermittel 111
Formabweichung 21

Formelzeichen 9
Formlehre 19
Formschluss 89, 94, 98
Fräsen 75
Fräsmaschine 75
Fräsmaschinen-Wartungsplan 148
Fräswerkzeuge 77
Freischnitt 42, 44
Freiwinkel 41, 47, 71
Fügen 29, 88
Fühlerlehre 19
Funktionsdiagramm 238
Funktionseinheit 114
Funktionsgruppe 106
Funktionsmaße 222
Funktionstabelle 249
Furchverschleiß 131

G

Gebotszeichen 100, 102
Gefahrstofftransport 191
Gefüge von Stahl 176
Gegenlauffräsen 76
Gehrungswinkel 31
Generator 153
Geräteschutz 161
Gerätetechnik 103
Gesamtzeichnung 227
Gesenkbiegen 62
Gestaltabweichung 21
Gestaltungsregeln 281
Getriebe 126
Getriebe, stufenlos 129
Gewinde 52, 90
Gewinde, Normangaben 95
Gewindebemaßung 225
Gewindebohrersatz 53
Gewindegrenzlehre 55
Gewindeschablone 55
Gewindeschneiden 52
Gewindestift 92
Gießbarkeit 168
Giftigkeit 168
Gleichlauffräsen 76
Gleichstrom 152
Gleitfeder 98
Gleitführung 122
Gleitlager 117, 119
Gleitreibung 115
Gleitverschleiß 132
Grafit 194
Grat, Meißel 57
Grenzabmaß 11
Grenzlehre 19, 55
Grundfunktion, tech. System 107
Grundgröße 9
Grundschaltung, elektrisch 157
Grundschaltung, pneumatisch 261
Grundsteuerung, pneumatisch 262
Gruppe, technisches System 105
Gusseisen 179

H

Haftreibung 115
Halbschnitt 224
Halbzeug 60
Handblechschere 39
Handbügelsäge 42
Handgewindebohrer 53
Handschmierung 119
Härte 167
Hauptschneide 47, 71, 76
Heizwert 110
Hieb, Feile 45
Hilfsstoffe 143
Höchstmaß 11
Hubkolbenverdichter 254
Hutmutter 92
Hydrodynamische Schmierung 118
Hydrostatische Schmierung 118

I

I/O Chip 199, 202
Identität, Logiksymbol 250
Informationstechnik 195
Innendrehen 70
Innengewinde 52, 225
Innengewindebohrer 53
Innenmessschraube 16
Inspektion 135, 143
Instandhaltung 135
Instandsetzung 135, 146, 160
Ishikawa-Diagramm 274
ISO-Feingewinde 91
ISO-Gewinde 52
Isolierstoff 154
ISO-Norm 226
ISO-Regelgewinde 91
ISO-Trapezgewinde 95
Istmaß 17

K

Kegelradgetriebe 128
Keilriemen 127
Keilwellenprofil 98
Keilwinkel 36, 41, 71
Kennzeichnungsschlüssel, Ventile 259
Kerbstift 97
Kerndurchmesser 52
Kohäsionskraft 165
Kolbengeschwindigkeit 261
Kolbenkraft 258
Kommunikationskette 113
Kompressor 253
Kondensat 254
Konservieren 138
Koordinatensystem 236
Kopfschraube 92
Körnen 31
Körner, Metallgefüge 174
Korngrenzen 174
Körperstrom 162
Korrosion 182
Korrosionsbeständigkeit 168
Kraft 35
Kraft, Pneumatikzylinder 258
Kräfteparallelogramm 36
Kraftfluss 98
Kraftmaschine 108
Kraftschluss 89, 91, 94
Kraftwerk 108
Kreativtechnik 270, 271
Kreisdiagramm 236

Kreuzhiebfeile 45
Kreuzlochmutter 92
Kristallgemenge 175
Kristalliner Aufbau 173
Kronenmutter 92
Kugelgraphit 179
Kühlschmierstoffe 188
Kunststoffe 183
Kupfer 181
Kupplungen 125
Kurznamen von Stahl 176
Kurzschlussstrom 154

L

Lagerreibung 118
Lagerwerkstoffe 117
Lamellengraphit 179
Lamellenverdichter 254
Längenmessung 13
Längslager 117
Legierung 174, 237
Lehrdorn 19, 55
Lehren 10, 19, 25
Lehrring 55
Leichtmetalle 171
Leistung 110
Leit- und Zugspindel-Drehmaschine 69
Leiter 154
Leitungsschutz 161
Liefermenge 254
Linksgewinde 91
LINUX 203
Lochlehre 19
Logikplan 248
Logiksymbole 249

M

Makromolekül 183
Maschinenelement 114
Maschinenschraubstock 49
Maschinentechnik 103
Maßbezugsebene 30, 217
Maßeintragung 216
Maßlehre 19
Maßstab 215
Maßsystem 10
Maßverkörperung 12, 18
Meißelschneide 71
Menüleiste, EXCEL 207
Messabweichung 12, 23
Messen 10, 25
Messgeräte zur Inspektion 144
Messgröße 12
Messing 181
Messschieber 13
Messschraube 15
Messuhr 17
Messverfahren 12
Messwert 12
Metallbandsäge 43
Metallbindung 173
Metalle 171
Metallgefüge 173
Metallion 173
Metallkristall 173
Mindestbiegeradius 62

Mindestmaß 11
Mind-Mapping 273
Mischkristall 175, 237
Mischreibung 118
Molekül 183
Molybdänsulfid 194
Montagebeschreibung 242
MS-DOS 203
Mutternfestigkeit 93
Mutternformen 92

N

Nabenverbindung 98
Nachstellen, Warten 142
Nadellager 120
Nebenschneide 71, 76
Nenndurchmesser 52
Nennmaß 11
neutrale Faser 61, 65
Neutron 151, 172
Nichteisenmetalle 180
Nichtleiter 154
Nichtmetalle 171
NICHT-Verknüpfung 241, 248
Niederhalter 40
Niederzugspanner 78
Nonius 13
Normalkraft 115, 234
Normschrift 216
Normung 226
Nutmutter 92

O

Oberflächenangaben 220
Oberflächenkenngrößen 21
Oberflächenmuster 22
Oberflächenzerrüttung 131
Objektives Prüfen 8
ODER-Verknüpfung 241, 248
Ohm 155
Ohmsche Gesetz 156
Öl, Entsorgung 191
Ölschmierung 119, 192

P

Pa, Druckeinheit 252
Parallelendmaß 18
Paralleler Datentransport 200
Parallelreißer 31
Parallelschaltung 157
Passfeder 98, 124
Passstift 96
Passungsangabe 12
Perlitkorn 176
Perspektive 213
Pinnwand 279
Plandrehen 70
Planfräsen 76
Planschleifen 79, 82
Planschleifmaschine 81
Plastizität 167
Pneumatikanlage 253
Pneumatikschaltplan 259
Pneumatiksteuerung 238
Pneumatikventile 255

Pneumatikzylinder 257
Polyaddukte 185
Polykondensate 185
Polymerisate 185
Pourpoint, Stockpunkt 193
Präsentation 281
Präsentationsmedium 279
Präsentationstechnik 270, 275
Profilform zum Fügen 98
Profilfräser 77
Programmablaufplan 204
Programmieren 203
Programmquellcode 203
Protokoll, Versuch 233
Proton 151, 172
Prozessor 196, 199
Prüfen 8
Prüfen, Gewinde 55
Prüfmaße 222
Prüftechnik 7

Q

Quellcode 203

R

Rachenlehre 19
Radiallager 117, 120
Radienbemaßung 218
Radienlehre 19
RAM 201
Rändelmutter 92
Rauheitskenngrößen 21, 220
Rauheitsprofil 21
Rauheitsprüfung 21
Rechtsgewinde 91
Reibahle 56
Reiben 56
Reibung 114, 234
Reihenschaltung 157
Reinaluminium 180
Reinigen 138
Reißnadel 30
Rettungszeichen 102
Richten 66
Riemengetriebe 127
Rohrbiegen 64
Rollenlager 120
Rollreibung 115
ROM 202
Rundbiegmaschine 63
Runddrehen 70
Rundgewinde 95

S

Sägemaschine 43
Sägen 42
Sägengewinde 95
Sankey-Diagramm 237
Säulenbohrmaschine 48
Schaftfräser 77
Schaltplan, elektrisch 158
Schaltplan, pneumatisch 259
Schaltzeichen, elektrisch 159
Scherenarten 39
Scherschneiden 37

Schleifband 81
Schleifbock 80
Schleifen 79
Schleiflehre 19
Schleifscheibe 83
Schlüsselweite 223
Schmelzsicherung 161
Schmieranweisung 140
Schmieren 139
Schmierplan 140
Schmierstoffe 141, 192
Schmierung 118
Schneideisen 54
Schneidenecke 76
Schneidplatte 73
Schneidspalt 38
Schnittbewegung 41, 47, 69, 75, 82
Schnittdarstellung 224
Schnittgeschwindigkeit 50, 73, 83
Schnittstelle 201
Schnittwerte, Drehen 73
Schnürung, Feile 45
Schrägenbemaßung 218
Schraubenfestigkeit 93
Schraubenformen 92
Schraubengetriebe 126
Schraubenlinie 52
Schraubensicherung 94
Schraubenverbindung 91, 229
Schraubzwinge 58
Schreib- und Lese-Speicher 201
Schriftfeld 214, 228
Schriftgestaltung 280
Schrittwert 12
Schutzerdung 163
Schutzisolierung 162
Schutzkleinspannung 162
Schutzmaßnahmen, Elektrotechnik 161
Schutzmaßnahmen, Kühlschmierstoffe 190
Schutzsymbole 163
Schwenkbiegemaschine 63
Schwermetalle 171
Sechskantmutter 92
Seitenansicht 212
Seiten-Planschleifen 82
Senken 51
Senkrecht-Fräsmaschine 75
Serielle Schnittstelle 201
Serieller Datentransport 200
Sicherheit beim Bohren 49
Sicherheit beim Drehen 74
Sicherheit beim Fräsen 79
Sicherheit beim Schleifen 84
Sicherheitskennzeichen 100, 102, 139
Sicherungsstift 96
Signalglied 241, 260
Signallinie 239
Signalverarbeitung 247
Signalverzweigung 241
Skalenteilungswert 12
Solarzelle 153
Spaltenkopf, EXCEL 207
Spanen 34, 41
Spanneisen 78
Spannelement 49
Spannen beim Drehen 72
Spannen beim Fräsen 78
Spannfutter 72

Spannstift 97
Spannung, elektrisch 152
Spannungsmessung 154
Spannungsquelle 153
Spannungsreihe 182
Spannut 47
Spanwinkel 41, 47, 54, 71, 75
Sperrventil 255
Spiralbohrer 47
Spiralbohrerschleifmaschine 80
Spiralbohrertypen 48
Spitzenhöhe 69
Spitzenweite 69
Spitzenwinkel 47
Stahl 176
Stahlguss 179
Stahlsorten 178
Standzeit 41, 73
Steigung, Gewinde 52
Stellglied 260
Steuerbus 200
Steuerglied 260
Steuerkette 260
Steuerung, pneumatisch 238
Steuerungstechnik 245
Stifte 96
Stiftschraube 92
Stirnfräsen 76
Stirnradgetriebe 128
Stirn-Umfangsfräsen 76
Stockpunkt 193
Stoffeigenschaftändern 29
Stoffschluss 89, 94
Stoffumsatz 111
Streichmaß 31
Strom 152
Stromkreis 153, 173
Stromlaufplan 249
Strommessung 154
Stromventil 255
Struktogramm 204
Stückliste 227
Subjektives Prüfen 8
Symbol, Wegeventil 256
Symbolleiste, EXCEL 207
Symmetriebemaßung 217
Systemdarstellung 104

T

Tabellenkalkulationsprogramm 206
Tafel 279
Tafelschere 40
Tastschnittgerät 22
Technische Kommunikation 210
Technologieschema 238, 249
Teilfunktion, technisches System 106
Teilschnitt 224
Teilungsbemaßung 218
Thermoelement 153

Thermoplast 184
Tiefenmessschieber 14
Tiefenmessschraube 16
Titelleiste, EXCEL 207
Toleranz 11, 219
Trennen 29, 34, 112
Trennschleifen 79
Trennschleifscheibe 83
Trockenreibung 118
Trockenschmierung 194

U

Überdruck 252
Umdrehungsfrequenz 73
Umfangsfräsen 76
Umfangs-Planschleifen 82
Umformbarkeit 168
Umformen 28, 60
Umlaufschmierung 192
Umschlingungsgetriebe 129
UND-Verknüpfung 241, 248
Unfallschutz 100, 160
Unfallsofortmaßnahmen 101
Universalwinkelmesser 20
Urformen 28
Ursache-Wirkungs-Diagramm 274

V

VDE-Bestimmungen 161
Ventil, pneumatisch 255
Verbotszeichen 102
Verdichter 253
Vergütungsstahl 178
Vernetzung 184
Verschleiß 130
Verschleißminderung 132
Verschleißteile, Pneumatikelemente 267
Versuch 233
Vierbackenfutter 72
Vierkantmutter 92
Viskosität 193
Visualisierung 278
Vollschnitt 224
Vorderansicht 212
Vorschubbewegung 47, 69, 75, 82

W

Waagerecht-Fräsmaschine 75
Walzenfräser 77
Wälzführung 122
Wälzlager 117, 120, 144
Wälzlager, Lebensdauer 121
Wange, Biegemaschine 63
Wärmedehnung 167
Wärmekraftwerk 108

Warnzeichen 102
Wartung 135
Wartung, Pneumatikanlage 266
Wartungsanleitung 147
Wartungsarbeiten 137, 267
Wartungseinheit 254
Wartungsplan 147
Wasserabscheider 254
Wechselstrom 152
Wegabhängige Steuerung 263
Wegeventil 255
Weg-Schritt-Diagramm 240
Weg-Zeit-Diagramm 240
Wellen 124
Welligkeit 21
Werkstoffe, Aufbau 171
Werkstoffnummern von Stahl 178
Werkstofftechnik 164
Werkzeugmaschine 112
Werkzeugschleifen 79
Werkzeugschneide 35, 41
Whitworth Rohrgewinde 91
Widerstand 155
Willensabhängige Steuerung 262
Windkessel 254
WINDOWS 203
Winkel beim Schleifen 80
Winkelbemaßung 218
Winkelmesser 20, 31
Winkelschleifer 44
Wirkungsgrad 110

Z

Zahnradgetriebe 126, 128
Zahnradstufengetriebe 129
Zahnriemen 127
Zahnteilung, Säge 43
Zahnwellenprofil 124
Zapfenfeder 98
Zeichnung 212
Zeilenkopf, EXCEL 207
Zeitabhängige Steuerung 263
Zelle, EXCEL 207
Zentralschmierung 119
Zentrierbohrung 72
Zentrierspitze 72
Zerspanbarkeit 168
Zerteilen 34
Ziehkeilgetriebe 129
Ziele 275
Zielgruppe 277
Zinn-Bronze 181
Zoll 10
Zugfestigkeit 166, 205
Zugmittelgetriebe 126
Zuordnungsliste 251
Zustands-Diagramm 237
Zustands-Schritt-Diagramm 240
Zylinder 257
Zylinderstift 96